Die Revolution der Moral

Sarah Lucia Hoagland

Die Revolution der Moral

Neue lesbisch-feministische Perspektiven

Aus dem amerikanischen Englisch
von Cornelia E. Kähler

Orlanda Frauenverlag

Originaltitel: Lesbian Ethics.
Toward New Value

verlegt beim Institute of Lesbian Studies, Palo Alto, California, 1988

CIP-Titelaufnahme der Deutschen Bibliothek
Die Revolution der Moral : neue lesbisch-feministische Perspektiven /
Sarah Lucia Hoagland.
Aus dem amerikan. Engl. von Cornelia E. Kähler. –
Berlin : Orlanda-Frauenverlag, 1991
Einheitssacht.: Lesbian ethics [dt.]
ISBN 3-922166-69-5

1. Auflage 1991

Lektorat: Andrea Krug
Gestaltung: Dagmar Schadenberg
Texterfassung durch die Übersetzerin
Datenkonvertierung: Fotosatz Barbara Steinhardt, Berlin
Druck: Fuldaer Verlagsanstalt

Für:
Deidre – das Wasser
Julia – die Luft
Mary – das Feuer
Anne – die Erde

Und für Smaug, Samantha, Scathach, Alaka und Elfyn, die geduldig auf die lesbische Transformation warten, auch wenn sie bis dahin nicht mit ihresgleichen leben können.

Inhalt

Danksagung 11
Vorwort 13

Einleitung

Das Erbe der Lesbenprojekte 15
Lesbisch-Sein
Lesbenunterdrückung besteht nicht auf der Beziehungsebene 17
Die Existenz von Lesben wird formell geleugnet 17
Die lesbische Fähigkeit zum Widerstand – Für eine neue Perspektive 19
Heterosexualismus 20
Lesbischer Kontext 21
Ethik
Zwecke der Ethik 22
Prinzipien 22
Traditionelle Ethik 23
Moralische Handlungsfähigkeit in der Unterdrückung 24
Sprache
Sprache als Unterdrückungsinstrument 26
Sprache als Konsens 26
Sprache strukturiert die Wahrnehmung 27
Sprache als Zwang 27
Veränderung 30
Richtungen
In Richtung neuer Werte 32

1 Separation vom Heterosexualismus

Reform der Moral versus Revolution der Moral 34
Heterosexualismus
Heterosexualismus beinhaltet eine Beziehung 37
Schutz und Raub 38
Kolonisierung 39
Raub der Autonomie 40
Was der Begriff 'Frau' nicht beinhaltet 41
Was der Begriff 'Frau' beinhaltet 43
'Weiblichkeit' verschleiert Widerstand 45
Sabotage als Selbstschädigung 49
Eine Bewegung von Frauen 51
Schuldzuweisung an das Opfer und Viktimismus 51
Überlebensentscheidungen 52
Separation
Die Weigerung, sich an die Regeln zu halten 55
Separation wird nicht anerkannt 56
Feministische Reform 57
Rebellion 58
Lesben und Separation 59
Entscheidungen von Lesben 62
Die Notwendigkeit, den Heterosexualismus zu bekämpfen 65

2 Weibliche Tugenden und weibliche Handlungsfähigkeit

Egoismus und Altruismus
Altruismus als Vorbedingung für ethisches Verhalten 67
Neuzeitliches ethisches Denken 68
Interessenkonflikte 70
Uneingeschränkte Macht 70
Altruismus als weibliche Tugend 71
Altruismus und Unterordnung 72
Kapitalistische Werte 72
Lesbenunternehmen 74
Das Prinzip Weiblichkeit
Die Tugenden der Unterwürfigkeit 76
Die moralische Überlegenheit der Frau ... 77
Männer und Frauen im Heterosexualismus . 78
Selbstsucht und Aufopferung
Selbstsucht und Anpassung 79
Aufopferung unter Zwang 79
Begrifflichkeit 80
Egozentrik 81
Aufopferung hilft nicht 82
Entscheiden ist etwas Kreatives 83
Mütterlichkeit als Aufgabe der Frau 85
Mütterlichkeit versus Amazonenleben 86
Bedingungslose Liebe 88
Machtstreben und weibliche Handlungsfähigkeit 89
Verwundbarkeit
Der Kontext der Verwundbarkeit 90
Lesben und Verwundbarkeit 93
Unterwerfung 95
Gewaltlosigkeit 95

Verwundbarkeit und das feministische Utopia ... 96
Intimität und Selbsterkenntnis
Risiken eingehen ... 98
Selbsterkenntnis ... 100

3 Macht, Paternalismus und Zuwendung

Macht
Das Persönliche und das Politische ... 101
Macht als Beherrschung und Macht als innere Stärke ... 103
Paternalismus ... 104
Beherrschen versus Zuwenden
Die Sache in die Hand nehmen ... 106
Das Aufeinander-Eingehen untergraben ... 107
Verantwortung für eine Situation übernehmen 108
Die Fähigkeit zur Verbindung ... 110
Zuwendung als Förderung ... 110
Eingreifen ... 112
Erfolg des Handelns ... 112
Grenzen der Zuwendung ... 113
Gefahren der Zuwendung ... 114
Unparteiisches Beobachten ... 115
Therapie versus Selbsterfahrung ... 116
Therapie und Freundschaft ... 117
Wachstum durch Zuwendung ... 118
Wissen erlangen ... 119
Die Privilegien der Herrschenden ... 120
Sich-Einlassen versus Bindung
Autonomie ... 123
Autokoinonie ... 124
Subkultur versus Gemeinschaft ... 125
Unterstützung versus Zustimmung ... 126
Einfühlung versus Mitleid ... 127
Hilfe brauchen versus Abhängigkeit ... 129
Strategien der Intimität ... 131

4 Verstand und Gefühl vereinbaren

Verstand gegen Gefühl
Traditionelle Sicht ... 134
Tiefe E-motion ... 136
Gefühle sind nichts Privates ... 138
Begehren und politische Wahrnehmung
Patriarchale Sexualität ... 140
Begehren als Macht ... 140
Patriarchale Liebe ... 140
Sex ... 141
Gespaltenheit ... 143
Eifersucht ... 145
Freundinnen und Geliebte ... 146
Patriarchale Werte ... 148
Begehren als Entscheidung ... 149
Zorn und politische Wahrnehmung
Zorn ist etwas Kognitives ... 151
Verarbeiten ... 152
Das politisch Richtige ... 153
Der Einfluß der Therapie ... 154
Widerstand gegen die Heilung der Gespaltenheit
Unter Kontrolle oder außer Kontrolle ... 155
Anpassung ... 157
Zornigsein ... 159
Gefühle und Privatheit ... 160
Gefühle: Perspektive und Kontext ... 162
Gefühle ausdrücken ... 163
Ernstnehmen statt Sicherheit ... 163
Ganzheitliches Lesbisch-Sein ... 165

5 Moralische Handlungsfähigkeit und Interaktion

Der 'freie Wille' und die Entschuldigung
Der freie Wille ... 167
'Wahlfreiheit' im Existentialismus ... 168
'Entscheidung' in der Frauenspiritualität ... 169
Freiheit und Entschuldigung ... 170
Wahlfreiheit und Wertebildung ... 171
Die Entschuldigung Unwissenheit ... 173
Die Entschuldigung Zwang ... 175
Demoralisierung vermeiden und moralische Handlungsfähigkeit einfordern
Demoralisierung ... 178
Separation ... 179
Lob und Tadel ... 180
Schuldzuweisung und Veränderung ... 182
Schuldzuweisung und Komplexität ... 182
Nachvollziehen ... 185
Erklärung statt Rechtfertigung ... 186
Entscheidungen nachvollziehen und verstehen ... 187
Nachvollziehen und Zuwendung ... 188

Nachvollziehen statt Verantwortlichkeit 189
Nachvollziehen heißt nicht Einmütigkeit herstellen 190
Rückzug 191
Entscheidung und moralische Handlungsfähigkeit 192
Anerkennen von Grenzen 193
Identität in der Gemeinschaft 194
Anerkennen von Unterschieden 195
Selbst-Bewußtsein 196
Eine unter vielen 198
Unterschiedlichkeit und Antagonismus 199
Eine unter vielen – und die Grenzen 200
Grenzen spielerisch überwinden
Die Unterschiedlichkeit annehmen 201
Spielerische Weltreise 201
Die Clownin 202
Eine spielerische Einstellung 204

6 Die Revolution der Moral: Vom Antagonismus zur Kooperation

Patriarchale Ethik
Übersicht 206
»Konkurrenzwerte« und »Kooperationswerte« 209
Ethik und Staat 210
Pflicht 211
Gerechtigkeit 213
Strafe 215
Gesellschaftsordnung 217
Lesben, Gerechtigkeit, Pflicht und Anteilnahme
Lesben und soziale Gerechtigkeit 218
Ächtung 220
Clowns 223
Lesben und Pflicht 224
Anteilnahme statt Pflicht 225
Interagieren heißt nicht Verhandeln 226
Pflicht untergräbt Anteilnahme 228
Fürsorge 231
Verbindung unter Lesben 232
Integrität und Handlungsfähigkeit
Revolution der Moral 233
Integrität 234
Lesbische Kompetenz 235
Konkurrenzwerte 236
Aufeinander eingehen 236
»Kooperationswerte« 237
Entscheiden 239

Schlußgedanken

Räume für Lesben 241
Resümee 243
Sinn 245
Weben 247

Anmerkungen 249
Stichwortverzeichnis 285

Danksagung

Viele Lesben haben Wesentliches zu diesem Buch beigetragen. Einige haben Teile des Manuskripts gelesen, manche sogar Kommentare und Kritik zu den beiden Rohfassungen beigesteuert: Marilyn Frye, Claudia Card, Juana María Paz, Bev Jo, Jeanette Silveira, Lise Weil, Julien S. Murphy, Jacquelyn N. Zita, Jeffner Allen und Bett Farber.

Außerdem sind mir zu verschiedenen Zeitpunkten mehrere Lesben begegnet, die an meine Arbeit glaubten und Wesentliches dazu beitrugen – manche, indem sie das Manuskript gelesen und lange Diskussionen mit mir darüber geführt haben, manche auf andere wichtige Weise: Deidre D. McCalla, Julia Penelope [Stanley], Kathy Munzer, Elaine Stocker, Claudia Christensen, Ariane Brunet, Nancy Loving, Billie Potts, Florencia Carolina, Anna Lee, Ellen Meredith, Anne Throop Leighton, Rosemary Schachte, Bette S. Tallen, Nett Hart, Alice Molloy, Diane Bernardi, Lorraine Ironplow und Barbara Grier.

Andere Lesben haben diese Arbeit auf verschiedene wichtige Arten unterstützt: Sid Spinster, Vernita Gray, Kay Miles, María Lugones, Marthe Rosenfeld, Ginny Zipperer, Lee Lanning, Ann Scales, Kay Hagan, Kate Moran, Shelley Morrison, M.J. François, Tata Adlin, Selma Mirian, Sally Neely, Susan Ritter, Janice Anderson, Dorothe Rigby, Tracy Baim, Annie Cheatham, Mary Clare Powell, Jacquie Harper, Sally Tatnall, Maril Gould, Joan Nestle, Theresa McCraw und Jan Raymond. Außerdem haben mir die Frauen des Frauen- und Kinderbuchladen in Chicago bei der Suche nach vielen entscheidenden Einzelinformationen geholfen.

Schließlich hat Harriet Ellenberger dieses Manuskript lektoriert, die dem auf das Wesentliche verdichteten Stoff mit ihrer Sprachbegabung eine Form gab. Ich habe mich an sie gewandt, weil sie zusammen mit Catherine Nicholson in der Zeitschrift *Sinister Wisdom* radikale lesbische Stimmen förderte und an die Spinnweben meines Verstandes glaubte. Und Jorjet Harper hat die Endbearbeitung besorgt und mir geholfen, zum Ende zu kommen, als ich schon zugegeben hatte, niemals fertig zu werden.

Von der Northeastern Illinois University erhielt ich ein Forschungssemester, um den ersten Entwurf dieses Manuskripts zu schreiben, und ein Stipendium der Uni-Stiftung, um die zweite Fassung fertigzustellen.

Vorwort

Dies ist kein Buch, das sich an einem Nachmittag liest. Es ist komplex, und ich wünsche mir, daß ihr es nicht nur überfliegt, sondern darüber nachdenkt, diskutiert und streitet. Ich habe dieses Buch in der Hoffnung geschrieben, daß es zur Diskussion herausfordert und uns in unserem Denken und Handeln weiterbringt. Für mich ist mein Buch dann ein Erfolg, wenn es Lesben anregt, sich in Selbsterfahrungsgruppen zusammenzutun und meine Ideen dort zu diskutieren: wie stimmig sie sind, ob sie für unterschiedliche Situationen gelten, ob sie uns helfen können, einige der Fallen zu umgehen, in die wir bisher getappt sind, ob sich Lesben eigentlich mit dieser Herangehensweise anfreunden können, und wenn ja, welche neuen Werte wir dann daraus entwickeln können.

Ich habe dieses Buch auch geschrieben, um meine Vorstellungen über den hohen Stellenwert einer lesbischen Perspektive und einer Lesbengemeinschaft für unsere Existenz als Lesben auszudrücken. Die Informationen dazu stammen aus der Lesbenszene in den USA; meine Ideen habe ich aus meinen Erfahrungen und Beobachtungen in verschiedenen US-amerikanischen Lesbengemeinschaften entwickelt – vorwiegend im mittleren Westen. Dennoch meine ich, daß die Theorie für alle Lesben im anglo-europäischen Kulturkreis von Bedeutung ist.

Eine Anmerkung zur traditionellen Philosophie. Als ich mit dieser Arbeit begann, habe ich mich nicht zuerst mit der traditionellen Ethik beschäftigt, obwohl der Aufbau der Kapitel dies vermuten läßt. Ich wußte, daß ich über dieses Denksystem niemals hinauskommen würde, wenn ich erst einmal damit anfinge. Statt dessen habe ich mich gleich auf lesbische Ethik und die realen Geschehnisse in der bestehenden Lesbenszene konzentriert, sie durch eigene Teilnahme, Interviews, informelle Gespräche, Diskussionen, aus lesbischen und feministischen Schriften und aus dem hitzigen Meinungsaustausch in unseren Zeitschriften eingefangen. Beim Schreiben des Manuskriptentwurfs wurde mir allmählich deutlich, warum eine der Tradition verhaftete Idee dem, was ich versuchen wollte, nicht gerecht werden konnte. Ich habe wohl hier und da auch die traditionellen Inhalte diskutiert, besonders die Aspekte der Tradition, die von Lesben aufgegriffen wurden; ich finde es wichtig, daß wir wissen, woher diese Ideen stammen und wie die Tradition unter uns weiterwirkt.

Mir ist jedoch klar, daß sich nicht alle Leserinnen durch eine Analyse der traditionellen Philosophie durcharbeiten wollen. Daher habe ich ein ausführliches Inhaltsverzeichnis erstellt, dessen Abschnittsüberschriften in den Marginalspalten des Textteils wiederholt werden. Wenn ihr daher in einem Kapitelabschnitt steckenbleibt, könnt ihr zum nächsten, interessanter klingenden übergehen.

Wie Marilyn Frye setze ich einfache Anführungszeichen, wenn ich mich auf ein Wort oder einen Begriff beziehe, und doppelte Anführungszeichen, wenn ich Wörter oder Wendungen hervorheben will, die in der einen oder anderen Weise bemerkenswert sind – inwiefern, ergibt sich aus dem Zusammenhang.

Einleitung

Wir Lesben können eine Revolution der Moral herbeiführen und durch die Entscheidungen, die wir treffen, unsere Werte verändern. Wir Lesben können eine Revolution bewirken, eine Transformation des Bewußtseins.

Beim Aufkommen der Frauenbewegung und der Lesben- und Schwulenbewegung in den USA haben wir schon damit angefangen. In unserer moralischen Empörung haben wir der patriarchalen Gesellschaft den Rücken gekehrt und uns aufeinander konzentriert. Wir fingen an, unser eigenes Programm zu entwerfen, einander zuzuhören, uns auseinanderzusetzen, zu kritisieren, zu feiern, Freundschaften zu schließen – kurz: einander anzuerkennen. Während dieses Prozesses begannen wir, neue Werte zu setzen. Wir arbeiteten daran, unterdrückungsfreie Strukturen zu entwickeln, und schufen ein Begriffssystem jenseits der patriarchalen Werte. Dabei entstanden Hunderte von Lesbenprojekten: Kollektive, Zeitungen, Schallplattenfirmen, Buchläden, Druckereien, Filmgesellschaften, Frauenschulen, Lesbenzentren, Bibliotheken und Archive, Kreditgenossenschaften, Magazine, Gesundheitszentren, Restaurants, Radiosender, Lebensmittelkooperativen, Rehabilitationszentren für Alkoholikerinnen, Notrufeinrichtungen, Frauenbands, Lesbencamps, Musikfestivals, mehr Lesbenbars und, und, und.

In der letzten Phase jener Jahre habe ich viele unserer Projekte wachsen und auch wieder eingehen sehen. Dieser Zusammenbruch hatte viele Ursachen. Wir hatten versucht, den repressiven Werten, nach denen wir lebten, den Kampf anzusagen und Alternativen zu schaffen; als direkte Reaktion darauf begegneten wir offener Gewalt, harten ökonomischen Einschränkungen, juristischen Schwierigkeiten, FBI-Unterwanderung, Spaltung und allen möglichen anderen Formen männlicher Sabotage, etwa der, daß Feministen Diskriminierungsklagen einreichten, um an unseren Veranstaltungen teilnehmen zu können, oder daß transsexuelle Männer einen Platz unter den Lesben beanspruchten. Außerdem trugen wir tief in uns die patriarchalen Werte: Klassendiskriminierung, Rassismus, Diskriminierung der Alten, Kleinwüchsigen und Behinderten, Antisemitismus, Imperialismus und natürlich Sexismus und Heterosexismus – alle diese Ismen prägten unsere Wahrnehmung, und keinen davon konnten wir sofort, noch nicht einmal bis heute, ablegen. Und natürlich haben wir auf diesem neuen Weg entscheidende Fehler gemacht, etwa den, zu glauben, wir könnten einander automatisch vertrauen, weil wir alle Frauen oder alle Lesben sind.

Das Erbe der Lesbenprojekte

Von diesen enormen Hindernissen abgesehen, gab es aber wohl noch zwei andere Faktoren. Ich fand es entscheidend, daß unser Umgang miteinander trotz bester Absichten mehr schlecht als recht war, daß wir uns gegenseitig viel heftiger attackierten als wir jemals die Männer anzugreifen wagten und allgemein versuchten, einander fertigzumachen. Vieles davon lag an Klassenunterschieden und verschiedenen ethnischen oder kulturellen Zugehörigkeiten, vieles aber auch nicht. In jedem Falle hatte ich den Eindruck, daß es mit unseren Überlebenstechniken bergab ging.

Adrienne Rich beschrieb in »Frauen und Ehre – Einige Gedanken über das Lügen« provokativ die Art, wie wir Lügen gegeneinander richten.[1] Diese Schrift war für mein Buch sehr inspirierend.

Die meisten von uns hatten gut gelernt, im Patriarchat zu überleben, obwohl unsere Techniken je nach Klasse und Ethnie oft sehr unterschiedlich waren. Wir hatten das Überleben auf der Straße, am Arbeitsplatz, auf dem Sozialamt, im Schlafzimmer gelernt

– und jetzt richteten wir diese Überlebenstechniken gegeneinander. Nach meinem Eindruck kam die Destruktivität unserer Kommunikation zum Teil daher, daß wir uns nicht bewußt waren, wie wir unsere Überlebenstechniken einsetzen, und zum Teil auch aus der Übernahme traditioneller anglo-europäischer Werte in der Einschätzung unseres Umgehens miteinander. Ich fand, daß unsere Überlebenstechniken und unsere ethischen Werturteile die Verbindung der Lesben untereinander[2] und die Lesbengemeinschaft allgemein eher untergraben als fördern.

Was wir von den Patriarchen gewonnen hatten, ging wieder verloren – das war nicht einmal überraschend. Wir verloren jedoch auch das, was ich für unsere kostbarste Errungenschaft halte, unsere Verbindung untereinander über viele Grenzen hinweg. Unser Bemühen, eine Lesbengemeinschaft aufzubauen, war von außen und von innen ernstlich bedroht. Und deshalb begann ich, die Wertvorstellungen zu analysieren, die unsere Kommunikation und unsere praktische Arbeit bestimmen – Vorstellungen, die eher Angriffe und Manipulation verstärkten als Gelassenheit und Offenheit.

Insgesamt haben wir es nicht geschafft, unsere Verbindungen zueinander aufrechtzuerhalten und eine Kraft zu werden, die der Unterdrückung Widerstand leisten und ihr schließlich den Boden entziehen kann. Wir haben keine lebensfähige lesbische Gemeinschaft geschaffen. Meine These ist: Die Normen, die wir aus der anglo-europäischen Ethiktheorie übernommen haben, fördern Herrschaft und Unterordnung durch soziale Kontrolle (ich nenne das Heterosexualismus). Der erfolgreiche Aufbau einer Lesbengemeinschaft wird dadurch eher vereitelt als gefördert. Dieses Buch, zu dem mehrere Lesbenkollektive Anregungen gegeben haben, ist mein Versuch zu beschreiben, wie wir dem lesbischen Lebenszusammenhang näherkommen können, und ein Instrument zu finden, mit dem wir uns von der Unterdrückung befreien können. Diesen Versuch nenne ich lesbische Ethik.

Lesbisch-Sein

Ich bin lesbisch. Es gab zwar eine Zeit in meinem Leben, in der ich nicht lesbisch war, doch das Coming-out war für mich ein *coming home*, eine Heimkehr. Ich habe erlebt, wie es sich anfühlt, anzukommen und meine Mitte zu finden. Es sind Lesben, die mich inspirieren, es ist die lesbische Energie, die mich lebendig macht, und die Lesbengemeinschaft, auf die ich mich beziehe. Ich werde den Begriff 'Gemeinschaft' absichtlich nicht genau definieren, aber ich habe dabei das lose Netzwerk – das erträumte und das heute existierende – der Frauen vor Augen, die sich grundsätzlich als lesbisch definieren. Was ich 'Lesbengemeinschaft' nenne, ist keine spezielle Wesenheit; es ist eine Basis für unser In-der-Welt-Sein und existiert, weil wir da sind und uns von ihr ausgehend bewegen.

Ich schreibe auch in einem Kontext von Unterdrückung. Lesben wurden und werden meines Wissens in allen patriarchalen Gesellschaften unterdrückt. Auch wir sind Agentinnen der Unterdrückung, denn die Werte, auf die wir uns meist berufen, die wir bestätigen und die uns Grenzen setzen, sind eben die Werte, die Unterdrückung bestätigen und in ihr ihre Grenzen finden. Diese Werte sind uns aufgezwungen worden, aber wir haben sie um des Überlebens willen angenommen.

Bevor wir fähig sein werden, der Unterdrückung zu widerstehen und ihr den Boden zu entziehen, müssen wir so zusammenarbeiten können, daß ein Denken, welches von der Unterdrückung überzeugt ist, keinen Nährboden mehr findet. Das ist keine »persönliche«, »private« Sache. Nach meiner Einschätzung wird es ohne einen bestimmten Wandel der Werte, die wir durch unser Handeln bestätigen, keine soziale Veränderung geben, die der Unterdrückung den Boden entzieht. Die von Männern geführten Revolutionen – wirtschaftliche, militärische, intellektuelle – haben an dem grundlegenden Herrschafts-/Unterordnungsverhältnis als Kern der Unterdrückung nichts verändert.

Ich glaube nicht, daß die Unterdrückung von uns genommen werden wird. Und selbst wenn – was immer das heißen mag, würden wir mit unseren Wahrnehmungen und Urteilen immer noch die patriarchalen Werte bekräftigen. Wenn die Unterdrückung ein Ende haben soll, müssen wir aus ihr ausziehen. Dazu gehört auch, daß wir nicht mehr aus Gewohnheit repressive Werte verwirklichen (Werte, die zu unserer eigenen Unterdrückung und der anderer beitragen).

Unsere Energie ist lebendig; unsere Fähigkeiten sind ungezählt; unsere Errungenschaften – das Organisieren, das Heilen, die Kreativität, das Träumen – phänomenal. Wir bringen viele Talente mit: Erfahrungen, Fähigkeiten, Wahrnehmen und Begreifen, Humor, Phantasie, Intuition. Und was wir erfolgreich geschaffen haben, verdankt sich nicht den einzelnen Lesben in der Isolation. Unsere Möglichkeiten wachsen unter Freundinnen, in der Gemeinschaft, in der wir uns bewegen. Denn hier lieben wir und verletzen wir und machen Fehler und lachen und riskieren etwas und verschwören uns, leisten Widerstand, verändern uns. Hier konzentrieren wir uns aufeinander und schaffen damit die Chance, als Lesben zu leben. Wenn wir von innen heraus lesbisch sind, wachsen uns Flügel.

Lesbenunterdrückung besteht nicht auf der Beziehungsebene

Lesben haben, glaube ich, eine besondere Beziehung zur Unterdrückung. Lesben werden geschlagen, man verweigert ihnen Arbeit, Wohnung, Sorgerecht für Kinder; wir werden aus Universitäten vertrieben, in Irrenanstalten gesteckt, als Versuchskaninchen benutzt, ermordet, und wir werden mit denselben Brutalitäten konfrontiert wie alle anderen Unterdrückten auch. Dennoch meine ich, daß sich trotz ähnlicher Auswirkungen die Form der Lesbenunterdrückung von anderen Unterdrückungsformen unterscheidet.

Nach meiner Einschätzung werden Lesben als Gruppe nicht primär zu Sündenböcken gemacht – was zum Beispiel die Judenunterdrückung kennzeichnet. Lesben als Gruppe werden nicht vorrangig als minderwertig und kulturell rückständig bezeichnet, um so ihre Versklavung oder wirtschaftliche Ausbeutung zu rechtfertigen – was die Unterdrückung von Schwarzen, JapanerInnen, ChinesInnen in den USA kennzeichnet. Man hat Lesben nicht ihr Land weggenommen, sie zusammengetrieben und in Reservate gesteckt – die Form der Unterdrückung der amerikanischen UreinwohnerInnen in den USA. Und Lesben werden nicht primär über ihre Beziehung zu anderen definiert, so daß unsere Identität erst vollkommen und unsere Natur erst erfüllt ist, wenn wir unser Leben dem von dominanten Gesellschaftsmitgliedern unterordnen – was die Unterdrückung der Frauen kennzeichnet. Die Form der Lesbenunterdrückung besteht nicht primär auf der Beziehungsebene.

Die Existenz von Lesben wird formell geleugnet

Die Gesellschaft der Patriarchen leugnet vielmehr formell die lesbische Existenz: Als Lesbe wird eine (heterosexuelle) Frau bezeichnet, die Männer haßt (eine Männerhasserin); Lesbianismus gilt als Phase im Leben einiger (heterosexueller) Frauen; als Lesbe wird eine (heterosexuelle) Frau bezeichnet, die keinen Mann abbekommt; eine Lesbe sei ein Mann mit dem Körper einer (heterosexuellen) Frau. Die Wahrnehmung einer Lesbe als Mann mit dem Körper einer (heterosexuellen) Frau zum Beispiel beruht auf den Geschlechtsrollenstereotypen – der Ansicht, daß bestimmte Qualitäten männlich (maskulin) sind und andere weiblich (feminin). Daher wird eine Frau, deren Verhalten als dem maskulinen Stereotyp entsprechend wahrgenommen wird – ein kesser Vater zum Beispiel –, tatsächlich als Mann in einem Frauenkörper betrachtet. Darüber hinaus finden wir bei den Geschlechtsrollenstereotypen die Vorstellung, eine Frau brauche als Ergänzung das Männliche (Rationalität oder die Fähigkeit, Atomwaffen zu bauen; Aggressivität oder die Fähigkeit, zu verstümmeln und zu zerstören, usw.) Und der Gedanke an Frauen, die Frauen lieben, ist unmöglich, unvorstellbar.

Die Gleichsetzung von ‘Lesbe’ und ‘Männerhasserin’ ist ebenfalls interessant. Sicherlich hassen viele Lesben Männer, und es besteht Grund zu der Annahme, daß Männerhaß für den Auszug aus der Unterdrückung eine wichtige Rolle spielt.[3] Aber auch unendlich viele heterosexuelle Frauen hassen Männer. Das wird in ihrer Kunst sichtbar, in ihrem Schreiben, ihren Alltagsgesprächen. Viele heterosexuelle Radikalfeministinnen machen mehr und giftigere männerfeindliche Aussagen als die meisten Lesben. Und viele »unpolitische« Hausfrauen sind sich ihres Abscheus gegenüber Männern vollkommen bewußt. Das ist bezeichnend, wenn wir bedenken, daß das offene Eingeständnis von Männerhaß ein Tabu ist, der offene Frauenhaß dagegen alles durchdringt. Es ist aber auch bezeichnend, daß ‘Lesbe’ mit ‘Männerhasserin’ *gleichgesetzt* wird, ‘Frau’ dagegen nicht.

Lesben lieben Lesben, und daher sind lesbische Energie und lesbische Aufmerksamkeit Männern nicht zugänglich. Aber wieso ist das Männerhaß? Schließlich gelten heterosexuelle Männer nicht als Männerhasser und heterosexuelle Frauen nicht als Frauenhasserinnen. Wieso werden also Lesben in ihrer Gesamtheit als Männerhasserinnen wahrgenommen? Jemanden zu hassen, heißt, eine direkte, wenn auch negative Energie auf diese Person zu richten, eine aggressive Beziehung herzustellen. Wieso ist also die lesbische Verweigerung, Männern Energie zu geben, eine solche Aggression? Wann ist ein Entzug ein Angriff?

Ein Entzug von etwas ist nur dann ein Angriff auf jemanden, wenn das, was entzogen wird, als lebenswichtig für die Gesundheit, das Wohlbefinden oder das Überleben dieser Person gilt. Wenn ich also Männer in einen Raum sperren und diesem Raum die Luft entziehen würde, könnte das als Angriff betrachtet werden. Oder wenn ich Männern Lebensmittel vorenthalten würde, wäre mein Handeln ein Angriff. Daß Lesben Männern Energie vorenthalten, muß deshalb als Angriff angesehen werden, weil die Patriarchen die weibliche Energie als lebensnotwendig für die Gesundheit, das Wohlbefinden und das Überleben von Männern betrachten. Und diese Energie ist offensichtlich so lebenswichtig für Männer, daß Frauen nicht erkennen dürfen, daß es noch andere als heterosexuelle Lebensformen auf der Welt gibt. Wenn lesbisch lebende Frauen darauf bestehen, wahrgenommen zu werden, wenn wir nicht länger ignoriert werden können, werden wir benutzt, um Frauen zu erschrecken und zum Wohlverhalten zu mahnen[4], damit sie nicht solche Monster werden wie wir.[5]

Diese weibliche Energie, welche die Männer und die patriarchale Gesellschaft insgesamt anscheinend für so lebenswichtig halten, ist mehr als die Liebe von Frauen zu Frauen. Die historischen und materiellen Bedingungen lesbischen Lebens in Europa und den USA haben sich in letzter Zeit verändert und bewirken, daß Lesben die von Männern definierte weibliche Handlungsfähigkeit in Frage stellen können. Lillian Faderman sagt dazu:

> Sicher erkannte ich Unterschiede zwischen romantischer Freundschaft [des 19. Jahrhunderts, die nicht stigmatisiert war] und lesbischer Liebe [des 20. Jahrhunderts, die stigmatisiert wird], doch der Hauptunterschied hatte weniger mit dem offen gelebten sexuellen Ausdruck zu tun als mit der größeren Unabhängigkeit der Frauen. Heute kann eine Frau auf eine lebenslange Liebesbeziehung mit einer Frau hoffen. Sie kann ihre Hauptbezugsperson werden, was bei romantischen Freundinnen kaum je möglich wurde – allein schon aus wirtschaftlichen Gründen.[6]

Die heutige gesellschaftliche Betroffenheit darüber, daß Lesben Männern Energie vorenthalten, hat damit zu tun, daß wir Männern den Zugriff auf Frauen verweigern; das berührt unmittelbar die Struktur der Gesellschaft selbst. Zu der Furcht, die sowohl Männer als auch Frauen bei der Vorstellung eines feministischen Separatismus zeigen, bemerkt Marilyn Frye:

Männliches Parasitentum bedeutet, daß Männer *Zugriff* auf Frauen *haben müssen*; das ist der patriarchale Imperativ. Das feministische Neinsagen aber ist mehr als ein bloßes Entziehen (Umleiten, Umverteilen) von Waren und Dienstleistungen, denn der Zugriff ist eines der Gesichter der Macht. Die weibliche Weigerung, Männern den Zugriff auf Frauen zu gestatten, schneidet ihnen vor allem einen Strom von Annehmlichkeiten ab, sie ist aber auch eine Form und ein deutlicher Vorbote der Machtübernahme.[7]

Wenn Lesben in der Gesellschaft wirklich wahrnehmbar wären, könnte sich der Gedanke, daß Frauen auch ohne Männer überleben können, in die gesellschaftliche Realität hinein verbreiten. Um das zu verhindern und sich den primären Zugriff auf Frauen zu erhalten, versucht die männlich dominierte Gesellschaft Lesben nichtexistent zu machen.

Die lesbische Fähigkeit zum Widerstand – Für eine neue Perspektive

Diese Auslöschung unseres realen, materiellen Lebens erweckt den Anschein, die lesbische Existenz sei logisch oder formell in bestimmter Weise mit der weiblichen Handlungsfähigkeit verbunden. Das heißt, zum gegenwärtigen historischen Zeitpunkt enthält die lesbische Existenz eine bestimmte Möglichkeit, die eine Veränderung des Bewußtseins bewirken kann: die ideelle/materielle Möglichkeit, daß das Weibliche nicht im Sinne des Anderen definiert wird. Und diese Möglichkeit bildet den Schlüssel zum Verständnis meines Werkes.

Von einer ideellen/materiellen – das heißt, einer logischen – Möglichkeit abgesehen, sehe ich noch eine konkretere Möglichkeit aus der lesbischen Existenz erwachsen.[8] Wie Alix Dobkin singt: »Eine Lesbe hat sowas Gewisses.«[9] Billie Potts schreibt in der Einleitung zu ihrem lesbischen Kräuterbuch *Witches Heal:*

Für mich besteht der Hauptgedanke der lesbischen Perspektive in der Identifikation mit Frauen, im Vertrauen auf und in der primären Bindung an Frauenenergie. Daher meine ich, daß wir Lesben heute eher zu dem Wagnis bereit sind, uns mit von Frauen empfohlenen Heilmitteln selbst zu behandeln. Das geht einher mit der Strategie, Autorität in Frage zu stellen, und mit unserem tiefgreifenden, lebenslangen Kampf um den Widerstand gegen die männliche Autorität.[10]

In jeder Lesbe steckt etwas, das uns Mut macht, das auf irgendeiner Ebene die Norm in Frage stellt und uns auf einen eigenen Weg schickt. Das heißt, in jeder Lesbe steckt etwas von dem Geist, der mir für die Art ethischer Begriffe, an denen ich interessiert bin, wesentlich zu sein scheint. Es ist eine bestimmte Fähigkeit zum Widerstand und zu einer neuen Perspektive, und eben diese Fähigkeit aller Lesben zieht mich an.

Wir leben in einer Realität, die uns ausschließt; aber zumindest erkennen wir, daß wir existieren. So haben wir durch die bloße Bejahung unseres Lesbisch-Seins schon das gesellschaftliche Wissen auf einer Ebene in Frage gestellt. Unsere Existenz ist in sich schon ein Durchbruch durch die Grenzen der patriarchalen Denk- und Wahrnehmungsmuster und kann deshalb zum Ausgangspunkt für die Infragestellung jener Weltsicht werden, die unsere Existenz leugnet. Durch unsere bloße Existenz fechten wir die gesellschaftliche Konstruktion der Wirklichkeit an.

Damit ist nicht gemeint, daß wir als Lesben die Werte der Patriarchen weniger angenommen hätten. Mitglieder unterdrückter Gruppen übernehmen wesentliche Aspekte der dominanten Kultur; denn obwohl der Wunsch zu überleben einerseits dazu nötigt, in mancher Hinsicht einen Sonderstatus aufrechtzuerhalten, bedarf es andererseits der Anpassung an die dominante Kultur. Als Lesben haben wir also an der Unterdrückung teilgehabt – in dem, was wir heute tun, findet sich als Altlast das Programm der Patriarchen. Ich finde es nicht überraschend, daß wir die Instrumente der Patriarchen übernommen haben, darunter auch einen ausgeprägten internalisierten Heterosexismus. Entscheidend ist, daß trotz der gedanklichen Zwänge des patriarchalen Systems viele Lesben allmählich daraus ausbrechen.

Trotz unserer unterschiedlichen Anpassung entsteht durch die lesbische Existenz eine bestimmte Fähigkeit zum Widerstand und zu einer neuen Perspektive, eine für den möglichen Wertewandel entscheidende Fähigkeit. Und deshalb ist meine Perspektive die lesbische.

All das hatte ich zunächst gar nicht richtig begriffen. Als ich aus meinem früheren politischen Bewußtsein heraus zu einem lesbisch-feministischen Bewußtsein fand, kam ich wie viele andere zu dem Schluß, daß der Feminismus die Theorie war und der Lesbianismus die Praxis.[11] Mit der Zeit jedoch wurde ich unzufrieden; ich hatte aufgehört zu träumen, aufgehört zu inspirieren und mich inspirieren zu lassen. Dann gab mir Ariane Brunet von der Quebecer Zeitung *Amazonen von gestern, Lesben von heute* den Anstoß zu der Erkenntnis, daß ich die Lesben sowohl innerhalb als außerhalb des Feminismus einordnete. Auf meine Panik bei dem Gedanken, ich hätte ja gar keine politische Basis, wenn ich mich nicht auf den lesbischen *Feminismus* bezöge, erwiderte sie nur: »Siehst du den Lesbianismus denn nicht als politisch an?« Und auf einer nie geahnten Ebene fing ich wieder an zu träumen: Ich träumte vom Lesbianismus als Theorie, meiner Theorie.

Dann begann ich, die Perspektive des Feminismus in den USA zu hinterfragen. Beim Nachdenken über die Analysen, die Radikallesben in Quebec und Frankreich entwickelt hatten, gewann ich die Überzeugung, daß der Begriff 'Frau' eine künstliche Kategorie ist, wie der Begriff 'weiblich' auch, und vor dem Bankrott steht. 'Frau' existiert nur in bezug auf 'Mann' (jemand, der dominiert), und solange diese Identität besteht, erscheint die Herrschaft von Männern über Frauen als gesellschaftlich wünschenswert und sogar als natürlich.

Hetero-sexualismus

Daher möchte ich Lesbianismus und Heterosexualismus einander gegenüberstellen. Mit Heterosexualismus meine ich nicht nur, daß Männer mit Frauen Sex haben und Kinder zeugen. Ich meine einen ganzen Lebensstil, der durch jede formelle und informelle Institution der patriarchalen Gesellschaft, von der Religion bis zur Pornographie, zur unbezahlten Hausarbeit, zur Medizin, gefördert und verstärkt wird. Heterosexualismus ist eine Lebensweise, welche die Herrschaft einer Person und die Unterordnung einer anderen zur Normalität erhebt.

Die Beziehung zwischen Frauen und Männern gilt im anglo-europäischen Denken als die Grundlage der Zivilisation. Das meine ich auch. Und sie läßt das, was wesentlich zur anglo-europäischen Zivilisation gehört, so sehr zur Normalität werden, daß wir Herrschaft und Unterordnung in all ihren wohltätigen Funktionen gar nicht mehr als falsch oder schädlich wahrnehmen: die »Liebes«-Beziehung zwischen Männern und Frauen, die »Schutz«-Beziehung zwischen Imperialisten und Kolonialvölkern, die »Friedens«-Beziehung zwischen Demokratie (US-Kapitalismus) und den demokratiefeindlichen Kräften. Wenn dem Heterosexualismus als Beziehungsform nicht der Boden entzogen wird, wird es im gesellschaftlichen Bewußtsein immer Begriffe geben, die Unterdrückung positiv bewerten.

Daher ist meine Perspektive die 'lesbische', weil ich Lesbianismus als Kampfansage an den Heterosexualismus erforschen will, Heterosexualismus verstanden als Herrschaft von Männern (oder des Männlichen) über Frauen (oder das Weibliche), gleich ob sie als Beschützer oder als Räuber daherkommen, ob die Herrschaft wohltätig oder feindselig ist. Und ich will erforschen, wie sich die Herrschaft und Unterordnung des Heterosexualismus aus der lesbischen Lebensform heraushalten lassen.

Abgesehen davon, daß die Situationen, die ich beschreibe, in der Lesbengemeinschaft spielen, träume ich ganz allgemein vom Lesbianismus, weil darin bestimmte Chancen liegen. Und was noch wichtiger ist, die lesbischen Zusammenhänge und Neuschöpfungen bewegen mich als Lesbe – und lassen erkennen, daß diese Chancen mehr sind als bloße Spekulation.

Manche werden sich fragen, ob sich außer Lesben auch noch andere in das, was ich lesbische Ethik nenne, einfügen können. Meine Antwort ist ja – natürlich. Heterosexuelle Frauen zum Beispiel können sich in dieses Denksystem einfügen. Sie passen allerdings genauso hinein, wie Lesben in die heterosexuelle Gesellschaft passen. Wir passen zwar hinein, aber nicht als Lesben. Heterosexuelle Frauen können sich hier einfügen, aber nicht als heterosexuelle Frauen – das heißt, nicht als Angehörige der Kategorie 'Frau'.

Lesbischer Kontext

Indem ich dieses Werk 'lesbisch' nenne, beziehe ich mich auf einen lesbischen Kontext. Deshalb habe ich mich entschieden, den Begriff nicht zu definieren. 'Lesbisch' zu definieren, hieße meiner Meinung nach, sich in einen heterosexuellen Kontext zu stellen. Keine käme auf den Gedanken, zu erklären oder zu definieren, was sie als Norm versteht. Wenn wir 'Lesbianismus' definieren, beziehen wir uns auf einen Kontext, in dem er nicht die Norm ist.

Wenn wir uns auf uns selbst konzentrieren, fühlen wir uns auch oft veranlaßt zu definieren, was es bedeutet, lesbisch zu sein. Und sofort stellt sich die Frage, welche Frauen dazugehören. Wir glauben, wir müßten definieren, was eine Lesbe ausmacht, damit wir bestimmen können, welche Frau eine Lesbe ist, um uns so gegen Eindringlinge zu schützen. Wir fühlen uns von außen bedroht und wollen bestimmen, welchen Frauen wir vertrauen können.

Wir haben jedoch erkannt, daß wir jemandem nicht einfach deshalb vertrauen können, weil sie eine Frau oder eine Lesbe ist. Selbst wenn wir eine feste und theoretisch schlüssige Definition wüßten, an der die Grenzen der Lesbengemeinschaft deutlich werden, so brächte uns dies auch nicht das, was wir erhofften. Also lasse ich das Definieren und denke auf andere Weise über die lesbische Gemeinschaft nach.

Mir schwebt ein Lebenszusammenhang vor. Ich denke an den lesbischen Lebenszusammenhang und nicht an seine Grenzen. Ich verwende nicht die Metapher der Festung, die gegen Überfälle verteidigt werden muß. Ich denke an die lesbische Gemeinschaft als ein Fundament für das Lesbisch-Sein, einen Nährboden für unsere Chancen, einen Kontext, in dem wir einander ausschließlich als Lesben verstehen, einen Kontext, in dem wir einen lesbischen Sinn schaffen. Dieser Kontext existiert nicht durch Abgrenzung, sondern weil wir einander als Lesben erkennen.

Wenn ich eine mehr nach innen als nach außen gerichtete Perspektive betone, rede ich nicht einer gleichförmigen gegenseitigen Wahrnehmung das Wort. Ich will damit sagen, daß wir einander in allen unseren Aspekten wahrnehmen sollten, von unserer unterschiedlichen Herkunft bis zu unseren politischen Differenzen. Ich will aber auch zu verstehen geben, daß wir einander als 'Lesben' und nicht als 'Frauen' begegnen sollten.

Eine der verheerendsten Auswirkungen des Heterosexualismus auf Lesben ist die Auslöschung des Sinns lesbischen Lebens. Wenn wir als Lesben miteinander umgehen, entsteht aus unserer Kommunikation der Sinn unseres lesbischen Lebens. Wenn wir nicht als Lesben miteinander umgehen, gibt es auch keine lesbischen Werte.

Früher genügte einfach das Coming-out als Lesbe. Heute sind wir klüger. Wir wissen, daß Lesbisch-Sein höchstens die Chance zu einer bestimmten Art weiblicher Handlungsfähigkeit bildet. Ein weiterer Schritt auf dem Wege, diese Handlungsfähigkeit zu verwirklichen, führt zum Gebiet der Ethik.

Ethik

Die Gedanken, die ich heute lesbische Ethik nenne, habe ich seit 1977 entwickelt. Zunächst wollte ich mich gar nicht auf das Gebiet der Ethik begeben. Als Philosophin habe ich mich für Erkenntnistheorie (die Lehre vom Wissen) interessiert und davor für den Existentialismus, und wenn Frauen, die über feministische Themen arbeiten wollten, in der Philosophie einen Job fanden, ging man davon aus, daß sie sich mit Ethik beschäftigten. Ich war nicht der Meinung, der Feminismus sei nur ein Teilbereich der Ethik; außerdem wollte ich nicht dorthin abgeschoben werden, wo manche ganz selbstverständlich den »Platz der Frau« in der Philosophie ansiedeln. Ich untersuchte den Feminismus als etwas, das metaphysischen und erkenntnistheoretischen Fragen einen Sinn verleihen kann – was als Realität gilt und wie wir es erkennen.

Dann hat mich Toni McNaron aus Minnesota eingeladen, im Frauenbildungshaus in Maidenrock einen Wochenendworkshop über lesbische Ethik zu halten, und ich freute mich, mit Gedanken spielen zu können, die ich im lesbischen Leben für ganz zentral hielt. Ich erstellte für Maidenrock ein Seminarprogramm mit vier Teilen: Macht, Sabotage, Überleben und Unterstützung. In dieser Zeit wurde mir bewußt, daß die Ethik ein wichtiger Bereich feministischen Denkens ist und nicht nur aus der langweiligen alten Männerfrage besteht, ob Frauen gleiche Rechte haben sollten – was ich schlicht nicht mehr diskutierte. Und allmählich begriff ich, daß die Ethik entscheidend zum Verständnis dessen beiträgt, was unter uns vorgeht.

Zwecke der Ethik

Als wir miteinander an verschiedenen Projekten arbeiteten, wurde uns bewußt, daß wir nicht gerade ideale Lesben waren. Daraufhin beschäftigten wir uns außer mit politischen Aktionen auch mit ethischem Verhalten. Denn unsere Verhaltensweisen führten eher dazu, den lesbischen Zusammenhang zu untergraben als ihn zu fördern. Der Grund dafür liegt zum Teil in unserem Verständnis von Ethik.

Wenn wir uns der Ethik zuwenden, suchen wir normalerweise nach Regeln oder Normen oder Prinzipien. Wir wollen wissen, was in einer gegebenen Situation das »Richtige« ist; das heißt, wir wollen eine Situation sicher und fehlerlos bewältigen. Oder wir berufen uns auf die Ethik, um ein Instrument in der Hand zu haben, mit dem wir andere dazu bringen können, sich richtig zu verhalten; das heißt, wir wollen, daß sie das tun, was sie unserer Meinung nach tun sollten. Dies sind die traditionellen Zwecke der Ethik, und ich halte beide für einen Fehler.

Professionelle Philosophen führen an, wenn es keine allgemeingültigen Prinzipien als Fundament moralischer Entscheidung gebe, auf die wir uns berufen können, um richtig und falsch zu bestimmen, dann sei ethisches Handeln unmöglich.[12] Und das Bedürfnis der Lesben nach Prinzipien ist ebenfalls groß. Wir sind geneigt zu glauben, ohne letzte Prinzipien, nach denen wir unser eigenes Verhalten und das der anderen als richtig oder falsch beurteilen können, habe die Ethik keinen Sinn.

Prinzipien

Sich auf Regeln oder Prinzipien zu berufen, wirft jedoch mehrere Probleme auf. Prinzipien können kein Wohlverhalten garantieren; sie sind unnütz, wenn die Individuen nicht schon ohne sie integer handeln. Höchstens dienen sie als Richtlinien für die, die bereits integer handeln. So haben wir zum Beispiel recht komplizierte Strategien für faires Kämpfen oder Konfliktlösung, und doch können wir sie anwenden, um das Vermitteln zu sabotieren und die Integrität zu untergraben.[13]

Zweitens geht aus Regeln oder Prinzipien nicht hervor, wie sie anzuwenden sind. Bei einer moralischen Entscheidung müssen wir zunächst darüber entscheiden, welche Prinzipien in einer gegebenen Situation wie anzuwenden sind. Nehmen wir beispielsweise an, wir sind uns einig, immer ehrlich zueinander zu sein. Was gehört zur Ehrlichkeit, besonders wenn, wie Adrienne Rich betont hat, auch Schweigen eine Lüge sein kann?[14] Soll ich absolut alles, was du gerade tust, unterbrechen, um dir meine Gefühle mitzuteilen? Und wenn ich es nicht tue, bin ich dann unehrlich, weil ich dir Informationen vorenthalte? Diese Fragen mögen albern klingen – doch wir haben das eine getan und einander des anderen beschuldigt. Oder wenn du etwas nicht ansprechen willst und immer das Thema wechselst, wenn ich darauf zu sprechen komme, vielleicht auch noch in Tränen ausbrichst – lüge ich dich an, wenn ich das Thema nicht durchsetze? Es ist nicht immer klar, was als ehrlich anzusehen ist.

Drittens: Wenn zwei Lesben sich ernstlich streiten, sind wir oft auch verschiedener Meinung darüber, welche Prinzipien gelten sollen. Oder Lesben vertreten unterschiedliche Prinzipien – »sie ist rassistisch« versus »sie mißt mit zweierlei Maß«, wobei beide sich beklagen, daß die andere sich nicht an das Prinzip hält, das der einen wichtig ist. Es ist eine Ironie, daß Prinzipien nur dann funktionieren, wenn sie eigentlich gar nicht nötig sind.

Die Faszination von Regeln und Prinzipien rührt zum Teil von dem Wunsch nach Verläßlichkeit und Sicherheit her. Wenn uns jemand nur eine Regel sagt, die wir befolgen können, brauchen wir uns keine Sorgen zu machen, was wir wählen sollen, wir brauchen nicht zu befürchten, einen Fehler zu machen. Oder wenn jemand nur die Regeln aufstellt, dann müssen sich alle ihnen anpassen. (Das ist natürlich schlicht falsch. Es ist auch und gerade die Verweigerung der Anpassung, die uns zu Lesben macht.)

Unser Wunsch nach Verläßlichkeit beinhaltet auch den Wunsch, Urteile unabhängig von den besonderen Umständen und unabhängig von individuellen Zielen zu treffen. Wenn wir ein Prinzip oder eine Regel haben, ist das Handeln der anderen Frau für uns berechenbar, ohne daß wir nach den Besonderheiten ihrer Entscheidung fragen müssen. Wir stellen Prinzipien und Gesetze auf und berücksichtigen nicht mehr, daß wir als Folge unserer Entscheidungen im Laufe unseres Lebens Wandlungen durchmachen; vieles übersehen wir. Aus einem Prinzip heraus zu handeln, wird unsere Urteilsfähigkeit eher beeinträchtigen als stärken.

Ich meine damit nicht, wir sollten niemals Prinzipien formulieren oder anwenden oder Strategien und Faustregeln wie faires Kämpfen, Ehrlichkeit oder Antirassismus aufgeben. Wir haben begonnen, recht komplizierte Interaktionsstrategien zu entwickeln.[15] Ich gebe nur zu bedenken, daß die *Anwendung* eines gegebenen Prinzips von unseren Lebensbedingungen abhängt. Und wenn die Berufung auf Prinzipien funktioniert, dann deshalb, weil wir bereits integer handeln.[16]

Um Prinzipien anzuwenden, müssen wir urteilsfähig und in der Lage sein, Informationen über eine gegebene Situation einzuholen und zu bewerten; wir müssen im Urteilen geübt sein. Mit dieser Fähigkeit und diesen Informationen wird das Handeln nach Prinzipien überflüssig. Wir können nicht etwa auf Prinzipien zurückgreifen, wenn alles andere versagt.[17]

Traditionelle Ethik

Und doch ist dies genau die Illusion, welche die traditionelle Ethik nährt. Deshalb interessiert es mich, die *Funktion* von moralischen Regeln und Prinzipien zu untersuchen, die aufgestellt wurden, damit wir leichter bewerten können, was wir tun oder nicht tun sollen, um gut zu sein. Denn vieles von dem, was sich in unserer Kultur Ethik nennt, bezieht sich nicht auf die Integrität und moralische Kompetenz einer Person, sondern vielmehr auf das Maß, in dem sie durch Beachtung von Regeln an der strukturellen Hierarchie einer sozialen Gruppe oder Organisation teilhat. Die ethischen Tugenden, wie wir sie kennen, sind Herren- und Sklaven-Tugenden. Selbst in ihrer subtilsten Form beinhaltet die normative (Alltags-)Ethik Prinzipien oder Regeln der Pflicht gegenüber den in der Hierarchie Höherstehenden (einschließlich Gott) und Prinzipien oder Regeln der Verantwortung gegenüber den in der Hierarchie Tieferstehenden, oft »zu ihrem eigenen Besten«. (Die aktuelle Diskussion in der Medizinethik veranschaulicht das.) Die Funktion der traditionellen Ethik besteht meiner Ansicht nach in der Förderung gesellschaftlicher Organisation und Kontrolle auf Kosten der persönlichen Integrität und Handlungsfähigkeit.

Und das bringt mich zu den Grundwerten der traditionellen Ethik. Mich interessieren Werte nicht so sehr im üblichen Sinne der Bestimmung, welche Handlungen richtig oder falsch sind, noch in dem mehr philosophischen Sinne der theoretischen Prinzipien, auf die wir uns berufen können, um bestimmte moralische Prinzipien oder Regeln zu rechtfertigen. Mir geht es um die Werte, die in unsere Wahrnehmung der Realität eingehen, die Werte, welche die Voraussetzung dafür bilden, wie wir uns der Welt zuwenden. Ich meine nicht die Werte, über die wir nachdenken oder von denen wir glauben, wir sollten sie uns zu eigen machen, sondern tieferliegende Werte, die wir durch unsere Entscheidungen ins Leben rufen. Und die Werte, die den Kern der traditionellen Ethik bilden, sind Herrschaft und Unterordnung.

Meine Thesen zur traditionellen Ethik sind folgende: 1. Schwerpunkt und Zielsetzung der traditionellen Ethik, praktisch ihre Funktion, sind nicht die persönliche Integrität und Handlungsfähigkeit (Kompetenz zum Entscheiden und Handeln), sondern gesellschaftliche Organisation und gesellschaftliche Kontrolle. 2. Die Werte, um die sich die traditionelle Ethik dreht, sind antagonistisch, sind die Werte von Herrschaft und Unterordnung. Daher werden 3. durch die traditionelle Ethik persönliche moralische Kompetenz und Handlungsfähigkeit eher untergraben als gefördert. Und 4. verbinden sich diese Aspekte der traditionellen Ethik, um die Unterdrückung, indem sie diese zur Gesellschaftsorganisation umdefiniert, zu rechtfertigen. Zentrum dieses Bestrebens ist die Berufung auf Prinzipien und Regeln.

Moralische Handlungsfähigkeit in der Unterdrückung

Wenn ich an Ethik denke, denke ich an Personen, die Entscheidungen treffen, das heißt urteilen und handeln. Ich denke an unsere Fähigkeit zur Kommunikation, Verbindung, Intimität, Zuwendung. Ich denke an unsere Fähigkeit, wahrzunehmen und zu werten, unsere Fähigkeit, Informationen aufzunehmen und zu verarbeiten. Ich denke an die Einschränkung unserer Entscheidungen, die Grenzen unserer Möglichkeiten. Ich denke an die Wandlungen, die wir als Folge unserer Entscheidungen durchlaufen – wie wir wachsen und uns verändern. Ich denke an unsere Fähigkeit, einen lesbischen Lebenssinn zu schaffen. Wenn ich an Ethik denke, denke ich an Entscheidungen unter Zwang, und ich denke an die moralische Handlungsfähigkeit von Lesben.

Lesbische Ethik, wie ich sie verstehe, will persönliche Integrität und Handlungsfähigkeit in Beziehung zu anderen ermöglichen und entwickeln. Ich will ein Selbst imaginieren, das getrennt und verbunden zugleich ist, ein Selbst, das weder autonom noch aufgelöst ist: ein Selbst in der Gemeinschaft, das eins unter vielen ist; ich nenne dies *Autokoinonie.*

Mit dieser Betonung von Entscheidung und moralischer Handlungsfähigkeit will ich nicht leugnen, daß wir von Faktoren beeinflußt werden, die wir nicht steuern können. Im Gegenteil, ich will damit dem männlichen Mythos entgegentreten, demzufolge wir eine

Situation beherrschen müßten, um entscheidungsfähig zu sein. Eine moralische oder politische Theorie, die für Unterdrückte von Nutzen sein soll, darf uns Unterdrückte nicht davon überzeugen, daß wir totale Opfer sind. Auch wenn wir Situationen nicht beherrschen, so beeinflussen wir sie doch. Ich will die lesbische Fähigkeit zum Eingreifen und Handeln beschwören – daß wir hier und jetzt in Bewegung sind, bewirkt etwas. Und ich will sagen, daß trotz aller unserer Einschränkungen unsere Macht – unser Vermögen und unsere Handlungsfähigkeit – im Entscheiden liegt.

Was ich brauche – und hoffe, in diesem Buch entwickelt zu haben –, ist unter anderem eine Vorstellung von der moralischen Handlungsfähigkeit in der Unterdrückung. Dazu gehört, innerhalb einer Situation Kompetenz zu entwickeln, ohne die Verantwortung für die Situation zu beanspruchen. Dazu gehört auch, sich gegen die Demoralisierung in der Unterdrückung zu wehren. Und es gehört dazu, sich gegen die Ansicht zu wehren, daß unsere Handlungen nichts bewirken und wir machtlos sind, wenn wir eine Situation nicht beherrschen können. Zur moralischen Handlungsfähigkeit gehört die Kompetenz, auch in der Unterdrückung zu agieren: weiterhin Entscheidungen zu treffen, weiterhin innerhalb der unterdrückerischen Struktur unserer Gesellschaft zu handeln und die Unterdrückung zu bekämpfen, durch unsere Lebensweise Sinn zu schaffen.

Deshalb ist das, was ich lesbische Ethik nenne, kein Regelwerk richtigen Verhaltens, keine Liste von Geboten und Verboten, die Glück und Erfolg oder Freiheit von Schmerz oder Fehlern garantieren. Ich bin nicht an Prinzipien zur Anleitung und Ausrichtung unseres Handelns interessiert, sondern an der Funktion unserer ethischen Urteile, den zentralen Werten ethischer Urteile und der moralischen Handlungsfähigkeit von uns als Lesben.

Ich werde die Formen der Wahrnehmung (das heißt Beurteilung) von Situationen, die Formen der Bestätigung von Werten (oft unwissentlich) durch unsere Entscheidungen in einer bestimmten Situation und die Wege der Entwicklung unserer moralischen Handlungsfähigkeit in der Gemeinschaft diskutieren.

Ethik beginnt bei unseren Interaktionen und den Werten, die wir durch diese Interaktionen entwickeln und entfalten. Mein Interesse ist es, durch unsere Entscheidungen neue Werte zu entwickeln; Werte, welche die lesbische Handlungsfähigkeit und das Lesbisch-Sein wachsen lassen, unsere Integrität bewahren und uns weniger empfänglich für repressive Werte machen. Darum geht es mir, wenn ich über Ethik nachdenke.

Sprache

Als Philosophin arbeite ich mit Sprache und Begriffen. Ich bin in diesem Beruf ausgebildet, habe aber schon als kleines Mädchen über philosophische Fragen nachgedacht (auch über manche, die sogar nach Aussage von Professoren dieses Faches philosophisch sind). Ich habe einen ausgesprochenen Hang zum Grübeln; wenn ich mir Dinge ausdenke und sie ausdrücke, fühle ich mich lebendig. Manchmal versetzen mich Papier und Stift in einen anderen Bewußtseinszustand.

Noch wichtiger: Ich arbeite mit Sprache und Begriffen, weil die Sprache an jeder Veränderung des Bewußtseins und am Widerstand gegen diese Veränderung beteiligt ist. Viele Lesben meinen allerdings, die Beschäftigung mit Sprache sei Zeitverschwendung. Manche behaupten sogar, die Konzentration auf Sprache sei bildungsbürgerlich.

Natürlich ist die Sprache nicht die einzige Quelle von Unterdrückung und nicht das einzige Herrschaftsinstrument. Die Art und Weise jedoch wie Sprache benutzt wird, um unsere Realität zu strukturieren und uns in der Unterdrückung gefangenzuhalten, unterscheidet sich nicht grundlegend von der Manipulation der materiellen Bedingungen unserer Existenz, die unsere Realität strukturiert und uns in der Unterdrückung gefangenhält.[18] Beispielsweise beinhaltet der Prozeß der Kolonisierung die Entsendung von christlichen Missionaren, welche die Sprache der kolonisierten Menschen aufschreiben und kategorisieren. Die Missionare gründen Schulen, in denen die Kinder ihre »Eingeborenen«-Sprache durch die Brille christlicher und kolonialer Kategorien erlernen müssen (so bekommen etwa die Gottheiten ein männliches Geschlecht; 'Teilen' wird durch 'Eigentum' ersetzt), um sie dann im Sinne dieser Kategorien anzuwenden.

Sprache als Unterdrückungsinstrument

Die Sprache ist ein Unterdrückungsinstrument, weil wir in der Unterdrückung gefangenbleiben, wenn wir nur das wahrnehmen, was die Unterdrücker wahrnehmen, wenn wir nur ihre Werte und Kategorien zur Verfügung haben. Sprache interessiert mich, weil sie ein so heimtückisches Mittel zur Erhaltung einer bestimmten politischen Perspektive ist, und auch wegen ihrer Wandlungsfähigkeit. Der Gebrauch von Sprache hat jedoch für Unterdrückte eine widersprüchliche Dynamik – er bedeutet sowohl Einverständnis als auch Zwang: Indem wir Sprache gebrauchen, haben wir teil an einem Konsens, oft sogar unwissentlich; gleichzeitig ist unsere Teilhabe aber auch erzwungen.[19]

Sprache als Konsens

Zunächst bedeuten die in der Sprache verankerten Werte Einverständnis, Konsens. Unabhängig davon, welche Gesetze (Regeln) darin transportiert werden, heißt das, daß die in unserer Sprache verankerten Werte deshalb bestehen bleiben oder sich wandeln, weil in unserem Sprachgebrauch und in unserer Wahrnehmung ein allgemeiner Konsens herrscht. Damit meine ich nicht, daß wir uns zusammensetzen und uns über diese Fragen einigen; ich meine damit, daß wir nicht widersprechen, daß wir uns nicht darüber auseinandersetzen. Wir *erklären unser Einverständnis* schon, indem wir fraglos bestimmte Begriffe verwenden.[20] 'Weiblichkeit' (in dualistischem Gegensatz zu 'Männlichkeit') ist ein solcher Wertbegriff: Gleichgültig was WissenschaftlerInnen im Zusammenhang mit dem sogenannten weiblichen Verhalten erforschen oder was Feministinnen und Lesben meinen, wenn sie sich auf 'das Weibliche' berufen – durch solche Vorgänge haben wir alle teil an dem Konsens, daß 'Weiblichkeit' eine fundamentale Verständniskategorie ist.

Sprache und Wahrnehmungsvermögen bedeuten Konsens, indem bestimmte Urteile nicht hinterfragt, sondern durch das gesamte Umfeld, von der Forschung bis hin zum Klatsch, gestützt werden. Dieser Kern wird nicht begründet und begründet selbst nichts. Unser Wissen stützt vielmehr noch seine eigenen zentralen Elemente.

Philosophie und Naturwissenschaft haben eine andere Auffassung von unseren Wissensgrundlagen. Traditionell ist die Wissensgrundlage als Fundament begriffen worden, das hochhält, stützt und alles andere begründet.[21] Ludwig Wittgenstein schlägt eine andere Metapher vor: Eine Wissensgrundlage sei wie eine Achse, die durch das gestützt werde, was sich um sie dreht.[22] Von daher begründet eine »Grundlage« nicht unser Alltagsverständnis oder unser wissenschaftliches Urteil, und sie wird auch durch nichts anderes begründet; die »Grundlage« bestimmt vielmehr die Grenzen dessen, was wir als Begründung anerkennen. Sie ist das, was nicht hinterfragt wird – gestützt durch das Umfeld. Wenn dieser Kern in Frage gestellt, bestritten oder gar zu begründen versucht würde, wäre sein Status als »Grundlage« bedroht.[23]

Der Begriff 'Frau' beispielsweise stützt sich nicht auf ein Fundament weiblichen Verhaltens. Der Begriff 'Frau' bestimmt vielmehr, was als normales weibliches Verhalten gilt. Und der Begriff wird gestützt etwa durch die Art von Forschung, die Wissenschaftler betreiben, durch die Werbung, die sich an Frauen und auch an Männer wendet, durch die Medienberichterstattung, durch die Art, wie Frauen zum sexuellen Vergnügen oder zur religiösen Erbauung oder für medizinische Experimente oder zur militärischen Inspiration der Männer dargestellt werden. Die Kategorie 'Frau' gibt nicht die Realität wieder, sondern sagt uns statt dessen, wie wir die Realität zu definieren haben. Einverständnis bedeutet, daß die sozial Handelnden dieser Wahrnehmung von Frauen nicht widersprechen.[24]

Solange also der Kern unseres Wissens durch das gestützt wird, was um ihn kreist, begrenzt und strukturiert er unsere Wahrnehmung und unser Urteilsvermögen: Obwohl der Begriff 'Frau' als deskriptive Kategorie erscheint, bestimmt er doch bei unhinterfragter Wahrnehmung, was als eine Frau gilt. Er bestimmt unsere Wahrnehmung des normalen weiblichen Verhaltens, das Vorstellungsvermögen bleibt auf männliche Kategorien beschränkt. Julia Penelope [Stanley] fand bei ihren linguistischen Forschungen, daß englische Wörter, die einflußreiche und angesehene Positionen bezeichnen, eine Wertkonnotation von 'männlich' und 'weiß' haben: Bis zum Beweis des Gegenteils gehen wir zum Beispiel davon aus, daß Chirurgen männliche Weiße sind.[25] Unser Urteilsvermögen, unsere Wahrnehmung orientiert sich an den in unserer Sprache verankerten Werten, und das schränkt unsere Phantasie ein.

Sprache strukturiert die Wahrnehmung

Von daher wird deutlich, wie Sprache auch als Konsens Zwang beinhalten kann. Denn die Sprache, die wir sprechen, ist die Sprache der Patriarchen. Es geht mir gar nicht darum, Schwerpunkte und Grenzen in der Sprache selbst in Frage zu stellen. Schließlich helfen uns auch Begrenzung und Konzentration, unserem Handeln eine Form zu verleihen. Mich interessiert, welche Grenzen die patriarchale Sprache setzt und wie die Patriarchen sie setzen.

Sprache als Zwang

Der Konsens wird dadurch erzwungen, daß die Männer uns die Macht der Benennung gestohlen haben, wie Mary Daly näher erläutert.[26] 'Weiblichkeit' ist eine von Männern erdachte Bezeichnung für Frauen, mit der die weibliche Unterordnung zum Normalzustand erklärt wird. Was nicht den Bedürfnissen der Männer dient, gilt als »unnatürlich«. Wir haben uns nicht selbst 'Frauen' genannt.

Das ist in der akademischen Welt am augenfälligsten – Theologie, Pädagogik, Naturwissenschaften, Politologie, Jura und Militärwissenschaft: Die Männer schlossen die Frauen aus und konnten ihnen dann ungehindert ihre Benennungen diktieren. Weniger offensichtlich wurden über Semantik (»Bedeutung«) und Syntax (»Grammatik«) auch in der Sprache die männlichen Werte verankert. Da in der Männergesellschaft die Frauen mehr Zuhörende und Lesende als Sprechende und Schreibende sind, gehen die Wahrnehmungen der Frauen nicht in die Sprache ein.

Auf dem Gebiet der Semantik haben mehrere feministische Linguistinnen die systematische Abwertung von Frauen beschrieben. Muriel Schultz hat zum Beispiel eine Reihe verschiedener Begriffskategorien für Frauen (im Gegensatz zu Begriffen für Männer) untersucht und herausgefunden, daß die Bezeichnungen für Frauen mit positiven Konnotationen mit der Zeit schließlich negativ werden und dann diejenigen Frauen bezeichnen, die sexuelle Beziehungen zu Männern haben.[27] Julia Penelope [Stanley] hat eine Liste von 220 Bezeichnungen für heterosexuelle Frauen analysiert (Frauen, die sexuelle Beziehungen zu Männern haben) und gefunden, daß die Wörter sich nach einem Raster sortieren lassen, dessen Parameter die Länge des Kontakts mit einem Mann und die Höhe der Kosten für den Mann sind. Das Paradigma der Frau als Prostituierte verengt die gesellschaftliche Wahrnehmung und schafft Stereotypen von Frauen, mit denen wir dann leben müssen.[28]

Dale Spender, die auf den Arbeiten von Muriel Schultz und Julia Penelope [Stanley] aufbaut, formuliert zwei semantische Regeln für den englischen Sprachgebrauch. Erstens: Mit der Zeit »muß *jedes* Symbol, das mit dem Weiblichen zusammenhängt, negative (und bezeichnenderweise häufig sexuelle) Konnotationen annehmen«.[29] Zweitens: »Es gibt zwei fundamentale Kategorien, männlich und weniger-als-männlich. Im Zusammenhang mit 'männlich' gibt es ein Spektrum von Bedeutungen, die positiv und gut sind; der Zusammenhang mit 'weniger-als-männlich' bedeutet das Fehlen dieser Qualitäten«.[30] Das ist bezeichnend, denn insoweit wir unsere Sprache unkritisch einfach als die Sprache akzeptieren, die wir benutzen, drücken wir Werte aus, mit denen wir uns niemals einverstanden erklärt, ja die wir niemals auf ihren Inhalt untersucht haben (beispielsweise 'Hurensohn' als Schimpfwort für einen Mann).

Außer sexistischen und heterosexistischen Werten transportiert die Sprache auch rassistische Werte – das deutlichste Beispiel dafür sind die Bezeichnungen 'hell' und 'dunkel', die positive bzw. negative Konnotationen beinhalten. Auch ist die Sprache durchsetzt mit Werten, die mit körperlicher Leistungsfähigkeit zu tun haben. (Beispielsweise stehen Wörter wie 'sehen' nicht nur für eine Form des Erkennens, sondern für das Erkennen selbst, wie in »ich sehe, was du meinst«, oder es gibt Begriffe wie 'Blindheit' als mangelndes Verstehen, wie in »sie war blind gegenüber der eigenen Unterdrückung«[31], sowie Begriffe mit Werten, die dicke oder kleine Menschen herabsetzen, wie »das Budget abspecken«[32], »Frauen kleinmachen«.)

Die Vermittlung von Werten geschieht in der Sprache sowohl über die Semantik als auch über die Syntax. Die vielleicht erstaunlichsten Arbeiten auf diesem Gebiet stammen von Linguistinnen. Julia Penelope [Stanley] hat allein und zusammen mit Susan J. Wolfe darüber gearbeitet und zeigt auf, wie – durch die bloße Stilwahl – etwas, *was jemand einer Frau antut*, zu etwas wird, *was ihr geschieht*. Was ihr geschieht, kann dann zu einer vorübergehenden oder zufälligen *Eigenschaft* dieser Frau werden, und daraus kann sich ein *wesentlicher* Bestandteil ihres Status oder Charakters entwickeln.[33] Im Verlauf dieses Prozesses vermitteln Sprechende und Schreibende Werte. Und da dieser Prozeß sich durch die Wahl der Formulierung im Sprachgebrauch vollzieht – nicht durch Diskussion, Auseinandersetzung und Begründung –, haben Lesende und Hörende nicht immer die Möglichkeit, die Wertung dahinter zu prüfen und entweder in Frage zu stellen oder zu akzeptieren, es sei denn, sie sind besonders sensibel für Sprache und achten auf diese Wertung.

Nehmen wir einmal den Satz, den Julia Penelope [Stanley] anführt:

John schlägt Mary.

Hier haben wir einen Handelnden, John, eine Handlung, das Schlagen, und eine Empfängerin oder ein Objekt der Handlung dieses Handelnden. John ist das Subjekt des Satzes. Im allgemeinen wollen wir durch Nachfragen Informationen über die Situation bekommen: Wir sind jedoch auf John konzentriert, denn die/der Sprechende hat unsere Aufmerksamkeit auf ihn gelenkt, indem sie/er John in dem Satz an die erste Stelle setzte.

Denken wir uns nun einmal die passive Konstruktion der gleichen Situation:

Mary wurde von John geschlagen.

In diesem Falle lenkte die/der Sprechende unsere Aufmerksamkeit auf Mary, und wenn wir die Situation hinterfragen wollten, würden wir uns – falls wir uns nicht eigens wieder auf John ausrichten – auf Mary konzentrieren.

Weiterhin ergibt die passive Konstruktion auch ohne Handelnden einen Sinn:

Mary wurde geschlagen.

In diesem Falle hat die/der Sprechende unsere Aufmerksamkeit noch direkter auf Mary gelenkt, und es wird schwierig, nach John zu fragen. Daß wir John jetzt nicht mehr im Bewußtsein haben, ist wichtig, denn wir denken jetzt nicht mehr über seine Beziehung zu Mary nach; die Vorstellung einer Beziehung geht uns sogar gänzlich verloren. Statt dessen fragen wir nach Mary: Wie? Wann? Wo? Warum? Wie geht es ihr? Wenn wir etwas (mehr) darüber erfahren wollen, fragen wir wahrscheinlich auch: Wer hat das getan? Aber wir konzentrieren uns immer noch auf Mary und die Frage, warum und wie das geschehen ist, statt auf John und warum er es getan hat.

Da es genug Marys gibt, haben wir schließlich eine Anzahl von:

Frauen, die geschlagen werden.

Wie Julia Penelope [Stanley] weiter erklärt, wird durch die Formulierung die Handlung (das Schlagen) als nähere Bestimmung ('geschlagen') behandelt und die aus dem Verb entnommene nähere Bestimmung vor das Substantiv gesetzt (und dadurch das ursprüngliche Passiv in ein passives Adjektiv verwandelt), so daß wir nun folgende Aussage erhalten:

geschlagene Frauen
oder
mißhandelte Frauen.

Damit ist etwas, was Männer Frauen antun, unversehens zu etwas geworden, was zur 'Natur der Frau' gehört. Und wir haben John vollkommen aus dem Blickfeld verloren. Eigentlich hat er gar nichts getan und ist bei dem Vorfall nebensächlich. Mary hat sich schlagen lassen, weil das in ihrer Natur liegt. So entstehen Aussagen wie diese: »Nach FBI-Statistiken werden die Hälfte bis zwei Drittel der Frauen, die mit einem Mann zusammenleben, geschlagen.« Aussagen wie: »Nach FBI-Statistiken schlagen die Hälfte bis zwei Drittel der Männer, die mit einer Frau zusammenleben, diese Frau« finden wir nirgendwo.[34]

Der Konsens wird durch offensichtlichen Ausschluß der Männer, durch Benennen der Frauen und durch weniger augenfällige männliche Konventionen in Semantik und Syntax erzwungen. Der Konsens in der Sprache wird des weiteren durch den Widerstand der Männer gegen die feministischen Forderungen erzwungen – beispielsweise durch Lächerlichmachen. Als wir Feministinnen uns auf die einheitliche Bezeichnung 'Frau' (Ms.) statt 'Fräulein' oder 'Frau' (Miss oder Mrs.) verständigten und damit der öffentlichen Bekanntmachung der sexuellen Verfügbarkeit von Frauen für Männer den Kampf ansagten, begegneten wir Gelächter und Verachtung. Regelmäßig erschienen Leitartikel, die sich darüber beklagten, wie Frauen und andere unterdrückte Gruppen die Sprache »verhunzen«. Und die Medien nannten die aktiven Feministinnen 'Emanzen' – eine Geringschätzung, die keine andere Befreiungsbewegung erlebt.

Darüber hinaus werden diejenigen, die den Konsens in Frage stellen, in den Institutionen, aus denen die Benennung stammt, wohl kaum Fuß fassen können. Und wenn doch, werden sie isoliert und entlassen, als politisch voreingenommen (im Gegensatz zu ihren Kollegen) und daher unwissenschaftlich bezeichnet und also ignoriert. Die akademische Welt tritt zwar für die »Freiheit der Rede« ein, doch vieles darf dort nicht gesagt werden.

Schließlich werden Personen, die Dinge wahrnehmen, die den Konsens untergraben, ausgesondert und als bedeutungslos, ja sogar als »geisteskrank« erklärt. Das heißt, wenn eine Frau die Annahmen über die konsensbestimmte Realität ablehnt, wird sie wohl zunächst behandelt, als habe sie sich geirrt; die Mächtigen bringen vielleicht »Beweise« und »Fakten«, um ihren »Irrtum« zu belegen. Da ihre Fragen jedoch den Kern des Wissens in Frage stellen, sind die »Fakten« irrelevant. Wenn sie sich dann immer noch einer »Korrektur« widersetzt, wird sie neutralisiert – entlassen, verheiratet, eingesperrt.

Veränderung Bei diesen Vorstellungen von einem Konsens, der teilweise erzwungen wurde, und einem Fundament, das durch sein Umfeld gestützt wird, bleibt nun die Frage, wie eine Veränderung zu erreichen ist. Sicherlich ist Veränderung nicht einfach eine Frage von neuen Informationen, welche die Menschen aufnehmen und übernehmen. In seiner Darstellung der wissenschaftlichen Revolution weist Thomas Kuhn darauf hin, daß der Fortschritt der Wissenschaft sich in Sprüngen von einem Paradigma oder Modell zum anderen vollzieht. Er führt an, daß die Wissenschaft innerhalb eines gegebenen Paradigmas oder Begriffssystems wie ein Puzzlespiel abläuft: Die normale Wissenschaft bestehe aus dem »rastlosen und hingebungsvollen Versuch [...], die Natur in die von der Fachausbildung gelieferten Begriffsschubladen hineinzuzwängen«.[35] Mit anderen Worten, in einem konzeptionellen Rahmen schaffen die Wissenschaftler Namen (Kästen[36]), prüfen ihre Hypothesen und entwickeln ihr Wissen so lange weiter, bis die Grenzen dieses Rahmens zu viele Widersprüche erzeugen. An dieser Stelle findet eine Denkrevolution statt, und Wissen und Verstehen vollziehen einen Sprung in einen neuen Rahmen. Die kopernikanische Wende war ein solcher Sprung im männlichen Denken.

Sonia Johnson stellt die Frage der Veränderung durch Bezugnahme auf andere Theorien.[37] Am interessantesten ist vielleicht die Theorie der Morphogenese oder die Hypothese, daß es zumindest unter empfindungsfähigen Wesen keine Naturgesetze, sondern nur Gewohnheiten gibt. So kann Veränderung dadurch entstehen, daß Gewohnheiten durchbrochen werden, und wenn einige wenige Personen anfangen, diese Gewohnheiten zu durchbrechen, ist an einem bestimmten Punkt eine kritische Masse erreicht, und es entsteht ein neues morphogenetisches Feld, etwa ein Paradigma, das wieder neue Gewohnheiten hervorbringt.

Wenn wir annehmen, daß Lesben einen Wertewandel bewirken, dann ist die Frage interessant, wie sich dieser Wandel vollzieht. Zumindest ein Teil dieses Wandels betrifft die Sprache. Dazu möchte ich mit Mary Daly[38] darauf hinweisen, daß wir nicht die Strategie zu verfolgen brauchen, anhand der bestehenden Paradigmen Beweise für die Irrigkeit der repressiven Werte zu liefern, denn das bekräftigt nur diese Werte und Gewohnheiten. Unsere Strategie sollte vielmehr dahin gehen, die Wahrnehmung zu verändern, so daß die bestehenden Werte keinen Sinn mehr ergeben. Das ist von Individuen allein nicht zu leisten, aber es beginnt bei den einzelnen Lesben. Und hier beginnt natürlich die Ethik.

Mit dem Entstehen der Frauenbewegung setzte eine solche Veränderung des Bewußtseins ein. Die Bewegung stellte einige Jahre lang den Konsens über 'women' (Frauen) in Frage und schuf einen neuen Begriff, 'womyn' (»frau«), den es im männlichen Denken nicht gegeben hatte. Dieser Begriff entstand nicht durch Verabschiedung von Gesetzen oder durch das Wohlwollen der Männer, sondern durch das, was viele Lesben und Frauen taten: durch die Aufkündigung des männlichen Konsens über den Platz der Frau. Wir wandten uns ab von der gesellschaftlichen Vorstellung, was eine Frau sein soll – nämlich jemand, die von Natur aus die Gehilfin eines Mannes ist –, und handelten einfach. In Ausbrüchen voller Zorn und Empörung sind wir den Kategorien der Patriarchen ins Wort gefallen (das heißt, wir haben nicht mehr darauf reagiert) – diesen Kategorien, die von dem patriarchalen Fundament männlicher Herrschaft und weiblicher Unterordnung gestützt werden. Sie enthalten nach allgemeinem liberalen humanistischen Verständnis implizit die Vorstellung, es sei sinnvoll und vernünftig zu diskutieren, ob Frauen gleichberechtigt sein sollten, während die Werte, für die sich die Männer mit ihren Atomspielzeugen auf dem Arm starkmachen, den Planeten zu zerstören drohen. In unserer Empörung verschmähten wir die Diskussionen, lehnten es ab, den Konsens zu hofieren, dachten nicht mehr daran, unsere Rechte zu begründen, sondern beanspruchten einfach den Anteil, der uns zusteht. Die Folge war, daß statt der Unterordnung der Frauen die Befreiung der Frauen der Wert war, den wir mit unserem Handeln stützten, der Wert, aus dem heraus wir unsere Entscheidungen entwickelt haben. Wir konzentrierten uns in einer Form auf uns selbst, die in den Frauenporträts der Massenmedien nicht vorkam, handelten für uns selbst in eigenem Namen und unabhängig von männlicher Genehmigung oder Billigung.

Es gibt viele Gründe dafür, daß diese Konzentration wieder nachließ. Aber für einige Zeit war sie existent, und sie war stark (das heißt, ermutigend) und ließ eine andere Wirklichkeit entstehen, die Frauen eine Entwicklung in neue Richtungen ermöglichte. Diese Konzentration unserer Aufmerksamkeit war eine Frage der Werte, eine Frage des Urteils auf der Wahrnehmungsebene. Und sie bedeutete eine Aufkündigung des früheren Einverständnisses, eine Kampfansage an den Konsens und den Zwang. Wir zogen unsere Teilhabe an dem Konsens zurück, der die männliche Herrschaft als natürlich und annehmbar – sogar als notwendig – für die Erhaltung der »Kultur« darstellte. Als die Frauenbewegung den Begriff 'Frau' in Frage stellte, wurde damit auch ein Teil der Wissensgrundlage angezweifelt und verlor den Status als Grundlage.

Ich will, daß wir uns weiter bewegen, die repressiven Werte weiterhin bekämpfen und neue Werte schaffen. Ich fange bei der Sprache an, weil mich eine Verbesserung der Art und Weise, wie wir nach den heute geltenden Werten handeln, nicht interessiert. Auch eine direkte Auseinandersetzung mit den geltenden Werten und der Beweis ihrer Irrigkeit interessiert mich nicht. Nein, mein Wunsch ist, daß wir die Veränderung unseres Bewußtseins fortsetzen und weiter daran arbeiten, ein neues Begriffssystem zu schaffen, so daß die geltenden Werte – Werte, die Unterdrückung glaubwürdig und annehmbar machen – keinen Sinn mehr ergeben. Wir können eine Revolution herbeiführen. Und ich fange bei den Werten an, die wir in unserem Umgang miteinander entfalten.

Richtungen

Meiner Meinung nach bilden Herrschaft und Unterdrückung in Form der Institution Heterosexualität den Kern der sozialen Interaktion, und solange diese Achse unangetastet bleibt, wird es Unterdrückung geben – alle Formen der Unterdrückung, nicht nur die männliche Herrschaft über Frauen. Da gibt es diejenigen, die *für* Unterdrückung eintreten – Hitler gehörte dazu – und das mit praktisch lückenloser Begründung. Nach der faschistischen Ideologie ist die Unterwerfung unter eine höhere Ordnung für moralisches Handeln unumgänglich: Gehorsam und der Verzicht auf das eigene Urteil bilden die Essenz dessen, was mit Moral und Sinn gemeint ist. In diesem Denksystem ist das, was ich als moralische Handlungsfähigkeit bezeichne, unverständlich und ergibt keinen Sinn.

Ich versuche das geltende Begriffsschema auseinanderzunehmen, indem ich seine Grundlage in Frage stelle und an einem neuen Begriffsschema arbeite. Es geht mir nicht darum zu beweisen, daß das eine richtig und das andere falsch ist, obwohl ich mich natürlich für das eine und nicht für das andere entscheide. Zu sagen, die grundlegenden Werte von Herrschaft und Unterordnung sind moralisch falsch, ist nichts anderes als zu sagen, Herrschaft und Unterordnung sind repressiv. Und das ist genau dasselbe wie die Aussage, Herrschaft und Unterordnung sind Herrschaft und Unterordnung.

Anstatt also den Beweis für die Irrigkeit eines patriarchalen Denkgebäudes anzutreten, das sich um Herrschaft und Unterordnung dreht, will ich deshalb seine Grenzen deutlich machen, aufzeigen, daß die Behauptungen innerhalb dieses Denkgebäudes oft widersprüchlich sind und seine Grundlagen erschüttern. Ich will darauf hinweisen, wie Herrschaft unsere Wahrnehmung in so vielfältigen Formen und Bereichen beeinflußt, wie wir es nicht für möglich gehalten hätten. Und ich will Vorschläge für andere Wahrnehmungen und Urteile machen.

Das Herzstück dieses Buches ist eine ganz bestimmte Überzeugung: daß nämlich die Beziehung von Herrschaft und Unterordnung dem moralischen Handeln den Boden entzieht. Das ist weniger eine Ansicht, die sich verteidigen läßt, als ein Urteil, das durch sein Umfeld gestützt wird, durch die alltäglichen Entscheidungen, die wir Lesben treffen. Es mag wohl sein, daß viele diese von mir vorgeschlagene Wertachse schlicht ablehnen. Wenn das so ist, können sie ihr Bedürfnis nach Ethik mehr als ausreichend mit der traditionellen anglo-europäischen Ethik befriedigen.

Meine Idee ist, daß es ohne stillschweigendes Einverständnis, ohne Konsens über den Wert, den unsere Integrität darstellt, kein moralisches Handeln für uns gibt, das über die Herren/Sklaven-Tugenden der Patriarchen hinausginge. Und selbst wenn ein solches Einverständnis vorhanden ist, können wir mit unseren Bemühungen ernstlich Schiffbruch erleiden, denn wir haben die herrschenden anglo-europäischen Ethiksysteme zumindest zum Teil übernommen.

Darüber hinaus kann das, was ich hier skizziere, kein 'richtiges' Verhalten garantieren; es ist kein Programm, um Lesben zu ethischem Handeln zu bringen. Es ist ein Konzept für Lesben, die bereits den Wunsch nach einem ethischen Leben und integrem Handeln haben. Das heißt, daß wir viele Fehler machen und manchmal lange in Mustern steckenbleiben, während wir sie zu verstehen versuchen. Wenn wir jedoch schließlich verstehen, wie destruktiv ein vorgegebenes Muster wirkt, wirken wir auf seine Veränderung hin. Dies ist kein Buch für die, die keine Veränderungen wollen.

In Richtung neuer Werte

Eines möchte ich noch hinzufügen: Das, was mir mit der Umstellung auf eine andere Wahrnehmung vorschwebt, die ich lesbische Ethik nenne, soll in der Lesbengemeinschaft wirken. Wir können sie untereinander nutzen, wenn wir neue Werte entwickeln, wenn wir uns von der gewohnten Herrschaft und Unterordnung zu befreien versuchen und schließlich nicht mehr daran gewöhnt sind. Ob sich diese Werte auch aus einem anderen Blickwinkel, als Teil einer politischen Strategie zur Auseinandersetzung mit dem Patriarchat entwickeln lassen, bleibt eine offene Frage. Einerseits scheint das Aufgeben unserer Überlebenstechniken in einem System von Herrschaft und Unterordnung ein Fehler zu sein. Andererseits wird mir mehr und mehr bewußt, daß die Werte, die ich hier formulieren will, eine so große Kraftquelle im Patriarchat darstellen, wie es unsere Überlebenstechniken nie sein können. Ich glaubte einmal, diese Werte seien im Patriarchat bedeutungslos – jetzt bin ich dessen nicht mehr sicher.

Dennoch orientiere ich mich an der Lesbengemeinschaft, denn nur in diesem Kontext ergeben diese Werte einen Sinn und haben den Raum, sich zu entfalten. In der Lesbengemeinschaft entstehen neue Werte – ich habe diese Arbeit nicht in einem Vakuum geschrieben –, und ich hoffe, daß bei dieser Veränderung in unseren lesbischen Lebenszusammenhängen ein Begriffssystem entsteht, ein neues Paradigma, in dem nicht automatisch Unterdrückung geschieht – in dem Vergewaltigung, Pogrome, Versklavung, Lynchjustiz und Kolonialismus nicht einmal *denkbar* sind.[39] Mein Ziel ist es, unserer Bewegung hier eine Richtung vorzuschlagen, in der sich neue Werte eröffnen. Dieser Übergang muß von einer Umschichtung der materiellen Verhältnisse begleitet sein. Meine folgenden Ausführungen sollen diese Umschichtungen vorbereiten.

Schließlich will ich bei dem Versuch, ein anderes Begriffsschema zu entwickeln, nicht behaupten, es gäbe keine Probleme, keinen Schmerz, keinen Irrtum, kein Mißverständnis mehr, wenn wir einmal soweit sind. Aber wenn die repressiven Werte nicht mehr als normal gelten – nicht mehr in unser Leben integriert sind –, gleiten wir in unserer Interaktion auch nicht mehr so leicht in destruktives Verhalten ab. Wenn in unserem Umgang miteinander andere Werte möglich werden, dann werden uns unsere Gewohnheiten, Instinkte und Reaktionen nicht mehr so leicht zum Patriarchat zurückführen. Und dann können wir ein Energiefeld bilden, das stark genug ist, um der Unterdrückung Widerstand zu leisten.

1 Separation vom Heterosexualismus

Reform der Moral versus Revolution der Moral

Ich schreibe ein Buch über lesbische Ethik, weil ich einen moralischen Wandel will. Und da Lesben in dem bestehenden gesellschaftlichen System unterdrückt werden, geht es mir darum, die Werte dieses Systems in Frage zu stellen und andere Werte zu entwickeln, aus denen wir einen neuen sozialen Zusammenhang aufbauen können. Mit anderen Worten, ich will eine Revolution der Moral. Bezeichnenderweise gibt es in der traditionellen Ethik nur eine einzige anerkannte Form des moralischen Wandels, nämlich die Reform der Moral. Daher will ich in diesem Kapitel das bestehende gesellschaftliche Denksystem untersuchen und die Frage der Separation aufwerfen.

Eine Reform der Moral ist der Versuch, das menschliche Handeln mit den bestehenden ethischen Prinzipien besser zu vereinbaren und damit alle aus der Verletzung dieser Prinzipien entstehenden Ungerechtigkeiten zu mildern. Kathryn Pyne Addelson sagt zur Frage des moralischen Wandels:

> Die traditionelle Ethik hat sich im wesentlichen mit den Ideen der Pflicht, des moralischen Prinzips, der Begründung von an Prinzipien ausgerichteten Handlungen, der Begründung des Prinzips durch Argumente beschäftigt. Wenn moralischer Wandel überhaupt berücksichtigt wurde, dann wurde er als Veränderung gesehen, die unser Handeln mit unseren Prinzipien vereinbart, als Veränderung zur Aufhebung von Ungerechtigkeit, als Veränderung zur Linderung von Leid.[1]

Im weiteren schlägt sie vor:

> Die Reform der Moral ist aber nicht die einzige Form moralischen Wandels. Es gibt auch noch die Revolution der Moral. Die Revolution der Moral kümmert sich nicht darum, Übereinstimmung mit unseren Prinzipien herzustellen, und nicht um die bessere Anwendung dessen, was wir *heute* unter Gerechtigkeit verstehen. Das ist Aufgabe der moralischen Reform; ihr Ziel ist die Erhaltung der Werte. Das Ziel einer Revolution der Moral dagegen ist die Schaffung von Werten.[2]

Indem die traditionelle Ethik nur die Reform der Moral anerkennt, hält sie uns ab von der radikalen Prüfung der Werte, um die sich die vorhandenen Prinzipien drehen, oder des Kontextes, innerhalb dessen wir nach diesen Prinzipien handeln sollen (wie die Unterdrückungsverhältnisse), oder der Strukturen, die gerade diese Werte hervorbringen. Die traditionelle Ethik befaßt sich nahezu ausschließlich mit Fragen der Pflicht, der Begründung und der Prinzipien, und läßt uns keinen Raum zur Prüfung der zugrundeliegenden Werte oder zur Schaffung neuer Werte. Daher führt Kathryn Pyne Addelson an: »Die eingeengte Perspektive der traditionellen Ethik macht es unmöglich, das Tun moralischer RevolutionärInnen als moralisches Verhalten einzuordnen.«[3]

Eine Frau, die für eine Reform der Moral eintritt, kann beispielsweise den Zweck des Begriffs 'das Böse' in Frage stellen: Sie kann das Bild der 'Frau' als der Bösen (der Mythos von Eva) oder das Bild des 'Juden' als des Bösen (die Verleumdung der Juden als blutrünstig[4]) oder die Vorstellung des 'Schwarzen' und der 'Dunkelheit' als etwas Finsterem und Bösem in Frage stellen, indem sie alle diese Bilder zu unangemessenen Anwendungen des Begriffs des 'Bösen' erklärt. Dennoch würde sie damit nicht den Begriff des 'Bösen' selbst, sondern nur seine Anwendung in Frage stellen.

Dagegen kann eine Frau, die für die Revolution der Moral eintritt, den Begriff des 'Bösen' mit dem Argument in Frage stellen, das 'Böse' sei ein notwendiger Gegenbegriff für das 'Gute' – etwas müsse als böse bezeichnet werden, um als Sündenbock für die

Unzulänglichkeit oder das Versagen dessen zu fungieren, was als gut bezeichnet wird. Sie kann darauf hinweisen, daß das 'Gute' das 'Böse' braucht und daher das Böse niemals ausgerottet werden kann, wenn das Gute bestehenbleiben soll. Sie kann uns vorschlagen, ein System moralischer Werte zu schaffen, in dem wir die Begriffe 'gut' oder 'böse' nicht brauchen.

Ich will eine Revolution der Moral. Ich will nicht mehr oder bessere Übereinstimmung mit den bestehenden Werten. Ich will eine Veränderung der Werte. Unsere Versuche, bestehende Institutionen zu reformieren, führen nur zu einer Stärkung der bestehenden Gesellschaftsordnung.

Beispielsweise kann eine Frau ein Frauenforschungsseminar abhalten, in dem sie mit Schriften über Frauenrechte arbeitet. Sie kann klassische Argumente zugunsten der Frauenrechte vorbringen: den Widerspruch zwischen der Verweigerung von Frauenrechten und der Bejahung demokratischer Ideale herausarbeiten, die Heuchelei anprangern, mit der in Notzeiten nach Frauen gerufen und gleichzeitig eine Ideologie verfochten wird, die den Frauen die Kompetenz abspricht. Und sie kann sogar absurde frauenfeindliche Schriften einbeziehen, wie die einer Ärztin, die die Berufstätigkeit von Frauen ablehnt, oder etwas darüber, daß eine Frau unter allen Umständen zu ihrem Mann halten sollte – zum »Wohle« der »Gesellschaft«. Um den Anschein der Objektivität zu erwecken, kann sie sogar Redner einladen, die Argumente gegen die Frauenrechte vorbringen, um so das Thema »von beiden Seiten« zu beleuchten.

Mit dieser Betonung und Verteidigung der Frauenrechte jedoch erkennt sie implizit an, daß Frauenrechte verhandelbar sind. Schon allein durch ihr Handeln bestätigt sie, daß die Frage nach den Frauenrechten legitim ist, selbst wenn sie sich über ihre Antwort vollkommen im klaren ist. Und sie erklärt sich damit einverstanden, daß die Gesellschaft ein »Recht« hat zu bestimmen, wo der Platz der Frau ist.

Dagegen kann sie bezeichnenderweise die Frage nach Männerrechten oder der Kompetenz von Männern nicht ansprechen, ohne verrückt und radikal zu erscheinen. Das heißt, Männerrechte sind nicht verhandelbar.[5] Wenn sie also Frauenrechte zu verteidigen bereit ist, verfestigt sie die bestehenden Werte, die in einer Demokratie die Rechte der Frauen, aber nicht die der Männer zur Diskussion stellt.

Eine Feministin, die durch Verteidigung der Frauenrechte den sexistischen Werten den Kampf ansagt, wird im Grunde praktisch zum Einverständnis mit der sexistischen Struktur der Gesellschaft gezwungen. Und falls sie sich dabei auf die ethische Frage der Gerechtigkeit beruft, werden sogar Überlegungen angestellt, ob diese Rechte auch mit der bestehenden Gesellschaftsordnung vereinbar sind.

Ich will eine Revolution der Moral.

Heterosexualismus

Simone de Beauvoir fragte 1949 in ihrem bahnbrechenden Werk *Das andere Geschlecht:* »Warum fechten die Frauen die männliche Souveränität nicht an?«[6] Ihre Frage geht auf Hegels philosophische Theorie über die menschliche Natur und Interaktion zurück. Diese Theorie besagt, daß jeder Geist (Person) eine grundlegende Feindschaft gegenüber jedem anderen Geist hegt und daß jedes Subjekt (Person) sich selbst als das Wesentliche setzt, indem es sich allen anderen entgegenstellt. Das heißt, menschliche Beziehungen sind grundlegend antagonistisch, und die Feindschaft ist gegenseitig. Jemand, der sich einem anderen nicht erfolgreich entgegenstellt, muß dann notgedrungen die Werte des anderen übernehmen und wird ihm damit unterlegen.[7] Wenn Simone de Beauvoir also fragt, warum Frauen die männliche Herrschaft nicht anfechten, so fragt sie, warum Frauen sich den Männern nicht so antagonistisch entgegengestellt haben, wie es die Männer den Frauen und einander gegenüber getan haben. Mit dieser Frage weist sie darauf hin, daß erstens die Frauen sich den Männern niemals entgegengestellt haben und daher die Unterlegenen sind, nicht etwa weil sie gegen die Männer verloren hätten, sondern weil sie eine untergeordnete Stellung akzeptiert haben, und daß zweitens, wenn die Frauen den Status eines Subjekts erlangen und unter anderem der männlichen Herrschaft Widerstand leisten wollen, sie sich den Männern so entgegenstellen müssen, wie die Männer sich den Frauen und anderen Männern entgegengestellt haben.[8]

Zur Unterordnung der Frauen sagt Simone de Beauvoir, »das Paar ist eine Grundeinheit, deren beide Hälften aneinandergeschmiedet sind«. Der Hauptwesenszug der Frau sei es, grundsätzlich »das Andere« zu sein. So haben Frauen nur das bekommen, was die Männer ihnen zu gewähren bereit waren, und haben sich nichts genommen.[9]

Simone de Beauvoir führt dafür mehrere Gründe an: Frauen fehlen die konkreten Mittel, um sich zu organisieren; Frauen haben keine eigenständige Vergangenheit oder Geschichte; Frauen haben unter Männern verstreut gelebt; und Frauen fühlen sich solidarisch mit den Männern ihrer Klasse und Ethnie. Sie weist zum Beispiel darauf hin, daß weiße Frauen loyal gegenüber weißen Männern, nicht etwa gegenüber schwarzen Frauen seien.[10] Den Status des »Anderen« aufzugeben, bedeutet, auch die Privilegien aufzugeben, die ihnen durch das Bündnis mit der höheren Kaste zufallen.[11] Sie zieht den Schluß:

> Die Frau nimmt eben nicht für sich in Anspruch, selbst Subjekt zu sein, weil sie nicht die realen Mittel dazu besitzt und die Notwendigkeit ihrer Bindung an den Mann anerkennt, ohne auf Gegenseitigkeit zu bestehen; oft auch, weil sie sich in der Rolle des *Anderen* gefällt.[12]

Simone de Beauvoir zufolge gibt es also noch einen weiteren Grund dafür, daß Frauen die männliche Herrschaft nicht angezweifelt und eine eigene Existenz beansprucht haben: Frauen sind nicht gänzlich dagegen, als »das Andere« definiert zu werden.

Dann diskutiert Simone de Beauvoir die Gründe dafür und erklärt, wir werden nicht als Frauen geboren, wir werden dazu gemacht.[13]

Wir werden nicht als Frauen geboren, weil 'Frau' ein künstlicher Begriff ist. Und dieser ist unauflöslich mit dem Begriff 'Mann' verbunden.

Ich bin zwar nicht der Meinung, daß Frauen Männern immer unterlegen waren, und ich glaube ebensowenig, daß Frauen wie Männer werden müssen, um der männlichen Herrschaft Widerstand zu leisten. Dennoch scheint zwischen Männern und Frauen eine grundlegende Beziehung von Herrschaft und Unterordnung zu bestehen, und es sieht nicht so aus – mit einigen wenigen bemerkenswerten Ausnahmen seit Beginn des Patriarchats –, als hätten Frauen sich gegen diese Beziehung gewehrt.[14] Wenn wir die Beziehung von Herrschaft und Unterordnung umfassend bewerten wollen, müssen wir uns meiner Meinung nach nicht nur mit dem Sexismus oder sogar der Homophobie oder dem Heterosexismus befassen, sondern viel intensiver noch mit der konkreten Beziehung im Heterosexualismus.

Um Sexismus zu verstehen, müssen wir analysieren, wie Männer ihre Macht institutionalisiert haben, wie Männer Frauen diskriminieren, wie die Gesellschaft Männer zur Norm erhebt und Frauen als passiv und unterlegen hinstellt, wie die Männerinstitutionen Frauen zum Objekt degradieren, wie Frauen von der Teilhabe an der Gesellschaft als vollwertige menschliche Wesen ausgeschlossen werden und wie das, was als normales Verhalten von Männern wahrgenommen wird, Gewalt gegen Frauen bedeutet. Mit anderen Worten: den Sexismus zu analysieren, bedeutet vor allem zu verstehen, in welcher Weise Frauen Opfer des systemimmanenten, ganz gewöhnlichen männlichen Verhaltens sind.

Um Heterosexismus und Homophobie[15] zu verstehen, müssen wir nicht nur die Viktimisierung der Frauen analysieren, sondern auch, ob und wie Frauen in männlichen Wörtern definiert werden, wie Lesben und Schwule als Abweichende behandelt werden – praktisch als Sündenböcke –, wie bei Frauen und Männern die freie Wahl von IntimpartnerInnen durch Tabus eingeschränkt oder verweigert wird, damit eine bestimmte Gesellschaftsordnung erhalten bleibt. (Wenn zum Beispiel sexuelle Beziehungen zwischen Männern frei zugelassen wären, dann könnten Männer anderen Männern das antun, was Männer Frauen antun[16], und außerdem könnten (manche) Männer das werden, was Frauen sind. Das ist verboten. Und wenn die Liebe zwischen Frauen frei ausprobiert werden dürfte, könnten Frauen Männer einfach verlassen und 'Nicht-Frauen' werden. Das ist auch verboten.) Die Konzentration auf den Heterosexismus stellt die Heterosexualität als Institution in Frage, kann aber auch dazu führen, daß wir Lesben unsere Akzeptanz in der und sogar Assimilation an die heterosexuelle Gesellschaft als politisches Ziel betrachten: Wir versuchen die Heterosexuellen davon zu überzeugen, daß wir normale Menschen sind (das heißt, genau wie sie), daß es ungerecht ist, wenn sie uns stigmatisieren, und daß unsere Präferenz rein sexueller Natur ist.

Heterosexualismus beinhaltet eine Beziehung

In ihrem bahnbrechenden Werk über die Zwangsheterosexualität fordert Adrienne Rich uns auf, die Heterosexualität als politische Institution zu betrachten, die das männliche Recht auf physische, ökonomische und emotionale Verfügung über Frauen gewährleisten soll.[17] Jan Raymond entwickelt eine Theorie der Hetero-Realität und meint:

> Ich stimme dem zu, daß wir in einer heterosexistischen Gesellschaft leben; die umfassende Problematik entsteht meiner Meinung nach jedoch dadurch, daß wir es mit einer hetero-bezogenen Gesellschaft zu tun haben, in der fast alle persönlichen, sozialen, politischen, beruflichen und wirtschaftlichen Bezüge von Frauen durch die Ideologie bestimmt sind, die Frau sei für den Mann da.[18]

Ich gehe noch einen Schritt weiter.

Um den Heterosexualismus zu verstehen, müssen wir die Beziehung zwischen Männern und Frauen analysieren, in der Mann und Frau Rollen einnehmen. Heterosexualismus bedeutet, daß Männer dominieren und Frauen in vielen Formen ent-fähigen und entmachten, vom offenen Angriff bis hin zu paternalistischer Fürsorge, und daß Frauen (notwendigerweise) die Bindung an Frauen abwerten. Heterosexualismus beinhaltet immanente Widersprüche zwischen Verpflichtung und Autonomie, so daß folgerichtig eine Ethik der Abhängigkeit gilt. Heterosexualismus ist eine Lebensform, die in einer Beziehung die Herrschaft einer Person und die Unterordnung der anderen zur Normalität erklärt. Und damit untergräbt er die weibliche Handlungsfähigkeit.

Mit 'Heterosexualismus' meine ich nicht einfach, daß männliche Menschen mit weiblichen Menschen Sex haben und Kinder zeugen.[19] Er ist vielmehr eine umfassende Lebensform, die sich auf ein feines – meist jedoch alles andere als feines – Gleichgewicht zwischen Raub und Schutz eines weiblichen Objekts männlicher Aufmerksamkeit gründet.[20] Heterosexualismus ist eine bestimmte ökonomische, politische und emotionale Beziehung zwischen Männern und Frauen: Männer müssen Frauen beherrschen, und Frauen müssen sich Männern in vielerlei Form unterordnen.[21] Das führt dazu, daß Männer sich die Verfügung über Frauen anmaßen, während Frauen an Männer gefesselt bleiben und nicht in der Lage sind, eine Gemeinschaft von Frauen zu bilden.

Schutz und Raub

In den USA kann sich eine Frau nicht in der Öffentlichkeit zeigen, ohne daß irgendwelche Männer sie belästigen und sich anmaßen, über sie verfügen zu können. Viele Frauen glauben sogar, daß etwas nicht stimmt, wenn das nicht geschieht. Eine Frau ist einfach eine Person, der gegenüber ein solches Verhalten angemessen ist. Wenn eine Frau jedoch von einem Mann begleitet wird, gilt sie normalerweise nicht mehr als Freiwild. Daher werden die Männer, die einzelnen Frauen nahestehen – Väter, Freunde, Ehemänner, Brüder, Begleiter, Kollegen –, (theoretisch) zu Beschützern, die Belästigungen durch andere Männer abwehren.

In dieser Gesellschaft gibt es den Wert des besonderen Schutzes für Frauen. Die Beschützer gehen mit Frauen in einer Weise um, die ein Bild der Frauen als hilflose Wesen fördert: Männer öffnen Türen, rücken Stühle heran – und erwarten, daß Frauen in ihrer Kleidung auf Selbstschutz verzichten.[22] Und Frauen akzeptieren das als aufmerksames, höfliches Benehmen und nehmen sich selbst als Personen wahr, die besondere Aufmerksamkeit und besonderen Schutz benötigen.[23]

Eine Frau begegnet in einem Mann entweder einem Beschützer oder einem Räuber, und Männer gewinnen ihre Identität durch eine dieser Rollen.[24] Das hat mindestens fünf Konsequenzen. Erstens gibt es keine Beschützer ohne eine Gefahr. Ein Mann kann sich nicht mit der Rolle des Beschützers identifizieren, wenn es nicht eine Schutzbedürftige gibt. Daher liegt es im Interesse der Beschützer, daß es Räuber gibt. Zweitens müssen Frauen in Gefahr sein, um beschützt werden zu können. Wenn Männer Frauen als hilflos und schutzlos darstellen, stellen sie Frauen als Opfer dar ... und damit auch als Ziele.

Drittens wird eine Frau (oder ein Mädchen) als Objekt männlicher Leidenschaft und damit als deren Ursache gesehen. Das ist bei einer Vergewaltigung am augenfälligsten: Sie muß etwas getan haben, um ihn zu verführen – da er doch so ein hilfloses Bündel von Hormonen ist. Wenn Frauen also von Natur aus gefährdete Wesen sind, dann sind sie offensichtlich dadurch von Natur aus verführerische Wesen – sie ziehen Räuber aktiv an. Viertens müssen Frauen, um beschützt zu werden, bereit sein, sich so zu verhalten, wie Männer es von Frauen erwarten: feminin auftreten, zeigen, daß sie keine Bedrohung sind, zu Hause bleiben, sich nur bei dem Beschützer aufhalten, ihre Verbindungen zu anderen Frauen abwerten und so weiter.

Schließlich ist es, wenn Frauen aus der weiblichen Rolle fallen und damit aktiv und »schuldig«[25] werden, nur logisch, daß Männer Frauen als böse bezeichnen und zu unverhüllter physischer Gewalt gegen sie übergehen, um den Opferstatus der Frau wiederherzustellen. Als beispielsweise in den USA die Forderung nach Frauenrechten in der Öffentlichkeit laut wurde, nahm auch die Beschimpfung von alleinstehenden Frauen als »Nutten« zu, was zu Angriffen förmlich einlud. Eine alleinreisende Anhalterin galt nicht etwa als schutzbedürftig, sondern als eine Frau, die ihr Recht auf Schutz verwirkt hatte, und damit als Angriffsziel. Die ungezügelte Verbreitung von Pornographie – Unterhaltung von und für Männer auf Kosten von Frauen – ist die weitverbreitete Reaktion der Männer auf die Forderung der US-amerikanischen Frauenbewegung nach Integrität, Autonomie und Würde für Frauen.

Radikalfeministinnen haben in ihren Arbeiten über Inzest (Vergewaltigung von Töchtern) und Mißhandlung von Ehefrauen immer wieder aufgedeckt, daß die Beschützer auch die Räuber sind. Natürlich prügeln nicht alle Männer ihre Ehefrauen oder Freundinnen, aber über die Hälfte aller Männer, die mit Frauen zusammenleben, tun es. Und in einer beträchtlichen Zahl von Häusern wohnt ein »inzestuöser« Mann.[26]

Zwar äußern auch Männer ihre Betroffenheit über den Mißbrauch von Frauen, aber sie haben ein anderes Verhältnis dazu als Frauen; ihre Betroffenheit ist nicht die Betroffenheit der Frauen. Beispielsweise gerät ein Mann sehr oft in Zorn über die Tatsache, daß eine Frau von einem anderen Mann vergewaltigt oder geschlagen wurde. Dabei handelt es sich aber entweder um einen Mann, der sich in seiner Beschützerrolle übt – er würde kaum auf die Idee kommen, ihr Selbstverteidigung beizubringen –, oder um einen Mann, der tief betroffen ist über den Schaden, den ein anderer Mann an seinem »Eigentum« angerichtet hat. Auch wenn manche Männer Verachtung für prügelnde oder vergewaltigende Männer empfinden, so ist es nach Ansicht von Marilyn Frye doch durchaus möglich, daß ihre Verachtung sich nicht auf die Tatsache des Mißbrauchs der Frau bezieht, sondern darauf, daß der Schläger oder Vergewaltiger sich mit Gewalt holen muß, was sie selbst auf subtilere Art erreichen, einfach indem sie es fordern.[27]

Daß die machthabenden Männer zur Zeit gerne bereit sind, Gesetze zur Beschränkung der Pornographie zu verabschieden, hat den Grund, daß die Männer das Bild der asexuellen, jungfräulichen Frauen wiederherstellen wollen, die sie dann in ihren Vororthäuschen beschützen können. Und zu ihrer Rechtfertigung benutzen sie die politisch rechten Frauen ebenso wie die Feministinnen, die wie anständige Frauen um Schutz zu bitten scheinen, statt Befreiung zu fordern. Männer gebrauchen Gewalt, wenn Frauen sie nicht beachten. Wenn Frauen dann um Schutz bitten, können Männer wieder Bedeutung erlangen, indem sie sich gegen die Räuber wenden – besonders gegen die, die einer anderen ethnischen Gruppe oder Klasse angehören.

Mit anderen Worten: die Logik des Schutzes ist im wesentlichen dieselbe wie die Logik des Raubes. Als Räuber tun Männer Frauen Dinge an, die allesamt Frauen verletzen und die Integrität der Frauen untergraben. Schutz degradiert jedoch genausosehr zum Objekt wie Raub. Um Frauen zu schützen, tun Männer Frauen Dinge an; »zum Besten der Frau« verletzen sie ihre Integrität und untergraben ihre Handlungsfähigkeit.

Schutz und Raub entstammen der gleichen Ideologie der männlichen Herrschaft, und für die erfolgreiche Erhaltung der männlichen Herrschaft spielt es keine Rolle, welche dieser zwei Bedingungen die Frauen annehmen. Sonia Johnson schreibt dazu:

> Unsere Überzeugung, wenn wir aufhören, die Männer und ihre neuesten Verrücktheiten zu studieren und zu beobachten, wenn wir unser ängstliches Kratzen und Treten samt dem wehleidigen Jammern und Klammern – unsere ganze krankhafte sadomasochistische Beziehung zu den Herren – aufgeben, würden sie ausrasten und uns umbringen, ist der reinste Aberglaube. Sie bringen uns ja jetzt schon täglich um, während wir sie anhimmeln; sie rasten jetzt schon aus, während wir noch an ihren Lippen hängen.[28]

Kolonisierung

Die frühen Radikalfeministinnen behaupteten, Frauen seien ein kolonisiertes Volk.[29] Diese Behauptung muß neu überdacht werden. Wer eine Gruppe beherrschen will und damit Erfolg hat, gewinnt die Herrschaft durch Gewalt. Diese Machtdemonstration erfordert jedoch enorme Anstrengungen und Mittel; daher führten die Kolonisatoren Werte ein, mit denen die Beziehung zwischen herrschenden Kolonisatoren und untergeordneten Kolonisierten als natürlich und normal dargestellt wurde.

Mit das erste, was die Kolonisatoren nach der Eroberung in Angriff nehmen, ist die Herrschaft über die Sprache, oft mit Hilfe christlicher Missionare. Deren Mission besteht darin, die Sprache schriftlich festzuhalten und dann Schulen zu errichten, in denen die einheimische Bevölkerung diese Sprache lernt. Hier werden neue Werte eingeführt: zum Beispiel die Begriffe 'hell' und 'dunkel' als gut bzw. böse. Wörter für hochgestellte Personen und Gottheiten gewinnen dann eine 'helle' Konnotation und treten in maskuliner Form auf. Außerdem werden Werte verankert, die die Aneignung der natürlichen Ressourcen durch die Kolonisatoren stützen und die überkommenen Sitten und die ökonomische Unabhängigkeit der Kolonisierten verleugnen. Wenn die Kolonisierten gezwungen werden, die Sprache und das Begriffsschema der Kolonisatoren zu gebrauchen, beginnt die Internalisierung dieser Werte. Das nennt sich »Seelenheil«, und die Kolonisatoren vollziehen nur das, was sie selbst die »Vorsehung« oder »die Bürde des weißen Mannes« nennen.

Die Theorie der Vorsehung besagt, daß die Kolonisatoren den »Barbaren« (»Heiden«) die Zivilisation bringen (die säkulare Version des Seelenheils). Die Kolonisatoren beschreiben die Kolonisierten als passive Wesen, die Schutz (Herrschaft) wollen und brauchen, für die »zu ihrem eigenen Besten« gesorgt wird. Alle, die sich der Herrschaft widersetzen, werden als anormal ausgesondert und als Gefahr für die Gesellschaft (»Zivilisation«) beschimpft oder für verrückt erklärt und zum Schutz (dem eigenen oder dem der Gesellschaft) eingesperrt.

So gehen die Kolonisatoren vom Raub – Überfall und Eroberung – zum wohltätigen Schutz über. Diejenigen, die kolonisiert wurden, werden als hilflos, kindlich, passiv und feminin dargestellt, und die Kolonisatoren werden zu wohltätigen Herrschern, die die Bürde des zivilisierten Ressourcenmanagements (Ausbeutung) auf sich nehmen.

Falls nach der Etablierung der gesellschaftlichen Ordnung die Kolonisierten anfangen, sich gegen den Schutz und die Wohltätigkeit zu wehren und darauf bestehen, ungeachtet der unmittelbaren Konsequenzen lieber allein zurechtzukommen, verwandeln sich die Kolonisatoren wieder in Räuber und gehen zu Gewalt über, um die Kolonisierten davon zu überzeugen, daß sie Schutz brauchen und ohne die Kolonisatoren nicht überlebensfähig sind. Ein Mahatma Gandhi in dem Film *Gandhi* in den Mund gelegter Ausspruch trifft dies genau: »Um weiter wohltätig zu sein und uns zu beherrschen, müßt ihr uns demütigen.« Wenn alles andere nichts hilft, fangen die Männer einen Krieg an, um ihre »Männlichkeit« zu beweisen: ihr »Recht«, Frauen und andere »feminine« Wesen (das heißt, alle, die sie beherrschen können) zu erobern und zu beschützen.

Raub der Autonomie

Zweck der Kolonisierung ist die Aneignung fremder Ressourcen. Er läßt sich erreichen, indem ein Volk seiner Autonomie beraubt und in ökonomischer Abhängigkeit gehalten wird. Walter Rodney meint in seinem Buch über den Kolonialismus, *How Europe Underdeveloped Africa*, die afrikanischen Gesellschaften wären ohne den weißen Kolonialismus nicht kapitalistisch geworden.[30] Er stellt die These auf, Afrika habe ökonomisch einen ganz anderen Weg als den zur vorkapitalistischen Entwicklung eingeschlagen, bis die Europäer kamen, Afrika kolonisierten und »unterentwickelten«. Indem sie die afrikanische Wirtschaftsform zerstörten und auf ihre Bedürfnisse umstellten, raubten die Europäer den AfrikanerInnen ihr Land und ihre Ressourcen. Außerdem nahmen sie ihnen die Fähigkeit, autonom zu wirtschaften, hauptsächlich durch Umbildung des Erziehungssystems und indem sie die afrikanischen Völker lehrten, das Wissen ihrer Vorfahren zu mißachten. Dieser Raub der Autonomie an den eroberten Völkern trägt wesentlich zur Herrschaft bei, denn er bedeutet, daß die Kolonisierten jetzt zum Überleben auf die Kolonisatoren angewiesen sind. In Wirklichkeit sind es die Kolonisatoren, die – als Kolonisatoren – ohne die Kolonisierten nicht überleben können.

Bette S. Tallen meint, Frauen seien unter dem Heterosexualismus ebenso ent-fähigt worden und ökonomisch von den Männern abhängig geworden, während sich die Männer die Ressourcen der Frauen aneignen.[31] Sonia Johnson bemerkt:

> Obwohl die Frauen nach den Statistiken der Vereinten Nationen zwei Drittel aller Arbeit in der Welt tun, verdienen wir nur ein Zehntel des Welteinkommens und besitzen nur ein Hundertstel des Welteigentums.[32]

Die Beraubung der Frauen sieht entsprechend der spezifischen historischen und materiellen Bedingungen sehr verschieden aus. Ann Oakley stellt in ihrer Analyse des vorindustriellen England im 17. Jahrhundert beispielsweise fest, daß Frauen unabhängig von ihren Ehemännern oder als Witwen in vielen Handwerken tätig waren. Die industrielle Revolution machte dem ein Ende und nahm vielen Frauen diese Möglichkeiten.[33] Noch früher, in der Zeit der Hexenverfolgung, eigneten sich europäische Männer das Wissen der Frauen in Heilkunst, Geburtshilfe und Lehre an und versuchten die magischen Kräfte der Frauen zu zerstören.[34] Alice Molloy schreibt: »Die sogenannte Geschichte der Hexerei ist einfach der Prozeß, in dessen Verlauf Frauen voneinander und von ihren Möglichkeiten, Wissen zusammenzutragen, abgeschnitten wurden.«[35] Allgemein haben viele Frauen heute keine eigenen Ziele mehr, keinen Zugang zu ihren speziellen Arbeitsmitteln. So kommt es, daß sie gezwungen sind, die Ideologie der Abhängigkeit vom Mann zu übernehmen.

Der Heterosexualismus weist eine gewisse Ähnlichkeit mit dem Kolonialismus auf, erstens darin, daß er mit Gewalt aufrechterhalten wird, wenn die wohltätige Version abgelehnt wird, ferner in seiner Darstellung von Herrschaft als etwas Natürlichem und darin, daß er die Frauen ihrer Fähigkeiten beraubt. Und ebenso wie die Kolonisatoren als Kolonisatoren nicht ohne die Kolonisierten überleben können, so können auch die Männer als Männer (Beschützer oder Räuber) nicht ohne die Frauen überleben.

Was der Begriff 'Frau' nicht beinhaltet

Der Begriff 'Frau' ist komplementär zur Beschützer/Räuber-Rolle des Mannes zu verstehen, besonders im dominierenden Teil der US-Gesellschaft. Sehen wir uns an, was nicht in dem Begriff enthalten ist: 1. die Assoziation mit weiblicher Macht, 2. der Hinweis, daß Frauen als Gruppe die Zielscheibe männlicher Gewalt sind, 3. der Hinweis, daß Frauen gemeinsam oder einzeln der männlichen Herrschaft und Kontrolle Widerstand leisten, und 4. die Assoziation mit dem lesbischen Lebenszusammenhang.

Der Begriff 'Frau' beinhaltet praktisch keine Assoziation mit weiblicher Macht. Mit Sicherheit bedeutet er nicht Frauen als Eroberinnen und Herrscherinnen. Noch bezeichnender ist, daß auch Stärke und Kompetenz darin nicht mitschwingen. Nicht daß es keine starken Frauen gäbe – dort, wo Frauen sich dem herrschenden Wertesystem zum Trotz gegenseitig stärken, bilden sie geradezu die Verkörperung von Stärke. Und doch werden unter dem Einfluß des Heterosexualismus mit der Zeit auch diese Bilder wieder durch Berufung auf die Weiblichkeit abgeschwächt oder gegen Frauen eingesetzt. Wenn sie sich Männern gegenüber nicht ehrerbietig genug zeigen, werden Frauen mit Ausdrücken wie 'kastrierende Hexe', 'Lesbe' oder ähnlichem tituliert, um sie gefügig zu halten.

Die Männer einer beliebigen Gruppe verschieben in dem Begriff 'Weiblichkeit' den Akzent immer dann auf die weibliche Kompetenz und Fähigkeit, wenn sie ganz dringend auf besondere Hilfe angewiesen sind: in Kriegszeiten oder auf kleinen Farmen mitten in der Einöde von Nebraska oder in revolutionären Bewegungen oder in Kibbuzim, in einem instabilen Staat oder in einer durch Unterdrückung tief gespaltenen Gemeinschaft. Hat sich ihre Vorherrschaft aber erst einmal wieder gefestigt, packen die Männer von neuem das Weiblichkeitsstereotyp aus (erwarten aber dennoch von den Frauen, daß diese den größten Teil der Arbeit verrichten, ohne davon zu profitieren).

In ihrem Essay für schwarze Frauen in den Städten bringt Pat Robinson den Verlust des Selbst-Bewußtseins und der Macht eines Volkes mit dem Verlust ihrer Gottheiten in Verbindung: »Wenn eine Gruppe unter Kontrolle gehalten werden soll, nimmt man ihr immer ihre Gottheiten und damit ihr Spiegelbild und ihr inneres Wesen.«[36] Überall, wo wir in der dominanten anglo-europäischen Gelehrtenwelt Hinweise auf Göttinnen einer Kultur finden, sind diese entweder Entführungs- oder Vergewaltigungsopfer und/oder Mütter.[37]

Bezeichnenderweise ist die einzige weibliche Figur im anglo-europäischen Denken die Jungfrau Maria, ein zu einem vorbildhaften Vergewaltigungsopfer verbildetes Überbleibsel einer alten Göttin, das angeblich zu einem Gott sagte: »Mir geschehe, wie du gesagt hast.«

Pat Robinson stellt weiter fest, daß zuerst Zwang angewendet werden muß, um einem Volk das eigene Spiegelbild zu nehmen und es so unter Kontrolle zu bringen.[38] (Das ist natürlich der Beginn der Kolonisation). Als zweites fehlt in dem Begriff 'Frau' das Empfinden, daß gegen Frauen als Gruppe Gewalt angewendet wurde. Es gibt feministische Literatur über das Massaker an den europäischen Hexen. Die überwiegende Mehrheit der Frauen in den USA heute weiß jedoch gar nichts über Hexenverbrennungen. Es fragt sich, wie es möglich war, diese Massenvernichtung aus dem Bewußtsein zu tilgen. Vielleicht wurde dieses Wissen einfach unterdrückt. Wenn aber eine Gesellschaftsordnung die Auslöschung einer bestimmten Gruppe verlangt und diese Auslöschung tatsächlich geschieht, kann die Erinnerung an diesen Vorgang durch Umbenennung getilgt werden. Das Massaker an den Hexen in Europa hat im Laufe von dreihundertfünfzig Jahren eine solche Umbenennung erfahren. Alljährlich überfällt uns in den USA die Karikatur der Hexen in Form eines großen Medienspektakels: Halloween.

Die Anwendung von Zwang oder Gewalt gegen Frauen als Gruppe ist nicht auf Europa beschränkt. Neben anderen hat auch Mary Daly versucht, den Frauen in den USA bewußt zu machen, daß ein solcher Zwang gegen Frauen in allen Teilen der Welt angewandt wurde und wird.[39] Wenn der Mitgiftmord in Indien als Problem erkannt wird, so nur deshalb, weil die machthabenden Männer ihn neuerdings zum Problem erhoben haben. Und wenn in China die Patriarchen heute das Füßeeinbinden unökonomisch und daher unmoralisch nennen, so verblaßt allmählich unsere Erinnerung und unser Wissen darum, was dazu geführt hatte und warum es so lange praktiziert wurde. Auch der Mord an weiblichen Neugeborenen ist ein wohlbekannter Ausdruck des Frauenhasses.

Weil kein Empfinden dafür existiert, daß Frauen als Gruppe Ziel von Gewalt sind, können wir uns nur schwer das Ausmaß des Zwangs vorstellen, der heute auf Frauen ausgeübt wird. Während die US-amerikanischen Frauen angesichts der Klitorisbeschneidung in Afrika und der Mitgiftmorde in Indien entsetzt sind, sind die afrikanischen (speziell die nigerianischen) und indischen Studentinnen in meinen Seminaren nicht minder entsetzt über Vergewaltigung und Pornographie, die zum Alltagsleben der US-amerikanischen Frauen gehören. Außer den Radikalfeministinnen erkennt niemand in den USA das ungeheuerliche Ausmaß von Inzest (Vergewaltigung von Töchtern), Frauenmißhandlung, Vergewaltigung, Zwangsprostitution und pornographischer Ideologie – nicht nur in Männermagazinen, sondern im Fernsehen, auf Plakatwänden, in Lebensmittelläden, Schulen und überall in jedem öffentlichen und privaten Bereich, in den eine Frau kommt – als eine Art von gemeinschaftlichem Überfall auf Frauen. Es gibt kein allgemeines Empfinden dafür, daß, wie Sonia Johnson es formuliert, die Männer den Frauen den Krieg erklärt haben[40]; dieser Überfall wird vielmehr – da Männer damit Frauen Aufmerksamkeit schenken – »Anziehung«, ja sogar »Bewunderung« genannt.

Drittens beinhaltet der Begriff 'Frau' keine Assoziation mit weiblichem Widerstand – kollektiv oder individuell – gegen die männliche Herrschaft. Zwar haben Amazonen einstmals nachweislich in Nordafrika, in China, in Anatolien (Türkei) und zwischen dem Schwarzen und dem Kaspischen Meer gelebt[41], doch werden Amazonen immer wieder als Witzfiguren behandelt oder ganz verschwiegen. Helen Diner schreibt:

> Bei den Totengedenkfeiern bejubelten Demosthenes, Lysias, Himerios, Isocartes und Aristides den Sieg über die Amazonen als wichtiger denn den Sieg über die Perser oder irgendeine andere historische Heldentat. [...] Die Kriege zwischen Griechen und Persern waren Kriege zwischen zwei männlich dominierten Gesellschaften. Im Krieg gegen die Amazonen ging es darum, welche der beiden Lebensformen das Bild der europäischen Kultur prägen sollte.[42]

Bezeichnenderweise halten selbst Feministinnen und lesbische Feministinnen Distanz zu den Amazonen, offensichtlich aus Furcht, sie könnten den Kontakt zur Realität (zum Konsens) verlieren. Von ein paar rühmlichen Ausnahmen abgesehen, sind wir dem Aufruf von Maxine Feldman: »Amazonen, erhebt euch!«[43] nicht gefolgt. Amazonen werden selten gefeiert (obwohl wir uns allmählich wieder auf Göttinnen und Hexen einlassen). Wir erkennen die Amazonen nicht einmal als symbolische Verteidigerinnen der Frauen an – und das zu einer Zeit himmelschreiender männlicher Gewalt gegen Frauen. Statt dessen fordern sogar Radikalfeministinnen mehr Schutz durch Polizei und Staat. Die Amazonen – und die Kriegerinnen wie in den Völkern der Dahomey oder Nootka – passen einfach nicht in das Konzept von 'Frau', das der dominierende Teil der US-Gesellschaft vertritt.[44]

Weil es keine mythologische und schon gar keine historische Erinnerung an weiblichen Widerstand gegen männliche Herrschaft gibt, sind auch isolierte und individuelle Widerstandshandlungen von Frauen nicht als Widerstand wahrnehmbar, insbesondere nicht wegen des Begriffs 'Weiblichkeit', wie ich später ausführen werde. Eine 'Frau' ist so sehr eine Person, die ihre Identität aus der Gemeinschaft mit einem Mann bezieht, daß eine Frau, die sich gegen männliche Gewalt, männliche Zudringlichkeiten und männlichen Zugriff wehrt, keine richtige Frau ist.

Der Wert 'Frau' schließt also eine Assoziation mit weiblicher Präsenz, Kompetenz und Macht, ein Bewußtsein für die Gewalt gegen Frauen als Gruppe und ein Empfinden für weiblichen Widerstand gegen männliche Gewalt aus. Er schließt auch die Assoziation mit einem lesbischen Lebenszusammenhang aus. Adrienne Rich hat sich die Mühe gemacht zu untersuchen, erstens aufgrund welcher Vorurteile »lesbische Erfahrung auf einer Wahrnehmungsskala zwischen abartig und abscheuerregend rangiert oder einfach unsichtbar gemacht wird«, zweitens »wie und weshalb für Frauen die Wahl von Frauen als leidenschaftliche Kameradinnen, Lebensgefährtinnen, Mitarbeiterinnen, Geliebte und soziale Bezugsgruppe unterdrückt, verächtlich gemacht, ins Versteck und zur Verkleidung gezwungen wurde«, und drittens »die Tatsache, daß lesbische Seinsweisen, lesbische Existenz, in zahlreichen Texten und Untersuchungen, selbst von feministischen Forscherinnen, weitgehend oder vollständig übergangen werden«.[45] Harriet Ellenberger schreibt:

> Ein zentrales Tabu im Patriarchat ist das Tabu, daß Frauen sich nicht mit Frauen zusammentun dürfen – und dennoch hat dieses tabuisierte Zusammentun, diese Bindung und Vereinigung, ständig vor ihren Augen stattgefunden, aber Männer wie Frauen glauben, das gibt es nicht.[46]

Was der Begriff 'Frau' beinhaltet

Ebenfalls bezeichnend ist, was der Begriff 'Frau' beinhaltet. Der männlichen Benennung von Frauen zufolge ist eine 'Frau' 1. männeridentifiziert; jemand, die ihre Identität aus ihrer Verbindung zu einem Mann bezieht, 2. jemand, die sich für Männer anziehend macht, 3. ein Eroberungsobjekt für Männer und 4. eine Gebärerin (von Jungen).

Die Identität einer Frau liegt in ihrer Beziehung zu einem Mann begründet: Sie ist zuallererst die Mutter, Ehefrau, Geliebte oder Tochter eines Mannes – und nicht einer Frau. Die Radicalesbians sagten dazu 1970:

> Wir sind authentisch, legitim, existent nur insoweit wir das Eigentum eines Mannes sind, dessen Namen wir tragen. Als Frau, die keinem Mann gehört, sind wir unsichtbar, jämmerlich, unauthentisch, nichtexistent.[47]

Eine Frau, die zu keinem Mann gehört, existiert entweder nicht oder sie versucht, ein Mann zu sein. Eine 'Frau' ist außerdem für sexuelle Dienstleistungen an Männern zuständig.[48] Wie gut oder böse sie ist, ihr moralischer Rang mißt sich an ihrer sexuellen Verfügbarkeit, ihren Kosten und ihrer Treue zu Männern.[49] Letzten Endes ist eine 'Frau' eine Jungfrau oder eine Hure – das heißt, sie wird definiert durch Sex mit einem Mann.

Zweitens ist eine 'Frau' eine Person, die für Männer attraktiv ist. Wenn sie nicht versucht, sich für Männer attraktiv zu machen, unterstellt man ihr ernsthafte Probleme. In der herrschenden öffentlichen Meinung der US-amerikanischen Gesellschaft bedeutet Attraktivität: Sie ist weiß, angelsächsischer Herkunft, obere Mittelklasse, praktisch magersüchtig (das heißt, nicht gesund) und so jung, daß sie noch keine Charakterfalten im Gesicht hat; hin und wieder darf sie schwarz und »exotisch« sein. Die Frauen, die aus diesen Kategorien herausfallen, werden zwar als Frauen nicht gänzlich abgewertet, sollen sich aber dennoch nur als armseliger Ersatz für eine Frau fühlen.[50] Weiterhin ist eine 'Frau' eine Person, die vor dem Bösen (das heißt, dem Dunklen) beschützt werden muß, es sei denn, sie ist selbst schwarz (böse) – dann müssen die anderen Frauen vor ihr geschützt werden. Je weißer sie ist, desto reiner ist sie. Je dunkler sie ist, desto gefährlicher ist sie in sexueller Hinsicht. Wiederum ist sie Jungfrau oder Hure – das heißt, weiß oder schwarz.

Drittens ist eine 'Frau' eine Person, die von einem Mann erobert werden muß. Die Ideologie der Pornographie, vom Softporno bis zum Gewaltporno, stellt die Frau als Objekt dar (jemand, der etwas angetan wird – in diesem Falle angegriffen und überwältigt), jemand, die zum Beherrschtwerden da ist. Ihr Charakteristikum ist ihre sexuelle Begierde; sie muß durch Vergewaltigung beherrscht werden – und um diese Vergewaltigung wird sie letztlich betteln. Die Ideologie der romantischen Liebe (in volkstümlicher Form in den Groschenromanen dargestellt) ist die gleiche: Eine Frau ist ein Objekt (eine, der etwas getan wird – in diesem Falle beschützen und verführen), eine, die zum Erobertwerden da ist. Ihr Charakteristikum ist die fehlende sexuelle Begierde – sie muß die sexuellen Avancen (von Männern) zurückweisen, um ihre Sittsamkeit zu zeigen; und doch wissen die Männer, wenn sie »nein« sagt, meint sie eigentlich »ja«. Daher muß auch sie durch Vergewaltigung beherrscht werden – Vergewaltigung ihrer Integrität –, und plötzlich bettelt sie um diese Vergewaltigung. Pornographie und Romantizismus wollen uns beide weismachen, daß eine Frau durch die Kraft des männlichen Willens erobert und beherrscht werden will.

Schließlich ist eine 'Frau' eine Gebärerin. Eine Frau findet ihre Erfüllung im Gebären, ihre grundlegende ethische Möglichkeit ist das selbstlose Geben und Nähren, und alles, was diesen Prozeß stört, ist verdächtig. Immer wenn ein Volk gefährdet ist, weil die Männer Krieg spielen, erklären die Männer das Gebären zur ausschließlichen Bestimmung der Frau und überwachen es bis ins kleinste. Gemäß der vorherrschenden Auffassung in den anglo-europäischen, eurasischen und amerikanischen Gesellschaften (Mittel-, Süd- und Nordamerikas) darf ihr diese Funktion nicht allein anvertraut werden. Sie darf nicht über ihren Körper bestimmen. Die Abtreibungsfrage beispielsweise ist so, wie sie in den USA verhandelt wird, keine Frauenfrage. Es geht nur darum, welche Männer die Abtreibungen kontrollieren – der Staat oder einzelne Männer.[51] Und die Ärzte sterilisieren in ihrer paternalistischen Besorgnis um die Gesellschaftsordnung die Frauen, die sie als ungeeignete Mütter ansehen, wie arme schwarze und arme puertorikanische Frauen.[52] Eine 'Frau' ist eine Gebärerin, und Gebärerinnen brauchen Fürsorger, die Gebärentscheidungen treffen, einschließlich Genmanipulation. Außerdem bringt eine erfolgreiche Gebärerin männliche Kinder zur Welt – das heißt solche, die die väterliche Linie fortsetzen.

Eine 'Frau' ist also ein Sexualobjekt, den Männern ergeben und von ihnen abhängig, eine Person, deren Funktion darin besteht, die »Rasse« zu erhalten (während die Beschützer und Räuber weiter damit beschäftigt sind, sie zu vernichten). Nein, wir werden nicht als Frauen geboren.[53]

Ich will eine Revolution der Moral.

'Weiblichkeit' verschleiert Widerstand

Der wichtigste Begriff zur Interpretation und Bewertung der Entscheidungen und Handlungen von Frauen ist 'Weiblichkeit'. 'Weiblichkeit' macht die männliche Herrschaft zum Normalfall und zeichnet ein Bild von Frauen als untergeordnete und naive Wesen, die zufrieden sind, wenn sie beherrscht werden. So behaupten die Historiker des Patriarchats, die Frauen seien seit ewigen Zeiten mit ihrem Los zufrieden gewesen und hätten die männliche Herrschaft akzeptiert, mit Ausnahme einiger weniger Suffragetten und heutzutage einiger geistig verwirrter Feministinnen.

Wenn wir aber einmal genauer hinschauen, wird deutlich, daß es innerhalb der Grenzen des weiblichen Stereotyps kein Verhalten gibt, das als Widerstand gegen die männliche Herrschaft zählt. Und wenn nichts, auf das wir verweisen oder das wir uns vorstellen können, als Gegenbeweis gegen die Behauptung zählt, alle (normalen) Frauen seien weiblich und akzeptierten die männliche Herrschaft, dann befinden wir uns in einem geschlossenen begrifflichen Zwangssystem.

Manche Handlungen zum Beispiel, die Männer als Beweise für das weibliche Stereotyp der weißen Mittelklassefrau anführen, deuten ganz im Gegenteil auf Widerstand hin. Alix Kates Shulman porträtiert in *Memoirs of an Ex-Prom Queen* eine »dauergewellte« Hausfrau, die regelmäßig das Abendessen anbrennen läßt, wenn ihr Mann unerwartet seinen Chef mit nach Hause bringt, und ihm immer wieder rohe Eier in sein Lunchpaket einpackt.[54] Solche Handlungen werden von den Machthabenden als Beweis dafür angesehen, daß Frauen geringere rationale Fähigkeiten haben, tatsächlich aber deuten sie auf Widerstand hin – auf Sabotage. Die Saboteurinnen mögen diese Handlungen offen Sabotage nennen oder nicht – Frauen vergewissern sich damit ihrer Existenz in einer Gesellschaft, die Frauen unabhängig von Männern nicht zur Kenntnis nimmt.

Es gibt viele nicht anerkannte Formen von Widerstand gegen die männliche Herrschaft, beispielsweise Keuschheit als Mittel zur Eindämmung sexueller Aggression von Männern[55] oder Frömmigkeit als Waffe gegen die Autorität des Ehemanns. Viele Frauen sind ins Kloster gegangen, um sich der Verheiratung zu entziehen.[56] Typisch ist, daß in den Beschreibungen der patriarchalen Historiker diese Strategien nicht als Widerstandshandlungen zu erkennen sind.

Bezeichnenderweise dient der Begriff 'Weiblichkeit' zur Charakterisierung aller Gruppen, die die machthabenden Männer als beherrschungsbedürftig bezeichnen wollen. Kate Millett weist darauf hin, daß mit 'Weiblichkeit' Wesenszüge bezeichnet werden, die die Machthabenden an den Untergebenen schätzen.[57] Und Naomi Weisstein stellt fest, daß die weibliche Charakteristik sich mit derjenigen deckt, die Minderheitengruppen als Stereotyp zugeschrieben wird.[58] Es gibt Hinweise in der Literatur, daß die Nazis Juden als weiblich bezeichneten und diese Ideologie als Rechtfertigung für ihre Massaker benutzten. Die in den Salemer Hexenprozessen angeklagten Männer wurden als weiblich bezeichnet.[59] Mary Daly bemerkt, daß die Irokesen »von den Jesuiten in eine weibliche

Rolle verwiesen« wurden.[60] Eine Sichtung der anthropologischen Literatur aus der ersten Hälfte unseres Jahrhunderts ergibt, daß weiße englische Anthropologen die physiologischen Merkmale von SchwarzafrikanerInnen als tierisch-weiblich beschrieben. Und wie Kate Millett anführt, ist Jean Genets Definition von 'Weiblichkeit' in der männlichen Homosexualität die Unterwerfung unter den dominanten Mann.[61]

Der Begriff 'Weiblichkeit' bildet im anglo-europäischen Denken ein Grundmodell für Unterdrückung.[62] Ein weibliches Wesen ist von Natur aus passiv und abhängig. Daraus ergibt sich zwangsläufig, daß die so Abgestempelten aufgrund eben dieser Natur Schutz (Herrschaft) suchen und »zu ihrem eigenen Besten« einer Autorität unterstellt werden müssen. 'Weiblichkeit' impliziert, daß diejenigen, die keine Macht haben, Herrschaft brauchen und wollen. Dann ist es nur logisch, daß alle, die sich gegen Herrschaft wehren, anormal sind.

Denken wir nur daran, daß die weiße Geschichtsschreibung schwarze SklavInnen (weiße angestellte DienerInnen allerdings nicht) als faul, unterwürfig und ungeschickt nur deshalb bezeichnete, weil die SklavInnen häufig Arbeitsgeräte zerbrachen. Eine rational denkende Sklavin, die erkennt, daß ihre Situation schlicht unmenschlich ist, daß sie als verlängerter Arm ihres Herrn fungiert, wird sich kaum beeilen oder Sorgfalt walten lassen. Statt dessen handelt sie so, daß sie sich vom Willen ihres Herrn distanzieren kann: Sie zerbricht Gerätschaften, betreibt heimlichen Widerstand – Sabotage. Ihr Herr wiederum nimmt sie als nicht menschlich und dumpf wahr, bezeichnet sie als »ungeschickt«, »kindisch«, vielleicht auch »töricht«, aber nicht als Saboteurin. Manche Sabotageakte wurden entdeckt und bestraft, etwa wenn Sklavinnen ihre Herren vergifteten oder Brände legten. Die Aufzeichnungen über solche Vorkommnisse ließ man jedoch oft verschwinden[63], und das Stereotyp von den unfähigen SklavInnen besteht weiter. Am mächtigsten wurde der Gedanke an Flucht vielleicht noch in Spirituals wachgehalten, in Liedern wie *Swing Low, Sweet Chariot* oder Liedern über Moses und das Gelobte Land. In ihnen wurden auch konkrete Fluchtpläne bekanntgemacht, wie die Abreise von Harriet Tubman zu einer weiteren Fahrt in den Norden. Die Weißen hörten allerdings nur die glücklichen Lieder eines einfältigen Volkes.[64]

Wenn SklavInnen als mit ihrem Los zufriedene 'Halb-Menschen' gelten und die Herren zum Besten der SklavInnen handeln, folgt daraus, daß jeder Widerstand gegen das System abnorm oder ein Zeichen für Verrücktheit ist. Annie Mae Hunt, die sich an die Geschichten ihrer Großmutter aus der Zeit der Sklaverei erinnert, sagt denn auch: »Wenn du weggelaufen bist, wurdest du für verrückt erklärt.«[65] Das heißt, SklavInnen lebten in einem Denksystem, in dem die Flucht aus der Sklaverei von den Herren, und manchmal sogar von den SklavInnen selbst, als Beweis nicht für (gesunden) Widerstand, sondern für geistige Verwirrung betrachtet wurde.

So weit ging der Zwang im Herrensystem. Wenn wir jedoch ein anderes Wertesystem schaffen, können wir das Verhalten der SklavInnen, aus dem die Herren die Stereotypen der SklavInnen ableiteten und aufrechterhielten, als sichtbaren Beweis für Widerstand und Sabotage verstehen.[66]

Während des Holocaust und, noch bezeichnender, danach in ihren Berichten darüber, haben die patriarchalen Historiker das jüdische Volk unter der Naziherrschaft als kooperative und willige (weibliche) Opfer beschrieben. Dieses Stereotyp ist ebenso wie das Sklavenstereotyp heute noch lebendig. Und wieder stellt sich die Frage: Was *gilt* als Widerstand? Beispielsweise wurden die Jüdinnen und Juden in Auschwitz, die Selbstmord begingen, indem sie sich gegen den Elektrozaun warfen, als willige Opfer beschrieben. Die Nazis ließen ihre Leichen jedoch nicht für alle sichtbar liegen, sondern beseitigten sie so schnell wie möglich. Die Jüdinnen und Juden, die Selbstmord begingen, haben sich gegen die Naziherrschaft gewehrt, indem sie den Zeitpunkt ihres Todes selbst bestimmten und sich damit vom Willen ihrer Herren distanzierten.

Es hat unzählige Formen des Widerstandes gegeben. Von Simone Wallace, Eleen Ledley und Paula Tobin erfahren wir:

> Jede Handlung, die bewirkt, daß du am Leben bleibst, wenn der Feind deinen Tod beschlossen hat, ist eine Widerstandshandlung. Der Kampf gegen Hilflosigkeit und Apathie, die dem Feind nützen, ist Widerstand. [Andere Handlungen sind:] Sabotage in den Fabriken, anderen Mut zum Weiterleben machen, wenn sie aufgeben und sterben wollen, das Schmuggeln von Lebensmitteln und Nachrichten, die Übertretung der Lagerordnung bei jeder möglichen Gelegenheit, einfach am Leben bleiben. Andere Widerstandsformen, die eher als solche zu erkennen sind, waren die Tötung von Wachen, die Bombardierung von Fabriken, Waffendiebstahl, der Warschauer Aufstand usw.[67]

Die Literatur über den Holocaust ist voll von jüdischen Widerstands- und Sabotageakten; da jedoch bewaffnete Aufstände wie im Warschauer Ghetto selten waren, wird dieser Widerstand nicht wahrgenommen oder nicht anerkannt, und das Stereotyp des willigen (weiblichen) Opfers bleibt bestehen.

Wenn wir uns in einem Denksystem bewegen, das Menschen als von Natur aus dominant oder unterlegen beschreibt, nehmen wir Widerstand nur dann wahr und beziehen ihn in unsere Beschreibung der Welt ein, wenn diejenigen, die Widerstand leisten, die Herrschenden besiegen und ihrerseits anfangen, sie zu beherrschen (das heißt, wenn eigentlich gar keine Revolution der Werte vorliegt).

Zu den Strategien der Frauen in Greenham Common im Widerstand gegen die Stationierung der US-amerikanischen Cruise Missiles beispielsweise gehören auch innovative Wege, die Beziehung zwischen Herrschenden und Untergeordneten zu hintertreiben – die Frauen halten sich einfach nicht an die Spielregeln und handeln statt dessen unberechenbar. Ihre Strategien beruhen auf Spontaneität, Flexibilität, Dezentralisierung, und sie gehen mit den sich ergebenden Situationen kreativ um.[68] Wenn wir nur solche Handlungen als Widerstand einordnen, durch die die Herrschenden besiegt werden, gehen uns viele Informationen verloren.

Nehmen wir die weiße Lady der viktorianischen Oberschicht. In *Die gelbe Tapete* schildert Charlotte Perkins Gilman die Lebensbedingungen dieser Frauen um 1880.[69] Zu diesen Bedingungen gehörte die Verordnung totaler weiblicher Passivität durch »geistige Gynäkologen« wie S. Weir Mitchell[70], eine Vorschrift, die einem plötzlichen Interesse männlicher Wissenschaftler an den Frauen zur Zeit der ersten Feminismuswelle entstammte und von den Machthabenden befohlen war. Die Heldin dieser Erzählung wird von ihrem Ehemann zur Erholung in ein Sommerhaus gebracht. Er sperrt sie in ein Kinderzimmer mit vergitterten Fenstern, einem an den Fußboden geschraubten Bett und einer scheußlichen, zum Teil in Fetzen herabhängenden Tapete. Er beschwichtigt ihre Verzweiflung mit der Rhetorik des Beschützers, und als sie sich über das gräßliche Zimmer beschwert, weigert er sich, ihren »Launen« nachzugeben. Auch erstickt er alle ihre kreativen Ansätze und gerät in Wut, als er entdeckt, daß sie Tagebuch geschrieben hat. Zum Schluß schafft sie es, hinter die Tapete zu kriechen und in die »Verrücktheit« zu flüchten. Charlotte Perkins Gilman zeigt uns eine Frau, der jeder Weg zu Kreativität und Integrität »zu ihrem eigenen Besten« herablassend-paternalistisch abgeschnitten wird, und wir beobachten, wie sie langsam Widerstand aufbaut. Es überrascht nicht, daß männliche Wissenschaftler und Ärzte bis heute in dieser Geschichte nichts weiter als ein Zeugnis weiblichen Wahnsinns sehen.[71]

Widerstand kann also sogar die Form des Wahnsinns annehmen, wenn eine Frau in den Grenzen der Herrschaft isoliert ist und alle Möglichkeiten, ihre Integrität zu wahren, systematisch zerstört werden. Marys Reise ins Vergessen mit Hilfe von Morphium in *Eines langen Tages Reise in die Nacht* ist ein weiteres Beispiel für den Widerstand gegen die Herrschaft, gegen die albernen Forderungen ihrer lieben Angehörigen.[72] Das Konzept der 'Weiblichkeit' verlangt, daß ein solches Verhalten als Ausdruck der »geheimnisvollen« Natur der Frau und nicht als Widerstand begriffen wird.

Interessanterweise finden sich »Wahnsinn« *(insanity)* und »Zorn« *(anger)* im gleichen Wort wieder: »verrückt« *(mad)*. Wie Phyllis Chesler belegt, bezeichnen die geistigen Gynäkologen diejenigen Frauen als »verrückt«, deren Verhalten sich nicht länger an der Beziehung zu Männern orientiert.[73] »Verrücktheit« im Zusammenhang mit »Zorn« wird dagegen als »unkontrollierbare Raserei oder Wut«[74] definiert. Da stellt sich die Frage: unkontrollierbar von wem? Verrücktsein vor Zorn und Verrücktsein als Wahnsinn bedeuten beide den Verlust der männlichen Kontrolle.[75] Wenn Frauen als »verrückt« bezeichnet werden, sind sie für Männer nicht mehr nützlich, bedrohen sie die männliche Überlegenheit.

Um das weibliche Stereotyp aufrechtzuerhalten, charakterisieren Männer offene, definitive und augenfällige Widerstandsformen als Wahnsinn, wenn Frauen sie anwenden.[76] Ebenso wie SklavInnen, die ihren Herren davonliefen, werden auch Frauen für verrückt erklärt, die sich gegen ihre prügelnden Ehemänner wehren. Wenn Frauen Ehemänner umbringen, die sie jahrelang mißhandelt hatten, sind sie meistens gezwungen, auf Unzurechnungsfähigkeit statt auf Notwehr zu plädieren: Anwälte raten ihren Klientinnen, auf Unzurechnungsfähigkeit zu plädieren, und die Jury verurteilt sie, wenn sie statt dessen auf Notwehr plädieren. So stützt das Rechtssystem die Vorstellung, eine Frau sei verrückt, wenn sie sich gegen aggressive Handlungen männlicher Herrschaft erfolgreich wehrt. Der Wahnsinn wird so zu einem Bestandteil der weiblichen Natur, und Widerstand gegen die Herrschaft ist grundsätzlich nicht existent.

Es genügt den machthabenden Männern jedoch noch nicht, Frauen, die sich wehren, offiziell als wahnsinnig zu bezeichnen. Die Männer in den Medien, die ein Plädoyer auf Unzurechnungsfähigkeit als Erlaubnis zum Mord betrachten, auch wenn damit ein Einsperren auf unbestimmte Zeit verbunden ist, begannen eine Hetzkampagne gegen Frauen, die sich gegen ihre prügelnden Ehemänner und Freunde wehrten – sie behaupteten, die Frauen »kämen wohl sogar mit Mord davon«.[77] Unsere Regierungspatriarchen haben die Finanzmittel für Frauenhäuser gekürzt oder in manchen Fällen sogar völlig gestrichen – besonders wenn dort Lesben zu finden sind – mit der Begründung, diese Frauenhäuser zerstörten die Familie. Einrichtungen, die sich mit »Gewalt in der Familie« befassen, orientieren sich an der Erhaltung der Familie und verschleiern den Unterschied zwischen Täter und Opfer und damit die Unterdrückungsbedingungen, denen Frauen in der Klein- wie in der Großfamilie ausgesetzt sind.[78] Der Begriff 'Weiblichkeit' behindert nicht nur die gesellschaftliche Wahrnehmung weiblichen Widerstands. Wenn weiblicher Widerstand das Stereotyp zu durchbrechen und gesellschaftlich sichtbar zu werden droht, dann schließt sich der Kreis dieses Denksystems: Die Behörden bestreiten, daß das »Problem« aus der männlichen Herrschaft resultiert.

Schließlich betrachten viele Sozialwissenschaftler die weibliche Handlungsfähigkeit selbst als eine Bedrohung für den Mann, als Unterminierung der Klein- oder Großfamilie, als Gift für die Wurzeln der Kultur, somit als sozial unerwünscht. Der Moynihan-Report zum Beispiel ergab, daß eine wachsende Mehrheit von weißen wie schwarzen Männern die Theorie vertritt, die schwarze Matriarchin »kastriere« den schwarzen Mann

– womit sie meinen, die schwarzen Frauen müßten zurückstecken und sich unterordnen, damit die schwarzen Männer ihre Männlichkeit behaupten könnten.[79]

'Weiblichkeit' hat die Funktion einer Norm des Heterosexualismus. Normen oder Maße bestimmen die Tatsachen und dienen zur Schaffung (und späteren Aufdeckung) von Tatsachen; sie selbst werden jedoch nicht aufgedeckt. Zum Beispiel wurde der Zentimeter niemals entdeckt. Er wurde erfunden und wird benutzt, um Grenzen zu bestimmen. Noch so viele Untersuchungen von Flächen werden nicht bestätigen oder widerlegen können, daß ein Zentimeter existiert oder daß Zentimeter die Welt richtig wiedergeben. Eine Norm ist eine Art, die Welt zu messen, zu kategorisieren, ihre Grenzen festzulegen, damit Männer darin handeln können. 'Weiblichkeit' ist eine solche Norm: eine Art, die Welt in Kategorien einzuteilen, nach denen Männer handeln und Frauen reagieren können.

'Weiblichkeit' ist ein Etikett, mit dem eine Gruppe von Menschen im Verhältnis zu einer anderen Gruppe so definiert wird, daß die Werte Herrschaft und Unterordnung in das Urteil über die Realität eingehen, als ob sie das Eigentliche an den beteiligten Personen seien. Unter der Charakterisierung als 'weiblich' scheinen Frauen in einem solchen Maße mit der über sie ausgeübten Herrschaft zufrieden zu sein, daß gar kein Widerstand gegen die Herrschaft mehr existiert – das heißt, er bleibt unbemerkt. Weiblicher Widerstand ist entweder unsichtbar oder gilt als anormal, verrückt oder bedeutungslos für Frauen wie Männer.

Sabotage als Selbstschädigung

Nun mögen manche einwenden, einige der von mir als Widerstand oder Sabotage bezeichneten Entscheidungen seien selbstschädigend. Beispielsweise ist die Frau, die das Essen anbrennen läßt, wenn ihr Mann unerwartet seinen Chef mit nach Hause bringt, immer noch darauf angewiesen, daß ihr Mann einen Job hat, und würde von seiner Beförderung profitieren. Wenn sie sich nicht als gute Gastgeberin erweist, könnte der Chef sich gegen eine Beförderung ihres Mannes entscheiden, weil er festgestellt hat, daß ihr Mann ein wesentliches Attribut der sozialen Atmosphäre des Geschäftemachens nicht mitbringt – nämlich eine charmante Ehefrau und gute Gastgeberin. So scheint sie gegen ihre eigenen Interessen zu handeln.

Oder die Sklavin, die die Gerätschaften ihres Herrn zerbricht, könnte sich unter noch schrecklicheren Bedingungen wiederfinden. Sie kann zwar die Arbeit für den Herrn verlangsamen, wird aber wahrscheinlich dafür bestraft. Und wenn sie zu unfähig (widerspenstig) ist, kann sie an jemanden verkauft werden, der vielleicht physisch brutaler ist, und von denen getrennt werden, die ihr am nächsten stehen. Ihre Sabotage scheint ihr selbst mehr zu schaden als jemand anderem. Es mag auch den Einwand geben, daß eine Frau mit diesen Entscheidungen zwar Widerstand leistet, letztlich aber gegen sich selbst handelt. Die Handlungen von Frauen, die drogenabhängig oder alkoholsüchtig werden oder den Freitod wählen, sind gewiß selbstzerstörerisch, denn die Frauen verlieren sich selbst.

In gewisser Hinsicht enthalten diese Sabotageakte ein Element von Selbstschädigung, in anderer Hinsicht aber wieder nicht. Ich habe darauf hingewiesen, daß eine Frau in solchen Situationen oft so handelt, um sich von dem Willen des Herrschenden distanzieren zu können. Der Herrschende kann ihren Entscheidungsspielraum beträchtlich einengen, sie physisch bedrohen, das gesetzliche Recht haben, über ihr Leben und Sterben zu bestimmen. Es ist aber noch etwas ganz anderes, wenn er sie vollkommen unter seine Kontrolle bringt und sie glauben macht, sie sei nur sein verlängerter Arm.

Meine These ist: Wenn eine Frau das Empfinden dafür zu verlieren droht, daß sie ein Ich hat, über das sie entscheiden kann, dann wird sie in irgendeiner Form Widerstand leisten. Wenn ein Mann eine Frau als ein Wesen betrachtet, dessen Wille so wirksam mit seinem verschmilzt, daß sie nur dessen Erweiterung ist, wird sie im Grunde so handeln, daß sie diese Verschmelzung verhindern und sich von seinem Willen distanzieren kann. Unter diesen Umständen kann Sabotage logischerweise keine Selbstschädigung sein, einfach weil die Situation erst gar kein Selbst zuläßt.

Sabotageakte können die Funktion haben, dieses Selbst herzustellen, so daß eine Frau sich als eigenständig erleben kann. Für die Frau, die das Essen anbrennen läßt, mag es wichtiger sein, sich selbst (und vielleicht ihren Mann) daran zu erinnern, daß er nicht selbstverständlich über sie verfügen kann, als ihren gesellschaftlichen und ökonomischen Aufstieg zu verfolgen, wenn das bedeutet, daß in noch größerem Ausmaß über sie verfügt wird. Und für die Sklavin kann es wichtiger sein, sich ihrer Existenz zu vergewissern, indem sie in irgendeiner Weise die Pläne ihres Herrn zunichte macht, als Sicherheit in einer Situation zu erlangen, in der es gefährlich naiv wäre, sich sicher zu fühlen. Selbst wenn eine Frau sich in den Alkohol flüchtet oder sich durch Selbstmord noch weiter entzieht, kann sie damit ihr Selbst als eine eigenständige und feste Einheit eher bestätigen als schädigen.[80] Wenn eine Frau ihr Selbst (zumindest im eigenen Bewußtsein) getrennt von seinem Willen herstellt, indem sie bestimmte Entscheidungen trifft und ausführt, dann sind ihre Entscheidungen keine Selbstschädigung, denn ohne diese Entscheidungen gäbe es kein Selbst, das zu schädigen wäre.

In anderer Hinsicht jedoch *sind* diese Handlungen durchaus selbstschädigend. Zunächst einmal können Sabotageakte in einem System, das keine Hoffnung auf Veränderung zuläßt, nicht als Sabotage erkannt werden. Sie können zwar dazu dienen, unser Selbst von dem der Herrschenden zu distanzieren, sie bekämpfen jedoch nicht das Weiblichkeitsstereotyp, sondern setzen es vielmehr erst voraus. Selbst wenn eine Mehrheit der Frauen sich daran beteiligt, können isolierte, einzelne Sabotageakte die geistigen oder materiellen Bedingungen nicht verändern, die dazu führen, daß eine Frau so handelt. Statt dessen werden die Machthabenden diese Handlungen noch zur Bestätigung der Vorstellung benutzen, beherrschte Wesen brauchten die Herrschaft (den Schutz) »zu ihrem eigenen Besten«. Von daher können Sabotageakte wohl als selbstzerstörerisch bezeichnet werden – das läßt sich jedoch von allem sagen, was Frauen tun. Das ist die Unterdrückungsfalle[81], die Double-bind-Situation des Heterosexualismus.

Noch wichtiger: Sabotageakte werden zum Selbstbetrug, wenn diejenige, die sie verübt, das weibliche Stereotyp zu verinnerlichen beginnt. Die Frau, die »versehentlich« das Essen anbrennen läßt, wenn der Chef ihres Ehemanns unerwartet auftaucht, wehrt sich vielleicht dagegen, daß ihr Mann sie nur bruchstückhaft wahrnimmt. Wenn seine selbstverständliche Verfügung über sie aus seiner Sicht der universellen Ordnung entsteht, nach der sie nichts zu sagen hat, dann kann es sinnlos sein, etwas anderes beweisen zu wollen. Statt dessen will sie sich vielleicht gegen seinen psychologischen Zwang wehren, indem sie mit ihm spielt und die dauergewellte Hausfrau vorspiegelt, um seiner Erwartung an sie einen Strich durch die Rechnung zu machen.

In diesem Fall macht sich die Frau das traditionelle weibliche Stereotyp für ihren (momentanen) Vorteil zunutze. Damit kann sie jedoch ihr Selbstgefühl untergraben (falls sie nicht eine außerordentlich starke Fähigkeit hat, sich das Empfinden für ihre Handlungen in direkter Opposition zu dem gesamten Wertegebäude zu bewahren, in dem sie funktionieren muß). Der Einsatz in diesem Spiel ist hoch – wie wenn eine Frau stereotypes weibliches Verhalten einsetzt, um zu erreichen, was sie will, und sich dem Mann, den sie manipuliert, überlegen zu fühlen. Es besteht die ernste Gefahr, daß sie die gesellschaftliche Wahrnehmung ihres Selbst als 'weiblich' internalisiert. Und dann werden ihre Handlungen zum Selbstbetrug.

Eine Frau, die vereinzelt handelt, um ihr Selbstgefühl unter dem Heterosexualismus zu bewahren, sieht sich beträchtlichen Hindernissen gegenüber, denn ihre Entscheidungen wirken sich über die individuelle Ebene hinaus aus. Wiederum sind diese Sabotageakte zwar Widerstand, sie erreichen jedoch keine Veränderung. Damit Widerstand zu Veränderungen führt, braucht es eine Bewegung, eine Verschwörung, ein Umfeld von Gemeinsamkeit. Und damit ergibt sich ein dritter Grund, weshalb Sabotage Selbstbetrug sein kann. Da erfolgreiche Sabotageakte von den Herrschenden nicht als Sabotage erkannt werden, bedeutet dann, wenn im Umfeld eine Bewegung existiert, die Entscheidung zur Sabotage nichts anderes als die Teilhabe an der Beziehung von Herrschaft und Unterordnung im Heterosexualismus mit den Mitteln weiblicher List.

Wenn also im Umfeld eine Bewegung, eine Verschwörung vieler Stimmen existiert, kann das Verhalten der Frauen, die sich für das Getrenntbleiben von anderen Frauen entscheiden und dennoch Sabotageakte verüben, sehr wohl zum Selbstbetrug werden. Sie verpassen die Chance zu wirksamerem Widerstand und sind sogar in noch größerer Gefahr, die Werte des Heterosexualismus zu internalisieren. Auf diese Weise können Widerstandshandlungen auch Selbstbetrug sein.

Eine Bewegung von Frauen

'Weiblichkeit' ist ein Begriff, der weit in das soziale Gefüge der heterosexuellen Realität hineinreicht. Eine Bewegung von Frauen kann sich diesem System entziehen und diese Realität und mit ihr die Entscheidungen der Frauen neu bewerten. Eine Bewegung von Frauen kann dem weiblichen Stereotyp den Kampf ansagen, den Widerstand von Frauen entdecken und die Grundlage für wirksameren Widerstand schaffen. Eine Bewegung von Frauen kann den Konsens in Frage stellen, der den individuellen Sabotageakt verständlich machte.

Wenn diese Bewegung jedoch nicht dem Begriff 'Weiblichkeit' den Kampf ansagt, kann sie letztlich auch den Konsens – die Herrschaft und die Unterordnung im Heterosexualismus – nicht in Frage stellen. Radikalfeministinnen und revolutionäre Feministinnen in England kritisieren beispielsweise die Arbeit der Frauen in Greenham Common, weil sie sich zu sehr auf die traditionellen weiblichen Stereotype stützt: die Frau als Nährerin und Friedensstifterin und als eine, die sich für ihre Kinder aufopfert. Auf diese Weise, sagen sie, vereinnahme die Friedensbewegung den Feminismus.[82]

Außerdem droht der Feminismus selbst durch Interpretation und Bewertung der Entscheidungen einzelner Frauen den Wert 'Weiblichkeit' zu zementieren. Feministinnen machen weiterhin darauf aufmerksam, in welcher Weise Frauen Opfer institutionellen und persönlichen Verhaltens sind, viele aber stellen den Begriff 'Frau' und die Rolle, die Männer und Männerinstitutionen als »Beschützer« der Frauen spielen, nicht mehr in Frage. Und der Feminismus ist anfällig für das, was Kathleen Barry »Viktimismus« nennt – die Darstellung von Frauen als hilflose und schutzbedürftige Wesen.[83]

Schuldzuweisung an das Opfer und Viktimismus

In viele unserer moralischen und politischen Urteile geht entweder eine Schuldzuweisung an das Opfer[84] oder eine viktimistische Einstellung ein. Unter Viktimismus verstehen wir die Wahrnehmung der Opfer von erwiesenem gesellschaftlichen Unrecht nicht als reale Personen, die Entscheidungen getroffen haben, sondern statt dessen als passive Objekte des Unrechts. Kathleen Barry erläutert, daß Feministinnen auf männliche Gewalt aufmerksam machen und beweisen wollten, daß Frauen durch Vergewaltigung Unrecht angetan wird, und daß sie aus diesem Grunde die von Männern vergewaltigten Frauen als reine Opfer dargestellt haben – eine verständliche Entwicklung. Das Problem dabei ist folgendes:

> Die Abstempelung als »Opfer« erzeugt einen Gemütszustand, der Mitleid und Bedauern auslöst. Viktimismus leugnet, daß die Frau über die gesamte Erfahrung hinweg ein menschliches Ganzes ist, und schafft für andere einen Rahmen, sie nicht als Person, sondern als Opfer zu kennen, als jemanden, der Gewalt angetan wurde. [...] Viktimismus ist eine Objektivierung, die neue Maßstäbe für die Definition von Erfahrung festsetzt. Diese Maßstäbe schalten jede Frage nach dem Willen aus und stellen in Abrede, daß die Frau, selbst beim Erleiden sexueller Gewalt, eine lebende Person ist, die sich verändert, sich fortentwickelt und in gesellschaftlicher Interaktion steht.[85]

Ich verstehe unter Schuldzuweisung an das Opfer, daß eine Person nicht nur für ihre Entscheidung in einer Situation, sondern für die Situation selbst verantwortlich gemacht wird, wenn sie sich ihr gefügt hat. Im männlichen Denken wird daher eine Frau für ihre Vergewaltigung noch selbst verantwortlich gemacht. Der Viktimismus dagegen läßt die Entscheidungen der Frau völlig außer acht – mit anderen Worten, er leugnet die moralische Handlungsfähigkeit der Frau. Nach dem Viktimismus sind Frauen immer noch passiv, hilflos und besonders schutzbedürftig – eben weiblich.

Eine Bewegung, die die herrschende Bewertung der Frauen in Frage stellt, richtet den Blick auf Frauen als Handelnde in einer Beziehung und nicht auf Frauen als Typus. Eine Frau ist kein passives Wesen, der Dinge versehentlich oder absichtlich geschehen. Sie ist lebendig und urteilsfähig und handelt unter Zwangs- und Unterdrückungsbedingungen. Ihre Urteile und Entscheidungen können in einer bestimmten Situation unwirksam oder falsch sein, dennoch bleiben sie Entscheidungen. Sie ist eine handelnde Person, und sie trifft Entscheidungen. Kathleen Barry meint, eine Frau in sexueller Sklaverei sei mehr eine Überlebende als ein Opfer und treffe lebenswichtige Entscheidungen über das, was zum Überleben nötig ist. Sie sei eine moralisch Handelnde, die in einem Kontext von Unterdrückung unter Berücksichtigung eigener Bedürfnisse und Fähigkeiten Entscheidungen treffe.

Überlebens-entscheidungen

Indem wir das Verhalten von Frauen nicht durch den Filter des Wertes 'Weiblichkeit', sondern als Aktionen moralisch handelnder Personen sehen, die in einem Kontext von Unterdrückung unter Berücksichtigung eigener Bedürfnisse und Fähigkeiten Entscheidungen treffen, können wir allmählich uns selbst und einander als Agierende in unseren Handlungen begreifen (jedoch nicht als Verursacherinnen der Umstände, mit denen wir in der Unterdrückung konfrontiert werden). Und das ist ein Schritt hin zur Verwirklichung einer ethischen Existenz in der Unterdrückung, die nicht in die Werte Herrschaft und Unterordnung verstrickt ist.

Außerdem können wir dann die Entscheidungen von Frauen verstehen, die das weibliche Stereotyp tatsächlich übernehmen. Manche Frauen übernehmen 'Weiblichkeit' völlig, obwohl dies ein von Männern erfundenes Konzept ist, oder sie übernehmen einzelne Aspekte, die eine Form der symbolischen oder konkreten Unterordnung unter Männer beinhalten, und wollen damit das wahren, was sie als ihre wohlverstandenen Interessen ansehen. Manche Frauen übernehmen 'Weiblichkeit' in einem verzweifelten Versuch, Sicherheit zu finden und ihrer Existenz einen Sinn zu geben.

Im ersten Kapitel von *Right-Wing Women* analysiert Andrea Dworkin die Entscheidungen mancher christlich orientierter weißer Frauen und sagt: »Vom Hause ihres Vaters über das Haus ihres Ehemannes bis zum Grab, das immer noch nicht ihr gehört, fügt sich eine Frau der männlichen Autorität, um vor männlicher Gewalt geschützt zu sein«.[86] Ihrer Auffassung nach rührt diese Fügsamkeit von der Behandlung her, die Mädchen und Frauen in der Sozialisation erfahren:

Bei der Aversionstherapie, die das Aufwachsen als weiblicher Mensch bedeutet, hat die Rebellion kaum eine Chance. Die männliche Gewalt wirkt in Gestalt ihres Vaters oder Bruders oder Onkels oder von männlichen Funktionsträgern oder Fremden direkt auf sie ein, wie es schon bei ihrer Mutter der Fall gewesen war und ist, und auch sie ist gezwungen, sich um des Überlebens willen anzupassen. Ein Mädchen kann, wenn sie erwachsen wird, die spezielle Gruppe von Männern, mit denen ihre Mutter verbunden ist, ablehnen und sich sozusagen einer anderen Horde anschließen, aber innerhalb der von ihr selbst gewählten Gruppe wird sie mit der Fügsamkeit gegenüber der männlichen Autorität das Verhaltensmuster ihrer Mutter wiederholen. Männer in allen Lagern fordern mit Zwang und Drohung, daß die Frauen den Mißbrauch stillschweigend und züchtig dulden und sich selber mit Fesseln aus Selbstvorwürfen, unausgedrücktem Zorn, Kummer und Groll an Heim und Herd binden.[87]

Andrea Dworkin führt auch aus, daß manche Frauen sich weiterhin der männlichen Autorität unterordnen, weil sie hierin letztlich die einzige Möglichkeit sehen, ihrer ansonsten bedeutungslosen Existenz als Frau einen Sinn zu geben.[88] Sie finden einen Sinn darin, sich mit ihrem Beschützer zu verbünden und einen gemeinsamen Feind zu haben. Ihr Zorn bekommt so eine Form und ein Ventil und wird dadurch von seinem logischen Ziel abgelenkt. Sie werden Antisemitinnen, Schwulenhasserinnen und Rassistinnen und schaffen sich damit eine Existenzberechtigung.

Zwei Punkte aus Andrea Dworkins Analyse sind in meinem Zusammenhang interessant. Erstens haben diese Frauen die gleichen Informationen wie Radikalfeministinnen auch (sie wissen, was Männer tun), aber sie treffen andere Entscheidungen. Zweitens beruhen ihre Entscheidungen auf Urteilen über ihre eigenen Interessen. Das heißt, sie wählen das, was sie für die beste Möglichkeit unter den zur Verfügung stehenden halten. Das sind Überlebensentscheidungen, die unter Bedingungen von eingeschränkter Wahlmöglichkeit getroffen werden.

Eine weitere Gruppe von Frauen übernimmt das Konzept der 'Weiblichkeit' aus anderen Gründen. Brunetta R. Wolfman untersucht, warum schwarze Frauen sich nicht mehr an Frauenaktionsgruppen beteiligen, sich statt dessen »erst als Schwarze, dann als Frau« sehen und eine Version des Weiblichkeitsideals übernehmen. Sie stellt mehrere Faktoren zur Diskussion: Sie weist darauf hin, daß die schwarzen Frauen in den USA traditionell seit dem Ende der Sklaverei von den schwarzen Männern unabhängiger sind, als es die weißen Frauen jemals von den weißen Männern waren. Und sie hebt den Zeitaufwand und die Loyalität der Frauen für die schwarze Kirche hervor, in der »eine Putzfrau oder ein Hausmädchen damit rechnen konnte, eine leitende Funktion zu besetzen und ein wertvolles, respektiertes Mitglied der Gemeinde zu werden.«[89]

Sie stellt jedoch fest, daß die übliche Rollenverteilung in der schwarzen Kirche wie auch in den Bürgerrechtsgruppen wie der NAACP oder der *Urban League*[90] so aussah, daß die Frauen den Männern nachgeordnete Funktionen einzunehmen hatten. Auch weist sie auf die im Stereotyp der 'schwarzen Frau' personifizierten romantischen Anteile von Würde, Reinheit und Schwarzem Stolz hin, die in nationalistischen Ideologien wie der von Marcus Garvey oder von den Black Muslims verbreitet wurde:

Die Muslims haben das idealisierte europäisch-amerikanische Bild der Mittelklasse-Hausfrau und -Mutter zur Norm für ihre Sekte gemacht, so daß die weiblichen Mitglieder die traditionelle Unabhängigkeit der schwarzen Frauen ablehnen und sich im Namen einer separatistischen religiösen Ideologie einen anderen Lebensstil zu eigen machen müssen. Umgekehrt müssen die Muslim-Männer ihre Frauen respektieren und beschützen, eine notwendige Ergänzung der Forderungen an die Frauen.[91]

Auch Jacquelyn Grant formuliert diesen Gedanken:

> Es heißt oft, Frauen seien das »Rückgrat« der Kirche. [...] Mir ist klar geworden, daß die meisten Priester, die diesen Begriff gebrauchen, ihn mehr räumlich als funktionell verstehen. In Wirklichkeit meinen sie, daß die Frauen im Hintergrund sind und dort bleiben sollen: als bloße Zuarbeiterinnen.[92]

Brunetta R. Wolfman beschäftigt sich weiter mit den Forderungen der schwarzen Gemeinschaft an die schwarzen Frauen und deren Erwartung, daß die Frauen eine untergeordnete Position einnehmen. Beispielsweise zeigt sie, daß von den Frauen in der Bewegung der 60er Jahre erwartet wurde, daß sie schwarze Männer davon abhielten, sich mit weißen Frauen einzulassen: »Diese Pflicht entspricht ganz der traditionellen weiblichen Rolle, nämlich sich für das Verhalten der Gruppe im allgemeinen und der männlichen Mitglieder im besonderen verantwortlich zu fühlen bzw. es zu ändern«.[93] Sie führt dann aus, wie feministische Werte – wie die Verfügungsgewalt über den eigenen Körper – dadurch untergraben wurden, daß schwarze (und weiße) Männer den schwarzen Frauen erklärten, sie hätten gar keine andere Wahl, als Kinder zu bekommen, um den rassistischen Plan der Weißen, mit Hilfe der Familienplanungsprogramme die Schwarzen auszurotten, zu vereiteln.

Brunetta R. Wolfman bemerkt zwar, daß die Frauenbewegung viele Forderungen aufgestellt hat, mit denen sich die soziale und ökonomische Stellung der schwarzen Frauen verbessern ließe, doch führt sie aus, daß viele schwarze Frauen sich darauf nicht eingelassen haben und statt dessen eine konservative Kraft in der schwarzen Gemeinschaft geworden sind, zum Teil wegen ihres starken Selbstbewußtseins, das sich aus ihrem bedeutenden Beitrag zum Überleben der schwarzen Gemeinschaft ableitet, und zum Teil auch, weil sie von der amerikanischen Gesellschaft als das genaue Gegenteil des Weiblichkeitsideals angesehen wurden.[94] Das heißt, gerade weil sie aus den Weiblichkeitsvorstellungen ausgeschlossen wurden, haben sie sich diese besonders zu eigen gemacht.[95]

Die Gefahr der »Ausrottung der Ethnie«, die von einem äußeren Feind ausgeht und zur Rechtfertigung der Ideologie der männlichen Herrschaft dient, ist für schwarze und farbige Frauen in den USA viel realer als für die rechtsgerichteten, christlichen weißen Frauen. Dennoch ist die Entscheidung für 'Weiblichkeit' und männliche Herrschaft bei beiden Gruppen dieselbe, ebenso wie die Gefahr, der Angehörige beider Gruppen durch Männer ausgesetzt sind.

Diese Entscheidungen sind von der gleichen Qualität wie die Entscheidungen von Feministinnen, in ihrem Bemühen um Frauenrechte den Männern und ihren Plänen nachzugeben und das männliche Ego zu besänftigen. (Auch hier sind Sabotageakte, wie ich sie genannt habe, nicht ausgeschlossen, wenn die männliche Herrschaft das Selbstgefühl einer Frau zu sehr verletzt.) Es sind Entscheidungen um des Überlebens willen. Und unabhängig von den Weiblichkeitswerten können wir überlegen, ob diese Entscheidungen auf lange Sicht das Selbst stärken oder schädigen.

Die Antworten sind sehr verschieden und komplex. Wenn sie jedoch implizieren, die Übernahme von 'Weiblichkeit' sei nicht selbstschädigend, stabilisieren sie auch die Vorstellung von 'Frau'-Sein: Eine 'Frau' untersteht männlicher Herrschaft und ist daher eine Person, die durch Manipulation handelt – indem sie aus einer untergeordneten Position heraus (irgendeine Form von) Kontrollmacht ausübt. Jedes andere Handeln gilt im Heterosexualismus nicht nur als unnatürlich, sondern auch als unethisch.

Der Heterosexualismus unterstützt zwar eine Ethik für Frauen, ist jedoch ein Wertegefüge, das der weiblichen Handlungsfähigkeit außerhalb der Herren-/Sklavenwerte den Boden entzieht. Frauen halten sich an diese Werte, weil sie Angst haben, weil sie entschieden haben, Männer ins Zentrum und Frauen an die Peripherie zu setzen, und weil sie keine anderen Entscheidungsmöglichkeiten sehen. Auch wenn viele Frauen sich individuell gegen die männliche Herrschaft gewehrt haben – insbesondere gegen die Versuche der Männer, die Frauen einfach nur zu einem verlängerten Arm ihrer selbst zu degradieren –, ist es daher (mit einigen rühmlichen Ausnahmen) nicht selbstverständlich, daß Frauen als Gruppe die männliche Vorherrschaft in Frage stellen, wie Simone de Beauvoir sagte. Das Hinterfragen der männlichen Vorherrschaft soll nicht bedeuten, uns den Männern so entgegenzustellen, wie Männer sich Frauen entgegengestellt haben.[96] Ich meine vielmehr, daß die große Mehrheit der Frauen offenbar weder in der Sabotage noch der Unterstützung der männlichen Herrschaft das Herrschaft-/Unterordnung-Spiel des Heterosexualismus insgesamt in Frage gestellt hat.

Ich will eine Revolution der Moral.

Separation

Ebenso wie die traditionelle Ethik die moralische Revolution nicht anerkennt, so erkennt sie die Separation als Möglichkeit des moralischen Handelns nicht an. Rückzug oder Separation wird nicht als Wahlmöglichkeit gesehen, wenn es offenbar nur ein einziges Spiel gibt und dieses daher als die Realität gilt. Das Spiel ist zwar in gewisser Hinsicht Realität, aber sein Fortbestand ist weniger eine Frage der Tatsachen als eine Frage der Vereinbarung. Das Spiel ist eine Vereinbarung über Werte, die erst durch die Mitspielenden zum Leben erweckt werden. Und das legt nahe, daß die Teilhabe an diesem System in irgendeiner Form – als Unterstützung, Reform oder Rebellion – eine unhinterfragte Norm ist; sie selbst wird gar nicht als Entscheidung empfunden.[97]

Denken wir noch einmal daran, daß Häuser für Frauen, die von ihren Ehemännern geprügelt werden, nicht mehr finanziert werden, wenn die im Frauenhaus arbeitenden Frauen in den Verdacht geraten, sie ermutigten die zufluchtsuchenden Frauen dazu, sich von dem einzelnen Schläger oder von der Ehe oder von der Heterosexualität insgesamt zu trennen. Den meisten Frauen, die von ihren Männern geschlagen werden, mutet mann ethische Überlegungen zu, wie sie die Familie zusammenhalten, mit den Problemen ihrer Ehemänner umgehen, deren »Würde« wiederherstellen, den Kindern die Anpassung erleichtern können – kurz, als (heterosexuelle) Frau weiterleben können. Diese Urteile stabilisieren die Weiblichkeit, in diesem Falle die weiblichen Tugenden, und ihre Funktion besteht nicht darin, die Integrität der einzelnen Frau bei ihren Entscheidungen zu fördern, sondern darin, die Gesellschaftsordnung und mit ihr spezielle Beziehungen und Hierarchien zu erhalten.

Wenn wir uns für eine Revolution der Moral einsetzen, finde ich es ganz entscheidend, Rückzug oder Separation als Wahlmöglichkeit anzuerkennen. Separation ist sowohl als politische Strategie als auch in einzelnen Beziehungen eine zentrale Wahlmöglichkeit. Wir können uns einer bestimmten Lebenssituation entziehen, wenn sie sich in eine Herrschafts-/Unterordnungsbeziehung zu verwandeln droht. Und wir müssen uns dem System von Herrschaft und Unterordnung entziehen, um für eine Revolution der Moral zu kämpfen.

Die Weigerung, sich an die Regeln zu halten

Sich einem System, einem Denkgebäude oder einer bestimmten Situation zu entziehen, bedeutet die Weigerung, sich an die Regeln zu halten. Ein System kann nur funktionieren, wenn es Teilnehmende gibt. Ein König kann über sein Reich nur herrschen, wenn die Mehrheit ihn als König anerkennt, wenn die Boten seine Botschaften überbringen.[98] Wenn die Boten keine Botschaften mehr überbringen, ist nicht nur das Kommunikationssystem des Königs unterbrochen, sondern auch sein Status, denn die Boten orientieren sich nicht mehr an ihm und nennen sich daher nicht mehr seine Boten. Wenn genug Boten ihre Botschaften liegenlassen, hat der König nicht mehr genug Macht, um die Boten wieder auf sich einzuschwören.

Wenn wir uns separieren, wenn wir uns fremden Spielregeln entziehen, wird das Spiel sinnlos und ist zumindest in gewissem Maße aus Mangel an Aufmerksamkeit zu Ende. Wenn im Wald ein Baum umstürzt, gibt es Schallwellen, ganz gleich ob sie von den Ohren von Menschen oder Tieren oder von irgendeinem anderen Mechanismus außer den Ohren des Königs wahrgenommen werden oder nicht. Wenn aber die Zuhörenden, die Boten, sich entzogen haben, können die Schallwellen nicht übersetzt, noch nicht einmal empfangen werden. Daher ergeben die Botschaften des Königs in bestimmter Hinsicht keinen Sinn mehr, haben gewissermaßen aufgehört zu existieren – und mit ihnen der König – als König.

Separation ist eine legitime moralische und politische Entscheidung. (Mit legitim meine ich, sie hat eine politische und moralische Funktion.) Sich in einer Situation oder einem System zu engagieren, um es zu verändern, ist eine Entscheidungsmöglichkeit. Sich ihm zu entziehen, insbesondere um es sinnlos zu machen, ist eine andere Entscheidungsmöglichkeit. In einer konkreten Situation oder einem bestimmten Moment gibt es für beide Entscheidungen oft gute Gründe. Außerdem sind mit beiden Entscheidungen beträchtliche Risiken verbunden, keine bietet eine Garantie: Indem ich etwas direkt in Frage stelle, kann ich es auch aufwerten, und ebenso kann es durch meinen Rückzug im wesentlichen ungehindert weiterbestehen.

Separation wird nicht anerkannt

Wichtig scheint mir, daß die Entscheidung für Separation nicht als legitime ethische Entscheidung *anerkannt* wird. In allen Lagern gibt es beträchtliche Vorbehalte gegen den Rückzug. Die Entscheidung für den Rückzug wird aufgrund mehrerer Faktoren, darunter der Position der/des Betrachtenden in der Machthierarchie, bewertet: (a) als praktisch gleichzusetzen mit Kollaboration mit dem Feind, (b) als feiges Verstecken vor der Situation in der albernen Hoffnung, sie möge vorübergehen, (c) als Zeichen von Dummheit oder Kapitulation, (d) als Weigerung, politische Verantwortung zu übernehmen, oder (e) als Leugnung der Realität, was gleichbedeutend ist mit Wahnsinn.

In einem Krieg beispielsweise – das heißt, einem Kampf darum, wer herrschen wird – betrachten die Machthabenden Deserteure und sogar Kriegsdienstverweigerer nicht als moralische Herausforderer, sondern als unmoralische Drückeberger, die sich von Kollaborateuren nicht wesentlich unterscheiden. In Kriegszeiten wird diese Gleichung aufgemacht, weil diejenigen, die den Krieg führen, auf umfassende Kooperation angewiesen sind, um den Feind besiegen zu können. Und wenn die Gesellschaft auf straffe Organisation angewiesen ist, werden die Dissidenten und Spielverderber genauso eingestuft wie die Angreifer. (In gewissem Maße ist das sogar richtig.)

Von Menschen, die sich entziehen, denkt ihre Umgebung vielleicht, sie würden sich feige vor der Situation verstecken und hoffen, sie möge vorübergehen. Eine Person, die sich einem Kampf entzieht, wird oft als Feigling betrachtet. Diese Etikettierung ist natürlich ein Versuch, das Mitmachen zu erzwingen. Andererseits führen die Gegner der Deserteure und Kriegsdienstverweigerer in den USA an, diese begriffen nicht, daß sie bei einem Sieg des Feindes ja das Recht auf ihre abweichende Meinung verlören. Und uns Lesben wird wegen unseres (zumindest teilweisen) Rückzugs aus der Institution der Heterosexualität vorgeworfen, wir nähmen die Hälfte der Menschheit nicht zur Kenntnis und leugneten damit die Realität.

Sicher glauben manche, Probleme lösten sich von allein. Mir geht es aber um die Entscheidung für den Rückzug als politische Strategie. Beispielsweise weigerte sich die

Bevölkerung Dänemarks, die Nazipolitik der Judenstigmatisierung zu unterstützen. Damit weigerten sie sich, darüber mitzudiskutieren, wer am Leben bleiben durfte, und das Ergebnis war, daß die »Säuberungs«-Aktion der Nazis sinnlos wurde. Der Pazifismus ist auch so ein Rückzug. Im Zweiten Weltkrieg galten PazifistInnen als Feiglinge. Die Bezeichnung 'passiver Widerstand', eigentlich ein Widerspruch in sich, ist ein Versuch zur Diskreditierung der Aktionen, mit denen Menschen sich weigern, das Spiel von Herrschaft und Unterordnung mitzuspielen – Gandhis Strategie war wohl kaum passiv zu nennen.

Politische AktivistInnen sehen Rückzug oder Separatismus oft als einfach politisch unverantwortlich an. Viele zeigen sich zum Beispiel offen feindselig gegenüber denen, die sich nicht an den Wahlen in den USA beteiligen, auch wenn sie selber über KandidatInnen, Kampagnen und Wahlverhalten in diesem Land entsetzt sind. Diejenigen jedoch, die gar nicht wählen, weigern sich, an der Illusion teilzuhaben. Wie eine Nichtwählerin sagte: »Ich wähle nie – das ermutigt sie ja nur noch«.[99]

Von den lesbischen Separatistinnen heißt es auch, die Ungerechtigkeit sei ihnen gleichgültig oder sie wollten ihr kein Ende bereiten. Über die Separatistinnen urteilen Liberale, SozialistInnen und ihre KoalitionspartnerInnen noch schlimmer als über die, die das System beherrschen.[100] Die lesbischen Separatistinnen werden damit zu Sündenböcken gemacht.

Feministische Reform

In gewisser Hinsicht bedeutet das Engagement oder die Beteiligung an einer Situation oder einem System tatsächlich, seine zentralen Werte zu bekräftigen. Das gilt unabhängig davon, ob wir das System aktiv stützen, es durch bestimmte Reformschritte zu verändern versuchen oder uns mit Rebellionsformen dagegen auflehnen (in einer Weise handeln, die innerhalb des Systems als böse oder schlecht bezeichnet wird). Denn bei allen diesen Unternehmungen handeln wir innerhalb der Parameter des Systems und geben dem System einen Sinn, indem wir seine (nicht hinterfragte) Achse stützen.

Zwar läßt sich durch Reformen sehr viel erreichen, doch die eintretende Veränderung muß in die (gewöhnlich nicht bewußten) Parameter des Systems passen. Daher wurde das Frauenstimmrecht erst dann zugelassen, als allgemein deutlich geworden war, daß die Strukturen und Werte der patriarchalen, heterosexuellen Gesellschaft dadurch nicht gefährdet waren. Wie Kate Millett in *Sexus und Herrschaft* ausführt, hat die erste Frauenbewegung die Institution der Familie nicht in Frage gestellt und endete deshalb in der Reform statt in der Revolution. Ohne einen radikalen Wertewandel konnte nach Kate Milletts Ansicht das, was die Reformerinnen am meisten anklagten – die ökonomische Benachteiligung der Frauen, Doppelmoral, Prostitution, Geschlechtskrankheiten, Zwangsverheiratung und ungewollte Mutterschaft[101] – nicht beseitigt werden. Die Reform zementiert die herrschenden Werte.

Die feministische Reform zwingt zunächst einmal Frauen dazu, sich an Männern zu orientieren, und beschäftigt sich mehr mit den Vorstellungen der Männer von Frauen als mit der Bildung und Entwicklung eigener Werte durch die Frauen selbst. Sie zwingt Frauen, sich auf die Reaktionen der Männer und die Stereotypen der Frauen in den Massenmedien zu konzentrieren; sie zwingt Frauen, auf die männlichen Darstellungen von Hexen, Männerhasserinnen, Lesben und Amazonen mit Entschuldigungen zu antworten. Sie zwingt Frauen, weiblich zu erscheinen und zu beweisen, daß sie keine Gefahr bedeuten. Sie zwingt Frauen zu beweisen, daß die Ängste der Männer unbegründet sind – zu beweisen, daß Frauen, das heißt, »richtige« Frauen, keine Lesben oder Männerhasserinnen sind. Die feministische Reform zwingt Frauen, sich mit den Männerphantasien zu beschäftigen und die Männerwerte aufzuwerten. Das ist geradezu eine Einladung an die Männer, ihre Unsicherheit vollends auf die Frauen zu projizieren, während die Frauen das männliche Ego besänftigen und hätscheln sollen. Mit anderen Worten, die Reform hält Frauen dazu an, sich Möglichkeiten zur Verführung der Männer auszudenken. Ich will eine Revolution der Moral.

Zweitens hängt bei der feministischen Reform der praktische Erfolg weiblicher Bemühungen von der Einsicht, der Bereitschaft und dem Wohlwollen der Männer ab, die sie zu einer Reform zu überreden versuchen. Das kann manchmal Erleichterungen für Frauen bewirken, Erleichterungen, die selbst in geringer Zahl bitter nötig sind. Es ist jedoch ein Lindern von Symptomen, nicht die Beseitigung von Ursachen.[102] Insofern zwingt die Reform die Reformerin dazu, mit ihrer Phantasie und ihrem Handeln in den Grenzen derer zu bleiben, die sie überzeugen will. Eine Feministin, die sich um Veränderung durch Reformen innerhalb des Herrschaft-/Unterordnungs-Systems bemüht, gleicht einer Verhungernden, die sich von Junkfood ernährt.

Schließlich führt die feministische Reform dazu, daß Frauen eine Veränderung der Männer höher bewerten als eine Veränderung der Frauen.[103] Dadurch wird jeder Rückschlag zu einem Versagen auf seiten der Frauen, nicht zu einer Weigerung auf seiten der Männer. Und Frauen werden dadurch veranlaßt zu fürchten, sie könnten einen einmal erreichten kleinen Gewinn wieder einbüßen. Sie vermeiden es daher, Männer anzugreifen, sie sprechen sich eher für die »Ausrottung« von Lesben und damit für die Stärkung des Heterosexualismus aus.[104] Das ist ein Grund, warum frankokanadische Radikallesben die Ansicht vertreten, der Feminismus sei die letzte Bastion des Patriarchats.[105]

Rebellion

Nicht nur mit der Reform, sondern auch mit der Rebellion sind große Probleme verbunden, besonders wenn diese Rebellion sich in die Parameter dessen einfügt, was aus herrschender Perspektive als Rebellion zählt. Eine junge Frau kann zum Beispiel gegen ihre Familie rebellieren, indem sie schwanger wird, oder eine High-School-Schülerin rebelliert, indem sie heroinsüchtig wird. Diese Aktionen stehen zwar nicht in Einklang mit dem, was in der Gesellschaft als gut gilt, dennoch stützen und erhalten sie diese; auch wenn sie innerhalb des Systems als böse gelten, so stellen sie doch keine wirkliche Bedrohung dar. Außerdem sind, wie ich oben erwähnte, mit der Sabotage große Gefahren verbunden, wenn es im Umfeld eine Bewegung gibt, wenn eine Gruppe durch ihren Umgang miteinander den Konsens in Frage stellt, der den einzelnen Sabotageakt für die Saboteurinnen glaubwürdig machte.

Eine weitere Form der Rebellion – die pornographische Rebellion von Männern gegen das Establishment – wurde von Mary Daly, Susan Griffin, Catherine A. MacKinnon und Andrea Dworkin angegriffen, jeweils aus anderer Sicht. Denn auch wenn die pornographischen Söhne gegen die kirchlich orientierten Väter rebellieren, so bewegen sie sich doch noch im gleichen Denksystem – einem System, das den nekrophilen Haß auf den Körper erzeugt.[106] Sie sind weit davon entfernt, das System zu unterwandern, sie vermitteln ihm noch Sinn. Und wenn den Beschützern die Sache zu bunt wird, können sie die Pornographen aufs Korn nehmen und einen Kreuzzug zur Säuberung der Köpfe führen, während unser Denken gleichzeitig immer noch von der kirchlichen Bildersprache verseucht wird, die den Nährboden für Pornographie bildet.

Bezeichnenderweise ist die sogenannte sexuelle »Revolution« gerade nicht eine Revolution der Werte, sondern einfach eine Umkehrung bestimmter Polaritäten innerhalb desselben Wertesystems. Eine Frau ist nicht mehr eine »richtige Dame«, sondern eine »scharfe Alte«. In beiden Fällen bleibt ihre sexuelle Unterordnung unter Männer unangefochten. Die »sexuelle Revolution« hat die Frauenbewegung in den Medien verdrängt.

Auch die Verfechter des Sadomasochismus behaupten, sie rebellierten gegen das System, doch leisten sie weder Widerstand noch wollen sie Veränderung. Indem sie beispielsweise Szenen zwischen Nazi und Jüdin, Herr und Sklavin nachstellen, stärken sie den Kontext, in dem diese Institutionen gedeihen können, und werten sie dadurch auf. Diese Praktiken bewirken nicht etwa – wie eine Parodie – einen Schock, der uns politisch aufrüttelt, sondern lullen uns ein und führen zu Akzeptanz und Resignation.[107]

Generell bezeichnet das System der Patriarchen das als böse, was es tolerieren und als Ventil benutzen kann. Wenn die Machthabenden ihre Macht zu verlieren drohen, können sie das, was sie böse nennen, zum Sündenbock machen und damit erklären, warum das, was sie gut nennen – zum Beispiel Ehe, Geschäftemachen, Erziehung, Religion, Medizin –, nicht funktioniert. Daher stellen Rückzug und Veränderung der zentralen Werte, eher als das Böse, die wirkliche Bedrohung für das traditionelle Denksystem von Ethik und Politik dar.

Bei der Analyse des Systems finden wir vielleicht heraus, daß wir eigentlich mit den zugrundeliegenden Werten und Strukturen übereinstimmen. Oder wir erkennen, daß wir damit im wesentlichen nicht einverstanden sind, halten es aber für das beste real existierende System oder besser als gar keins oder besser als das Risiko, ein neues aufzubauen. Wir können sogar der Meinung sein, daß eine neue Struktur eine bessere Lösung wäre, daß aber die derzeitige Situation eine Krise darstellt, in der sofortige Entlastung notwendig ist, auch wenn dies eine unvollständige Lösung und Vereinnahmung bedeutet. Schließlich läßt sich eine akute Hungerkatastrophe kaum durch den Aufbau eines neuen Wertesystems lösen.

In der Perspektive der traditionellen Ethik und in der Ethik der lesbischen Gemeinschaft fehlt jedoch das Bewußtsein, daß diese Entscheidungen das Einverständnis mit dem System in bestimmten Schlüsselbereichen bedeuten, das Bewußtsein, daß dieses Einverständnis selbst eine Entscheidung darstellt, und das Bewußtsein, daß noch andere Entscheidungen möglich sind. Aus der Sicht der traditionellen Ethik fehlt das Bewußtsein, daß es auf dieser Ebene überhaupt ethische Entscheidungen gibt, daß Teilhabe eine dieser Entscheidungen ist und Separation – allermindestens von dem Glaubenssystem – eine andere.

Lesben und Separation

Außer der Feststellung, daß Rückzug oder Separation eine entscheidende moralische Option ist, will ich noch darauf hinweisen, daß diese Entscheidung für die moralische Handlungsfähigkeit von Lesben von zentraler Bedeutung ist. Was ich Separation oder Rückzug nenne, ist nicht ein Regelwerk, das wir in dem besonderen Bemühen um Purismus befolgen, sondern eine allgemeine Haltung gegenüber der Welt, zu der unterschiedliche Entscheidungen in verschiedenartigen Situationen gehören – Entscheidungen, die sich wiederum je nach unterschiedlichen Faktoren richten, jedoch aus einer zentralen lesbischen Sicht getroffen werden.

Michal Brody bietet in ihrer Geschichte und Analyse von *Lavender Woman*, einer zwischen 1971 und 1976 erschienenen Chicagoer Lesbenzeitung, eine grundlegende Definition von Separatismus an, die zwar klar und eindeutig ist, dennoch »ganze Interpretationswelten« eröffnet:

> Der fundamentale Kern der Separation war die Separation der Frauen von den Männern. Das war aus zwei Gründen wünschenswert: 1. war der Versuch, mit Männern zusammenzuarbeiten und umzugehen, mit zuviel Frustration und Ärger verbunden. Nachdem der Sexismus einmal ins Bewußtsein gerückt war, wurde er unerträglich, und 2. es wurde dringlich, die Bedeutung und das Wesen des Frauseins zu verstehen, die nur wir für uns selbst definieren konnten.[108]

Im Jahre 1976 in Lincoln, Nebraska, etwa ein Jahr nach meinem Coming-out und während meiner Tätigkeit als Dozentin an der Universität von Nebraska, bezeichnete ich mich als Separatistin, aufgrund eines einzigen Wortes von Julia Penelope [Stanley]. Ich war gerade vom zweiten nationalen Frauenmusikfestival zurückgekehrt; dort hatte ich miterlebt, wie Meg Christian und Holly Near für Konzerte nur für Frauen plädierten und Holly Near an einer Gruppendiskussion zu diesem Thema teilnahm. Ich fand es verwirrend. Alle redeten über Separation von den Männern; dennoch schienen sie kein anderes Thema als Männer zu kennen. Ich kannte Männer ja auch, aber ich verstand nicht, was daran so wichtig war. Julia stand am Spülstein in der Küche, schälte Kartoffeln und sagte ganz einfach: »Macht«. Das leuchtete mir ein. Seit dieser Zeit habe ich den Separatismus in Theorie und Praxis weiterentwickelt. Im folgenden schreibe ich über die Aspekte des Separatismus, die ich für den schrittweisen Aufbau einer lesbischen Gemeinschaft und eines lesbischen Sinnzusammenhangs besonders wichtig finde.

Separatismus bedeutet als erstes, sich in Distanz zu dem bestehenden Denksystem zu begeben, seine typischen Muster festzustellen und deren Funktion unabhängig von den darin enthaltenen Mythen zu verstehen. In dem Denksystem wird zum Beispiel gesagt, daß die Frauen sich nicht gegen die männliche Herrschaft wehren. Wenn wir jedoch das Denksystem verlassen, entdecken wir eine ganz andere Geschichte. Separatismus ist die Demontage und Neubewertung bestehender Wahrnehmungen und Urteile.

So gesehen, ist Rückzug oder Separation nicht das Gegenteil von Teilhabe, sondern vielmehr eine Form von Engagement. Um des Überlebens willen müssen wir zwar mit der Realität Kontakt halten, doch durch Loslösung von dem Glauben an die heterosexuellen Werte können wir uns auf ganz andere Weise durch das System bewegen und ganz andere Dinge bemerken.[109]

Zweitens ist Separatismus eine Möglichkeit, die heterosexuellen Muster zu unterwandern. Nach Marilyn Frye ist feministische Separation

> die vielfältige Separation von Männern und Institutionen, Rollen und Tätigkeiten, die männerdefiniert und männerdominiert sind und dem Wohl der Männer und der Aufrechterhaltung der männlichen Privilegien dienen – wobei diese Separation *von Frauen* bewußt eingeleitet oder aufrechterhalten wird.

Es geht dabei um eine Unterwanderung des männlichen Parasitentums, weil

> es ganz allgemein die Stärke und die Energie, die Inspiration und die Versorgung durch die Frauen ist, die Männer am Leben hält, und nicht die Stärke, die Aggression, der Geist und die Jagd der Männer, die die Frauen am Leben hält.[110]

Wie Marilyn Frye weiter ausführt, bedeutet männliches Parasitentum, daß die Männer die Verfügung über Frauen haben müssen, daß die vollkommene Macht die bedingungslose Verfügungsgewalt ist, daß der erste Akt der Herausforderung darin bestehen muß, diese Verfügbarkeit verweigern, um eine Machtverlagerung herbeizuführen, und daß diese Verweigerung bedeutet, die Macht über sich selbst zu fordern: »Die Sklavin, die den Herrn aus ihrer Hütte aussperrt, erklärt damit, daß sie *keine Sklavin* ist.«[111]

Drittens ist Separatismus das Abziehen der Schichten des falschen Selbst vom wirklichen Selbst, wie Mary Daly sagt.[112] Ich glaube, was uns aneinander anzieht, ist das Gefühl weiblicher Handlungsfähigkeit, das Gefühl innerer Stärke. Der Separatismus ermöglicht uns, unsere Wünsche und damit unsere Risiken über die Grenzen des Heterosexualismus hinaus zu erweitern. Er gibt uns eine ethische Wahlfreiheit gegen die Demoralisierung, die entsteht, wenn wir uns auf die patriarchalen Kategorien beschränken und einander verlieren.[113] Damit gibt er uns die Möglichkeit, weibliche Handlungsfähigkeit außerhalb der Herren/Sklaven-Tugenden des Heterosexualismus zu entwickeln.

Viertens ist der lesbische Separatismus folglich ein Rückzug vom Heterosexualismus. Nach Simone de Beauvoirs Erkenntnis, daß wir nicht als Frauen geboren werden, stellt Monique Wittig fest, daß Lesben keine Frauen sind:[114]

Die Weigerung, heterosexuell zu werden (oder zu bleiben), bedeutete immer bewußt oder unbewußt die Weigerung, ein Mann oder eine Frau zu werden. Für eine Lesbe geht das noch über die Verweigerung der Rolle 'Frau' hinaus. Es ist die Ablehnung der ökonomischen, ideologischen und politischen Macht eines Mannes.[115]

Daraus schließt sie:

Lesbianismus ist der einzige Begriff, den ich kenne, der in ökonomischer, politischer oder ideologischer Richtung über die Geschlechtskategorien (Frau und Mann) hinausgeht. Denn was eine Frau ausmacht, ist ein spezifisches gesellschaftliches Verhältnis zu einem Mann, ein Verhältnis, das wir früher Knechtschaft nannten [...,] ein Verhältnis, das persönliche und physische Abhängigkeit sowie ökonomische Abhängigkeit beinhaltet [»Aufenthaltsbestimmungsrecht«[116], unbezahlte Hausarbeit, eheliche Pflichten, unbegrenzte Gebärpflicht usw.], ein Verhältnis, dem Lesben durch die Weigerung, heterosexuell zu werden oder zu bleiben, entrinnen.[117]

Rückzug oder Separatismus ist eine Weigerung, sich an der heterosexuellen Konstruktion der sozialen Realität zu beteiligen; Separatismus bedeutet, die Herrschafts-/Unterordnungsbeziehung zwischen Männern und Frauen zu demontieren.

Monique Wittig will die Unterdrückung in materialistischen Begriffen definieren, nämlich

deutlich machen, daß Frauen eine Klasse sind, daß also die Kategorie »Frau« und die Kategorie »Mann« politische und ökonomische Kategorien sind, keine ewiggültigen.[118]

Ihrer Ansicht nach müßte unsere Strategie dahin gehen,

Männer als Klasse zu unterdrücken, nicht durch Völkermord, sondern durch politischen Kampf. Wenn die Klasse »Männer« sich aufgelöst hat, löst sich auch die Klasse »Frauen« auf, denn ohne Herren gibt es keine Sklaven.[119]

Deshalb tritt sie nicht für einen Widerstand gegen männliche Herrschaft ein, bei dem wir uns den Männern genauso entgegenstellen wie die Männer uns, wie es Simone de Beauvoir unverzichtbar schien, wenn Frauen sich gegen die männliche Vorherrschaft wehren wollen. Sie verfolgt aber auch keine separatistische Strategie. Sie denkt an einen Kampf zwischen Männern und Frauen, der einem Klassenkampf ähnelt, einen Kampf, in dem Geschlechtskategorien schließlich verschwinden und damit die ökonomische, politische und ideologische Ordnung auflösen, welche die Herrschaft und Unterordnung im Heterosexualismus verewigt:

Gerade im Klassenkampf lösen sich die Widersprüche zwischen zwei opponierenden Klassen auf, indem sie gleichzeitig mit ihrer Konstituierung als Klassen abgeschafft werden. Mit dem Klassenkampf zwischen Frauen und Männern, den alle Frauen führen sollten, lösen sich die Widersprüche zwischen den Geschlechtern auf, indem sie gleichzeitig mit ihrer Bewußtmachung abgeschafft werden.[120]

Wenn dieser Klassenkampf ausbricht, wird die Gewaltsamkeit der Kategorien (Herrschende/Unterdrückte, männlich/weiblich) sichtbar, und was früher als natürlicher Unterschied galt, kann nun als materieller Gegensatz verstanden werden.

Ich stimme ihr zwar zu, daß Heterosexualismus den gewaltsam hergestellten Gegensatz zwischen Männern und Frauen bedeutet, doch mein Schwerpunkt liegt woanders. Ich bin mit dem Ziel der Demontage des Heterosexualismus und der Kategorien 'Mann' und 'Frau' einverstanden. Meiner Meinung nach kann es aber durchaus Sklaven ohne Herren geben, es kann Frauen ohne Männer geben. Obwohl 'Lesbe' ein Begriff außerhalb der Geschlechtskategorien ist, neigen wir dennoch dazu, vorhandene Kategorien in Anpassung und Widerstand zu übernehmen. Nur zu leicht machen wir uns die Werte von Herrschaft und Unterordnung zu eigen.

Wir suchen oft nach einem Sinn, indem wir uns einer höheren Ordnung oder einem größeren System unterordnen; wir suchen in etwas, das außerhalb von uns liegt und an dem wir teilhaben können, den Anschein der Sicherheit. Der Heterosexualismus ist ein solches System. In anderem Zusammenhang schreibt Marilyn Frye von der »tödlichen Angst, nicht mehr im Blickfeld des 'großen Bruders' zu sein«:

> Wir fürchten, wenn wir aus diesem Sinngefüge herausfallen, gibt es überhaupt keinen Sinn mehr: unsere Arbeit wird bedeutungslos, unser Leben wertlos, unsere Erfolge schal, unsere Identität eine Illusion.[121]

Mich interessiert, inwiefern es wirklich keine 'Herren' ohne 'Sklaven' gibt, denn im selben Sinne gibt es auch keine 'Männer' ohne 'Frauen'. Ein König kann nicht ohne die Dienste seiner Boten König sein. Und das Patriarchat kann ohne die weibliche Mittäterschaft nicht überdauern, ganz gleich wie es sich diese Mittäterschaft erzwungen hat – die Mittäterschaft, die bestehen bleibt, wenn wir Frauen und Lesben uns nicht auf unsere Macht besinnen.[122] Wenn ich Rückzug oder Separation in ethischer und politischer Hinsicht untersuche, interessieren mich dabei die Handlungsmöglichkeiten von Lesben außerhalb der Herrschafts-/Unterordnungswerte des Heterosexualismus. Separation, Rückzug, Neuorientierung heißt, dem bestehenden System nicht mehr zu dienen. Wie Alice Molloy schrieb:

> Dem Bösen nichts geben, das ist die Basis der Separation. Ihm keine Energie zuführen, keine Zeit widmen, keine Aufmerksamkeit schenken, keine Nahrung geben.[123]

Neinsagen und Kampf sind wesentlich, ebenso aber die Fähigkeit zum Rückzug von dem bestehenden Sinnfundament. Wenn wir an die alten Kategorien gefesselt bleiben, wird es uns nicht gelingen, neue zu bilden.

Daher ist der Separatismus zuallererst eine Neuorientierung, eine Orientierung auf Lesben und ein lesbisches Denksystem. Durch unsere Orientierung, unsere Aufmerksamkeit bestimmen wir, was wichtig ist und was nicht. Und durch Konzentration auf uns selbst und einander als Lesben in all unserer Vielfältigkeit bestimmen wir, daß wir nicht im Verhältnis zu einem herrschenden Anderen existieren, sondern daß wir neue Werte, einen lesbischen Sinnzusammenhang schaffen können. Indem wir uns auf uns selbst und einander konzentrieren, machen wir den Lesbianismus möglich. Mit der Forderung nach Rückzug vom bestehenden heterosexuellen Wertesystem fordere ich also eine Revolution der Moral.

Entscheidungen von Lesben

Mit dem ersten Aspekt des Separatismus, dem Rückzug oder der Separation vom Denksystem des Heterosexualismus, können wir nun vieles verstehen, was für die moralische Handlungsfähigkeit von Lesben und die Schaffung neuer Werte von zentraler Bedeutung ist. Wir begreifen, daß die männliche Herrschaft sowohl durch Raub als auch durch Schutz besteht. Wir begreifen, daß das, was Frausein bedeutet, eine Erfindung des Patriarchats ist, und daß 'Weiblichkeit' die männliche Herrschaft naturgegeben erscheinen läßt. Wir begreifen, daß das, was die Männer den 'Unterschied' nennen, eigentlich ein 'Gegensatz' ist und daß Frauen der männlichen Herrschaft Widerstand geleistet haben, wenn auch nicht unbedingt durch Infragestellen des Heterosexualismus. Wir begreifen Frauen als moralisch Handelnde, die Entscheidungen treffen, so gut sie es im System des Heterosexualismus können. Und wir verstehen auch, daß Lesben andere

Entscheidungen getroffen haben, Entscheidungen außerhalb der vorgegebenen Möglichkeiten.

Judy Grahn beschreibt ihren ersten Ausflug in eine Lesben- und Schwulenbar:

Die Bar *Rendezvous* unterschied sich in nichts von allen anderen, außer daß es unter den Homosexuellen hieß, sie sei »unsere«. [...] Damals wurde Homosexualität so scharf überwacht und so streng bestraft, daß es ebensogut illegal hätte sein können, sich überhaupt in einer Bar zu treffen. [...] Aber das schäbige *Rendezvous* war ein Ort, an dem wir, der »Bodensatz der Gesellschaft«, die offen lebenden Homosexuellen, »wir selbst« sein konnten.

Eines Abends fuhr ich mit einer anderen Lesbe dorthin, die ich im Gottesdienst kennengelernt hatte; ich erinnere mich noch gut an meine Angst während der Busfahrt in die Stadt. Der Bus fuhr durch einen dunklen Tunnel, und der Sitz des Busfahrers war von einem schwarzen Vorhang umhüllt. Ich hatte das Gefühl, in die Hölle zu fahren, und mußte lachen, daß ich, so jung wie ich war, eine so gefährliche Reise angetreten hatte. Wenn ich erst einmal diesen Ort betreten hätte, würde es kein Zurück mehr geben; ich wußte genau, daß ich »die Grenze überschritten hatte«.

Von dem Augenblick an, als ich das *Rendezvous* betrat [...] und mit Schock und Staunen die selbstsicheren, stolzen Lesben in Hosen und die Männer mit Make-up und gestylten, auffällig geschminkten, schaurig schönen Gesichtern sah, verstand ich mich als Teil einer Gruppe von außergewöhnlichen Persönlichkeiten samt deren Eigenheiten. Ich war auf einmal nicht mehr das nette weiße evangelische Mädchen mit dem knabenhaften Wesen, das einmal eine heimliche, sehr liebevolle lesbische Beziehung mit einem anderen netten Mädchen, einer Lehramtsstudentin, gehabt hatte. Diese Definition galt nicht mehr, seit ich meine erste Lesbenbar betrat – von nun an war ich eine ausgewachsene Lesbe, eine Superlesbe.[124]

Die Entscheidung, lesbisch zu leben, war eine einsame Entscheidung, wie Audre Lorde beschreibt:

Wir hatten keine Mütter, keine Schwestern, keine Helden. Wir mußten allein durchkommen wie unsere Schwestern, die Amazonen, die Reiterinnen auf den einsamsten Außenposten im Königreich der Dahomey. Jung und Schwarz und schön und lesbisch durchlitten wir unseren ersten Liebeskummer ohne Schul- und Bürokollegen, denen wir uns in der Mittagspause anvertrauen konnten. Ebensowenig gab es Ringe, mit denen wir den Grund für unser glückliches heimliches Lächeln greifbar machen konnten; und es gab keinen Namen und keinen mitteilsamen Grund für die Tränen, durch die Laborberichte oder Büchereischeine verwischt wurden.[125]

Andere hatten diese Entscheidung vor ihr getroffen, wie Elana Dykewomon beschreibt:

Diese Frauen waren, glaube ich, meine wirklichen Ahninnen. Sie wurden in der Isolation stark und unabhängig. Wohl schienen sie mir alle in Rollen verstrickt, würden vielleicht niemals auf dieselben Dinge Wert legen wie ich, niemals mit mir übereinstimmen, was für ein politischer Akt das Lesbisch-Sein in diesem Staat ist, ein Akt der Herausforderung – aber dennoch, sie hatten diesen Akt vollzogen und gaben mir den Mut, dasselbe zu tun. Dafür liebe ich sie.[126]

Es war eine Entscheidung von zentraler Bedeutung, wie Carol Bentley schreibt, eine Entscheidung für Integrität:

Ich glaube, das Coming-out ist ein lebenslanger Prozeß. Er besteht für mich darin, meine Gefühle, Ideen und Erfahrungen zu einer Identität als Lesbe zusammenzufügen, indem ich sie benenne und vielleicht danach handle. Mitte der 50er Jahre, als ich wie andere Lesben meines Alters allein war, hieß das Beharren auf dem Lesbisch-Sein, meine Liebe zu einer anderen Frau zu erkennen und als zu mir gehörig anzuerkennen. Die Weigerung, meine Gefühle zu begraben und zu leugnen, war für mich eine Frage der Integrität; dieses störrische Beharren ist etwas, das ich heute noch an mir achte.[127]

Das blieb aber auch nicht ohne Konsequenzen. Beth Brant erzählt:

Das Wort *lesbisch*. Lesbe. Das Wort, das sie in Panik versetzt, ihnen Angst einjagt, sie dazu bringt, ihre Kinder zu vernichten. Das Wort, das sie herausfordert. Lesbe. *Ich bin so eine*. Nicht einmal Patricia zuliebe, selbst für sie *werde ich nicht aufhören, so eine zu sein*. Als ich zwischen den farbigen Schnipseln knie und Raggedy Ann mich anlächelt, seufze ich tief auf. Mein Herzschlag fühlt sich langsam wieder normal an. Ich spüre, wie das Blut in meine Adern hinausströmt, satt und lebendig.[128]

Für Cheryl Clarke ist es eine revolutionäre Entscheidung:

In einer männlich dominierten, kapitalistischen, frauenfeindlichen, rassistischen, homophobischen, imperialistischen Kultur wie in Nordamerika eine lesbisch lebende Frau zu sein, ist ein Akt des Widerstands. [...] Die Lesbe hat ihren Körper entkolonisiert. Sie hat es abgelehnt, das Leben in der Knechtschaft zu führen, die mit westlichen heterosexuellen Beziehungen verbunden ist, und sie hat die Möglichkeit der Gegenseitigkeit in einer lesbischen Beziehung akzeptiert – unabhängig von *Rollen*.[129]

Ja, es waren politische Entscheidungen. In ihrem Essay über die männlich und weiblich identifizierten Lesben der 50er Jahre in den USA formuliert Joan Nestle den politischen Charakter vieler Entscheidungen von Lesben:

In den 50er Jahren wurde dieser Mut, die Gefühle einer anderen Frau zu erregen und sich dabei wohlzufühlen, zu einem politischen Akt.

Butch-Femme war eine erotische Partnerschaft, gedacht als verschwörerisches Zeichen von Rebellion und als intimes Erforschen der weiblichen Sexualität.[130]

Zu dem Vorwurf, Lesben imitierten lediglich die heterosexuelle Partnerwahl, sagt Joan Nestle:

Da die 'femininen' Lesben manchmal ähnlich wie ihre 'maskulinen' Liebhaberinnen angezogen waren, fiel die Nachahmung der heterosexuellen Rollen nicht direkt ins Auge, dennoch war unser Anblick aufregend. Der Grund dafür, daß wir die heterosexuellen Zuschauer so sehr in Rage brachten, ist für mich nicht, daß sie den Eindruck hatten, wir imitierten sie, sondern genau das Gegenteil – daß wir die erotische Autonomie von Frauen symbolisierten, einen sexuellen Erfolg, an dem sie nicht teilhatten. Die körperlichen Angriffe waren ein direkter Versuch, in diese selbstgenügsame erotische Partnerschaft einzubrechen. Am häufigsten hörten wir die höhnische Frage: »Welche von euch ist denn der Mann?« Das war weniger eine Spiegelung unserer lesbischen Erfahrung als ein Beweis für den Mangel an erotischen Kategorien in der heterosexuellen Kultur.[131]

Mit anderen Worten, die lesbischen Beziehungen der 50er Jahre waren eine Herausforderung der bestehenden Werte. Lillian Faderman schreibt:

Zu verschiedenen Zeiten und an verschiedenen Orten gab es viele, die sich bekanntermaßen sexuell lesbisch verhielten – und zwar ungestraft. Solange sie eine feminine Erscheinung waren, wurde ihr sexuelles Verhalten als Verlegenheitslösung toleriert, wenn keine Männer zur Verfügung standen – oder aber auch als Lehrzeit oder heterosexueller Appetitanreger gutgeheißen. Wenn aber die eine oder gar beide männliche Privilegien forderten, so wurde die Illusion vom Lesbischen als Faute-de-mieux-Verhalten zerstört. Es war grundsätzlich nicht der sexuelle Aspekt, der die Gesellschaft zu erschüttern schien, sondern der weibliche Angriff auf männliche Privilegien.[132]

Männliche Vorrechte zu beanspruchen, heißt natürlich nicht unbedingt, wie Männer zu werden. Judy Grahn erläutert, daß es nicht darum ging, ein Mann zu sein, sondern ein maskulines Auftreten zu zeigen und damit durchzukommen:

Irgend etwas behielten wir immer bei: eine hohe Stimme, eine Neigung des Kopfes oder eine weiche Handbewegung, etwas, das eindeutig weiblich war. Ich glaube, wir wollten damit zeigen: »dies ist eine andere Art des Frauseins« und nicht: »dies ist eine Frau, die für einen Mann gehalten werden will«.[133]

Joan Nestle meint dazu:

Ironischerweise hat der soziale Wandel bewirkt, daß eine radikale, sexuelle, politische Erklärung der 50er Jahre heute reaktionär und unfeministisch aussieht.[134]

Dennoch wurden die heterosexuellen Rollen auch nachgeahmt. Manche Lesben bemühten sich, wie Mann und Frau zu wirken; manche wurden sogar transsexuelle Männer. Damit will ich sagen, daß Lesben mit der bloßen Entscheidung, lesbisch zu leben, noch keineswegs immun gegen die heterosexuelle Gesellschaftsordnung sind – und ebensowenig gegen den Rassismus. Audre Lorde schreibt:

Lesbische Frauen ohne festgelegte Rollen zu sein, war der eine Unterschied, den wir uns zu sehen gestatteten und von dem wir uns eng zusammenfügen ließen. Wir gehörten nicht zu jener *anderen* Welt, und wir wollten glauben, daß wir damit per definitionem frei waren von der *anderen* Welt und ihren Problemen des Kapitalismus, der Gier, des Rassismus, der Klassenschranken usw. Das war nicht der Fall. Dennoch besuchten wir einander weiter und aßen zusammen und teilten im großen und ganzen unser Leben und unsere Ressourcen, als ob es so wäre.[135]

Auch sind Lesben nicht immun gegen die tief verinnerlichten heterosexuellen Werte, die Werte von Herrschaft und Unterordnung, wie Julia Penelope feststellt:

Ebenso wie sich mein Gefühl von Macht darauf gründete, daß ich andere Frauen liebte, nahm ich ihre Bereitschaft, sich von mir lieben zu lassen, als »Aufgeben« von Macht wahr. Wenn sie sich mir zuwandten, sich mir leidenschaftlich hingaben, sich vor mir »verwundbar« zeigten, wurde ich mächtig. Ich war im voraus völlig ergriffen vom »Jagd«-Fieber, und in meiner Sexualität war ich davon abhängig, mich durch eine neue »Eroberung« anheizen zu lassen. Indem ich meine eigene Sexualität mit Macht identifizierte und meine Befriedigung von der Macht über den Körper einer anderen Lesbe abhängig machte, war ich ständig darauf angewiesen, mich wieder und wieder »anheizen« zu lassen. Dadurch, daß ich Sex als ein Mittel zum Machtgewinn betrachtete, fand ich, daß die Frauen, die ich liebte, *ihre* Macht an mich abgaben, und es dauerte nie lange, bis ich eine neue »Eroberung« brauchte. Wenn ich Macht »gewann«, mußte meine jeweilige Geliebte ja Macht »verlieren«, und von einer Lesbe, die ich zu verachten begann, weil ich sie als »ohnmächtig« und »schwach« wahrnahm, mußte ich mich wieder trennen. Die »Weiblichkeit«, die Sanftheit, die mich zuerst angezogen hatte, stieß mich nun ab, und ich wollte nicht mehr mit ihr schlafen. Meine Ablehnung wurde, ebenso wie zuvor mein Sex mit ihr, ein Ausdruck meiner »Macht über« sie.[136]

Das Bedürfnis, in Beziehungen Herrschaft auszuüben und beherrscht zu werden, ist ein zentraler Faktor der Herrschafts-/Unterordnungswerte des Heterosexualismus und, wie ich nachweisen werde, auch ein zentraler Faktor der anglo-europäischen Ethiktradition.

Die Notwendigkeit, den Heterosexualismus zu bekämpfen

Mit alledem will ich nicht sagen, daß der Heterosexualismus die »Ursache« der Unterdrückung ist. Ich meine jedoch, daß jede Revolution, die ihn nicht bekämpft, unvollendet bleibt und schließlich zu den repressiven Werten zurückkehren wird. Heterosexualismus ist eine Form gesellschaftlicher Organisation, durch die andere, manchmal noch bösartigere Unterdrückungsformen denkbar, angenehm oder sogar wünschenswert werden. Heterosexualismus – das heißt der Wechsel zwischen männlichem Raub und männlichem Beschützen eines weiblichen Objekts der männlichen Aufmerksamkeit – nimmt einer Frau die Autonomie, macht sie emotional, sozial und ökonomisch abhängig und erlaubt jemand anders, sie »zu ihrem eigenen Besten« im Namen der »Liebe« zu beherrschen. In keiner anderen Situation[137] wird von Menschen erwartet, ihre Herren so sehr zu lieben, sich mit ihnen zu identifizieren und 'die Anderen' zu werden, wie von Frauen erwartet wird, Männer zu lieben, sich mit ihnen zu identifizieren und das andere Geschlecht zu werden.[138] Es ist der Heterosexualismus, der uns suggeriert, es sei möglich, eine andere zu ihrem eigenen Besten zu beherrschen, und eine, die dieser Herrschaft Widerstand leistet, sei anormal oder begreife nicht, was gut für sie sei, und eine, die die Teilhabe an Herrschafts-/Unterordnungsbeziehungen ablehnt, existiere nicht. Und wenn wir all dies akzeptieren, werden etwa Imperialismus, Kolonialismus und Ethnozentrismus, auch wenn es sie schon immer gegeben hat, im liberalen Denken sozial erträglicher. Sie erscheinen dann weniger als offene Gewaltausübung und mehr als eine natürliche Funktion der Gesellschaftsordnung.

Der Heterosexualismus ist ein Denksystem, in dem der Begriff der 'moralischen Handlungsfähigkeit' unabhängig von den Herren/Sklaven-Tugenden nicht gedeihen kann. Der Heterosexualismus verbindet sich mit ethischen Urteilen zu einem Wertegefüge, dessen primäre Funktion nicht die moralische Entwicklung des Individuums, sondern die Erhaltung der patriarchalen gesellschaftlichen Herrschaft ist. Deshalb will ich unserer Akzeptanz und unserem Gebrauch dieser Ethik den Kampf ansagen. Im nächsten Kapitel werde ich dies mit der Untersuchung der weiblichen Werte Altruismus, Aufopferung und Verwundbarkeit fortsetzen und zeigen, wie wir diese in Beziehungen einsetzen, um Herrschaft auszuüben.

Im Zusammenhang mit dem, was ich lesbische Ethik nenne, will ich gar nicht abstreiten, daß Lesben viele Entscheidungen getroffen haben, die auch (heterosexuelle) Frauen getroffen haben, oder daß Lesben an dem Konsens über das 'normale' Denken teilhatten oder daß Lesben sich den Werten von Herrschaft und Unterordnung und der Sinnvergewisserung, die wir darin finden können, nicht entzogen haben. Lesben haben ja nicht unter anderen geistigen oder materiellen Bedingungen gelebt. Ich meine aber, daß die Entscheidung für das Lesbisch-Sein bestimmte Möglichkeiten eröffnet. Es ist wiederum eine Frage der Entscheidung, ob wir diese Möglichkeiten weiterentwickeln oder uns statt dessen in irgendeiner Weise in das bestehende heterosexuelle Denksystem einfügen.

Ich behaupte also, daß eine 'Lesbe' – anders als eine 'Frau' – nicht unauflöslich an Herrschaft und Unterordnung als Verhaltensnormen gefesselt ist. Und ich behaupte, daß wir durch Zuwendung zueinander ethische Werte entdecken können, die der lesbischen Existenz angemessen sind, Werte, die wir als moralisch Handelnde wählen können, um unserem Leben als Lesben Sinn zu verleihen. Mit der Forderung nach Separation vom bestehenden heterosexuellen Wertesystem fordere ich eine Revolution der Moral, eine Revolution des Lesbianismus.

2 Weibliche Tugenden und weibliche Handlungsfähigkeit

In diesem Kapitel will ich die Begriffe 'Altruismus', 'Aufopferung' und 'Verwundbarkeit' diskutieren. Ich stelle sie an den Anfang, weil auch die Ethik-Diskussion oft damit beginnt. Die Philosophen behaupten beispielsweise, daß ohne Altruismus keine Sittlichkeit möglich sei.

Wichtiger noch ist, daß sich nach dem Aufbruch der Neuen Frauenbewegung viele Lesben auf die Art von Gesellschaft konzentrierten, die wir unter uns Frauen aufzubauen hofften. Wir wollten lernen, »offener« zu werden, womit wir verwundbarer meinten. Und als sich herausstellte, daß unsere Interaktionen alles andere als utopisch waren, sprachen wir von der Notwendigkeit einer feministischen Ethik. Diese Diskussionen begannen oft mit Erklärungen darüber, wie selbstsüchtig (manche anderen) Lesben seien, und betonten die Bedeutung der Aufopferung. Mit anderen Worten, wir kämpften gegen die patriarchale Politik, stützten uns jedoch bei der Interpretation und Beurteilung unserer Interaktion gleichzeitig auf deren Ethikbegriffe.

Wenn Leute über die Bedeutung von Altruismus und Aufopferung reden, zeigt das meiner Ansicht nach, daß sie einen immanenten Interessenkonflikt bei den Beteiligten empfinden. Diese Sichtweise stellt eine verengte ethische Betrachtung nur bestimmter Interaktionsformen dar. Außerdem wird zur Lösung des Interessenkonflikts immer von denen mit der geringsten institutionellen Macht ein altruistisches Verhalten erwartet. Insofern gelten Altruismus und Aufopferung als »weibliche Tugenden«. 'Weiblichkeit' ist ein Begriff, der die weibliche Unterwerfung unter die männliche Herrschaft natürlich und normal erscheinen läßt. Daher haben die »weiblichen Tugenden« die Funktion, die Beziehung von Herrschaft und Unterordnung aufrechtzuerhalten und zu ermöglichen, daß die mit der größeren institutionellen Macht über die Ressourcen derer mit der geringeren institutionellen Macht verfügen können.

In einer Beziehung von Herrschaft und Unterordnung kann jedoch Macht sowohl aus der dominanten Position als auch aus der untergeordneten Position heraus ausgeübt werden. Innerhalb eines begrenzten Aktionsradius kann aus der weiblichen Position heraus eine beträchtliche Manipulationsmacht ausgeübt werden. Aufgrund der männlichen Herrschaft haben die Frauen im Laufe der Zeit die ihnen zugeschriebenen weiblichen Tugenden zu Überlebenstechniken entwickelt und Machtinstrumente aus ihnen gemacht. Und diese Manipulationsmacht bildet die Essenz der im Heterosexualismus geförderten weiblichen Handlungsfähigkeit.

Wenn Lesben untereinander diese Tugenden zeigen, wenden wir unsere Überlebenstechniken gegeneinander, und damit werden sie als Überlebenstechniken unbrauchbar. Meiner Ansicht nach sind die weiblichen Tugenden Instrumente, um in Beziehungen – sei es als Geliebte, Freundin oder Gruppenmitglied – Macht auszuüben, und daher sind sie eher geeignet, den lesbischen Lebenszusammenhang zu zerreißen, als ihn zu stärken.

Egoismus und Altruismus

Altruismus als Vorbedingung für ethisches Verhalten

Bei der Annäherung an die Frage der Ethik und der Möglichkeit moralischen Handelns fangen wir oft mit der Frage an, ob die Menschen von Natur aus selbstsüchtig sind oder ob sie fähig sind, an die anderen zu denken. Dahinter steht der Gedanke, eine Person sei skrupellos und unmoralisch, wenn sie sich nur für sich selbst interessiert. Auch die

Philosophen scheint diese Frage sehr anzuziehen; sie argumentieren damit, daß eine Ethik unmöglich sei, wenn die Selbstsucht zur menschlichen Natur gehörte oder wenn die Menschen nicht einen natürlichen Altruismus zeigten.[1] Die philosophische Frage des Altruismus dreht sich darum, ob »die Menschen die Wahl haben, sich für die Interessen anderer einzusetzen, auch wenn sie sich selbst damit schaden«.[2] Dahinter steckt offenbar die Idee, das selbstlose Denken an andere, der Altruismus, sei eine Vorbedingung moralischen Verhaltens.[3]

Ich finde es bezeichnend, daß die Möglichkeit ethischen Handelns eher auf Altruismus gestützt wird als auf Selbstbewußtsein oder Selbsterkenntnis. Für viele professionelle und nichtprofessionelle Philosophen beruht Ethik auf unserer Bereitschaft, unsere eigenen Interessen zugunsten der Interessen anderer aufzugeben. Nun ist die Frage: Wie muß ein Denksystem beschaffen sein, damit eine solche Überlegung die Möglichkeit ethischen Handelns zentral bestimmen kann? Das heißt, unter welchen Bedingungen werden unsere Interessen als so sehr im Konflikt mit den Interessen anderer betrachtet, daß die Lösung des Konflikts durch Aufopferung schon für die bloße *Möglichkeit* ethischen Verhaltens als unverzichtbar gilt?

Neuzeitliches ethisches Denken

Das ist nicht immer ein Schwerpunkt in der Ethik gewesen.[4] Erst im 17. und 18. Jahrhundert wurden Egoismus und Altruismus zu zentralen Gedanken in der anglo-europäischen Ethik.[5] Weder Aristoteles noch Plato zählten Altruismus oder Aufopferung zu den Tugenden. Selbst in der christlich geprägten anglo-europäischen Philosophie des Mittelalters gab es keine besondere Besorgnis, individuelle und kollektive Interessen könnten in Konflikt zueinander geraten. Das Wohl des Individuums wurde damals nicht im Konflikt mit dem Gemeinwohl, dem Wohl als solchem oder dem religiösen Wohl gesehen. Es gab natürlich bestimmte Interessenkonflikte, aber kein allgemeines theoretisches Problem, das die Möglichkeit ethischen Handelns bedrohte.[6] Im Grunde war die klassische Betrachtungsweise des antiken Griechenland auf den Charakter einer Person gerichtet, und die religiöse Sichtweise des Mittelalters konzentrierte sich auf Gehorsam/Loyalität gegenüber einem Herrn (Gott).

Mit Machiavelli (1469–1527) begann sich das anglo-europäische Denken erneut zu verlagern. Machiavelli stellte den menschlichen Geist als durch Habgier und Angst motiviert dar – angesichts der Macht der Kirche und der Vorstellungen von 'Himmel' und 'Hölle' eine natürliche Entwicklung. Galilei (1564–1642) entwickelte eine wissenschaftliche Erklärungsmethode, nach der sich ein Phänomen erklären läßt, indem seine Teile isoliert werden und ihre Kombination zu einem Ganzen gezeigt wird. Wenn wir dies auf den gesellschaftlichen Bereich anwenden, kommen wir zu dem Gedanken, daß den Individuen per se Qualitäten fehlen, die ihnen das Wirken in einer Gesellschaft ermöglichen würden. Daher wird es zum zentralen Problem für die Organisation der Gesellschaft, *wie* die Individuen zur Kooperation veranlaßt werden können.[7]

Im 17. Jahrhundert war das anglo-europäische Denken dann für Hobbes (1588–1679) vorbereitet. Hobbes war vom Auftreten des Bürgerkriegs tief betroffen (der sich in seinen Auswirkungen auf die Menschheit offensichtlich von den früheren religiösen Kreuzzügen unterschied). Nach Hobbes entsteht aus der Gleichheit der Menschen – das heißt, der Fähigkeit aller Menschen, einen anderen Menschen zu töten – die menschliche Hoffnung, seine Begierden zu befriedigen. Er sah alle Begierden des Menschen aus dem Bodenlosen aufsteigen. Und da die Menschen (angeblich) das gleiche begehren, stehen sie einander grundsätzlich feindlich gegenüber. Seiner Auffassung nach war der natürliche Zustand der Kriegszustand. Daher meinten Hobbes und andere, weniger fanatische Theoretiker des Gesellschaftsvertrages, der Grundtrieb des Menschen entstehe aus

Habgier und Furcht und sei der Trieb, andere zu beherrschen.[8] Mit anderen Worten, die Menschen seien aggressiv und von Natur aus Konkurrenten.

Dieses Bild der menschlichen Natur beschrieb zum erstenmal das Eigeninteresse als grundsätzlich im Konflikt mit den Interessen anderer und dem Gruppeninteresse und katapultierte die daraus entstehenden Probleme in den Mittelpunkt ethischen Denkens. Angesichts dieses von Hobbes entworfenen Gesamtszenarios und seines Menschenbildes können wir uns tatsächlich fragen, wie eine grundlegende gesellschaftliche Zusammenarbeit jemals möglich sein konnte.

Die Antwort liegt für viele anglo-europäische Philosophen beim Staat. Es wird angenommen, daß die Menschen zwar gemein und brutal sind, aber auch rational denken. Von daher können sie erkennen, daß es in ihrem eigenen Interesse liegt, ihre Naturrechte (wie das Recht auf Plünderung, Raub und Mord) an einen Staat abzutreten, der den »vorsozialen« Trieben des Menschen Einhalt gebieten und sie durch unparteiliches Urteil steuern würde (soziale Kontrolle).[9] Außerdem gehe der Mensch zwar zunächst seinem Eigeninteresse nach, nutze jedoch idealerweise seine rationalen (moralischen) Fähigkeiten, um seine vorsozialen Triebe zu überwinden oder zumindest zu steuern und selbst Unparteilichkeit und Altruismus zu entwickeln. Auf diese Weise scheint letztlich der Altruismus die Vorbedingung für ethisches Verhalten zu sein.

In Wirklichkeit heißt Rationalität für den Menschen, wie Marilyn Frye feststellt, daß er den Staat seine Triebe steuern läßt und er selbst sie nicht zu überwinden braucht. Die Folge dieses Gesellschaftsvertrages ist, daß er keine altruistischen ethischen Fähigkeiten entwickeln muß.[10] Virginia Held stellt darüber hinaus die Theorie des Gesellschaftsvertrages in Frage:

> Als Abbild der Realität können [die Vorstellungen des vertraglichen Denkens] sehr irreführend sein. Die heutigen Gesellschaften sind eher das Resultat von Krieg, Ausbeutung, Rassismus und Patriarchat als von Gesellschaftsverträgen. Die ökonomische und politische Realität ist eher das Ergebnis des Triumphes ökonomischer Stärke über ökonomische Schwäche als das Ergebnis eines freien Marktes.[11]

Wenn wir also annehmen, daß die (patriarchalen) Gesellschaften nicht durch Aushandeln gegenseitiger Interessen entstehen, scheint sich die Theorie des Gesellschaftsvertrages nicht auf die Bildung von Gesellschaften, sondern vielmehr auf die Erhaltung bestehender Machtstrukturen zu beziehen und damit die religiöse Begründung und das »Königtum von Gottes Gnaden« zu ersetzen. Und da 'Interessenkonflikt' und 'Altruismus' beide zentrale Begriffe dieser Theorie sind, können wir uns fragen, welche Funktion der Altruismus – bei Erhaltung der Machtstruktur – für die Lösung von Interessenkonflikten hat.

Die Umschichtung der anglo-europäischen Gesellschaftsordnung vom mittelalterlichen Feudalismus zum Merkantilismus und dann zum industriellen Kapitalismus der Neuzeit verlief parallel zur Verlagerung vom spirituellen/religiösen Schwerpunkt zum neuzeitlichen materialistischen Schwerpunkt. Die damit verbundene Veränderung des anglo-europäischen ethischen Denkens stellt eine einzige spezielle Situation als Modell für das gesamte Spektrum menschlichen Handelns und menschlicher Motivation heraus:

> Nur zu oft seit Hobbes wurde eine besondere menschliche Situation als Paradigma für die Gesamtheit des moralischen Lebens behandelt – nämlich eine Situation, in der ich und jemand anders unvereinbare Ziele haben und meine Ziele ausschließlich auf mein Wohlbefinden ausgerichtet sind. Natürlich gibt es solche Situationen, doch der Widerspruch zwischen Eigeninteresse und Wohltätigkeit, der sie charakterisiert, ist nur einer von vielen Fällen, in denen eine Lösung für unvereinbare Ziele zu finden ist.[12]

Mit anderen Worten: Als Folge der Verlagerung von der religiösen zur materialistischen Sichtweise ist auch in der anglo-europäischen Ethik die Aufmerksamkeit von der im

Mittelalter wichtigen Loyalität gegenüber einem Herrn zu den Widersprüchen zwischen unseren eigenen Bedürfnissen und Wünschen und denen anderer übergegangen. Als Erbe dieses ethischen Schwerpunkts haben wir eine Dichotomie übernommen, mit der Handlungen entweder als egoistisch (selbstsüchtig) oder altruistisch (selbstlos, uneigennützig) charakterisiert werden.

Wenn eine Frau versucht, ihr Leben nach ihren Bedürfnissen, in Kenntnis ihrer Grenzen in bezug auf das Umfeld und ihre Fähigkeiten sowie im Bewußtsein ihrer Talente zu führen, so hat das demzufolge entweder gar keine ethische Relevanz oder gilt als selbstsüchtig und daher unethisch. Wenn sie sich selbst berücksichtigt, wird sie betrachtet, als hätte sie gar kein Interesse an anderen.

Interessenkonflikte

Ich behaupte *nicht,* in einer Lesbengesellschaft gäbe es keine Interessenkonflikte. Ich bin auch nicht der Meinung, in einer lesbischen Gemeinschaft sollte es keine großen Unterschiede in den Interessen geben; die Langeweile wäre unerträglich. Schließlich ist das Aufbegehren gegen unsere Grenzen und die Erfahrung, sich an den Grenzen anderer zu reiben, eine Quelle kreativen Wachstums. Daher habe ich nicht vor, ganz naiv eine Welt ohne unterschiedliche Interessen, Strategien und Ziele, von denen die einen den anderen widersprechen, zu erforschen. Mich interessiert, wieso wir uns vorrangig auf nur ganz bestimmte Arten von Konflikten konzentrieren.

Ich meine, in der Beschäftigung mit Altruismus und Aufopferung kommt eigentlich die unterschwellige Annahme zum Ausdruck, daß die betreffenden Interessen in einem immanenten oder grundlegenden Konflikt stehen. Das heißt, wenn der Schwerpunkt deutlich auf Altruismus und Aufopferung gelegt wird, ist dies ein Hinweis darauf, daß die Interessen der Beteiligten bereits als gegensätzlich empfunden werden. Angesichts dessen können wir den Verdacht hegen, daß jeder Appell an Aufopferung oder Altruismus mit dem Versuch einhergeht, diesen Konflikt dadurch zu lösen, daß eine Partei dazu gebracht wird, ihre Interessen zugunsten der anderen Partei aufzugeben, um so eine bestimmte Gesellschaftsordnung zu erreichen und zu erhalten. Jedenfalls können wir in paradigmatischen Fällen, in denen die Begriffe Altruismus und Aufopferung auftauchen, einen grundlegenden, vielleicht sogar immanenten Interessenkonflikt finden, und es lohnt sich zu untersuchen, worin diese Interessen bestehen und wie der Konflikt gelöst wird.

Uneingeschränkte Macht

Stellen wir uns eine Situation vor, in der eine Person relativ uneingeschränkte Machtbefugnis besitzt – Nixon und Watergate beispielsweise. Eine Argumentationskette ist folgende: Wenn die Menschen nicht in der Lage sind, an mehr als nur sich selbst zu denken, dann ist kein ethisches Verhalten möglich, denn wenn einer von ihnen seine Interessen erfolgreich durchsetzt und bis zur Spitze der Machthierarchie vordringt, sind wir seiner Gnade ausgeliefert. Wenn die Menschen nicht von Natur aus altruistisch sind, dann gibt es nichts, was sie innerlich einschränkt, und nichts, was sie zu »guten« Menschen macht, die sich nicht »unfaire« Vorteile auf Kosten anderer verschaffen.

Interessanterweise wurde Nixons Egoismus erst dann zu einem so weitreichenden Problem, als er fast uneingeschränkte Machtbefugnis erhielt, die Macht des Staates. Dabei ist aber nach Ansicht der Theoretiker des Gesellschaftsvertrages der Staat eben die Institution, die dazu da ist, die Gefahr des Interessenkonflikts einzudämmen und den individuellen Egoismus zu beschränken.

Was Nixons Egoismus zu einer Gefahr für die Interessen anderer machte, war eine Machtstruktur, welche die Interessen der Menschen mittels Unterwerfung unter eine Autorität, Gesetzestreue und Zurückstellung ihrer »vorsozialen« Interessen »zu ihrem eigenen Besten« steuert. Es war der Staat, der Nixon in die Lage versetzte, relativ uneingeschränkte

Macht auszuüben. In diesem Falle war der Staat nicht nur außerstande, die Gefahr des uneingeschränkten Egoismus einzudämmen, er hat sogar die konkrete Möglichkeit dazu erst geschaffen. Das eigentliche Problem wurde durch die Lösung geschaffen.

Darüber hinaus bestand im Fall Watergate letztlich der Interessenkonflikt nicht zwischen Individuen untereinander, sondern zwischen Individuen und dem Staat. Durch den Straferlaß für Nixon gewannen die Interessen des Staates und seiner Hierarchie die Oberhand über bestimmte individuelle ethische Interessen und sogar Rechte. Und diese Lösung wurde meiner Meinung nach aufgrund des allgemeinen Bestrebens gewählt, eine bestimmte Gesellschaftsordnung und die entsprechende Hierarchie zu erhalten. Nixons Schuld bestand nicht in seinem uneingeschränkten Egoismus, sondern darin, daß er nicht schlau genug war und sich erwischen ließ, und dadurch war er kein erfolgreiches Staatsoberhaupt mehr.

Mit anderen Worten: In einer Situation, in der der Altruismus als wesentliche Vorbedingung für ethisches Verhalten bewußt wird, werden die egoistischen Exzesse eines einzelnen, der relativ uneingeschränkte Macht hat, um der Erhaltung der staatlichen Machtstruktur willen grundsätzlich entschuldigt. Und unsere Konzentration auf Altruismus und Aufopferung wird verstärkt und überhöht in einer grandiosen sich selbst erfüllenden ideologischen Prophezeiung.

Altruismus als weibliche Tugend

Ein zweites Modell, in dem Altruismus und Aufopferung als zentrale Werte ethischen Verhaltens und daher als unverzichtbar für die Möglichkeit ethischen Handelns erscheinen, ist das Leben von Frauen in der patriarchalen Gesellschaft. Altruismus und Aufopferung werden als weibliche Tugenden betrachtet – Tugenden, die entweder als frauenspezifisch gelten oder dann von besonderem Interesse sind, wenn Frauen sie offenbar nicht haben.

Wenn wir annehmen, daß ein übersteigertes Interesse an Altruismus und Aufopferung auf die allgemeine gesellschaftliche Wahrnehmung eines grundlegenden Interessenkonflikts hinweist, dann scheint die Konzentration auf Altruismus und Aufopferung im Zusammenhang mit Frauen anzuzeigen, daß die Menschen generell die Interessen von Männern und Kindern – insbesondere deren angebliche Abhängigkeit von der Fürsorge der Frauen – als den Interessen von Frauen wesentlich gegensätzlich ansehen.

Außerdem ist es bezeichnend, daß der individuelle Egoismus von Männern und Kindern *nicht* in Frage gestellt wird. Das heißt, Aufopferung ist keine allgemeine Tugend. Sie ist eine weibliche Tugend. Aufopferung wird von Frauen erwartet; sie wird im Heterosexualismus als Sinn weiblichen Handelns propagiert. Frauen, die sich nicht so verhalten, daß sie als aufopfernd und altruistisch wahrgenommen werden können, gelten als moralisch minderwertig und tadelnswert.

Der festgestellte Konflikt zwischen den Interessen der Männer und Kinder einerseits und denen der Frauen andererseits ist folglich so weitgehend zugunsten der Männer und Kinder gelöst worden, daß Aufopferung und Altruismus weiblich geworden sind. Die Möglichkeit ethischen Handelns scheint sich in diesem Falle auf die Bereitschaft der Frauen zu stützen, sich Männern und Kindern aufopfernd zu widmen, indem sie sich der männlichen Autorität fügen und Kinder austragen und sich für sie verantwortlich fühlen, ob aus eigener Entscheidung oder nicht.

So werden in einer zweiten Situation, in der Altruismus und Aufopferung als wesentliche Vorbedingungen für ethisches Verhalten bewußt werden, Begriffe entwickelt, um Frauen zu veranlassen bzw. zu zwingen, ihre eigenen Interessen aufzugeben und die Interessen der Männer und Kinder zu ihren eigenen zu machen. Und dies geschieht meiner Ansicht nach durch Aufbau und Erhaltung der heterosexuellen Gesellschaftsordnung.

Die egoistischen Exzesse von Männern gegenüber Frauen werden also generell um der Erhaltung der Familienstruktur und damit der des Staates entschuldigt. Unsere Konzentration auf Altruismus und Aufopferung wird verstärkt und überhöht durch die Exzesse der Männer und des Staates, und so gelangen wir – in dem verzweifelten romantischen Wunsch, uns der Möglichkeit von Gnade und Güte in dieser Welt zu vergewissern – zu der Vorstellung der Frau als grundsätzlich altruistischem und aufopferndem Wesen (nährend, bedingungslos liebend usw.).

Altruismus und Unterordnung

Zu beachten ist allerdings, daß der Altruismus nur denen in untergeordneter Position zugewiesen wird. Nixon wurde nur deshalb verurteilt, weil er auffiel, sich erwischen ließ, nicht schlau genug, als Führer nicht perfekt genug war. Es wurde aber nichts unternommen, damit die Staatsoberhäupter künftig mit mehr Altruismus handeln. Solange die Machthabenden *behaupten,* sie seien altruistisch (sie seien da, um dem Volk zu dienen – wobei natürlich *sie* die Bedürfnisse des Volkes definieren und *sie* entscheiden, welchen Bedürfnissen des Volkes sie dienen), solange sie *behaupten,* sie unterstellten sich einer höheren Autorität (einer Verfassung und angeblich auch einem Gott[13]), sollen die BürgerInnen ihnen vertrauen und ihre eigenen Interessen aufgeben, wenn diese mit den Interessen des Staates in Konflikt stehen. Im Fall Nixon wurde der Interessenkonflikt aufgelöst, indem eine Seite, die BürgerInnen, dazu gebracht wurde, ihre Interessen zugunsten der herrschenden Seite, des Staates, aufzugeben.

Bei dem Interessenkonflikt zwischen Männern und Frauen wird Altruismus von Frauen erwartet, von Männern meistens nicht. Während die Untergeordneten darauf hoffen mögen, daß die oben sich altruistisch verhalten, verlangen die Herrschenden den Altruismus von ihren Untergebenen. Das heißt, wenn Interessenkonflikte ein zentraler Bestandteil der Gesellschaftsordnung sind, gewinnt der Begriff 'Altruismus' Bedeutung. Außerdem nivelliert der Altruismus Interessenkonflikte, da er nur für die Untergeordneten gilt: Die mit weniger Macht sollen ihre Interessen und Belange zugunsten derjenigen mit mehr Macht fallenlassen. Das ist ein Grund, warum Altruismus und Aufopferung als weibliche Tugenden gelten.

Kapitalistische Werte

Die Berufung auf den Altruismus als Voraussetzung für ethisches Handeln steht im Zusammenhang mit der staatlichen Macht und der Erhaltung des Heterosexualismus, beides Formen symbolischer Inszenierung der Herrschafts-/Unterordnungsbeziehung. Und all das ist eng mit den materialistischen Werten des modernen Kapitalismus und des modernen Sozialismus (oder des Staatskapitalismus – womit das Staatseigentum an den Produktionsmitteln gemeint ist) verbunden. Der moderne Sozialismus, wie er beispielsweise in der UdSSR herrscht, betont besonders laut, daß die individuellen Interessen im Gegensatz zu den staatlichen Interessen stehen: Die einzelnen sollen sich altruistisch verhalten und ihre persönlichen Interessen der 'Diktatur des Proletariats' unterstellen.[14]

Der Kapitalismus in seiner heutigen Gestalt beinhaltet die Werte des Eigeninteresses in Form von atomistischem Individualismus und Wettbewerb mit dem Ziel, andere zu beherrschen. Als solcher nährt er die Idee, unsere Interessen seien generell unvereinbar.[15] Und wenn wir die individuellen Interessen als generell unvereinbar annehmen, berufen wir uns auf den Altruismus.

Damit haben wir ein drittes Modell, in dem sich die Ethik auf den Altruismus konzentriert: nämlich der wirtschaftliche Austausch. Ich konzentriere mich in der Diskussion auf den Kapitalismus, wie er in den USA praktiziert wird. Eine Argumentationskette ist folgende: Die Werte des Kapitalismus vorausgesetzt, insbesondere das Profitmotiv, ist ethisches Verhalten auf dem Markt nur dann möglich, wenn Altruismus ein Bestandteil der menschlichen Natur ist. (Derartige Behauptungen sind von Börseninsidern zu hören).

Im kapitalistischen System ist also der Profit ein zentrales Motiv für Entscheidungen. Mit 'Profit' meine ich nicht ein angemessenes Gehalt oder den Ertrag unserer Arbeit, sondern finanzielle Gewinne, die über die Bezahlung unserer Arbeit hinausgehen und die wir auf Kosten anderer machen, einfach weil wir die Macht dazu haben, weil wir die Produktionsmittel besitzen oder sonstige Vorteile gegenüber anderen haben. Der moderne Kapitalismus motiviert uns nicht zu fairem Handel und Naturaltausch, sondern dazu, uns gegenüber anderen Vorteile zu verschaffen und sie auszubeuten. Bei solchen Werten sieht die Berufung auf den Altruismus so aus: Wenn die Menschen nicht von Natur aus altruistisch sind, dann gibt es keine inneren Vorbehalte, die diejenigen, die sich auf dem Markt Vorteile verschaffen, zu »fairem« Verhalten veranlassen würden. Wenn die Menschen also nicht altruistisch sind, ist ethisches Handeln nicht möglich.

Wiederum halten die Theoretiker des Gesellschaftsvertrages dagegen, daß der Staat notwendig sei, um denen Einhalt zu gebieten, die uneingeschränkten Egoismus praktizieren. Wir rufen gerne nach staatlichen Regelungen, die altruistisches Verhalten bewirken sollen. (Wenn der Staat allerdings den freien Handel einschränken und Sanktionen verhängen kann, um diejenigen mit »unangemessenen« Vorteilen zu mehr Selbstbeschränkung zu zwingen, wird es eine Frage des Eigeninteresses und nicht des Altruismus, daß sie sich daran halten.)

Wenn beispielsweise die Bosse der Ölgesellschaften Zufallsgewinne gemacht haben und dies bekannt wird, so wird eine gewisse Selbstbeschränkung und Altruismus von ihnen erwartet, selbst wenn ihr Handeln vollkommen im Einklang mit den Werten des kapitalistischen Marktes stand. Und wenn sie nicht an Selbstbeschränkung denken, wird vom Staat erwartet, daß er interveniert und sie zum Gewinnausgleich zwingt.

Das Problem ist, daß die höhere Autorität, eine Institution wie der Staat, ein Eigenleben gewinnt. Wir neigen zu der Annahme, der Staat sei unparteiisch oder könne es sein (was immer das heißen mag), er habe keine eigenen Interessen, und seine Funktion sei es, den Individuen und ihren Interessen zu dienen. In Wirklichkeit handelt der Staat mit der Durchsetzung des Rechts zu seinem eigenen Schutz und in eigenem Interesse (insbesondere seinem Interesse, sich selbst zu erhalten), und er wird alles hiernach beurteilen. Der Staat kontrolliert die Interessen seiner BürgerInnen, indem er ihre Bedürfnisse definiert, reguliert, einschränkt und allgemein eine Herrschafts-/Unterordnungsbeziehung zwischen Staat und BürgerInnen herstellt.

Diese Beziehung wiederum bedingt, daß im Kapitalismus der Wettbewerb (die Eroberung) die Motivation menschlichen Handelns ist.[16] Der moderne Kapitalismus liefert den Individuen einen Grund, sich in der Welt zu engagieren, während sie ansonsten durch ein System gebunden sind, das letztlich die Macht über sie hat: Er ermöglicht es ihnen, sich Vorteile vor ihren Mitmenschen zu verschaffen und vielleicht sogar die, die ihnen überlegen sind, zu übertreffen.[17] Und wenn es in einer Gesellschaft zur Grundmotivation von Individuen wird, sich Vorteile vor anderen zu verschaffen, dann erscheint Altruismus wirklich als Voraussetzung für ethisches Handeln.

Eine um den Altruismus zentrierte Ethik, die sich auf Interessenkonflikte konzentriert, ist typisch für Gesellschaften mit neuzeitlichen materialistischen Werten. Wenn wir uns auf den Altruismus berufen, um eine Reform der Moral zu erreichen, dann drehen wir uns im Kreise: Wir verstärken praktisch noch die Herrschafts-/Unterordnungsbeziehung, die den Kapitalismus als menschliche Motivation und damit den Altruismus, der seine Exzesse eindämmen soll, überhaupt erst notwendig machte. Indem wir uns auf den Altruismus berufen, begeben wir uns in einen Kontext, in dem die Interessen der einzelnen als grundsätzlich unvereinbar gelten. Dann empfinden wir das Bedürfnis nach einem kontrollierenden Staat, und die Beziehung von Herrschaft und Unterordnung erscheint natürlich – während der Altruismus nur für diejenigen mit weniger Macht gilt.

Lesben-unternehmen

Innerhalb der Lesbengemeinschaft sind wir zur Zeit sehr angetan von der Idee des Altruismus im Zusammenhang mit Lesbenprojekten, die sich zu Wirtschaftsunternehmen entwickelt haben. Für die Interessen der Gemeinschaft und die Bedürfnisse einzelner Lesben erschiene es zum Beispiel angemessen, wenn die Inhaberinnen von Lesbenunternehmen Altruismus zeigten, statt sich vom Profit motivieren zu lassen und den Lesbianismus in den Heterosexualismus integrieren zu wollen.

Und im Rahmen eines kapitalistischen Unternehmens wäre die logische Antwort der Firmeninhaberin ein entschlossenes »Nein«. Wenn manche der Firmeneignerinnen ökonomische Vorteile im, wie es heißt, Übermaß suchen, wenn sie ihre Geschäftsinteressen nicht den Idealen der Lesbengemeinschaft »opfern«, dann rufen Mitglieder der Gemeinschaft nach Sanktionen gegen diejenigen, die das »Vertrauen« der Lesben mißbraucht haben. Mit solchen Reaktionen wird die Verwirrung, die wir empfinden, wenn unsere Interessen zu unseren Idealen offensichtlich im Widerspruch stehen, eher verdrängt als aufgedeckt.

Langfristig gesehen sind es außerdem nicht die Mächtigen, sondern die weniger Mächtigen, von denen Altruismus erwartet wird. Wenn Lesben sich kapitalistische Werte zu eigen machen, um zu kontrollieren, wie Lesbenfirmen mit dem Material von Lesben arbeiten – beispielsweise durch Wirtschaftsboykott –, dann werden die boykottierenden Lesben in kürzester Zeit selbst zum Altruismus aufgefordert. Es wird von ihnen erwartet, den Boykott zu stoppen, weil es wichtiger sei, einige Lesbenunternehmen zu haben, auch wenn sie nicht perfekt sind, als überhaupt keine. Und es wird darauf hingewiesen, daß die Lesben Heterofirmen, die politisch viel schlimmer sind, nicht boykottieren. Auf diese Weise werden Lesben veranlaßt, ihre politischen Interessen im Namen des Bestehens und des Bedarfs an Lesbenfirmen zurückzustellen.

So gesehen fördert die Berufung auf den Altruismus eher eine bestimmte Wirtschaftsordnung, als daß sie die daraus entstehenden Ungerechtigkeiten angreift. Daher werden wir uns schließlich fragen, warum wir uns überhaupt die Mühe machen, uns in der Gemeinschaft zu engagieren. Ich höre Aussagen wie: »Warum sollte ich mich in der Lesbenszene engagieren, wenn es mir finanziell nichts einbringt?« Und mit diesem Gefühl wird die Idee, aus Altruismus einen Beitrag zu einer Gemeinschaft zu leisten, zu einem Ideal in einer grandiosen sich selbst erfüllenden Prophezeiung. Die Lesben, die Zentren oder Cafés betreiben, sehen dann ihre Arbeit mehr als altruistisch denn als existenzerhaltend an, machen anderen Lesben ein schlechtes Gewissen und sind schließlich ausgebrannt.

Nun, anfangs hatten wir solche Gefühle nicht. Das war nicht unsere Motivation. Als es noch keine Bewegung gab, war das Finden, Definieren und Verwirklichen einer Gemeinschaft ein Teil dessen, was das Lesbisch-Sein ausmachte. Altruismus war das nicht. Und mit dem Aufbruch der Lesben- und Schwulenbewegung und dem Erstarken der Neuen Frauenbewegung in den USA gaben wir unserem Leben einen Sinn, indem wir Lesbenprojekte aufbauten und die Lesbenszene erweiterten, vor allem um der wirtschaftlichen Alternativen willen. Altruismus war das nicht. Bei der Gründung von Lesbenprojekten lag unsere Motivation auch nicht in den kapitalistischen Werten – der Vergötterung des Geldes oder dem Wunsch nach ökonomischer Eroberung.

Die ersten Unternehmen wurden von Lesben gegründet, die aus Selbsterfahrungsgruppen kamen und nach Wegen suchten, Politik praktisch umzusetzen und in einer Welt, die uns verschweigt, Raum für lesbische Lebensformen zu schaffen. Das war kein Kapitalismus

– wenn wir den Wunsch hatten, die Produktionsmittel zu besitzen, so ging es uns dabei darum, Produkte für das Lesbenleben herzustellen, und nicht darum, die Arbeit von anderen auszubeuten und Profit daraus zu ziehen. Der Begriff 'Altruismus' hatte gar keine Bedeutung. Wir gaben unserem Leben einen Sinn und versuchten Möglichkeiten zu finden, als Lesben zu überleben. Unsere Motivation waren weder Profit noch Altruismus, sondern unser Zorn und unser lesbisches Begehren.

Wenn wir uns beim heutigen Stand der Dinge nun versucht fühlen, uns in der Diskussion um die Unterschiede zwischen uns auf Altruismus zu berufen, heißt das, daß wir die unterschiedlichen Interessen – etwa die Interessen einer lesbischen Firmeninhaberin und die Interessen einzelner Lesben, die diese Firma nutzen – als in grundsätzlichem Konflikt stehend ansehen. So können wir in der Gemeinschaft die Frage stellen: Wie kam es, daß die Interessen dieser Lesbenunternehmen in Konflikt mit den Interessen einzelner Lesben gerieten?[18] Wieso haben sich Erzeugung und Austausch von Gütern zu einem Interessenkonflikt entwickelt?

Anne Throop Leighton weist darauf hin, daß das, was in der Gemeinschaft als Wunsch nach wirtschaftlichem Überleben und Flexibilität begonnen hatte, sich in einen Prozeß der Eingliederung in die US-amerikanische Ökonomie verwandelt hat: Um ein Unternehmen zu gründen, müssen wir Steuern zahlen, benötigen wir Kredite, brauchen wir noch andere Produkte als die, die derzeit von Lesben hergestellt werden usw.

Also gehen wir an den Markt und beginnen dann langsam seine Werte zu internalisieren. Das Problem entsteht nach Anne Throop Leighton dann, wenn wir glauben, wir seien an den Markt gegangen, um Profite zu machen; wenn wir das Profitmachen als etwas Gutes ansehen. Das Problem entsteht dann, wenn wir nach einiger Zeit glauben, wir seien an den Markt gegangen, um mitzuspielen, um uns an dem Wettbewerb um der Eroberung willen zu beteiligen, um mehr materielle Güter anzusammeln als unsere Nachbarin, um Macht über andere zu gewinnen. Das Problem entsteht dann, wenn wir unser Ziel vergessen und die Werte des Systems akzeptieren, um uns diesem System anzupassen.[19]

Wenn wir beschließen, uns an dem wirtschaftlichen Austausch innerhalb des bestehenden kapitalistischen Wertesystems zu beteiligen, ist die weitere Entwicklung vorauszusehen: Ohne die Perspektive der Lesbengemeinschaft kommen wir letztlich dahin, in dem System genauso wie alle anderen tätig zu sein und den Profit zu schätzen. Ich sage nochmals: Mit 'Profit' meine ich nicht Naturaltausch oder angemessenen Handel oder angemessenen Lohn für unsere Arbeit oder Bezahlung für das, was wir tun, damit wir ökonomisch überleben und weiter unsere Ziele verfolgen können. Ich meine damit einen wirtschaftlichen Austausch, der auf den ökonomischen Gewinn von wenigen als Ergebnis der Ausbeutung von vielen abzielt. Innerhalb unserer Szene sind wir natürlich von einer solchen Möglichkeit weit entfernt. Dennoch rutschen wir allmählich zu dem Denken und den Werten ab, die mit dieser Ökonomie einhergehen.

Ich möchte betonen, daß die Lösung für diese Entwicklung nicht die Berufung auf den Altruismus ist. Da der Altruismus einen immanenten Interessenkonflikt voraussetzt, heizt ein Appell an den Altruismus das Problem nur an und zementiert diesen Kontext. Wenn wir unsere Interessen nicht als *grundlegend* gegensätzlich sähen, würden wir auf Altruismus als Wert gar nicht kommen.

Wir brauchen eine Revolution der Moral.

Statt an den Altruismus zu appellieren, sollten wir zunächst einmal unsere individuellen und kollektiven Interessen ermitteln, besonders die Unterschiede zwischen uns. Und angesichts der Tatsache, daß wir in einer kapitalistischen und in einer patriarchalen, rassistischen Gesellschaft leben, sollten wir Möglichkeiten untersuchen, unseren wirtschaftlichen Austausch aus dem kapitalistischen Wertesystem herauszuhalten. Ich meine damit, wir sollten anfangen, ein neues Konzept lesbischer Ökonomie zu weben.[20] Solange wir uns den bestehenden Werten verpflichtet fühlen und sie als wesentlich für unser Überleben und Wohlergehen wahrnehmen, scheint der Altruismus ein Ideal zu bleiben. Und gleichzeitig wird der Markt ihn weiterhin zu einer Entscheidung der Dummen oder der Untergeordneten machen.

Ich halte es für möglich, eine lesbische Ökonomie unabhängig von den modernen materialistischen Werten zu entwickeln.[21] Mit dem Warenaustausch unter Lesben haben wir damit praktisch schon angefangen. Dieser Austausch gerät allerdings allmählich in das Geflecht der modernen kapitalistischen Werte. Wir brauchen eine Diskussion über ökonomische Faktoren unter Lesben, in der wir sowohl unsere Bedürfnisse untersuchen – besonders das, was wir brauchen, um in dieser Lebensform zu wachsen und uns zu entfalten – als auch unsere Ängste, beispielsweise daß wir ohne Geld dastehen oder in (noch größerer) Armut alt werden. So gesehen, ist Selbsterkenntnis und nicht Altruismus die Voraussetzung für ethisches Verhalten. Ich meine, solche Diskussionen können uns helfen, trotz unserer ökonomischen Unterschiede herrschaftsfrei und ohne Manipulation miteinander umzugehen. Aber wir werden nicht in der Lage sein, eine lesbische Revolution der Ökonomie zu bewirken, wenn wir nicht auch eine lesbische Revolution der Moral entwickeln – ein Gefüge von Werten unter uns, mit denen sich die weibliche Handlungsfähigkeit weiterentwickeln und von der Herrschafts-/Unterordnungsbeziehung des Heteropatriarchats entfernen kann.

Das Prinzip Weiblichkeit

Die Tugenden der Unterwürfigkeit

Wir appellieren an den Altruismus, die Aufopferung und allgemein an die weibliche Tugendhaftigkeit in dem verzweifelten Versuch, in einem von Habgier und Furcht bestimmten System Gnade und Güte zu finden. Diese Werte mögen uns zwar die Möglichkeit ethischen Handelns verkünden – die Möglichkeit von Güte in einer ansonsten gemeinen Welt –, dennoch sind sie aber, wie Mary Daly betont hat, die Tugenden der Unterwürfigkeit.[22]

In der modernen phallokratischen Ethik besteht die Tugend in Gehorsam und Unterwürfigkeit[23], und tugendhaft sind diejenigen, die untergeordnet (verfügbar) bleiben.[24] Die Funktion der phallokratischen Ethik – der Herren/Sklaven-Tugenden – war es, die Herren an der Spitze abzuschirmen und ihnen die Verfügung über die Ressourcen ihrer Untergebenen zu ermöglichen. Der höchste Wert zum Beispiel, der im viktorianischen England einem Bediensteten zugeschrieben wurde, war der einer »loyalen Stütze der Familie«. John Kenneth Galbraith beobachtete folgendes:

> Die angemessene soziale Tugend nennt jedes Verhaltensmuster verdienstvoll [...,] das der Bequemlichkeit und dem Wohlergehen der [...] mächtigeren Mitglieder der Gemeinschaft dient. Unangemessenes Verhalten wird zum abweichenden Verhalten und unterliegt der rechtschaffenen Mißbilligung oder Sanktion der Gemeinschaft.[25]

Wiederum wird deutlich, daß der Altruismus den Menschen mit geringerer institutioneller Macht zugewiesen wird.

Männer haben die weiblichen Tugenden und das daraus entstehende Verständnis weiblicher Handlungsfähigkeit erfunden, um ihre eigenen Interessen durchzusetzen. Zu diesen Tugenden zähle ich auch die 'Verwundbarkeit'. Zwar wird Verwundbarkeit gewöhnlich nicht als Tugend bezeichnet, doch muß eine tugendhafte Frau sich selbst durch einseitige Offenheit, Loyalität und Abhängigkeit verwundbar machen. Denn wenn der Egoismus ein zentrales Interesse ist, das die Möglichkeit ethischen Handelns vereitelt, dann gilt eine, die offen und verwundbar ist und nicht auf ihre eigenen Interessen und Bedürfnisse achtet, als tugendhaft. Altruismus, Aufopferung und Verwundbarkeit – als Tugenden der Unterordnung – haben die Funktion, die Energie und Aufmerksamkeit der Frauen von sich selbst und ihren eigenen Vorhaben abzulenken.

Die moralische Überlegenheit der Frau

Dennoch können wir wegen der Auswirkungen auf das Verhalten der Männer in Versuchung geraten, das Weibliche für wertvoller als das Männliche zu halten. Viele Suffragetten rechtfertigten das Frauenstimmrecht mit der Berufung auf die »moralische Überlegenheit« der Frau. Heute meinen manche Frauen, die weibliche Verwundbarkeit sei ein Gegenmittel gegen die männliche Aggression.

Jeffner Allen sagt in ihrer Beschreibung der Ideologie dessen, was sie 'heterosexuelle Tugend' nennt:

> Frauen werden insgesamt oder teilweise für besser als Männer gehalten, eben weil sie nicht gewalttätig sind. Die weibliche Überlegenheit wird oft mit weiblichen Qualitäten wie Hegen und Pflegen, Einfühlungsvermögen und Interesse an anderen verbunden.[26]

Sie gibt jedoch auch zu bedenken, daß wir die Geschichte des Hegens und Pflegens ignorieren, »bei dem Frauen freimütig geben, nichts zurückerwarten und machtlos bleiben, während sie in unbefriedigenden Beziehungen verharren«. Und sie stellt fest:

> Ebenfalls ausgelöscht wurden Frauen, welche die weiblichen Qualitäten als falsche, restriktive und für das Alltagsleben von Frauen nutzlose Tugenden ablehnten.[27]

Gegenwärtig entwickeln manche Frauen eine Ethik auf der Grundlage von Weiblichkeit. Nel Noddings zum Beispiel hat eine Ethik auf der Grundlage der 'Fürsorge' entwickelt, in der sie an 'das Weibliche' und speziell an die weibliche Empfänglichkeit appelliert. Fürsorge beinhaltet etwas, was sie Inanspruchnahme nennt, sowie Motivationsverschiebung auf seiten derjenigen, die fürsorglich ist, und komplementäres Verhalten bei denen, für die gesorgt wird. Als Fürsorgende haben wir die Realität der anderen zu erfassen – ein begrüßenswerter Kontrast zur phallokratischen Ethik –, aber wir müssen auch unsere aktive Energie in den Dienst der anderen stellen: »Ich werde zum Handeln gedrängt wie für mich selbst, jedoch zugunsten der anderen«.[28] Diejenigen, die diese Fürsorge empfangen, haben ein komplementäres Verhalten zu zeigen, doch das bezieht sich lediglich auf die Anerkennung der Fürsorge – wie ein Baby, das vergnügt strampelt, wenn es gebadet wird. Außerdem kann unser ethisches Selbst *ausschließlich* durch die Fürsorge für andere entstehen.[29] Daher appelliert diese Beschreibung an 'das Weibliche' insofern, als die fürsorgliche Frau in ethischer Hinsicht immer an den anderen und deren Plänen orientiert bleibt.[30]

Carol Gilligan hat darauf hingewiesen, daß Frauen sich in ethischen Fragen eher auf interpersonale Beziehungen konzentrieren, während Männer sich in ihren ethischen Überlegungen an Prinzipien orientieren.[31] Darauf stützt sie ihren Rechtfertigungsversuch für das, was sie als weibliche Tugendhaftigkeit ansieht.

Claudia Card hat eine wichtige Kritik dazu geschrieben, in der sie unter anderem anführt, daß Carol Gilligan die Unterdrückung der Frauen und die daraus resultierende Beschädigung der Frauen nicht berücksichtigt. Ihrer Meinung nach bedeutet die Tatsache, daß Frauen in der Unterdrückung notwendige Überlebenstechniken entwickelt haben, nicht, daß diese Techniken sich letztlich zum Wohl der Frauen auswirken.

Während Carol Gilligan beispielsweise das Bemühen der Frau um Zustimmung als Bemühen um die Erhaltung von Beziehungen wertet, erinnert Claudia Card daran, daß die Zustimmung, die Frauen üblicherweise suchen, die männliche Zustimmung ist, die gewährt wird für »Gehorsam gegenüber den Konventionen, welche die Bindung an Männer, Achtung ihrer Meinungen, Einfühlungsvermögen für sie usw. fordern«. Ein anderes Beispiel: Während Carol Gilligan die sogenannten durchlässigen Egogrenzen von Frauen als das Vermögen zur Bindung umdefiniert, betont Claudia Card, daß nur bestimmte Bindungen angestrebt werden dürfen. Lesbische Beziehungen etwa sind nur zu oft ein Grund für Terror gegenüber Frauen.[32] Gene Damon (Barbara Grier) beispielsweise beginnt ihren Artikel für *Sisterhood is Powerful* so:

> Mach, daß du davonkommst, Leserin, laß diesen Artikel weit hinter dir, denn die meisten von euch sind Frauen, und ihr werdet hier ernsthaft mit Frauenrechten konfrontiert, und ihr werdet Angst bekommen, wenn ihr hört, worum es hier geht.
>
> Ich bin eine von der Gesellschaft Verfluchte, selbst für euch Mutige, denn ich bin eine Lesbe.[33]

Darüber hinaus mögen Frauen wohl mehr Einfühlungsvermögen haben, doch richten sie diese Einfühlung meist auf die Männer ihrer eigenen Ethnie und Klasse, nicht etwa auf Frauen anderer Ethnien und Klassen, und noch nicht einmal auf die Frauen ihrer eigenen Ethnie und Klasse. (Die frühen Radikalfeministinnen nannten dies Männer-Identifikation.)

Claudia Card führt weiter aus, daß die Intimität die Gewalt nicht aus dem Leben der Frauen verbannt hat; statt dessen hat sie »dem Gewalttäter seine Opfer leichter verfügbar gemacht«. Und: »Wenn wir Trennung nicht als Erfolg werten, dann können wir unsere einzige vernünftige Wahlmöglichkeit nur darin sehen, die Qualität schlechter Beziehungen zu verbessern.« Sie fügt hinzu:

> Mit der Tugend der Fürsorge wird wahrscheinlich die unangebrachte Dankbarkeit verwechselt, die Frauen gegenüber Männern empfunden haben, weil diese ihre Mißbrauchsmacht nicht voll ausgenutzt oder weil sie die Frauen – für das Privileg der Dienstleistung im Austausch gegen ihren »Schutz« – ausgewählt haben.[34]

Claudia Card führt aus, daß die unangebrachte Dankbarkeit eine Form der moralischen Beschädigung ist, die Frauen erlitten haben; weitere Beschädigungen sieht sie in den 'weiblichen' Techniken wie Lügen, Schläue, Hinterlist und Manipulation.[35]

Männer und Frauen im Heterosexualismus

Ich möchte noch einen Schritt weiter gehen: Während Männer das 'Weibliche' für ihre eigenen Zwecke erfanden, haben Frauen diese Tugenden als Verteidigung und Widerstand kultiviert und damit Instrumente entwickelt, mit denen sie in Situationen, die weibliche Aufopferung *voraussetzen,* eine gewisse (individuelle und begrenzte) Macht ausüben können. Frauen haben das von ihnen erwartete »Geben« zu einer Überlebenstechnik und zu einer Strategie gemacht, mit der sie in Situationen, in denen ihre Energie und Aufmerksamkeit auf andere konzentriert sind, eine gewisse Macht erlangen können.

Das heißt, Macht kann aus einer untergeordneten Position heraus ausgeübt werden, und im Heterosexualismus haben Frauen die weiblichen Tugenden zu eben diesem Zweck kultiviert und weiterentwickelt. Im Heterosexualismus beruht die weibliche Handlungsfähigkeit auf Manipulation und List – beispielsweise kann eine Frau das bekommen, was sie für sich und ihre Kinder braucht, indem sie einen Mann so beeinflußt, daß er das alles für seine Idee hält.

Ich möchte noch hinzufügen, daß Manipulation, Schläue und Hinterlist keine frauenspezifischen Verhaltensweisen sind. Männer verhalten sich ebenfalls außerordentlich manipulativ und betrügerisch und können beträchtliche Schläue an den Tag legen, wenn es beispielsweise darum geht, ihre Herrschaft über Gleichrangige oder Untergebene nicht offenbar werden zu lassen, oder wenn sie Frauen dazu bringen wollen, sie zu unterstützen. Der Unterschied zwischen Männern und Frauen im Heterosexualismus liegt letztlich darin, wer Herrschaft ausübt – nicht unbedingt darin, wer Macht besitzt.

Herrschaft wird durch Gewalt oder die Androhung von Gewalt aufrechterhalten – was auf lange Sicht heißt, durch Zerstörung oder die Androhung der Zerstörung.[36] Wenn nichts anderes mehr funktioniert, dann zerrütten oder zerstören die Männer das Bestehende. Um sich also von Männern zu unterscheiden, betonen Frauen ihre Gewaltlosigkeit. Im Heterosexualismus werden Manipulation und Macht nicht hinterfragt; hinterfragt wird nur die Androhung von Zerrüttung oder Zerstörung. Frauen wollen, daß Männer sich im Spiel um Manipulation und Macht »fair« verhalten und nicht darauf zurückgreifen, durch Zerstörung immer das letzte Wort zu behalten.

Zwar behaupten viele, es gäbe ein weibliches Prinzip, das als Gegengewicht zur Geltung kommen muß, damit das männliche Prinzip nicht alle Kulturen der Welt durchdringt, doch sie scheinen zu übersehen, daß das Weibliche seinen Ursprung in der männlichen Ideologie hat und diese nicht durchbricht.[37] Außerdem wirkt das Gegengewicht in beide Richtungen. Weil die weibliche Empfänglichkeit keine Unterschiede macht, das heißt, weil sie nicht bewertet oder beurteilt, worauf das Weibliche reagiert, braucht das weibliche Prinzip das männliche, um sich vor fremder Invasion zu schützen.

Auch in der Lesbenszene machen sich viele Lesben ein Weiblichkeitsprinzip zu eigen und glauben, Aufopferung und Verwundbarkeit sowie das romantische Ideal des nährenden und allumfangenden Bemutterns seien wünschenswerte ethische Normen in unseren Beziehungen. Dieser Einstellung will ich den Kampf ansagen.

Selbstsucht und Aufopferung

Selbstsucht und Anpassung

Sehen wir uns zunächst an, wie das Etikett 'selbstsüchtig' gebraucht wird. Diejenigen, die als selbstsüchtig gelten, sind oft die, die den Forderungen anderer nicht entsprechen: Die Frage nach der Selbstsucht ist die Frage, ob eine Person nur an sich selbst denkt. Diese Überlegung mündet oft in die Klage, die als selbstsüchtig erachtete Person leiste durch ihr Handeln keinen Beitrag zu einem sozialen Gefüge wie der Nation, der Familie, der Synagoge oder Kirche, der Firma, dem Nähzirkel oder dem Kollektiv. Wenn eine Person mit der Gruppe konform geht, kann ihr Verhalten bezeichnenderweise sehr wohl als »richtiges« Verhalten, als ethisch gelten, auch wenn sie nur an sich denkt. Andererseits wird eine, die selbstlos handelt und nicht mit der Gruppe konform geht, oft als unmoralisch und unethisch bezeichnet. So kann jemand »selbstsüchtig« und dennoch »gut« sein – und ebenso »selbstlos« und dennoch »schlecht«.

Der entscheidende Faktor für die Beurteilung einer selbstsüchtigen Person ist nicht, ob sie an sich selbst zuerst denkt, sondern ob sie in einer vorgeschriebenen Art und Weise mit der Gruppe (oder einer höheren Ordnung) konform geht.[38] Selbstsucht scheint nicht von primärem Interesse zu sein; die Bezeichnung wird vielmehr als Rechtfertigung gebraucht, um unsere Teilhabe an fremden Zielen künstlich zu steuern.

Aufopferung unter Zwang

Zweitens behauptet die Männerideologie, die wahre Natur der Frau zeige sich in der Aufopferung. Mary Daly definiert 'Aufopferung' als das Abgeben unserer Identität und Energie an Personen oder Institutionen.[39] Dieser ethische Wert veranlaßt eine Frau, nicht mehr ihre eigenen Bedürfnisse und Interessen zu verfolgen, sondern sich den

Bedürfnissen und Interessen anderer zu widmen, gewöhnlich denen ihres Ehemannes und ihrer Kinder.

Aufopferung scheint also im Aufgeben des Eigeninteresses zu bestehen. Doch Frauen haben nur begrenzte Wahlmöglichkeiten: Männer schränken die Wahlmöglichkeiten von Frauen durch gedanklichen, physischen und ökonomischen Zwang ein. Wenn also eine Frau sich selbst verleugnet, sich der männlichen Autorität fügt und gemäß dem Diktat des weiblichen Stereotyps offensichtlich ihre eigenen Interessen denen eines Mannes opfert, so kann sie aber dennoch aus Eigeninteresse handeln, indem sie das tut, was sie um des Überlebens willen für notwendig erachtet.

Marilyn Frye meint mit Bezug auf Kathleen Barrys Analyse der Strategie von Männern zur sexuellen Versklavung von Frauen, daß Frauen, die praktisch unter den Bedingungen sexueller Versklavung leben müssen oder die sich von der anmaßenden männlichen Sichtweise blenden lassen, zwar offensichtlich ihre eigenen Bedürfnisse und Interessen opfern und ihre Ressourcen zur Unterstützung eines Mannes einsetzen, dabei aber nicht selbstlos oder uneigennützig handeln. Die Frauen handelten unter solchen Bedingungen vielmehr bewußt nach ihren eigenen Interessen:

> Die Sklavin, die geschlagene Ehefrau, die nicht so sehr geschlagene Ehefrau, lebt in ständiger Gefahr. Sie ist in einer Situation, in der sie ohne Fürsorge und Schutz des anderen nicht überleben kann oder meint, nicht überleben zu können, und in der ihre Erfahrung sie gelehrt hat, daß der andere sie umbringen oder verlassen kann, wenn sie ihm nicht zu Gefallen ist. [...] Was sie »für den anderen« tut, tut sie daher letztlich viel logischer und nachdrücklicher »für sich selbst«, als es in einer freiwilligen Verbindung möglich wäre.[40]

Die Frau orientiert sich aufgrund des Zwangs, den sie im Patriarchat erlebt, in ihren Entscheidungen am Mann als Mittelpunkt. Auch wenn sie nicht ihren eigenen Plänen nachgeht, so verfolgt sie dabei doch nachhaltig ihr Eigeninteresse.

Außer vielleicht in Extremfällen sexueller Versklavung ergibt sich daraus die Konsequenz, daß eine Frau in einer Situation, in der sie ihre Identität auf die eines Mannes oder eines Kindes verlagern soll, dennoch den Spielraum ihrer Identität kontrollieren kann. Sie hat ihr Selbst nicht geopfert: Durch die altruistische Übernahme fremder Interessen hat sie dieses Selbst übertragen – oder besser gesagt, der Mann hat es sich angemaßt.[41] Sie mag zwar ihre eigenen Interessen und Bedürfnisse zugunsten derer ihres Ehemannes (und in geringerem Maße auch ihrer Kinder) aufgegeben haben, doch verfolgt sie nicht ausschließlich deren Interessen und Bedürfnisse, sondern darin auch ihre eigenen.

Dadurch wiederum entsteht die Double-bind-Situation des Heterosexualismus: Zwar wird von ihr erwartet, sich um die Pläne aller anderen zu kümmern, doch hat sie letztlich keinen Einfluß auf deren Verwirklichung. Auf diese Weise entsteht die nörgelnde Ehefrau oder die aus Märchen bekannte 'böse Stiefmutter'. Mütter können zum Beispiel »stellvertretend« durch ihre Kinder leben, und manche Ehefrauen werden »dominierend«. Und den Müttern, welche die Bedürfnisse und Interessen ihrer Kinder zu engagiert verfolgen, wird vorgeworfen, sie seien nicht passiv genug.

Begrifflichkeit

Drittens scheinen die Begriffe 'Aufopferung', 'Altruismus', 'Selbstsucht' und 'Eigeninteresse' Beschreibungen realer Vorgänge zu sein; der Sinn von Sätzen mit diesen Begriffen hängt jedoch entscheidend davon ab, wie wir sie benutzen. Zum Beispiel kann unabhängig von männlichem Zwang der Begriff 'Eigeninteresse' so gesehen werden, daß praktisch jede Handlung, selbst ein Akt des Altruismus oder der Aufopferung, ein Eigeninteresse anzeigt. Eine Frau, die sich »aufopfert«, fühlt sich vielleicht besser, wenn sie sich darauf konzentriert, was sie für andere tun kann, als wenn sie ihre eigenen Bedürfnisse herausfinden muß; daher entscheidet sie sich vielleicht aus Eigeninteresse für dieses Verhalten.

Wir können sogar argumentieren, 'Aufopferung' – Handeln im Sinne fremder Interessen unter Ausschluß unserer eigenen – bedeute die Weigerung, Risiken zu tragen, bzw. zeige sogar Selbstsucht an. Denn wenn ich meine eigenen Interessen fallenlasse, kann ich durch die Entscheidungen anderer leben und zum Beispiel die Früchte ihrer Macht ernten, wenn sie erfolgreich sind, brauche aber für ihr Versagen keine Verantwortung zu übernehmen. Daher verhalte ich mich selbstsüchtig, wenn ich selbst kein Risiko eingehe.

Wenn ich mich aufopfere, überlasse ich es außerdem anderen, für mich zu sorgen. Vielleicht falle ich anderen zur Last (und bin dann selbstsüchtig rücksichtslos ihnen gegenüber); oder, falls niemand diese Last tragen will, werde ich nutzlos für den, dem ich mich aufgeopfert habe, und daher wiederum selbstsüchtig. Wir könnten noch weiter mit diesen Begriffen spielen und zu allen möglichen interessanten Ergebnissen kommen; nur geht bei solchen Ausflüchten verloren, daß wir ja unsere eigenen Bedürfnisse und Grenzen bedenken wollten.

Viertens lassen sich unsere Interaktionen mit dieser Dichotomie selbstsüchtig/selbstlos (oder Egoismus/Altruismus) nicht erfassen. Oft sehen wir zwischen unseren Interessen und den Interessen von anderen gar keinen Widerspruch.[42] Die Sorge für uns selbst impliziert nicht unbedingt eine Vernachlässigung fremder Bedürfnisse. Wenn wir krank sind und zu einer Heilerin gehen, wenn wir harte Arbeit für unsere Projekte leisten, wenn wir uns duschen und baden, handeln wir in Eigeninteresse, aber nicht selbstsüchtig.[43] Andererseits bedeutet es keine Vernachlässigung der eigenen Bedürfnisse, wenn wir anderen etwas Gutes tun. Wenn ich dir helfen will, ein Gestell für deinen Futon zu bauen, muß ich meine Arbeit unterbrechen. Aber wenn ich dies mit dir gemeinsam tue, heißt das nicht, daß ich meine eigenen Bedürfnisse oder Interessen vernachlässige. Vielleicht ist die Zusammenarbeit mit dir genau das, was ich in dem Moment brauche.

Fünftens: Wenn ich den Begriff 'Aufopferung' in Frage stelle, will ich damit nicht sagen, daß die Art »selbstsüchtigen« Verhaltens, deren Heilmittel die Aufopferung sein soll, unter Lesben nicht vorkäme. Manche Lesbe handelt vielleicht ständig so, als ob ihre Gefühle die einzigen wären und sie das Recht hätte, alles andere zu unterbrechen und Aufmerksamkeit für sich zu fordern (derartige Strategien sind zahlreich und vielfältig). Das stellt zwar ein Problem dar, doch liegt die Lösung nicht darin, nach Aufopferung zu rufen. Wenn eine Lesbe sich so verhält, hat das oft den Grund, daß sie in der Beziehung zu anderen ein schwaches Selbstwertgefühl hat und sich bedroht fühlt; der Ruf nach Aufopferung würde das Problem nur noch verstärken.

Egozentrik

Egozentrik ist die Wahrnehmung, daß die Welt sich allein um uns dreht. Es ist wichtig, ein gesundes Selbstwertgefühl zu haben, auf uns selbst bezogen und in Beziehung zu anderen. Egozentrik ist jedoch die Ansicht, die Menschen um uns herum hätten keine Beziehungen, Bedürfnisse, Verpflichtungen oder keine Identität außer in bezug auf uns. Egozentrik bedeutet, andere nur im Verhältnis zu uns wahrzunehmen und zu beurteilen, und verwechselt damit unsere Bedürfnisse, Reaktionen und Entscheidungen mit denen der anderen. Egozentrik ist eine Form von »Selbstsucht«, weil sie die Rücksicht auf andere vermissen läßt – sie ist mangelndes Bewußtsein darüber, daß die anderen anders und von uns getrennt sind und Bedürfnisse haben, die sich von unseren unterscheiden. (Marilyn Frye hat dieses Phänomen als den »anmaßenden Blick« männlicher Wahrnehmung beschrieben.[44])

Eigentlich gibt es mindestens zwei Versionen von Egozentrik. In der einen Form stärken wir unseren Selbstwert durch die Aufmerksamkeit von anderen: Wir machen unser

Ego von den Reaktionen der anderen abhängig, und wenn die anderen sich anders verhalten, als wir erwartet haben, glauben wir, dies hätte mit uns zu tun und zeige, wie wenig wir wert sind. Wir sagen zum Beispiel einer anderen, wir seien dann und dann an dem und dem Ort, und nehmen an, sie würde dorthin kommen, fragen sie aber nicht direkt, sondern verlassen uns auf eine Zusage, die gar nicht gegeben wurde. Wenn sie nicht auftaucht, ist das für uns ein Verrat – ohne Rücksicht auf ihre Entscheidung, die vielleicht gar nichts mit uns zu tun hat. Die Tatsache, daß ihre Entscheidungen gar nichts mit uns zu tun haben, gehört sogar mit zu dem Problem – sie zeigt, daß wir nicht wichtig waren. Damit benutzen wir andere, um uns einen Wert zuzumessen, wenn wir dazu selbst nicht in der Lage waren.

In der zweiten Form gründen wir unseren Selbstwert auf eine selbsterfundene Vorstellung von der Welt und speziell unserer unmittelbaren Umgebung. Dann beurteilen wir das, was die anderen tun, danach, wie sie sich in dieses Konstrukt einfügen. Zum Beispiel planen wir eine Veranstaltung »für andere« und erwarten, daß diese sich so verhalten und so dazu beitragen, wie wir es festgelegt haben. Wenn die anderen sich nicht danach richten, haben sie uns verraten. In diesem Fall schließen wir nicht wie im ersten Beispiel aus ihrem Verhalten auf uns zurück, sondern messen ihnen nur dann einen Wert bei, wenn sie sich in unser System einfügen.

Wenn die anderen sich nicht an die Spielregeln halten, nach denen wir unsere Realität konstruiert haben, werden wir im allgemeinen ihre Handlungen so uminterpretieren, daß sie in unseren Spielplan passen. Damit gestehen wir den anderen keine eigenen Reaktionen und Gründe zu. Statt über unsere unterschiedlichen Sichtweisen zu sprechen und zu hören, was alle Beteiligten dazu sagen, gehen wir dem aus dem Wege und konstruieren uns selbst Gründe für die Reaktionen der anderen. Das kann nur ein verzerrtes Bild ergeben, denn auch wenn wir durch Interaktion Werte schaffen, so sind wir doch nicht die einzigen, die zu dieser Situation beitragen; wir sind nicht die einzigen Mitspielerinnen.

In der Gemeinschaft stellen wir oft die Aufopferung als Tugend und als geeignetes Gegenmittel gegen egozentrisches Verhalten hin. Durch Aufopferung jedoch läßt sich das Problem nicht lösen, denn Egozentrik beinhaltet eine Unklarheit der Bedürfnisse, die der Unklarheit der Bedürfnisse in der Aufopferung ähnelt: Meine Wahrnehmung meiner Interessen vermischt sich so sehr mit meiner Wahrnehmung der anderen, daß alles, was mit den anderen zu tun hat, sich auf mich bezieht, und umgekehrt.

Der Unterschied besteht darin, daß wir im Falle der Aufopferung kein deutliches Selbstgefühl mehr und im Falle der Egozentrik kein deutliches Gefühl für die anderen mehr haben. Wenn wir also nach Aufopferung als Mittel gegen Selbstsucht rufen, dann geben wir damit nur dem zugrundeliegenden Problem der Egogrenzen neue Nahrung: die Lösung verstärkt das Problem.

Aufopferung hilft nicht

Sechstens ist die Aufopferung einer anderen nicht besonders hilfreich, wenn wir unsere Ziele verfolgen. Gelegentlich witzeln manche von uns, sie hätten gern eine Ehefrau. Doch wenn ich überlege, was mich in der Weiterentwicklung meiner Arbeit am meisten fördert, dann sehe ich, daß es *nicht* die Frauen in meiner Umgebung sind, die ihre Ziele zugunsten der meinen aufgeben. Am meisten hilft es mir, wenn die anderen mit Energie und Engagement *ihre* Ziele verfolgen – ihre Musik, ihr Schreiben, ihre Fotografie, ihre Töpferei, ihre Verlagsarbeit, ihre Arbeit in Kollektiven und Organisationen –, Arbeit, mit der sie sich als Lesben ihren Sinnzusammenhang schaffen – Arbeit, die damit zu unserem lesbischen In-der-Welt-Sein beiträgt. Sicher will ich Ermutigung und Kritik erfahren – einen Ideenaustausch, von dem beide Seiten profitieren. Ich brauche und will Aufmerksamkeit; die bekomme ich aber von denen, die aktiv ihre eigenen Ziele verfolgen, an deren Ideen ich mich reibe und umgekehrt und die durch diesen Austausch mich anregen und selbst angeregt werden. Ziele zu verfolgen, hat weder mit Aufopferung noch mit Selbstsucht etwas zu tun. Es bedeutet, ein Netz lesbischer Werte zu knüpfen, um diesem Leben einen Sinn zu geben.

Manche mögen einwenden, Aufopferung sei in bestimmten politischen Situationen wichtig; unter bestimmten Umständen sei es machbar und akzeptabel, uns für den feministischen oder lesbischen Kampf aufzuopfern. Doch Aufopferung in politischen Projekten bewirkt, daß die Energie der Lesben sich erschöpft, besonders wenn das Projekt sich nicht so oder nicht so schnell entwickelt, wie sie es sich vorgestellt hatten. Dieses Ausbrennen wiederum führt zum teilweisen oder sogar vollständigen Rückzug aus der lesbischen Gemeinschaft. Wenn eine Lesbe sich einem Projekt so intensiv widmet, daß ihre Identität mit diesem Projekt eins wird, sie nur noch dafür lebt und ihre eigenen Bedürfnisse und Grenzen nicht mehr einschätzen kann, dann kann sie sich irgendwann nicht mehr abgrenzen, und es wirft sie um, wenn die Dinge sich nicht genau so entwickeln – und zwar sofort – wie sie es will. Vielleicht arbeitet sie wie eine Wilde, als läge die Verantwortung für die gesamte Situation auf ihren Schultern – bis es einen Knacks gibt und sie abschaltet, nicht mehr reagieren kann. Aufopferung ist untauglich zum Engagement.

Wenn wir uns in der politischen Arbeit, in Projekten oder Beziehungen engagieren, so brauchen wir nicht zu befürchten, daß uns dies von unseren Alltagsinteressen abbringt, weil es mit unseren persönlichen Zielen in Widerspruch steht und daher ein Opfer bedeutet. Es hat auch keinen Sinn zu glauben, zu einem wirklichen Kampf gehörten eben Opfer. Statt dessen können wir unsere Arbeit als Verwirklichung unserer Bedürfnisse und Interessen sehen, als etwas, was wir im Heteropatriarchat zum Leben brauchen, als Möglichkeit, unserem Leben einen Sinn zu geben. Wir haben die Wahl, wo wir unsere Energie einsetzen, und dann verstehen wir unsere Begeisterung für das Projekt, schätzen wir unsere Fähigkeiten und Bedürfnisse ein, kennen wir unsere Grenzen, überlegen, an welchem Punkt die Arbeit nicht mehr sinnvoll für uns ist. So treffen wir Entscheidungen, tragen Risiken, machen Fehler, überprüfen im Laufe der Entwicklungen unser Engagement, aber wir verlieren uns nicht so leicht in Aufopferung und Erschöpfung. (Die Voraussetzung für diesen Prozeß ist Selbsterkenntnis.)

Entscheiden ist etwas Kreatives

Schließlich neigen wir dazu, die Entscheidung zum Handeln als Opfer zu betrachten. Ich schlage statt dessen vor, die Entscheidung zum Handeln als etwas Kreatives zu sehen. Nach dem Denkschema des Heterosexualismus glauben wir, wir opferten etwas, wenn wir einander helfen. Wir betrachten es vielleicht als Opfer, wenn wir einer Freundin helfen, ihren Vergaser zu reparieren, ihr einen Abend lang zuhören, wenn sie Sorgen hat, statt zu einer Party zu gehen, oder ihr beim Umzug helfen. Diese Tätigkeiten bedeuten aber nicht unbedingt eine Aufopferung, sondern vielmehr eine Entscheidung zwischen zwei oder mehr Dingen, die wir tun könnten, und für diese Entscheidung haben wir Gründe. Wir müssen oft Entscheidungen treffen. Aber das allein ist noch keine Aufopferung.

Sicher kann eine Lesbe sich manchmal gegen das Projekt einer anderen wenden und die andere zwingen, sich zwischen ihr und dem Projekt zu entscheiden, um damit einen »Beweis« für die Liebe der anderen zu bekommen. Auch kann es vorkommen, daß eine Lesbe so sehr von einer Freundin abhängig wird, daß diese in dem Versuch, die Bedürfnisse der anderen zu erfüllen, schließlich ihre eigenen Ziele vernachlässigen muß. (An diesem Punkt wird die Freundin vermutlich anfangen, die Entscheidungen der Lesbe bestimmen zu wollen.) Im allgemeinen jedoch ist es keine Aufopferung, anderen zu helfen.

Es gibt noch eine andere Herangehensweise: unsere Entscheidungen gegenüber anderen als Teil unseres Engagements zu betrachten. Diese Entscheidungen sind eine Frage der Priorität und kein Opfer. Daß ich mich um bestimmte Dinge kümmere und um andere nicht, daß ich mich auf das eine und nicht auf das andere konzentriere, gehört zu meiner Art, Werte zu schaffen. Ich bin kreativ: Ich entwickle lesbische Werte.

Wenn ich mich in lesbischen Lebenszusammenhängen engagiere, treffe ich Entscheidungen – diese Beziehung einzugehen, an jenem Projekt mitzuarbeiten, mich jetzt zurückzuziehen, jetzt zu träumen. Jeden Tag treffe ich Entscheidungen; einmal entscheide ich mich, einer anderen zu helfen, und einmal nicht. Mit der Entscheidung, einer anderen zu helfen, opfere ich mich aber nicht auf, sondern setze mich ein. Sobald wir den Umgang mit anderen als Opfer und nicht als Engagement betrachten, wird es Zeit, die Beziehung zu überdenken.

Wenn wir uns entscheiden, uns hier und nicht dort zu engagieren, brauchen wir uns auch nicht als den aufopfernden oder Kompromisse schließenden Teil zu betrachten. Im Umgang miteinander verfolgen wir bestimmte Interessen. Wir können auch noch weitere Interessen haben und wählen, welche wir entwickeln wollen, und uns für manche auch anderswo einsetzen. Bei jeder Tätigkeit entsteht das, was möglich ist, nur als Ergebnis der Beziehung zwischen den Beteiligten – aus dem, was jede einzelne einbringt, und aus dessen Zusammenwirken. Wenn wir uns entscheiden, uns einzubringen, heißt das nicht, daß wir Kompromisse schließen oder verlieren, sondern, daß wir uns auf eine Abenteuerreise begeben.

Das, wofür wir uns entscheiden, ist das, was wir aufbauen wollen. Vielleicht ändern wir auch unsere Meinung – finden, daß nicht das herausgekommen ist, was wir zu erarbeiten glaubten; daß es zwar herausgekommen ist, uns aber nicht gefällt; daß es zwar das ist, was wir wollten, wir uns aber inzwischen lieber mit etwas Neuem beschäftigen würden; daß es sich mit der Zeit sehr verändert hat und wir es sein lassen wollen. Aber das ist eben kein Opfer. Denn ebenso wie wir uns verändern, ändert sich auch das, was einmal existent war; wenn wir es zurücklassen, lassen wir nicht das zurück, was wir ursprünglich geschaffen hatten, sondern etwas anderes. Daher ist auch unsere Entscheidung, uns etwas Neuem zuzuwenden, kein Opfer.

Es geistert die Idee herum, wir opferten etwas, wenn wir nicht alles tun, wenn wir uns für einiges entscheiden und anderes lassen müssen. Vor dem Hintergrund der anglo-europäischen Philosophie und der US-imperialistischen Ideologie neigen speziell US-amerikanische Lesben zu der Annahme, uns stünde die ganze Welt offen, alles sei potentiell zu unserer Verfügung (oder sollte es sein), so daß wir es als Opfer oder als Verlust empfinden, wenn wir uns zwischen zwei oder mehr Möglichkeiten entscheiden müssen. Aber uns steht nicht alles zur Verfügung, nicht einmal potentiell. Praktisch gehört uns nichts von dem, was da draußen existiert. Deshalb verlieren wir auch nichts, wenn wir handeln, uns engagieren, Entscheidungen treffen, sondern schaffen etwas: eine Beziehung, einen Wert. Wenn wir die Lesbengemeinschaft zu unserem Mittelpunkt machen und dort unsere Geschichte, unsere Interessen, Fähigkeiten und Wünsche einbringen, schaffen wir einen lesbischen Sinnzusammenhang.

Was hier als Lesbengemeinschaft existiert, ist nicht irgendein vorgegebenes Phänomen, das wir uns ausgesucht haben, sondern das Ergebnis dessen, was wir selbst schaffen. Und das gilt für alle unsere Beziehungen. Die Entscheidung, uns hier und nicht dort zu engagieren, ist also kein Opfern dessen, was »draußen« existiert; sie bedeutet, etwas zu schaffen, was es zuvor nicht gab. Ich behaupte, daß die Neubewertung von Entscheidungen ein zentraler Faktor der lesbischen Ethik ist.

Auch wenn wir Entscheiden als etwas Kreatives und nicht als Opfer sehen, so werden dennoch Situationen unter uns entstehen, die schwierige Entscheidungen erfordern. Wir können jedoch unsere Entscheidungsfähigkeit als Kraftquelle und Gestaltungsmacht sehen, nicht als Ursache für Opfer oder Kompromisse. Durch Neubewertung von Entscheidungen können wir die weibliche Handlungsfähigkeit neu bewerten: Sie ist dann nicht länger eine Frage von Opfer und Manipulation, sondern ein Prozeß des Engagements und der Kreativität. (Und die Voraussetzung dafür ist Selbsterkenntnis.)

Wenn wir Entscheiden als etwas Kreatives und nicht als Opfer begreifen, können wir auch unsere typisch »altruistischen« Entscheidungen besser verstehen. Wir fühlen uns oft gedrängt, anderen zu helfen. Das ist ein Grund dafür, daß viele sich zum Heilen, Unterrichten, zu ehrenamtlicher Arbeit im Frauenhaus, zur therapeutischen Arbeit, zur Arbeit in Lesbenzentren, politischen Kampagnen und allen möglichen Arten politischer Arbeit hingezogen fühlen oder nach Nicaragua gehen wollen. Bei solchen Tätigkeiten haben wir das Gefühl, etwas Neues zu schaffen, an etwas teilzuhaben, uns zu engagieren und Dinge zu verändern.

Mütterlichkeit als Aufgabe der Frau

Dabei besteht jedoch weiterhin die Gefahr, daß Entscheiden und Engagement für uns bedeuten, »unsere Identität an Personen oder Institutionen abzugeben« oder sogar »wie für mich selbst, dabei aber für die anderen zu handeln«. Bei Entscheidungen und Engagement sind wir zugleich getrennt und aufeinander bezogen. Im Heteropatriarchat laufen Engagement und Kreativität von Frauen auf Mütterlichkeit hinaus. Die Mütterlichkeit, in der sich die weiblichen Tugenden vielleicht am deutlichsten vereinigen, ist selbst eine weibliche Tugend. Und mit erneutem Appell an das 'Weibliche' sehen wir die 'Mütterlichkeit' leicht zu romantisch als Aufgabe der Frau und als bedingungslose Liebe, als selbstloses Beschützen und Nähren alles Lebendigen.

Zunächst einmal ist Mütterlichkeit nur dann die *Aufgabe* der Frau, wenn wir die Werte des Heterosexualismus zugrundelegen. Die Kirchenväter (allen voran Thomas von Aquin) und Staatsväter (wie Hitler und Mussolini) behaupten, das Gebären und Aufziehen von Kindern sei Aufgabe der Frau. Daraus schließen sie, Frauen müßten Kinder gebären und aufziehen. Sicherlich ist es wahr, daß manche Frauen Kinder geboren und aufgezogen haben, viele Frauen haben diese Fähigkeit. Dennoch können wir nicht den Schluß ziehen, daß etwas, wozu eine Frau fähig ist, auch ihre Aufgabe ist oder sie es tun müßte – außer wenn wir postulieren, Frauen müßten alles tun, wozu sie fähig sind. Nun, Frauen haben viele Fähigkeiten, und konkret tun sie auch vieles – prügelnde Ehemänner umbringen beispielsweise oder die Vergewaltigung ihrer Töchter rächen. Die Väter des Christentums wollen jedoch keineswegs dafür plädieren, daß Frauen alles tun sollten, wozu sie fähig sind; zu diesem Postulat sind sie nicht bereit. Was also als Tatsachenfeststellung über die Aufgabe der Frau daherkommt, ist eigentlich eine verkappte Wertaussage, in der Männer eines der vielen Dinge, die Frauen tun, herausgefischt und beschlossen haben, *dies* zur Aufgabe der Frau zu erklären.[45]

Wenn ich eines aussuchen und zur Aufgabe der Frau in der heutigen Zeit erklären sollte, so würde ich das Leben als Amazone nennen. Manche Frauen haben sich dafür entschieden, und viele Frauen besitzen die Fähigkeit dazu. Und nach meiner Auffassung ist es viel notwendiger als Mütterlichkeit. Manche mögen sich zwar auf die Mütterlichkeit konzentrieren, aber die große Mehrheit würde dem Ruf zu einem Amazonenleben folgen. Durch ein Leben als Amazone würden sie außerdem auch noch das gewinnen, was sie mit der Mütterlichkeit erreichen wollten – eine gute Atmosphäre für Kinder, Selbstachtung bei den Mädchen, Fürsorge, Raum zum Wachsen und Gedeihen.

Andere Patriarchatsväter, die Wissenschaftsväter, behaupten, es sei Aufgabe der Frau,

Kinder zu gebären und aufzuziehen, weil ihrer Auffassung nach die Spezies sonst nicht überleben würde.[46] Aus diesem Grund nehmen sie die Frauen, die nicht gebären können oder wollen, als »anormale« Frauen ins Visier. Angesichts der Bevölkerungsrate können wir daraus nur schließen, daß es diesen Vätern eigentlich darum geht, die Herrschaft ihrer ethnischen Gruppe (was sie mit dem Überleben gleichsetzen) und – um es genau zu sagen – ihrer Klasse zu erhalten. Denn gleichzeitig führen weiße Männer Zwangssterilisationsprogramme für farbige Frauen durch. Marilyn Frye schreibt:

> In allen weißen oder überwiegend weißen Gemeinschaften, in denen ich gelebt und gearbeitet habe, begegneten wir in der Diskussion über Feminismus und lesbischen Feminismus immer dem Argument, wenn es nach uns ginge, dann würde die Spezies aussterben. (Unsere Kritiker gehen dabei davon aus, wenn Frauen wählen könnten, hätten sie niemals Geschlechtsverkehr und würden niemals Kinder gebären. Das sagt sehr viel darüber aus, wie die Kritiker selbst die Freuden von Sex, Schwangerschaft, Gebären und Mutterschaft einstufen.) Sie behaupten, die Spezies würde aussterben. Ich habe jedoch den Verdacht, daß die Kritiker die menschliche Spezies mit den Weißen verwechseln. [...] Im Klartext heißt das doch, die Weißen könnten aussterben. Die Forderung, weiße Frauen sollten weiße Kinder gebären, um die Ethnie am Leben zu erhalten, wurde jedoch nicht offen gestellt [... Wir weißen] Frauen haben unsere Verbindung mit diesen Männern immer unter dem Blickwinkel von Geschlecht, Sexismus und männlicher Herrschaft interpretiert. Wir müssen aber auch ihren Wunsch nach rassistischer Herrschaft einkalkulieren.[47]

Männer betonen immer dann die Gebärfunktion der Frauen, wenn sie Kanonenfutter brauchen oder mehr Arbeitslose, mit deren Hilfe sie die Löhne niedrig halten und die Arbeitskraft ausbeuten können. Vielleicht finden die Frauen heraus, daß die Spezies nur dann überlebt, wenn Frauen sich weigern, Kinder zu gebären und aufzuziehen, vor allem unter dem Gebärzwang, den die Männer ausüben.

Sicherlich hängt, wie Sally Gearhart überzeugend argumentiert[48], das Überleben der Spezies davon ab, daß die Frauen die Anzahl ihrer männlichen Kinder drastisch reduzieren.[49]

Die Vorstellung, das Bemuttern sei die Aufgabe der Frau, taucht auch in der Frauenspiritualität auf, die sich nur zu gern auf das 'Weibliche' beruft. In der Frauenspiritualität wird Mütterlichkeit als nährende Funktion und als Ideal für alle Frauen übernommen.[50] Für viele ist Mütterlichkeit das Paradigma für die Kreativität und Macht von Frauen, ob nun in Form des Kinderversorgens (Jungen oder Mädchen oder Männer) oder indem sie die Welt retten und die Stützpfeiler der Zivilisation bilden.[51] Eine Autorin schreibt:

> Die Macht der Frauen ist die Macht, Leben zu schenken, ob wir nun Kinder gebären oder Ideen. Unsere Macht ist die Macht des Versorgens, des Nährens, der Fürsorge und des Schutzes alles Lebendigen.[52]

Die Vorstellung, alle Frauen seien in irgendeiner Form Mütter oder sollten es werden, wird hier nicht nur nicht in Frage gestellt, sondern sogar noch unterstützt.

Mütterlichkeit versus Amazonenleben

Zunächst einmal besteht die konkrete Mutterschaft nicht einfach aus dem Schützen und Nähren alles Lebendigen. Die Entscheidung, Kinder aufzuziehen, ist die Entscheidung, in den Lebensweg von jemand oder etwas anderem einzugreifen (ob mit dessen Zustimmung oder nicht). Die Entscheidung zur Mutterschaft ist auch eine Entscheidung, sich wenn nötig gegen andere zu schützen. Dazu kann die Entscheidung gehören, destruktive Kräfte zu vernichten, seien es Bakterien oder prügelnde Männer; eine Mutter muß eventuell wie andere Menschen auch töten, um zu überleben. Mütterlichkeit kann auch die Entscheidung beinhalten, kein Kind auf die Welt zu bringen, solange die Gesellschaft es einer Lesbe verwehrt, sich ihre Art von Mutterschaft zu wählen.[53] Die Entscheidung für Mütterlichkeit kann sogar die Entscheidung für Abtreibung bedeuten.

Ich meine, Mütter können sowohl die Macht (Förderung) des Lebens als auch die Macht (Förderung) des Todes beanspruchen. Viele Feministinnen versuchen beispielsweise, die enorme Bedeutung der Entscheidung über eine Abtreibung mit den Argumenten herunterzuspielen, eine Zygote sei nichts als ein Zellklumpen oder ein Fötus sei zwar potentiell eine Person, die Entscheidung darüber aber moralisch nicht relevant. Ich halte das für einen Irrtum. Die Entscheidung, einen Fötus abzutreiben, *ist* moralisch relevant. Um die Entscheidung zu legitimieren, brauchen wir ihre moralische Bedeutung nicht zu leugnen. Eine Mutter, die diese Entscheidung trifft, ist eine moralisch Handelnde und trifft eine Entscheidung über das, was möglich ist.

Mutterschaft ist eine Möglichkeit, eine Fähigkeit anzunehmen und zu entwickeln, um in diesem Leben etwas zu verändern; durch Entscheiden entsteht Lebensqualität. Als solche beinhaltet sie nicht immer den Schutz des Lebendigen, und die dabei wirksame Energie ist auch nicht immer eine nährende Energie. Was noch wichtiger ist: Wir müssen den Begriff Mutterschaft in seiner im Heteropatriarchat institutionalisierten Form in Frage stellen.[54]

Mutterschaft reproduziert das Patriarchat und dient den Männern, stellt Jeffner Allen fest.[55] Und wie Monique Wittig und Sande Zeig bemerken, sind die Mütter von den Amazonen getrennt und andersartig. »Dann kam eine Zeit, in der einige Töchter und einige Mütter nicht mehr im Erdengarten umherstreifen mochten. Sie blieben in den Städten, und die meiste Zeit über schauten sie zu, wie ihre Bäuche wuchsen. [...] Das ging so weit, daß sie sich schließlich für gar nichts anderes mehr interessierten«.[56] Manche Lesben, die der Bewegung den Rücken gekehrt hatten, haben die Mutterschaft als Alternative entdeckt, vermutlich um auf die nächste Generation Einfluß zu nehmen. Außerdem, so Baba Copper, »kann Hetero-Mutterschaft aus dem Heterosexualismus der weiblichen Sozialisation zur Unterwerfung nicht ausbrechen«. Sie meint, nur durch das »kollektive Aufziehen von Kindern unter Lesben können Töchter aufwachsen, die zur Bindung an Frauen fähig sind«.[57]

In vielen Lesbengemeinschaften gibt es Ressentiments zwischen den Lesben mit Kindern und den Lesben ohne Kinder, und beide Gruppen fühlen sich durch die andere Gruppe nicht unterstützt. Wenn wir das Gebären und Aufziehen von Kindern nur als eine der vielen Möglichkeiten betrachten, die uns offenstehen, dann ließen sich die Probleme meiner Meinung nach leichter bewältigen. Wir könnten dann erkennen, daß manche Lesben einfach gut mit Kindern umgehen können und sie mögen und andere nicht. Und wir könnten erkennen, daß Lesben, auch die mit Kindern, noch andere gleich wichtige Pläne haben. Es ist sehr viel Verständigung nötig und sehr viel Neubewertung. Reden löst die Spannungen jedoch erst dann, wenn wir uns von der Vorstellung trennen, Mutterschaft sei die Bestimmung und Erfüllung der Frau. Dann kann das kollektive Aufziehen von Kindern unter Lesben vielleicht eine wirkliche Chance werden – und damit meine ich nicht, daß sich die Kinderversorgung verbessern sollte, sondern daß die Kinder eine eigene Gruppe bilden und die Lesben, die Lust dazu haben, sich abwechselnd mit ihnen beschäftigen. Vielleicht werden dann die, die sich Mütter nennen, wieder mit den Amazonen ziehen.

Baba Copper schlägt vor, Lesben sollten eine Kosmologie entwickeln, um einem weiblichen Kind zu erklären, wie es sich ohne Herrschaft und Unterordnung von anderen unterscheiden und sich mit ihnen identifizieren kann: »Dies sollte uns gelingen, ohne daß wir diese Töchter in ihrer kindlichen Abhängigkeit in mütterlicher Weise dominieren, und ohne Aufopferung der lesbischen Mütter und Beteiligten«.[58] Mag sein, daß wir dann den Begriff 'Mutter' ebenso fallenlassen wie die Begriffe 'Frau' und 'weiblich'. Noch einmal möchte ich betonen, daß das Amazonenleben für Mädchen und andere eine bessere Erfahrung ist als die Mütterlichkeit.

Bedingungslose Liebe

Das Ideal der 'Mütterlichkeit' stützt sich auf die 'bedingungslose Liebe'. Daher müssen wir uns fragen, ob wir ein Ideal bedingungslosen Öffnens und Gebens wollen. Die schwarze Mammy stellt vielleicht das Paradigma der bedingungslosen Liebe dar, wie Bell Hooks schreibt:

> Ihre größte Tugend war natürlich ihre Liebe zu den weißen Leuten, denen sie bereitwillig und ergeben diente. Das Bild der Mammy wurde von Weißen sehr gefühlvoll gezeichnet, denn es drückte die sexistisch-rassistische Vision des schwarzen Weiblichkeitsideals am klarsten aus – vollständige Unterordnung unter den Willen der Weißen. Gewissermaßen schufen die Weißen mit dem Bild der Mammy eine schwarze Frau, die nur die Eigenschaften verkörperte, welche die Kolonisatoren ausbeuten wollten. Sie sahen sie als die Verkörperung der Frau als passive Nährerin, eine Mutterfigur, die gab, ohne eine Gegenleistung zu erwarten, die nicht nur ihre Unterlegenheit gegenüber den Weißen anerkannte, sondern sie auch noch liebte. So wie die Mammy von den Weißen beschrieben wurde, stellte sie keine Bedrohung für die bestehende weiße patriarchalische Gesellschaftsordnung dar, da sie sich vollkommen dem weißen rassistischen Regime unterordnete. In Fernsehsendungen von heute werden immer noch schwarze Mammy-Figuren als Prototypen der akzeptablen schwarzen Frau gezeigt.[59]

Sicherlich sind wir als Lesben in Versuchung, ein Ideal 'bedingungsloser Liebe' zu übernehmen, denn wir leben in einer Gesellschaft, deren Mitglieder, einschließlich unserer leiblichen Familie, sich von uns abwenden sollen, wenn sie entdecken, wer wir sind – daß wir lesbisch sind. Wenn wir uns darauf verlassen können, daß jemand uns 'bedingungslos' liebt, finden wir wenigstens etwas Zuwendung und Zuneigung in einer ansonsten feindlichen und gefährlichen Umwelt. Das Ideal der bedingungslosen Liebe besagt, daß wir geliebt werden können, auch wenn wir noch so »verderbt« sind. In der Unterdrückung ein solches Ideal zu haben, heißt also, das Urteil anzunehmen, daß wir »verderbt« sind oder sein könnten.

Wenn Zuwendung und Zuneigung außerdem wirklich bedingungslos wären, so wären sie amorph und unterschiedslos. Und das hat mit Zuwendung und Zuneigung eben nichts zu tun. Wir neigen zu einer romantischen Vorstellung von bedingungslosem Geben oder Öffnen oder Lieben, die letztlich unrealistisch ist und eine Beziehung nur verzerrt. Bedingungslose Liebe ist wie unbestimmte Wahrnehmung – beispielsweise sehen ohne Licht oder Farbe.[60] Es gibt immer etwas, was die Wahrnehmung bestimmt: erst dadurch nehmen wir überhaupt etwas wahr. Das Was und Wie unserer Wahrnehmung richtet sich nach diesen Bedingungen.

Ebenso gibt es immer Bedingungen des Liebens, auch wenn ich damit nicht sagen will, daß diese Bedingungen die Kriterien darstellen, nach denen wir lieben. Sie sind eher die Mittel, mit denen wir lieben. So wird unsere Aufmerksamkeit auf etwas Besonderes gerichtet, und das Besondere zieht unsere Zuwendung auf sich (es ist ja kein Zufall, daß wir gerade Lesben lieben).

Noch entscheidender ist, was Baba Copper sagt: Das nur in einer Richtung geltende Ideal der Mütterlichkeit untergräbt die gegenseitige Interaktion zwischen Müttern und Töchtern und fördert damit Inkompetenz und Altersfeindlichkeit unter uns.[61] Zu der These von Barbara Macdonald, Kinder und Ehemann verbündeten sich zur Ausbeutung der Mutter und trügen damit zum Entstehen von altersfeindlichen Reaktionen gegenüber älteren Frauen bei[62], beschreibt Baba Copper ihre eigenen Erfahrungen:

> Die Kinder lernten, die Privilegien ihres Vaters zu übernehmen, und er wiederum verwandelte sich in ein Kind – selbstverständlich passiv und verantwortungslos. [...] Meine älteren Töchter erlebten nie eine Gegenseitigkeit der Versorgungsfunktion. Ihr Weltverständnis sah so aus, daß Mütter gaben und Männer/Töchter nahmen. Wir waren eine so isolierte Kleinfamilie, daß sie buchstäblich gar keine Gelegenheit hatten zu erleben, daß ich genährt, verpflegt, versorgt oder emotional unterstützt wurde. [...] Meine Töchter sind heute in den Dreißigern und pflichtbewußte Ehefrauen, aber sie haben immer noch keine Ahnung, wie sie mir gegenüber versorgend auftreten können oder wie sie in einem Interessenkonflikt mit mir verhandeln sollen. [...] Wenn Kinder erwachsen werden, haben sie in ihrer Beziehung zu älteren Frauen weiterhin die eindeutige Erwartung, bedient zu werden. Bis dahin haben sie Anspruch auf einen privilegierten Platz in der Machthierarchie erhoben.[63]

Mit anderen Worten, das im Stereotyp der schwarzen Mammy verkörperte Ideal der 'bedingungslosen Liebe' ist nicht etwa eine Verzerrung der bedingungslosen Liebe, sondern ihre exakte Umsetzung. Das Mütterlichkeitsideal in Form von bedingungsloser Liebe oder totaler Versorgung anzustreben, dieses Abbild weiblichen Handelns zu erhalten, heißt, die Unterdrückung aufrechtzuerhalten. Das Männliche und das Weibliche unterscheiden sich in ihren Auswirkungen nicht wesentlich voneinander.

Machtstreben und weibliche Handlungsfähigkeit

Mütterlichkeit als bedingungslose Liebe ist Aufopferung. Und generell meine ich, wenn wir Aufopferung mit Tugend gleichsetzen – etwas, was wir vorweisen müssen, um als moralisch zu gelten – und dementsprechend handeln, dann schleicht sich als logische und akzeptable Konsequenz in unsere Interaktionen das Machtstreben ein. Wenn wir uns nicht als getrennt und aufeinander bezogen zugleich wahrnehmen, verlieren wir unsere Mitte und sind gezwungen, die Bühne dieses Geschehens und alle, die mitspielen, zu beherrschen, damit wir uns ein Gefühl unserer Handlungsfähigkeit bewahren.

Wenn meine Identität von einer anderen Frau und ihren Handlungen abhängt, muß ich versuchen, ihre Entscheidungen und Handlungen zu beeinflussen, denn am Ende wirken sie auf mich zurück. Ich kann beispielsweise beschließen, einer kranken Frau zu helfen. Wenn ich nun meine Entscheidung als Aufopferung betrachte, dann mißt sich meine Identität daran, ob, in welcher Weise und wie schnell sie wieder gesund wird. Dadurch gehe ich vielleicht weit über das Helfen hinaus und versuche, in bestimmten Schlüsselfragen ihre Entscheidungen zu beeinflußen. Und dadurch lasse ich ihr vielleicht nicht genug Zeit, auf ihre Art, zu ihren Bedingungen und mit ihren Mitteln gesund zu werden.

Mein Ziel bei der Untersuchung der weiblichen Tugenden besteht darin, die Interaktionsformen zu entdecken, die wir fördern – das Gefühl für weibliche Handlungsfähigkeit, das wir wecken –, wenn wir Aufopferung, Altruismus und Verletzlichkeit als ethisches Verhalten ansehen. Die weiblichen Tugenden, die den weniger Mächtigen zugewiesenen Tugenden, werden als Strategien zur Manipulation und Machtausübung in Herrschafts-/Unterordnungsbeziehungen entwickelt. Wenn nicht Selbsterkenntnis, sondern Aufopferung und Altruismus als Voraussetzungen für ethisches Verhalten gelten, dann beruht unsere Interaktion nicht auf Integrität, sondern auf dem Streben nach Kontrollmacht.

Damit meine ich nicht einfach, daß wir uns manchmal nicht so gut verhalten, wie wir könnten. Ich meine ganz im Gegenteil, daß die *Struktur* der weiblichen Tugenden selbst unsere größten Anstrengungen zunichtemacht, denn diese Tugenden fördern keine weibliche Handlungsfähigkeit, die aus Selbsterkenntnis entspringt und mit der wir aufeinander bezogen und getrennt zugleich sind. Die weiblichen Tugenden sind nicht nur völlig ungeeignet, uns einen ethischen Umgang miteinander zu erleichtern, sie vereiteln sogar die Versuche von Lesben, Verbindungen untereinander herzustellen und moralisch zu interagieren, denn sie fördern Herrschaft und Distanz und bauen Schranken auf.

In ihrer Einführung zu den *Coming-Out-Stories* fragt Adrienne Rich: »Und warum reicht unsere gemeinsame, 'moralische und normale' [...] Liebe nicht aus, um eine Frauenschar zu bilden, eine Gruppe von Kriegerinnen, eine Bewegung? [...] Warum sind wir untereinander immer noch so gespalten?«[64] Und an anderer Stelle sagt sie: »Wir machtlosen Menschen leben alle in der gleichen Gefahr: daß wir vergessen, wie wir lügen, oder daß das Lügen zu einer Waffe wird, die wir auch in Beziehungen mit Menschen hineintragen, die keine Macht über uns haben«.[65] Ich denke, mit der Untersuchung der weiblichen Tugenden kann ein Teil dieser Schwierigkeiten aufgelöst werden.

Wenn Frauen um des Überlebens willen die weiblichen Tugenden zu Strategien entwickelt haben, mit denen sie Macht gewinnen, Distanz fördern und Schranken errichten können, dann stehen wir vor einem Problem. Solange wir diese Strategien noch nicht als Teil unseres Widerstandes gegen die männliche Herrschaft unter dem Gesetz des Patriarchats begriffen und benannt haben, können sie unter uns selbst als automatische und gewohnheitsmäßige Reaktionen auf unterschiedliche Situationen wirken. Das wird besonders an dem Begriff 'Verwundbarkeit' deutlich.

Verwundbarkeit

Unter Lesben ist nicht nur die Meinung verbreitet, Engagement und Entscheidungen bedeuteten Aufopferung, sondern oft ist auch zu hören, es sei für unser Engagement und den Aufbau gegenseitigen Vertrauens notwendig, uns einander gegenüber verwundbar zu machen. Viele lesbische Feministinnen bereiten sich auf eine Welt vor, in der wir wechselseitig »verwundbar, aber sicher« sein können. Ich habe selbst einmal diese Idee vertreten und gesagt: Solange eine Gesellschaft Macht im Sinne von Herrschaft ausübt, wird Verwundbarkeit mit Hilflosigkeit verwechselt. Daher ist eine verwundbare Frau ein Angriffsziel, ein Opfer. In einem lesbenidentifizierten Raum jedoch – einem Raum, in dem sich Macht als Vermögen, als Fähigkeit, und nicht als Herrschaft entwickeln, von innen heraus entstehen und sich auf Prozesse und Veränderungen beziehen kann – wird Verwundbarkeit aus Stärke und nicht aus Schwäche wachsen. Wenn wir uns dann dafür entscheiden, uns selbst verwundbar zu machen, so deshalb, weil wir stark und flexibel genug sind, um die Auswirkungen aufzufangen. Das war meine Argumentation, und obwohl die Idee auf den ersten Blick plausibel erschien, begann ich doch bald daran zu zweifeln. Ich stelle mir eine Zeit vor, in der wir offen zueinander sein können, weniger vorsichtig und flexibler, weil wir einen Austausch mit mehr Ehrlichkeit wagen. Ich glaube jedoch nicht mehr, daß dies etwas mit 'Verwundbarkeit' zu tun hat.

Eines Tages blätterte ich im Lexikon und entdeckte, daß 'Verwundbarkeit' (engl.: *vulnerability)* von dem lateinischen Wort *vulnerabilis* kommt, was »zu verwunden« bedeutet. Eine angeblich veraltete Bedeutung ist »die Macht haben zu verwunden«. Im heutigen Sprachgebrauch verbinden wir 'verwundbar' entweder mit verwundet werden oder offen sein für Verwundung oder Angriff. Ein Begriff, der so eng mit Angriff und Verwunden verknüpft ist, kann sich meines Erachtens zwar nicht auf eine aktive Handlung beziehen, wohl aber auf die Macht der Kontrolle und die daraus entstehende Verfügungsgewalt – und damit auf die Beziehung von Herrschaft und Unterordnung.

Der Kontext der Verwundbarkeit

Der Kontext, uns selbst verwundbar zu machen, um Vertrauen aufzubauen, stammt aus der allgemeinen Dynamik der Unterdrückung. Diejenigen, die in irgendeiner Form gefangengenommen, erobert, kolonisiert, versklavt und ausgebeutet wurden, sollen nach der Phase der offenen Gewalt während der Eroberung zeigen, daß sie für ihre Herren keine Bedrohung darstellen. An diesem Punkt beginnen versteckte Formen der Gewalt, und die Unterdrückten sollen sich durch das Konzept der 'Bereitschaft zur Zusammenarbeit' verwundbar machen, um das Vertrauen ihrer Herren zu gewinnen; als Gegenleistung erhalten sie ein paar Privilegien wie die Verschonung von offenen Formen der Gewalt.

So wird etwa von FabrikarbeiterInnen oder Sekretärinnen in den USA erwartet, gegenüber ihren Arbeitgebern alles offenzulegen, was mit ihrem Job zu tun hat – Schwangerschaft, Gesundheitsprobleme, Drogenabhängigkeit usw. Diese Ehrlichkeit ist angeblich ein Zeichen für die Arbeitsbereitschaft der abhängig Beschäftigten. ArbeitnehmerInnen, die diese einseitigen Informationen verheimlichen, gelten als widerspenstig und nicht kooperativ. Die Arbeitgeber nutzen dann diese Informationen nicht zum Wohl ihrer ArbeitnehmerInnen, sondern für Entscheidungen über Beförderung, Herabstufung oder Entlassung – um festzusetzen, welchen Gewinn sie selbst machen können. Die protestantische Ethik spricht sich für die Verwundbarkeit von ArbeiterInnen aus und stabilisiert damit das Machtgefälle zwischen Arbeitgeber und ArbeitnehmerIn.

In der heutigen Zeit ist es vielleicht der aus dem Heterosexualismus stammende Begriff 'Liebe', der die Verwundbarkeit besonders tief in unserem Leben verankert. Frauen wurden gezwungen, sich gegenüber Männern verwundbar zu machen, sich selbst dem Verwundetwerden zu öffnen, indem sie sich nachgiebig zeigen und vom ersten Kennenlernen an ihre Schwäche oder angebliche Hilflosigkeit demonstrieren, um zu beweisen, daß sie nicht Eva, Kleopatra oder Delilah sind. Frauen versichern damit den Männern, daß sie niemals in der Lage wären, Männer zu bedrohen, daß sie die Notwendigkeit der Loyalität gegenüber Männern einsehen und daß Männer ein Recht auf diese Versicherung haben. Verwundbarkeit zeigen und Männern eine ihnen gar nicht zustehende Verfügung über Frauen gewähren – so selbstverständlich, daß Männer oft noch nicht einmal darum bitten müssen –, das hat sich unter dem Gesetz des Patriarchats entwickelt und Frauen gezwungen zu begründen, daß sie eine Ausnahme sind (das heißt, nicht wie andere, gefährliche Frauen) und daher Aufmerksamkeit und Vertrauen eines Mannes verdienen. Die Idee, uns selbst verwundbar zu machen, stammt also aus einem Kontext, in dem Frauen zum Stillschweigen über ihre Verbindungen untereinander gezwungen waren, um überleben zu können, das heißt, um unter dem Gesetz des Patriarchats männliche Akzeptanz und Anerkennung zu erreichen. Ein solches Verständnis weiblicher Handlungsfähigkeit kann den lesbischen Lebenszusammenhang nicht fördern.

Abgesehen von den ständigen Beschwichtigungssignalen besteht die beste Möglichkeit für eine Frau, einem Mann ihren Ausnahmestatus zu beweisen, darin, die Frauen in ihrer Umgebung herabzusetzen. Auf dem New Yorker Flughafen La Guardia habe ich einmal eine junge Frau beobachtet, die ihren Freund begrüßte, der sie vom Flugzeug abgeholt hatte. Sie war auf einem Familientreffen gewesen, und in den folgenden zwanzig Minuten putzte sie, bei der Großmutter angefangen, ein weibliches Familienmitglied nach dem anderen herunter. Dadurch machte sie sich in zweierlei Hinsicht verwundbar: Erstens distanzierte sie sich von ihrer weiblichen Linie und von den Frauen im allgemeinen, um indirekt zu beweisen, daß er zumindest ihr trauen könne. Das ist das Ergebnis der Identifikation mit Männern; die junge Frau setzte sich durch Absonderung der Verwundung aus, und sie wird durch die Isolation verwundet werden – ist bereits verwundet. Und das alles in dem Versuch, durch Orientierung an einem Mann zu überleben.

Interessanter noch war, daß sie Verwundbarkeit als Mittel zum Zweck einsetzte. Sie stellte sich selbst bloß, indem sie die Schwäche der Frauen ihrer Familie bloßlegte, und demonstrierte damit, daß sie deren Qualitäten als Schwächen betrachtete und sie genauso verabscheute wie jeder Mann. Das ist deshalb interessant, weil sie versuchte, die

Verwundbarkeit einzusetzen, um Sicherheit zu gewinnen und Risiken zu vermeiden. Sie stellte sich selbst bloß, indem sie die Schwächen ihrer Familie bloßlegte, um einen Angriff auf sich selbst abzuwehren und männliche Anerkennung – Vertrauen – zu finden. Wenn ihr Freund ihr später vorwirft, sie hätte diese Schwächen ebenfalls, dann hat er sie verraten – sie wird seine männliche Überlegenheit so lange anerkennen, wie er ihren Ausnahmestatus anerkennt. Indem sie ihm Informationen gab, durch die sie verwundbar wird, um so ihren Ausnahmestatus zu beweisen und sein Vertrauen zu gewinnen, benutzte sie die Verwundbarkeit, um Sicherheit zu erlangen und sogar ein wenig Macht aus einer untergeordneten Position heraus ausüben zu können.

Ein ähnliches Muster gibt es unter heterosexuellen Frauen, die Verbindungen zu Feministinnen oder Lesben leugnen. Ein ähnliches Muster gibt es auch unter liberalen oder sozialistischen Feministinnen, die sich alle Mühe geben, ihre Verbindungen mit radikalen oder separatistischen Lesben zu leugnen, um die Männer ihrer politischen Couleur nicht zu verärgern. Und es gibt ein ähnliches Muster unter Frauen und Lesben, die Lesben oder Frauen viel schärfer angreifen als Männer, um für ihre jeweiligen Ausnahmemänner glaubwürdig zu sein.

In einer bestehenden heterosexuellen Beziehung kann Verwundbarkeit noch anders eingesetzt werden: Sie kann ein Instrument werden, mit dem eine Frau die Verfügbarkeit des Mannes über ihr Leben in bestimmten Bereichen kontrolliert und ihn, wenn nicht physisch, so doch emotional, auf Abstand hält. Auf diese Weise kann er sie nicht konsumieren. Eine Frau beschreibt die Beziehung ihrer Eltern so: Die Ehefrau ist unterwürfig, verwundbar und schutzbedürftig. Da der Ehemann der dominante Teil ist und sie keine eigenen Möglichkeiten der Selbstverwirklichung hat, muß er ihre Bedürfnisse und gelegentlich auch ihre Wünsche erraten. (Wenn er so überlegen ist, wollen wir doch mal sehen, wieviel er wirklich merkt.) Sie macht sich verwundbar, indem sie sich darauf verläßt, daß er ihre Bedürfnisse errät und erfüllt; wenn er versagt, verletzt er sie. Wenn er dann, wie nicht anders zu erwarten, ihre Bedürfnisse nicht voraussehen kann – während sie die seinen mit traumwandlerischer Sicherheit erfaßt, denn sie mußte ja lernen, ihn zu beobachten –, fühlt sie sich verletzt und wird schließlich ärgerlich über seine Ungeschicklichkeit. Auf diese Weise flößt sie ihm Schuldgefühle ein. Er wird dadurch auf Abstand gehalten und muß sich ihr noch mehr zuwenden (oder seine nagenden Schuldgefühle ertragen) und ihre verborgensten Bedürfnisse erraten; sie dagegen ist auf vertrautem Terrain. In entscheidenden Momenten kann sie dann ihre Forderungen stellen und ihn gleichzeitig auf Abstand halten.

Das ist nur ein heterosexuelles Szenario. Angesichts des Machtgefälles innerhalb der gesellschaftlichen Mechanismen, die mit dem Heterosexualismus einhergehen, kann Verwundbarkeit eine Möglichkeit sein, symbolisch und vereinzelt eine geringfügige Macht auszuüben. Diese Kontrollmacht mag zwar verglichen mit der männlichen Autonomie geringfügig sein, doch entscheidend für uns ist die *gedankliche* Differenzierung, die verwundbare Frau einerseits als unterwürfig und andererseits als ihrer totalen Auflösung im Herrschafts-/Unterordnungsszenario des Heterosexualismus *Widerstand leistend* zu betrachten; diese Manipulation ist das im Heterosexualismus propagierte Verständnis weiblicher Handlungsfähigkeit.[66]

Anfang dieses Jahrzehnts wurde in der Vorweihnachtszeit im Fernsehen eine sehr entlarvende Parfümwerbung ausgestrahlt, in der eine verführerisch gekleidete weiße Frau mit französischem Akzent sagt: »Ich sehne mich nach Verletzlichkeit; ich finde, zu viel Intimität ist gefährlich.« Das ist ein bezeichnender Gegensatz. Damit wird vermittelt, daß sie sich nach Macht sehnt und zu viel Offenheit gefährlich findet. Sie macht sich selbst verwundbar, läßt jedoch das Verständnis nicht zu, das jemand durch Intimität für sie gewinnen würde.

Ja, Offenheit ist gefährlich für eine Frau, die in einem Kontext, der noch den letzten Rest weiblicher Unabhängigkeit leugnet, eine gewisse Macht über ihre Umgebung zu erlangen versucht. Und aus diesem Kontext entsteht der Gedanke, einen Mann um den kleinen Finger zu wickeln – je nachdem um den rechten oder den linken. Sie hält ihn auf Distanz und wahrt ihr Geheimnis. Wenn das Geheimnis durch Intimität gelüftet wird (das Wissen, das ein Mann oft dann gewinnt, wenn eine Frau nach dem ersten Geschlechtsverkehr mit ihm allmählich ihre Schutzmechanismen ablegt), wird sie gewöhnlich und ist nichts Besonderes mehr. (Dann greift sie vielleicht zu anderen Mitteln, um ihre Außergewöhnlichkeit aufrechtzuerhalten.) Ja, in diesem Kontext ist Intimität gefährlich, und Verwundbarkeit ist eine Strategie, um Macht zu gewinnen.

Unter dem Gesetz des Patriarchats haben Frauen das Geben und die Verwundbarkeit, die von ihnen erwartet werden, in verschiedene Überlebensstrategien verwandelt. Und es ist wichtig, diese Strategien als das zu verstehen, was sie sind. Da Frauen und Lesben sie jedoch so differenziert und perfektioniert haben, begreifen viele von uns sie als bloße Reaktion und Verteidigung statt als sorgfältig geplante Handlung. Oder wir können zumindest sehr oft auf sie zurückgreifen, ohne uns andere Möglichkeiten zu überlegen. Uns verwundbar zu machen, um dadurch Macht zu gewinnen, kann zur Gewohnheit werden, und dann laufen wir Gefahr, Verwundbarkeit unbewußt auch gegen die einzusetzen, die keine wirkliche Macht (Kontrolle) über uns haben.

Lesben und Verwundbarkeit

Unter Lesben mache ich mich verwundbar, um Vertrauen aufzubauen. Wenn ich mich einer Lesbe so öffne, daß sie mich verwunden kann, wenn ich mich öffne, bevor wir eine gemeinsame Basis für Achtung und Vertrauen gefunden haben, ist meine Öffnung vermutlich ein unbewußter Versuch, in der Beziehung Macht zu gewinnen. Auch wenn ich dies nicht beabsichtigt habe, so wird es doch die Folge meiner Entscheidung sein.

Wenn ich beispielsweise einer Lesbe meine Selbstzweifel mitteile, bevor wir Grund zu gegenseitigem Vertrauen haben, zeige ich das, was ich schützen will. Wenn sie mich dann für das kritisiert, was ich schützen wollte, erklärt sie mir den offenen Krieg, denn ich habe ihr »vertraut«, indem ich ihr eine für mich heikle Information gegeben habe; sie hat mein Vertrauen mißbraucht. Das wirkt als Fessel: Solange wir befreundet sind, kann sie mich in diesen Bereichen nicht offen kritisieren, sondern muß mich unterstützen (das heißt, darf mich nicht in Frage stellen).[67] Umgekehrt fühlen wir uns anderen gegenüber, die uns ihre Selbstzweifel mitteilen, oft verpflichtet, sie nicht zu kritisieren, selbst wenn sie dies nicht beabsichtigt hatten. Unser Engagement ist damit zu einer Bindung geworden, und unsere Freundschaft ist kein offener, ehrlicher Gedankenaustausch mit einfühlsamer Kritik, solidarischen Vorschlägen und aufmerksamer Unterstützung geworden, sondern ein Instrument, mit dem wir andere einspannen, um uns vor unserer Angst und unserem Schmerz abzuschotten (zu schützen) – statt uns von ihnen helfen zu lassen.[68]

Eine weiße Lesbe kann zum Beispiel zu einem Treffen gehen, um Kontakt zu Lesben anderer Hautfarbe zu bekommen. Vielleicht beteiligt sie sich am Gespräch, indem sie sich verwundbar macht und versucht, die rassistische Herrschafts-/Unterordnungsbeziehung zu unterwandern. Vielleicht bekennt sie, daß sie früher rassistisch gedacht oder gehandelt und dies erst jetzt erkannt hat, um sich bloßzustellen und sich damit von der Macht zu distanzieren, die sie aufgrund ihrer Hautfarbe besitzt. Indem sie ihren Rassismus zugibt, erwartet sie vielleicht, daß eine schwarze Lesbe dankbar, überrascht, erleichtert oder sogar hoffnungsvoll ist und sie als vertrauenswürdig ansieht, weil sie sich selbst bloßgestellt, ihre Sünden gebeichtet und dadurch irgendwie die Gewähr gegeben hat, daß aufgrund dieses neuerworbenen Wissens und Verständnisses die alten Handlungen und Gedanken bei ihr nicht mehr vorkommen und in ihrer Gegenwart nicht mehr geduldet werden. Auf diese Weise übt die weiße Lesbe aber dennoch Macht aus. Sie hat der Beziehung, die sie gerade zu der schwarzen Lesbe aufbauen will, eine Fessel angelegt, indem sie ihr diese Information »anvertraut« hat. Wenn die schwarze Lesbe die Beziehung fortsetzen und sich später über ihre Gefühle im Zusammenhang mit Rassismus klarwerden will oder sogar das Tun ihrer Freundin rassistisch nennt, hat sie damit das zuvor geschaffene »Vertrauen« »mißbraucht« und die offen vorgezeigten Wunden der weißen Lesbe von neuem aufgerissen.

In ähnlicher Form können wir Verwundbarkeit benutzen, um Schranken und Schutzwälle aufzubauen. Eine schwarze Lesbe kann Verwundbarkeit zum Beispiel einsetzen, um in der rassistischen Herrschafts-/Unterordnungsbeziehung Macht zu gewinnen. Indem sie ihre Erfahrungen mit rassistischer Unterdrückung erzählt, bewirkt sie möglicherweise, daß eine weiße Lesbe ihr nicht zu nahe kommt, um sich so vor den Fragen der weißen Lesbe nach bestimmten politischen Entscheidungen zu schützen oder Kritik an bestimmten Aspekten ihrer Kultur zu verhindern (statt aufzuklären). Indem sie sich verwundbar zeigt, fordert sie im letzten Fall zu einer partiellen Beschäftigung mit ihrer Kultur auf, deutet jedoch an, daß eine umfassende Untersuchung sie verwunden und damit das Vertrauen mißbrauchen würde, das sie gezeigt hatte, indem sie sich öffnete. Es ist zwar entscheidend, daß wir weiterhin die rassistischen Herrschafts-/Unterordnungsbeziehungen unter uns aufdecken, doch mit Verwundbarkeit und vor allem mit Beichte und Absolution wird uns das nicht gelingen.

Verwundbarkeit kann auch ein Mittel sein, um in einer Weise, die uns nicht zusteht, über das Leben einer anderen Lesbe zu verfügen. Als Gegenleistung dafür, daß ich mich dir gegenüber verwundbar zeige, erwarte ich vielleicht, daß du mir automatisch deine Zeit widmest oder mir dauernd erklärst, was du tust.[69] Oder ich gehe, anders als bei anderen engen Freundinnen, einfach davon aus, daß du zu bestimmten Dingen bereit bist. Das heißt, die Geliebte für selbstverständlich nehmen – eine Anmaßung.

Wenn ich außerdem versuche, über meine Verletzlichkeit Nähe herzustellen, und deine Interessen oder Bedürfnisse sich später ändern, werde ich diese Veränderung vermutlich eher als 'Vertrauensbruch' empfinden. Dann aber bedeutete mein 'Vertrauen' nur, zu erwarten, daß du dich nicht verändern würdest.

Schließlich hat Verwundbarkeit auch mit Egozentrik zu tun. Ich mache mich beispielsweise verwundbar, indem ich dir erzähle, daß etwas, was du tust, mich verletzt. Vielleicht denkst du darüber nach, bist über meine Aufregung betroffen und entscheidest dich doch, es weiterhin zu tun. Vielleicht hat das eine ganz andere Bedeutung für dich, gehört zu deiner Art, dich in der Welt zu bewegen. Ich komme dann vielleicht zu dem Schluß, daß du mich damit verletzen willst, nehme dein Tun ausschließlich auf mich bezogen wahr und übersehe die anderen Faktoren. Diejenige, die sich verwundbar zeigt, erwartet, daß dieser Umstand Vorrang vor allen anderen Überlegungen hat.[70]

Damit will ich keineswegs dazu aufrufen, die Verwundbarkeit einer anderen Lesbe als Entschuldigung zu benutzen, um ihr in ihrem Schmerz oder Zorn Zuwendung zu versagen. Es muß einen Raum geben, in dem wir uns mit unseren Verwundungen und dem uns angetanen Unrecht beschäftigen können. Wir müssen die Möglichkeit haben, um Hilfe zu bitten; die andere muß jedoch auch die Freiheit haben abzulehnen. Mich interessiert die Verwundbarkeit als Instrument, mit dem Nähe hergestellt werden kann, mit dem über jemand verfügt werden kann oder das (paradoxerweise) als Schutzschild benutzt werden kann. Und dabei müssen wir auf das Machtspiel achten, auf den Zwang.

Im Prinzip halten wir uns selbst als Geiseln (wie zum Freikauf einer politischen Gefangenen), wenn wir uns in einer bestimmten Absicht der Verwundung aussetzen. Der Preis, den jemand anders für unsere Freilassung entrichten muß, ist der Verzicht darauf, uns in bestimmten Hinsichten zu kritisieren. Wir *vertrauen* darauf, daß die andere uns nicht verletzt; wenn sie es doch tut – und sei es nur durch Rückzug, weil sie selbst verwundet ist –, kann sie zum Sündenbock für alle Unstimmigkeiten in der Beziehung gemacht werden, und wir brauchen uns nicht mehr selbst in Frage zu stellen. Wichtiger noch: Wir können Verwundbarkeit einsetzen, um nicht die Werte überprüfen zu müssen, die wir durch unsere Entscheidungen anerkennen.

Dies alles geschieht nicht ständig in unseren Beziehungen. Ich will nur deutlich machen, daß der zweckbestimmte Einsatz von Verwundbarkeit Hindernisse gegen Veränderung, Wachstum und vor allem gegen unsere Fähigkeit zu Verbindung und Nähe aufbaut.

Unterwerfung

In einem Diskussionszusammenhang, den seine Befürworterinnen lesbisch-feministisch nennen, ist ein Appell an die Verwundbarkeit aufgetaucht, der unverhüllt die volle Bedeutung des Wortes als Ziel an sich übernimmt und nicht einmal als verwandelnde Kraft sieht. Manche Lesben behaupten, um im tiefsten Sinne des Wortes lesbisch-feministisch zu sein, müßten wir sadomasochistisch werden, vor allem masochistisch, da die emotionale und physische Unterwerfung unter eine andere Lesbe (wenn auch nicht unter einen Mann) der höchste Akt des Vertrauens sei. Indem wir uns der Verwundung öffneten und andere Lesben bäten, uns zu verwunden (etwa durch Demütigung), drückten wir angeblich absolutes Vertrauen aus.

Erstens zwingt eine Lesbe, indem sie eine andere Lesbe bittet, sie zu beherrschen, die andere zu besonderer Zuwendung: Sie wird zum Zentrum der Aufmerksamkeit und erlangt so eine bestimmte Macht über die andere. Außerdem muß sie dazu bereit sein, den von den Patriarchen geschaffenen Kontext von Herrschaft und Unterordnung zu akzeptieren. Diese Argumentation übernimmt mit der Gleichsetzung von Vertrauen und Unterwerfung den Heterosexualismus.

Der Ruf nach Verwundbarkeit – sich eigens dem Verwundetwerden zu öffnen – als erwünschte Tugend verschleiert die Tatsache, daß wir unter dem Gesetz des Patriarchats leben, dem Gesetz von Herrschaft und Unterordnung, und daß unser Überleben an sich schon eminent politisch ist, denn es bedeutet das Überleben als Lesben, zu unseren eigenen Bedingungen. Und das, obwohl wir gar nicht überleben sollten, wie Audre Lorde uns erinnert.[71]

Gewaltlosigkeit

Der Appell an die Verwundbarkeit läßt auch außer acht, daß es ein Akt der Gewalt ist, die andere Wange hinzuhalten.[72] Indem wir die andere Wange hinhalten, fordern wir die andere Person auf, uns Gewalt anzutun. (Einem Angreifer machen wir damit vielleicht sogar noch Mut.[73]) Die Annahme, diese Handlung könne nicht als Gewalt bezeichnet werden, entspringt der gleichen Denkweise, die ein Polizist in Wisconsin an den Tag legte, als er sich weigerte, die Gemeinde wegen einer Vergewaltigungsserie zu alarmieren, sich weigerte, die Frauen vor einem offen zuschlagenden Vergewaltiger zu warnen: Er wollte nicht, daß jemand verletzt würde. Das entspringt der Vorstellung, Gewalt gegen Frauen verletze niemanden oder die Verletzung der Integrität oder Gesundheit von Frauen sei keine Gewalt.

Jeffner Allen hinterfragt dieses Ideal der Selbstabwertung und stellt einen Zusammenhang zwischen »Gewaltlosigkeit« und der Ideologie der heterosexuellen Tugend her:

> Die Ideologie der heterosexuellen Tugend bildet den Eckpfeiler dafür, Frauen als gewaltlos zu bezeichnen. Die Ideologie der heterosexuellen Tugend verlangt von Frauen, »moralisch« zu sein, tugendhaft gewaltlos gegenüber der »politischen«, gewalttätigen, männlich definierten Welt. Die Ideologie der heterosexuellen Tugend gibt Männern das Recht, Frauen zu terrorisieren – zu besitzen, zu demütigen, zu verletzen, sie zum Objekt zu machen –, und schließt die Möglichkeit einer aktiven Antwort von Frauen auf den sexuellen Terror der Männer aus.[74]

Sie zeigt, daß Frauen durch die Beschränkung auf »Gewaltlosigkeit« die Möglichkeit genommen wird, »ihr Selbst in der Welt einzufordern und zu entwickeln«.[75]

Auf Schritt und Tritt werden Frauen davon abgehalten, sich selbst ernst zu nehmen; und auch wenn die Verwundbarkeit in einer Herrschaftssituation einerseits ein Macht- und Kontrollstreben darstellt, so zementiert sie doch andererseits die Abwertung weiblicher Existenz. Jeffner Allen stellt fest, daß die heterosexuelle Verordnung der »Gewaltlosigkeit« für Frauen darin gipfelt, daß das Nicht-Töten Priorität vor der Erhaltung der Freiheit hat:

> Wenn ich weiterhin Gewaltlosigkeit über Freiheit stelle, muß mein Abscheu vor Gewalt stärker sein als mein Abscheu vor dem eigenen Tod.[76]

Ihrer Auffassung nach sollte das Motiv zum Handeln weder das Prinzip der Gewalt noch das Prinzip der Gewaltlosigkeit sein, sondern vielmehr der Gedanke an das Überleben von Lesben in bestimmten Situationen.[77] Sie stellt weiter fest:

> Die Freiheit einer lesbischen Welt gründet sich auf eine spezifische Form gewalttätiger Aktivität; die leidenschaftliche Energie, nahezu alles, woran wir glauben und womit wir leben, auseinanderzunehmen und in neuer Form wieder zusammenzusetzen.[78]

Die Übernahme des Prinzips »Gewaltlosigkeit« – und allgemeiner noch der Weiblichkeit, des »Vertrauens« in der Unterordnung und der Verwundbarkeit – als Mittel, um moralisch zu sein, untergräbt also die lesbische Handlungsfähigkeit, selbst wenn wir versuchen, Verbindungen und Vertrauen untereinander aufzubauen.

Verwundbarkeit und das feministische Utopia

Ich habe den Verdacht, daß selbst in einem Freiraum innerhalb des patriarchalen Gesetzes, der feministischen Fantasy-Welt, die Verwundbarkeit zur Vertrauensbildung benutzt wird. Ein gutes Beispiel ist Sally Gearharts *Wanderland*. Eine Frau, Margaret, die aus der Stadt fliehen konnte, nachdem sie vergewaltigt und zum Hohn in eine Rüstung gesteckt worden war, begegnet Seja, einer Hügellesbe. Seja schafft es weder durch Sprache noch durch Gedankenübertragung, an die Frau in der Rüstung heranzukommen; daher macht sie sich verwundbar und sagt: »Wenn du meine Worte oder Gedanken nicht verstehst, so verstehe meinen Körper. Ich möchte dir nichts tun. Du kannst mich töten, wenn du möchtest. Ich vertraue darauf, daß du es nicht tun wirst«.[79] Mit diesen Worten entblößt Seja vor der Frau in der Rüstung ihren Hals und zeigt ihr, daß sie Seja mit ihrem Schwert töten könnte, daß sie dieses Risiko eingehen will, daß sie daher keine Feindin ist.[80]

Zunächst einmal basiert dieses Bild auf dem Verhalten mancher Tiere, die anderen Rudelangehörigen den Bauch, die Kehle oder die Genitalien ungeschützt entgegenhalten. Das Problem besteht nur darin, daß dieses Verhalten offensichtlich dann gezeigt wird, wenn eine Rangordnung hergestellt werden soll, die ja eine Art Sicherheit bedeutet; es wird jedoch nicht zur Vertrauensbildung unter Gleichrangigen eingesetzt.

Zweitens glaube ich, daß die Frau in der Rüstung Seja sehr wohl hätte töten können. Sie war gerade erst von Männern brutal vergewaltigt und zum Hohn in eine Rüstung gesteckt worden. Sie war verwundet und verletzt, und verwundete Tiere beißen zu, trotz friedlicher Absichten der anderen.

In einem Gespräch spätabends in Minneapolis wies Sally Gearhart darauf hin, daß die Hügellesben einen anderen Todesbegriff haben als wir und daß ein solches Risiko daher nicht die politische Bedeutung haben würde, die es im Kontext des Überlebens von Lesben im Patriarchat hat. Zwar bewirken die weiblichen Tugenden, daß die Energie und Stärke von Frauen Männern zugutekommt, doch ist es im »Wanderland« nicht so, daß die, mit denen wir leben, uns fürchten und hassen. Von daher wird Verwundbarkeit zur Strategie für eine bestimmte Form von Rettungsaktion, mit der die Furcht vor einer äußeren Macht in Vertrauen zu unserer eigenen Art verwandelt werden soll.

Obwohl diese Idee mich anspricht, möchte ich doch die Strategie hinterfragen. Verwundbarkeit kann zwar die Furcht einer Frau verändern, nicht aber ihre Persönlichkeit. Angenommen, es stellt sich nach Margarets Genesung heraus, daß sie eine Frau ist, mit der Seja einfach nicht auskommt. Angenommen, Margaret trifft fünf Jahre später politische Entscheidungen, mit denen Seja überhaupt nicht einverstanden ist; angenommen, sie geht zurück in die Stadt. Es ist denkbar, daß Seja schließlich wütend auf Margaret wird – nicht weil Seja ihr geholfen hat und dann nicht mit ihr auskommt, sondern weil Seja ihr Leben riskierte und ihr Heroismus scheinbar gar nichts verändert hat. Sejas Akt, sich verwundbar zu machen, setzt voraus, daß Margaret von nun an ihre Handlungsfähigkeit unabhängig vom Heterosexualismus entdecken und entwickeln wird. Aber was ist, wenn sie das nicht tut? Bei der Beurteilung der verwandelnden Kraft des Vertrauens müssen wir uns nochmals fragen, ob es so etwas wie bedingungslose Liebe oder Öffnung gibt – und ob ein solches Ideal erstrebenswert ist. Warum gehen wir sonst Bindungen mit anderen ein?

Zum Einsatz von Verwundbarkeit als Rettungsstrategie gibt es noch etwas Wichtiges zu sagen: Indem Seja Margarets Furcht durch den Einsatz von Verwundbarkeit verwandelt, zwingt sie Margaret, sich zu entscheiden, ob sie eine Lesbe töten oder ihre Rüstung, ihren Schutzschild ablegen will. Wenn Margaret sich entscheidet, ihre Rüstung abzulegen, muß sie ihren Zorn zum Schweigen bringen und verbergen. Dazu ist es aber vielleicht noch zu früh; vielleicht wäre es für Margaret im Moment besser, ihre Wut herauszulassen und so den ersten Schritt zur Heilung ihrer Wunden zu tun.

Jemand mag einwenden, Seja biete Margaret einen sicheren Raum, in dem sie nötigenfalls ihre Wut herauslassen kann. Aber was heißt das? Wenn ich einer Frau, die schwer verwundet wurde, ungeschützt entgegentrete, um so ihr Vertrauen zu gewinnen, biete ich ihr das falsche Ziel für ihren Zorn. Wenn sie mich verletzt oder tötet, muß sie später damit leben. Also schafft Seja keinen sicheren Raum, in dem Margaret ihre Wut herauslassen kann. Wenn auch Sejas Bereitschaft, ihr Leben zu riskieren, nicht die gleiche politische Bedeutung wie unter dem Gesetz des Patriarchats hat, so ist doch ihr Leben nicht ohne Sinn oder Wert. Wenn Margaret Seja getötet hätte, hätte sie mit diesem Verlust weiterleben müssen, den sie gar nicht gewollt hatte, als sie ihren Zorn ausdrückte. In Wirklichkeit bietet Seja Margaret eine Gelegenheit, große Selbstbeherrschung zu zeigen und eine ungeheure emotionale und intellektuelle Leistung zu erbringen, indem sie die Situation erfaßt und »human« reagiert. »Eine erzwungene Heilung ist keine wirkliche Heilung«.[81]

Unseren Zorn gegeneinander zu wenden, wenn die andere gar nicht das richtige Ziel ist – in gegenseitigem Einverständnis oder nicht –, kann außerdem zwar Spannungen und Frustrationen abbauen und dadurch im Moment angenehm sein, der Quelle des Zorns nähern wir uns damit jedoch nicht. Und wenn diese Quelle aus irgendeinem Grund nicht zu erreichen ist, baut sich unsere Spannung und Frustration von neuem auf und muß wieder abgebaut werden – ein immer wiederkehrendes Muster, das Heilung und Veränderung verhindert.

Das Problem verschärft sich noch, wenn dieses Spiel in der Arena des Sadomasochismus abläuft und der vorübergehende Spannungsabbau mit dem sexuellen Orgasmus verknüpft ist. Der immer wiederkehrende Prozeß von Spannungsaufbau und -abbau wird hier nicht als Unvermögen wahrgenommen, aus dem Kreis auszubrechen und die Quelle der Spannung anzugehen. Diejenigen, die Sadomasochismus praktizieren, schreiben diesen Prozeß vielmehr der natürlichen Wiederkehr des sexuellen Verlangens zu. Der Vorgang diene also nur dem Wohlbefinden, und diejenigen, die auf Wachstum und Veränderung drängen, werden als Puritanerinnen abgetan.

Um zum »Wanderland« und zu Sejas Rettungsstrategie für Margarets Zorn und Schmerz zurückzukommen: Heilung braucht ihre Zeit. Die Hügellesben hätten Margaret in Ruhe lassen und von ferne beobachten können, wie sie es mit den Sanften (politisch verfolgten Schwulen) taten, ihr Lebensmittel hinterlegen und sie vor fremden Mächten schützen können, während sie sich mit sich selbst beschäftigte; sie hätten ihr Zeit und Raum geben können, ihre Bedürfnisse selbst zu entdecken und zu benennen, auch ihre Wut herauszulassen. Es gibt andere Möglichkeiten, mit dem Zorn und Schmerz einer anderen umzugehen, als unser Leben zu riskieren.

Außerdem muß Vertrauen nicht sofort hergestellt werden. Indem Seja Margaret zu einer Reaktion zwang – Vertrauen oder Tod –, kann sie Margaret zusätzlich belastet und einen notwendigen Prozeß unterbrochen haben, statt ihr zu helfen, ihren Zorn auszudrücken. Selbst unter den günstigsten Umständen ist der Einsatz von Verwundbarkeit als Mittel zum Zweck ein »Tiefschlag gegen die Persönlichkeit einer anderen«.[82]

Intimität und Selbsterkenntnis

Wenn wir die unter Lesben verbreitete Meinung untersuchen, es sei ein Weg zur Öffnung und Vertrauensbildung, uns der anderen gegenüber verwundbar zu machen, dann ist es wichtig zu beachten, daß dies ein ethisches oder feministisches Ideal ist. Ebenso wichtig ist es, die umgekehrte Auffassung zu untersuchen: Wenn wir unsere Eigenmacht behalten wollen, können wir uns niemals einer anderen Lesbe ganz öffnen, niemals unser ganzes Selbst einander anvertrauen. Ich meine nicht, wir sollten uns wegen der vielen schon zur Sprache gekommenen Probleme zurückhalten, Abstand halten, unabhängig bleiben und so Abhängigkeit vermeiden. Ich plädiere nicht für oberflächliche – oder womöglich gar keine – Beziehungen. Ich meine nicht, wir sollten keine Risiken miteinander eingehen.

Risiken eingehen

Ich will anregen, daß wir genau prüfen, welche Risiken wir eingehen. Und ich meine, daß der Einsatz von Verwundbarkeit an sich schon eine Möglichkeit ist, Risiken zu vermeiden, eine Möglichkeit, sich zu distanzieren und Kontrollmacht zu gewinnen. Ich will sagen, daß Unabhängigkeit und Abhängigkeit zwar als Gegensätze erscheinen mögen, eigentlich aber zwei Seiten der gleichen Medaille sind.

In unseren Beziehungen neigen wir zu zwei Extrempositionen. Entweder öffnen wir uns und setzen die Verfügung über die andere als selbstverständlich voraus, so daß das Manipulieren in seinen vielen Erscheinungsformen – vom Jammern bis zum Ultimatum – ein fester Bestandteil unserer Interaktion wird, oder wir halten emotionalen Abstand voneinander, um unsere Autonomie und Unabhängigkeit zu bewahren. Beide Extreme sind mit Beherrschung der anderen verbunden, beide untergraben die weibliche Handlungsfähigkeit außerhalb des Systems der Herren/Sklaven-Tugenden, beide zerstören den Zusammenhalt unter Lesben, und beide verhindern Intimität.

Wenn ich zurückhaltend bleibe, mich emotional niemals wirklich einlasse und die Hand nicht nach anderen ausstrecke, gehe ich natürlich kein Risiko ein. Diese Art von

Selbst-Kontrolle ist eine Überlebenstechnik, die viele von uns im Widerstand gegen die Herrschaft des Sexismus, des Rassismus und die Klassengegensätze lernen. Wir lernen, uns in Situationen, in denen dies gegen uns verwendet würde, nicht ungeschützt zu geben. Aber selbst unter Gleichen ist die Selbstentblößung keine Form des authentischen Umgangs mit anderen.

In unseren Beziehungen bedeutet Risiko nicht, uns anderen gegenüber zu öffnen und unsere Wünsche und Bedürfnisse einfach bloßzulegen. Wenn ich Risiko nur mit Bloßlegen verbinde, dann ist Macht über andere mein Ziel, und mein Risiko besteht darin, diese Macht zu verlieren. Wenn ich mich aus der Verwundbarkeit heraus öffne, öffne ich mich nicht wirklich. Denn auch wenn ich mich vorbehaltlos öffne, bin ich nicht offen für dich, deine Bedürfnisse und Veränderungen.

Wenn das Risiko statt dessen im Sich-Einlassen besteht, können wir selbst den einen Part der Interaktion übernehmen und der anderen, auf die wir uns einlassen, ihren eigenen Part lassen. Wenn ich beispielsweise einer Freundin oder Geliebten etwas Ernstes sage, kann sie mich zurückweisen oder mir zuhören und über das nachdenken, was ich gesagt habe, oder ihrerseits etwas Ernstes äußern. Je nach ihrer Reaktion entwickelt sich unsere Beziehung nun in eine von mehreren möglichen Richtungen. Mit anderen Worten: die Beziehung verändert sich.

Das wirkliche Risiko der Verbindung liegt in der Bereitschaft, den nächsten Schritt zu tun, die Beziehung zu verändern, auf die »Sicherheit« der festen Voraussagbarkeit zu verzichten. Das Risiko der Verbindung mit anderen liegt im Verzicht auf Kontrollmacht, auf Macht über andere und in der Öffnung gegenüber dem Ungewissen. Und diese Risiken sind in einer gerade beginnenden Beziehung genauso wichtig wie in einer seit Jahren bestehenden Verbindung.

Wenn du mich mit der Zeit näher kennenlernst, wirst du wissen, was mich am meisten verwunden kann. *Wenn* sich jedoch erst einmal Intimität und Vertrauen entwickelt haben – anstelle von erzwungener Nähe –, werden wir dieses Wissen kaum dazu benutzen, einander zu verletzen oder zu beherrschen. Dann brauchen wir unsere Verwundbarkeit auch nicht mehr als Defensivwaffe einzusetzen. Und wir können den Freiraum für ein Wachstum finden, das uns weniger verwundbar und daher offener macht.

Die Nähe der Intimität braucht Zeit. Janice Raymond schreibt:

> [Die Erfahrung lehrte], daß, um eine Person wirklich kennenzulernen, wir mit ihr wachsen und uns mit ihr Zeit nehmen müssen und daß es nicht so etwas wie eine blitzartige Intimität gibt. Sie mahnte zur Vorsicht, intensive Gefühle und Gedanken mit einer zu teilen, mit der Frau kaum bekannt ist. Und sie durchbrach die eingängige Rhetorik der einfachen Rezepte, wie man Grenzen zwischen Menschen einreißen kann, indem sie enthüllte, wie leicht Freundschaft wiederum neue Grenzen errichten und neue Formen der Entfremdung schaffen kann, die auf falscher Intimität gegründet sind.[83]

Intimität setzt eine Zusammengehörigkeit voraus, die durch gemeinsame Gefühle und Gedanken, geteilte Interessen, politische Ansichten, Erfahrungen, Verzweiflungsphasen und Wünsche wächst. Intimität läßt sich unter anderem daran ablesen, »daß es nur weniger Worte bedarf«. Wenn ich jemanden so gut verstehe, wenn wir psychisch so aufeinander eingestimmt sind, brauchen wir nur wenige erklärende Worte zu wechseln (obwohl wir auch stundenlang diskutieren können). Dies braucht ebenso wie die Entwicklung von Vertrauen seine Zeit, und es läßt sich weder planen noch garantieren. Das beste, was wir tun können, ist, unseren Part offen zu spielen.

Wenn ich die Nähe der Intimität und des tieferen Verständnisses suche und mich dem Risiko der Veränderung aussetze, wenn ich auf Kontrollmacht verzichte (was nicht heißt, die Kontrolle zu verlieren), werde ich nicht so leicht mein Wachstum durch Distanz (»Unabhängigkeit«) oder dein Wachstum durch Manipulation (»Abhängigkeit«) einschränken aus Furcht, etwas Wertvolles zu verlieren. Intimität kann nicht verloren gehen, auch wenn unsere intimen Beziehungen sich sehr wohl verändern können. Daher kann der wirkliche Wert unzerstört bleiben, auch wenn wir uns auseinanderentwickeln – wir müssen ihn nicht aus Angst vor Verlust zerstören.

Selbsterkenntnis

Intimität bedeutet tiefes Verständnis für die andere und tiefes Verständnis der anderen für uns. Und die Voraussetzung dafür ist nicht Altruismus, sondern Selbst-Bewußtsein: Wenn du mich so tief verstehen wirst, dann muß ich mich auch selbst verstehen, so daß ich mich nicht durch dein Verständnis für mich bedroht fühle. Denn bevor ich wirklich in der Lage bin, dir zu antworten, muß ich mir zumindest über einige Dinge in mir im klaren sein – einschließlich solcher, die mich verwirren oder die ich abwehre. Ich muß mir auch darüber im klaren sein, daß ich nicht mit jeder Frau Intimität erreichen kann, daß ich nicht mit jeder gut auskomme.

Die weiblichen Tugenden helfen uns nicht. Der Altruismus lenkt unsere Aufmerksamkeit auf Interessenkonflikte; die Aufopferung verzerrt Beziehungen; die Verwundbarkeit sucht eine erzwungene Nähe mit einem gewissen Maß an Kontrollmacht, schließt Selbst-Bewußtsein aus und setzt Abhängigkeit voraus; Mütterlichkeit reproduziert das Patriarchat. Die Entwicklung der weiblichen Tugenden entzieht unseren Verbindungen den Boden. Selbsterkenntnis, Entscheiden als etwas Kreatives, Amazonenleben und Intimität sind etwas vollkommen anderes.

Schließlich bin ich an der ethischen Perspektive interessiert. Selbsterkenntnis, die Voraussetzung für echte Intimität in unserem Leben, scheint auch die Vorbedingung für eine Revolution der Moral zu sein – der natürliche Ausgangspunkt lesbischer Ethik. Hierin, in dem tiefen Verständnis ihres Selbst und ihrer Beziehung zu anderen, liegt die Chance von Lesben, weibliche Handlungsfähigkeit unabhängig vom Heterosexualismus zu entwickeln.

3 Macht, Paternalismus und Zuwendung

In diesem Kapitel will ich unsere Vorstellung von Macht im Sinne von Beherrschung hinterfragen. Wenn wir glauben, wir müßten eine Situation beherrschen, um politisch oder gut oder effektiv zu sein, enden wir statt dessen bei dem Versuch, uns selbst und andere zu beherrschen. Auf diese Weise werden wir unsere Fähigkeiten eher gegenseitig untergraben als fördern. Und wenn sich herausstellt, daß wir eine Situation nicht beherrschen können, wenden wir uns oft in der einen oder anderen Form gegen die Beteiligten und nehmen uns selbst die Möglichkeit, diesen Prozeß mitzubestimmen. Statt zu versuchen, Situationen oder einander zu beherrschen, finde ich es sinnvoller, uns einander zuzuwenden und dadurch die moralische Handlungsfähigkeit in uns und anderen zu stärken. Gegenwärtig neigen wir dazu, einander wenig zu achten, zementieren damit die Macht der Privilegien und verwechseln Zusammenhalt und Engagement füreinander mit Bindung.

Macht

Das Persönliche und das Politische

Die Theoretiker der anglo-europäischen Ethik haben sich über die Frage der Macht als Faktor in moralischen Entscheidungen lange ausgeschwiegen.[1] Vermutlich glauben sie, der Begriff Macht werde in der Politikwissenschaft ausreichend behandelt; sie halten Macht eher für eine politische als für eine moralische Kategorie. Wenn Männer sich mit Machtfragen beschäftigen, konzentrieren sie sich auf staatliche Behörden, Polizei und Streitkräfte, die Kontrolle der ökonomischen Ressourcen und der Technologie, auf Hierarchien und Befehlsketten. Dagegen halten sie moralische Überlegungen für eine Sache der persönlichen Entscheidung: wie wir andere Menschen behandeln, wie wir unsere Angelegenheiten regeln, wie wir gut sein oder wie wir anderen helfen können.

Natürlich bringen sie auch gewisse moralische Überlegungen in bestimmte politische Entscheidungen ein. Dem utilitaristischen Prinzip zufolge, nach dem wir stets so handeln sollen, daß es so vielen Menschen wie möglich den größtmöglichen Nutzen bringt, argumentieren die Machthabenden, es sei für die Vereinigten Staaten moralisch vertretbar gewesen, Hiroshima und Nagasaki dem Erdboden gleichzumachen, denn dies habe weniger Leben gekostet als ein längerer, weniger drastischer Krieg.[2] Der Gedanke, wir seien moralisch verpflichtet, den Gesetzen des Staates zu gehorchen, spiegelt auch das typische Verhältnis von Ethik und Politik im traditionellen Denken wider; ebenso ist es mit dem Gedanken, der Staat sei zum Schutz des Individuums und das Individuum zum Gehorsam gegenüber dem Staat verpflichtet.

Dennoch betrachten Männer im allgemeinen Politik und Ethik als grundverschiedene Dinge; Macht ist für sie ausschließlich Thema der Politik. Infolgedessen neigen sie bei der Beschäftigung mit ethischen Fragen dazu, die Bedeutung von Machtunterschieden zu vernachlässigen. Am nächsten kommen sie den Machtfragen noch bei Überlegungen, wie wir andere innerhalb von Hierachien behandeln sollten: unsere Pflichten gegenüber Höherstehenden, womit die weiblichen Tugenden angesprochen sind, und unsere Verantwortung gegenüber Untergeordneten, wobei die paternalistische Rechtfertigung von Herrschaft eine Rolle spielt. Diese Überlegungen verstärken institutionalisierte Macht und Privilegien, gerade indem sie das Machtgefälle in einer Hierarchie als moralisch irrelevant behandeln.

Die modernen anglo-europäischen Philosophen haben den 'freien Willen' diskutiert, und wir dürften erwarten, daß sie sich damit befaßt haben, wie Menschen in Unterdrückungsverhältnissen verantwortlich handeln können. Ihre Auslegung des 'freien Willens' enthält jedoch nichts dergleichen. Statt dessen analysieren sie die Frage, ob die Existenz eines geplanten Universums oder eines mechanistischen Universums bedeutet, daß alle unsere Handlungen vorherbestimmt sind. Sie erkennen weder Machtunterschiede an noch analysieren sie den Einsatz von Macht als einen Faktor, der bei der Wahl oder Bewertung unserer ethischen Entscheidungen zu beachten ist.

Wenn wir uns auf die traditionelle anglo-europäische Ethiktheorie stützen wollten, um die Entscheidungen von Menschen unter Unterdrückungsbedingungen zu bewerten, so müßten wir uns hauptsächlich mit den unmittelbaren persönlichen Lebensumständen befassen, beispielsweise wie sie in diese Situation geraten sind oder was sie getan haben, um jenen Entscheidungen aus dem Weg zu gehen. Wir würden weder den politischen Kontext berücksichtigen, in dem sie leben, noch die Tatsache, daß sie nur begrenzte Wahlmöglichkeiten haben. Wir würden nicht in Betracht ziehen, daß ihre Entscheidungen eine Reaktion auf ihre Unterdrückungserfahrung sein könnten. Auch würden wir außer acht lassen, daß der Begriff 'moralische Entscheidung' in bestimmten Situationen einfach nicht zutrifft, daß manche Menschen in den Situationen, mit denen sie konfrontiert waren, nicht den Status moralisch handelnder Personen hatten. In der traditionellen Ethik gelten das Persönliche und das Politische als getrennte Bereiche.

Bezeichnenderweise waren es Feministinnen, die feststellten, daß das Persönliche das Politische ist.[3] Simone de Beauvoir gab vielen Frauen den Anstoß, über den Begriff 'Frau' nachzudenken, besonders darüber, wie Frauen im Verhältnis zum Mann grundsätzlich als das Andere definiert werden.[4] Betty Friedan brachte viele Frauen zum Nachdenken über die Kontrolle der Männer über die Medien, besonders die Darstellung von Frauen in Illustrierten während des Zweiten Weltkrieges, als die Frauen an der 'Arbeitsfront' gebraucht wurden, und ihre Darstellung nach Kriegsende, während der Zurück-an-den-Herd-Bewegung, als die Regierung den Frauen die Arbeitsplätze nahm und sie den Männern gab.[5] Kate Millett machte auf die Tatsache aufmerksam, daß die Beziehung zwischen den Geschlechtern eine politische ist. Sie erweiterte die Definition von 'Politik' von den 'Methoden oder Taktiken zur Verwaltung eines Staates oder einer Regierung' auf die 'Strategien zur Erhaltung eines Systems' und sagte, Politik beziehe sich vielmehr auf »die machtstrukturellen Beziehungen, aufgrund derer eine Gruppe von Menschen von einer anderen regiert wird«.[6] Mary Daly zeigte, wie uns besonders durch den Klerus[7] die Macht der Benennung gestohlen wurde. Und die von Robin Morgan herausgegebene Anthologie *Sisterhood is powerful* war eine wichtige Inspiration für die aufkommende Frauenbewegung in den USA.[8]

Die Frauen aus der Bürgerrechts- und Friedensbewegung und die Frauen aus der Linken brachten ihr Wissen mit: aus dem Sozialismus[9] – wie die materiellen Bedingungen unseres Lebens unsere Entscheidungen beeinflussen; aus dem Anarchismus[10] – wie die vom Staat ausgehende Gewalt sich nicht qualitativ von der Gewalt der Outlaws unterscheidet (sondern nur in Organisationsgrad und Wirkungsbereich). Selbsterfahrungsgruppen entstanden, und die Frauen begannen zu auszusprechen, daß das, was einer einzelnen Frau geschieht, den meisten Frauen geschieht. Die feministischen Theoretikerinnen entdeckten Verhaltensmuster, die deutlich machten, daß dieses Geschehen politischen Charakter hatte und nicht wegen einzelner moralischer Entscheidungen einer Frau eintrat, sondern ungeachtet dieser Entscheidungen einfach deshalb, weil sie eine Frau war. Daraufhin begannen sie sich auf das Verhältnis zwischen dem Persönlichen und dem

Politischen zu konzentrieren, vor allem auf die Machtstrukturen in heterosexuellen Interaktionen.

So erkannten die Feministinnen Macht als einen Faktor nicht nur in Staatsangelegenheiten, sondern auch in der Privatheit der persönlichen Interaktion, und wir begannen die Manifestationen von Macht im Leben von Frauen und Lesben aufzudecken, die viel subtiler und schleichender waren als die der militärischen und wirtschaftlichen Macht: die Macht der Sprache,[11] die Macht der Unterdrückung von Vorbildern,[12] die Macht der Erwartung und Wahrnehmung,[13] die Macht der Verfügung und Definition[14]. Wir begannen zu begreifen, wie diese Instrumente benutzt wurden, um unsere persönlichen Entscheidungen einzuschränken. Wir begannen, unsere eigene Macht zu beanspruchen: die Macht der Verständigung, der Selbsterfahrung,[15] des Organisierens, des Erzeugens, des Heilens. Und wir fanden unseren fundamentalen Lebenszusammenhang. Eine Figur in June Arnolds Roman *The Cook and the Carpenter* drückt dies so aus:

> Ich glaube einfach nicht, daß eine isoliert und getrennt von ihrem persönlichen Glück oder dem Bedürfnis nach Liebe für die Revolution arbeiten kann. Die würde doch den Unterschied zwischen richtig und falsch gar nicht erkennen können. Es ist ja nicht so, daß wir zwei Dinge auf einmal wollen – ein anderes Leben anfangen und für die Revolution arbeiten. Das sind die beiden Hälften eines Ganzen, und es ist unumgänglich, sie zusammenzubringen.[16]

In unserer individuellen und kollektiven Kommunikation sind wir gegen die subtileren Formen der herrschenden Macht angegangen, der wir ausgesetzt waren. Wir fanden heraus, daß wir sie in Form von Rassismus[17], Antisemitismus[18], Klassenherrschaft[19], Diskriminierung von Alten/Jungen,[20] Behinderten[21] und Dicken[22] sowie Sexismus und Heterosexismus gegeneinander wandten. Das geschah in der Form des offenen Vorurteils ebenso wie mit der schleichenden Macht der Privilegien – dem Privileg der Unkenntnis, selbst der Anmaßung. Dann versuchten wir, einander mit politischen Regeln zu kontrollieren, und das führte zu einem Rückschlag für die Lesben. Mehr noch, uns an die Brust zu schlagen, uns verwundbar zu zeigen und uns selbst zu entblößen, bewirkte nicht etwa Wachstum und Veränderung, sondern Schuldgefühle und Manipulation. Schließlich versuchten wir unsere guten Absichten und sogar unsere Unschuld zu beweisen, indem wir mit Fingern auf andere zeigten. Wir behaupteten, wir seien machtlos, doch wir verfügten damals wie heute über ein beträchtliches Waffenarsenal.

Macht als Beherrschung und Macht als innere Stärke

Ich will hier keine Analyse des Begriffs 'Macht' vorlegen – oder vielleicht sollte ich lieber sagen, der 'Macht'-Begriffe, denn in den vorigen Absätzen hatte das Wort verschiedene Bedeutungen. Es gibt jedoch bestimmte Schlüsselelemente in den Vorstellungen von 'Macht', die ich für die Interaktion von Lesben und daher für die lesbische Ethik wichtig finde. In der Lesben- und Frauenspiritualität unterscheiden die Frauen oft zwischen 'Macht als Beherrschung' und 'Macht als innere Stärke'.[23]

'Macht als Beherrschung' zeigt sich in Dominanz und Unterordnung und formt mit einer Vielzahl offener und versteckter Methoden andere nach unserem Willen.[24] Obwohl sie aus einer dominanten wie auch aus einer untergeordneten Position heraus ausgeübt werden kann, richtet unsere Aufmerksamkeit sich doch vorwiegend auf diejenigen, die sie mit großem Aufwand aus der Herrschaftsposition heraus ausüben, denn dann ist sie mit der Gefahr der Zerstörung und ständigen Vernichtung verbunden.

'Macht als innere Stärke' dagegen beruht darauf, daß wir in unserer Mitte ruhen und im Gleichgewicht mit unserer Umgebung bleiben, wenn wir entscheiden, wohin wir unsere Energie richten. 'Macht als innere Stärke' ist die Macht der Fähigkeit/des Vermögens, der Entscheidung und des Engagements. Sie ist etwas Kreatives und daher eine bewegende und wandelnde Macht.

Von diesen beiden Kategorien ist die 'Macht als Beherrschung' ein zentraler Punkt in der US-amerikanischen Gesellschaft und nahezu die einzige anerkannte Form der Macht. Im Wörterbuch finden sich drei Definitionen: 1. Macht als Fähigkeit oder Vermögen, 2. Macht als Herrschaft oder Autorität, 3. Macht als Stärke oder Kraft. In unserer Gesellschaft nehmen alle jedoch mehr oder weniger die Form der Beherrschung an, wenn eine Person anderen ihren Willen aufzwingt.[25] Beispielsweise assoziieren wir Stärke oder Kraft oft entweder mit Zerstörung oder mit Macht über andere. Die Machthabenden sind gewohnt, Stärke und Kraft anzusammeln und sie in Machtmittel (Sanktionen) zu verwandeln, die sich dazu benutzen lassen, ihre Position zu behaupten und auszubauen. Auf diese Weise zwingen sie anderen durch Autorität und Herrschaft ihren Willen auf. So setzen die, die über Macht durch Stärke oder Kraft verfügen, diese Macht zur Beherrschung ein.

Der Gedanke der Macht als Fähigkeit oder Vermögen ist wichtig und weist darauf hin, daß wir darin 'Macht als innere Stärke' erkennen und anerkennen. Er weist auf große, aufregende Ideen hin, etwa, daß unsere Macht auf unserer Energie und unserer Fähigkeit beruht und daß wir sie durch das ausüben können, was wir mit Konzentration und Engagement in diesem Leben erreichen.

Doch dies ist nicht die Bedeutung, die Macht als Vermögen im herrschenden gesellschaftlichen Denken in den USA annimmt. In dieser Gesellschaft wurde 'Macht als Vermögen' über das Konzept des 'Bewirkens' allmählich mit 'Macht als Beherrschung' assoziiert; wir bewerten unser Vermögen nach unserer Fähigkeit, »effektive« Leistung zu bringen; mein Vermögen wird gemessen an dem, was ich bewirken kann. Wir legen wenig Wert darauf, wie wir etwas tun – und auf die Auswirkungen unseres Tuns auf andere – und viel Wert darauf, wieviel wir hervorbringen. Da unser Output sich quantitativ erhöht, wenn andere uns bei unseren Projekten helfen, wird 'Vermögen' mit unserem Talent verbunden, andere dazu zu bringen, daß sie ihre Arbeit in unsere Projekte stecken. Soweit wir Vermögen als wirkliche Macht wahrnehmen, bewerten wir es nur zu gern danach, ob wir damit anderen unseren Willen aufzwingen können.

Unser Vermögen, als Macht verstanden, wird daran gemessen, inwieweit wir fähig sind, andere zu beherrschen und Ergebnisse zu erzielen. Mit anderen Worten: Das Vermögen, das wir in dieser Gesellschaft als Macht wahrnehmen, ist eine administrative, nicht ein kreative Fähigkeit.[26] Vermögen als Macht ist in der herrschenden Gesellschaft das Vermögen zur Aufgabenbestimmung und -verteilung, zur Zuordnung, zum Managen, Führen, Behandeln oder Beherrschen anderer – das, was sich »Führung« nennt.

In gewisser Weise scheint 'Macht über' oder 'Macht als Beherrschung' für die gebräuchliche Vorstellung von 'Macht' ziemlich zentral zu sein. Und es ist dieses weitverbreitete Verständnis von Macht – unter Kontrolle haben, beherrschen, unseren Willen aufzwingen –, das ich in den Interaktionen von Lesben in Frage stellen will.

Paternalismus

Die patriarchale Begründung für die Ausübung von Macht im Sinne von 'unter Kontrolle haben' oder 'beherrschen' oder 'aufzwingen des Willens' reicht vom unverhüllten »Macht geht vor Recht« bis zur subtilen Ideologie des Schutzes der »Schwachen« und »Hilflosen«. Beide Extreme gibt es sowohl in Kolonialismus und Rassismus als auch in »Liebes«-Beziehungen zwischen Männern und Frauen. Innerhalb der Lesbenszene neigen wir dagegen, zumindest theoretisch, zu der Ansicht, »Macht geht *nicht* vor Recht«. Andererseits sehen wir uns mit der subtilen Vorhut der rohen Gewalt konfrontiert – dem Paternalismus. Dieser ist vielleicht die durchtriebenste Rechtfertigung, Macht über die Entscheidungen anderer ausüben zu wollen. Im politischen Sinne ist Paternalismus »die Behandlung oder Führung von Menschen auf väterliche Weise, insbesondere durch Erfüllung ihrer Bedürfnisse, ohne ihnen Verantwortung zu übertragen«.[27]

Philosophen und Staatsmänner diskutieren den Paternalismus gewöhnlich im Zusammenhang damit, unter welchen Bedingungen der Staat eine »Pflicht« (das Recht) zum Eingriff in das Leben einer Bürgerin/eines Bürgers hat, wenn diese/r anderen nicht schadet. Die typische liberale Begründung für die Einschränkung oder Erzwingung der Entscheidungen einer Person beruht auf dem Gedanken, der Staat habe ein Recht, die Aktivitäten einer Person zu unterbinden, wenn diese mit den Rechten anderer Individuen oder Gruppen kollidieren.[28] Der Paternalismus als Rechtfertigung für staatliche Eingriffe hat jedoch einen anderen Schwerpunkt. Dahinter steht die Vorstellung, daß der Staat unter bestimmten Bedingungen die Pflicht zum Eingriff in die Angelegenheiten einer Bürgerin/eines Bürgers auch dann hat, wenn dies weder zum Wohle anderer noch zum Wohle der Allgemeinheit noch zum Wohle des Staates geschieht. Paternalismus bedeutet, daß der Staat zum Wohle des Individuums selbst eingreift.

Der Begriff 'Paternalismus' ist wichtig, weil er das Verständnis von 'Autorität' erweitert, so daß darunter nicht nur ein Führer zu verstehen ist oder jemand, der die Macht hat, Entscheidungen zu fällen (Legislative) oder sie durchzusetzen (Exekutive, zum Beispiel Polizei). Paternalismus beinhaltet die Idee, irgendeine Bürgerin/ein Bürger oder eine Instanz sei eigentlich besser als eine Person selbst in der Lage zu bestimmen, was gut für sie ist, *und solle* daher auch für sie entscheiden, was sie zu tun hat. Im Grunde bedeutet das, daß der Paternalismus 1. die Einschränkung oder sogar Aufhebung der Integrität einer Person »zu ihrem eigenen Besten« rechtfertigt, 2. die Vorstellung begründet, jemand habe das Recht und praktisch sogar die Pflicht, jemand anders unter bestimmten Bedingungen zu beherrschen (zu beschützen, zu zwingen usw.) und diese Person so in eine gewisse Abhängigkeit zu bringen; und 3. glauben machen will, eine solche Abhängigkeit diene dem Wohl einer einzelnen Person.[29]

Paternalismus beinhaltet die Vorstellung, jemand anders wüßte etwas besser, nicht nur im Sinne besserer Informiertheit, die wir uns bei unseren Entscheidungen ja zunutze machen könnten, sondern in dem Sinne, daß er besser in der Lage sei, unsere Bedürfnisse und Interessen zu definieren und aufgrund dessen zu bestimmen, was wir zu tun haben. Natürlich kann es manchmal vorkommen, daß jemand besser als ich erkennt, was »gut für mich ist«. Daraus folgt jedoch noch lange nicht, daß dieser Jemand bestimmen sollte, was ich zu tun habe. Der Paternalismus verleitet uns dazu, nicht mehr auf unsere eigene Urteilsfähigkeit zu vertrauen[30] (und aus unseren Fehlern zu lernen); damit treibt er den Verlust der moralischen Handlungsfähigkeit voran.

Beherrschen versus Zuwenden

Lesben sehen sich mit der paternalistischen Vorstellung konfrontiert, wir müßten versuchen, einer Frau in ihrem Schmerz oder ihrem Problem dadurch zu helfen, daß wir die Situation für sie handhaben; wenn sie in einer Krise steckt, sei es angebracht, die Sache für sie in die Hand zu nehmen. Dabei befürchte ich vor allem, daß wir mit diesem In-die-Hand-Nehmen der anderen die Reaktionsfähigkeit (ihre Fähigkeit, auf die Situation einzugehen[31]) und damit die moralische Handlungsfähigkeit nehmen.

Es heißt, die Unterdrückten könnten einander trösten, aber keine Kraft geben. Das trifft meiner Ansicht nach auf die Lesbenszene zu. Wir können manchmal bewirken, daß die andere sich besser fühlt, doch unser Umgang miteinander fördert nur selten Wachstum, Heilung und Veränderung. Wir mögen im Trösten geübt sein, und wir mögen auch gut Schuldgefühle auslösen und manipulieren können, aber *fördern* wir einander? Oder vielmehr, wenn wir einander fördern, was genau fördern wir?

Nach dem von den Anonymen Alkoholikern und ähnlichen Selbsthilfegruppen entwickelten Konzept der 'Förderung' fördern die Angehörigen oft mehr die Abhängigkeit einer Alkoholikerin als ihr Vermögen, trocken zu werden und zu bleiben und sich wieder unbenebelt auf die Welt einzulassen. Wie Celinda Cantu erläutert, werden die Fördernden zu Co-Alkoholikerinnen, die »von der Alkoholikerin so abhängig sind wie die Alkoholikerin vom Alkohol«, denn »ihre Droge ist es, für die Alkoholikerin zu sorgen und von ihr gebraucht zu werden«.[32]

Die Sache in die Hand nehmen

Im Umgang miteinander müssen wir fragen, woran wir teilhaben und was wir fördern. In Unterdrückungsverhältnissen kann es unsere Droge werden, wenn eine andere in irgendeiner Weise von uns abhängig ist. Wir neigen zu der Annahme, daß wir eine Situation in der Hand haben müssen, um sie zu bewältigen; um gut für die andere, ihre Schwester zu sein, müssen wir ihrer Qual ein Ende machen und alles in Ordnung bringen; das ist die Bedeutung des Mächtigseins. In diesem Prozeß hemmen wir ihre Fähigkeit, Entscheidungen zu treffen und innerhalb der Grenzen ihrer Situation zu reagieren. Wir versichern ihr, daß alles gut wird, selbst wenn das nicht stimmt.[33] Und wir fördern mit dieser Herablassung ihre Verwundbarkeit mehr als ihr Vermögen. Dadurch untergraben wir ihre moralische Handlungsfähigkeit.

Zwei Lesben, eine chinesische Amerikanerin und eine weiße Amerikanerin, beenden ihre Liebesbeziehung. Die chinesisch-amerikanische Lesbe geht zu Freundinnen, um Trost zu finden und ihren Schmerz zu verarbeiten.[34] Die Freundinnen, überwiegend Weiße, sind bestürzt, wollen, daß sie sich besser fühlt, und ergreifen Partei: Sie halten sich von der anderen Lesbe fern, isolieren sie und greifen sie vielleicht verbal an. Dieses Eingreifen scheint ganz berechtigt. Schließlich ist es doch ganz natürlich, den Schmerz einer Freundin lindern zu wollen. Wir werden zu ihrer Beschützerin, wir versuchen, die Sache an ihrer Stelle in die Hand zu nehmen. In diesem Falle scheinen wir mit unseren Bemühungen Erfolg zu haben: Wir können die Situation beherrschen. Wir trösten sie, wir wenden uns gegen ihre Ex-Freundin ... aber stärken wir sie damit? Und stärken wir uns selbst? Ich frage mich, ob wir in dieser Situation wirklich Macht ausgeübt haben. Ich frage mich, ob irgendeine in dieser Situation an Erfahrung gewinnt oder etwas lernt.

Eine Lesbe will vielleicht ihre Gefühle verstehen und dadurch eine neue Perspektive gewinnen, zumindest einen Halt, wenn sie in ihrem Schmerz versinkt. Aber wenn ihre Freundinnen versuchen wollen, »die Dinge wieder auszubügeln« und sie das nicht will, dann kann sie mit ihrem Schmerz nicht zu ihnen gehen. Mehr noch: Wenn die Freundinnen sich einschalten, werden sie auch mit dem Ergebnis zu tun bekommen und haben damit über das Mitgefühl und die Sorge für die Freundin hinaus ein begründetes Interesse an einem Erfolg. Sollte die Freundin sich dann wieder mit ihrer Ex-Geliebten zusammentun, so können sich die Freundinnen, die sich eingeschaltet hatten, benutzt oder sogar hintergangen fühlen.

Andererseits geht eine Lesbe, die verletzt wurde, vielleicht auch zu Freundinnen, damit diese sich einschalten. Vielleicht bittet sie sie – wahrscheinlich auf versteckte Weise –, ihre Ex-Geliebte irgendwie zu verletzen. Statt sich einen eigenen Schutzkreis zu schaffen, während sie ihren Schmerz lindert und die Wunden heilen läßt, fordert sie vielleicht ihre Freundinnen auf, dies für sie zu tun, ohne die unvermeidlichen Konsequenzen zu bedenken, als ob die Ex-Geliebte damit einfach aus der Gemeinschaft verschwinden würde. Die Ex-Geliebte mag zwar damit rechnen, daß die andere alles tut, um ihren Schmerz zu bewältigen, einschließlich Kontaktabbruch, doch wenn die Freundinnen ebenfalls den Kontakt abbrechen, behandeln sie die Ex-Geliebte so, als seien sie selbst die Verletzten. Durch ihr Eingreifen in die Situation können sie ihre Freundin trösten, doch übernehmen sie etwas, was nicht ihre Sache ist, und stärken die Freundin damit nicht.

Wenn wir eine Freundin oder Geliebte in dieser Weise ständig beschützen und uns selbst in den Mittelpunkt ihrer Probleme stellen, dann werden wir mit der Zeit die Achtung vor ihr verlieren. Wir werden sie als nicht bereit oder unfähig zu eigenen Entscheidungen betrachten. Um uns trotz ihrer offensichtlichen Unfähigkeit die Achtung vor ihr zu erhalten, sind wir dann genötigt, sie als Opfer anzusehen, das so hilflos und unter Beschuß ist wie keine andere in der Lesbengemeinschaft. Das mag in Extremsituationen wohl der Fall sein, doch wenn diese Opfersicht die treibende Kraft zwischen uns wird, müssen wir sie bestätigen und aufrechterhalten, koste es, was es wolle, um der Beziehung ihren Sinn zu erhalten. Und das untergräbt das Vermögen der Freundin selbst.

Das Aufeinander-Eingehen untergraben

Abgesehen von den Problemen, die entstehen, wenn wir eine Situation in die Hand nehmen können und es auch tun, meine ich auch, daß wir unsere Reaktionsfähigkeit verlieren – unser Vermögen, auf die Situation einzugehen –, wenn wir feststellen, daß wir nichts bewirken können. Wenn wir unter Macht das Vermögen zur Beherrschung verstehen und sich herausstellt, daß wir eine Situation nicht in der Hand haben, sind wir mit unserer Machtlosigkeit konfrontiert. Oft ziehen wir uns dann zurück, als hätten wir versagt, und nehmen die Schuld an der ganzen Situation auf uns, als hätten wir sie verursacht; oder wir wenden uns von der Situation ab oder leugnen auf andere Weise, daß das Problem existiert und weiterbestehen wird.

Mit beiden Reaktionen versuchen wir meiner Ansicht nach, unsere Machtlosigkeit – im Sinne des herrschenden 'Macht'-Begriffs – zu leugnen, und bestätigen uns, daß wir sehr wohl etwas bewirken können. Indem wir uns selbst die Schuld zuweisen, beteuern wir, daß wir etwas hätten bewirken können, wenn wir uns nur größere Mühe gegeben hätten, schneller oder fähiger gewesen wären. Indem wir uns gegen die andere wenden, leugnen wir, daß es hier überhaupt ein Problem zu lösen gab. Wenn wir also Macht als Kontrollmacht verstehen und finden, daß wir eine Situation nicht unter Kontrolle haben, werden wir aller Wahrscheinlichkeit nach unsere Reaktionsfähigkeit und unser Vermögen zur Interaktion beeinträchtigen – und damit unsere moralische Handlungsfähigkeit untergraben.

Eine Frau aus der weißen Oberschicht wird zur Wohltätigkeit gegenüber denen angehalten, die schlechter dran sind als sie, doch ist sie von der Erfahrung ökonomischer Unterdrückung abgeschnitten. Schließlich bringt das Leben sie an einen Ort, wo sie dem Anblick nackter Armut nicht mehr ausweichen kann. Sie hat gelernt, daß eine gute Frau Leiden lindert, doch hier wäre es selbst dann noch ein Tropfen auf den heißen Stein, wenn sie all ihren Besitz verschenken und ihre eigene Familie in die gleiche Situation bringen würde. Sie reagiert, indem sie ihre Machtlosigkeit leugnet, indem sie sich weigert, die Armut zur Kenntnis zu nehmen. Ein anderes Beispiel: Eine puertorikanische Lesbe aus der Arbeiterklasse, die ihr ganzes Leben lang Armut erfahren hat, aber sich durch Abendschule und Jobs vor und nach der Schule daraus befreit hat, beansprucht vielleicht Macht für sich, indem sie sich gegen diejenigen wendet, die weiterhin in Armut leben, und sie für ihre Situation selbst verantwortlich macht. In beiden Fällen – wenn wir eine Situation nicht in der Hand haben, uns aber dazu verpflichtet fühlen – werden wir lieber die Unterdrückung nicht mehr zur Kenntnis nehmen oder sogar den Opfern die Schuld daran geben.

Eine weiße Feministin setzt alles daran, um ein Kommunikationszentrum aufzubauen, in dem farbige Lesben sich wohlfühlen können. Eine schwarze Lesbe weist darauf hin, daß dies immer noch ein rassistischer Raum ist – oder zumindest einer vorwiegend für weiße Frauen. Die weiße Feministin fühlt sich in die Enge getrieben, erkennt, daß sie keine Macht über das Zentrum hat, und zieht sich auf das Verleugnen zurück. Sie greift die schwarze Lesbe verbal an und beschuldigt sie der bewußten Spaltung. Durch ihre weibliche Sozialisation ist sie auf die weibliche Ineffektivität gedrillt worden, und diese Situation reißt die alte Wunde wieder auf. Wenn eine sie mit ihrer Machtlosigkeit konfrontiert, reagiert sie mit all der Kraft ihres Schmerzes. Sie ist in der Defensive und fühlt sich schuldig, weil sie die Situation nicht unmittelbar unter Kontrolle hat, und daher verschließt sie sich: »Mehr kann ich schließlich nicht tun« ist ihre frustrierte und wütende Antwort.

Eine schwarze Lesbe versucht, ihre Wohnung nach den Bedürfnissen einer langjährigen weißen Freundin und Geliebten einzurichten, die zu Besuch kommt und schwere körperliche Beschwerden hat. So besorgt und umsichtig sie auch war, ihre Bemühungen reichten nicht aus. In der Wohnung gibt es immer noch bestimmte Stoffe, welche die Krankheit ihrer Freundin verstärken. Als die Freundin darauf hinweist, wird die Lesbe wütend auf sie, weil sie damit deutlich ihre Grenzen gezeigt bekommen hat. Die Anwesenheit ihrer Freundin erinnert sie an ihre eigene Machtlosigkeit, an ihr Unvermögen, ihre Umgebung für diejenigen, die sie liebt, vollständig unter Kontrolle zu haben. Da es ihr nicht möglich ist, das Leiden ihrer Freundin zu übersehen, greift sie sie statt dessen an und sagt wütend, sie habe alles getan, was sie konnte.

Verantwortung für eine Situation übernehmen

Ich meine, auch Lesben haben dieses im männlichen Denken vorherrschende Verständnis von 'Macht' übernommen. Doch wenn wir diese Vorstellung akzeptieren, halten wir uns in einer Situation, die wir nicht beherrschen können, für machtlos und glauben, unser Tun könne nichts bewirken. Oder wir kommen vielleicht zu dem Schluß, daß wir uns in nichts von den Imperialisten, dem Ku-Klux-Klan, den Nazis oder der John-Birch-Society unterscheiden, weil die Wirkung unserer Handlungen offensichtlich die gleiche ist – das Fortbestehen der Unterdrückung.

Doch wir sind lebendig, treffen Entscheidungen, verbinden uns miteinander, verändern Dinge – und ich bin davon überzeugt, daß die aufkommende Frustration uns durch Manipulation, Schuldgefühle, Zwang und Stigmatisierung auseinanderbringt. Solange wir unser Leiden artikulieren, ist unsere Stimme laut und schön, und wir können stolz auf uns und auf unseren Bruch mit der herrschenden Ideologie sein, die es gern sähe, wenn wir die Unterdrückung dankbar annehmen und uns ihr fügen würden. Gerade dann aber, wenn wir ein Gefühl für unsere Stärke bekommen, auf unsere Erfolge stolz sind und unser Vermögen und unseren Lebenssinn erkennen, überschreiten wir unsere Grenzen und reagieren in der einen oder anderen Weise.

Nehmen wir folgendes Beispiel: Eine weiße Lesbe sitzt in der U-Bahn und hat ihre Tasche auf den Sitz neben sich gestellt. Um sie herum sind viele Sitzplätze frei. Ein Schwarzer steigt zu, schaut sich um, geht auf den Platz zu, auf dem ihre Tasche steht, und fordert sie auf, diese wegzunehmen. Sie tut es, fragt ihn dann aber: »Warum können Sie sich nicht woanders hinsetzen?« Er beginnt sie zu beschimpfen, bis sie schließlich den Platz wechselt. Später wird sie wütend auf sich selbst. Sie macht sich Gedanken, ob sie nicht zuviel in die Situation hineingelesen hat, ob sie nicht ihre negativen Gefühle auf ihn projiziert hat. Gleichzeitig ärgert sie sich über sich selbst, weil sie nachgegeben und sich nicht so behauptet hat, wie sie es hätte tun sollen.

Zu dieser Situation läßt sich einiges sagen. Wenn beispielsweise eine weiße Autoritätsperson in der U-Bahn gewesen wäre, hätte diese sich wahrscheinlich auf die Seite der weißen Lesbe geschlagen, ohne daß dies in irgendeiner Weise mit Gerechtigkeit zu tun gehabt hätte. Wie kann sich die weiße Lesbe in einer von Rassendiskriminierung geprägten

US-Stadt Ende der achtziger Jahre in einer solchen Situation nicht-rassistisch verhalten? Was geschieht, wenn sie in dem Bemühen, nicht-rassistisch zu sein, mit dem Schwarzen anders umgeht als mit einem Weißen, besonders wenn das bedeutet, daß sie sich selbst nicht ausreichend schützt? In manchen Situationen gibt es vielleicht keine eindeutig richtige Lösung, aber viele falsche – oder zumindest viele Fallen, viele nicht ganz akzeptable Alternativen.

Wesentlich finde ich, daß sie die Situation bewertet, indem sie nur ihr Verhalten bedenkt und nicht seins. Sie beurteilt nicht ihn; sie beurteilt nur sich selbst. Sie gibt sich selbst die Schuld. Sie beansprucht die ganze Verantwortung für sich. Wenn sie für die Situation voll verantwortlich ist, dann ist sie wohlgemerkt nicht hilflos, obwohl sie sich zu dem Zeitpunkt durchaus hilflos gefühlt haben mag. Sie hätte etwas anderes tun können, um auf das Resultat Einfluß zu nehmen. Auch wenn sie sich in einer solchen Situation falsch verhält, kann sie ohne die Angst vor wahlloser Gewalt in die Welt hinausgehen; sie kann sicher sein, daß Ereignisse ihren Sinn und ihre Bedeutung haben. Indem sie die Schuld auf sich nimmt, wird sie zur Handelnden; das impliziert, daß sie Macht hat und das, was geschehen war, hätte verhindern können. In vielen Fällen von Vergewaltigung geben die Frauen sich selbst die Schuld – sie hätten woanders sein können, andere Kleidung tragen können usw. Wenn eine Frau sich selbst die Schuld gibt, bestreitet sie unter anderem, daß ihr Tun irrelevant war.

Eine sechzehnjährige weiße Frau in einer heterosexuellen Mittelschichtfamilie erlebt mit, wie ihre Mutter sich von ihrem alkoholabhängigen Vater scheiden läßt und sich einen Geliebten nimmt, den Vater des Freundes der Sechzehnjährigen; dieser belästigt dann ihre Schwester. Die junge Frau hilft ihrer Schwester, wieder zu ihrem Vater zu ziehen, der inzwischen seit einigen Jahren trocken ist; außerdem veranlaßt sie das Jugendamt, Klage gegen den Freund ihrer Mutter zu erheben. Später bekommt die junge Frau Schuldgefühle; sie hatte es nicht geschafft, ihren jüngeren Bruder von diesem Mann, der auch ein Schläger ist, und von ihrer Mutter wegzubringen, die den Bruder anlügt und sich weigert, ihm Briefe oder Geschenke von seiner Familie zu geben. Sie empfindet ihre Mutter, die weiterhin mit ihrem Geliebten zusammen ist, als Fremde, und auch der Geliebte der Mutter tut ihr sehr leid, denn er hatte zuvor eine Kette von Katastrophen erlebt, darunter den Tod seiner Frau bei einem Autounfall. Sie fühlt sich schuldig, weil sie nicht die Lebensumstände aller Beteiligten verbessern kann. Sie bedenkt nicht, daß es sehr wohl in ihrer Macht liegt, sich davor zu bewahren, selbst Opfer dieses Chaos zu werden. Da sie die Situation nicht vollständig in der Hand hat, beginnt sie, sich ohnmächtig und zugleich verantwortlich zu fühlen.

Ein Mädchen verweigert die Nahrungsaufnahme. Ihre Umgebung macht sich Sorgen, sie könne magersüchtig sein, und drängt sie, sich mit »ihrem Problem« auseinanderzusetzen. In Wirklichkeit muß sie sich mit zu vielen Problemen auseinandersetzen. Sie reagiert auf das Trauma und den Schmerz ihrer Umgebung. Sie sagt, sie könne den Problemen aller anderen nicht entrinnen; um innere Ruhe zu finden und ihre Schuldgefühle loszuwerden, glaubt sie, sie müsse die Situation beherrschen, indem sie die Probleme der anderen löst. Das ist unmöglich. Das einzige, was sie beherrschen kann, ist ihr eigener Körper – also hört sie auf zu essen. Wenn ihre Umgebung dies bemerkt und sie zum Essen zu bewegen versucht, indem sie ihr Schuldgefühle einflößt, verliert sie vollends den Appetit und ekelt sich sogar vor Lebensmitteln. Wenn Macht Beherrschung ist, dann hat sie sich in einer Situation, die sie nach ihrem eigenen Empfinden nicht beherrschen kann, eine gewisse Macht verschafft.[35]

Die Fähigkeit zur Verbindung

Noch ein Beispiel: Eine Lesbe ist krank und zieht sich zurück. Ihre Freundinnen verstehen das nicht; der Grund ist, daß sie nicht mit der Hilflosigkeit der Freundinnen umgehen kann. Sie braucht ihre ganze Energie für die Auseinandersetzung mit ihrer Krankheit. Die anderen wollen ihr helfen; wenn das aber nicht geht und sie auch keine Besserung feststellen, bringen sie es nicht fertig, einfach mit ihrer Krankheit zu leben. Schließlich ziehen sie sich vielleicht schuldbewußt zurück und fühlen sich danach immer unbehaglich, wenn sie wieder Kontakt mit ihr aufnehmen. Oder sie wenden sich frustriert gegen sie: »Wenn du wirklich wolltest, würdest du auch gesund werden«.[36]

Mit der Vorstellung von Macht als 'Macht über etwas oder jemanden' verlieren wir die Fähigkeit zur Verbindung und Zuwendung, das Vermögen, voneinander zu lernen und damit am Fundament unseres Lesbisch-Seins mitzubauen. Dann sind wir anfällig für die Weltanschauung der Herrschenden.

Eine weiße Lesbe verliert ihren Job, weil sie lesbisch ist. Die Gemeinschaft kann sich organisieren und Druck auf ihren Arbeitgeber ausüben, damit er seine Entscheidung zurücknimmt. Wenn er aber nicht will, haben sie keine Möglichkeit, etwas zu verändern – wenn er bei seiner Entscheidung bleibt, können sie ihm ihren Willen nicht aufzwingen. Schließlich wird die Lesbe ihre Freundinnen und die Gemeinschaft vielleicht verachten – offensichtlich können sie ja doch nichts bewirken. Vielleicht akzeptiert sie dann das Denksystem ihres Arbeitgebers und verinnerlicht es.

Eine andere Lesbe ist krank und verachtet ihre Freundinnen für deren Unvermögen, ihre Schmerzen zu lindern. Da Macht ihrer Vorstellung nach bedeutet, durch Eingreifen in eine Situation Schmerzen oder Unterdrückung ein Ende zu machen, wendet sie sich an diejenigen, die anscheinend die Macht haben, anderen Schmerz zuzufügen und sie zu unterdrücken; diese stehen in ihren Augen für die Realität, und so wendet sie sich von Lesben ab und weist deren Unterstützung zurück.

Wir wollen, daß andere uns alle Schwierigkeiten aus dem Weg räumen – und sind wütend, wenn sie das nicht können –, denn wir haben die Unterdrückung nicht selbst gewählt. Und wir möchten die Dinge für diejenigen, die uns nahestehen, in Ordnung bringen. Der Paternalismus als Denkmethode ist eine verständliche Reaktion auf ein Leben in Unterdrückungsverhältnissen, in Herrschaft und Unterordnung, namentlich im Heterosexualismus. Aber können wir dadurch auch selbständig werden? Der Paternalismus als Denkmethode kann die Unterdrückungsbedingungen nicht unterwandern, sondern verstärkt sie noch.

Zuwendung als Förderung

In meinen bisherigen Ausführungen habe ich darauf hingewiesen, daß es nicht angebracht ist, für diejenigen, die uns nahestehen, das Geschehen zu beherrschen. Wir kämen ja auch nicht auf die Idee, in einen erfreulichen Prozeß einzugreifen, um ihn zu lenken oder zu beenden. Wenn wir versuchen, den Schmerz einer Freundin zu beenden oder seine Ursache zu beseitigen, fördern wir Verletzungen: Indem wir für sie handeln, weil wir glauben, wir könnten das Problem besser bewältigen als sie, unterlaufen wir ihre eigene Entwicklung und mißachten ihre Integrität. Mit anderen Worten: Wir übernehmen das paternalistische Denken – eine beschwichtigende Rechtfertigung dafür, daß wir anderen unseren Willen aufzwingen. Macht im Sinne von Beherrschung oder Kontrollmacht ist keine fördernde, befähigende Macht.

Ich will einen anderen Ansatz für unsere Interaktionen vorschlagen, einen Weg, der uns ermutigt und ein anderes Verständnis von Macht entwickelt: Macht als innere Stärke. Uns einer Freundin in ihrem Schmerz zuzuwenden, sie zu unterstützen, aber nicht kontrollierend einzugreifen, ist machtvoll insofern, als es er-mächtigt, fördert, befähigt.[37] Nach dem patriarchalischen Machtbegriff fühlen wir uns hilflos, wenn wir ihren Schmerz sehen, und wollen ihm ein Ende bereiten. Wenn wir uns ihr dagegen zuwenden, anstatt die Dinge unter Kontrolle bringen zu wollen, er-mächtigt unser Handeln sie selbst, indem es sie unterstützt, sich auf ihre eigene Stärke zu besinnen und zu konzentrieren. Diese Zuwendung geben wir oft, wenn wir Freude teilen.[38]

»Unser Zahlungsmittel ist die Zuwendung«, schreibt Alice Molloy.[39] Wenn wir uns einer Frau oder einer Situation zuwenden, konzentrieren wir uns auf sie und geben ihr damit unsere Energie. Meistens konzentrieren wir unsere Aufmerksamkeit auf die Interessen der Herrschenden. Aufgrund ihrer Macht – das heißt, ihres Vermögens, zu unterbrechen und zu zerstören – ist unsere Aufmerksamkeit an sie gefesselt. Aber sie können natürlich nur durch unsere Aufmerksamkeit ihre Interessen weiterhin verfolgen.

Wenn du dich statt dessen mir zuwendest, sind unsere Kommunikationskanäle frei, und wir senden und empfangen Energie. Wenn ich mich dir zuwende, strecke ich die Hand nach dir aus, bin ich präsent für dich, engagiere ich mich für dich. Ich konzentriere meine Energie und meinen Rhythmus auf dich. Wenn ich mich einer Frau in ihrem Schmerz zuwende, kann ich sie stützen. Wenn sie aus dem Gleichgewicht gerissen ist und in einer Krise steckt, kann ich ihr helfen, sich zu stabilisieren, vielleicht wie ein Leuchtturm oder ein Magnet wirken. Wenn wir uns einander zuwenden, können wir untereinander eine fördernde, befähigende Macht schaffen.[40]

Sie sagt, ihre Geliebte verläßt sie, sie sagt, sie ist krank, sie sagt, sie wird an ihrem Arbeitsplatz diskriminiert. Ich verstehe, was dies für sie bedeutet, denn ich verstehe etwas von Politik, habe ähnliche Erfahrungen gemacht und bin mit ihr vertraut – ich verstehe sehr viel von dem, was in ihr vorgeht. Und deshalb werde ich zur Zeugin. Ich weiß, was sie heute empfindet, weil ich weiß, was sie früher empfunden hat – ich verstehe ihr Leben.

Wenn ich mich auf sie konzentriere und mich ihrem Entwicklungsprozeß zuwende, spürt sie, daß jemand anders versteht, was sie durchmacht; und schon das stärkt. Juana María Paz schreibt: »Ich kann es nicht allein durchstehen. Ich brauche eine, die mich in meinen Erfahrungen bestärkt, die meine Träume und Visionen teilt.«[41] Wenn eine andere Lesbe spürt, was ich durchmache, kann mich das wieder ins Gleichgewicht bringen und gesund machen. Ich brauche nicht im Wahnsinn der Isolation zu verharren und zu glauben, niemand wüßte, was mir geschieht. Ich bin nicht isoliert. Ich bin Teil einer Gruppe und werde bemerkt;[42] ich werde ernst genommen; ich bewirke etwas.

Wenn wir einer Situation allein gegenüberstehen, müssen wir uns ständig bestätigen, daß unsere Gedanken auch der Wirklichkeit entsprechen. Oder wir müssen uns ununterbrochen vergewissern, daß unsere Reaktionen sich nicht zu weit von der Wirklichkeit entfernen. Unsere Freundinnen können uns mit ihrer Zuwendung bei der Realitätsprüfung helfen, und das stärkt. Es heißt nicht, daß wir uns mit unserer Einschätzung der Wirklichkeit von ihnen abhängig machen, sondern wir können ihre Reaktionen als zusätzliche Informationen für die Realitätsbewertung nutzen. Daher brauchen wir unsere Energie und Aufmerksamkeit nicht ständig zur Überwachung der Situation einzusetzen. Statt dessen können wir auf unsere Gefühle, unsere Bedürfnisse achten; wir können unsere Energie darauf konzentrieren, unseren Schmerz zu verarbeiten, weitere Entscheidungen zu treffen und zu wachsen.

Das heißt nicht, daß die Freundinnen in der Situation keine Urteile abgeben sollten. Im Gegenteil, mit der Zuwendung bringen wir uns selbst, unsere Erfahrungen, unsere Wahrnehmungen und unseren Rat – also unsere Energie – sehr stark ein. Ich meine auch nicht, daß die Freundinnen niemals etwas tun sollten (zum Beispiel, wenn eine Lesbe bei Verhaftung oder Diskriminierung am Arbeitsplatz um Hilfe bittet). Ich will aber die Heldin in uns in Frage stellen: unseren Drang, uns einzumischen und die Situation zu beherrschen, der Drang, unseren eigentlichen Wert darin zu sehen, daß eine andere uns braucht und von uns abhängig ist.

Damit will ich kein festes, unumstößliches Gesetz für den Umgang mit anderen aufstellen. Ich will keine Regel für richtiges Verhalten vorschlagen, sondern einen Weg, aufeinander zuzugehen, eine andere Wahrnehmung und Bewertung unserer Entscheidungen, ein anderes Verständnis von Macht. Wenn wir in Krisen das Beherrschen der Situation und der anderen Frauen als angemessene Handlungsweise betrachten, zementieren wir das Fundament von Herrschaft und Unterordnung, denn wir leisten damit der Idee Vorschub, für eine andere die Sache in die Hand nehmen und sie als Opfer behandeln zu können. Statt dessen meine ich: Wenn wir uns darauf konzentrieren, uns ihr bei ihren Entscheidungen zuzuwenden – indem wir ihre Erfahrungen aufnehmen, ihre Situation verstehen, Vorschläge machen, aber ihr die Entscheidung überlassen –, entwickeln wir allmählich ein anderes Verständnis von Macht. Nicht Opfer zu beschützen oder Situationen zu beherrschen, sondern das Vermögen einer Freundin zu fördern, ist dann das Motiv unserer Interaktionen.

Eingreifen

Ich meine auch nicht, daß niemals Anlaß besteht, in die Entwicklung einer Freundin einzugreifen. Da gibt es alle möglichen vertrackten Fälle. Was ist, wenn eine Beziehung zunehmend gewalttätig wird? Was ist, wenn unsere Freundin einen Anfall erleidet? Wenn sie verhaftet wird? Was ist, wenn sie ganz in Gedanken eine verkehrsreiche Straße betritt? Wann ist unser Handeln ein »Übernehmen«, das ihr die Integrität nimmt? Und wenn Eingreifen immer Zwang bedeutet, sollten wir es dann nicht um jeden Preis vermeiden?

Ich will anregen, die Idee der Hilfe für eine Freundin oder Geliebte aus einer anderen Perspektive anzugehen. Eine andere Herangehensweise wird das beeinflussen, was wir in einer bestimmten Situation als die vernünftige Wahl betrachten. Sie wird auch bestimmen, welche Handlungen oder Entscheidungen wir als erklärungsbedürftig ansehen.

Vielleicht entscheiden wir uns also, für eine Freundin zu intervenieren, jedoch nur in sehr gefahrvollen Situationen. Und statt unser Handeln dann als heroisch zu betrachten, sehen wir es als eine schwere Anmaßung, ja sogar als Vermessenheit, denn zuerst einmal wäre es die Entscheidung, unserer Freundin die Integrität zu nehmen. Bei einem so anderen Verständnis von Eingreifen hätten wir das Bedürfnis, das Eingreifen zu erklären und nicht wie in dem heroischen Modell das Nichteingreifen.

Wenn wir uns für das Eingreifen entscheiden, wäre es auch nicht angebracht, am Ende der Krise zu gehen und unsere Tat als lobenswert und abgeschlossen zu betrachten. Wir wären bereit, bei unserer Freundin zu bleiben, bis sie ihr Gleichgewicht wiedergefunden hat und wieder selbständig handeln kann. Wir wären bereit, die Verletzung, die unser anfängliches Eingreifen verursacht hat, und die Abhängigkeit von uns Heldinnen wieder abzubauen. Und wir wären darauf vorbereitet, daß sie wahrscheinlich frustriert und wütend über unser Eindringen wird, über den (zeitweiligen) Verlust ihrer Integrität und Handlungsfähigkeit und über unsere Rolle dabei.

Erfolg des Handelns

Uns einander zuwenden zu können bedeutet, daß wir uns selbst und die andere in unseren jeweiligen Lebenslagen stützen können. Und meiner Ansicht nach ist es diese Stütze, die uns hilft, der Unterdrückung aktiv Widerstand zu leisten. Verständnis und enorme innere Stärke sind nötig, um nicht in Panik zu geraten. Wir leben in einer Welt, über der das Damoklesschwert der männlichen Zerstörung schwebt; wir leben mit einer Zeitbombe, und diese Zeitbombe tickt. Eine Zeitbombe läßt sich jedoch nicht durch überstürztes Handeln entschärfen. Diejenigen, die Zeitbomben entschärfen, arbeiten akribisch genau an den kleinen Teilen der Bombe, beschäftigen sich mit einem Teil nach dem anderen und lassen sich von der Größe der Aufgabe oder dem Mangel an Zeit nicht beirren, sondern widmen jedem kleinen Teil die volle Aufmerksamkeit und bleiben selbst angesichts der drohenden Katastrophe ruhig. Vielleicht explodiert die Bombe, bevor sie sie entschärfen können – doch ihre Aufmerksamkeit ist nicht dorthin gerichtet, wo sie hilflos sind,[43] sondern wo sie ihre Fähigkeiten einsetzen können, um etwas zu bewirken. Unsere Arbeit ist weder heroisch noch je beendet; wir können uns darauf einstellen, mit ihr zu leben, unsere Fähigkeiten zu entwickeln und die der anderen zu fördern, damit eine Veränderung stattfinden kann.

So planen wir vielleicht eine Demonstration, weil eine Freundin von uns gefeuert wurde – aber unsere Herangehensweise spielt eine Rolle dabei. Wir können uns mit einer »Sieg-oder-Tod«-Energie darauf stürzen: Wenn wir diesen Unterdrückungsfall nicht verhindern, haben wir versagt und können gar nichts bewirken. Oder wir verlagern unsere Aufmerksamkeit auf unsere Freundin und darauf, wie diese Aktion sie und uns fördert. Dazu gehört auch zu klären, was bei diesem Unternehmen als Erfolg gewertet wird. Wenn unsere Freundin sich für eine Klage beim Arbeitsgericht entscheidet, gilt es nur als Erfolg, wenn sie gewinnt? Erfolg kann schon darin bestehen, den Plänen der Herren einfach Sand ins Getriebe zu streuen – wie bei der Sabotage, hier allerdings offen und unmißverständlich. Erfolg kann darin bestehen, daß unsere Freundin Möglichkeiten entdeckt zu kämpfen, Ärger zu machen, den Arbeitgebern zu zeigen, daß wir nicht gewillt sind, die Situation zu akzeptieren. So gesehen, hat sie den Erfolg in der Hand: Sie kann mit ihrem Leben etwas bewirken; sie ist eine moralisch Handelnde; sie bewegt sich, und die Dinge verändern sich mit ihr.

Grenzen der Zuwendung

Nun will ich nicht für permanente Zuwendung plädieren.[44] Manchmal ist es wesentlich, Raum für sich zu haben, besonders wenn diejenige, der es schlecht geht, sich nicht sicher ist, ob sie ihre Freundinnen nicht subtil beeinflussen würde, die Sache für sie in die Hand zu nehmen. Und manchmal wollen wir auch einfach in unserem Schmerz wühlen und nicht darauf achten müssen, welchen Eindruck wir auf andere machen. Das gilt besonders dann, wenn unseren Freundinnen bei unserem Schmerz ausgesprochen unbehaglich zumute ist und sie ihn deshalb möglichst schnell überstanden sehen wollen. Oder vielleicht wollen wir allein sein, wenn wir das Gefühl haben, unsere Freundinnen beobachten neugierig, wie wir reagieren. (Solche Neugier ist nichts Schlimmes, aber eine, der es schlecht geht, wird sie nicht unbedingt befriedigen wollen.) Es mag der Raum für sich sein, den eine Lesbe in einer bestimmten Situation braucht und will.

Außerdem gibt es bestimmte Grenzen der Zuwendung. Erstens kann es wichtig sein, daß ich mich in der Zuwendung zu einer anderen selbst schütze, ob diese Erfahrung nun neu oder alt ist. Auch wenn ich also die Situation einer anderen verstehen kann, nehme ich sie doch nicht so auf, als wäre ich selbst betroffen. Sally Gearhart beschreibt in *Das Wanderland*, wie Frauen vor dem Betreten der Erinnerungsräume einen Schutzschild anlegen; das ist ein wichtiger Gedanke.[45]

Zweitens: Wenn die Zuwendung darin besteht, daß wir den Schmerz einer anderen Lesbe übernehmen, besonders wenn sich dieser Schmerz in Form von fehlgeleitetem Zorn als Angriff gegen uns entlädt, dann stärken wir weder sie noch uns, wenn wir bleiben und ihr weiterhin unsere Aufmerksamkeit widmen. Wenn wir Angriffe einer Freundin oder Geliebten hinnehmen, erwarten wir nichts von ihr – wir handeln herablassend und nähren damit nur ihre geringe Meinung von sich selbst, verstärken ihre internalisierte Unterdrücktenhaltung: ihre Überzeugung, sie sei gemein oder nicht integer, oder diejenigen, die sich mit ihr abgäben, könnten ja nicht viel wert sein. In diesem

Moment bei ihr zu bleiben, besonders wenn sie uns zu manipulieren versucht, kann nicht be-fähigen, sondern nur ent-fähigen.

Drittens kann, auch wenn ich mich einer anderen in ihren Entscheidungsprozessen zuwende, sehr wohl ein Moment kommen, in dem ich mit ihren Entscheidungen nicht mehr einverstanden sein kann. Vielleicht beschließt sie, sich dauernd zu betrinken, um den Schmerz zu betäuben. Wenn sie keine Alkoholikerin ist, kann ich ihr ein- oder zweimal dabei Gesellschaft leisten; wenn das zur Gewohnheit wird, kann ich ihr sagen, daß ich dies nicht sehr hilfreich finde. Wenn ich sie jedoch nicht dazu bewegen kann aufzuhören, und wenn ich in meiner Zuwendung nur die Wahl habe, mit ihr zu paktieren oder ihr meinen Willen aufzuzwingen, dann kann ich beschließen, mich abzuwenden. Zuwendung braucht Energie, und wenn ich das, was ich mit meiner Energie unterstütze, nicht akzeptieren kann, kann ich aufhören, mitzumachen.

Gefahren der Zuwendung

Es ist auch wichtig zu erkennen, daß 'Zuwendung' einige Gefahren in sich birgt. Eine Lesbe kann vielleicht mit ihrer Zuwendung ihre Freundin noch mehr belasten, einfach aus Unwissenheit. Vielleicht versteht sie nicht, welche Tiefen ihre Freundin durchlebt, und reagiert deshalb vielleicht in einer Art, welche die Situation abschwächt oder ihr einen Hauch von Melodrama verleiht. Die Gefahr besteht darin, daß sie in ihrer Zuwendung nicht mehr verläßlich ist.

Eine Lesbe aus der Arbeiterklasse, deren Freundin aus der Oberschicht akut und chronisch krank ist, wird vielleicht annehmen, ihre Freundin sei geistig ebenso geschwächt wie körperlich, und nicht erkennen, daß ihre Freundin zwar nicht genug Energie hat, um sich aufrecht zu halten und zu verteidigen, aber wohl noch die Energien und Vorgänge um sich herum aufnimmt. Oder eine weiße Lesbe aus der Mittelschicht reagiert vielleicht mit Unverständnis, wenn eine schwarze Lesbe aus der Arbeiterklasse bei einem Schicksalsschlag wenig Gefühle zeigt, und erkennt nicht, daß im Leben ihrer Freundin der Ausdruck von Gefühlen die Gefahr der Bloßstellung mit sich bringt.

Gefährlich daran ist, daß die, die Zuwendung gibt und versucht, ihre Wahrnehmungen einzuordnen, eine zweite Geschichte erfindet, eine Schublade für das Leiden ihrer Freundin; und die Freundin muß sich nicht nur mit ihren eigenen Problemen, sondern auch noch mit der verzerrten Wahrnehmung der anderen Lesbe auseinandersetzen. Diane Hugs schreibt:

> Ich kann einfach nicht mehr in der Öffentlichkeit stehen und die Rollen, welche die Gesellschaft mir zuweist, ignorieren. Oft nährt es schon die vorgeprägten Stereotypen von 'den' Behinderten, wenn ich nur meine Gefühle öffentlich mache. Wenn ich wütend bin, paßt das in das Stereotyp vom verbitterten Krüppel. Wenn ich traurig oder deprimiert bin, bin ich die arme, bedauernswerte Behinderte. Wenn ich eine ganz alltägliche Aufgabe bewältige, die diejenigen, die niemals mit ähnlichen Hindernissen konfrontiert waren, mutig finden, sehen sie mich als den tapferen Krüppel. Wenn ich Sport treibe, muß ich gleich ein Superkrüppel sein. Unter dem Blick der Öffentlichkeit bleibt mir wenig Raum, in dem ich ich selbst sein und ganzheitlich wahrgenommen werden kann.[46]

Das heißt, Zuwendung selbst ist ein Vermögen – eine Fähigkeit, die wir lernen sollten.[47]

Das soll nicht heißen, daß es immer die Lesben mit den gleichen eigenen Erfahrungen sind, denen die Zuwendung am besten gelingt. Manchmal kann eine Lesbe, die unsere Situation niemals selbst erlebt hat, uns mit ihrer Zuwendung am meisten helfen. Wenn wir selbst erst klären müssen, was wir durchmachen, können ihre Fragen uns in diesem Prozeß unterstützen.

Lesben, die aus eigener Erfahrung wissen, was eine andere Lesbe gerade erlebt, können sie in ihrem Prozeß auch zusätzlich belasten. Eine Lesbe, die entlassen wird, sucht vielleicht Unterstützung, um ihren Arbeitgeber unter Druck zu setzen, oder sammelt Geld, um über eine Rechtsanwältin eine Diskriminierungsklage einreichen zu können. Eine andere Lesbe, die sie um Hilfe bittet, ist vielleicht selbst schon ein- oder zweimal entlassen worden, und die Situation ihrer Freundin ruft wieder die alten Alpträume hervor. Sie wendet sich von ihrer Freundin ab, weil ihre eigenen Wunden noch zu frisch sind. Wenn sie nicht erklärt, daß sie sich nur wegen ihres eigenen unverarbeiteten Schmerzes zurückzieht, wird ihre Freundin an ihrer eigenen Wahrnehmung zweifeln. Wenn jemand aus eigener Erfahrung weiß, was wir durchmachen, und uns dennoch im Stich läßt, dann werden wir uns schließlich fragen, ob wir wirklich diskriminiert werden oder ob wir uns das nur einbilden.

Unparteiisches Beobachten

Es kann zwar problematisch sein, wenn diejenige, die Zuwendung gibt, zu wenig oder zu viel Erfahrung hat, doch halte ich Zuwendung auch nicht für eine Sache des unparteiischen Beobachtens. Ich will sie nicht in die Nähe der humanistischen Psychologie der sechziger und siebziger Jahre rücken, die angeblich nicht-wertend ist. Ich plädiere nicht für die Passivität einer angeblich unparteiischen Beobachterin: Kein Urteil ist auch ein Urteil. Die angeblich nicht-wertende Rogers-Therapie hält uns nur davon ab, unsere Umgebung und die Werte des Status quo wahrzunehmen – in der Therapie bedeutet das oft, dem Opfer die Schuld zuzuweisen. (»Ich höre heraus, daß du dich vergewaltigt fühlst und daß du glaubst, es sei deine Schuld, und daß du glaubst, du hättest es herausgefordert.«) Den Schmerz einer anderen einfach nur »objektiv« zu »bestätigen«, heißt, eine bestimmte Bewertungsrichtung über und gegen andere Bewertungen zu setzen (in diesem Fall, die männliche statt der weiblichen Wahrnehmung von Vergewaltigung). Die angeblich nicht-wertende humanistische Psychologie stützt den politischen Status quo.

Zuwendung ist engagiertes Handeln, und daher warne ich vor dem Schluß, TherapeutInnen seien Menschen, die professionell Zuwendung geben.[48] In der Beziehung Therapeutin/Klientin wird formell die eine Partei für hilfsbedürftig erklärt, und die andere Partei hat angeblich aufgrund ihrer Ausbildung das »objektive« Vermögen zu helfen. Das ist nicht das, was ich unter Zuwendung verstehe.

Zuwendung ist keine Sache des unparteiischen Beobachtens – und sollte es auch nicht sein. Denn wenn wir uns zuwenden, bringen wir *unsere* Energie in die Situation ein. Wir kommen mit unseren Plänen und Träumen, mit unseren Erfahrungen und Urteilen, mit unseren Bedürfnissen und Grenzen. Wenn eine Freundin ihren Job verliert, ist es nicht irgendeine, die das bemerkt, sondern *wir.* Wenn wir uns zuwenden, bringen wir eine andere Perspektive in die Situation ein, und dadurch verändert sich die Situation: Es geht um unsere Freundin und um uns und darum, was wir alle daraus machen können. Zuwendung ist weder unparteiisch noch passiv. Sie ist zutiefst engagiert (und damit natürlich anfällig für Fehler wie für Erfolge).

Wir sind versucht, uns an eine Therapeutin zu wenden, weil TherapeutInnen professionell sind und daher »objektiv« sein müssen:

> Ich tue das in dem Glauben, diese Person habe keine geheimen Pläne, keinen Grund, mich zu verraten oder mich nach ihrem Bilde zu formen. Ich halte sie für objektiv. Aber was ist Objektivität? Ist sie Desinteresse, Distanz oder Unparteilichkeit? Und wenn, will ich jemand, die sich für mein Wohlergehen nicht interessiert?[49]

Objektivität ist nichts weiter als die Summe unserer Wahrnehmungen. Eine Therapeutin fügt unser Verständnis bestimmter »innerer Empfindungen« in eine bestimmte Weltanschauung ein – entsprechend ihrer Therapierichtung. Und während die Tiefe unserer Gefühle in einem bestimmten Zusammenhang Sinn macht, scheint eine Therapeutin durch ihren »objektiven« professionellen Status weder am Aufbau dieses Zusammenhanges beteiligt noch von ihm begrenzt und auf ihn ausgerichtet zu sein. Sie ist daher »unparteiisch«, und sie braucht nicht in unsere Gefühle oder ihre eigenen Gefühle einzutauchen; sie kann uns einfach nur zeigen (oder uns entdecken lassen), wie unsere Gefühle in ihr Modell (»Realität«) passen.

Indem ich die Vorstellung einer »objektiven« Beobachterin in Frage stelle, schlage ich vor, daß wir uns zugleich auch von dem Gegenbegriff trennen: »Subjektivität«. Sicherlich können wir beispielsweise in Selbsterfahrungsgruppen unsere persönlichen Erfahrungen einbringen. Der Begriff 'Subjektivität' impliziert jedoch, daß wir persönliche, völlig unterschiedliche Wahrnehmungen haben, die durch eine unparteiische (»objektive«) Person vermittelt werden müssen. Die Bedeutung unserer Gefühle und Interaktionen entwickelt sich jedoch in einem sozialen Kontext. Und Therapie lenkt unsere Aufmerksamkeit mehr auf »subjektive« innere Zustände als auf den sozialen Kontext, in dem unsere persönlichen Erfahrungen Bedeutung gewinnen. So gesehen, hat Therapie die Selbsterfahrungsgruppen abgelöst.

Therapie versus Selbsterfahrung

In den Selbsterfahrungsgruppen – abgesehen davon, daß wir uns aufeinander als Lesben konzentriert haben – ging es weder um »Objektivität« noch um »Subjektivität«, sondern darum, den patriarchalen Kontext in Frage zu stellen und ein neues Sinnfundament zu schaffen, aus dem wir andere Perspektiven für unsere Interaktion entwickeln konnten.

Das therapeutische Modell ermutigt eine Lesbe, sich an eine Therapeutin zu wenden, damit diese sich mit »ihrem Problem« befaßt. Mit der Vorstellung, die Bedeutung unserer Gefühle sei in unserem Innern zu finden, bestätigt es den Liberalismus. Und es fördert den Gedanken, daß wir zuerst stark werden und dann handeln.[50] So werden wir zum Beispiel erst zornig und konzentrieren uns dann auf den Umgang mit unseren Gefühlen.

Anna Lee führt aus, daß das Problem nicht darin besteht, daß die Therapie unsere Aufmerksamkeit auf uns selbst lenkt – wir wenden uns ja auch uns selbst zu. Problematisch ist vielmehr, daß die Therapie individuelle Lösungen für überpersönliche Probleme fördert.[51] Mit einem Zitat von Naomi Weisstein erinnert Anna Lee uns daran, daß Studien über Therapieerfolge bei »Neurotikerinnen« ergeben haben, daß die Frauen ohne Therapie besser zurechtkommen.[52] Sie fährt fort:

> Frauen, die aus einer länger als sechs Monate dauernden Therapie kommen, haben überwiegend weniger Widerstandskraft. Selbst wenn eine Frau noch keine sechs Monate in Therapie ist, kann es passieren, daß die Therapie mit ihrer Konzentration auf individuelle Lösungen unhinterfragt akzeptiert wird. Meinen Beobachtungen nach sucht die Frau außerdem bei jedem neuen Problem wieder die rasche Hilfe durch eine Therapeutin. Es ist denkbar, daß wir viele Jahre therapiefrei bleiben – wenn wir unser Leben auf unsere unmittelbare Umgebung einengen: die Liebesbeziehung oder die Einrichtung unseres Hauses. Auf diese Weise akzeptieren und leben wir die Lektionen, die wir in der Therapie gelernt haben – den Radius unseres Lebens auf den Bereich einzuengen, den wir beherrschen können. Was wir nicht unter Kontrolle haben, das heißt, die repressiven Kräfte, lassen wir widerstandslos weiterwirken. Durch Nichtbeachtung der äußeren Kräfte haben wir individuelle Lösungen für gesellschaftliche Probleme akzeptiert.[53]

Mit anderen Worten: Die Institution Therapie fördert unsere Annahme, Macht sei eine Frage des Beherrschens, und schwächt damit unsere moralische Handlungsfähigkeit, unser Vermögen, uns in Situationen einzubringen und Entscheidungen zu treffen, insbesondere in Situationen, die wir nicht unter Kontrolle haben.

Selbsterfahrungsgruppen sind dazu da, daß Lesben sich treffen, ihre Schwierigkeiten diskutieren, sehen, daß andere sich zwar mit ähnlichen Problemen herumschlagen, aber anders davon betroffen sind, einander bei den altbekannten Vermeidungstaktiken erwischen und die Vorgänge um sich herum analysieren – die patriarchalen Sinnvorgaben in Frage stellen, um eigene Ansichten entwickeln, uns aus dem patriarchalen Kontext herausarbeiten und einen lesbischen Lebenssinn entwickeln zu können. Dieser Umgang miteinander hat zwar auch seine Probleme (zum Beispiel kann eine Gruppe das Ziel haben, nichts zu verändern, sondern nur zu klagen und Trost zu suchen), doch unser Verständnis von Unterdrückung hat sich in solchen Gruppen entwickelt, nicht in der Therapie. Anna Lee sagt:

> Die zweite Welle der feministischen Revolte begann damit, daß Freundinnen sich trafen, um über ihre persönlichen Erfahrungen zu reden, und erkannten, daß diese Erfahrungen vergleichbar waren, nicht vereinzelt oder verrückt. Selbsterfahrungsgruppen waren das genaue Gegenteil des Abstiegs in die Therapiesitzungen […] Die feministische Vergewaltigungsanalyse stammte nicht aus der humanistischen Psychologie […] Die feministische Rassismusanalyse stammte nicht aus der Therapie.[54]

Das heißt, Therapie unterbricht den durch die Selbsterfahrungsgruppen begonnenen Prozeß, in dem Lesben eine lesbische Analyse und einen lesbischen Sinnzusammenhang entwickeln. Sie tritt an die Stelle des gemeinschaftsorientierten Engagements, durch das wir neue Werte gebildet haben.

Bei der Diskussion von Wachstum und Entwicklung stellt Anna Lee ihre Erfindung eines »Konzentrationsmuskels« vor. Wenn wir lernen, uns aufeinander zu konzentrieren, entwickeln wir das Vermögen, die Ordnung der Patriarchen zu bekämpfen: die Fähigkeit, sie zu durchschauen und uns Werte außerhalb dieser Ordnung zu schaffen.

Wenden wir uns dagegen an eine Frau, die wir als Autorität betrachten und bezahlen, so Anna Lee, dann lenkt diese andere unsere Aufmerksamkeit, und wir lernen dabei nicht, unseren »Konzentrationsmuskel« zu trainieren. Noch wichtiger: Ein solcher Konzentrationsmuskel ist nichts Privates und Individuelles. Er schafft einen Sinnzusammenhang außerhalb des patriarchalen Kontexts. Und das bedeutet nicht individuelle Nabelschau, sondern die Interaktion und das »Einverständnis«, die in der Zuwendung liegen.

Anna Lee schreibt weiter, die therapeutische Beziehung untergrabe unsere Fähigkeit, Freundschaften aufzubauen:

Therapie und Freundschaft

> Manche Frauen sagen, die feministische Therapeutin sei keine Expertin, sondern eine entlohnte Freundin […] Die Therapeutin wird zu einer bloßen Zeugin des Prozesses, in dem die andere Frau herausfindet, was sie wissen muß […] Dieses Argument für feministische Therapie besagt, [Therapie] könne Frauen durch professionelle Freundschaft wirklich fördern. Aber was für eine Freundschaft ist das? […] Wenn Freundschaft aufgrund von Bezahlung existiert, wird sie eine Beziehung nach den Gesetzen des Marktes. Der Wert bestimmt sich nach dem geforderten und bezahlten Preis. Diesem Gesetz zufolge ist eine Beziehung ohne Preis überhaupt keine Beziehung. Wenn wir anfangen zu glauben, Freundschaft ließe sich bezahlen, dann verfälschen wir die unbezahlte Freundschaft […] Wir tragen unser Innerstes zu bezahlten Freundinnen und bieten unseren Gratisfreundinnen die Oberflächenschichten unseres Selbst an. Die Ausrede dafür lautet, wir könnten diesen Freundinnen unseren Schmerz, unsere Wut oder Trauer nicht zumuten. Aber wenn wir nur unsere Freude zu unseren Freundinnen tragen, wie können wir sie dann wertschätzen? Wenn wir unser Innerstes von unseren Freundinnen fernhalten, schwächen wir das Band zwischen Frauen, von dem eine soziale Bewegung lebt.[55]

Feministische Therapie ist nach Janice Raymond und Caryatis Cardea entweder ein Hindernis oder ein Ersatz für die Freundschaft zwischen Frauen.[56]

Therapie und der therapeutische Prozeß können Freundschaft oder auch Gruppenprozesse nicht ersetzen. Unsere Fähigkeit, Entscheidungen zu treffen und auf Situationen zuzugehen, entwickeln wir, indem wir handeln und uns aufeinander einlassen. Therapie entfernt uns von diesem Prozeß; insofern nährt sie die Idee von Macht als Beherrschung.

Daher ist das, was ich 'Zuwendung' nenne, etwas für Freundinnen und Geliebte, für Lesben in der Gemeinschaft und für solche, die sich aus gleichen Motiven einer Gruppe anschließen – aber nichts für professionelle Helferinnen.

Oft ziehen wir uns zurück, weil wir unsere Energie nicht zur Beherrschung einsetzen können, oder wir stellen uns einer Situation, benutzen sie jedoch für andere Ziele und romantisieren und objektivieren die anderen in diesem Prozeß. Zuwendung kann für uns besonders hart sein, weil wir um des Überlebens willen die selektive Wahrnehmung lernen mußten und weil auch nicht alle Lesben ehrlich sind. Es geht aber weder für sie noch für uns darum, durch Zuwendung eine Situation zu beherrschen – es geht um Fördern, Be-fähigen in einer bestimmten Situation.

Es ist ein Unterschied, eine Situation zu beherrschen oder in ihr zu handeln. Zuwendung soll einer Freundin helfen, nicht sich selbst oder ihre Situation besser unter Kontrolle zu haben, sondern *in* der Situation leichter handeln zu können. Das betrifft ihre Fähigkeit, sich einzubringen, als moralisch Handelnde Entscheidungen zu treffen und Werte zu schaffen. Und wenn wir unsere Energie nicht auf Beherrschung, sondern auf Zuwendung richten, kann unser Engagement Wachstum und Förderung bewirken. Juana María Paz schreibt: »Flying Thunder konnte mir nicht den Traum oder die Stärke geben, die ich in ihr sah, aber sie gab mir die Zeit und den Raum, um beides selbst zu entwickeln«.[57] Harriet Ellenberger meint:

> Eine Freundin – eine Frau, von der ich mich jetzt nach elf Jahren trennen will – tat etwas für mich, was wir Lesben dauernd füreinander tun, wenn wir gut sind. Sie drückte mich auf einen Stuhl und sagte: Was willst du mir sagen? *Was willst du mir sagen? Was willst du tun?* Und sie setzte mich einfach auf einen Stuhl am Küchentisch und fragte mich das so am Küchentisch, mit diesem absoluten Vertrauen, das sie immer gehabt hatte, daß schließlich aus meinem verwirrten Kopf etwas Wichtiges herauskommen würde.[58]

Daher ist, wie Mary Daly in *Reine Lust* schreibt, be-freunden der Aufbau eines Kontexts, in dem Handlungen/Sprünge im Sinne einer Metamorphose möglich sind.[59] Durch Zuwendung tragen wir mit zu einem Kontext bei, in dem unsere Entscheidungen eine neue Bedeutung gewinnen.

Wachstum durch Zuwendung

Wachstum und Förderung kann es geben, selbst wenn zunächst noch keine Lösung in Sicht ist, selbst bei Mißverständnissen und Irrtümern. In einer Gruppe farbiger und weißer Lesben erklärt zum Beispiel eine farbige Lesbe, sie könne zu den weißen Lesben keinen Kontakt haben, weil ihr nur noch mehr und noch unklarere Fragen einfielen, wenn sie darüber zu reden versuchte. Zu diesem Zeitpunkt gebe es einfach noch keine Intimität. Die weißen Lesben seien in ihrer Aufmerksamkeit für sie meist unzuverlässig, und sie müsse ihnen nicht nur vieles erklären, sondern sie begriffen überhaupt nichts. Um ihren Bedürfnissen nachgehen zu können, müsse sie sich für den Rückzug entscheiden.

Wenn wir diese Entwicklung unter dem Gesichtspunkt der Kontrolle betrachten, hat es den Anschein, die anderen Lesben – die weißen und farbigen – seien nicht in der Lage gewesen, ihr den Raum zur Klärung ihrer Fragen zu geben. Ihre Entscheidung könnte den anderen deren Unvermögen, die Dinge zu regeln, und offensichtliche Hilflosigkeit vor Augen führen, und sie könnten sich verschließen oder aus verschiedenen Gründen von ihr abwenden. Mit dieser Reaktion würde es den anderen nicht gelingen, sich ihrem Schmerz zuzuwenden und aus ihren Äußerungen zu lernen.

Wenn die anderen dagegen den Schmerz und die Furcht vor dieser Entwicklung der Situation selbst empfinden, können sie erkennen, daß sie einen Handlungsspielraum hergestellt haben, in dem die farbige Lesbe ihre Bedürfnisse so weit klären konnte, daß sie sich zurückziehen konnte. Vielleicht können sie sich ihr zu diesem Zeitpunkt nicht zuwenden, weil sie ihre Fragen und ihre Verwirrung ohne Abwehr oder Schuldgefühle nicht wahrnehmen können, weil sie meinen, sie müßten sofort eine Antwort wissen. Sie können aber ihre Reaktionen wahrnehmen, sich dem durch ihre Unkenntnis bewirkten Schmerz zuwenden und aus dieser Situation lernen. Diese Auffassung ermöglicht es ihnen, statt hilflos zu reagieren, über bloße Abwehr oder diffuse Schuldgefühle hinauszukommen und die andere besser zu verstehen.

Wissen erlangen

Mit anderen Worten: Zuwendung ist Interaktion, wechselseitiger Austausch – anders als die Dynamik der formellen Beziehungen, in denen eine Person die Autorität und die andere die Patientin/Klientin ist. Natürlich lernen auch die »Autoritäten« von ihren Patientinnen/Klientinnen. Was sie lernen, stellt jedoch niemals ihre Autorität in Frage. Was Zuwendung anbelangt, ist niemand eine Autorität. So kann eine, die sich in einem bestimmten Moment zuwendet, die andere damit stabilisieren. Aber gleichzeitig kann auch sie es sein, die wächst und sich im Laufe des Prozesses verändert.

Denn zur Zuwendung gehört auch Wissen. Zuwendung fördert nicht nur diejenige, die sie bekommt, sondern auch diejenige, die sie gibt. Eine Voraussetzung für lesbische Ethik ist die Selbsterkenntnis, und diese Erkenntnis wächst und entwickelt sich durch die Interaktion mit anderen.[60] Diejenige, die sich zuwendet, mehrt ihr Wissen – um andere Situationen, um andere, aber gleich wichtige Perspektiven, um sich selbst in bezug auf diese Perspektiven, um unterschiedliche Energien. Und sie lernt zu handeln. Zuwendung überwindet Ignoranz.

Für Lesben und die Lesbengemeinschaft ist Ignoranz eine Frage von Leben und Tod. Ignoranz mag bequem sein, doch das ist die Bequemlichkeit der Abgestumpftheit, nicht das schöne Gefühl des inneren Gleichgewichts, wenn wir uns der Realität gewiß sind und das Wissen haben, das wir brauchen, um weiterzuleben und unter den gegebenen Umständen die besten Entscheidungen zu treffen. Vielleicht ziehen wir uns für eine Weile zurück, doch das ist etwas ganz anderes als Abstumpfung.

Wir erkennen die Gefahren unseres Lebens als Randgruppe des Patriarchats und entfalten eine panische Aktivität, um etwas zu bewirken. Eine, die nur dasitzt und beobachtet, halten wir leicht für ignorant. Doch Ignoranz ist nicht Inaktivität. Ignoranz ist vielmehr ein zielorientiertes Verhalten, das unüberlegt und gedankenlos abläuft.[61] Wenn wir erkennen, daß das Wissen der herrschenden Kultur *nicht* verläßlich ist und uns *nicht* gibt, was wir wollen, können wir von niemandem mehr lernen – außer voneinander.

Das heißt: Wir lernen durch das Leben, und überlegtes Handeln bedeutet, uns einander intensiv zuzuwenden und dem eingefleischten Impuls zum Beherrschen nicht nachzugeben. Wenn wir uns nicht bewußt einander zuwenden, sondern uns statt dessen wieder von unseren Ängsten einholen lassen, können wir die Zeit nicht zur Überwindung der Ignoranz nutzen. Wenn wir uns hilflos und schuldig fühlen, weil wir unter Macht nur Beherrschung verstehen, fangen wir auf verschiedene Art an, uns zu verschließen. Eine, die sich einer anderen zuwendet, kann jedoch dabei auch nehmen und lernen und handelt dann in eigenem Namen, leistet auf ihre Weise einen Beitrag.

Wenn ich weiß, was die andere durchmacht, kann ich ihr helfen, im Gleichgewicht zu bleiben. Wenn sie Zuwendung bekommt, ist sie nicht isoliert, sondern kann sich auf ihren inneren Prozeß konzentrieren. Auch wenn ich mich in ihren Prozeß nicht hineinbegebe, kann ich ihre Wirklichkeit bejahen und erlange so ein Wissen jenseits des Rationalisierens, kann etwas *mitfühlen,* das ich nicht selbst erfahre.[62] Zuwendung erhöht also meine Fähigkeit zu reagieren; sie ist eine Möglichkeit, wie Lesben völlig unterschiedlicher Herkunft dennoch zusammenarbeiten können.

Die Privilegien der Herrschenden

Ich habe gesagt, daß der Paternalismus uns nicht nützt; er verleitet uns dazu, Macht im Sinne von Beherrschung auszuüben, und dadurch untergraben wir unsere eigene moralische Handlungsfähigkeit und die der anderen. Es ist nicht überraschend, daß zwischen Paternalismus und den patriarchalen Privilegien – Privilegien der Hautfarbe, der Klasse, der Nicht-Behinderung beispielsweise – ein Zusammenhang besteht: Was diese Privilegien uns zu bieten haben, ist die Möglichkeit, Menschen ohne diese Privilegien zu ignorieren. Paternalistisches Denken, die Vorstellung, es sei angebracht, für (und nicht mit) jemandem zu handeln, hält uns in dem Glauben, wir könnten etwas tun, ohne die anderen zu kennen oder ihre Wahrnehmungen und Weltanschauung im Verhältnis zu unseren eigenen zu verstehen (was in der Wissenschaft oft als »Objektivität« gilt). Dieses Denken fördert die atomistische Vereinzelung. Paternalismus und die Vorstellung von Macht im Sinne von Beherrschung fördert die Arroganz, ja sogar die Verachtung, die in der Ignoranz liegt. Damit untergräbt sie unsere Fähigkeit, den herrschenden Werten den Boden zu entziehen.

Ellen Pence schreibt über weiße Frauen:

> Da wir wissen, daß wir in einer Gesellschaft aufgewachsen sind, die vom Glauben an die Überlegenheit weißer Werte, weißer Kultur und weißen Lebensstils durchdrungen ist, können wir davon ausgehen, daß wir aus diesen Sozialisationserfahrungen heraus handeln, auch wenn wir diese Einstellung ablehnen.[63]

Die paternalistischen Werte dienen dazu, alle Lesben von der Überwindung dieser Sozialisation abzuhalten, indem sie uns glauben machen, wir könnten ohne Verständnis für diejenigen, mit denen oder in deren Namen wir handeln, Verantwortung übernehmen. Zuwendung als Wert ermutigt uns, nicht für andere zu handeln, sondern uns ihnen zuzuwenden; nicht immer die Autoritätsposition einzunehmen, sondern beiseitezutreten und zu lernen. Barbara Smith schreibt:

> Es ist nicht die Schuld der weißen Frauen, daß sie uns übergeordnet wurden und meistens nicht wissen, wie sie mit schwarzen Frauen reden sollen, wie sie uns in die Augen schauen und *mit* uns lachen sollen. Rassismus und rassistische Verhaltensweisen sind das Erbe des weißen Patriarchats. Wohl aber ist es eure Schuld, daß ihr euch nicht ernsthaft bemüht, die alten Muster der Verachtung zu verändern.[64]

Judith Moschkovitz schreibt:

> Ich mache nicht die einzelne Amerikanerin für die Wurzeln dieser Ignoranz gegenüber anderen Kulturen verantwortlich; diese Ignoranz wird vom Erziehungssystem, vom politischen System und von den Medien in Amerika gefördert und unterstützt. Wohl aber nehme ich für die *Überwindung* dieser Ignoranz jede Frau in die Verantwortung.[65]

Zuwendung in solchen Situationen bedeutet aber nicht, einfach zu akzeptieren, was die andere behauptet, nur weil sie es behauptet; das ist auch eine Art, sie zu ignorieren, sich nicht wirklich mit ihr auseinanderzusetzen, sich ihr nicht zuzuwenden.

Der Paternalismus veranlaßt uns Lesben, der Angst vor dem Unbekannten nachzugeben,[66] uns gegen die Überwindung der Ignoranz zu wehren, uns nicht wirklich zu bemühen; er verführt uns zu der Annahme, wir könnten ohne Verständnis für andere handeln. Die Alibi-Handlungen der weißen Frauen in der Bewegung kommentiert Lorraine Bethel daher mit der Frage: »Was meinst du mit 'wir', du Weiße?«[67]

In der Rassismusfrage sind weiße Lesben dabei, die Ignoranz zu überwinden. Die paternalistischen Werte sind jedoch noch immer wirksam, denn sie machen uns glauben, um gegenüber einer Frau aus einer anderen Gruppe verantwortlich zu handeln, müßten wir die Herrschaft anstreben und die Dinge »in Ordnung bringen«. Außer der Gefahr der Spaltung und des Gegeneinander gibt es noch einen weiteren Aspekt. Wenn wir statt der

Macht als Beherrschung die fördernde Zuwendungsmacht ausüben, werden wir interagieren und uns engagieren; aber bislang sieht die Reaktion auf unsere Unterschiede meistens anders aus.[68] Wir sind weiterhin in Versuchung, *für* die andere zu handeln. Und das geht in Arroganz und sogar Verachtung über.

Marilyn Frye beschreibt den Humanismus so:

Wir finden es moralisch vertretbar und sogar löblich, Angehörige einer anderen Spezies mit Geringschätzung, Herablassung und Gönnerhaftigkeit zu behandeln. Wir wachen über ihre Sicherheit, wir entscheiden, was gut für sie ist, wir züchten und erziehen sie so, daß sie unsere Bedürfnisse erfüllen und uns Freude machen, wir sorgen dafür, daß sie Nahrung und ein Dach über dem Kopf erhalten, wie es uns gefällt, und sich fortpflanzen, wie es uns paßt. Und oft sind unsere Sorgen um ihr Wohlergehen sogar ernstgemeint und unsere Gefühle echt.[69]

Sie bezeichnet den Phallozentrismus als eine Form des Humanismus: Männer begegnen Frauen mit humanistischer Geringschätzung. Sie fährt fort:

Eine Anmaßung von Rechten und Pflichten analog zum Humanismus findet auch gegenüber Kindern, Alten, Kranken, sogenannten Verrückten oder Kriminellen statt; ebenso verhalten sich Angehörige herrschender ethnischer Gruppen gegenüber Angehörigen unterdrückter Ethnien.[70]

Was zum Beispiel bei vielen weißen Lesben in bezug auf die Hautfarbe häufig vorkommt, bei vielen gesunden Lesben in bezug auf Behinderung und bei vielen Mittel- und Oberschichtlesben in bezug auf Klassenzugehörigkeit, ist eine Anmaßung von Rechten und Pflichten gegenüber denen, die als anders wahrgenommen werden. Nochmals Ellen Pence:

Allmählich fiel mir auf, wie weiße Frauen die Notwendigkeit ignorierten, die herkömmlichen starren Methoden der Entscheidungsfindung, des Prioritätensetzens und der Durchführung von Beschlüssen zu überprüfen. Farbige Frauen einzubeziehen, bedeutete für uns, Einladungen zu verschicken. Wir kamen niemals als Gleiche an den Verhandlungstisch. Die farbigen Frauen schlossen sich uns zu unseren Bedingungen an.[71]

Mitsuye Yamada schreibt:

Die Frauenorganisationen fordern uns auf, uns ihnen »anzuschließen« und etwas von uns »einzubringen«. Sie sind die Besseren; zumindest wissen sie, daß wir existieren, und haben das Gefühl, wir hätten ihnen eventuell etwas Interessantes zu sagen, aber jedesmal, wenn ich vor einer Gruppe über meine Lebensbedingungen als Asiatin spreche, ist es, als hätte ich noch nie zuvor gesprochen, als redete ich vor einem vollkommen unwissenden Auditorium, das noch nie eine Asiatin kennengelernt hat, die nicht dem Stereotyp der passiven, niedlichen usw. »Orientalin« entspricht.[72]

Mit anderen Worten: Lesben müssen meistens erst die Arroganz der Ignoranz, also die Arroganz der Herrschaft überwinden, wenn sie – wie in diesem Falle die weißen Lesben in bezug auf Rassismus – andere Gruppen einbeziehen wollen.

María Lugones zufolge hat dies mit der Vorstellung von Verantwortung zu tun – der Vorstellung, verantwortliche Entscheidungen zu treffen: »Mittelpunkt zu sein, im Vordergrund zu stehen, ist wichtig für eure Integrität als eine, die verantwortliche Entscheidungen trifft.«[73] Die paternalistischen Werte, die Macht der »wohlmeinenden« Herrschaft, veranlassen Lesben so zu handeln, daß sie das Geschehen weiterhin im Griff behalten.

Eine weiße lesbische Universitätsdozentin entwickelt Materialien für eine Veranstaltungsreihe über farbige Frauen. Auf den ersten Blick ist ihre Entscheidung angesichts der Institution, in der sie arbeitet, vernünftig und sogar begrüßenswert. Zwei andere weiße Lesben bewilligen eine Kostenbeihilfe für eine Konferenz und laden farbige Frauen zur Teilnahme ein. Aus der Sicht dieser Verwaltungsfrauen schaffen sie damit für Frauen unterschiedlicher Herkunft Möglichkeiten, die es vorher nicht gab – sie übernehmen politische Verantwortung, sie machen Basisarbeit: organisatorische Dinge, damit andere die Gelegenheit zu Kommunikation, Begegnung und Lernen haben.

Aus der Sicht derjenigen, in deren Sinne sie handeln, repräsentieren sie nach Anna Lees Auffassung lediglich die weiße patriarchale Struktur. Sie mögen zwar Vergünstigungen anbieten und sich durch liberale Schuldgefühle dahin bringen lassen, alle Forderungen zu erfüllen, doch behalten sie aus der Sicht derjenigen, denen sie »dienen«, immer noch die Kontrolle. Der Paternalismus verleitet Lesben dazu, eine Situation beherrschen zu wollen, um das »richtige« Ergebnis zu gewährleisten, und damit einander in dem Drang nach politisch richtigem Handeln auszunutzen. Das führt dazu, daß wir einander beherrschen oder versuchen zu beherrschen. Mit anderen Worten: Wir bringen einander Verachtung statt Achtung entgegen.

Außerdem versuchen wir, die Kontrolle über uns selbst zu behalten. María Lugones sagt, wir wehren die Identifikation mit denen ab, die wir als anders wahrnehmen, weil zur vollen Zuwendung auch das Beachten der Fremdwahrnehmung gehört, und die könnte ein Bild von uns ergeben, das uns nicht gefällt. Zuwendung ist eine selbstbewußte Interaktion: Wir sehen die andere nicht nur als die andere, sondern auch als ein Subjekt, die unser Bild durch ihre Wahrnehmung spiegelt. María Lugones meint daher, wir fürchteten Pluralität, besonders in der Fremdwahrnehmung. Über weiße Frauen angelsächsischer Herkunft schreibt sie:

> Ihr wehrt die Identifikation mit dem Selbst ab, das wir euch spiegeln, denn um uns so zu kennen, wie ihr dieses eigene Selbst kennen müßt, ist eine selbst-bewußte Interaktion nötig. Eure Angst vor Falschheit läßt euch jeden Kontakt vergessen, den wir mal zueinander hatten, denn wenn dieser Kontakt gelebt und erinnert würde, müßte er euch eure Falschheit enthüllen. Deshalb vernachlässigt ihr unseren Kontakt. Ihr wollt gar nicht wissen, was unsere Interaktion ans Licht bringen könnte.[74]

Nach meiner Erfahrung wehren Lesben die Identifikation auch deshalb ab, weil wir uns vor dem fürchten, was wir in den Wahrnehmungen der anderen zu finden glauben; und was wir uns vorstellen, ist stets schlimmer als das, was die anderen wirklich von uns wahrnehmen. Oder es ist in dem Augenblick, wenn wir uns damit konfrontieren, niemals so schlimm wie das, was wir befürchtet hatten und vermeiden wollten. Im allgemeinen setzen wir die Kontrolle ein, um nur die Teile von uns zu erkennen, mit denen wir einverstanden sind.

Für eine, die in Unterdrückungsverhältnissen lebt, gibt es wohl nichts Erschreckenderes als die Kontrolle aus der Hand zu geben. Doch sie nützt uns nicht. Ich behaupte, daß die Neubewertung unserer Energie im Sinne von Zuwendung statt Kontrollstreben für die lesbische Ethik von zentraler Bedeutung ist.

Zuwendung stärkt die moralische Handlungsfähigkeit der Lesbe, die sich zuwendet, und der Lesbe, die in einer bestimmten Situation Zuwendung bekommt. Wenn wir Zuwendung bekommen und uns weigern, Macht als die Fähigkeit zum Beherrschen zu akzeptieren, erhöhen wir unsere Reaktionsfähigkeit – unser Vermögen, auf die Situation einzugehen. Wir werden fähig, in einer Situation zu handeln und sie weiterzuführen; wir spüren, daß wir etwas bewirken können. So können wir allmählich der schwächenden Wirkung des Paternalismus und verwandter Herrschaftsformen etwas entgegensetzen. Der Boden unserer Entscheidungen wird sicherer, wenn wir lernen, uns aufeinander zu konzentrieren und einander zuzuwenden.

Durch Zuwendung erhöhen wir unsere Reaktionsfähigkeit. Denn wenn wir Macht als die Fähigkeit zum Beherrschen nicht akzeptieren, werden wir weniger dazu neigen, uns zu verschließen und zu betäuben, repressive Ideologien zu verinnerlichen, Unterschiede zu ignorieren, andere um politischer Ziele willen zu benutzen oder uns gegen die andere zu wenden und ihre Situation zu leugnen. Zweitens nimmt unsere Reaktionsfähigkeit zu, weil wir an Wissen und Bewußtsein gewinnen. Drittens werden wir erkennen können, auf welche Weise wir die herrschenden Werte reproduzieren, und Wege zur Überwindung der Privilegienherrschaft finden. Und Verständnis stärkt unsere Entscheidungsfähigkeit.

Bis jetzt gehörten zu der Macht, die wir ausübten, Strategien wie die, daß unser kollektiver Widerstand im bloßen Überleben bestand – »im bloßen Nicht-Sterben«.[75] Ich denke, wenn wir unsere Macht statt dessen als innere Stärke begreifen, als Fähigkeit, durch unsere Entscheidungen neue Werte zu schaffen und mit anderen zu teilen, können wir unseren Widerstand so weit verstärken, daß wir schließlich auch (einigen) repressiven Strukturen den Boden entziehen können.[76]

Sich-Einlassen versus Bindung

Deshalb stelle ich den Gedanken der Macht als Beherrschung in unseren Beziehungen ungeachtet seiner Rechtfertigung in Frage. Ich habe gegen die Kontrollmacht argumentiert, die aus einer untergeordneten Position heraus mit Hilfe der weiblichen Werte ausgeübt wird, und ich habe gegen die Kontrollmacht argumentiert, die aus einer herrschenden Position mit Hilfe des männlichen Wertes Paternalismus ausgeübt wird. Vom Heterosexualismus her neigen wir dazu, das Beherrschen und Beherrschtwerden als vertretbar zu betrachten. Ich habe auch erläutert, daß wir der moralischen Handlungsfähigkeit von Lesben den Boden entziehen, wenn wir das gegenseitige Beherrschen und Beherrschtwerden unter Lesben als erstrebenswerte ethische Norm ansehen.

Autonomie

Damit will ich jedoch nicht sagen, daß wir unabhängig voneinander bleiben sollen. Ich meine vielmehr, daß Herrschaft und Unterordnung nicht die einzige Form der Interaktion sind. Dennoch sollte es uns nicht darum gehen, Autonomie zu entwickeln. 'Autonomie' kommt vom griechischen *auto,* »selbst«, und *nomos,* »Gesetz«. Das Wort bedeutet also eigentlich »Selbstbestimmung« und bezieht sich gewöhnlich auf Staaten oder Volksgruppen. Nun, die Idee der 'Selbstbestimmung' bedingt gleichzeitig die Vorstellung der 'Fremdbestimmung' und der Unabhängigkeit davon. Als Lesben im Patriarchat sind wir jedoch nicht unabhängig von Fremdbestimmung; und ein zentrales Ziel der lesbischen Ethik ist es, ein Gefühl für unsere moralische Handlungsfähigkeit unabhängig von den Werten des Heterosexualismus zu entwickeln, obwohl wir zugleich fremdbestimmt sind. Insofern führt der Begriff 'Autonomie' uns in die falsche Richtung. Denn wenn wir unser Gefühl für moralische Handlungsfähigkeit auf Autonomie gründen und dann feststellen, daß wir nicht autonom sind, kann es sein, daß wir uns nicht als moralisch Handelnde empfinden können – oder aber, daß wir mit unserem Tun nichts bewirken können. Und dann werden wir – wenn überhaupt – so handeln, daß wir die Dinge im Griff behalten.

Zweitens suggeriert der Begriff 'Autonomie', auf Individuen angewandt, Separation und Unabhängigkeit von anderen – die einsame Heldin, die ungebunden ist und qua Natur sich selbst genügt.[77] Deshalb hat eine, die »autonom« ist, keine Verbindungen und interagiert nicht mit anderen. Wenn wir autonom sind, können wir eigentlich Dinge an anderen und für andere tun, ohne daß sie uns berühren.

Drittens bezeichnet der Begriff *nomos* (»Gesetz«) in religiösen Zusammenhängen die Unterordnung des Verstandes unter den Glauben, und das gilt als eine Form der Liebe –

die Unterordnung unter ein göttliches Gesetz jenseits menschlicher Einsicht. 'Autonomie' *(auto* und *nomos)* bekommt so durch die Unterordnung unter das eigene Gesetz die Bedeutung »Selbst-Liebe«. Mir geht es aber gerade um ein Denken, in dem die Begriffe 'Herrschaft' und 'Unterordnung' keinen Sinn ergeben. 'Autonomie' ist so offenbar die »Androgynie« der menschlichen Interaktion: Über 'Autonomie' läßt sich im Konzept des 'Selbst' ein wenig Herrschaft durch ein wenig Unterordnung veredeln.

Wenn wir diesen Gedanken folgen, ergibt sich eine vierte Schwierigkeit. Mit 'Autonomie' verbindet sich dann die Idee der Selbstbeherrschung: Wenn wir autonom sind, können wir uns selbst beherrschen; autonom ist eine, die sich über ihre Natur erheben und kraft ihres Willens Selbstbeherrschung ausüben kann. Doch in das Denksystem, um das es mir geht, paßt die Herrschaft über das eigene Selbst ebensowenig wie die Beherrschung anderer, sei es aus einer untergeordneten oder einer übergeordneten Position.

'Autonomie' ist also ein ausgesprochen schädlicher Begriff. Von der freiwilligen Unterordnung bis hin zur Selbstisolation kann sich alles darauf berufen. Und er macht uns glauben, daß Verbindungen und das Einlassen auf andere uns einschränkten (so, daß wir uns »opfern«, wenn wir Entscheidungen treffen), und untergräbt unser Selbst-Gefühl. Manche von uns mögen versucht sein, sich auf 'Autonomie' als den radikalen Gegensatz zum Weiblichkeitsbegriff des Heteropatriarchats zu beziehen – ich finde jedoch, er entstammt diesem Kontext und wird von ihm gestützt.

Autokoinonie

Jede von uns ist einzigartig in ihren Ausrichtungen, in dem, was sie hinter sich läßt, aufbaut, bekämpft, und in dem, womit sie sich verbindet – und doch leben wir in Unterdrückungsverhältnissen und sind davon betroffen. Außerdem ist das Lesbisch-Sein eng mit dem lesbischen Netzwerk und der Möglichkeit einer Gemeinschaft verbunden: Unsere Identität entwickelt sich aus unserer Kommunikation mit anderen. Unser Wachstum als Lesben ist grundlegend mit den Werten verknüpft, die in der lesbischen Gemeinschaft entstehen. Daher gehört zu dem Selbst-Gefühl, das ich meine, auch das Einlassen auf andere.

Dennoch geht es mir um ein Gefühl für unser Selbst, das nicht vor allem in Beziehung zu anderen *definiert* ist. Ich will ein Selbst, das sich weder vor Einsamkeit noch vor Zusammenkünften fürchtet, ein Selbst, das elemental und bezogen zugleich ist, das ein Gespür dafür hat, daß es Entscheidungen im Kontext der Gemeinschaft trifft. Ich will ein Selbst, das getrennt und verbunden zugleich ist. Deshalb erfinde ich ein Wort für das, was ich meine: 'Autokoinonie' – aus dem griechischen *auto* (»selbst«) und *koinonia* (»Gemeinschaft oder eine Gruppe, deren Mitglieder etwas gemeinsam haben«[78]). Mit 'Autokoinonie' meine ich »das Selbst in der Gemeinschaft«. Das Selbst in der Gemeinschaft bedeutet, daß jede von uns Entscheidungen trifft, daß jede von uns ein Selbst-Bewußtsein als einer moralisch Handelnden in einer Gemeinschaft von anderen selbstbewußten moralisch Handelnden hat. Und dazu gehört nicht, daß wir unsere Umgebung beherrschen, sondern daß wir in diesem Umfeld handeln und ein Teil davon sind.

Autokoinon zu sein, bewirkt also keine Isolation, und es bedeutet auch nicht, von anderen nicht beeinflußt zu werden oder sich nicht auf andere zu verlassen. Mit 'Autokoinonie' meine ich nicht, daß wir uns um unabhängiges Handeln bemühen sollten – etwa in der Form, daß wir uns entweder weigern, uns in Notzeiten auf andere zu verlassen (und damit unzuverlässig werden) oder uns bemühen, nicht mehr verläßlich zu sein. Eine autokoinone Frau handelt nicht so, als ob es niemand anders gäbe – was albern wäre –, und verzichtet nicht darauf, um Hilfe zu bitten und Verbindungen einzugehen – als ob Bindung sie einschränken würde. Eine autokoinone Frau ist sich ihrer selbst als eine unter vielen in einer Gemeinschaft bewußt, die ihren Seinsgrund bildet; sie trifft ihre

Entscheidungen im Bewußtsein ihrer Grenzen wie auch im Bewußtsein der Pläne und Wahrnehmungen anderer. Sie verschmilzt nicht mit anderen und entfremdet sich nicht; sie *kommuniziert* mit anderen in bestimmten Situationen.

Mit dem Kampf gegen Herrschaft in unseren Interaktionen und dem gleichzeitigen Bezug auf das Konzept der 'Autokoinonie' will ich daher keine Gemeinschaft vorschlagen, in der wir uns niemals auf andere verlassen können. Ich meine, es besteht ein Unterschied, den wir gegenwärtig nicht anerkennen, vielleicht noch nicht einmal wahrnehmen, zwischen dem Sich-verlassen auf die andere und der Abhängigkeit von ihr. Wenn ich mich auf eine andere verlasse und sie ihre Zusagen nicht einhalten kann, mag ich mich zurückgesetzt fühlen, aber ich kann weitermachen. Zu dem Weitermachen kann gehören, daß ich neu überdenke, wie weit ich mich vorwagen will, daß ich eine andere finde, die mir in dem speziellen Zusammenhang hilft, in dem meine Freundin es nicht konnte, daß ich mich einem größeren Projekt anschließe oder manchmal auch das Projekt aufgebe und mich etwas anderem zuwende. Aber das Subjekt meiner Entscheidungen bin immer ich. Wenn ich dagegen von einer anderen abhängig bin und sie ihr Versprechen nicht einhalten kann, bin ich am Ende, kann nicht weitermachen. Dann bin ich Objekt der Ereignisse, und mir geschehen Dinge. Ich bin dann nicht diejenige, welche die Entscheidungen trifft, und daher keine moralisch Handelnde.

Wenn ich von einer Frau abhängig bin, statt mich auf sie zu verlassen, dann muß außerdem auch sie sich bewußt machen, daß ich am Ende bin, wenn sie nicht so weitermachen kann wie bisher. Auf diese Weise wird sie für mich verantwortlich, und wenn sie kürzer treten muß, wird sie vielleicht mit Schuldgefühlen auf meine Abhängigkeit reagieren, obwohl sie doch eigentlich ihre Energie einige Zeit auf sich selbst konzentrieren müßte.

Ich propagiere keine Regel wie: »Sei niemals abhängig«. Zunächst einmal kann es in einem bestimmten Fall unklar sein, ob wir von einer anderen abhängig sind oder ob wir uns auf sie verlassen. Zweitens werden Regeln gerne mißbraucht, wenn wir einen unehrlichen Moment haben oder wenn wir uns bedroht fühlen und in die alten Manipulationsgewohnheiten zurückfallen. Es geht mir darum, daß wir einander als gleichermaßen getrennt und verbunden betrachten, ansprechen und bestätigen, als Lesben, die in der Gemeinschaft ebenso wie in einem Unterdrückungszusammenhang handeln – weder als bloße Opfer der Umstände noch als Alleinverantwortliche für eine Situation.

Subkultur versus Gemeinschaft

Julia Penelope unterscheidet in ihrer Diskussion der Möglichkeit einer lesbischen Gemeinschaft die Subkultur und die Gemeinschaft. Eine lesbische Subkultur ist eine Gruppe, der wir automatisch angehören, wenn wir uns als lesbisch erklären – eine Gruppe jedoch, »die von einer feindlichen Außenkultur, die uns als Abweichlerinnen von ihrer 'Norm' betrachtet, in vollkommen negativen Begriffen definiert wird«[79]. Der Gegensatz dazu ist die lesbische Gemeinschaft. In ihrem Essay behauptet Julia Penelope zwar, daß eine solche Gemeinschaft noch nicht existiere, doch nennt sie bestimmte Merkmale, die sie von der lesbischen Subkultur unterscheidet:

> Das erste und wichtigste ist, daß die Zugehörigkeit zu einer Gemeinschaft ein freiwilliger Akt ist. Eine Frau schließt sich einer Gemeinschaft an, weil sie dort Gefährtinnen, Unterstützung und Engagement für gemeinsame Ideale findet. Zweitens wird eine Gemeinschaft als solche von ihren Mitgliedern selbst, anhand ihrer eigenen Erfahrungen und gleichen Interpretation von Ereignissen der realen Welt definiert.[80]

Weiter führt Julia Penelope aus, daß ein Übergang von der Subkultur zur Gemeinschaft nur schwer möglich ist: »Der Kampf gegen Unterdrückung kann Bündnisse hervorbringen, wird jedoch nicht automatisch *Bindungen* schaffen, die über die unmittelbare Unterdrückung hinauswirken.«[81] Nach ihrer Auffassung haben wir die Unterscheidung zwischen Bindung und Fesselung vernachlässigt. Bindung »ist ein Prozeß, in dem eine Form von Intimität hergestellt wird [,...] ein Prozeß, in dem auf der Basis gegenseitiger Achtung für die Ganzheitlichkeit und Stärke anderer Frauen starke Bande zwischen den Frauen geknüpft werden.«[82] Fesselung dagegen ist ein Zustand der Abhängigkeit, in dem das Verständnis für die andere sehr gering sein kann. Der Prozeß des Übergangs von der Subkultur zur Gemeinschaft ist daher ein steiniger Weg von der Fesselung – dem Zusammengeworfensein aufgrund einer äußeren Bedrohung – zur Bindung, der Entscheidung, sich aufeinander einzulassen, die durch Zuwendung geschieht und auf gemeinsamen Werten, Achtung und Intimität beruht. Ich verwende eigentlich lieber die Begriffe 'Aufeinander-Einlassen' und 'Verbindung', denn mit dem Wort 'Bindung' wird etwas assoziiert, das anbindet, festhält oder auch fesselt.

In dem Bemühen um eine lesbische Gemeinschaft haben wir die volle Zuwendung oder Achtung füreinander, die umfassende Kommunikation noch nicht erreicht. Statt dessen ist unser Handeln oft der Versuch, andere zu beherrschen, und wir verwechseln 'Unterstützung' mit 'Zustimmung', 'einander brauchen' oder uns 'aufeinander verlassen' mit 'Abhängigkeit', 'Intimität' mit 'Verwundbarkeit', 'anderen helfen' mit 'Aufopferung', 'Einfühlung' mit 'Mitleid' und 'Aufeinander-Einlassen' mit 'Bindung'. In konkreten Situationen sind diese Unterscheidungen wohl schwer zu treffen. Wie können wir etwa eine andere Lesbe unterstützen, ohne daß sie dahin kommt, sich mehr auf unsere Zustimmung als auf ihr eigenes Urteil zu verlassen? Wie schaffen wir es, daß unsere Bedürfnisse nicht zu Gewohnheiten, zu Abhängigkeiten werden? Wie können wir der Versuchung widerstehen, die Entscheidungen von Lesben zu steuern, deren Probleme oder auch nur Pläne und Ziele uns berühren? Wie können wir uns öffnen, wenn wir in unserer Mitte ruhen und entscheidungsfähig sind, nicht nur dann, wenn wir schwach und ängstlich sind? Wie wehren wir uns gegen die Manipulationsmöglichkeiten durch Krankheit? Juana María Paz schreibt in *The 'La Luz' Journal:* »Es verläuft nur eine schmale Grenzlinie zwischen Liebe und Herrschaft, zwischen Fürsorge und Kontrollstreben.«[83]

Unterstützung versus Zustimmung

Mir geht es bei diesen Unterscheidungen um den Unterschied zwischen dem Versuch, eine Situation zu beherrschen, einerseits, und dem Prozeß der Förderung und Befähigung in einer Situation andererseits. Beispielsweise besteht ein erheblicher Unterschied zwischen 'Unterstützung' und 'Zustimmung', der im traditionellen Moralverständnis gar nicht vorkommt. Im traditionellen Sinne bedeutet Zustimmung zu etwas, daß ich in der gleichen Situation das gleiche täte.[84] Oft wird uns gesagt, es gäbe nur eine richtige Möglichkeit; diese Vorstellung ist die Voraussetzung für Konkurrenz und standardisierte Tests.[85] Ein solcher Ansatz erlaubt keine unterschiedliche Wahrnehmung. Die Zustimmung zu etwas bedeutet also eine Bestätigung, daß dies »das Richtige« ist, daß jeder vernünftige Mensch sich so entscheiden würde.

So gesehen bedeutet die Zustimmung zu etwas, was eine andere tut, Macht über sie zu beanspruchen. Die Zustimmung soll manifestieren, daß wir eine Autorität sind, daß die andere sich bei der Entscheidung über Richtig und Falsch auf uns verlassen kann. Wenn ich zum Beispiel deiner Arbeit zustimme, wirst du dich vielleicht nicht mehr auf mein ehrliches Urteil verlassen, das du auswerten und bei deinen weiteren Schritten nutzen kannst, und dich statt dessen von meinem Lob abhängig machen. So änderst du vielleicht langsam und unmerklich dein Handeln und mißt deine Entscheidungen an bestimmten Dingen, von denen du weißt, daß ich sie schätze, nur um mir weiterhin zu gefallen.

In einer Parodie von Dolores Bargowski und Coletta Reid über die Machtspielchen, die manche Lesben aus der Mittelschicht mit Lesben aus der Arbeiterklasse spielen, sagt eine Frau in einer Unterschichtrolle:

Wenn du mir immer sagst, wie gut ich bin, warte ich allmählich darauf. Ich glaube nicht mehr an mich selbst, sondern schaue zu dir auf, obwohl ich doch ebenso bin. Ich glaube, ich müßte mich benehmen, damit du mir nicht deine Unterstützung entziehst. Du machst mich von dir abhängig, wo ich es gar nicht nötig hätte. Du läßt mich bezahlen für deine Unterstützung.[86]

Wenn Zustimmung als Unterstützung daherkommt, dann muß es einen ernsthaften Bruch zwischen uns geben, damit du in deine eigene Richtung weiterwachsen kannst, und schließlich werden wir uns beide hintergangen fühlen.

Die andere Seite der Medaille ist die Vorstellung, es sei repressiv, einer anderen die Zustimmung für ihr Handeln vorzuenthalten.[87] In einer Beziehung von Herrschaft und Unterordnung kann das Vorenthalten von Zustimmung tatsächlich repressiv sein. Die Eltern-Kind-Beziehung zum Beispiel ist oft eine Beziehung von Herrschaft und Unterordnung, in der die Eltern die Kinder beherrschen, anstatt mit ihnen zu kommunizieren und dabei zwar die Grenzen des Kindes zu beachten, es aber dennoch zu respektieren und seine Integrität zu wahren. Wenn ein dominierender Elternteil dem Kind die Zustimmung entzieht, dann kann das repressiv sein. In einer von gegenseitiger Achtung getragenen Beziehung jedoch ist ein negatives Urteil nicht repressiv. Wie Marilyn Frye in einem anderen Zusammenhang hervorhebt, ist es das Kennzeichen einer freiwilligen Verbindung, daß die eine die Enttäuschung der anderen überleben kann.[88]

Mit der Aufforderung, lieber unterstützend als zustimmend miteinander umzugehen, meine ich nicht, wie Joanna Russ es nennt, »diese amorphe, urteilslose, unkritische und letztlich bedeutungslose 'emotionale Unterstützung', die unter Frauen nur zu oft mit wirklicher Liebe und wirklicher Achtung verwechselt wird.«[89] Amorphe Unterstützung bedeutet, daß wir der anderen nicht richtig zuhören; wir nehmen sie nicht ernst. Eine mit intensiver Zuwendung abgegebene kritische Bewertung unserer Arbeit kann sehr unterstützend sein. Wenn Kritik jedoch die Form von Zustimmung oder Ablehnung durch eine Frau annimmt, die zur Autorität für Gut und Böse geworden ist, dann wird es problematisch. Wenn eine Kritikerin eigennützig handelt, wenn ihre Worte wie die einer moralischen Autorität angenommen werden oder wenn ihre Aussage die andere nicht nur kritisiert, sondern abwertet, dann können ihre Äußerungen verheerende Wirkung haben.

Unsere Bewertung und Kritik der Arbeit von anderen kann schwer mißbraucht werden. Das Entscheidende ist meiner Auffassung nach jedoch, daß wir keine Regeln aufstellen, nach denen wir einander in bestimmter Form und nach bestimmten Höflichkeitsnormen kritisieren, sondern daß wir die Kritikerin nicht als unparteiische Richterin über Wahrheit, Schönheit und politische Analyse ansehen. Dadurch können wir erkennen, daß eine Frau mit der Kritik unserer Arbeit gleichermaßen etwas über sich selbst wie über unsere Arbeit aussagt: Ihre Kritik spiegelt ebensosehr ihre eigenen Interessen, Abwehrmechanismen und Schwerpunkte, ihre Fähigkeiten und Grenzen wider wie die unseren. Es ist eine Aussage von ihrem Standpunkt aus, aus ihrer Mitte und aus ihren Bedürfnissen heraus, und wir können diese Informationen nutzen, um unser Handeln von unserem Standpunkt und aus unserer Mitte weiter zu bedenken. Wir können uns das nehmen, was wir nützlich finden, und den Rest unbeachtet lassen, wenn wir uns nicht von ihrer Zustimmung abhängig machen. (Natürlich ist es ein Klacks, das zu verwirklichen, wenn es erst einmal auf dem Papier steht!)

Einfühlung versus Mitleid

Eine weitere Möglichkeit, in unseren Interaktionen die fördernde Macht mit der beherrschenden Macht zu verwechseln, besteht darin, 'Mitleid' für 'Einfühlung' zu halten. Wenn wir eine Frau bemitleiden, entfernen wir uns von ihrer Realität, distanzieren wir uns, ohne es zu merken. Wenn wir sie bemitleiden, sind wir außerstande zu verstehen, daß und in welcher Weise sie eine moralisch handelnde Person ist – die Entscheidungen aus ihren Bedingungen heraus trifft, manchmal Fehler macht, auf ihre Art und aus ihren Gründen reagiert und agiert. Sie zu bemitleiden, heißt, sie als Opfer zu sehen, sie wegen ihrer Grenzen, die nicht unsere sind, geringer zu schätzen als uns selbst; das heißt, von ihr weniger zu erwarten als wir von uns selbst erwarten. Sie zu bemitleiden, heißt, die Identifikation mit ihr zu vermeiden, das Verständnis für sie nicht aufzubringen.[90]

Wenn wir dagegen mit Einfühlung handeln, geben wir ihr Zuwendung und Aufmerksamkeit und erwarten dennoch, daß sie innerhalb ihrer Situation Entscheidungen trifft und aktiv ist. Eigentlich will ich auf noch mehr als Einfühlung hinaus. Denn wenn wir mit Einfühlung handeln, versuchen wir zu verstehen, wie wir in derselben Situation handeln würden. Ich meine jedoch, daß wir die ganze Komplexität des Geschehens erfassen sollten, die Situation also nicht nur so verstehen, wie wir sie angehen würden, sondern wie sie sie wahrnimmt.[91] (Damit begegnen wir auch unserem Selbst, wie sie es wahrnimmt.[92])

Nehmen wir das Beispiel, daß zwei Lesben in die Stadt fahren, um sich eine Ausstellung anzusehen. Die eine ist gelähmt und sitzt im Rollstuhl, die andere ist nicht behindert. An ihrem Wohnort kann die Gruppe ihr helfen, und die gelähmte Lesbe hat genügend Hilfsmittel. Bei diesem Zwei-Tages-Ausflug der beiden in die Stadt hilft die nicht behinderte Lesbe der gelähmten Freundin. Da sie halb aus Mitleid handelt und halb versucht, die Situation in den Griff zu bekommen, geht die nicht behinderte Lesbe in der Annahme, die gelähmte Lesbe sei von ihr abhängig, über ihre eigenen Grenzen hinaus. Nach einiger Zeit folgt die Erschöpfung, und sie nimmt der Freundin allmählich ihre Situation übel: Abends zieht sie sich in Schweigen zurück und schläft in einem anderen Raum. Die gelähmte Lesbe nimmt all dies sehr wohl wahr und ist damit in einer fremden, feindlichen Umgebung auf ihr eigenes Abhängigkeitstrauma zurückgeworfen.

Wir gehen vielleicht mit einer anderen um, als sei sie hilflos, nur weil wir uns an ihrer Stelle hilflos fühlen würden. Statt uns ihr zuzuwenden und zu erkennen, daß sie keineswegs hilflos ist, verschließen wir uns und bleiben bei unseren eigenen Vermutungen und Ängsten. Statt zu versuchen, sie in ihrer Situation zu verstehen und zu erkennen, wie sie uns wahrnimmt, distanzieren wir uns, machen sie zum Objekt und handeln ihr gegenüber aus Pflichtgefühl.

In einer Situation, wo unser Kontakt enger ist, können wir dann nicht mehr mit ihr umgehen. Wenn sich in dem oben beschriebenen Beispiel die beiden Lesben einander zuwenden, ihre Bedürfnisse und ihr Vermögen klären und die Entwicklung der Situation besprechen, werden sie vielleicht beschließen, den Ausflug einfach abzukürzen. Sie werden einander jedoch zum Handeln in der Situation befähigen.[93]

Wenn wir uns einer zuwenden, bemühen wir uns, sie zu verstehen und lassen unsere eigenen unklaren Vermutungen beiseite. Das heißt jedoch nicht, keine Entscheidungen zu treffen – es heißt, daß wir besser in der Lage sind, Entscheidungen zu treffen. Jemanden zu bemitleiden, kann zum Beispiel eine Möglichkeit sein, der Einschätzung und Beurteilung einer Situation aus dem Wege zu gehen. Nehmen wir den Fall, daß eine Lesbe verrückt spielt. Manchmal schlägt eine Lesbe in einer schmerzlichen Situation oder einer Krise um sich und will eine andere verletzen, vielleicht eine, die ihr wehgetan hat. Wenn sich zum Beispiel eine Lesbe von ihrer Freundin trennt, wird diese sich vielleicht vernichtet fühlen, weil diese Beziehung »das Beste war, das sie jemals erlebt hat«, und sich gegen ihre Ex-Geliebte wenden. Freundinnen beobachten, wie sie überall dort auftaucht, wo sie damit rechnen kann, ihrer Ex-Geliebten zu begegnen, um ihr zu drohen oder sie sogar zu verletzen. Oft sind wir versucht, sie zu bemitleiden und ihre Exzesse zu tolerieren, weil sie so gelitten hat. Das sieht dann so aus, als seien wir mitfühlend und wendeten uns ihr zu.

Wenn wir jedoch derjenigen, die verrückt spielt, so gegenübertreten, als akzeptierten wir ihr Verhalten, weil wir verstehen, wie sehr sie verletzt wurde, dann bemitleiden wir sie; wir wenden uns ihr nicht wirkliche zu, denn wir ignorieren ihre Exzesse und nehmen sie nur als Objekt des Mitleids wahr. Wenn wir ihre Situation begreifen, dann bewerten und beurteilen wir sie auch. Wenn wir daraufhin keine Erwartungen an sie stellen, gehen wir davon aus, daß sie hinter den Werten zurückbleibt, die wir für uns selbst gelten lassen. Damit bestätigen wir ihre angebliche Wertlosigkeit. Keine Erwartungen an sie zu stellen, heißt, sie als entbehrlich zu behandeln.[94]

Eine Lesbe zu bemitleiden, heißt, sie als Opfer zu behandeln, als eine, der etwas geschehen ist. Uns ihr jedoch zuzuwenden, heißt, in dem Bewußtsein auf sie zu reagieren, daß sie eine lebendige, aktive Frau ist, die Entscheidungen trifft, von denen manche auch Fehler sind – eine Frau, die integer und zurechnungsfähig ist (die Gründe für ihre Entscheidungen angeben oder zumindest berücksichtigen kann), eine moralisch Handelnde. Der Unterschied zwischen 'Einfühlung'und 'Mitleid' liegt in der unterschiedlichen Haltung, mit der wir einander begegnen.

Hilfe brauchen versus Abhängigkeit

Den Unterschied zwischen 'Hilfe brauchen' und 'Abhängigkeit' können wir begreifen, indem wir den Unterschied zwischen dem Sich-Verlassen auf eine andere und der Abhängigkeit von ihr betrachten. Wenn wir um Hilfe bitten, geht es darum, wie wir vermeiden können, daß unsere Bedürfnisse zu Gewohnheiten werden, die wir mißbrauchen und über die wir die andere für selbstverständlich nehmen. In einer Liebesbeziehung zum Beispiel kann Hilfsbedürftigkeit zum Mißbrauch werden – ich brauche dies, also mußt du es mir geben.

Eine weiße Lesbe aus der Arbeiterklasse geht zur Schule, und das Sozialamt ist wieder einmal mit seinen Zahlungen in Verzug. Daher ist sie abhängig davon, daß ihre weiße Mitbewohnerin (und Ex-Geliebte) für Haushaltsgeld und Miete aufkommt, bis sie ihr Geld erhalten hat. Das ist in den letzten drei Jahren schon mehrmals vorgekommen. Die beiden haben einige Auseinandersetzungen darüber gehabt, wobei die eine glaubt, sie müßte die andere unterstützen, und die andere wiederum anbietet, auszuziehen. Diesmal fühlt sich die Lesbe, die in Schwierigkeiten ist, in die Enge getrieben, verkündet einfach, sie würde das Geld zahlen, sobald sie es bekommt, und verhindert eine Diskussion (denn es gibt eigentlich keine Alternativen, außer daß sie für jeweils einige Tage bei anderen Freundinnen wohnt). Das führt natürlich zu einer Auseinandersetzung. Die Lesbe, die in Schwierigkeiten ist, gibt später zu, daß sie ihrer Mitbewohnerin keinen Raum für eine Entscheidung gelassen hat. Sie hatte gar nicht versucht, das Geld anderswo aufzutreiben, noch ihre Mitbewohnerin gefragt, ob sie diesmal für sie aufkommen könnte.

Unsere finanziellen Verhältnisse sind lebenswichtig, unsere Beziehungen aber auch. Ohne Freundinnen können wir nicht überleben; wir können es uns nicht erlauben, sie für selbstverständlich zu nehmen. Vielleicht wollen sie uns helfen, vielleicht auch nicht. Vielleicht können sie es auch gar nicht. Oder ihre Hilfe ist eigentlich keine Hilfe für uns, weil unsere Entscheidungen uns in eine solche Zwangslage gebracht haben, daß es höchste Zeit für eine Veränderung ist – ihre Hilfe würde dann nur falsche Entscheidungen fördern. Vielleicht können sie uns nicht einmal helfen, anderswo Hilfe zu finden. Wie auch immer, sie sind ebenfalls handelnde, Entscheidungen treffende, reagierende Frauen mit eigenen Bedürfnissen und Grenzen – eben moralisch Handelnde.

Wir gehen davon aus, daß ein vorhandenes Bedürfnis erfüllt werden muß. In Wirklichkeit ist ein Bedürfnis vorhanden, und es wird entweder erfüllt oder nicht. Das Verzwickte ist, daß das Bedürfnis nichts darüber aussagt, wer es erfüllen soll. Die Annahme, daß die Geliebte oder die Mitbewohnerin das Bedürfnis erfüllt, ist eine egozentrische Sicht – sie geht davon aus, daß dieses Bedürfnis das einzige auf der Welt ist, daß die Geliebte oder die Mitbewohnerin keine eigenen Pläne und Sorgen hat, daß niemand anders dieses Bedürfnis erfüllen kann oder sollte. Diejenige, die uns nahesteht, braucht jedoch Raum zur Entscheidung. Es besteht ein Unterschied zwischen Aufeinander-Einlassen und Bindung.[95]

Andererseits merken wir oft erst dann, daß wir die Wünsche anderer ablehnen können, wenn wir an unsere eigenen Grenzen stoßen, und dann werden wir uns vielleicht erschöpft abwenden; oft lernen wir erst durch einen Zusammenbruch, eine Situation nicht mehr beherrschen zu wollen – die Bedürfnisse der anderen zu erfüllen, ihre Enttäuschung nicht zu erleben. Würden wir sterben, würde sie ihre Bedürfnisse anderswo erfüllt bekommen ... oder auch nicht. Das ist jedoch nicht mehr unsere Sache. Ebenso können wir keinerlei fremde Bedürfnisse mehr erfüllen, wenn wir im Krankenhaus auf der Intensivstation liegen, und die anderen erwarten während dieser Zeit auch nichts von uns. Wenn wir also an diesem Punkt nein sagen und uns nur noch um uns selbst kümmern können, warum nicht zwei Tage früher, bevor wir so krank werden? Wenn wir das begreifen, können wir auch verstehen, wenn andere uns gegenüber nein sagen.

Wir glauben, wir könnten nur dann in Einklang mit der Welt sein, wenn wir entweder alles unter Kontrolle haben oder für alle sichtbar außerstande dazu sind. Das ist jedoch nicht zwingend. Haben wir keine andere Möglichkeit weiterzumachen, innerhalb der gegebenen Umstände zu kommunizieren, Entscheidungen zu treffen – moralisch Handelnde zu sein? Manchmal angesichts der Bedürfnisse anderer ja zu sagen und manchmal nein? Wenn wir selbst Hilfe brauchen – der anderen Raum für Entscheidungen zu geben und das Risiko einzugehen, daß sie nein sagt? Andernfalls können wir nur mit den Mitteln von Schuldgefühlen und Manipulation kommunizieren. Wenn unsere Bedürfnisse zu Abhängigkeiten werden, können wir es uns nicht erlauben, Risiken einzugehen und zu wachsen.

Wenn unser Umgang miteinander sich auf Schuldgefühle und Manipulation gründet, handeln wir nicht aus unserer Mitte heraus, sondern unausgewogen, und daher mit dem Versuch, die Oberhand zu gewinnen. Unter solchen Bedingungen wird die andere vermutlich ebenfalls versuchen, das Spiel zu beherrschen. Wenn beispielsweise einfach vorausgesetzt wird, daß sie finanzielle Unterstützung leistet, dann wird die Mitbewohnerin an der Lesbe, die in Schwierigkeiten ist, vermutlich herumnörgeln, ob sie denn ihren Antrag rechtzeitig eingereicht hat, ob sie ihn sauber und leserlich ausgefüllt hat, ob sie gegenüber der Sachbearbeiterin »den richtigen Ton getroffen hat«, ob sie alles getan hat, um ein »braves Mädchen« zu sein. Auf diese Weise wird die Mitbewohnerin die Entscheidungen der Freundin anhand ihrer eigenen Bedürfnisse überprüfen und ihrer Freundin keine eigenständigen Reaktionen auf die demütigende Situation gestatten, daß sie um Geld betteln muß.

Im patriarchalen Denken läßt sich diese Dynamik, darauf zu bestehen, daß die andere nach unserem Diktat handelt, wenn sie unsere Hilfe für selbstverständlich nimmt, durch Sätze wie »Alles hat seinen Preis« oder »Umsonst ist der Tod« charakterisieren. Solche Sprichwörter entstehen, weil sich die Beziehungsstruktur innerhalb des Herrschafts-/Unterordnungsrahmens im Heteropatriarchat im wesentlichen auf festgelegte Rollen gründet, in denen die Interaktion zwischen Gläubiger und Schuldner die Norm angemessenen Verhaltens darstellen: Er bringt das Geld nach Hause, sie schuldet ihm Sex; sie schafft ihm ein Zuhause, er schuldet ihr Loyalität oder zumindest Diskretion. Doch wir brauchen die Dynamik unter uns nicht in diesen Begriffen und mit diesen Wertvorgaben zu betrachten. Wenn im Falle der Lesbe, die finanzielle Hilfe braucht, beide sich einander zuwenden, statt einander manipulieren zu wollen, können sie gemeinsam einen Plan aufstellen; sie können kommunizieren und so einander fördern.

In dem Bemühen, uns einander zuzuwenden, können wir erkennen, daß wir alle getrennt und gleichzeitig verbunden sind. Wir können nicht viel erreichen, wenn jede nur ihren eigenen Weg verfolgt, aber wir erreichen ebensowenig, wenn wir einander einfach für selbstverständlich nehmen. Auf jeden Fall können wir erkennen: Wenn wir uns gegenseitig an unseren Sorgen teilhaben lassen, sind *Veränderungen* möglich. Die andere bringt ihre eigenen Vorstellungen, ihr eigenes Urteil in eine Situation ein. Sie verfolgt das Projekt nicht genauso wie wir, sondern bringt statt dessen eine neue Dynamik in die Situation, die verändernd wirkt. Wenn wir dies begreifen, dann wird einsichtig, warum der Versuch, die andere oder die Situation zu beherrschen, die patriarchalen Werte nur stabilisiert – dann behandeln wir einander nur als Mittel zum Zweck und nicht als integre Persönlichkeiten, auf die wir uns einlassen können.

Strategien der Intimität

Wenn wir unser Leben mit anderen so verflechten, als gäbe es keine Grenzen und keine Unterschiede, als mache unsere Verbindung mit einem anderen Wesen in einem Projekt oder einer Situation keinen qualitativen Unterschied, dann nehmen wir jede Andersartigkeit und jeden Unterschied als bedrohlich wahr und jede Distanzierung als Verlassen. Unsere Interaktionen sind dann mit Manipulation und Schuldgefühlen befrachtet, und wir sagen dann, die-und-die sei uns noch etwas schuldig oder hätte uns hintergangen. Dadurch werden wir mehr und mehr versuchen, einander durch eine Reihe von Strategien unter Druck zu setzen, denn wir verlangen Garantien, daß wir füreinander da sind. In anderem Zusammenhang ist dies als »Strategien der Intimität« bezeichnet worden.[96] Sie bewirken Gruppenzusammenhalt durch Schuldgefühle und Manipulation.

Alix Dobkin hat einmal in einem Gespräch in New York angeregt, wir sollten all die Kämpfe untereinander nicht als negatives Zeichen für Spaltung betrachten, sondern als positives Zeichen dafür, daß wir uns aufeinander konzentrieren und wichtig füreinander sind. Sie zitierte Barbara Myerhoffs *Number Our Days* als Beweis dafür, daß eine Gruppe sich intern heftig bekämpfen kann und dennoch zusammenhält. In bestimmter Hinsicht sehe ich das genauso: Solange wir uns aufeinander konzentrieren, erkennen wir einander an. Andererseits bedeutet Anerkennung an sich noch keine Weiterentwicklung unseres Zusammenhalts von der Subkultur zur Gemeinschaft. *Number Our Days* ist ein nachdenkliches und provokatives Buch, doch ich bin mit seinem zentralen Gedanken über den Gruppenzusammenhalt nicht einverstanden.

Barbara Myerhoff hat das Leben der Alten im Aliyah-Seniorenzentrum in Venice, Kalifornien, erforscht, zumeist osteuropäische Jüdinnen und Juden, die den Holocaust überlebt haben und in die USA ausgewandert sind, wo sie arbeiteten, heirateten und Kinder bekamen, denen die Assimilation an die US-Kultur gelang. Die alten Leute des Zentrums verhielten sich gemäß der langen Tradition des jüdischen Separatismus als JüdInnen, die erkannten, daß sie sich in einer von Antisemitismus geprägten Welt nicht auf die »Goyim« verlassen können; sie konzentrierten sich aber auch als JüdInnen aufeinander, kümmerten sich um ihre eigenen Leute, feierten ihre eigenen Feste, entwickelten ihre eigene Tradition weiter und schufen durch diese Konzentration aufeinander einen Sinnzusammenhang. Nach Billie Potts ist diese Tradition, die dem Wiederaufleben des Antisemitismus trotzt, »von der amerikanischen Bühne mehr oder weniger abgetreten«.[97] Zu dieser Tradition gehört das Einkaufen in jüdischen Geschäften, das Weitergeben gebrauchter Waren, das Aufheben aller nützlichen Dinge, der Aufbau jüdischer Unternehmen und

Institutionen, mit denen sich JüdInnen von der Geburt bis zum Tod untereinander helfen, so daß ein ganzes Volk sich selbst genügen kann.[98]

Barbara Myerhoffs These ist, daß die »Strategien der Intimität« diese Gruppe zusammenhalten. Sie argumentiert, daß die alten Leute im Zentrum ihre Schuldgefühle als Überlebende in ein Verantwortungsbewußtsein überführten, das sich durch Schuldgefühle und Manipulation ausdrückte, und daß dies ihr Weg war, die Kontrolle übereinander und über ihr Schicksal zu gewinnen und dadurch ihrem Leben einen Sinn zu geben.[99] Barbara Myerhoff findet das Verhalten, Schuldgefühle einzuflößen, zu verletzen und zu manipulieren, »interessant«, doch ihr Gesprächspartner in dem Buch, Shmuel, einer der Alten im Zentrum, meint dazu, sie erwarte nichts von den alten Leuten, zeige keinen Respekt.[100]

Ich stimme ihr zu, daß in diesen Strategien eine intensive Fürsorge der ZentrumsbewohnerInnen untereinander zum Ausdruck kommt, daß sie ein starkes Bindeglied darstellen, aber ich meine nicht, daß es die Strategien sind, die den Zusammenhalt ausmachen. Was sie zusammenhält, ist vielmehr die starke Tradition des jüdischen Separatismus, der Konzentration auf- und Zuwendung zueinander als Jüdinnen/Juden. Die »Strategien der Intimität« halten sie aus Angst vor der Bedrohung von außen aufrecht, die so groß ist, daß die Mitglieder es vermeiden, sich Konflikten und Unterschieden direkt zu stellen, weil das Risiko der Spaltung in der Gemeinschaft zu groß ist und ihr gegenseitiges Vertrauen »zu schwach, als daß sie ihre tiefsten Verletzungen und Bedürfnisse voreinander zeigen könnten«.[101] Ihr Ziel ist nicht Vielfalt und Wachstum, sondern Überleben und Fortbestand.[102]

Auch wir als Lesben können uns für den Separatismus entscheiden, und auch wir können uns aufeinander konzentrieren, um unserem Leben einen Sinn zu geben. Wir sind jedoch nicht in gleicher Weise durch eine Bedrohung von außen aneinander gefesselt. Unsere Schuldgefühle, Manipulations- und Beherrschungsversuche werden uns nicht zusammenhalten können. Wir begegnen zwar auch äußerer Bedrohung, dennoch haben viele von uns der Szene deshalb den Rücken gekehrt, weil die Manipulation im politischen Austausch unerträglicher wurde als die fehlende Wertschätzung in der heterosexuellen Gesellschaft. Andere gingen, weil ihre ethnische Herkunft einen gewiß vertrauteren und für Sinnstiftung geeigneteren kulturellen Zusammenhang bot. Eine Bedrohung von außen kann uns nur in Extremsituationen zusammenhalten – und selbst dann nicht sehr lange. Dies liegt zum Teil an den äußeren Bedrohungen, denen wir ausgesetzt sind: Identifikation aufgrund von äußerer Bedrohung bewirkt schwere Loyalitätskonflikte und Widersprüche, die sich innerhalb der Gemeinschaft einfach nicht leugnen oder umgehen lassen. Außerdem haben wir der flächendeckenden Herrschaft des Heteropatriarchats noch keine starke Konzentration der Lesben entgegensetzen können; unsere Kultur ist noch nicht so reich und differenziert, daß wir einander trotz aller Widersprüche anziehen und Erholung bieten können. Wenn wir eine dauerhafte Gemeinschaft bilden wollen, kann die Basis dafür nicht die äußere Bedrohung sein. Auch wird sie sich nicht auf eine reiche Tradition gründen oder auf das, was wir hier vorfinden (obwohl wir sehr wohl eine »Ahninnentafel«[103] haben). Wenn wir eine stärkende Gemeinschaft bilden, dann auf der Basis der Werte, die wir hier verwirklichen können: was wir mitbringen, was wir zu überwinden versuchen und was wir neu entwickeln, wenn wir uns füreinander engagieren. Wenn wir die Subkultur in eine Gemeinschaft verwandeln, dann auf der Basis dessen, was wir neu erschaffen, nicht dessen, was wir vorfinden. Und der Versuch, einander zu beherrschen, wird keinen Zusammenhalt bewirken, sondern im Gegenteil unsere Fähigkeiten untergraben, insbesondere unsere moralische Handlungsfähigkeit.

Daher geht es mir um das Aufeinander-Einlassen, nicht um Bindung – um die Entscheidung, miteinander zu kommunizieren, statt durch äußere Bedrohung oder internalisierte Ängste zur gegenseitigen Beherrschung gezwungen zu sein. Damit meine ich nicht, daß wir die vorhandenen Bedrohungen von außen ignorieren sollen, sondern daß sie nicht der Grund unseres Zusammenbleibens zu sein brauchen.

Wenn wir uns darauf einlassen, eine vielfältige Gemeinschaft zu entwickeln, dann nützen uns weder die paternalistischen noch die weiblichen Werte. Der Versuch, einander zu beherrschen, reproduziert das Patriarchat, und wir verlieren einander aus den Augen. Ich will dazu anregen, daß wir unsere Interaktionen auf Zuwendung statt auf Machtstreben gründen, so daß wir uns einzeln und gemeinsam trotz einschränkender Umstände fördern und damit (einige) patriarchale Werte untergraben können.

4 Verstand und Gefühl vereinbaren

In diesem Kapitel will ich die Spaltung zwischen Verstand und Gefühl und die daraus resultierende Annahme diskutieren, der eine müsse das andere kontrollieren oder beherrschen – ein Glaube, der die traditionelle anglo-europäische Philosophie vom antiken Griechenland bis zur Gegenwart prägt und den wir Lesben in unseren Umgehensweisen miteinander fortführen. Ich will ausführen, wie die Übernahme dieser Spaltung den Gedanken der Kontrollmacht aufrechterhält und unser Ich in Gespaltenheit und Isolation festhält. Meine generelle These lautet, daß es unsere moralische Handlungsfähigkeit fördert, wenn wir Verstand und Gefühl integrieren und damit innerhalb der Gemeinschaft politisieren, denn dadurch kommen wir wieder in Berührung mit der Energie, die uns bewegt – eine Energie, die abstirbt, wenn wir Verstand und Gefühl trennen.

Verstand gegen Gefühl

Die Spaltung zwischen Vernunft und Leidenschaft ist seit der griechischen Antike ein zentrales Element patriarchaler Herrschaft gewesen. Mary Daly bemerkt:

Traditionelle Sicht

> Die aristotelische Lehre von den moralischen Tugenden, die in die christliche Theologie aufgenommen wurde, konzentrierte sich auf die Besonnenheit als die »Königin« aller moralischen Tugenden. Von ihr wurde gesagt, daß sie das »rechte Nachdenken über das Handeln« sei und den Menschen befähige, den richtigen und tugendhaften Weg zu erkennen. Da man unter moralischer Tugend den goldenen Mittelweg zwischen zwei Extremen verstand, galt die Besonnenheit als eine Eigenschaft des Verstandes, die den Menschen in die Lage versetzte, zwischen zwei entgegengesetzten Lastern hindurchzusteuern.[1]

Allgemein gesehen, war Tugend eine Frage des gesunden Menschenverstandes, und tugendhaft war eine Person, wenn sie den Mittelweg zwischen zwei Extremen wählte. Wer die Tugend des Mutes zeigte, steuerte also bei der Beurteilung konkreter Situationen zwischen den Extremen Feigheit und Tollkühnheit hindurch. Beispielsweise war ein Mann, der bei einem Angriff von ein oder zwei anderen aus seinem Haus floh, ein Feigling, während derjenige, der es gegen ein Heer verteidigen wollte, ein Narr war. Die Klugen (Tugendhaften) konnten ihre Leidenschaften durch die Vernunft mäßigen und beherrschen; sie verhielten sich weder tollkühn noch feige, sondern waren so mutig, Risiken einzugehen, wenn dies vernünftig war. Mary Daly erinnert daran, daß eine Theorie, die sich auf die Klugheit gründet, das Gefühl dem Verstand unterordnet; denn was uns zu den Extremen führt, sind unsere Emotionen, und was uns eine kluge Entscheidung ermöglicht, ist der Verstand.

Mit anderen Worten, in diesem Denksystem konnte Leidenschaft zu Extremen führen und tat es auch; daher mußte sie kontrolliert werden. Die tugendhafte Person übte Kontrolle aus, und 'Vernunft' an sich wurde so zu einem Synonym für 'Stabilität', 'Mäßigkeit', also 'Tugend'. In der gedanklichen Spaltung zwischen Vernunft und Leidenschaft steckt die Vorstellung von etwas, das außer Kontrolle ist (Leidenschaft) und etwas, das dieses kontrollieren kann (Vernunft). Der Mensch hatte daher eine Wahl und konnte mittels der Vernunft seinen Willen oder seine Willenskraft einsetzen, um seine Exzesse zu kontrollieren.

Es ist diese Aufspaltung von Verstand und Gefühl und die damit verbundene Vorstellung, das eine könnte und sollte das andere kontrollieren, welche die Kontrolle durch den Paternalismus sowie die Kontrolle durch die weiblichen Tugenden in die Sphäre der Ethik einbringt und sie glaubwürdig und akzeptabel macht. Wir werden belehrt, daß der Weg zum Guten über die Kontrolle führt, angefangen mit dem Verstand, der das Gefühl kontrolliert. Dies beruht auf der Idee, Triebe und Begierden seien bestenfalls amoralisch, schlimmstenfalls das Böse an sich, und mittels der Vernunft könnten wir unsere Willenskraft einsetzen, um sie zu kontrollieren und damit Kontrolle über unser Selbst zu gewinnen. Diejenigen, denen dies nicht gelingt, offenbarten Willensschwäche, ein Zeichen menschlicher Verführbarkeit – die Erbsünde. Dieser Mangel an Selbstkontrolle sei die Quelle weiterer Sünden und ein wesentliches Element der Menschheitstragödie.

Mary Daly führt weiter aus, daß sich die Kirche in der Nachfolge des aristotelischen Einflusses als moralische Autorität aufbaute – die Kirchenväter behaupteten, sie seien am besten in der Lage zu bestimmen, welche Entscheidungen klug seien –, denn wenn die Leidenschaft außer (aus ihrer) Kontrolle gerate, entstehe das Böse. Durch diese Anmaßung einer paternalistischen Autorität konnte die Kirche die individuelle moralische Handlungsfähigkeit allmählich aushöhlen, den Schwerpunkt der Moral von der Klugheit auf den Gehorsam verlagern, indem sie betonte, eine tugendhafte Person nähme aus ihrem Glauben heraus die Führung der Kirche an. Als die antike patriarchale Kultur der Griechen der heidnischen patriarchalen Kultur der Römer wich, die ihrerseits in die christlich-patriarchale Kultur überging, verwandelte sich das ethische Ziel der Selbstkontrolle in das Ziel des Glaubensgehorsams. Der Mythos vom Sündenfall gewann an Boden, als die Kirchenpatriarchen die Frauen als ‘von Leidenschaften getrieben’ oder ‘dem Gefühl verhaftet’ bezeichneten, sich selbst jedoch als ‘vernünftig’.[2]

Die patriarchale Ideologie von Vernunft/Leidenschaft/Kontrolle bereitete den Boden für das Denksystem, das die Kontrolle der Männer über die Frauen (und die Natur) für klug, für vernünftig hält.[3] So entstand im Patriarchat die zivilisatorische Grundordnung, der Heterosexualismus, der schließlich einen Nietzsche hervorbrachte, demzufolge die listenreiche Demut der Frauen zwar eine Bedingung der Sklaverei erfülle, die Sklaverei aber dennoch Kennzeichen einer »höheren« Zivilisation sei.[4]

Der Gedanke, wir brauchten Selbstkontrolle, um uns über unsere Natur zu erheben, läßt sich zwar bis zur griechischen Antike zurückverfolgen, erreichte seinen Höhepunkt aber vielleicht bei Kant. Seiner Auffassung nach ist der Mensch moralisch, der sein Tun nach der reinen Vernunft (Logik) bestimmt und dann kraft seines Willens allein aus Pflicht handelt, um sich über seine Gefühle oder Neigungen und damit über seine Natur zu erheben. Kant nannte das »Autonomie«.

Aus der entgegengesetzten Richtung, aber ausgehend von der gleichen Spaltung von Verstand und Gefühl war Hume der Auffassung, die Gefühle kontrollierten den Verstand: Es seien die Gefühle, die uns zum Handeln treiben, uns motivieren. Daher gebrauchten wir in moralischen Fragen den Verstand, um unsere (gefühlsgesteuerten) Begierden zu erfüllen; das moralische Urteil entstamme nicht dem Verstand, sondern einem eigenen Sinn für Moral, einem Vermögen zum Empfinden. Dies entwickelte sich später weiter zu der Theorie, daß unser Verständnis von ‘Moral’ nichts anderes beinhalte als das, was wir begehrten oder begehrenswert fänden. »Du solltest dies oder das tun« bedeutet daher eigentlich »ich will, daß du dies oder das tust« (im heteropatriarchalen System gar nicht so falsch).

Walter Kaufmann verweist im Zusammenhang mit dem Nietzsche'schen Begriff des Willens zur Macht darauf, daß das gemeinsame Gattungselement der Moralkodizes die Selbstüberwindung sei:

> Moral besteht immer darin, nicht einfach seinen Trieben nachzugeben. Jedes Moralsystem ist ein System von Verboten, das uns dazu auffordert, bestimmten Triebregungen nicht zu folgen. Und positiv bestehen moralische Gebote in der Aufforderung zum Sieg über die animalischen Instinkte.[5]

Auch unter Lesben gibt es die Vorstellung, der Verstand kontrolliere das Gefühl, das Gefühl kontrolliere den Verstand oder ein von beiden getrennter Wille kontrolliere beide. Wir neigen zu der Annahme, daß wir die Kontrolle haben müssen, um etwas zu tun, und die Kontrolle aufgeben müssen, um etwas zu empfinden. Das spaltet uns auf und fördert das Psychologisieren unserer Gefühle, während wir die politisch richtige Linie in einem Regelwerk sehen, mit dem wir uns selbst und einander kontrollieren. So benutzen wir die Ethik, um Sicherheit und Schutz zu erlangen. Die Auswirkungen dieser Vorstellungen unter uns Lesben will ich hier untersuchen.

Tiefe E-motion

Zunächst einmal finden wir in Mary Dalys Argumentation in *Reine Lust* weitere Erkenntnisse über die patriarchale Trennung von Verstand und Gefühl. Sie verwendet den Begriff 'Leidenschaft' statt des moderneren 'Gefühls', um die darin implizierte Bewegung deutlich zu machen, und sie bietet den Begriff 'E-motion' an, um die Ent-deckung der »tiefen elementalen Leidenschaften« zu benennen: »Mit E-motion ist das Feuer gemeint, das die Frauen über den Vordergrund und seine väter-lichen Festlegungen hinweg in pyrogenetische Ekstase hineinbewegt.«[6]

Die wahren Leidenschaften oder tiefen E-motionen »sind Bewegungen in uns, und sie bewegen uns«. Als solche sind sie etwas anderes als »Plastik-Leidenschaften«:

> Im Gegensatz zu den [...] wahren Leidenschaften [...] sind Plastik-Leidenschaften frei flottierende Gefühle, die zu immer größerer Beziehungslosigkeit und Zersplitterung führen. Sie sind dadurch gekennzeichnet, daß sie keine bestimmten oder benennbaren Auslöser oder »Objekte« haben und wir uns daher mit ihnen entweder endlos außerhalb jeglichen Kontextes oder in einem von den Vätern der Sadopsychologie und anderer priesterlicher Berufe fabrizierten Pseudo-Kontext »befassen« müssen.[7]

Mit anderen Worten: Wahre Leidenschaften oder tiefe E-motionen haben ein klar definiertes Objekt oder einen Auslöser, während die Plastik-Leidenschaften kein bestimmtes Objekt und keinen Auslöser haben. Deshalb dienen Plastik-Leidenschaften dazu, dem Opfer die Schuld zuzuweisen. (Wenn wir das Gefühl haben, in unserem Leben sei etwas nicht stimmig, aber nicht benennen können, wer diese Unstimmigkeit verursacht hat, dann werden wir schließlich uns selbst und einander die Schuld dafür geben.) Mary Daly betont, daß der Prozeß der Benennung von Verursachern oder Ursachen der Unterdrückung von entscheidender Bedeutung ist, um aus den Plastik-Leidenschaften – Angstgefühle, Schuldgefühle, Depressionen, Feindseligkeit, Bitterkeit, Ressentiment, Frustration, Langeweile, Resignation und »Erfüllung«[8] – ausbrechen zu können. Auch unterscheidet sie die tiefen E-motionen von den »Bonsai-Leidenschaften«, den »verdrehten und entstellten Versionen echter Leidenschaften«, die verkrüppelt und »künstlich gezügelt« werden. Bonsai-Leidenschaften sind unvollkommen und daher nur ein Ersatz für echte E-motion.[9]

Für die moralische Handlungsfähigkeit von Lesben ist ihre Vorstellung der Bewegung in der E-motion besonders wichtig, ebenso ihre Idee, daß E-motionen mit etwas außerhalb der Person verbunden sind – einem Objekt oder, wie ich es nennen würde, einem Subjekt. Mit ihrer Analyse stimme ich zwar weitgehend überein, doch ist mein Schwerpunkt etwas anders.

Zunächst einmal halte ich es für wichtig, zwischen Objekt und Ursache unserer Emotionen zu unterscheiden.[10] Jemand anders kann Ziel oder Objekt meines Gefühls sein – das Subjekt meiner Wahrnehmung und meines Urteils –, ist damit aber nicht die Ursache.

Männer rechtfertigen die Vergewaltigung von Frauen, indem sie Objekt und Auslöser gleichsetzen: Nach ihrer Darstellung habe eine Frau sie durch »verführerische« Kleidung »dazu gebracht«, sie anzugreifen. Damit behaupten sie, sie seien für ihre Gefühle und die daraus entstehenden Handlungen nicht verantwortlich –, während in Wirklichkeit ihr Handeln eine Reaktion auf die Frau darstellt – die Art, wie sie auf sie eingehen. Ich unterscheide zwischen Objekt und Ursache von Gefühlen, weil wir Subjekte unseres Verstandes und unserer Gefühle sind.

Zweitens benutzt Mary Daly das Wort 'Leidenschaft' *(passion)*, um die Macht und Energie unserer Gefühle auszudrücken. Ich würde 'Emotion' vorziehen – wegen ihres Hinweises auf die Bewegung in starken Gefühlen – oder 'E-motion'. Denn die Etymologie dieses Wortes deutet darauf hin, daß eine leidenschaftliche Frau entweder leidet oder Leiden verursacht – daraus folgt die Vorstellung, Leidenschaft müsse unter Kontrolle gehalten werden. Im gegenwärtigen Sprachgebrauch ist 'Leidenschaft' »jedes Gefühl und jede Empfindung wie Liebe, Begehren, Zorn, Haß, Furcht, Trauer, Freude, Hoffnung usw., insbesondere wenn sie zwingend sind«.[11] Also erfahren wir Zwang oder Nötigung durch unsere Emotionen, wenn wir leidenschaftlich sind, und so hält sich hartnäckig die Vorstellung, die Leidenschaft könnte die Vernunft überwältigen und könnte oder sollte deshalb durch den Verstand kontrolliert werden.

'Emotion' dagegen stammt vom lateinischen *emovere*, »herausbewegen, aufregen, erregen«. Frauen wird nachgesagt, sie seien zu emotional (allerdings ist, wie ich gleich erläutern werde, Zorn die einzige Emotion, die Frauen abgesprochen wird), und die Männer haben es übernommen, mit dem Verstand die Gefühle von Frauen zu kontrollieren. Ich ziehe 'Emotion' und die wunderbare Energie, die damit einhergeht, deshalb vor, weil wir uns mit unseren Emotionen herausbewegen, uns aufregen und erregen; und das ist zwar zeitweise mit Leiden verbunden, doch ist das Leiden nicht seine Wurzel. Mary Dalys Begriff der E-motion, der tiefen E-motion, der Bewegung in uns, die uns auch äußerlich bewegt, ist der für mich interessante Schwerpunkt.

Bezeichnenderweise unterscheidet Gertrude Stein zwischen Leidenschaft und Gefühl:

> In idealer Vollkommenheit wäre sie unaggressiv entschlossen gewesen, eine Spur brutal und vollkommen unpersönlich; eine Frau mit Leidenschaften, nicht aber mit Gefühlen, fähig zum ausdauernden Handeln, unfähig zum Bedauern. In dieser amerikanischen Ausgabe lief es bestenfalls auf nichts weiter als einen trotzigen Bluff hinaus.[12]

Das legt eine Unterscheidung zwischen Leidenschaft und Gefühlen nahe, die der Unterscheidung zwischen Verwundbarkeit und Intimität ähnelt: Sowohl die Verwundbarkeit als auch die Leidenschaft – wie Gertrude Stein sie versteht – kann mehr zur Abwehr und Distanz als zur Verbindung benutzt werden.

Drittens sind Gefühle der Ursprung von Bewegung. Und ich stimme Mary Daly zu, daß die Plastik-Leidenschaften kein bestimmtes Objekt (Subjekt) haben und daher dazu beitragen, dem Opfer die Schuld geben. Manche echten Gefühle haben allerdings auch kein Subjekt. Zum Beispiel wache ich vielleicht mit einem Gefühl der Freude auf, und daraus kann Bewegung entspringen, auch wenn kein bestimmtes Subjekt meiner Freude vorhanden ist.[13]

Problematisch wird es dann, wenn ich mich zum Beispiel deprimiert fühle und diese Energie nicht einfach nur eine Übererregung dämpft. Problematisch wird es auch dann, wenn die Depression mit unserer Unterdrückung zusammenhängt und ich weder die Verursacher der Unterdrückung erkennen kann, noch spüre, daß ich auf die repressiven Bedingungen reagiere. Das heißt, es wird dann problematisch, wenn unser Verstand und unsere Gefühle voneinander getrennt, gespalten sind; denn damit geht eine Unfähigkeit zur vollen Wahrnehmung, zur Beurteilung einher – in diesem Falle die Unfähigkeit, die Dinge beim Namen zu nennen. Das bewirkt, daß wir in ein endloses Verarbeiten und Im-Kreise-drehen oder in Resignation und Anpassung verfallen statt politisch in Bewegung zu kommen.

Wenn unsere Gefühle E-motionen werden – Energie, die uns bewegt –, gehen wir auf andere zu,[14] engagieren uns, kommunizieren mit den anderen, die zu Subjekten unserer E-motion werden. Wir konzentrieren unsere Energie. Allerdings sollten wir auch nicht ständig konzentriert sein; manchmal ist es nötig, loszulassen, unsere Aufmerksamkeit abzuziehen, uns einfach auszuklinken. Wenn wir jedoch kommunizieren, wenden wir uns einander zu und verbinden uns. Eine engagierte Energie erfüllt uns – für ein Subjekt, in einem Zusammenhang. Das ist Teil unserer inneren Macht, und dazu braucht es Verstand und Gefühl, unser ganzes Selbst und nicht nur Fragmente.

Gefühle sind nichts Privates

Wir neigen zu der Auffassung, Gefühle und Empfindungen seien etwas Privates, von unserem Verstand Getrenntes, nur durch Innenschau zu Entdeckendes. Naomi Scheman hat diese Vorstellung hinterfragt. Für sie sind Gefühle (wie Verliebtsein oder Zorn), Überzeugungen (wie die Überzeugung, daß die Amazonen früher zwischen dem Schwarzen Meer und dem Kaspischen Meer lebten), Absichten (wie die Absicht, sich zu entschuldigen) und Erwartungen (wie die Erwartung, daß eine Frau ihr Coming-out hat) nicht nur individuelle Befindlichkeiten:

> Diese weithin unhinterfragte Annahme, daß die Gegenstände der Psychologie – Gefühle, Überzeugungen, Absichten, Tugenden und Fehler – zu uns als einzelnen gehören (ganz gleich, inwieweit sie sozial erworben sind), ist meines Erachtens ein Stück Ideologie [...] Sie ist ausgesprochen nützlich, um die kapitalistisch-patriarchale Gesellschaft zu erhalten, und tief in unserem Verständnis von Befreiung, Freiheit und Gleichheit verwurzelt.[15]

Obwohl wir dazu neigen, etwa Überzeugungen und Absichten als einzelne Größen zu sehen, existieren sie doch nur im Zusammenhang mit unserem gesellschaftlichen Kontext (etwa dem kapitalistischen Patriarchat), in dem sie ihre Schwerpunkte und Komplexität erhalten. Naomi Scheman verweist darauf, daß wir leicht Gefahr laufen, die Vorstellung, sie seien nur innerhalb eines Rahmens sinnvoll, zu verwerfen, weil wir die psychischen Befindlichkeiten gerne einfach nur als Aspekte unseres Innenlebens ansehen, die wir entdecken. Sie meint, bestimmte Empfindungen ließen sich durch Innenschau entdecken, »aber das, was uns wichtig ist – Gefühle, Überzeugungen, Verständnis, Motive, Wünsche – gehört meist nicht dazu«:

> Ich meine, wir können annehmen, daß unsere Schmerzen, Qualen und anderes unabhängig von unserer gesellschaftlichen Situation besondere Ereignisse sind, aber daraus folgt nicht, daß dasselbe auch für komplexere psychologische Vorgänge wie Gefühle, Überzeugungen, Motive und Fähigkeiten gilt [...] Es stellt sich die Frage nach ihrer Bedeutung – nicht nur, wie sie zu benennen sind, sondern ob sie überhaupt etwas »Eigenständiges« sind. Alle diese Fragen nach ihrer Bedeutung und Auslegung können nicht abgehoben von einem sozialen Umfeld beantwortet werden.[16]

Mit anderen Worten, in bestimmter Hinsicht sind wir soziale Wesen. In der Erfahrung etwa von Zwängen, Qualen und Neigungen entwickeln wir gleichzeitig durch die Interaktion mit anderen, die reagieren, spiegeln und sich ihrerseits engagieren, und vor dem Hintergrund unseres sozialen und politischen Kontextes diese inneren Befindlichkeiten zu ausgewachsenen Gefühlen, Überzeugungen und Absichten. Unsere Gefühle, Überzeugungen, Fähigkeiten und Wünsche existieren in einem »Geflecht gesellschaftlicher Interpretationen, das uns hilft, den bloßen Daten der inneren Erfahrung und des Verhaltens Bedeutung zu verleihen«.[17]

Weiter verweist Naomi Scheman darauf, daß diese Auffassung grundsätzlich unvereinbar mit einem liberalen Standpunkt ist, der soziale Gruppen als »auf unabhängig voneinander bestehende Charakteristika von Individuen gegründet«[18] sieht. Aus liberaler Sicht würde selbst bei Anerkennung der Tatsache, daß die psychischen Befindlichkeiten gesellschaftliche Konstrukte sind, ein politischer Standpunkt bedeuten, daß »alle diese Befindlichkeiten unparteilich berücksichtigt werden«.[19] So gesehen, verstärkt natürlich das gesamte Unternehmen Therapie die liberale Ideologie. Naomi Scheman meint, wir beurteilen nicht alle unsere Gefühle und Neigungen wirklich als gleichwertig, und wir müßten unsere psychischen Befindlichkeiten nicht nur nach unserem eigentlichen Wesen, sondern auch danach bewerten, wie wir je nach unserem sozialen Zusammenhang uns selbst betrügen, Opfer falschen Bewußtseins werden oder nur verwirrt sind.

Im Patriarchat haben unsere psychischen Befindlichkeiten ganz bestimmte Bedeutungen bekommen. Der Zorn von Frauen und Lesben zum Beispiel wird als »verrückt« bezeichnet und behandelt, der Widerstand von Frauen und Lesben ist unsichtbar, und die unleugbaren Beispiele für Widerstand werden wiederum als Beispiele für »Irrsinn« gedeutet. Manchmal gilt eine Frau als »frigide«, dann wieder als »scharfe Alte«. Die Dankbarkeit der Frauen für Schutz wird »Liebe« genannt, lesbische Liebe »pervers« und so weiter. Im Patriarchat werden die Gefühle, Überzeugungen und Wünsche von Frauen und Lesben regelrecht konstruiert. Und was am wichtigsten ist: Dies hat nicht nur unser Handeln in der Welt bestimmt, sondern auch die Art und Weise, wie wir uns selbst empfinden und verstehen, was wir fühlen und worauf wir reagieren.

Aber die patriarchale Definition der Bedeutung unserer Gefühle hat ihre Grenzen. Sie ist ein soziales Konstrukt, und indem wir unser kollektives Schweigen brachen, durchbrachen wir auch den gesellschaftlichen Konsens. Unsere Schmerzen und Qualen brachen plötzlich hervor; wir begannen Probleme zu benennen, die zuvor namenlos waren. Wir bildeten Selbsterfahrungsgruppen und artikulierten unseren Zorn. Wir schufen neue Bedeutungen, und das veränderte unser Fühlen; es veränderte unser Selbstverständnis. Das war kein vereinzeltes, isoliertes oder privates Bemühen. Wir untersuchten zum Beispiel unser lesbisches Begehren, und durch die Interaktion und politische Analyse als Lesben gaben wir unserem Begehren eine andere Bedeutung: von Krankheit und Schande zu einer Quelle von Stolz und Freude. Das haben wir nicht durch private Innenschau bewirkt, sondern durch unser Engagement als Lesben und unter Einbezug unseres sozialen und politischen Kontextes.

Wenn wir anfangen, unsere Gefühle zu bewerten, durch einen veränderten Blickwinkel und durch Interaktion den Kontext ihres Entstehens zu benennen, entwickeln wir allmählich eine Komplexität im Verstehen, die ihrerseits die Art und Tiefe unseres Fühlens berührt. Und wir fangen an zu begreifen, daß Gefühle sich formen, entwickeln und verändern lassen.

Die Bedeutung von Emotionen, Überzeugungen, Absichten und Intuitionen entwickelt sich in unserem gesellschaftlichen Kontext, und wir können diesen Kontext in Frage stellen oder erweitern und damit die Bedeutungen in Frage stellen oder erweitern. Weder das In-Frage-Stellen noch das Erweitern kann von einzelnen Lesben geleistet werden – es erfordert die Kommunikation unter Lesben, die fragen und analysieren und werten. Und das bedeutet, es ist politisches Handeln – ein Handeln, das Interaktion braucht und in dem Verstand und Gefühl nicht als getrennte Größen wahrgenommen werden.

Begehren und politische Wahrnehmung

Patriarchale Sexualität

Nehmen wir beispielsweise die patriarchale Definition von Sexualität und Begehren. Nach herrschender Ideologie ist Sex heterosexuell oder männlich-homosexuell. Zur Bedeutung von Sex im Patriarchat gehören die Dogmen, 1. Sex sei für die Gesundheit eines Mannes unverzichtbar, 2. das sexuelle Begehren beinhalte einen Todeswunsch (Eros), 3. männliche Sexualität sei ein mächtiger und unkontrollierbarer Trieb, 4. Vergewaltigung sei natürliches Verhalten, 5. Sex sei ein Akt männlicher Eroberung, 6. sexuelle Freiheit schließe den totalen Zugriff des Mannes auf die Frauen ein, 7. sexuelles Empfinden bedeute, außer Kontrolle zu sein, und 8. Sex sei ein natürliches Phänomen, und Frauen, die der sexuellen Belästigung durch Männer Widerstand entgegensetzten, seien »frigide«.[20]

Begehren als Macht

Audre Lorde hat dieser herrschenden Bedeutung unseres Begehrens den Kampf angesagt. Nach ihrer Auffassung ist Erotik Macht, ein uns innewohnendes Potential und eine Quelle der Weisheit. Sie bezeichnet Erotik als das Gegenteil von Pornographie, da Pornographie auf Sinnesreizung ohne Gefühle und ohne persönliche Zuwendung aus ist und damit die Spaltung unserer Energien zementiert. Sie meint, daß Erotik nicht-rational sei und fährt fort: »Erotik ist nicht nur eine Frage nach dem Was unseres Tuns«, sondern »eine Frage nach der Stärke und Intensität unseres Fühlens bei unserem Tun«.[21]

Damit hat Audre Lorde unser Begehren neu bewertet; sie nennt es eine innere Macht und weist darauf hin, daß es lebendig macht. Das ist für das Denken von Lesben zentral, und ich stimme mit ihrer Analyse zwar weitgehend überein, doch setze ich einen etwas anderen Schwerpunkt.

Zunächst einmal halte ich es aus den zuvor diskutierten Gründen für einen Fehler, das Begehren als nicht-rational zu bezeichnen. Eine Anziehung existiert nicht in einem Vakuum; die Bedeutung unserer Gefühle und Reaktionen entstehen in ihrer ganzen Tiefe und Komplexität durch den gesellschaftlichen Kontext, in dem wir sie leben. Daß wir Lesben begehren, ist kein Zufall; unser Begehren ist zielgerichtet. Und diese Zielgerichtetheit stammt aus der Integration von Verstand und Gefühl.

Patriarchale Liebe

Zweitens meine ich, wenn wir unser Begehren 'Erotik' nennen, bekommen wir Schwierigkeiten mit dem Begriff 'Eros'. 'Eros' bedeutet nach der homopatriarchalen griechisch-christlichen Tradition das genaue Gegenteil von Lebendigkeit; er ist auf den Tod oder das Jenseits gerichtet. Mary Daly hat untersucht, welchen nekrophilen Schwerpunkt die Erotik im Patriarchat hat.[22] 'Eros' ist der Wille zu haben und zu besitzen, er ist eine Kraft, die nach Perfektion strebt, nach Unsterblichkeit. Er ist mit religiösen Bedürfnissen und sadomasochistischen Todeswünschen von Männern sowie mit der heterosexuellen Fortpflanzung verbunden und beinhaltet die Vorstellung, Männer verlören durch Geschlechtsverkehr ihre Lebenssäfte. (Deshalb sollen Männer vor einem »großen Spiel« enthaltsam sein.) Im religiösen Sinne stellt 'Eros' einen ekstatischen Ichverlust dar, eine Liebe, die auf eine Gottheit gerichtet ist und ihren Höhepunkt in der Ich-Aufhebung (Vollkommenheit) hat. (Daher haben christliche Mystik und Sado-Masochismus die gleiche Ideologie und die gleichen erotischen Wurzeln.)

In der homopatriarchalen griechisch-christlichen Tradition, von der unser Denken tief geprägt ist, gibt es außer dem 'Eros' noch drei weitere wichtige Arten der Liebe: 'Agape', 'Nomos' und 'Philia'.[23] Agape ist bedingungsloses Geben, total und unhinterfragt – die sogenannte christliche Liebe oder Mutterliebe – und insbesondere frei von Begehren. Sie verleiht ihrem Objekt Würde, und damit ist impliziert, daß ihr Objekt an sich diese Liebe nicht verdient. 'Agape' ist Liebe trotz der Person, nicht wegen ihr.

'Nomos', was eigentlich 'Gesetz' bedeutet, stellt eine Liebe vor, die den Verstand dem Glauben unterordnet: Sie ist die Unterwerfung unter eine göttliche Gesetzesordnung »jenseits« menschlichen Begreifens. Nach diesem Begriff steht es dem Menschen nicht zu, den Willen eines Gottes anzuzweifeln; von daher gewinnen wir die Vorstellung, Liebe sei das Akzeptieren von Autorität. Nach diesem Konzept ist der Verstand gefährlich, da er einen unabhängigen Willen und eventuell Rebellion impliziert. Der Verstand schafft Zweifel und Unsicherheit; Glaube dagegen gibt Vertrauen und Frieden (Bequemlichkeit, Betäubung).

'Philia' schließlich ist brüderliche Liebe, welche die Einheit der Dinge und die Gemeinschaft der Menschen *(men)* bewirkt. Hier haben wir eine rettende Kraft, die einigt, verbindet und alles zu einer unterschiedslosen Masse vermischt. Sie ist eine universale Menschenliebe ohne Beachtung der einzelnen Individuen, der Unterschiede zwischen ihnen oder der Komplexität und Besonderheit ihrer Lebensbedingungen. Was trennt, unterscheidet und entfremdet, ist die zerstörende Kraft.

Nach meinem Empfinden sind *alle* diese Begriffe – 'Eros', 'Agape', 'Nomos' und 'Philia' – zerstückelt und zerstückelnd. Ich meine, wir können uns eigene Begriffe für lesbische Liebe und Begehren und Energie und Macht bilden.

Ich möchte hier einige Gedanken über das Wort 'Sex' einfließen lassen; auch mit diesem Wort läßt sich unser Begehren nur schwer ausdrücken. Das Wort 'Sex' stammt *Sex* vom lateinischen *sexus,* verwandt mit *secus,* abgeleitet von *secare,* »schneiden, teilen«, und es drückt in sich schon eine Spaltung oder Abtrennung aus. Daher meint Mariel Rae, mit dem Begriff 'Sex' würden lesbisches Begehren, Sinnlichkeit und Orgasmus ausgelöscht.[24]

Claudia Card fragt bei ihrer Diskussion der Bedeutung von 'Sex', ob Sex ein rein biologisches Phänomen wie Essen und Trinken und Schlafen sei oder ob seine Bedeutung durch einen institutionellen Kontext entstehe, wie bei Frühstücken, Abendessen oder Überraschungsdinners. Sie meint, wenn wir Sex als rein biologisches Phänomen betrachten, dann »ist es bei dem Versuch, das phallozentrische Verständnis von Sex fallenzulassen, nicht mehr eindeutig, was als sexuell zählt und was nicht«.[25] Der einzige vorinstitutionelle Sinn von Sex, den sie entdecken kann, ist ein biologischer, der sich in der einen oder anderen Form »auf die Fortpflanzungsfähigkeit von Angehörigen einer Spezies [bezieht], die sich sexuell und nicht asexuell fortpflanzt«. In diesem Sinne ist die Klitoris natürlich kein sexuelles Organ:

> Kurz gesagt, sehe ich keine Möglichkeit zu beschreiben, was es bedeutet, [...] den klitoralen Genuß als *sexuell* zu bezeichnen, ohne mich auf die Institution Sexualität zu beziehen. Wenn es so etwas wie »puren Sex« gibt, das nicht einfach »Weiblichkeit« oder »Männlichkeit« meint, sondern gewöhnlich befriedigend ist, nur gelegentlich ausgeübt wird und von der Institution Sexualität unabhängig ist (logischerweise vor ihr kommt), scheint dies ebenfalls ein rein androzentrisches Phänomen zu sein.[26]

Mit anderen Worten: Wenn 'Sex' als rein biologisches Phänomen wie etwa Essen verstanden wird und nicht als institutionelles Phänomen wie ein Überraschungsdinner, dann fällt klitoraler Genuß nicht unter Sex.

Sexualität zu verstehen, heißt nicht einfach, einen »Trieb« zu begreifen, sondern den Kontext zu verstehen, das heißt die Institutionen, die unserem Drang und unserer Reaktion tiefere Bedeutung verleihen. Die Institution Sex bleibt selbst außerhalb eines patriarchalen Kontexts im wesentlichen ein männliches Phänomen. Wie Marilyn Frye dargestellt hat, ist Sex ein Phänomen, bei dem ein oder mehrere männliche sexuelle Organe vorhanden sein müssen, und das Penetrieren von nahezu jeder Art von Objekt gilt als »Sex haben«.[27]

In ihrer Diskussion der Umfrage von Philip Blumstein und Pepper Schwartz über Sex[28] bemerkt Marilyn Frye, es sei ihr aufgefallen, daß das, was 85 % der lange Zeit verheirateten heterosexuellen Paare mehr als einmal im Monat tun (und Lesben den Studien zufolge weit seltener), im Durchschnitt acht Minuten dauert.[29] Sie führt aus:

Aus eigener Erfahrung und aus den Berichten anderer Lesben in Langzeitbeziehungen weiß ich, daß das, was wir im Durchschnitt weit weniger häufig tun, im Durchschnitt weit mehr als acht Minuten in Anspruch nimmt. Es dauert mindestens 30 Minuten, manchmal auch eine Stunde. Und es ist bei diesen relativ seltenen Vorkommnissen gar nicht so selten, daß ein ganzer Nachmittag oder Abend dem »Drumherum« gewidmet wird. Da erhebt sich der Verdacht, daß das, was 85 % der heterosexuellen verheirateten Paare mehr als einmal im Monat tun und was 47 % der lesbischen Paare weniger als einmal im Monat tun, nicht dasselbe ist.[30]

Marilyn Frye fragt sich, ob nicht wir Lesben unseren Erfahrungen Gewalt antun, wenn wir die gleichen Fragen beantworten wie Heterosexuelle, als ob diese für uns die gleiche Bedeutung hätten. Ihrer Erfahrung und ihrem Verständnis unserer Kultur nach bewerten Heterosexuelle das, was sie in solchen Umfragen angeben, nach dem Orgasmus und der Ejakulation des Mannes. Sie hält den Versuch, unsere Lebendigkeit und Lust mit den Wörtern 'Sex' und 'Sexualität' auszudrücken, für einen Fehlschlag: »Diese Wörter haben nicht etwa ihre Phallozentrik verloren, sondern die phallozentrische Bedeutung auf Erfahrungen übertragen, die in keiner Weise phallozentrisch sind.«[31] Die Freude, die Lesben beispielsweise empfinden können, wenn sie ihre Finger in der Vagina einer Geliebten drehen wie eine Töpferin in einem Topf und umgekehrt dasselbe spüren können, hat mit Bumsen und Penetration nichts zu tun, und das männliche Sexualorgan ist dafür ungeeignet.[32] Ich will das Wort 'Sex' weglassen und statt dessen 'Begehren' sagen.

Unsere Anziehung füreinander und unser Begehren nehmen viele Formen an. Die Institution Sexualität besagt jedoch, daß alles Begehren zum Orgasmus führt, und das trifft ebenfalls auf uns nicht zu. JoAnn Loulan schreibt:

Selbst diejenigen von uns, die gewöhnlich Orgasmen haben, fühlen sich von diesem angeblichen Ziel des Sex tyrannisiert. Wenn wir ständig darauf hinarbeiten, einen Orgasmus zu haben, können wir eine sexuelle Begegnung nicht mehr um des Vergnügens willen genießen, das sie uns geben kann. Unsere Beschäftigung mit diesem speziellen Muskelkrampf spiegelt unsere allgemeine Haltung in einer konsumorientierten Gesellschaft wider: das Streben nach einem Ziel bei gleichzeitiger Vernachlässigung des Vergnügens (oder dessen Fehlen) an dem Prozeß selbst. Für Frauen, die dieses Ziel niemals erreichen, wird es oft kaum einen Grund geben, Sex zu haben.[33]

Die Institution Sexualität bezeichnet alle Sinnlichkeit als »Vorspiel«, nur als Wegstrecke hin zum Orgasmus.[34] Das schwächt alle unsere sinnlichen Fähigkeiten. Damit meine ich, daß ein Orgasmus wie auch alle anderen Aspekte unserer Sinnlichkeit und unseres Begehrens dann nicht mehr machtvoll sind, wenn wir alles zusammen in die homo- und heterosexuelle Bedeutung zwängen wollen: Wir werden so lange gespalten bleiben, wie wir den Orgasmus als den Brenn- und Zielpunkt allen lesbischen Begehrens, aller lesbischer Sinnlichkeit betrachten und alles übrige bloßer Abklatsch bleibt.

Claudia Card erinnert daran, daß die Sprache dessen, was sie Erotik nennt, anders ist als die Sprache des Sex. Sie unterscheidet das, was sie Erotik nennt, von der Sexualität und meint, erstere sei eine emotionale und keine biologische Kategorie. Die patriarchale Institution Sexualität stelle das Erotische als sexuell dar, »indem das erotische Spiel [...] zur sexuellen Einladung erklärt wird«.[35] Claudia Card stellt fest, daß das »Erotische« »sexuell« sein könne oder nicht und eine Form der Berührung sei, die erfolglos bleibe, solange die andere sie nicht erwidere. Mit anderen Worten, es ist interaktiv. Auch könne der »erotische« Austausch »wie Superkleber wirken – ein bißchen davon kann dich für Jahre binden. Das trifft auf sexuelle Aktivität im allgemeinen nicht zu«.[36]

Wir brauchen eine neue Sprache und neue Bedeutungen, um unser lesbisches Begehren zu entwickeln, besonders wenn wir erforschen wollen, was uns anzieht, woher unsere Anziehung kommt, was wir beibehalten wollen, was wir verändern wollen und warum, wie unterschiedlich unsere Anziehung ist, wie unser Begehren sich mit der Zeit verändert und so weiter.[37] Und das ist eine Frage der Interaktion, nicht der Introspektion. Wir brauchen noch viel mehr gemeinsames Reden und Erforschen in Zusammenhängen wie Selbsterfahrungsgruppen, auf jeden Fall unter Vertrauten – Geliebten und Freundinnen –, um die Bedeutung des lesbischen Begehrens zu entdecken und unsere Gespaltenheit zu heilen.

Gespaltenheit

Ein Zeichen unserer Gespaltenheit ist, daß wir unser lesbisches Begehren von der Arbeit und der Kommunikation außerhalb des Schlafzimmers getrennt haben und noch trennen. Oder wir tun so, als gäbe es dieses Begehren nirgends außer im Schlafzimmer, zum Teil aufgrund einer falschen Vorstellung davon, was Hingabe an eine Geliebte bedeutet. Unser lesbisches Begehren lebt in unserer Arbeit, unseren Konferenzen, in den Aktionen »Wir erobern uns die Nacht zurück«, in den Bars, in den hitzigen Debatten ebenso wie im Schlafzimmer. Und diese Aspekte unseres Lebens abzuspalten, bedeutet, unsere Macht zu zersplittern; denn unser Begehren stärkt uns – als Lesben.

Ein weiteres Zeichen unserer Gespaltenheit ist, daß wir uns manchmal von Lesben angezogen fühlen, die wir nicht besonders mögen. Auch der Gegensatz als etwas Exotisches zieht uns an, nicht als etwas, das wir entdecken und von dem wir lernen können, sondern als etwas Geheimnisvolles, das wir dann zum Objekt machen und auf Distanz halten. Die Folge ist, daß wir Verwundbarkeit einsetzen oder alternativ dazu eine stoische Attitüde einander gegenüber annehmen, statt Intimität zu entwickeln. Vielleicht befürchten wir, wenn die andere kein Geheimnis mehr darstellt, daß wir dann selbst als etwas Normales und nichts Besonderes erscheinen. Oft suchen wir das Melodramatische, um Sinn zu schaffen.

Außerdem neigen wir zu der Annahme, wir müßten uns rational und kontrolliert verhalten, um sicher zu sein, aber emotional und außer Kontrolle sein, wenn wir fühlen wollen. Damit machen wir das Begehren zum 'Eros' (zum ekstatischen Ichverlust) und bestimmen den Erfolg danach, ob Kontrolle vorhanden ist oder nicht. Und oft versuchen wir, das Begehren von den Gefühlen für eine bestimmte Lesbe zu trennen, um das Risiko einer Verbindung zu vermeiden – das heißt, wir versuchen, vorübergehend die Kontrolle angeblich aufzugeben (beim »Orgasmus«) und gleichzeitig unsere Gefühle strikt unter Kontrolle zu halten. Auf diese Weise, glauben wir, könnten wir uns die Rosinen aus dem Kuchen picken und gleichzeitig in »Sicherheit« bleiben.

Ich meine aber, daß Begehren weder mit dem Vorhandensein oder Fehlen von Kontrolle zu tun hat, noch eine Frage von »Sicherheit« oder »Gefahr« ist. Begehren ist eine Frage der Verbindung. Es ist unser lesbisches Begehren, das uns dazu bewegt, uns miteinander zu verbinden. Und wenn wir uns durch unser Begehren füreinander weit öffnen, dann öffnen wir Kanäle, die uns ein Leben lang erhalten bleiben – selbst wenn das Begehren sich verändert.

Die Intensität unseres Gefühls wiederum erhöht sich durch die in unserem sozialen Kontext entwickelte Bedeutung. Wenn wir anfangen, unser lesbisches Begehren neu zu bewerten, meine ich, werden wir uns weniger zu dem Gegensätzlichen hingezogen fühlen, das etwas Exotisches und daher eine Bedrohung unseres Selbst und daher erregend ist, oder das eine Arena der Eroberungen bildet.[38] Auch werden wir uns weniger dem Gleichartigen nähern, nur weil es die scheinbare Sicherheit des Vertrauten bietet. So kann es uns gelingen, sowohl das Begehren als auch die Unterschiedlichkeit ganzheitlicher wahrzunehmen – biophil und nicht nekrophil.

Ein drittes Zeichen unserer Gespaltenheit ist die unter uns Lesben verbreitete Vorstellung, Liebe machen könne eine Freundschaft zerstören. Wir sind darauf bedacht, eine Unterscheidung zwischen Freundinnen und Geliebten zu treffen. Meiner Ansicht nach ist der Grund dafür mehr oder weniger, daß unsere Liebe und unser Begehren im Patriarchat auf den Eros ausgerichtet wurden, auf das Nekrophile. Nach dem homopatriarchalen Konstrukt Erotik wird das Begehren zur Bedrohung, kann uns entführen und hinwegfegen – wir 'ver'lieben uns, 'ver'lieren uns.[39] Daher wollen wir unsere Freundschaften nicht durch das Begehren beschmutzen oder gefährden. Das angemessene Engagement für diejenigen, denen unser Begehren gilt, hat eindeutige Grenzen, ob diese nun in der Distanz der One-Night-Stands bestehen oder im lebenslangen Zusammenleben mit einer, mit der wir uns geliebt haben. Und wir halten unsere Freundschaften heraus, damit wir bei unseren Freundinnen noch einen sicheren Hafen und einen Stützpunkt haben, wenn unsere Liebesbeziehung in die Brüche geht.

Ein viertes Zeichen unserer Gespaltenheit ist, daß wir selten beim Liebemachen lachen (falls doch, reden wir nicht darüber). Kate Clinton stellt eine Verbindung zwischen Humor und lesbischem Begehren her und meint, die Ausgelassenheit im Lachen entspringe der gleichen Quelle wie das Begehren:[40]

> Feministischer Humor [...] ist eine wirklich radikale Analyse der Welt und unseres In-der-Welt-Seins, weil sie wie die Erotik eine Hingabe an die Freude verlangt. [...] Ein anderer Punkt, bei dem Humor und Erotik ineinander übergehen, ist die Präsenz, die in diesem Moment gefordert ist. Um am erotischen Spiel ganz teilzuhaben, mußt du präsent sein.[41]

Marilyn Frye stellt fest:

> Aufmerksamkeit ist eine Form der Leidenschaft. Wenn wir unsere Aufmerksamkeit auf etwas richten, sind wir in einer bestimmten Weise für diese Sache präsent. Präsenz ist unter anderem eine Frage der erotischen Präsenz. Das Gerichtetsein unserer Aufmerksamkeit ist es auch, das unsere physische und emotionale Arbeit festigt und leitet.[42]

Das heißt, Präsenz ist für das Aufeinander-Einlassen von zentraler Bedeutung. Anna Lee will, daß wir unser Begehren aus schierer Freude am Lesbisch-Sein genießen:

> Was bedeutet es, wenn ich sage, ich begehre eine Frau? Ich muß anerkennen, daß mein Gefühl real ist. Unvernebelt durch das 'Immer und Ewig'. Was passiert, ist wirklich machtvoll, und es ist etwas Sexuelles. Es ist der Duft, die Berührung, der Rhythmus im Körper der Frau, die meine Sinne erregt. Alle Sinne. Voll dabei. Voll. Meine Sinne dehnen sich bis an ihre Grenzen und darüber hinaus.[43]

Unser Begehren nennt sie »den unterirdischen Fluß, oft still, häufig umgeleitet, der uns miteinander verbindet«.

Harriet Ellenberger zufolge unterstützt das lesbische Begehren den Ausbruch aus repressiven Bedingungen und unseren Lebenswillen. Sie meint: »Wir haben alles, was wir brauchen, wenn wir es nur am richtigen Ort suchen, wenn wir nur darauf achten, was sich zwischen uns abspielt«, und fügt hinzu: »Das ist es, was sich zwischen Lesben abspielt – daß wir einander irgendwie zu einem [sinnvollen] Leben verhelfen.«[44]

Zu unserem lesbischen Begehren gehören Humor und Freude, die beide Präsenz bedingen. Und indem wir füreinander präsent sind, uns einander zuwenden, miteinander kommunizieren, werden wir einander zu einem sinnvollen Leben verhelfen.

Das Thema Präsenz weist auf ein weiteres Zeichen unserer Gespaltenheit hin – die Eifersucht. Wenn wir uns auf eine Beziehung mit einer Lesbe einlassen, betrachten wir vielleicht jede und alles andere, auf das sie sich konzentriert, als Bedrohung. Ich möchte diese Einstellung hinterfragen. Zwar sind mit der Art unserer Zuwendung füreinander große Probleme verbunden, doch die Lösung liegt meiner Meinung nach nicht darin, unsere Beziehungen in eine vorgefertigte Form zu pressen und dann zu glauben, wir müßten die »Richtige« finden, und außerhalb dieser Form dürften wir keine andere wichtige Verbindung mehr eingehen, weder in der Arbeit noch in der Freizeit.

Eifersucht

Wenn eine mit einer anderen eine bestimmte Zeit verbringt, mindert dann die Tatsache, daß sie sich manchmal auch mit einer dritten trifft, die Qualität der Zeit, die sie mit der ersten verbringt? Ändert die Tatsache, daß sie Zeit mit einer anderen verbringt, etwas an der Art und Qualität ihrer Kommunikation mit der ersten? In bestimmter Hinsicht schon. Wenn ich mit anderen kommuniziere, erweitert das den Horizont, den ich in meinen Umgang mit einer anderen einbringe. Aber in einem bestimmten Moment bin ich präsent oder ich bin es nicht, und daß ich später anderswo präsent bin, ändert nichts an der Art meiner früheren Präsenz. Zumindest nach meiner Erfahrung lassen sich Aufmerksamkeit und Präsenz nicht quantitativ messen. Natürlich sind uns durch Energie, Raum und Zeit Grenzen gesetzt. Und wir können uns nicht auf eine große Zahl von intimen Beziehungen mit anderen Lesben einlassen. Meiner Erfahrung nach mindert jedoch meine Präsenz bei der einen zum einen Zeitpunkt in keiner Weise meine Präsenz bei einer anderen zu einem anderen Zeitpunkt.

Die Frage der Eifersucht berührt das Vertrauen in unseren Interaktionen. Wenn sie sich nur mir zuwendet, brauche ich mir wohl keine Sorgen zu machen, ob sie mich »wirklich« liebt. (Das stimmt natürlich nicht.) Wenn sie sich aber auch einer anderen zuwendet, lügt sie mich vielleicht an. Es besteht wirklich die Möglichkeit, daß eine andere uns zum Narren hält. Na und? Wenn eine andere uns zum Narren hält, war sie es, die ihre Zeit verschwendet hat. Wenn wir herausfinden, daß sie uns belügt, können wir uns natürlich zurückziehen. Was aber unsere Zeit davor betrifft – nun, *wir* haben uns eingelassen; also war sie die Närrin. So mag eine andere zwar unaufrichtig sein, doch daß eine Lesbe viel für jemand anders empfindet (eine Mutter, ein Kind, eine Geliebte, eine Freundin), schmälert an sich nicht ihre Empfindungen für uns oder ihre Präsenz.

Meine Sicht der Eifersucht beschränkt sich nicht auf Beziehungen mit anderen Personen. Eine Lesbe kann zum Beispiel mit ihrer Arbeit oder ihrem Projekt glücklich und sehr beschäftigt sein, manchmal bis zur Erschöpfung. Und das kann genauso zu einer Quelle von Vergleich und Eifersucht werden, als wenn sie mit einer anderen Lesbe zusammen ist. Diese Eifersucht ist aber unnötig. Interaktion mit anderen und Engagement für andere Projekte erweitern das, was wir in eine Beziehung einbringen können. Wesentlich ist, daß die Zeit, die wir miteinander verbringen, Qualität hat.

Manche Lesben gehen dieses Problem unter dem Gesichtspunkt Monogamie/Nichtmonogamie an. Das halte ich für einen Fehler. Julia Penelope meint dazu: »Beide Begriffe bezeichnen heteropatriarchale Institutionen, und die einzige wichtige Information darin ist: *Wie viele Frauen darf ein Mann rechtmäßig besitzen?«* Die Begriffe 'Monogamie' und 'Nichtmonogamie' setzen voraus, daß Frauen Eigentum des Mannes sind, der sie heiratet.[45]

Es kommt nicht darauf an, wie viele Geliebte eine hat. Es kann sein, daß zwei Lesben Intimität – physisches Begehren ebenso wie Geheimnisse und Hoffnungen, Freude und Schmerz – ausschließlich miteinander teilen wollen und daß dies ihren Bedürfnissen und Wünschen zu diesem Zeitpunkt am meisten entspricht. Es kann auch sein, daß Lesben

Intimität und Begehren mit mehr als einer anderen erleben wollen und damit die Dynamik der Liebesbeziehung verändern. Es werden heftige Debatten darüber geführt, welche Fallen sich durch die eine wie durch die andere Entscheidung auftun. In Wirklichkeit haben beide ihre problematischen wie positiven Seiten. Sie funktionieren unterschiedlich gut bei verschiedenen Lesben oder bei den gleichen Lesben zu verschiedenen Zeiten. Wesentlich ist die Qualität der Präsenz.

Sich-Einlassen ist nichts Allumfassendes, sondern eine bewußte Wahl der Prioritäten, das Ergebnis dessen, was jede von uns in die Beziehung einbringt. Wenn du und ich uns aufeinander einlassen, gleich auf welcher Ebene, ist dies ein einzigartiges Engagement, weil es deine Energie und meine miteinander verknüpft. Seine Bedeutung erwächst aus dem Kontext – dem patriarchalen oder lesbischen – und ist nicht nur eine Sache der äußeren Form. Aus unserer Aufmerksamkeit füreinander entsteht etwas Besonderes, wenn du und ich uns aufeinander einlassen. Manchmal vergessen wir das Besondere, daß diese Energie hier und jetzt, in diesem Leben vorhanden ist, und daß sie einzigartig ist. Du und ich brauchen Zeiten, in denen wir uns voll und ganz aufeinander konzentrieren, besondere Zeit, die wir uns füreinander nehmen.

Und dafür kann und soll niemand sonst sorgen. Denn wenn du dich auf eine andere einläßt, als Geliebte oder Freundin oder Kollegin, konzentrierst du dich auf sie, wendest dich ihr zu, reagierst auf sie. Auch das ist einzigartig. Was du mit mir hast, läßt sich nicht ersetzen durch das, was du mit ihr hast. Ich meine, wir können den heterosexuellen Stereotypen entkommen.

Freundinnen und Geliebte

Wenn wir die Bedeutung des lesbischen Begehrens erweitern, können wir die Unterscheidung zwischen der Freundin und der Geliebten ebenso neu bewerten wie die Vorstellung, das Ziel jeder wahren Sinnlichkeit sei der Orgasmus, und es sei ein wichtiger Faktor bei der Definition einer Beziehung, ob eine mit einer anderen zum Orgasmus kommt. Oft handeln wir so, als sei unsere Geliebte die einzig Richtige für uns, und wir unterdrücken unser Begehren in unseren Beziehungen mit anderen wie in unseren Projekten. Freundinnen mögen zwar wichtig sein, doch ist unsere Hinwendung selbst zu engen oder besten Freundinnen zweitrangig; ihre Wünsche und Bedürfnisse kommen automatisch in die Warteschleife. Oder aber sie werden die einzigen, mit denen wir Intimität aufbauen, während unsere sexuellen Beziehungen oberflächliche Abenteuer bleiben; wir erhalten »Freiheit« und Spannung aufrecht, indem wir die Anonymität der Objektivierung wählen. Mit solchen festen Unterscheidungen brauchen wir in bestimmten Situationen nicht wirklich Entscheidungen zu treffen. Wir reagieren nur auf das Diktat der äußeren Form.[46]

Wenn sich unsere Gefühle ändern und nicht mehr in diese Form passen, schließen wir daraus außerdem, daß die Beziehung zu Ende ist, daß wir die andere nicht mehr wichtig nehmen und nicht mehr reagieren können. Viele Partnerinnen erleben zum Beispiel Zeiten, in denen sie einander nicht zum Orgasmus bringen, dennoch aber kuscheln sie, massieren der anderen den Rücken und gehen allgemein sehr körperlich miteinander um. Wenn die eine einen Mangel empfindet, die andere aber nicht, kann es problematisch werden. Meiner Erfahrung nach sind jedoch öfter beide ganz glücklich dabei. Wenn sie das Gefühl haben, sie müßten regelmäßig zum Orgasmus kommen, weil sich das für Partnerinnen so gehört, dann können sie auch auf den Gedanken kommen, etwas stimme mit ihrer Beziehung nicht, wenn das mal nicht der Fall ist.

Wenn wir uns mehr auf eine äußere Form konzentrieren statt auf die dynamische Energie der Beteiligten, neigen wir zu einem statischen, starren Beziehungsverständnis – sei es unter Geliebten, Freundinnen, im Kollektiv oder in der Gemeinschaft. Wenn wir dann eine Veränderung in einer Beziehung wahrnehmen, weil eine sich verändert, meinen wir, die Beziehung sei beendet und das bloße Nichts stehe bevor; wenn wir diese Veränderung unterdrücken, erzwingen wir letztlich ein Ende der Beziehung, weil sie erdrückend geworden ist.[47] Wir suchen nach einer Form, der wir uns um der Beziehung willen anpassen, statt uns selbst als die Form, die Grenze, die Substanz zu betrachten und die Beziehung als fließende Interaktion. Ich meine, wenn wir den Orgasmus zwar weiterhin genießen, aber nicht als Ziel oder bestimmenden Faktor aller Begegnungen ansehen und wenn wir die Begriffe 'Freundin' und 'Geliebte' nicht immer streng trennen, werden unsere Verbindungen in der Gemeinschaft und die Gemeinschaft selbst stärker werden, gerade durch erweiterte Beziehungen.

Eigentlich haben wir weit komplexere Beziehungen entwickelt, als die Unterscheidung zwischen Freundin und Geliebter erkennen läßt. Damit meine ich, daß wir auf die Energie achten sollten, die an jeder Art Verbindung beteiligt ist. Mit verschiedenen Lesben gehen wir auch unterschiedlich um. Mit manchen erleben wir eine magnetische körperliche Anziehung. Vielleicht dauert sie nicht lange, und vielleicht gibt es in der Verbindung auch nicht viel anderes, doch sie nimmt uns füreinander ein und macht Spaß; schmerzlich wird es nur dann, wenn wir versuchen, etwas daraus zu machen, was es nicht ist. Mit anderen besteht eine unmittelbare Verbindung, als ob wir alte Freundinnen wären; fast vom ersten Augenblick an ist da ein gegenseitiges Anerkennen und Wohlfühlen. Und bei jeder weiteren Begegnung können wir wieder da anfangen, wo wir beim letztenmal aufgehört haben, als sei kaum Zeit vergangen, selbst wenn Jahre dazwischenliegen. Andere fordern uns dazu heraus, ständig unbekannten Boden zu betreten; mit wieder anderen besteht die Verbindung im Zusammenwohnen, darin, einen gemeinsamen Raum zu haben, in dem wir uns als Gefährtinnen genießen können. Darüber hinaus gehört zu diesem Engagement, allein sein zu können, ohne daß die eine oder die andere sich bedroht fühlt.

Mit manchen teilen wir das Vergnügen an gemeinsamem Tun, etwa an einem Projekt arbeiten oder zusammen Urlaub machen. Die Verbindung wächst mit der Zeit. Wir können miteinander schlafen oder auch nicht, aber es ist ein intensives Zusammensein. Mit anderen macht ausgelassenes Tanzen oder Ringkampf enormen Spaß, ohne daß wir danach unbedingt im Bett landen. Mit manchen haben wir eine Liebesbeziehung, die aufregend ist und Freude macht, leben aber nicht zusammen, weil dies bei unseren jeweiligen Angewohnheiten zu einer Katastrophe führen würde. Mit wieder anderen hatten wir einmal eine Liebesbeziehung, die sich verändert hat. Dennoch verbringen wir manchmal die Nacht miteinander, kuscheln und umarmen einander und fühlen uns wohl in einer tiefen Verbindung, die sich mit der Zeit wandelt. Lesbische Mütter können zusammen mit Lesben, die nicht ihre Geliebten sind, ihre Kinder erziehen und auch sonst in sehr intimer Weise mit ihnen zusammensein. Mit anderen Lesben haben wir »Affären«. Wenn dies im Laufe der Zeit vorkommt und beide »absolut offen« miteinander sind, kann das ein sehr stabiles und erfreuliches Element unseres Lebens sein. Oder es kann sein, daß wir manche Lesben – eigentlich viele Lesben – in einem bestimmten Moment ansprechen und berühren wollen, mit ihnen aus reiner Freude, daß es sie gibt, etwas Intimes, Verbindendes wie eine Umarmung teilen wollen, ohne den Schwerpunkt unseres Lebens zu ändern. Auch können mehrere Lesben zusammenwohnen und keine Beziehungen untereinander haben. Gut miteinander leben zu können, ob in einer Beziehung oder nicht, bedarf besonderer Aufmerksamkeit. Das gilt auch für gemeinsame Arbeit.

Unsere Verbindungen sind zahlreich und vielfältig. Ich meine, wir können sie noch vielfältiger machen und im Laufe unseres Lebens mit vielen Lesben eng verbunden sein. Unsere Verbindungen sind eine Frage der Aufmerksamkeit, Präsenz und Interaktion, auch unseres lesbischen Begehrens. Ich halte es für eine gute Sache, die rigide Unterscheidung zwischen Freundin und Geliebter aufzulösen. Wesentlich ist unser Kreis von intimen Vertrauten, deren Kreis und so weiter.

Patriarchale Werte

Wir haben zwar komplexere Beziehungen entwickelt, als es die Unterscheidung zwischen der Freundin und der Geliebten erlaubt, dennoch sind wir tief in die von Männern konstruierten Beziehungsmodelle verstrickt, insbesondere was die Bedeutung von Anziehung und Attraktivität betrifft. Und nur zu oft wird im Andersartigen das Erotische gesucht, sei es in bezug auf Rollen oder ethnische Zugehörigkeit oder in anderer Form, weil es als exotisch wahrgenommen wird. Oder wir spielen Zahlenspiele mit uns selbst oder mit anderen, wie Kate Moran schreibt:

> Ich als dicke Lesbe werde so selten als mögliche Sexualpartnerin gesehen, daß ich mir schon seit langer Zeit keine Gedanken mehr darüber mache, mit wie vielen Frauen ich gerne zusammen wäre. Das ist unwichtig für mich. Es ist mir egal, wie viele schlanke, süße, kleine Amazonen miteinander schlafen, um zu beweisen, daß sie schlanke, süße, kleine Amazonen sind, oder sich zum Softballspielen die passenden Shorts kaufen, oder nur aus dem Haus gehen, wenn ihnen der Tofu ausgegangen ist. Ich habe kein Interesse daran, andere Lesben danach zu beurteilen, wie sie ihre intimen Beziehungen gestalten (oder nicht gestalten). Mir ist wichtig, wie andere Lesben mich wahrnehmen und mit mir umgehen.[48]

Sie fährt fort:

> Durch sexuelle Eroberungen den eigenen Wert beweisen zu müssen, gehört auf die Herrenabende des Heteropatriarchats. Mit Sicherheit sagt es uns nichts über eine Lesbe, wenn wir wissen, mit wie vielen Frauen sie schläft oder in wie festen Händen sie ist. Das ist ein Zahlenspiel. Mir ist wichtig, offen darüber zu sprechen, wie wir miteinander umgehen, und das Vorurteil gegen Dicke, das viele Lesben haben, ernst zu nehmen. Für mich und die anderen dicken Lesben, die ich kenne, ist nicht Quantität ein Thema, sondern Qualität, und besonders der Mangel an Qualität in unseren Beziehungen.[49]

Baba Copper spricht das Vorurteil gegenüber älteren Lesben an, das oftmals in der Szene herrscht:

> Die patriarchalen Geschmackskriterien – die Regeln der Ästhetik und der erotischen Vorlieben – stabilisieren die männlichen Machtstrukturen. Wenn wir zulassen, daß wir uns nach den männlich definierten Auswahlkriterien Mängel zuschreiben, dann halten wir die weibliche Machtlosigkeit aufrecht. Wir vertun die Chance, die uns das Lesbisch-Sein bietet: zu entscheiden, wie wir wählen [...] Wenn alte Lesben nicht als sexueller, attraktiver, nützlicher, fester Bestandteil der frauenliebenden Welt angenommen werden, dann ist die derzeitige lesbische Identität eine flüchtige Fata Morgana und kein neuer gesellschaftlicher Status weiblicher Macht.[50]

Andere Formen der Nichtachtung führen dazu, Lesben zum Objekt zu machen. Diane Hugs bemerkt:

> Ich als Behinderte werde anders behandelt, nicht besser, sondern oft noch repressiver. Ich bin niemals so oft sexuell angesprochen worden wie seit dem Zeitpunkt, da ich endgültig im Rollstuhl sitzen muß. Der Gedanke erschreckt mich, daß andere sich vielleicht deshalb von mir angezogen fühlen, weil sie annehmen, als Behinderte sei ich von Natur aus unterwürfig. Auch die Sache mit der körperlichen Präsenz macht mir sehr zu schaffen. Nach dem Feedback, das ich als nichtbehinderte Lesbe von anderen bekam, bin ich offenbar nur Durchschnitt gewesen; seit ich im Rollstuhl sitze, höre ich, daß die anderen mich schön finden. Es ist, als sähe ich für einen Krüppel außergewöhnlich gut aus. Ich habe das alles wirklich satt.[51]

Unser Begehren ist mit unserer Zuwendung und unseren Entscheidungen verbunden: Wem wir uns zuwenden, wen wir nicht beachten und *warum* und *wie* wir uns für Nichtbeachtung oder Zuwendung entscheiden. Unser Begehren ist in gewissem Sinne der

Mikrokosmos innerhalb des Makrokosmos' unserer Unterdrückung: Es ist in solchem Maße ausgelöscht und/oder gegen uns gerichtet worden, daß wir es entgegen unseren Bedürfnissen unterdrücken; und wenn wir es doch schaffen, das, was unserem lesbischen Begehren angetan wurde, zu überwinden und es fröhlich und neugierig erforschen, dann taucht es nur in der von der patriarchalen Institution Sexualität vorprogrammierten Form auf und wirkt immer noch auslöschend, spaltend, zerstörend. Eine Möglichkeit, unsere Gespaltenheit zu heilen, liegt vielleicht darin, das Begehren wieder mit der Einfühlung zu verbinden – der wirklichen Präsenz und Zuwendung –, nicht mit dem romantischen Schleier des »von nun an lebten sie glücklich bis an ihr Lebensende«.

Wir saßen beide da, zwei behinderte Lesben in Rollstühlen, zu beiden Seiten des Bettes. Plötzliche Angst und Schüchternheit überkam uns. Als wir aber mit dem Umsteigen aufs Bett, Beineheben, Ausziehen und Deckenbereitlegen fertig waren, konnten wir uns endlich berühren. Sanft und langsam begannen wir einander zu erforschen, Geist und Körper der anderen. Beide konnten wir nichts über das Empfinden und Genießen der anderen wissen. Es war wundervoll zu spüren, daß für diese Frau mein Körper die Zeit wert war, die sie brauchte, um ihn zu erforschen, daß sie ebenso gerne entdecken wollte, was mir Genuß bereitete, wie ich umgekehrt auch.[52]

Audre Lorde sagt über unser lesbisches Begehren, es sei grundsätzlich biophil, nicht nekrophil:

Begehren als Entscheidung

Erotik ist jedoch eine Quelle erfüllender und provozierender Macht für diejenige Frau, die ihre Offenbarung nicht fürchtet und auch nicht dem Glauben erliegt, mit dem Gefühl der Erregung sei es getan. [...] Erotik ist ein Maß der beginnenden Wahrnehmung unserer selbst im Chaos unserer stärksten Gefühle. Sie ist eine Empfindung innerer Befriedigung, von der wir – wenn wir sie einmal erlebt haben – wissen, daß wir sie anstreben können.[53]

Und so stellt unser Begehren eine Metapher für Entscheidung dar:

Wenn all unsere Bestrebungen zu einer Feier der Erotik werden, wird meine Arbeit zur bewußten Entscheidung – zu dem ersehnten Bett, in das ich mich dankbar lege und aus dem ich mich bestärkt und mit neuer Macht erfüllt wieder erhebe.[54]

Das heißt, der Brennpunkt unserer Liebe und unseres Begehrens – nicht die Pseudo-Priorität der Disziplin oder Selbstbeherrschung oder die Pseudo-Intensität des Außer-Kontrolle-Seins – ist die Wurzel, von der aus wir aktiv in die Tiefen des Fühlens und Verbindens in diesem Leben hineingehen. Unser Begehren bestimmt unsere Interaktionen, wenn wir entscheiden, wohin und wie wir unsere Aufmerksamkeit konzentrieren und lenken. Das ist keine Frage des Vorhandenseins oder Nichtvorhandenseins von Kontrolle.

Audre Lorde enthüllt weiter das Motiv der traditionellen anglo-europäischen Pflicht-Ethik, die das Begehren ausschließt:

Der größte Horror eines Systems, das nicht nach Maßgabe menschlicher Bedürfnisse, sondern nach Maßgabe des Profits bestimmt, was gut ist, oder das über menschliche Bedürfnisse unter Mißachtung ihrer psychischen und emotionalen Anteile befindet [...] ist, daß es unserer Arbeit ihren erotischen Wert, ihre erotische Macht, Lebendigkeit und Erfüllung raubt. Solch ein System reduziert Arbeit auf eine Karikatur von Notwendigkeiten, auf eine Pflicht, durch die wir uns Brot – oder Vergessen unserer selbst und derer, die wir lieben – verdienen.[55]

Das heißt, es muß an die Pflicht appelliert werden, um uns zur Arbeit zu motivieren, denn unser Begehren ist von unserer Arbeit getrennt worden; wenn wir also feststellen, daß wir an Pflicht und Aufopferung appellieren, ist das ein Zeichen dafür, daß uns der Brennpunkt unseres Begehrens verlorengegangen ist. Wir können unser lesbisches

Begehren als Macht verstehen, als innere Macht – insbesondere als eine mächtige Quelle der Verbindung, des Einlassens, der Konzentration.
Von Adrienne Rich stammt dieses Gedicht:

Was immer mit uns wird, dein Körper
wird in dem meinen umgehen – zärtlich, sanft
dein Lieben, vielfingrig wie die
halb eingerollten Farnwedel im Forst,
eben in Sonne getaucht. Erfahren, einladend deine Hüften,
die wieder und wieder mein ganzes Gesicht aufnehmen –
unschuldig und weise der Ort, den meine Zunge dort fand –
lebendig, unstillbar der Tanz deiner Brustknospen in meinem Mund –
deine Berührung, fest, schützend, forschend
auf mir, stark deine Zunge und schlank deine Finger
dort, wo ich Jahre auf dich gewartet habe
in meiner rosen-feuchten Höhle – was immer wird, dies ist. [56]

Begehren bedingt Entscheidung, es ist ein Urteil, bei dem Verstand und Gefühl und alle unsere Fähigkeiten eine Einheit bilden. Mary Daly meint:

Reine Lust be-zeichnet [...] vor allem die Hochstimmung, Hoffnung und kosmischen Übereinstimmungen/Harmonien jener Frauen, die wir dem tiefsten Drang unserer Herzen gefolgt und aus dem Zustand der Gefangenschaft ausgebrochen sind. [...] Wenn sie [die von ihrem Begehren getrieben wird] ins Sternenlicht hinaus torkelt/springt, werden ihre Tränen zu den Fluten der Gezeiten, ihr Gegacker wird kosmisch, ihr Gelächter Lust.[57]

Als wir unser Coming-out hatten, beriefen wir uns auf das lesbische Begehren und wandten uns der lesbischen Existenz zu. Das war eine Entscheidung, ein Werturteil. Was davon war das »reine« Gefühl? Was davon war Verstand (oder war der nicht beteiligt!)? Was davon Intuition? Was davon die Träume? Was davon die Psyche? Und was davon war rein privat? Diese Teile waren nicht voneinander getrennt. Unsere lesbische Energie entspringt der Integration unseres Ich und unserer Interaktion mit anderen. Und zu dieser Integration gehört sowohl die Bewertung des Kontextes als auch die Interaktion mit Subjekten. Diese Entscheidung ist in sich politisch. Anders ausgedrückt: Das gesamte Lesbisch-Sein ist mehr, viel mehr als die Summe seiner Teile. Das wird beim Zorn vielleicht am augenfälligsten.

Zorn und politische Wahrnehmung

In der herrschenden Ideologie ist der Zorn der Frauen – mit Ausnahme des Stereotyps einer »keifenden Xanthippe« – buchstäblich nicht existent. Wir kennen alle die Art, wie Männer den Zorn von Frauen mit Bemerkungen wie »Du bist so süß, wenn du wütend bist!« oder »So eine verrückte Hexe!« unterlaufen. Wenn Männer den Zorn von Frauen als unpassend empfinden, bezeichnen sie die Frauen als »wahnsinnig« und »irre«. Und der Begriff 'Weiblichkeit' verschleiert den weiblichen Widerstand gegen die Herrschaft, indem er als »normal« eine Frau bezeichnet, die sich dem Mann unterwirft, und als »wahnsinnig« eine, die wütend wird und zurückschlägt.

Mit dem Aufkommen der Frauenbewegung und der Lesben- und Schwulenbewegung in den USA begannen wir, in Selbsterfahrungsgruppen darüber zu reden, was uns zornig machte, und daraufhin nannten wir die Dinge beim Namen und änderten die Bedeutung unseres Zorns von Wahnsinn in Empörung. In diesem Prozeß integrierten wir Verstand und Gefühl – wir erkannten, daß Gefühle etwas Kognitives sind –, und wir fingen an, unser Leben zu verändern.

Zorn ist etwas Kognitives

Vicky Spelman meint, wir sollten erkennen, daß Gefühle den Verstand mit einschließen und nicht vom Verstand getrennt sind; das sei eine Hilfe bei der Formulierung ihrer politischen Bedeutung. Sie konzentriert sich in ihrer Diskussion auf den Zorn und weist darauf hin, daß die Patriarchen zwar die Frauen als emotional und nicht als rational beschrieben haben, der Zorn jedoch das einzige Gefühl sei, zu dem sie sich nicht äußerten. Ihrer Ansicht nach zeige eine Frau, die zornig wird, nicht etwa eine nicht-rationale Reaktion – eine einfache Sache von Reiz und Reaktion –, sondern reagiere auf eine Situation durch Bewertung und Beurteilung.

Also bezeichnet Vicky Spelman den Zorn als etwas Kognitives; wenn eine zornig ist, fällt sie Urteile – vor allem, daß die Person, auf die sie zornig ist, in irgendeiner Weise Unrecht hat. Nach Vicky Spelman ist Zorn dann bedrohlich, wenn Untergebene ihn gegenüber den Herrschenden zeigen. Die Bedrohung liege in den im Zorn enthaltenen politischen Urteilen, vor allem der Meinung, daß die Untergebenen das Recht haben, die Herrschenden zu beurteilen und zur Verantwortung zu ziehen. Sie meint, Untergebene haben das Recht und vielleicht sogar die Pflicht, zornig zu werden, und die Herrschenden verurteilen den Zorn ihrer Untergebenen als eine Art von moralischer und politischer Kurzschlußhandlung.[58] Wenn das richtig ist, bedeutet es, daß Zorn eine Möglichkeit ist, die Herrschafts-/Unterordnungsbeziehung zu bekämpfen – daß Zorn also einen Bewußtseinswandel bewirken kann.

Audre Lorde meint, wenn eine Person wütend auf die andere wird, bedeute das, daß beide auf gleicher Ebene stehen und daß die eine von der anderen erwartet, daß sie sich ändert:[59]

> Ärger ist der Gram über Falschheiten zwischen Gleichgesinnten, und seine Absicht ist Veränderung. [... Er] beinhaltet nämlich, daß Gleichgesinnte sich auf einer gemeinsamen Ebene begegnen, um über Unterschiede nachzudenken und um die Entstellungen, zu deren Anlaß jedweder Unterschied in der Geschichte genommen wurde, wieder zu berichtigen.[60]

Wie Marilyn Frye feststellt, ist Wut eine Reaktion auf Blockierung, Frustration oder Verletzung, verbunden mit der Wahrnehmung, daß dies eine Beleidigung darstellt: Wenn eine Person auf eine andere wütend wird, gibt sie damit zu verstehen, daß die andere sie in bestimmter Hinsicht unfair behindert hat, und fordert den Respekt, den diese Behinderung vermissen ließ.[61] Wenn wir wütend werden, bedeutet das also, daß wir jemand anders ansprechen, und das wiederum fordert eine Reaktion heraus. Ohne eine entsprechende Reaktion (das kann auch die Behauptung der anderen sein, unsere Wut sei ungerechtfertigt) ist das Ausdrücken von Wut nur ein Ausdrücken von Gefühlen. Marilyn Frye sagt weiter, daß sich die Vorstellung anderer von uns in der Art zeige, wie sie unsere Wut aufnehmen – heterosexuelle Frauen können zum Beispiel um der Kinder willen oder in der Küche wütend auf ihre Männer werden, nicht aber um ihrer selbst willen oder im Schlafzimmer: »Den Bereich des verständlichen Zorns zu erweitern, heißt, den eigenen Platz im Universum zu verändern [...,] in dem gesellschaftlichen und kollektiven Schema, das die Grenzen des Verständlichen festlegt, etwas anderes zu werden.«[62]

Wenn eine auf die andere wütend wird, gibt die erste zu verstehen, daß die zweite für Handlungen ihr gegenüber verantwortlich ist und daß die erste es sich erlauben kann, ein Urteil über die zweite zu fällen. Wenn diese Annahme richtig ist, bedeutet das in dem Falle, daß eine untergebene Person wütend auf eine übergeordnete Person wird, daß die untergebene Person eben dadurch die Herrschafts-/Unterordnungsbeziehung durchbricht (wenn auch nur teilweise). Oder wenn eine Frau außerhalb ihrer Frauendomäne wütend auf einen Mann wird, beginnt sie damit ihren Platz im Universum zu verändern. Daher unterlaufen Männer den Zorn von Frauen, um das politische Urteil in diesem Zorn zurückzuweisen und Fragen nach der Verantwortung gegenüber den Untergebenen aus dem Wege zu gehen. Aus all dem folgt, daß Zorn als Gefühl nicht unabhängig vom Verstand besteht. Im Gegenteil, Zorn in Verbindung mit unserem Verstand, unserem Wissen, ist etwas Kognitives, eine Wahrnehmung, ein Urteil.

Wir Lesben haben die Bedeutung unseres Zorns in Selbsterfahrungsgruppen, bei politischen Veranstaltungen und durch ständige Kommunikation miteinander herausgefunden. Wir haben auf mehreren Ebenen erfahren, daß Zorn etwas Politisches ist. Ebenso wie Liebe und Begehren war Zorn beim Entstehen des Lesbianismus – lesbischer Standpunkte und Projekte – und bei dem Bewußtseinswandel, den wir bis heute erlebt haben, eine wichtige Antriebskraft der Bewegung. Unser lesbisches Begehren und der Zorn über die Unterdrückung haben das ins Leben gerufen, was heute als Lesbengemeinschaft existiert – Einfühlungsvermögen, gegenseitige Unterstützung, Kommunikation, Feste, Weiterentwicklung: die Verbindung von Lesben untereinander.

Verarbeiten

In der Gemeinschaft, glaube ich, konzentrieren wir uns heute meist mehr darauf, die Wut persönlich zu verarbeiten, als das politische Urteil in unserem Zorn anzusprechen und zu bewerten. Entweder setzen wir den Verstand ein, um unseren Zorn zu kontrollieren, oder wir erwarten, daß das darin ausgedrückte Gefühl unseren Verstand kontrolliert. Wir erwarten, daß wir uns entweder unter Kontrolle haben oder unkontrolliert handeln. Das Ergebnis ist, daß wir uns über verkürzte Wahrnehmungen aufregen und unsere Ich-Gespaltenheit stabilisieren. Auf diese Weise ist in der Unterdrückung nichts zu bewegen.

Nehmen wir ein Beispiel für Wut: Bei zwei weißen Lesben, eine aus der Arbeiterklasse und eine aus der Mittelschicht. Wenn die erste von einem Mann auf der Straße angemacht wird, wird sie wütend und verfolgt ihn. Ihre Geliebte dagegen wird wütend auf sie, weil sie sich nicht unter Kontrolle habe, und behauptet, die Lesbe aus der Arbeiterklasse übertreibe ihre Wut. Um die Spannungen zu bewältigen, die diese Situation bei beiden bewirkt, begeben sie sich in Therapie, um daran zu arbeiten, wie die Lesbe aus der Arbeiterklasse ihren Zorn besser kontrollieren und die Lesbe aus der Mittelschicht besser damit zurechtkommen kann.

Ein zweites Beispiel: Einige Lesben liegen in einem hauptsächlich von Lesben besuchten Bereich am Seeufer in der Sonne. Zwei von ihnen nehmen ihre Bikini-Oberteile ab, weil sie sich unter so vielen Lesben relativ sicher fühlen. Ein heterosexuelles Paar schlendert vorbei, und als sie bemerken, daß zwei der Frauen mit nacktem Oberkörper daliegen, holt der Mann wie ein Tourist seine Kamera hervor, um ein Foto zu machen. Eine der beiden Lesben schaut ihn ruhig an und sagt: »Ich mach' dir die Kamera kaputt«. Die Heteros verschwinden. Als die Lesben diese Geschichte später anderen erzählen, dreht sich die Diskussion darum, ob dies eine gute Art war, mit ihrer Wut umzugehen.

Ein dritter Fall: Eine schwarze Lesbe veranstaltet zu Hause ein Fest, zu dem weiße und schwarze Lesben kommen. Gegen Ende der Party verläßt eine weiße Lesbe das Haus. Kurze Zeit später kommt sie zurück, aufgeregt und wütend, weil eine Gruppe von Jugendlichen aus der Nachbarschaft sie bedroht hat. Einige Lesben von dem Fest begleiten sie, damit sie sicher zu ihrem Auto kommt. In diesem Moment taucht jedoch ein Polizeiwagen auf, der in dem Bezirk Streife fährt. Immer noch wütend, geht die weiße Lesbe zu den Polizisten hin und beschwert sich über die Belästigung durch die Jugendlichen. Nachdem die Polizisten weggefahren sind, wird die schwarze Lesbe wütend auf die weiße Lesbe, weil diese Jugendliche aus ihrer Nachbarschaft von der Polizei verfolgen läßt. Die schwarze Lesbe sagt, sie wäre durch die Art, wie die weiße Lesbe mit ihrer Wut umgegangen ist, gefährdet – sie behauptet damit, die Freundin habe ihre Wut übertrieben geäußert. Alle auf dem Fest sind daraufhin damit beschäftigt, die beiden wütenden Lesben zu besänftigen.

Warum betrachten wir diese Vorkommnisse hauptsächlich unter dem Aspekt, wie wir mit unserer Wut umgehen? Warum interessiert uns an den Entscheidungen dieser Lesben, wie sie mit Männern in bestimmten Situationen umgehen, die Verarbeitung ihrer Gefühle und nicht die politische Wertung? Das heißt, warum konzentrieren wir uns auf das psychologische Moment unseres Gefühls und schließen das politische aus?[63] Warum fragen wir uns in einer Situation, ob wir unsere Gefühle richtig bewältigt oder das »Vernünftigste« getan haben, statt nach den politischen Aspekten der Situation, den Werturteilen in unserem Zorn zu fragen? Schließlich entwickeln wir ja gerade durch das Reden über unsere Emotionen und ihre Anlässe die Bedeutung und Komplexität unserer Gefühle.

Das politisch Richtige

Ich meine, wir umgehen die politischen Werturteile in unserem Zorn zum Teil deshalb, weil wir früher versucht haben, uns und unsere Lebenssituationen gegenseitig nach dem Kriterium des politisch Richtigen zu kontrollieren. Unser anfänglicher Überschwang, die Unterdrückung zu benennen, ist rasch in Ungeduld mit denen umgeschlagen, die offenbar nicht sahen, was zu sehen war. Alles lag doch so unmittelbar auf der Hand, daß kaum noch etwas dazu zu sagen war. Die Mißtrauischen versuchten wohl nur, sich ihre durch Loyalität gegenüber den Männern erkauften Privilegien zu erhalten. Die Analysen kamen schnell und heftig und bewirkten einen Bewußtseinsschock wie ein Eimer kaltes Wasser. Als wir ungeduldig miteinander wurden, wichen die Analysen den Regeln, und die Lesben, die sich an die Regeln hielten, galten als vertrauenswürdig, selbst wenn sie den Sinn der Regeln nicht vollkommen erfaßten; die Reservierten dagegen wurden mit Argwohn und sogar offenem Mißtrauen betrachtet.

Beispielsweise mußten Lesben die Haare kurz tragen, um deutlich zu machen, daß sie nicht gewillt waren, Männerphantasien anzuregen und sich darüber Beifall von Männern zu holen. Manche jüdische Lesbe erinnerte das kurze Haar jedoch zu sehr an die geschorenen Köpfe der Menschen in den Konzentrationslagern. Oder es kam vor, daß weiße Lesben in dem Bemühen, die allgemeine lesbische Perspektive nicht auf die Perspektive der weißen Mittelschicht zu reduzieren, den Aussagen schwarzer Lesben mehr Glauben schenkten als den Aussagen weißer Lesben. Wir verließen uns darauf, daß die Regeln eine Veränderung bringen würden. Daher waren wir nicht in der Lage, einander anzunehmen, wenn Reaktionen aus ungewohnter Richtung kamen, und viele Reaktionen wußten wir gar nicht zu schätzen.

Wenn ich hier die Verwandlung des politisch Richtigen in Regeln kritisiere, will ich damit nicht die Reaktion mancher Lesben auf dieses Konzept wiederholen, die stolz auf ihre politische »Unvernunft« waren und dies damit begründeten, daß Politik irrelevant sei und nicht-radikale Entscheidungen nicht politisch seien. Auch meine ich nicht, wir sollten einander nicht kritisieren oder nicht darauf bestehen, bestimmte Veränderungen zu berücksichtigen. Unsere politische Analyse ist aussagefähig und sehr wichtig. Julia Penelope sagt im Zusammenhang mit den KV/Femme-Beziehungen:

> Ja, die frühen lesbischen Feministinnen der zweiten Frauenbewegung hielten das Rollenspiel in den Lesbenbeziehungen für lächerlich, und es ist auch wahr, daß sie gar nicht richtig verstanden, was sie da eigentlich angriffen. Das Körnchen Wahrheit aber, das ich in ihrer Analyse fand, führte mich in ein Jahrzehnt des Wachstums und des Wandels.[64]

Das Konzept des politisch Richtigen beinhaltet den Versuch, einen Rahmen zu schaffen, in dem herrschaftsfreie Werte entstehen können.[65] Es ist ganz wesentlich auf Wagnis, Veränderung und Ausbruch aus dem System des Heterosexualismus ausgerichtet. Die neuen Werte müssen jedoch ausgewählt, zusammengefügt, entwickelt, übernommen werden – nicht erzwungen. Wenn sie erzwungen werden, sind sie nicht mehr die Werte, für die wir angetreten waren.

Mit dem Konzept des politisch Richtigen kritisiere ich gleichzeitig auch die Strategie, durch das Aufstellen von Regeln politische Veränderungen bewirken zu wollen. Problematisch an dem Konzept ist nicht die Politik, sondern das »Richtige«, die Regeln. Eine Regel ist ausnahmslos gültig, und das trifft auf Lesben nicht zu. Das bewirkt Rückschläge und Rückschritte: Viele beschließen, sich aus der Politik zurückzuziehen.

Bezeichnenderweise haben wir als Gruppe zwar die Politik fallengelassen, nicht aber das »Richtige« – unser Vertrauen auf Regeln. Und daher schlagen wir uns immer noch mit der sozialen Kontrolle in der Szene herum, auch wenn wir das Konzept des politisch Richtigen »überwunden« zu haben glauben. Doch ohne den Verstand, ohne die Analyse, scheint sich die Frage nach dem Zorn auf das Verarbeiten oder das Vergraben der Gefühle zu reduzieren.

Der Einfluß der Therapie

Der wachsende Einfluß der Therapie als Lebensstil ist ein weiteres Zeichen, daß wir zum Psychologisieren und Verarbeiten unserer Gefühle übergegangen sind. Wiederum verstärkt die Institution Therapie die Vorstellung, unsere Probleme seien individuell und unsere Gefühle privat; sie richtet unsere Aufmerksamkeit auf innere Befindlichkeiten statt auf den Kontext, aus dem unsere Gefühle ihren tieferen Sinn beziehen. Und sie ignoriert den kommunikativen Charakter von Wachstum, Gesundheit und Veränderung. Daher übersehen wir den politischen Charakter unseres Zorns: daß sein Sinn sich durch unsere Interaktionen und in einem sozialen und politischen Kontext erschließt.

Sehen wir uns nochmals die drei Beispiele an. Im Zorn sind wesentliche Werturteile enthalten. In der zweiten Situation hat die Lesbe entschieden, daß das Verhalten des Mannes mit der Kamera unerträglich ist und sie sich dagegen wehren wird. Daß der Ort ein von Lesben besuchter Bereich des Seeufers war, macht keinen großen Unterschied gegenüber einer ähnlichen Handlung in einem Lesbencafé oder sogar im Schlafzimmer, denn das Thema ist nicht Privatheit und Diskretion. Es betrifft den Raum für Lesben, Momente, in denen lesbische Werte verwirklicht werden, und die Befreiung von heterosexuellem Zugriff.

Statt diesen Fall als psychologische Frage zu diskutieren, in der es darum geht, ob sie mit ihrer Wut effektiv umgeht (zum Beispiel: Fühlte sie sich nachher immer noch frustriert?), können wir fragen: Unter welchen Umständen und mit welchen Mitteln fordern wir Raum für Lesben? Unter welchen Umständen und mit welchen Handlungen können wir der wahllosen Männergewalt oder dem Eindringen von Heteros in Lesbenräume entgegentreten? Finden oder erfinden wir lesbische Werte nur auf den Frauenmusikfestivals, in den Cafés und zu Hause oder können wir sie auch anderswo verwirklichen? Wie erhalten wir uns Lesbenraum/Lesbenwerte, wenn wir allein auf der Straße, allein am Arbeitsplatz, allein in der Schule, allein im Schlafzimmer sind? Können wir weiterhin Energie entwickeln, vor allem kollektive Energie, die den Heterosexualismus auflöst und kein männliches Potenzgehabe anzieht? Wie können wir eine solche Gemeinsamkeit entwickeln? Solche Fragen werden in der Szene praktisch gar nicht mehr gestellt.

Im ersten Beispiel sollten wir uns statt auf die Unterschiede im Umgang der beiden mit ihrer Wut auf die unterschiedliche politische Bewertung konzentrieren, die der Wut zugrundeliegt. Die Lesbe aus der Arbeiterklasse etwa hat beschlossen, sich selbst auf die

Gefahr von Vergeltungsmaßnahmen hin ihren Raum auf der Straße zu nehmen. Sie hat entschieden, die drohenden Vergeltungsmaßnahmen seien für sie weniger gefährlich als der Schaden, der entsteht, wenn sie die Anmache durch einen Mann unangefochten stehenläßt und damit seine Geringschätzung ihrer Person bestätigt. Ihre Geliebte aus der Mittelschicht hat dagegen beschlossen, sich unter keinen Umständen freiwillig (noch größeren) Gefahren auf der Straße auszusetzen. Sie ist nicht bereit, auf jeden Mann zu reagieren, der sie ärgert, sondern will sich ihre Energie lieber für ihre eigenen Pläne aufsparen. Wenn wir bedenken, was hinter der Wut der beiden steht und welche Bewertungen damit verbunden sind, machen wir uns nicht ihren unterschiedlichen Umgang mit der Wut bewußt, sondern ihren unterschiedlichen politischen Ansatz. Diese Ansätze haben mit Überlegungen zu Sicherheit, Identität, Energieaufwand und mit der Verwirklichung lesbischer Werte zu tun – Elemente, die Tiefe und Sinn unseres Zorns berühren.

Im dritten Beispiel glaubt die weiße Lesbe, daß Männer uns deshalb anmachen, weil sie es ungestraft tun können, und sie hat beschlossen, unter keinen Umständen die Anmache durch Männer unangefochten stehenzulassen. Sie macht sich nach Möglichkeit stärkere Kräfte zur Vergeltung zunutze, und die Polizei bot ihr diese Gelegenheit. Die schwarze Lesbe dagegen lebt in diesem Viertel. Die Belästiger werden morgen und nächste Woche, wenn die anderen Lesben wieder zu Hause sind, immer noch hier sein. Außerdem nutzen weiße Polizisten jede Gelegenheit, die BewohnerInnen des Viertels einzuschüchtern. Die Einschätzung beider Lesben ist politisch und wichtig, und diese Bewertungen müßten in ihren Auswirkungen auf die andere Lesbe und die lesbischen Werte diskutiert werden. Mit der Konzentration allein auf den Umgang mit unserer Wut lassen wir vieles außer acht.

Und dann: Wann können wir unsere Shirts, unseren Schutz ausziehen? Wann können wir unsere Werte aufdecken, ent-decken? Wann können wir Raum für Lesben schaffen und verwirklichen? Wo und wie? Und was bedeutet das? So wie die Therapie und der individuelle »Umgang mit Gefühlen« allmählich an die Stelle dessen getreten ist, was uns die Selbsterfahrungs- und Diskussionsgruppen und die politische Analyse einmal gebracht hatten, so haben wir aufgehört, solche Fragen zu stellen.

Ich meine, unsere Gefühle gewinnen mehr Komplexität, wenn sie ihren Sinn aus einem Kontext beziehen. So gesehen, sind sie Urteile, Bewertungen innerhalb eines Kontexts, die wiederum Auswirkungen auf unser Ichgefühl und Selbstverständnis und auf unsere Entscheidungen haben. Wenn wir Verstand und Gefühl zu trennen versuchen, vor allem durch »Verarbeiten« spalten wir unsere Energien, untergraben unser Vermögen, Entscheidungen zu treffen, und zementieren die Vorstellung, daß Macht Kontrolle bedeutet. Verstand und Gefühl zu integrieren, heißt, sie zu politisieren.

Widerstand gegen die Heilung der Gespaltenheit

Dennoch sehe ich erheblichen Widerstand von Lesben gegen diese Integration, gegen die Heilung der Gespaltenheit von Verstand und Gefühl. Daran sind mehrere Faktoren beteiligt.

Unter Kontrolle oder außer Kontrolle

Unsere Vorstellungen von Verstand und Gefühl stammen von den Patriarchen, in deren Gesellschaft wir um des reinen Überlebens willen zur Selbstkontrolle gezwungen sind:

> Sie muß ihren Verstand gebrauchen. Sie muß daran denken, ihre Finger aus der Maschine zu halten. Sie muß daran denken, den Saum gerade zu nähen. Sie muß ihre Vorstellungskraft gebrauchen. Sie muß sehen, ob die Stoffstücke zusammenpassen. Sie muß darauf sehen, daß der Stoff durch die Maschine

gleitet. Sie gebraucht ihren Willen. Sie muß ihre Gedanken auf die Arbeit vor sich konzentrieren, sie muß dabei bleiben, sie darf ihre Gedanken nicht abschweifen lassen, sie muß ihre Gedanken bei der Arbeit halten, sie muß bei der Arbeit bleiben, sie darf nicht daran denken, aufzustehen und aus der Tür zu gehen, sie darf nicht allzuoft an die Zeit denken, sie muß ganz genau hinsehen, sie darf nicht daran denken, wo sie gern sein würde, sie darf nicht träumen, sie muß ihren Willen, ihre ganze Energie einsetzen, hier.[66]

Vielen von uns ist beigebracht worden, daß sie Selbstkontrolle üben müssen, wenn sie in dieser Welt vorwärtskommen wollen. Susan Griffin stellt hier unter anderem dar, daß Selbstkontrolle – Willenskraft – sowohl den Verstand als auch das Gefühl ausschaltet.

Fortwährend werden wir dazu angehalten, Willenskraft, Selbstkontrolle und Disziplin zu üben. Die Ermahnung zur Selbstkontrolle, die besonders von Eltern, LehrerInnen und Angehörigen der medizinischen Berufe geäußert wird, ist beispielsweise ein einziger Hohn gegenüber dicken Menschen. Statt dagegen anzugehen, wie die Diät- und Bekleidungsindustrie unser Körpergefühl diktiert und wie klassenfeindlich die Schlankheitsideologie ist und mit welchen überaus effektiven Maßnahmen sie uns zur Anpassung zwingen will, wenden wir uns gegen uns selbst und gegeneinander und untergraben damit unsere Fähigkeit, die Körper von Lesben zu genießen, und unsere Fähigkeit, gesund zu bleiben.[67] An diesem Punkt sind Verstand und Gefühl beide »überwunden«. In dem falschen Glauben, Selbstkontrolle schade nicht, üben manche von uns enorme Kontrolle aus; wir glauben allmählich, Disziplin sei der Schlüssel zum Erfolg.

Die Folge ist, daß wir falsche Erwartungen an die Funktion des Verstandes hinsichtlich der Gefühle haben. Viele von uns meinen, wenn wir den Verstand einsetzten, hätten wir uns unter Kontrolle und müßten oder könnten (je nach Situation) keine Gefühle zeigen; der Verstand schütze uns also davor, vor lauter Gefühl »außer Kontrolle zu sein«. Wenn wir dann etwas fühlen, was wir nicht erwartet haben oder nicht wollen, dann war der Verstand nicht mächtig genug oder nutzlos.

Damit lernen wir Selbstkontrolle als Mittel, um nur bestimmte Ich-Aspekte sichtbar werden zu lassen und die übrigen verborgen zu halten. Wir versuchen, uns selbst strikt zu kontrollieren, um nicht einen Teil von uns zu zeigen, den wir nicht billigen. Das führt dazu, daß wir die Identifikation mit denen, die anders sind als wir oder die wir als anders wahrnehmen, blockieren können. Statt zu erkennen, daß unsere Ich-Entwicklung durch Interaktion mit anderen (beispielsweise in Selbsterfahrungsgruppen) vor sich geht, die uns eine Perspektive vermitteln, ziehen wir uns in die Isolation oder in die Therapie zurück.

Außerdem heißt es, Kreativität – die eigentlich Produktivität genannt wird – sei eine Frage der Willenskraft und der Selbstdisziplin. Disziplin ist »ein Training, das ein bestimmtes Verhaltensmerkmal oder -muster hervorbringen soll«.[68] Die akademischen Disziplinen dienen dazu, unseren Verstand in vorgefertigte »Begriffsschubladen« zu pressen – die von den Fachgelehrten »geliefert« werden.[69] Und wenn unser Denken nicht in diese Schubladen paßt, wird Disziplin zur Strafe. Um also kreativ/produktiv zu sein, müssen wir uns disziplinieren, bestrafen, vernachlässigen oder aufopfern (statt zu entscheiden, worauf wir jeweils unsere Energie richten) und uns dazu zwingen, ein Produkt hervorzubringen.

Als Reaktion auf all dies neigen wir auch zu der Annahme, wir müßten außer Kontrolle geraten, um ein Gefühl wirklich empfinden oder ausdrücken zu können, um authentisch zu sein. Dahinter steht die Vorstellung, echtes Begehren oder echter Zorn hänge mit der Intensität des Fühlens zusammen, dieses Fühlen sei nur möglich, wenn wir den Verstand ausgeschaltet haben, und dieser Zustand bedinge den Verlust der Kontrolle über uns selbst. Gewiß haben wir eine besondere Intensität, wenn wir außer Kontrolle sind – beispielsweise betrunken sind, verprügelt werden, schreien –, aber daraus folgt nicht, daß wir dann ein tieferes Empfinden oder komplexere und kompliziertere Gefühle erleben und ausdrücken. Ich habe zwar dafür plädiert, die Kontrolle aufzugeben, doch heißt aufgeben nicht, unkontrolliert zu sein. Unter Kontrolle haben und außer Kontrolle sein sind beides Illusionen, eine falsche Dichotomie.

Das, was wir erschaffen – unser Ich, unsere Gedichte, Beziehungen, Forschungen, Eintopfgerichte, gewebte Decken, Netzwerke, Bilder –, entsteht weder durch Disziplin noch durch Anpassung an die bestehenden Disziplinen; es ist auch weder privat noch unkontrolliert. Unsere Kreativität braucht manchmal engagierte Konzentration und manchmal Träumen, Tagträumen, Phantasieren, Öffnen für spirituelle Energie, Gedankenverlorenheit (Vorgänge, die im Patriarchat praktisch unmöglich sind). Das hat weder mit Disziplin noch mit Kontrollverlust zu tun. Unter Kontrolle haben und außer Kontrolle sein sind patriarchale Kategorien.

Der Verstand ist kein Ersatz für das Gefühl. Das Denken ist Teil der Substanz, der Richtung und der Perspektive von Gefühlen, so wie die Gefühle Teil der Struktur, der Substanz und der Qualität des Denkens sind. Der Versuch, sie zu spalten, selbst wenn dies manchmal leichter, sicherer oder intensiver scheint, bewirkt nur eine Spaltung unserer Fähigkeiten. Der Versuch, nur eines von beiden anzusprechen, ist wie der Versuch, Malerei nur über die Farbe wahrzunehmen. Aus der Spaltung unseres Ichs entsteht keine Kreativität.

Ein zweiter Grund, warum wir uns gegen die Heilung der Gespaltenheit in Verstand und Gefühl wehren, wird in unseren Versuchen sichtbar, uns anzupassen und zu überleben. *Anpassung* Wenn wir feststellen, daß wir das Patriarchat nicht kontrollieren können, versuchen wir, unsere Emotionen von unserem Intellekt zu trennen und uns mit Politik ausschließlich auf emotionaler Ebene oder ausschließlich auf intellektueller Ebene zu beschäftigen. Wir beschließen zum Beispiel, uns unseren Gefühlen zu überlassen – als Reaktion auf die patriarchalen Verhältnisse einfach Zorn oder Schmerz zu empfinden. Damit bekommen wir Anerkennung von denen, die sich uns zuwenden, ohne irgend etwas zu erwarten.

Wir können uns in bestimmten Situationen auf unsere Gefühle konzentrieren und brauchen nicht zu handeln, besonders in einer Situation, die wir nicht unter Kontrolle haben können. Auf diese Weise gehen wir nur das Risiko der Anerkennung unserer Gefühle ein, nicht aber das Risiko des Einlassens. Oder wir können versuchen, uns sicherer zu fühlen, indem wir unsere Gefühle ausklammern und eine Situation rationalisieren. Damit gehen wir vielleicht das Risiko ein, uns engagieren und die vernünftigste Entscheidung in einer bestimmten Situation treffen zu müssen; wir brauchen jedoch unsere tiefen Gefühle nicht zu integrieren.

Nehmen wir zum Beispiel eine Studentin, der feministische Themen neu sind und die in ein Frauenseminar kommt, wo mit radikalen Texten gearbeitet wird. Sie erfährt, welche Gewalt auf der ganzen Welt an Frauen verübt wird, und wird wütend. Auch beginnt sie andere Frauen anders wahrzunehmen und alles, was um sie herum vorgeht, aus einer anderen Perspektive zu sehen. Sie erzählt ihrem Freund, ihren Eltern und ihren Bekannten davon, ereifert sich und weist auf alle neuentdeckten Diskriminierungen oder Erfolge hin. Die meisten ihrer Bekannten ignorieren oder verlachen sie. Das zieht sich über mehrere Wochen hin, und schließlich hält sie die Spannung nicht mehr aus und sagt im Seminar: »Ich kann doch nicht ständig wütend sein.«

An diesem Punkt ihrer Entwicklung wird sie, wenn sie zu dem Schluß kommt, ihre Wut ganz fallenzulassen statt sie etwa in Antrieb zu verwandeln, bald auch die politische Einschätzung ausklammern und nicht mehr bemerken, was um sie herum vorgeht, weil sie entweder abstumpft oder die politische Dimension völlig leugnet. Mir geht es hier darum, daß wir mit dem Ausklammern der Gefühle auch das Urteil ausklammern, auf dem sie beruhen. Wir können kein rein intellektuelles Verständnis von Unterdrückung haben – oder von irgendeinem anderen Problem. Ohne das Gefühl schwindet auch das Werturteil in dem Gefühl. Mary Daly nennt das 'Dissoziation'.[70]

Mit anderen Worten, Gefühl und Verstand sind nicht so einfach zu trennen. Wir können sehr wohl den Wunsch haben, manche Emotionen oder manche Wertungen auszuklammern. Das ist eine Frage der Entscheidung aufgrund mehrerer Faktoren. Meiner Ansicht nach gehört beides zusammen. Das Bemühen, uns entweder ohne Wertung unseren Gefühlen zu überlassen oder ohne Emotionen auf unseren Verstand zu bauen, kann nur scheitern. Wenn wir unser Lesbisch-Sein annehmen, ist das Ganze weit mehr als die Summe seiner Teile. Deshalb läßt sich kein Teil einfach abziehen, ohne daß sich die Energie, das ganze Sein verändert.

Oft entscheiden wir uns dafür, nicht auf die Herrschenden zornig zu werden, weil wir zu harte Konsequenzen fürchten – etwa gekündigt oder geschlagen zu werden. Wir klammern das Gefühl aus, um die politische Wertung zu umgehen und uns sicherer zu fühlen. Ich meine jedoch, daß es nicht darum geht, sich zwischen dem Zornigwerden und dem Nicht-Zornigwerden zu entscheiden, sondern zwischen der eigenen Wertung und einer internalisierten fremden Wertung. Diese Entscheidungen betreffen unsere ganze Energie und gehen mit einer Veränderung des Bewußtseins einher.

Nehmen wir folgenden Fall. Eine Lesbe wird von ihrem Chef wiederholt an ihrem Arbeitsplatz belästigt. Sie kann wütend werden oder auch nicht. Nehmen wir an, sie wird es nicht, weil sie um ihren Arbeitsplatz fürchtet. Wenn sie isoliert und ohne politische Unterstützung durch ein Netzwerk lebt, muß sie diese Erfahrung allein verarbeiten. Wenn sie Belästigung als etwas Schlechtes ansieht und nicht ihrem Chef die Schuld gibt, muß sie den Fehler bei sich suchen. Da sie dann »vernünftigerweise« nicht wütend auf ihn werden kann, wird sich ihre Energie in Weinen oder Groll oder Frustration verwandeln. Sie fühlt sich schlecht. Um also die Verletzung und Isolation zu beenden, kann sie sich an den Verursacher wenden und Trost in Form von Vergebung suchen – oder zumindest von Bestätigung und Beifall, verbal oder nonverbal.[71] Das heißt, sie sieht sich nun in der Situation, den Mann um Vergebung zu bitten, weil er sie belästigt hat. Mary Daly stellt fest: »Das ganze Leben einer patriarchalen Frau besteht aus einer Serie von Konfessionen.«[72]

Indem sie ihren Zorn ausklammert, vermeidet sie nicht etwa eine politische Wertung. Sie läßt die eine politische Wertung zugunsten einer anderen fallen, vielleicht aus Angst – ganz konkreter Angst oder unbestimmter, gesichtsloser Angst.[73] Die politische Wertung auszuklammern, schafft keinen Hafen des Friedens, sondern Abstumpfung, Dissoziation. Wenn wir Sicherheit finden wollen, indem wir Verstand und Gefühl trennen oder indem wir eines von beiden ausklammern, führt dies zu einer Verwandlung unserer Energie, einer Verwandlung unseres Seins.

Dennoch bleibt das Gefühl, daß wir nicht ständig wütend sein können und daß die Wut bleibende Konsequenzen hat. Mit dem Wütendwerden ist Spannung verbunden, und wir werden nur unsere Fähigkeiten und Wirkungsmöglichkeiten verschleißen und ausbrennen, wenn wir über einen längeren Zeitraum ständig unter Spannung stehen, ohne uns bewegen zu können. Wenn die Veränderungen, die wir anstreben, innerhalb eines Jahres, in zehn Jahren oder unser ganzes Leben lang nicht eintreten, dann müssen wir etwas unternehmen.

Zornigsein

Jeffner Allen schlägt vor, auf den Unterschied zwischen Wütendwerden und Zornigsein zu achten.[74] Wenn wir wütend werden, reagieren wir auf eine Situation. Dann treten oft physiologische Veränderungen ein – unser Blutdruck steigt, Adrenalin wird ausgeschüttet, das Blut schießt uns ins Gesicht usw. Diese Art der Reaktion ist typisch, wenn wir überraschend an einem wunden Punkt getroffen wurden. Etwas Unerwartetes ist geschehen und hat uns überrumpelt.

Das passiert uns nicht so leicht, wenn wir uns in einem Zustand des Zorns befinden. Wenn wir einige Male wütend geworden sind und diese Situationen und die mit unserer Wut verbundenen Wertungen überdacht haben, beginnen wir unsere Wahrnehmungen zu verändern und eine bewußt politische Sicht zu entwickeln. Unsere Energie in Zorn zu verwandeln, bedeutet, daß wir den Herrschenden ins Auge sehen, uns von ihren Werten distanzieren und unsere Integrität erhalten, selbst wenn wir die Situation nicht unter Kontrolle haben. Wir werden vielleicht bestimmte Situationen nicht allein verändern können – die Bedingungen an unserem Arbeitsplatz zum Beispiel –, aber wir müssen das herrschende Bezugssystem nicht zu dem unseren machen. Wenn uns also der Chef belästigt, brauchen wir seine Sicht, seine gefühlsmäßige Bewertung nicht zu übernehmen; wir brauchen uns nicht aufzugeben. In einem Zustand des Zorns erhalten wir uns das Vermögen, die Dinge beim Namen zu nennen und den Gedanken an unser tieferes Ich lebendig zu erhalten. Mary Daly betont, daß der Krieg gegen Frauen heute nicht einfach ein physisches Massaker ist: »Er ist das Abtöten des Bewußtseins und der Integrität in den Frauen.«[75]

Zornigsein ist in der Unterdrückung ein Zustand der politischen Wertung und damit des politischen Bewußtseins. Es ist ein Zustand, in dem die aus der Frauenbewegung gewonnenen Sinnzusammenhänge erhalten und weiterentwickelt werden. Und es ist entscheidend an der Veränderung des Bewußtseins und der Möglichkeit der Gemeinschaft beteiligt, denn Gemeinschaft erfordert geplante – nicht reaktive – Bewegung.

Damit will ich nicht sagen, daß wir nun ständig in einem Zustand des Zorns verharren und nicht mehr wütend werden sollten. Ich meine auch nicht, wir sollten unsere Wut auf nette Weise auszudrücken lernen.[76] Im Bewußtwerdungsprozeß ist das Wütendwerden die andere Seite der Depression; mit dem Wütendwerden fängt das Zurückschlagen an. Meiner Ansicht nach ist das Wütendwerden in manchen Fällen ein Entdecken und Verstehen der Unterdrückung auf einer oberflächlichen (ersten) Ebene. In dem Beispiel der Frauenstudien-Studentin hatte diese die Unterdrückung entdeckt, sie aber noch nicht in ihre allgemeine Bewertung und Sichtweise aufgenommen.[77] Sie hatte noch keine vollständige Umwertung ihrer Werte (ihrer Grenzen und ihrer Privilegien) vorgenommen. Sie war zu ihrem tiefen elementalen Gedächtnis noch nicht vorgedrungen.[78] Wenn sie sich in einen Wandlungsprozeß begibt, vor allem wenn sie dies zusammen mit anderen tun kann, wird sie ihr intellektuelles Wissen und ihre Gefühle miteinander verknüpfen und ihre Gespaltenheit heilen können.

Vielleicht wird sie anfangs dauernd wütend. Wenn das jedoch nicht zu der gewünschten Veränderung führt, geht sie vielleicht zu einem Zustand des Zorns über, einem Zustand veränderter Wahrnehmung. Diejenigen, die sich wieder abwenden, waren nicht in der Lage, die Informationen in ihre Alltagswahrnehmung aufzunehmen, und suchen statt dessen Trost in der Abstumpfung.[79] Die Studentin kann zum Beispiel permanenten Widerstand von den Menschen erfahren, die ihr am nächsten stehen. Wenn niemand in ihrer Umgebung das wahrnimmt, was sie jetzt wahrnimmt, und sich ihr zuwendet, und wenn sie ihre FreundInnen nicht verlieren will, muß sie aufhören, sich mitzuteilen, und schließlich aufhören zu werten.

Das Wütendwerden kann natürlich auch aus sich selbst heraus Veränderungen in Gang setzen. Wenn andere aus Gewohnheit – unbedacht und ohne Wertung – oder aus Unwissenheit handeln, braucht es vielleicht nur einen Wutanfall, um ihre Aufmerksamkeit zu erregen und einen Wandlungsprozeß einzuleiten. Zu einem Zustand des Zorns überzugehen, ist im Grunde dann sinnvoll, wenn das Wütendwerden ignoriert wird und keine Veränderung bewirkt. Aus dem Zorn entsteht Separation, wenn unser Zorn mißbilligt wird. Das trifft für uns als Geliebte, Freundinnen, Kolleginnen oder Gruppenmitglieder ebenso zu wie für unsere Reaktion auf die herrschende Gesellschaft. In der Isolation wird Zorn ein Zustand von Verrücktheit innerhalb des patriarchalen Kontextes. In der Gemeinschaft, in Selbsterfahrungsgruppen, bei Veranstaltungen, in Arbeitsgruppen, in politischen Gruppen usw. bewirkt er eine politische Veränderung.

Ich plädiere dafür, daß wir weiterhin unsere reaktive Wut in politischen Zorn verwandeln, indem wir die gefühlsmäßigen Wertungen weiterentwickeln, vor allem immer wieder durch kollektive Diskussionen und politische Analysen unserer Situation und unserer Rolle darin. Dadurch sind wir weniger isoliert und hilflos, verwandeln immer wieder unsere Opferhaltung in aktive Bewegung, wählen die Strategien und Zeitpunkte unseres Handelns.

Damit beginnen wir, unsere Macht, unser Vermögen zur Geltung zu bringen, ohne die gesamte Situation beherrschen oder vor lauter Erschöpfung in unserer Wut nachlassen zu müssen. Wir erfahren, daß unsere Handlungen etwas bewirken. Noch wichtiger: Wir schaffen gemeinsam einen Zusammenhang, in dem wir den Sinn unserer Wut herausfinden, aus den »Plastik-Leidenschaften« ausbrechen und unsere Fähigkeiten für andere, umfassendere Situationen entwickeln – vor allem unsere kollektiven Fähigkeiten. Wir entwickeln unsere moralische Handlungsfähigkeit.

Dies alles garantiert natürlich keine Sicherheit, aber eine Garantie gibt es ohnehin nicht – nur eine Illusion. Die Frage ist, wie wir in den Unterdrückungsverhältnissen weiterleben können, und Überlebensfragen sind in jedem Falle wichtig. Zum Überleben gehört jedoch auch die Fähigkeit, Entscheidungen zu treffen und in einer Situation handeln zu können, und dazu sind wir bei einer Trennung von Verstand und Gefühl auch nicht besser in der Lage.

Gefühle und Privatheit

Ich sehe noch einen dritten Grund, warum Lesben sich gegen eine Heilung der Gespaltenheit von Verstand und Gefühl wehren: Dieser rührt von dem Bedürfnis und Wunsch nach Privatheit her, und damit verbunden ist die Vorstellung von der Privatheit unserer Gefühle. Der Gedanke, unsere Gefühle seien etwas Kognitives und ihr Sinn entstehe in einem gesellschaftlichen Kontext, impliziert zum einen, daß mit ihnen auch Wertungen verbunden sind, nicht nur bloße Reaktionen. Zum anderen bedeutet es, daß unsere Gefühle in irgendeiner Weise angreifbar sein können. Gefühlsmäßige Wertungen anzuerkennen heißt, daß etwas von den Menschen, denen wir verbunden sind, in Frage gestellt werden kann, denn wenn ich Urteile fälle, mache ich auch Fehler.

Sehen wir uns einmal eine Aussage wie diese an: »Das sind nur meine Gefühle; wenn ich sie dir nicht sagen würde, wäre ich nicht ehrlich zu dir. Aber es sind nur Gefühle; es ist nicht das, was ich eigentlich denke.« Solche Behauptungen werden oft aufgestellt, um unsere Gefühlsäußerungen der Kritik zu entziehen, so daß die anderen die in unsere Gefühle eingebetteten Wertungen oder Wahrnehmungen nicht hinterfragen. Mit anderen Worten, wir betrachten Emotionen gerne als Privatsache: Wenn ich ein Gefühl habe, dann habe ich es, und niemand hat das Recht, es mir abzusprechen. Ich habe bereits gesagt, daß unsere Gefühle deshalb nichts Privates sind, weil ihre tiefere Bedeutung in einem lesbischen (und auch patriarchalen) Kontext entsteht. Dennoch gibt es in der Gemeinschaft die verbreitete Auffassung, jede Lesbe habe ein »Recht« auf ihre Gefühle.

Sicherlich hat jede Lesbe ihre eigenen Gefühle. Wenn sie auf eine Situation reagiert und damit eine energetische Wertung trifft, haben ihre Gefühle einen Ursprung. Und vielleicht ist sie nicht bereit, ihre Gefühle/Wertungen in Frage stellen zu lassen, beispielsweise wenn sie unsicher und verletzlich ist oder einfach müde, oder sie will es nur nicht von Personen, die nicht ihre Erfahrungen gemacht haben – besonders wenn sie wenig von ihrer Herkunft wissen. Lesben, die in der Stadt nicht zu Fuß gehen oder öffentliche Verkehrsmittel benutzen müssen, wissen zum Beispiel vielleicht nichts von der offenen Gewalt, die dabei täglich geschieht. Oder wenn Lesben in Vierteln wohnen, in denen keine offene und direkte Gewalt geschieht, wissen sie nicht, wie gefährlich es ist, Aufmerksamkeit auf sich zu ziehen. Oder wenn Lesben nicht in Firmen arbeiten, wo die Angestellten als Familienmitglieder gelten (das heißt, wo sie in der ökonomischen Herrschafts-/Unterordnungsbeziehung freundlich, dankbar und aufmerksam sein müssen), können sie von den Überlebenstechniken und -entscheidungen einer Lesbe an einem solchen Arbeitsplatz nichts wissen.

Solche Beispiele für die Unterschiedlichkeit in Hintergrund und momentaner Lebenssituation von Lesben gibt es viele. Wenn die anderen die Wertungen und Wahrnehmungen in unseren Gefühlen – etwa der Wut – ständig kritisieren und in Frage stellen würden, müßten wir unsere Freundinnen und andere aus unserer Gruppe mit unserem ganzen komplexen Lebenszusammenhang vertraut machen. Dazu haben wir vielleicht keine Zeit, oder wir halten es nicht für der Mühe wert, auf ihre Unwissenheit einzugehen. Oder vielleicht verstehen wir unsere Situation selbst noch nicht gut genug.

Außerdem braucht jede Lesbe Raum für ihre Gefühle. Nicht jede Gefühlsäußerung eignet sich dazu, als These der Kritik ausgesetzt zu werden. Manchmal ist es allein schon das Ausdrücken unserer Gefühle, das Aussprechen ohne die Absicht, damit eine Diskussion in Gang zu setzen, das uns wieder ins Gleichgewicht bringt. Manchmal brauchen wir nur das Wohlgefühl, wahrgenommen zu werden.

Wenn darüber hinaus unsere Gefühle von anderen in Frage gestellt werden, bevor wir selbst dazu bereit sind, wird der Zwang zur Verteidigung der eigenen Position vermutlich unseren Wachstums- und Wandlungsprozeß unterbrechen. Vielleicht nützt uns ein Gewaltmarsch durch unsere Gefühle gar nichts. Vielleicht treten wir lange Zeit auf der Stelle, und vielleicht bleiben wir absichtlich stehen – weil wir alle Elemente des Lernprozesses aufnehmen wollen, um ihn nicht wiederholen zu müssen. Manche Lesben zum Beispiel bleiben in einer Beziehung, die nicht mehr funktioniert, auch wenn schon alle ihre Freundinnen deren Destruktivität bemerkt haben. Manchmal trennt sich eine Lesbe nicht, weil sie verstehen will, warum die Beziehung nicht funktioniert oder was daran sie anzieht. Sich verteidigen zu müssen, weil die anderen um sie herum ungeduldig werden, tut keiner Frau gut. An diesem Punkt besteht sie vielleicht auf ihrem Privatbereich und verlangt, daß ihre Freundinnen ihre Gefühle (oder Entscheidungen) nicht in Frage stellen.

Was die Freundinnen in einer solchen Situation betrifft, so ist der Rückzug eine wichtige Möglichkeit. Es kann sein, daß unsere Freundin sagt, sie werde etwas an der Situation verändern, statt dessen kommt sie aber offenbar zu uns, um sich Trost zu holen, und geht dann gestärkt wieder zurück in die immer gleiche Situation. Wenn wir ihr ermöglichen, in einer Situation zu verharren, in der wir nicht mitspielen wollen, ist Rückzug eine Möglichkeit, auf ihre Entscheidung zu reagieren. In Anne Camerons *Daughters of Copper Woman* sagt die Großmutter:

> Eine Frau konnte, so oft sie es brauchte, in den Kreis kommen, aber der Kreis war nicht dazu da, daß eine Frau nur über ihre Probleme redete. Die ersten drei Male, in denen du mit der gleichen Geschichte kamst, haben die Frauen dir zugehört und versucht zu helfen. Als du aber zum viertenmal auftauchtest, immer noch mit der gleichen alten Sache, sind die anderen im Kreis einfach aufgestanden und haben sich anderswo wieder zu einem Kreis hingesetzt. Sie sagten nicht, das Problem sei nicht wichtig; durch ihr Aufstehen haben sie nur ausgedrückt, daß es *dein* Problem war und daß es Zeit sei, etwas daran zu ändern; du hattest alle Zeit im Leben der anderen in Anspruch genommen, die dir gegeben wurde, und jetzt war es Zeit, mit dem Reden aufzuhören und etwas zu *tun*.[80]

Gefühle sind keine isolierten privaten Ereignisse. Sie entstehen nicht in einem Vakuum und werden auch nicht in einem Vakuum geäußert. Sie existieren in einem Kontext und drücken die Wahrnehmung von Ereignissen aus. Sicherlich mag es falsch sein zu sagen, ich könnte mich in meinen Gefühlen irren. Auch scheint es lächerlich, die Aussage »Ich fühle mich ...« als unpassend zu bezeichnen. Einen Satz mit den Worten »Ich fühle mich ...« einzuleiten, scheint die Aussage für andere irgendwie unzugänglich zu machen, unangreifbar. Ist es nicht das, was wir unter »Sicherheit« verstehen, wenn wir einen sicheren Ort zur Erforschung unserer Gefühle fordern? Doch wenn Emotionen auch Wertungen sind und daher nicht vom Verstand getrennt, folgt daraus, daß sie irgendwie angreifbar sind.

Gefühle: Perspektive und Kontext

Ich meine, unsere Gefühle sind nichts Privates – das heißt, sie können bewertet und kritisiert werden –, weil sie 1. nicht isoliert dastehen und aus einer bestimmten Perspektive betrachtet werden können, 2. in einem bestimmten Kontext oder einer speziellen Situation unangemessen sein können, und 3. wir sie nicht im Privaten ausdrücken.

Nehmen wir folgende Situation: Zwei Lesben sind alte Freundinnen. Die eine kommt zur anderen zu Besuch und fängt in dieser Stadt eine Beziehung an. Die Lesbe, die zu Besuch kam, ist nervös und angespannt, weil sie andere Erfahrungen wagt als früher. Wenn sie und ihre neue Geliebte einen harmonischen Tag haben, ist sie in Hochstimmung. Wenn es jedoch eine größere Mißstimmung gibt, ist sie ausgesprochen niedergeschlagen. Ihre Aufmerksamkeit ist so sehr auf ihren Schmerz gerichtet, daß diese gedrückte Energie die ganze Wohnung ihrer Freundin erfüllt. Zunächst wendet die Freundin sich ihr zu, und die Situation ist nicht besonders problematisch. Wenn das jedoch längere Zeit anhält und jedesmal wieder eintritt, wenn die Besucherin zurückkehrt, muß die Freundin entweder ihre eigenen Pläne aufstecken und sich fast ausschließlich der anderen widmen, da sie ihrer Energie gar nicht entgehen kann, oder sie muß eine Möglichkeit finden, die Lesbe zu ignorieren, womit sie deren Unsicherheits- und Isolationsgefühle eventuell noch verstärkt. In beiden Fällen ist die Freundin von der Verfassung der Lesbe betroffen. Wenn die Lesbe keinen Zugang zu ihrer eigenen Angst und ihrem eigenen Schmerz hat, wird sie den Rückzug ihrer Freundin als Im-Stich-Lassen und als mangelndes Interesse wahrnehmen. Wenn die Freundin erklärt, daß sie die Spannung leid ist, wird die andere vielleicht antworten: »Wenn ich meine Gefühle verbergen würde, wäre das nicht ehrlich.«

Ich meine, in dieser Situation können die Gefühle unter verschiedenen Aspekten bewertet und kritisiert werden. Ungeachtet dessen, was die Lesbe mit ihrer neuen Geliebten erlebt, geht es um ihren Umgang mit der Freundin. Ihre Freundin will selbst mit ihr zusammensein: Sie mag zwar bereit sein, sich mit den Bemühungen und Hindernissen der Lesbe beim Aufbau einer Liebesbeziehung zu beschäftigen, doch es gibt im Leben der Besucherin noch andere Elemente, welche die beiden als Freundinnen teilen.

Daher sind die Gefühle der Lesbe in Frage zu stellen, vor allem insofern, als ihre Freundin von ihr erwarten kann, die Gefühle in eine bestimmte Perspektive einzuordnen (die Freundin und ihre Geliebte sind nicht allein auf der Welt). Damit ist nicht gesagt, daß die Gefühle selbst »falsch« oder »unangemessen« wären. Es meint einfach nur, daß eine Freundin verlangen kann, die Auswirkungen unserer Entscheidung, uns ausschließlich auf bestimmte Gefühle und nicht zum Beispiel auch auf unsere Gefühle ihr gegenüber zu konzentrieren, zu bedenken – was uns ermöglichen würde, eine schöne Zeit zusammen zu haben.

Mein zweiter Punkt ist, daß unsere Gefühle zwar in konkreten Situationen entstanden sein mögen, aber dann in Frage gestellt werden können, wenn sie aus dem Kontext herausfallen.[81] Auch hier will ich nicht sagen, daß die Gefühle selbst falsch wären – was immer sie bedeuten –, sondern nur in diesem Falle der Situation vielleicht nicht angemessen sind. Beispielsweise kann eine Lesbe, für die das Engagement für eine andere ein Risiko bedeutet, sich aus dem Gleichgewicht gebracht fühlen und anders reagieren als gewohnt, weil sie bestimmte Handlungen der anderen aufgrund früherer ähnlicher Erfahrungen als Gefahr betrachtet. Die gegenwärtige Situation kann sich jedoch in wesentlichen Punkten von dem, was sie früher erlebt hat, unterscheiden. Unsere Gefühle beinhalten eine Bewertung von Situationen, die auf einem Irrtum beruhen und daher von Freundinnen in Frage gestellt werden kann.

Gefühle ausdrücken

Drittens gibt es einen Unterschied zwischen den Gefühlen selbst und der Entscheidung, sie gegenüber anderen auszudrücken. In Lesbengemeinschaften wird oft die Meinung vertreten, es sei zumutbar, Gefühle jederzeit und an jedem Ort, sogar jeder anderen gegenüber auszudrücken. Wenn daher eine wütend ist oder Kummer hat und wir das nicht hören wollen oder darauf bestehen, daß sie ihre Wut erklärt, wird sie dies vielleicht als erdrückend und daher unterdrückend bezeichnen. Und in manchen Fällen kann das auch stimmen.

Das Problem liegt darin, daß der Ausdruck von Gefühlen keine isolierte, individuelle, private Handlung ist. Wenn du zum Beispiel wütend bist oder dich bei mir ausweinen willst und ich fernsehe, während du deine Gefühle ausdrückst, und erst aufschaue, wenn du aufhörst, und sage: »Bist du jetzt fertig?«, dann ist das schlimm für dich. Oder wenn du ins Zimmer kommst und mir Beschuldigungen an den Kopf wirfst, ist es schlimm für dich, wenn ich gähne und sage: »Das ist ja interessant«. Mit anderen Worten, wir zeigen unsere Gefühle nicht in einem leeren Raum. Wir erwarten bestimmte Reaktionen. Und wie minimal sie auch sein mögen (wenn ich dir meine Gefühle mitteile, kann ich schon zufrieden sein, wenn du mich einfach verstanden hast, selbst wenn du mit meiner Bewertung nicht übereinstimmst) – es handelt sich um eine Beziehung.

Bei dem Satz: »Das sind nur meine Gefühle« ist nicht nur eine Lesbe beteiligt, die dies sagt, sondern eine zweite, die in irgendeiner Weise reagiert. Durch die Mitteilung von Gefühlen soll eine Reaktion bewirkt werden, und dies hat eine Beziehung zur Folge. Und insoweit, wie eine sich durch das Mitteilen ihrer Gefühle auf eine Beziehung eingelassen hat, kann das, was sie sagt, von der anderen kritisiert und sogar angegriffen werden.

Ernstnehmen statt Sicherheit

Zu unserem Widerstand gegen die Heilung der Gespaltenheit von Verstand und Gefühl gehört der Widerstand gegen mögliche Kritik, denn wenn wir uns schon im Heteropatriarchat nicht sicher fühlen können, so können wir doch etwas tun, um uns in der Gemeinschaft sicher zu fühlen. Im Heteropatriarchat wurden die tiefsten Schichten unseres Selbst angegriffen. In der Lesbengemeinschaft wollen wir frei von solchen Bedrohungen und Angriffen leben.

Daher neigen wir dazu, uns auf Sicherheit als das wichtigste Element der Gemeinschaft zu konzentrieren. Vor allem neigen wir zu der Annahme, eine lebensfähige Lesbengemeinschaft sei daran zu erkennen, daß wir dort vollkommen unbehelligt unsere Gefühle ausdrücken könnten. Ich meine nicht nur, daß Sicherheit im Patriarchat eine

Illusion ist, sondern sogar, daß sie für uns untereinander gar kein sinnvolles Ziel ist – denn der Versuch, Sicherheit zu garantieren, ist der Versuch zu kontrollieren.

Wenn wir eine Gemeinschaft fordern, in der wir unbehelligt unsere Gefühle zeigen können, stellen wir uns offenbar eine Situation vor, in der wir Wutanfälle bekommen können, während die anderen sich auf maßvolle Reaktionen beschränken. Die Annahme, wir hätten ein Recht darauf, unsere Gefühle jederzeit in jeder beliebigen Form zu zeigen, ist dasselbe wie die Annahme, wir hätten bestimmte selbstverständliche Rechte auf Zugriff und Verbindung zu den anderen in der Gemeinschaft. Von derjenigen, an die die Gefühle gerichtet sind, wird eine bestimmte Reaktion verlangt – ihr wird vorgeschrieben, wie sie zu reagieren hat. Und zuvor hatte ich gesagt, daß dies kritisiert und sogar angegriffen werden kann. Denn wenn die eine das Bedürfnis hat, ihre Gefühle auszudrücken, so hat die andere vielleicht das Bedürfnis, Zuwendung zu verweigern und sich zurückzuziehen. Der Appell an Sicherheit verschleiert hier den möglichen Konflikt. Wenn wir an einem Ort der einen die Sicherheit geben, ihre Gefühle zeigen zu können, so wird dieser Ort gefährlich für eine andere, die dadurch beispielsweise angegriffen oder ignoriert wird. Wie steht es denn mit der Sicherheit, wenn diese sich in eine Garantie verwandelt, daß eine Lesbe jederzeit und zu ihren Bedingungen Zugriff auf andere Lesben bekommt?

Der Appell an die Sicherheit als Ziel der Gemeinschaft kann manchmal ein Versuch sein, das Risiko des Umgangs miteinander zu verringern; denn wenn wir auf eine andere zugehen, riskieren wir, abgewiesen zu werden. (Ich meine nicht das Risiko, nicht zu bekommen, was wir wollen, obwohl auch das vorkommt; ich meine die Möglichkeit, in den Augen der anderen unwesentlich, beliebig zu erscheinen.) Mit Sicherheit unter Lesben in der Gemeinschaft ist meistens gemeint, nicht ausgelacht, herabgesetzt, ignoriert, mundtot gemacht oder allgemein für selbstverständlich genommen zu werden. Und das ist eine Frage des gegenseitigen Ernstnehmens.[82] Daher meine ich, wir sollten uns statt der Sicherheit zum Ziel setzen, einander ernst zu nehmen. Beim Aufbau einer Lesbengemeinschaft können wir uns darum bemühen, einen Raum zu schaffen, in dem jede Lesbe Zuwendung bekommt, ernst genommen und um ihrer selbst willen geschätzt wird – wo sie angenommen wird.

Das sind unterschiedliche Schwerpunkte, und das wird am deutlichsten, wenn wir nicht in voller Integrität handeln oder wenn wir uns in einem Konflikt befinden. Wenn wir den Schwerpunkt beispielsweise auf Sicherheit legen, können wir versucht sein, praktisch alles zu tolerieren, was eine andere Lesbe tut. Wenn sie tobt oder andere zum Sündenbock macht, mögen wir glauben, sie brauche einen sicheren Raum, wo sie sich ausdrücken könne. Doch absolut alles zu tolerieren, was eine Lesbe tut, heißt durchaus nicht, sie ernst zu nehmen. Es kann vielmehr bedeuten, Einfühlung mit Mitleid zu verwechseln, keine Erwartungen an sie zu stellen und sie daher als minderwertig uns gegenüber zu betrachten. Das ist herablassend, und dann ist der Ort eigentlich nicht sicher für sie. (Einander ernst zu nehmen, bedeutet so gesehen nicht unbedingt, ihre Entscheidungen zu respektieren.) Eine andere ernst zu nehmen, bedeutet, sich ihr zuzuwenden und dann die Situation für uns einzuschätzen und zu bewerten und uns für eine Reaktion zu entscheiden.

In einem Raum, in dem wir ernst genommen werden, bestimmt sich »Sicherheit« nicht nur nach unseren Bedingungen. Ernst genommen zu werden, bedingt auch Gemeinschaft; es bedingt das Zusammensein mit anderen. Deshalb meine ich, wenn wir fähig sind, unsere Gefühle zu zeigen und andere darauf reagieren zu lassen, sind wir auch fähig, auf andere zu reagieren. Beide Aspekte sind vom Ernstgenommenwerden nicht zu trennen.

Ganzheitliches Lesbisch-Sein

Ich habe gesagt, daß die Spaltung zwischen Verstand und Gefühl uns nicht nützt: Sie bringt uns dazu, die Gespaltenheit unseres Ich zu stabilisieren, und untergräbt damit unsere Energie, unsere Macht als innere Stärke und unsere Fähigkeit, Situationen zu bewerten. Sie fördert die Entpolitisierung unserer Wertungen. Sie verleitet uns, unsere Gefühle als etwas Privates und uns selbst damit als isoliert zu betrachten. Sie fördert den atomistischen Individualismus. Wenn dies geschieht, sind wir anfälliger für die Werte der herrschenden Gesellschaft und nehmen unsere Gefühle dementsprechend wahr, und wir sind weniger in der Lage, diese herrschenden Werte kollektiv zu untergraben.

Die Vorstellung, Gefühle hätten nichts mit dem Verstand zu tun, kann nur aus einer politischen Perspektive kommen, in der die Individuen als isoliert, vereinzelt und in Konkurrenz zueinander gesehen werden; eine politische Perspektive, die behauptet, wir entwickelten uns nicht in Beziehung zueinander, und soziale Gruppen seien auf »unabhängig voneinander bestehende Charakteristika von Individuen« gegründet. Wie Naomi Scheman betont, entwickeln sich unsere inneren Befindlichkeiten durch Interaktion mit anderen in einem bestimmten Kontext zu voll ausgebildeten Emotionen und Überzeugungen und Absichten. Die Wunde zu heilen, ermöglicht uns ein besseres Verständnis unserer selbst und einen besseren Umgang mit anderen. Daher werden wir weniger leicht das Bedürfnis empfinden, in Kontrolle oder außer Kontrolle zu sein.

In *Witches Heal* verknüpft Billie Potts Integrität mit Heilung und stellt fest, Selbst-Heilung sei ein »persönlicher Akt der Befähigung«.[83] Ich meine, was wir in unserer selbstgeschaffenen Gemeinschaft erfahren, ist eine Heilung auf vielen Ebenen – eine Integration der Teile unseres Ich, die für das Überleben und die Entwicklung unserer moralischen Handlungsfähigkeit entscheidend sind. In diesem Kapitel habe ich mich fast ausschließlich auf die Gespaltenheit von Verstand und Gefühl konzentriert. Es gehört jedoch noch viel mehr dazu.

In einer Schreibwerkstatt stellte Toni Cade Bambara fest, daß die Herrschenden noch andere wesentliche Teile von uns abwerten, vor allem unsere Träume, unsere Intuition, unsere Phantasie und unsere spirituellen Fähigkeiten. Ich würde dieser Liste noch unseren Humor hinzufügen. Ihrer Ansicht nach ist der Grund dafür, daß sie diese Teile nicht beherrschen können.[84] Sie können sie nur durch Spaltung kontrollieren: durch Einschüchterung, Abwertung und Verdinglichung zersplittern sie alle unsere Fähigkeiten und spalten uns damit. Toni Cade Bambara geht es darum, unsere Einzelteile wieder zusammenzufügen – etwa unsere Träume in unser Alltagsdenken eingehen zu lassen –, so daß unser gesamtes Sein beteiligt ist, wenn wir unsere Energie sammeln. Damit können wir weit weniger leicht beherrscht werden, und dann sind wir kreativ, schreiben Gedichte, bauen eine Beziehung auf, erfinden Gerichte, bilden Gemeinschaften, schaffen eine Revolution.

Durch Selbsterfahrungsgruppen haben wir die vielschichtigen Bedeutungen unserer Wut entdeckt. Ebenso können wir unsere spirituellen Fähigkeiten entwickeln. Wir müssen unsere Intuition erforschen, unseren Humor entwickeln. Wir können die Macht unserer Träume entdecken, wenn wir sie vor anderen aussprechen.[85] Und wir können neue Räume erforschen, indem wir unsere Phantasien verwirklichen und miteinander teilen. Auch können wir an Tiefe und Komplexität gewinnen, wenn wir uns in Selbsterfahrungsgruppen mit unseren Ängsten, unserer Wut aufeinander und unserem lesbischen Begehren auseinandersetzen.

Mir geht es bei der Heilung der Gespaltenheit in Verstand und Gefühl letztlich um folgendes: Unser Zorn ist die Bewegung, in der wir die Frustration über die Einschränkung und Verleugnung unseres Lebens ausdrücken.[86] Und unser lesbisches Begehren führt zu Verbindungen – zu Liebesbeziehungen, Freundschaften, Kollektiven, Gemeinschaften. Alles, was uns auf unserer Reise durch das Lesbisch-Sein begleiten kann, sind Gefühl und Verstand – und Träume, Intuition, Instinkt, Zögern, Fähigkeiten,[87] Beobachtungen, Humor, spirituelles Bewußtsein, Bewertungen, Phantasien – Werturteile, die vor dem Hintergrund einer rassistischen, imperialistischen, heterosexuellen Kultur in der Lesbengemeinschaft entstehen. Unsere Fähigkeit, Urteile zu fällen, und alle diese anderen Fähigkeiten lenkten und förderten unsere ersten Entscheidungen. Und sie führen uns immer noch, bilden unsere Warnsignale, Außenposten, Wegmarken, Lagerplätze und Landkarten – wir nutzen sie, um auf unserer Reise Dinge zu erkennen, zu überdenken und Entscheidungen zu treffen. Und in unserem Umgang miteinander verändern und erweitern sie ihre Komplexität und Bedeutung.

Auf unserem Weg als Lesben erfahren Verstand und Gefühl eine Veränderung, vor allem wenn wir lernen, sie in unsere anderen Fähigkeiten zu integrieren und wenn wir im Umgang miteinander einen lesbischen Lebenssinn entwickeln. Edwina Lee Taylor beschreibt, wie sie jedesmal, wenn sie eine Trommel berührt, den Energiestrom und das gegenseitige Verstehen erlebt, das uns zu unserer Mitte führt, transformiert und wiederkehren läßt – das Sinn schafft.[88] Und wenn wir uns durch Integration und Politisierung unseres gespaltenen Ichs heilen, werden wir erfahrener werden, vor allem im Lachen.

Es heißt, wir hätten keinen Humor. Zumindest in den letzten dreißig Jahren hatten wir allerdings auch wenig zu lachen. Doch allmählich schaffen wir uns unseren eigenen Humor – wie Kate Clinton schreibt:

> Wir 'Fumeristinnen' [feministische Humoristinnen] fragen nicht mehr nach dem Warum. Wir stellen unsere eigenen Fragen, und die können die Welt aus den Angeln heben [...] Wir 'Fumeristinnen' sagen, wir bleiben nicht länger in irgendeiner fröhlichen Warteschleife und warten geduldig auf das Ende. Wir sagen, wir werden lachen und durch unser Lachen Dinge verändern. Das ist eine sehr aktive Ethik des Entzugs, in der wir nicht mehr ernsthaft an die männlichen Aktivitäten glauben. Wir sagen, Witze werden nicht länger auf unsere Kosten erzählt. Wir sagen, wir lachen uns nicht länger über ihre Geschichten tot.[89]

Die Chancen für einen lesbischen Sinnzusammenhang entstehen unter uns selbst. Und das lesbische Sein als Ganzes ist mehr, viel mehr als die Summe seiner zersplitterten Teile. Die Integration unseres Ich – zu unserer Mitte finden, so daß wir uns in diesem Leben engagieren, auf andere reagieren und unseren lesbischen Sinnzusammenhang entwickeln können, statt durch Spaltung von Gefühl und Verstand Selbstkontrolle zu üben – beeinflußt die Entscheidungen, die wir treffen, und hilft uns, uns als moralisch Handelnde zu verstehen. Im nächsten Kapitel werde ich daher den Begriff der 'moralischen Handlungsfähigkeit' unter Lesben untersuchen und weiterentwickeln.

5 Moralische Handlungsfähigkeit und Interaktion

In diesem Kapitel will ich die Idee der 'moralischen Handlungsfähigkeit', des Moralisch-Seins, besonders in Unterdrückungssituationen untersuchen. In der Ethik, wie wir sie heute definieren, ist die Vorstellung des moralischen Handelns hauptsächlich mit der Frage verbunden, ob wir uns zu unseren Handlungen frei entscheiden. In gewisser Hinsicht beinhaltet dies den Gedanken, wir müßten äußere Kräfte kontrollieren, um uns ethisch richtig zu verhalten, oder zumindest sei eine wirklich moralische Entscheidung nur möglich, wenn wir keinerlei Beschränkungen oder Grenzen unterlägen. Die philosophische Tradition beschäftigt sich mit der Frage, ob wir uns auch anders hätten verhalten können oder ob unsere Handlungen in irgendeiner Weise determiniert seien – der Schwerpunkt liegt fast immer darauf, ob wir andere für das, was sie getan haben, tadeln oder loben können und ob wir für das, was wir getan haben, gelobt oder getadelt werden können. Daher werden Entschuldigung, Verantwortlichkeit und Rechtfertigung besonders hervorgehoben. Ich meine dagegen, daß zur moralischen Handlungsfähigkeit gehört, in eingeschränkten Situationen Entscheidungen zu treffen und dabei eine Demoralisierung zu vermeiden, unter eingeschränkten Bedingungen aktiv zu werden, statt uns über sie zu erheben. Der Schwerpunkt der lesbischen Ethik liegt für mich nicht auf Lob und Tadel, sondern auf einer umfassenderen Bewertung und auf der »Überlebensmoral«.[1]

Der 'freie Wille' und die Entschuldigung

Der freie Wille

In der neueren anglo-europäischen Tradition beginnt die Frage der moralischen Handlungsfähigkeit mit einem abstrakten Konflikt zwischen den Begriffen 'freier Wille' und 'Determinismus'. Dahinter steht die Vorstellung, wir seien moralisch Handelnde, weil wir für unsere Handlungen moralisch verantwortlich seien, und wir seien moralisch verantwortlich nur dann, wenn wir uns auch anders hätten verhalten können. Wenn wir uns nicht anders verhalten konnten, wenn unsere Handlungen determiniert waren, dann hatten wir keine Wahl. Dieses Problem wird u.a. so formuliert: Wenn – in einem religiösen Kontext – eine allmächtige (und daher auch allwissende) Gottheit bereits weiß, was wir tun werden, oder wenn – in einem naturwissenschaftlichen Kontext nach den mechanistischen Gesetzen von Ursache und Wirkung – unsere Handlungen nur die Wirkungen vorangegangener, sie bedingender Handlungen sind, dann ist unser Handeln nicht wirklich frei. Sie sind determiniert, da wir uns nicht anders hätten verhalten können. Und das ist dieser Argumentation nach selbst dann der Fall, wenn wir uns zum Zeitpunkt der Handlung in der Illusion befinden, wir hätten unser Tun frei gewählt. (Bezeichnenderweise interessieren sich die anglo-europäischen Philosophen nur dafür, ob unsere Handlungen von einer gütigen Gottheit oder einem indifferenten mechanistischen Universum determiniert werden. Der Gedanke, sie könnten von einem Unterdrücker determiniert werden, scheint ihnen gar nicht gekommen zu sein.) Diese Herangehensweise an das Thema der moralischen Handlungsfähigkeit wirft Probleme auf, die schon im Vorfeld ihrer Diskussion unlösbar scheinen. Denn den Glauben an eine allmächtige Gottheit oder den Glauben an die traditionelle Naturwissenschaft vorausgesetzt, scheinen alle unsere Handlungen determiniert, keine frei gewählt zu sein.

'Wahlfreiheit' im Existentialismus

Es ist interessant, daß das traditionelle Problem des freien Willens zwar offenbar zu dem Schluß führt, alle unsere Handlungen seien determiniert, während die Philosophie des Existentialismus und manche Richtungen in der Lesben- und Frauenspiritualität jedoch zum entgegengesetzten Schluß kommen. Den VerfechterInnen dieser Denkrichtungen zufolge haben wir die vollkommen 'freie Entscheidung'. Das heißt, demnach haben wir alles, was wir tun oder was uns geschieht – in der Frauenspiritualität sogar unsere Geburt –, selbst gewählt.

Von dieser gemeinsamen Zentralthese abgesehen, gibt es zwischen den beiden Richtungen jedoch wichtige Unterschiede. Nach Sartres Existentialismus haben wir immer eine Wahl, weil wir uns einer Situation auch entziehen können (notfalls durch Selbstmord). Wenn wir uns nicht entscheiden, uns der Situation zu entziehen, folgt daraus, daß wir sie gewählt haben:

> Also gibt es im Leben keine *bösen Zufälle;* ein gesellschaftlicher Vorgang, der sich plötzlich ereignet und mich in Mitleidenschaft zieht, kommt nicht von außen; wenn ich in einem Kriege einberufen werde, ist dieser Krieg *mein* Krieg, weil ich jederzeit mich ihm hätte entziehen können, durch Selbstmord oder Fahnenflucht: diese äußersten Möglichkeiten sind diejenigen, die uns immer gegenwärtig sein müssen, wenn es darum geht, eine Situation ins Auge zu fassen. Da ich mich ihm nicht entzogen habe, habe ich ihn *gewählt.*[2]

Sartre sagt, wir haben unsere Geburt nicht *gewählt,* wir haben nicht entschieden, zu einem bestimmten Zeitpunkt und an einem bestimmten Ort und als eine bestimmte Person (beispielsweise als Jüdin im Nazideutschland) in die Welt »geworfen« zu werden.[3] Er vertritt jedoch die Auffassung, daß wir uns, um authentisch zu sein, die Situation zu eigen machen müssen, in der wir uns vorfinden. Außerdem seien wir für alles, was wir tun oder was daraufhin mit uns geschieht, verantwortlich.

In Sartres Konzept der 'Wahlfreiheit' gibt es recht ermutigende Elemente. Ihn interessierte unter anderem die 'Wahlfreiheit' in Kriegszeiten, und er wandte sich gegen jene, die vorgaben, sie hätten unter diesen Bedingungen keine Wahl gehabt – jene, die behaupteten, sie hätten nur Befehlen gehorcht oder das befolgt, was ihnen beispielsweise ihre Priester gesagt hätten. (Im letzteren Falle entscheiden wir aber immer noch, wem wir folgen.) Dennoch bleibt letzten Endes in Sartres Begriff der 'Wahlfreiheit' die Unterdrückung außer acht, und daher führt seine Diskussion der Unauthentizität bei Frauen als Gruppe und beim jüdischen Volk zu einer Schuldzuweisung an die Opfer.[4] Weder erkennt er die Realität von Zwang an, noch gibt er zu, daß er die Auswirkungen von Situationen nicht immer steuern kann. Er behauptet, es sei sein *persönlicher* Krieg, kein allgemeiner Krieg.

Darüber hinaus findet sich in Sartres existentialistischem Freiheitsverständnis ein christlicher Moralismus (augenfällig in dem Gedanken, die am Krieg Beteiligten verdienten ihn). Er glaubt zwar nicht an letzte Prinzipien von Richtig und Falsch oder an eine Gottheit, die diese rechtfertige, doch arbeitet er sehr wohl mit einem Begriffssystem, in dem sowohl letzte Prinzipien als auch eine dominante Gottheit nötig sind, um den weltlichen Ereignissen einen Sinn zu geben. (Schließlich entwickelte er seine Philosophie in der Hoffnungslosigkeit eines Weltkrieges.) Sartres 'Freiheit' besteht in der Abwesenheit einer dominanten Gottheit, die das Bestehen letztgültiger Prinzipien verbürgt – eine Abwesenheit, die uns zwar Wahlfreiheit läßt, jedoch auch absurd und erschreckend ist. Er führt also zwar an, daß wir durch unsere Entscheidungen Sinn schaffen (ein dem Universum durch einen anthropomorphen Gott vorbestimmter Sinn existiere nicht), doch hält er dies für ein Zeichen von Absurdität, einen Grund zur Verzweiflung und eine Vorstufe des 'Ekels'.[5]

'Entscheidung' in der Frauenspiritualität

Manche Autorinnen aus dem Bereich der Frauen- und Lesbenspiritualität und -magie behaupten ebenfalls, wir hätten alles, was uns geschieht, selbst gewählt. In ihrem Ansatz gibt es jedoch nicht die schweren Schuldkomplexe, die Sartres Existentialismus beinhaltet. (Die meisten Autorinnen behandeln auch nicht die Wahlfreiheit in Kriegszeiten oder die Probleme der Kollaboration, mit denen Sartre sich beschäftigte.) Aus ihrer Sicht werden in früheren Leben Entscheidungen getroffen, die in dieses Leben hineinwirken, und wenn wir uns entscheiden, in ein bestimmtes Leben zurückzukommen, tun wir das, um etwas zu lernen, etwas zu bearbeiten, Beziehungen zu verändern, die wir in früheren Leben eingegangen sind, usw. Sobald wir also in ein bestimmtes Leben hineingeboren werden, wirkt vieles auf unsere Entscheidungen ein, und es geht darum, dies zu verstehen. Dann können wir anfangen, durch unsere Entscheidungen die Richtung und die Ereignisse des jetzigen Lebens umzukehren oder zu verändern.[6] In diesem Leben bedeutet 'freier Wille' dann, daß wir danach streben können, die Ereignisse um uns herum zu verstehen und die dadurch aufgeworfenen Probleme zu bearbeiten, und wenn wir dieses Verständnis erreicht haben, können wir uns für Veränderungen entscheiden. Nach dieser Auffassung kehren wir so lange wieder in neue Leben zurück, bis wir »Vollkommenheit« erreicht haben.

Ein Determinismus in dieser Denkrichtung ist spirituell gemeint und nicht mechanistisch wie der Determinismus der traditionellen anglo-europäischen Philosophie. Karma wirkt nur dann deterministisch, wenn wir uns seiner nicht bewußt sind, und mit unserem spirituellen Willen (der etwas ganz anderes ist als der erzieherische und kontrollierende Wille der Patriarchen, der den Geist über den Körper stellt) können wir durch Integration unseres ganzen Seins, Verständnis unserer Situation und entsprechende Entscheidungen den Lauf der Dinge verändern.

Diese Vorstellungen bilden zwar eine faszinierende Ausgangslage zur Untersuchung des Begriffs der moralischen Handlungsfähigkeit, doch müssen sie genauer entwickelt werden, als sie es meiner Auffassung nach bisher sind. In der Tradition wird zum Beispiel davor gewarnt, daß alle unsere Taten dreimal wieder über uns kommen, und deshalb sollten wir natürlich niemandem schaden. Ein solches Motiv für eine Handlungsentscheidung könnte jedoch in erheblichem Widerspruch zu Motiven stehen, die sich aus dem Glauben herleiten, wir seien hier, um unser Karma zu erfüllen. Mit Sicherheit würde es uns von Risiken abhalten; denn wenn wir bei dem Versuch, neue Handlungsmuster zu erproben, einen Fehler machen und daraus Schaden entsteht, haben wir mit der dreifachen Auswirkung zu tun. Zweitens sagt diese Warnung eigentlich nichts darüber, daß die Konsequenzen unserer Handlungen komplex sind und meistens etwas »Gutes« und etwas »Böses« daraus entsteht. Drittens nehme ich nicht an, daß die Energie des Holocaust dreimal wieder über uns alle kommt. Und schließlich finde ich ein solches Motiv, eine hauptsächlich auf Angst gegründete Prüfung unserer Handlungen, weder sehr interessant noch besonders brauchbar für die Erschaffung lesbischer Werte.

Außerdem scheint diese Theorie zu beinhalten, daß manche Jüdinnen und Juden sich das Schicksal, das sie in den Holocaust führte, selbst gewählt hätten; manche Schwarze hätte ihr selbstgewählter Lebenslauf in die Sklaverei gebracht; oder manche Frauen, die vergewaltigt wurden, hätten sich einen solchen Lauf der Ereignisse ausgesucht, usw. Ich halte es zwar unter bestimmten Umständen für zutreffend, daß wir durch die Energie, die wir in die Welt setzen, eine bestimmte Art von Energie anziehen, doch in der Frauenspiritualität muß noch sehr viel an Unterdrückungsanalyse geleistet werden, bevor eine solche Theorie stichhaltig und brauchbar sein kann, um die Lebensbedingungen von uns Lesben in der Unterdrückung wiederzugeben. Nur zu oft ignoriert die

Spiritualität einfach die unterdrückerische Realität oder läßt sie in anderer Weise außer acht.

Freiheit und Entschuldigung

Alle diese Theorien über den 'freien Willen' und moralische Entscheidungen mögen interessant sein, doch wird nicht deutlich, daß sie zu unserem Verständnis moralischer Handlungsfähigkeit insbesondere in der Unterdrückung viel beitragen könnten. Die Aussage, alle unsere Handlungen seien determiniert oder alles, was uns geschieht, sei von uns selbst gewählt, ist in ihrer Bedeutung einfach unklar. 'Freiheit' ist ein abstrakter Begriff, und wir sollten daher vorsichtig damit umgehen.

Eine Methode im Umgang mit abstrakten Begriffen in der Philosophie – wie 'Freiheit' oder 'Realität' oder 'Wahrheit' – besteht darin, nicht die Begriffe selbst, sondern ihre Verneinungen zu untersuchen. Statt also zu versuchen, den Begriff 'Freiheit' zu definieren, können wir bei der Betrachtung von Situationen ansetzen, in denen wir als nicht frei handelnd gelten. Dahinter steht der Gedanke, daß 'Freiheit' keine Eigenschaft bezeichnet, die wir oder unsere Handlungen besitzen. Sie ist keine Bezeichnung für ein Handlungsmerkmal, sondern die Bezeichnung für eine Dimension, in der Handlungen bewertet werden.[7] Wenn wir eine Handlung als frei gewählt ansehen, schließen wir damit bestimmte Möglichkeiten aus, in denen sie nicht frei gewählt gewesen wäre.[8]

Zum Verständnis der moralischen Handlungsfähigkeit müssen wir also berücksichtigen, unter welchen Umständen wir für die Konsequenzen von etwas, was wir getan oder unterlassen haben, nicht verantwortlich wären. Insbesondere sollten wir berücksichtigen, ob es Entschuldigungen dafür gibt. J.L. Austin sagt mit Berufung auf Aristoteles:

> daß Fragen, der Verantwortlichkeit Vorrang haben vor dem Problem der Freiheit [...] Um herauszubekommen, ob jemand frei gehandelt hat oder nicht, müssen wir feststellen, ob diese oder jene Entschuldigung dafür angenommen werden kann – zum Beispiel die Berufung auf äußeren Druck, Versehen oder Zufall usw.[9]

Nach Austin hätten wir durch die Überlegung, ob Entschuldigungen geltend gemacht werden können, bereits die Frage behandelt, ob eine Person sich frei für das, was sie getan hat, entschieden hat; wenn es für das, was sie getan hat, keine Entschuldigung gibt, sei sie nicht verantwortlich dafür. Damit ist die Frage der moralischen Handlungsfähigkeit eine Frage des verantwortlichen Handelns und dreht sich nicht mehr um den freien Willen, sondern – mehr nach dem gesunden Menschenverstand – darum, ob jemand Entschuldigungen vorbringen kann oder nicht.

Nehmen wir zum Beispiel an, ich versprach dich zu einer bestimmten Uhrzeit zu treffen, tauchte aber nicht auf. Um dich für eine Reaktion auf die Situation zu entscheiden, würdest du wohl zunächst herauszufinden versuchen, warum ich nicht gekommen bin. Wenn mir einfach etwas Besseres eingefallen wäre oder ich unsere Verabredung völlig vergessen hätte, würdest du wohl wütend werden und mir vielleicht klarzumachen versuchen, daß ich dich verletzt habe. Oder du kannst dich distanzieren und mich für jemand halten, die Zusagen auf die leichte Schulter nimmt und mit der du daher nicht befreundet sein möchtest. Wenn ich jedoch eine Entschuldigung hätte, würdest du mir wohl nicht vorwerfen, ich hätte dich verletzt; ich habe unsere Verabredung ja nicht aus freien Stücken nicht eingehalten.

Mit diesem Verständnis von moralischer Verantwortung und also mit dem, was der Begriff des moralischen Handelns beinhalten kann, können wir nun beurteilen, wie Entschuldigungen funktionieren. Aristoteles nennt zwei allgemeine Kategorien von Entschuldigungen: Unwissenheit und Zwang oder physische Einschränkung.[10] Wenn ich zum Beispiel in bestimmter Weise physisch eingeschränkt wäre – wenn ich einen

Autounfall hatte, unsere Verabredung wegen einer Verletzung nicht einhalten und nicht einmal anrufen konnte, um dir abzusagen –, dann würdest du mir wohl nicht die Schuld geben, weil ich nicht gekommen bin; ebenso würdest du nicht annehmen, daß ich aus freien Stücken entschieden hätte, die Verabredung nicht einzuhalten. Durch eine solche Überlegung können wir verstehen, was es bedeutet, wenn ich mich entschieden habe, die Verabredung nicht einzuhalten. In diesem Fall geht es darum, ob ich durch einen Autounfall oder ein ähnliches Ereignis verhindert war.

Eine zweite Kategorie der Entschuldigung ist die Unwissenheit. Nehmen wir zum Beispiel an, ich sitze im Auto, meine Bremsen versagen, und ich fahre eine Fußgängerin an. Wenn ich gewußt hätte, daß meine Bremsen nicht mehr gut funktionierten, aber es nur noch nicht geschafft hätte, das Auto in die Werkstatt zu bringen, würdest du mich für diesen Unfall verantwortlich machen. Nehmen wir dagegen an, ich hatte die Bremsen gerade reparieren lassen – fuhr den Wagen sogar gerade erst vom Hof der Werkstatt, als die Bremsen versagten und ich die Fußgängerin anfuhr. In diesem zweiten Falle würde ich nicht als moralisch verantwortlich für den Unfall gelten, da ich nicht über das technische Wissen verfüge, um die Arbeit eines Mechanikers selbst überprüfen zu können, und daher nicht bemerken konnte, daß die Bremsen immer noch nicht in Ordnung waren. So könnte Unwissenheit als Entschuldigung gelten.

Durch diese Beispiele können wir noch auf andere Weise die Bedeutung der Annahme verstehen, du hättest das Geschehen frei gewählt. Natürlich werden wir kaum beschließen, FußgängerInnen anzufahren. Wenn eine jedoch merkt, daß ihre Bremsen defekt sind, sie nur noch nicht reparieren lassen konnte und sich dann trotzdem entscheidet zu fahren, betrachten wir sie eher als verantwortlich für die Konsequenzen ihrer Entscheidung. Die Wahlfreiheit kann also damit zu tun haben, ob dir bewußt ist, was du tust.

Durch Prüfung bestimmter Situationen und Berücksichtigung von Entschuldigungen können wir also ein Verständnis der moralischen Verantwortung und damit der moralischen Handlungsfähigkeit gewinnen; so, wie der Begriff 'Freiheit' im Problemzusammenhang des freien Willens gebraucht wird, ist er viel zu unklar und unergiebig. Nach meiner Auffassung sind bei Überlegungen über 'Freiheit' im Verhältnis zu 'moralischer Handlungsfähigkeit' auch unsere moralischen Alltagsentscheidungen zu berücksichtigen – aus unserer Situation als endliche Wesen, die sterben werden (dieses Leben beenden werden) und die in den Grenzen einer endlichen Welt und unter erheblichen Einschränkungen leben, zu denen auch die Unterdrückung gehört. Mich interessiert also, was wir als Lesben unter den gegebenen Lebensbedingungen erfahren, wenn wir Entscheidungen treffen. Und es ist diese alltägliche, irdische Perspektive und nicht eine grandiose Theorie des freien Willens, auf die ich mich beziehen will.

Wahlfreiheit und Wertebildung

In bezug auf Entscheidungen in bestimmten Situationen entwickelt Simone de Beauvoir in »Für eine Moral der Doppelsinnigkeit«[11] ein interessantes Konzept der Wahlfreiheit und damit der moralischen Handlungsfähigkeit. In Weiterentwicklung der existentialistischen Tradition verbindet sie Wahlfreiheit mit der Bildung von Werten. Sie meint, Kinder finden sich in einer Welt vor, die sie nicht geschaffen haben, und brauchen daher auch keine Verantwortung für die Wertebildung zu übernehmen. Sie können die Werte, welche die Erwachsenen aufgestellt haben, fertig und absolut übernehmen und wählen einfach nur zwischen Anpassung oder Auflehnung gegen die Grenzen dieser Welt. Wenn die Kinder jedoch größer werden und Bewußtsein erlangen, indem sie fragen, warum sie tun sollen, was die Erwachsenen wollen, durchleben sie eine Identitätskrise. An diesem Punkt finden sie sich in einer Welt, die nicht mehr fertig ist, sondern erst noch geschaffen werden muß. Sie müssen selbst bestimmen, was wertvoll ist und was nicht – welche der elterlichen Werte sie annehmen und welche sie ablehnen. Damit gelangen sie auf eine moralische Ebene.

Von diesem Zeitpunkt an werden Menschen zu moralisch handelnden Personen, die durch ihre Entscheidungen Werte schaffen. (Wenn wir uns zum Beispiel als Lesben engagieren, schaffen wir lesbische Werte.) Und es gibt zahllose Gelegenheiten, einer Entscheidung aus dem Wege zu gehen, unauthentisch zu werden. (Durch Vermeiden von Entscheidungen unauthentisch zu werden, ist die existentialistische Version der moralischen Verirrung oder der Sünde.) Der 'Ernsthafte' beispielsweise tut so, als seien die Werte vorgegeben, und versteckt sich hinter seiner Rolle – er ist nicht er als Person, sondern etwa als Vater oder als Soldat. Daher behauptet er, zu bestimmten Handlungen gezwungen zu sein – sie seien seine Pflicht. Er gibt vor, seine Entscheidung habe einen unbedingten Wert, leugnet damit, eine Entscheidung zu treffen, und wird so zum Tyrannen. Er gibt vor, der von ihm gewählte Wert existiere außerhalb von ihm, und er ordne sich ihm unter. Daher empfindet er es als gerechtfertigt, die von ihm Beherrschten ebenfalls zur Unterwerfung unter diesen Wert (durch Unterwerfung unter seine Autorität) zu zwingen. Der Nihilist dagegen bleibt in dem Bewußtsein, es gäbe keine objektiven Werte, ein Zyniker, der vorgibt, sein Tun bewirke nichts, und sich so auf seiner »Machtlosigkeit« ausruht. Er lehnt es ab, sich in diesem Leben zu engagieren, und kritisiert statt dessen nur diejenigen, die das tun.[12]

Simone de Beauvoir betont, daß nur die Werte existieren, die wir durch unsere Entscheidungen schaffen; es gibt keinen Wert, anhand dessen wir unsere Entscheidungen rechtfertigen können. Was wir entscheiden, ist einfach der Wert, der dabei entsteht. (Das ist in der Lesbengemeinschaft offensichtlich: Die Werte, die unter Lesben entstehen, sind das Ergebnis unseres Handelns.) Die Ambiguität dieser Situation liegt darin, daß die von uns gebildeten Werte nicht ewig gültig sind. Wir werden sterben, und die Entscheidungen anderer können das, was wir geschaffen haben, verwandeln (ebenso wie wir das verwandeln können, was andere geschaffen haben). Dennoch müssen wir uns, um authentisch zu sein, in diesem Leben engagieren, unsere Endlichkeit annehmen und unsere Entscheidungen so treffen, als ob die von uns geschaffenen Werte ewig gültig blieben – mit dem gleichen Maß an Emotion, Energie und Engagement.

Wenn wir Simone de Beauvoirs Argumentation folgen, nach der keine absoluten Werte gelten, anhand derer wir die von uns gewählten Werte rechtfertigen könnten (denn wir schaffen die Werte und entdecken sie nicht), und nach der die existierenden Werte erst aus unseren Entscheidungen entstehen, ist es bezeichnenderweise nicht möglich, einfach etwas zu wählen. Es sei beispielsweise nicht möglich, den Nationalsozialismus zu wählen, und zwar deshalb nicht, weil der Nationalsozialismus keine Entscheidung für Werte darstelle, sondern das Umgehen einer Entscheidung. Das heißt, ein Nazi ist nach ihrer Definition ein 'Submensch'. Der 'Submensch' verliert sich in einer Bezeichnung – 'überlegener Weißer', 'Antisemit' –, denn er strebe nach einer für ihn festgelegten Bedeutung. Er fürchte sich davor, die Verantwortung für sein Handeln in der Welt zu übernehmen. Statt dessen suche er sich einen Sündenbock, dem er für alle Übel der Welt die Schuld geben könne, so daß er selbst nichts zu ihrer Veränderung tun müsse. Er fürchte die Wahlfreiheit und gebe deshalb durch Fanatismus und Unterwerfung unter eine höhere Ordnung, die angeblich außerhalb von ihm selbst besteht, vor, keine Wahl zu haben.

Das Böse kommt nach Simone de Beauvoir von den Menschen, die vorgeben, durch ihre Entscheidungen keine Werte zu schaffen, die behaupten, es gäbe absolute Werte außerhalb ihrer selbst, denen sie sich zu unterwerfen hätten und die sie berechtigten, andere zur Unterwerfung unter sich und damit zur Unterwerfung unter diese Werte zu zwingen. Der Nationalsozialismus ist eine solche Ideologie.

Um uns ethisch zu verhalten, so Simone de Beauvoir, müssen wir nicht nur durch unsere Entscheidungen die eigene Freiheit annehmen und Werte schaffen, sondern auch die Freiheit anderer wählen. Denn Werte schaffen wir nicht in der Isolation und unabhängig von anderen. Wir verwirklichen unsere Freiheit durch aktives Handeln, und das bedeutet Interaktion mit anderen – die ebenfalls frei sein müssen, denn wenn sie es nicht sind, können wir nicht wirklich mit ihnen interagieren. Simone de Beauvoir beschäftigt sich also mit der menschlichen Wahlfreiheit unter bestimmten Bedingungen, und nach ihrer Auffassung bedeutet diese Freiheit, daß wir uns für die Befreiung von Unterdrückten einsetzen müssen – nicht als altruistischen Akt, sondern um unsere Freiheit und moralische Handlungsfähigkeit zu verwirklichen. Wir allein können nicht vollkommen moralisch Handelnde sein. Unsere Freiheit und moralische Handlungsfähigkeit bedingen die Freiheit anderer.

Die Entschuldigung Unwissenheit

Ich finde diese Diskussion über die Schaffung von Werten durch unsere Entscheidungen und über Unauthentizität sehr anregend. Wenn wir den Einfluß etwa von Hegel und Sartre auf das Werk Simone de Beauvoirs bedenken, ist jedoch immer noch nicht deutlich, was der Begriff 'Freiheit' unter den besonderen Umständen moralischer Wahlfreiheit bedeutet, wenn das Problem der eingeschränkten Wahlmöglichkeiten hinzukommt. Um daher die moralische Handlungsfähigkeit in Alltagsentscheidungen diskutieren zu können, will ich nochmals auf die Art und Weise zurückkommen, wie Entschuldigungen in unseren Interaktionen wirken.

Ich hatte erwähnt, daß die Prüfung von Entschuldigungen uns der moralischen Handlungsfähigkeit näherbringt und verdeutlicht, was mit der moralischen Verantwortung einer Person für ihre Handlungen gemeint ist. Dennoch sind beide Kategorien von Entschuldigungen, die ich genannt habe – Unwissenheit und Einschränkung –, sehr problematisch. Diese Probleme zu begreifen, kann uns zu einem besseren Verständnis dessen verhelfen, was eine moralisch handelnde Person ist.

Denken wir zunächst über die Frage der Unwissenheit und das Beispiel mit den defekten Bremsen nach. Wenn ich das Bremspedal fast bis zum Boden durchdrücken muß und dennoch nicht begreife, daß meine Bremsbeläge abgenutzt sind, wenn ich noch dazu an einem hügeligen Ort wie San Francisco lebe, dann würdest du meine Unwissenheit nicht als entschuldbar ansehen. Wir erwarten, daß Menschen sich ein bestimmtes Wissen aneignen. Also ist Unwissenheit nicht unbedingt eine Entschuldigung, wenn durch etwas, was wir tun oder unterlassen, Schaden entsteht.

In der Lesbengemeinschaft ist die Entschuldigung 'Unwissenheit' bei vielen Fragen in Zweifel gezogen und für unzureichend befunden worden. Dazu gehören Themen wie Klassendiskriminierung, Rassismus, Antisemitismus, Diskriminierung von behinderten, alten/jungen und dicken Lesben, Heterosexismus, Sexismus und manchmal auch Kapitalismus, Sozialismus und Imperialismus. Wie Cherrie Moraga sagte: »Jede von uns kann etwas an dem tun, was sie nicht weiß: sich darum kümmern«.[13] Wie weit dieser Herausforderung begegnet wurde, hängt von mehreren Faktoren in der Gemeinschaft ab: der allgemeinen Offenheit und Sensibilität (selbst ohne konkretes Wissen) für dieses bestimmte Thema, dem Risiko für diejenigen, die ihre unmittelbaren Erfahrungen beschreiben, dem Ausmaß der Verletzlichkeit der Lesben in bezug auf das Thema und der Grad der Unwissenheit über das Thema.

Lesben aus der Arbeiterklasse haben beispielsweise die Anmaßung anderer Lesben angegriffen und Analysen vorgelegt, die zeigten, daß Lesben aus der Mittel- und Oberschicht mit Klassenprivilegien aufgewachsen sind. In den USA heißt das unter anderem, daß die meisten Mittel- und Oberschichtlesben ohne Wissen um die Auswirkungen der Klassenunterschiede auf die Arbeiterklasse aufgewachsen sind, die Kultur und Interaktionsformen der Arbeiterklasse nicht kennen und sich der Mittelschichtwerte als spezieller, begrenzter Werte nicht bewußt sind.

Über die verschiedenen Auswirkungen des Rassismus auf die zahlreichen ethnischen Gruppen gibt es weniger Analysen und mehr Unwissenheit (zumindest in vielen Gemeinschaften). Unsere Aufmerksamkeit galt bisher fast ausschließlich den Beziehungen zwischen Schwarzen und Weißen, die dennoch weiterhin viele Elemente der herrschenden Ideologie aufweisen (der konservativen und der liberalen). Über die Auswirkungen des Assimilationsdruckes auf die UreinwohnerInnen Amerikas und damit auch auf die lesbischen Ureinwohnerinnen Amerikas ist wenig gearbeitet worden; währenddessen bereiten die USA die Feiern zum 500. Jahrestag der »Entdeckung Amerikas«[14] vor. Ebenso wenig findet sich darüber, welche Auswirkungen auf asiatisch-amerikanische Lesben das herrschende Stereotyp von den AsiatInnen als der »perfekten Minorität« hat, das heißt, der Minorität, die »genau wie die Weißen« ist (also nichts Wesentliches einzubringen hat), oder das Stereotyp, daß alle AsiatInnen »gleich seien«, als kämen sie nicht aus völlig unterschiedlichen Kulturen.[15]

In einer anderen Richtung bleibt ebenfalls noch viel herauszufinden, etwa über die Auswirkungen des Alterns auf ältere Lesben, über die Tatsache, daß 'jenseits des Hügels' heißt: 'aus dem Blick', und daß die zunehmende Unfähigkeit älterer Lesben, sich an der Gemeinschaft zu beteiligen, eine Veränderung nicht etwa der Fähigkeiten älterer Lesben, sondern des ihnen von anderen Lesben zugeschriebenen Status anzeigt.[16] Andersherum ignorieren wir weiterhin die Auswirkungen der Altersdiskriminierung auf junge Lesben, etwa wie ältere Lesben jüngere Lesben mißachten, wie dies auch mit Macht zu tun hat und wie junge Lesben ausgeschlossen werden und daher das Interesse verlieren. Beispiele gibt es genug.

Unwissenheit kann durch eine Kombination von politischer Analyse, Selbsterfahrung, Humor und authentischer Erfahrung durch Zuwendung und andere Interaktionsformen überwunden werden. Doris Davenport schreibt:

> Um der ungeheuren Ignoranz der weißen Feministinnen uns gegenüber allmählich ein Ende zu machen, können wir (schwarze und weiße Feministinnen) uns in Selbsterfahrungsgespräche übereinander und miteinander begeben. Wenn dies mit Aufrichtigkeit und *Humor* geschieht, können wir etwas erreichen. Wenn die Überwindung unserer Unterschiede Priorität bekäme, statt wie bisher Nebensache zu sein, wären manche unserer Probleme zu lösen.[17]

Trotz bester Absichten besteht die Unwissenheit/Ignoranz jedoch weiter, da sie sich generell ihrer selbst nicht bewußt ist – und solange wir glauben, ein berechtigtes Interesse an ihr zu haben. Marilyn Frye stellt fest: »Wir brauchen nur das aktive Verb 'ignorieren' in dem Wort 'Ignoranz' zu hören«, um zu erkennen, daß Unwissenheit kein passiver Zustand ist.[18] In Kapitel Drei habe ich ausgeführt, daß zur Macht der Privilegien auch das Ignorieren gehört. Da wir uns in der Lesbengemeinschaft der in der Unwissenheit liegenden Ignoranz bewußt sind, lassen wir Unwissenheit nicht als Entschuldigung gelten. Mit der Zeit erkennen wir sogar, daß Unwissenheit sehr oft die Folge von Ignoranz ist. Bei unseren Erfahrungen mit Stereotypen und kulturellen Schranken erwarten wir voneinander Zuwendung und gegenseitiges Lernen. Unsere Unterschiede zu ignorieren, ist keine akzeptable Entschuldigung für Entscheidungen, die anderen schaden, vor allem wenn wir unsere Bedürfnisse und Ängste dahinter verstecken.

Diese Einstellung zur Unwissenheit ergibt sich meiner Meinung nach aus der wachsenden Erkenntnis, welch große Rolle die Ignoranz bei der Aufrechterhaltung der Unterdrückung spielt, aus dem wachsenden Bewußtsein darüber, daß keine »unschuldig« oder »untadelig« ist, aus der zunehmenden Bereitschaft, die in der Unterdrückung genährte Ignoranz abzulegen, und aus unserem Wissen um die Gefahren der Ignoranz in der Unterdrückung. Um des Überlebens willen müssen wir uns unserer Umgebung bewußt sein und dieses Bewußtsein weiterentwickeln. Baba Copper schreibt:

> Die Reaktion auf *alle* Anklagen wegen Altersdiskriminierung ist die gleiche wie auf Anklagen wegen Rassismus, Klassendiskriminierung, physischer Diskriminierung oder sexistischem Verhalten: gut zuhören, innerlich und äußerlich. Abwehr, Ausreden oder Rationalisierungen verstärken unsere Probleme nur. In fünfzehn Jahren Feminismus haben wir gelernt, grundsätzliche Fragen zu stellen: Wem nützt das? Welche Vermutungen verbergen sich dahinter? Warum haben wir es ignoriert? Das heißt nicht unbedingt, daß ein bestimmtes Tun oder Unterlassen richtig benannt wurde. Doch wenn eine ältere Frau das Thema Altersdiskriminierung anspricht, dann erkläre ihr nicht, was du *eigentlich* gemeint hattest. Hör ihr nur zu.[19]

Darüber hinaus meine ich, daß das auch gilt, wenn eine jüngere Lesbe das Thema Altersdiskriminierung anspricht. In diesem Fall kann zwar aufgrund der verschiedenen Jugendkulturen in jeder Generation Unwissenheit vorliegen, doch Ignoranz entsteht nicht aus mangelnder Kenntnis, weil wir nicht dabei waren. Das mit Altersdiskriminierung verbundene Ignoranz- und Vermeidungsverhalten sowohl gegenüber Jungen als auch Alten legt nahe, daß zu der Ignoranz, die jede Unterdrückung fördert und von ihr gefördert wird, weit mehr gehört als mangelnde Erfahrung. Zu ihr gehört es, das zu meiden, was uns die herrschende Gesellschaft zu fürchten gelehrt hat, und das bedeutet, den Brosamen vom Tisch des Patriarchats nachzujagen. Die Brosamen jedoch, die »Privilegien«, erscheinen als Privilegien nur in einem Kontext von Herrschaft und Unterordnung, in dem wir Macht über andere brauchen, um unseren Status zu verbessern. Langfristig sind es die Patriarchen, die von unserer Unwissenheit und Ignoranz profitieren.

Die Befreiung aus der Unterdrückung erfordert es, unsere Ignoranz und ihre Auswirkungen zu überwinden. Das kann ein schmerzlicher Prozeß sein: Abgesehen von der Auseinandersetzung mit Dingen, die wir fürchten, werden wir bei der Überwindung unserer Unwissenheit Fehler machen; und die Situation selbst ist so geartet, daß es keine Entschuldigung für unsere Fehler gibt. Daß diese Fehler aus Unwissenheit geschehen, unterscheidet uns von denen, die dasselbe in vollem Bewußtsein tun, aber dennoch schaden wir anderen damit. Wir sind also in einer schwierigen Lage.

Dennoch trägt auch dieser Prozeß zur Verringerung unserer Ignoranz bei, zur Auseinandersetzung mit den Themen und damit zu umsichtigeren Entscheidungen. Durch Verstecken oder Verweigerung, um nur ja keine Fehler zu machen, können wir unsere Ignoranz nicht überwinden. Die andere Seite der Entscheidung, Unwissenheit nicht als Entschuldigung gelten zu lassen, ist daher der Wunsch, uns trotz unserer Fehler weiterhin zu engagieren. Auf diese Weise gewinnen Unwissenheit, Entschuldigungen und anschließende Gegenbewegung in der Gemeinschaft eine andere Struktur.

Die Entschuldigung Zwang

Die zweite allgemeine Kategorie von Entschuldigungen – physische Verhinderung oder Zwang – bekommt ebenfalls ein anderes Gesicht. Sehen wir uns an, wie Zwang als Entschuldigung wirkt. Bei Aristoteles findet sich folgende Definition:

> Gewaltsam ist, was seinen Ursprung außerhalb hat, und zwar so, daß der Handelnde oder Leidende keinen Einfluß darauf nehmen kann.[20]

Ein Beispiel dafür ist eine Person auf einem Schiff, das vom Kurs abgekommen ist. Im allgemeinen steht dahinter die Vorstellung, daß wir für das, was uns geschieht, nicht verantwortlich sind, wenn wir dazu gezwungen werden oder wenn wir Handlungen nicht ausführen können, weil wir physisch nicht dazu in der Lage sind. Diese Definition ist zumindest sehr begrenzt. Wie steht es zum Beispiel mit Handlungen unter physischer Bedrohung? Wenn jemand mich mit einer Pistole bedroht und meine Schlüssel verlangt und ich dies befolge, handle ich nach der aristotelischen Definition nicht unter Zwang. Allgemein ausgedrückt, erlaubt die Kategorie Unwissenheit zu viel, die Kategorie Zwang zu wenig. Das Problem liegt darin, daß Zwang nach dieser Lesart auf nur recht wenige Situationen zutrifft, in die Lesben geraten, und Ausbeutungs- und Unterdrückungsbedingungen in keiner Weise berücksichtigt.

Nehmen wir zwei Beispiele für »Entscheidungen« unter Unterdrückungsbedingungen. Der eine Fall wurde durch den Roman *Sophies Wahl*[21] bekannt. Sophie ist eine Frau im Konzentrationslager, die aufgefordert wird zu entscheiden, welches ihrer beiden Kinder sterben soll; wenn sie sich weigert, die Entscheidung zu treffen, werden beide Kinder getötet. Als die Soldaten nach ihrem Sohn greifen, hält sie ihn fest, und ihre Tochter wird getötet. Für manche mag dies eine erweiterte Zwangssituation nach der obenstehenden Definition sein, da die »Handelnde oder Leidende keinen Einfluß darauf nehmen« konnte. Manche mögen auch darauf beharren, daß sie handelte und einen eigenen Beitrag leistete, und damit für den Tod ihrer Tochter zumindest verantwortlich, vielleicht sogar daran schuldig ist.

Das zweite Beispiel betrifft Lucy Andrews, eine freie Schwarze, die im Jahre 1859 bei den Behörden von Süd-Carolina beantragte, ihr den Sklavinnenstatus zu geben. Sie war sechzehn Jahre alt, hatte zwei Kinder und konnte weder Arbeit finden noch irgendwo länger als eine oder zwei Wochen bleiben.[22] Ihre Entscheidung fällt nicht unter 'Zwang' im oben definierten Sinne. Schließlich rief sie zweimal nacheinander die Gerichte an (beim ersten Mal wurde ihr Antrag abgelehnt) – niemand hatte sie konkret in Ketten gelegt. Manche würden daraus wohl gerne schließen, daß sie sich und ihre Kinder freiwillig in die Sklaverei brachte, manche auch argumentieren, sie sei für ihre und ihrer Kinder Versklavung moralisch verantwortlich.

Marilyn Frye verweist darauf, daß nach den Begründungskriterien für Definitionen wie die aristotelische Definition von 'Zwang' eine Person immer dann, wenn sie etwas tut, was über die bloße Muskelkontraktion hinausgeht, willentlich und aus eigenem Antrieb handelt.[23] Eine solche Begründung ist unzutreffend und berücksichtigt nicht die Komplexität unseres Lebens. Marilyn Frye schlägt eine Neubewertung dieses Begriffs vor und bietet eine eigene Analyse von Zwang an:

> Um jemanden zu etwas zu zwingen, müssen wir die Situation so manipulieren, daß die vom Opfer wahrgenommene Welt dem Opfer eine Reihe von Wahlmöglichkeiten bietet, von denen die Handlung, zu der wir das Opfer veranlassen wollen, aus der Sicht des Opfers die am wenigsten unattraktive (oder die attraktivste) ist.[24]

Sie stellt außerdem fest, daß Ausbeutung, Unterdrückung und Sklaverei eine noch subtilere Überlegenheit der Herrschenden bedingen:

> Für den Ausbeuter ist wichtig, daß Wille und Intelligenz des Opfers von Widerstands- und Fluchtplänen losgelöst, aber nicht einfach gebrochen oder zerstört werden.[25]

Mit anderen Worten, Unterdrückung funktioniert nicht nur dann, wenn die Herrschenden unsere Möglichkeiten einschränken, sondern auch, wenn es ihnen gelingt, uns dazu zu bringen, daß wir zur Aufrechterhaltung dieser repressiven Bedingungen selbst beitragen (was heute anders genannt wird, etwa Gesellschaftsordnung oder nationale Sicherheit). Das ist das zentrale Ziel des Neokolonialismus. Und Herrschaft hat vollends dann Erfolg, wenn wir – gezwungen, an der Aufrechterhaltung dieser Unterdrückungsbedingungen mitzuwirken – diese repressiven Werte internalisieren und sie für gut und richtig oder sogar für Tatsachen (die Realität) halten.

Also kann eine Person zwar physisch bestimmte Handlungen ausführen und tatsächlich bestimmte Entscheidungen treffen, dennoch aber unter Zwang stehen, da ihre Möglichkeiten von denen, die Macht über sie haben, manipuliert wurden. In Sophies und Lucy Andrews' Fall war das so. Außerdem kann eine Person so beherrscht werden, daß ihr Wille vom Widerstand losgelöst und sie statt dessen gezwungen ist, sich um die Interessen der Herrschenden zu kümmern. Indem er eine Situation herstellte, in der Sophie gezwungen wurde zu »wählen«, welches ihrer Kinder sterben sollte, verfolgte der Kommandant eindeutig das Ziel, ihren Willen zu brechen. Anders das Ziel derer, die für das System verantwortlich waren, in dem Lucy Andrews die Entscheidung für die Sklaverei für sinnvoll hielt. Lucy Andrews war nicht einfach gebrochen oder zerstört, doch ihr Wille und ihre Intelligenz waren von Widerstands- und Fluchtplänen losgelöst.

Mit Marilyn Fryes weiterführender Definition und Analyse von Zwang können wir nun die Idee von Zwang als Entschuldigung erweitern und argumentieren, daß weder Lucy Andrews noch Sophie für die Auswirkungen ihrer Entscheidungen moralisch verantwortlich waren, denn ihre Entscheidungen waren eindeutig unter Zwang zustandegekommen. Das heißt, Lucy Andrews wählte die Sklaverei nicht freiwillig, und Sophie entschied sich nicht freiwillig, ihre Tochter in den Tod zu schicken.

Einfach zu konstatieren, daß beide ihre Handlungen nicht frei wählten, weil für sie eine Entschuldigung geltend gemacht werden kann, ist jedoch unbefriedigend, denn damit ist weder die Situation beschrieben noch etwas dazu gesagt, was moralische Handlungsfähigkeit unter diesen Umständen bedeuten könnte. Es wäre zu wenig, einfach zu schließen, daß Sophie sich deshalb nicht frei entschied, ihre Tochter in den Tod zu schicken, weil sie eine Entschuldigung hatte, und daß Lucy Andrews sich deshalb nicht frei entschied, sich und ihre Kinder in die Sklaverei zu führen, weil sie eine Entschuldigung hatte. Marilyn Fryes Analyse von Zwang und Ausbeutung macht uns zwar verständlich, wie Zwänge in der Unterdrückung wirken, doch ist hier offensichtlich, daß die Diskussion von Entschuldigungen für die Analyse moralischer Handlungsfähigkeit einfach nicht genügt.[26]

Ich meine, das Konzept der 'Entschuldigungen' – aus Unwissenheit oder aus Zwang – ist zwar ein zentraler Gedanke in der neueren Ethik, für ein Verständnis der 'moralischen Handlungsfähigkeit' in der Unterdrückung jedoch unangemessen. Es mag wichtig sein, die Besonderheiten unserer moralischen Entscheidungen zu erforschen, doch wenn wir dies auf die Diskussion von Entschuldigungen beschränken, lassen wir die Komplexität unseres Lebens unberücksichtigt, vor allem wenn wir Entscheidungen unter Zwang treffen müssen. Unterdrückung hat nichts mit Entschuldigung zu tun, sondern ist eine Dimension, innerhalb derer wir Entscheidungen treffen und zu der absichtlich herbeigeführte Ignoranz/Unwissenheit, Zwang, Ausbeutung und manchmal Versklavung gehören. Mich interessiert, wie wir innerhalb dieser Dimension weiterleben und Entscheidungen treffen.

Demoralisierung vermeiden und moralische Handlungsfähigkeit einfordern

Demoralisierung

Alle, die manipuliert werden und dennoch handeln müssen, sind von den Situationen, denen sie gegenüberstehen, beeinflußt. Abgesehen von den Entschuldigungen gibt es noch die Konsequenzen. Die Möglichkeiten, die Lucy Andrews und Sophie hatten, waren manipuliert, um sie zu demoralisieren – ihr moralisches Handlungsvermögen und ihre Fähigkeit, als moralisch Handelnde Entscheidungen zu treffen, zu untergraben. Es geht mir darum, dieser Demoralisierung entgegenzuwirken. Es geht mir um das, was Alice Molloy »Überlebensmoral« nennt.

Natürlich ist es eine Tatsache, daß es jemanden gab, der Sophie und Lucy Andrews unter Druck setzte, entweder direkt wie in Sophies Fall oder indirekt wie in Lucy Andrews' Fall. Es gibt Personen, die Unterdrückung, Ausbeutung und Demoralisierung aktiv herbeiführen. Ich will mich aber nicht auf sie konzentrieren, da die Unterdrücker seit langem die moralische Handlungsfähigkeit anderer untergraben und wir uns nicht darauf verlassen können, daß sie damit aufhören, wenn ihre wahnsinnigen Methoden aufgedeckt werden (zum wiederholten Male, wohlgemerkt). Einfach den Schluß zu ziehen, daß Sophie und Lucy für ihre Entscheidungen nicht verantwortlich gemacht werden können, weil sie unterdrückt sind, ist nicht sinnvoll. Denn sie müssen wie alle Unterdrückten ihr Leben weiterführen und weitere Entscheidungen treffen. Mich interessiert daher, wie in der Unterdrückung die Demoralisierung zu vermeiden und gleichzeitig unsere Fähigkeit zu erhalten ist, weiterzuleben und als moralisch Handelnde Entscheidungen zu treffen.

Nach dem Lexikon bedeutet Demoralisieren, eine Person 1. ihrer Energie, ihres Mutes, ihrer Disziplin zu berauben, ihre Moral auszulöschen; 2. in Unordnung und Verwirrung zu stürzen; und 3. die Moral einer Person zu korrumpieren oder zu untergraben.[27] George M. Fredrickson behandelte die Parallelen zwischen der englischen Herrschaft über das irische Volk und über die amerikanischen UreinwohnerInnen und beschrieb die Maßnahmen der Engländer in der Kolonialherrschaft in ganzer Bandbreite von der offenen Ausrottung bis zur Demoralisierung. Als die Einheimischen sich gegen die Übergriffe und die Herrschaft der Engländer wehrten, bekämpften die Engländer sie durch Ausrottung, Enteignung und das Bild des »heimtückischen Wilden«. Fredrickson beschreibt die Puritaner, eine 1630 gegründete, außerordentlich ethnozentrische Gemeinschaft in Neu-England, und stellt fest, daß diese – anders als andere Kolonialisten – glaubten, sie hätten die ihnen von Gott übertragene Pflicht, die Religion der amerikanischen UreinwohnerInnen auszulöschen. Er fährt fort:

> In anderen Kolonien ging die Bedrohung der Integrität der indianischen Lebensweise weniger von systematischer kultureller Intoleranz als vom Wüten der europäischen Krankheiten aus, gegen die sie keine Immunkräfte aufgebaut hatten, sowie von den demoralisierenden Auswirkungen des Kontakts mit Händlern, die den amerikanischen Ureinwohnern Alkohol aufnötigten, sie von den europäischen Handelswaren abhängig machten und sie zu der katastrophalen Ausrottung des Wildbestandes in ihren Gebieten verführten, um Felle und Häute für den Markt der Weißen zu beschaffen.[28]

In diesem Fall wurden die amerikanischen UreinwohnerInnen demoralisiert, indem Weiße sie zwangen, sich gerade gegen das zu wenden, was für sie von Wert war.

Mit der Einführung des Begriffs 'Demoralisierung' will ich viel mehr als nur Mutlosigkeit andeuten. Mein Schwerpunkt liegt auf dem Untergraben der Fähigkeit, Entscheidungen zu treffen und sich selbst sogar in schwierigen Situationen als entscheidungsfähig wahrzunehmen. Mich interessiert das Phänomen, daß eine sich in einer Situation vorfinden kann, in der sie sich selbst oder andere oder ihre Werte verraten muß. Unter solchen

Bedingungen wollen wir vielleicht aufgeben, da unser Wille gebrochen ist, und uns so verhalten, als spiele unser Tun keine Rolle mehr. Manchmal spielt es auch wirklich keine Rolle mehr. Auf einer weniger zwangsbestimmten Ebene tritt eine Demoralisierung dann ein, wenn wir uns zu einem »läßlicheren« Verrat gezwungen sehen, beispielsweise, wenn wir das Herrschafts-/Unterordnungssystem akzeptieren, in dem wir als Lesben nicht vorkommen – wenn wir uns nicht zu erkennen geben, unsere Geliebten verleugnen, freundlich mit Heteros umgehen, die homosexuellenfeindliche Witze machen usw.

Abgesehen von dem Verrat an dem, was uns wertvoll ist, demoralisieren uns die Unterdrücker durch Erzwingen von Entscheidungen. 'Moralische Handlungsfähigkeit' beinhaltet 'Autokoinonie', Selbst-Bewußtsein in der Gemeinschaft. Diejenigen, die unsere Autokoinonie aushöhlen, untergraben unser Selbst-Bewußtsein und damit unsere Fähigkeit, Urteile und Entscheidungen zu fällen.

Wenn wir in der Unterdrückung weiterleben und Entscheidungen treffen und dabei die Werte von Herrschaft und Unterordnung zu internalisieren beginnen, werden wir dadurch demoralisiert. Die herrschende Gesellschaftsordnung westlicher Industrienationen fordert uns nicht auf, eine Situation zu bewerten und für uns selbst zu entscheiden, sondern das wohlmeinende oder böswillige Diktat derer zu akzeptieren, die in der Hierarchie höher stehen. Zwar sind wir trotz alledem noch moralisch handelnde Personen, die Entscheidungen treffen, dennoch wird unsere *Fähigkeit* zum moralischen Handeln untergraben, und damit werden wir demoralisiert.

Mich interessiert, wie wir uns auf uns selbst und aufeinander konzentrieren, wie wir durch Analysen wie die von Marilyn Frye unsere Lebensbedingungen verstehen, wie wir allmählich die Grundwerte in Frage stellen, die als Realität ausgegeben werden, wie wir das Entscheiden lernen, ohne die Verantwortung für die gesamte Situation auf uns zu nehmen und sie damit zu kontrollieren – mit anderen Worten, wie wir in dem Wissen, daß wir in der Unterdrückung nur unter Zwang wählen können, unsere Entscheidungen bewerten. Das ist keine leichte Aufgabe. Wenn wir ein Konzept der 'moralischen Handlungsfähigkeit' in der Unterdrückung entwickeln wollen, müssen wir zwar den Zwangscharakter der Unterdrückung analysieren, unseren Schwerpunkt aber nicht auf die Entschuldigungen legen, sondern auf das Vermeiden von Demoralisierung und die Forderung nach bestmöglicher moralischer Handlungsfähigkeit in der Unterdrückung.

Separation

In *Dreaming the Dark* beschreibt Starhawk eine Situation, in der die Möglichkeiten von Frauen erkennbar manipuliert wurden und die Frauen dennoch versucht waren, sich selbst die Schuld zu geben. Eine Gruppe von Frauen war wegen der Blockade des Atomkraftwerks in Diablo, Kalifornien, inhaftiert und im Gefängnis zusammengepfercht worden.[29] Ihnen wurde in bezug auf neu ankommende Frauen eine Reihe unannehmbarer Möglichkeiten eröffnet, und sie hatten fünfzehn Minuten Zeit, sich für eine dieser Möglichkeiten zu entscheiden. Sie brachten ihre eigenen Wünsche vor – welche die Wachen natürlich ablehnten –, und daraufhin hatten sie das Gefühl, versagt zu haben. Das wirkte demoralisierend. Starhawk schreibt:

> Doch in Wirklichkeit hatten wir nicht versagt, wir wurden manipuliert. Obwohl wir in dem Moment merkten, daß mann versuchte, uns zu spalten, wußten wir nicht, wie wir diesen Prozeß unterbrechen konnten. In der Rückschau jedoch hätten wir, als unsere Lösungen abgelehnt wurden, erkennen können, daß wir praktisch keine Chance bekamen, eine für uns annehmbare Entscheidung zu treffen. An diesem Punkt hätten wir uns weigern können, weiter an der angebotenen Illusion mitzustricken. Unsere Verweigerung hätte die reale Situation deutlicher gemacht – daß die Wachen und nicht wir für die Bedingungen verantwortlich waren, die auszuhalten wir gezwungen wurden.[30]

Es ist wichtig, daß wir uns bemühen, die Demoralisierung zu vermeiden. Bei institutionalisierter Herrschaft kann dies durch Separation gelingen. Durch Separation zumindest von der Illusion, wir könnten an diesem Geschehen gleichberechtigt teilhaben, können wir vermeiden, die Verantwortung für etwas auf uns zu nehmen, auf das wir keinen Einfluß haben. Dann können wir dazu übergehen, zusammen mit anderen, welche die gleichen Werte vertreten, die bestmöglichen Entscheidungen zu treffen. So gesehen, heißt Separation nicht, den Kopf in den Sand zu stecken, sondern sie ist eine Form der Anerkennung der Realität. Durch Separation gehen wir auch nicht etwa dem Kampf aus dem Wege, sondern sie ist eine Form des Kampfes.

Wenn wir uns demoralisieren lassen, können wir nicht mehr unabhängig vom Herrschafts-/Unterordnungssystem des Heterosexualismus moralisch handeln. Wenn wir uns demoralisieren lassen, haben wir den Brennpunkt unseres Zorns und unseres Begehrens verloren; wir haben unsere Gefühle so weit entpolitisiert, daß wir uns selbst oder einander nicht nur für unsere Entscheidungen, sondern auch für die Umstände selbst verantwortlich machen. Oder wir bemerken gar nicht mehr, daß etwas nicht stimmt. Wenn wir uns demoralisieren lassen, verlieren wir die Überzeugung, daß wir mit unserem Tun etwas bewirken und verändern – und damit verlieren wir uns selbst. So ist keine Befreiung aus der Unterdrückung möglich.

Wenn wir uns an der herrschenden Ideologie nicht mehr beteiligen – vor allem an der Lüge, wir hätten in bestimmten Situationen irgendeine akzeptable Wahl –, können wir der Demoralisierung widerstehen und weiterhin die Werte verwirklichen und neu schaffen, mit denen sich die Unterdrückungsverhältnisse untergraben lassen. Damit will ich nicht behaupten, wir könnten in jeder Form von Unterdrückung mit der Separation und dem Widerstand gegen die Demoralisierung Erfolg haben. Aber Separation ist eine mögliche hilfreiche Strategie in bestimmten Situationen. Es ist vorstellbar, daß Lucy Andrews eine Separation in gewissem Maße hätte gelingen können, daß sie dadurch die vollständige Demoralisierung hätte vermeiden, weiterhin ihr Leben leben und so gut wie möglich für ihre Kinder sorgen können. Nach der Darstellung der Sophie in dem Film *Sophies Entscheidung*, ihrer Rückkehr ins »normale« Leben nach dem Krieg und ihrem späteren Zusammenbruch und vermutlichen Selbstmord zu urteilen, ist es Sophie nicht gelungen.

Lob und Tadel

Zu beachten ist, daß es bei diesen Überlegungen zu Sophie und Lucy Andrews nicht um Lob oder Tadel geht; sie sind eher grundsätzlicher Art. Sie stellen Einschätzungen der Energien und Veränderungsmöglichkeiten der beteiligten moralisch Handelnden unter bestimmten Umständen dar, Einschätzungen ihrer Fähigkeit, ihren eigenen Zielen gemäß weiterzuleben und Entscheidungen zu treffen. Sie sind eine Frage der Überlebensmoral. Da die Diskussion des freien Willens und der Entschuldigungen sich zur Entwicklung eines Konzepts 'moralischer Handlungsfähigkeit' nicht eignet, will ich nun einige Probleme im Zusammenhang mit den Vorstellungen von Lob und Tadel untersuchen; denn wir stellen zwar in der Gemeinschaft die Frage der Entschuldigungen nicht mehr in den Mittelpunkt, dennoch halten wir Lob und Tadel immer noch für zentrale Fragen der moralischen Handlungsfähigkeit.

Wenn wir die Frage von Lob und Tadel unter den Unterdrückten aufwerfen, finden wir die beiden Extreme der Schuldzuweisung an das Opfer einerseits und des Viktimismus andererseits. Eine Frau, die in der Unterdrückung Schaden genommen hat, wird für alles, was ihr geschieht, verantwortlich gemacht – nicht nur für ihre Entscheidungen, sondern für die Situation selbst (Frauen fordern Vergewaltigung heraus, Sklavinnen wehrten sich niemals gegen die Sklaverei, Jüdinnen waren willige Opfer usw.). Oder sie wird als totales Opfer wahrgenommen, so als würde sie keine Entscheidungen treffen und zu überleben versuchen usw. (Und bei beiden Extremen werden diejenigen, die in der Unterdrückung handeln, nicht für ihre Überlebens- und Widerstandsentscheidungen gelobt, außer in der romantischen Verklärung bestimmter Personen oder Gruppen – und auch dann sehen wir ihr Leben verzerrt). Moralische Verantwortlichkeit, wie wir sie verstehen – mit dem Schwerpunkt auf 'Lob' und 'Tadel' – stellt kein sinnvolles Konzept der Entscheidung in der Unterdrückung dar, also trägt sie zur Demoralisierung bei.

Ich will nun nicht sagen, daß ein ausgefeilteres Verständnis von Lob und Tadel zu einem angemesseneren Konzept moralischer Handlungsfähigkeit führen würde. Vielmehr plädiere ich dafür, daß wir ebenso, wie wir von den Entschuldigungen im ethischen Denken Abstand genommen haben, auch von den Begriffen Lob und Tadel Abstand nehmen sollten, um zu einer moralischen Wertung im tieferen, komplexeren Sinne zu kommen.

Das Problem der moralischen Handlungsfähigkeit in der Unterdrückung – des Widerstandes gegen die Demoralisierung durch die Konstrukteure unserer Gesellschaftsordnung – schafft Verwirrung, wenn wir mit unseren Entscheidungen in der Unterdrückung anderen Schaden zufügen, wenn wir erkennen, wie wir an unserer eigenen Unterdrückung oder der anderer mitwirken. Dann finden wir die Berufung auf Entschuldigungen und den Wunsch nach Lob und Tadel. Die Berufung auf Entschuldigungen gründet sich zum Teil auf die Vorstellung, in Fragen der Moral seien unsere Absichten entscheidend. Das heißt, wenn uns jemand unrecht tut, spielt es generell eine Rolle für uns, ob sie die Absicht hatte, uns Schaden zuzufügen. Wenn sie mir durch ihre Entscheidungen schadet, ich aber feststelle, daß sie nicht wußte, was sie tat, so spielt das eine Rolle. Mit Sicherheit spielt es eine Rolle, ob sie mir absichtlich geschadet hat. Wenn sich außerdem Feministinnen, die Fehler machen, von Nazis oder Mitgliedern des Ku-Klux-Klans nicht wesentlich unterscheiden, was für einen Sinn hat es dann, sich mit Ethik zu beschäftigen oder politische Veränderungen anzustreben?

Dennoch sind es nicht die Absichten einer anderen Person, die mich verletzen. Ein Fanatiker kann sich schließlich auch ungeschickt anstellen oder sonstwie nicht in der Lage sein, mir zu schaden (sei es physisch, emotional, psychisch oder geistig). Wenn ich Schaden erleide, dann durch die Handlungen einer anderen Person (oder einer Gruppe); und das gilt unabhängig davon, ob sie mit Absicht, aus Unwissenheit oder aufgrund bestimmter Zwänge handelt. Wenn ich außerdem bestimmte Entscheidungen treffe, die jemandem schaden, dann treten die Konsequenzen ungeachtet meiner Absichten ein. Meiner Beobachtung nach hat mit unserem zunehmenden politischen Bewußtsein das Interesse an den Absichten und damit an den Entschuldigungen abgenommen – unser Bedürfnis, uns beim Aufdecken von Unrecht an Lob und Tadel zu orientieren, dagegen nicht. Und unsere Vorliebe dafür will ich hinterfragen.

Der Anspruch auf Lob und Tadel – vor allem, wenn damit die Vorstellung verbunden ist, wir könnten Entschuldigungen geltend machen – bedeutet, einen Standpunkt einzunehmen, aus dem heraus wir die Macht haben, Entschuldigungen gelten zu lassen oder nicht – die Perspektive einer Richterin.[31] Wenn wir uns dann nicht um Entlastung bemühen, bleibt die Angeklagte für immer unentlastet, für immer schuldig.[32] Das tritt zum Beispiel dann ein, wenn jemand als Rassistin oder Schlägertype bezeichnet wird. Und wenn wir ein solch hartes Urteil über eine andere nicht akzeptieren können, leugnen wir, daß sie überhaupt etwas getan hat. Zum Beispiel hatte eine Lesbe wegen ihrer Ansichten über Lesben, die schlagen, bestritten, daß eine ihrer Freundinnen ihre Geliebte geschlagen hätte, weil sie sie weiterhin noch als Freundin ansehen wollte.

Wir halten nur zu gerne an Lob und Tadel fest. Wenn wir eine andere loben, neigen wir dazu, sie zu verehren und unrealistische Erwartungen an sie zu stellen – wenn sich dann herausstellt, daß sie ebenso normal ist und in der Nase bohrt wie wir anderen auch, wenden wir uns in bitterer Enttäuschung von ihr ab. Wenn wir jemanden tadeln, neigen wir dazu, sie vor den anderen als den Inbegriff des Bösen darzustellen und noch andere Widerwärtigkeiten an ihr zu finden, die unsere Meinung bestätigen sollen.[33] Wir sind besessen davon, ob die-und-die tatsächlich das-und-das getan hat, und versuchen, auch von anderen bestätigt zu bekommen, daß sie gut oder böse ist. Oder wir wollen um jeden Preis beweisen, daß wir jedenfalls keine Schuld an einem miesen Verhalten tragen. Das bringt uns nicht weiter.

Damit meine ich nicht, wir sollten nicht mehr wütend aufeinander werden. Wenn wir miteinander die patriarchalen Muster verlernen wollen, muß es auch Auseinandersetzungen geben. Ich spreche von dem, was über die Wut hinausgeht – wenn die Meute Blut leckt und die Spur aufnimmt.

Schuldzuweisung und Veränderung

Zunächst einmal werden wir mit dem erhobenen Zeigefinger wohl keine andere Lesbe zur Veränderung lange eingeübter Verhaltensmuster bringen. Wahrscheinlicher ist, daß sie in die Defensive geht und den Eindruck bekommt, sie werde zur Übernahme fremder Vorstellungen gezwungen und ihre eigene Meinung gelte nichts. Den Finger zu erheben, läßt auch keine Komplexität zu. Wir sehen vielleicht deutlich, wo sie falsch liegt, aber wie steht es mit dem, was an ihrer Sicht richtig ist? Mit radikalen Schnitten, dem Heraustrennen »schlechter« Anteile, läßt sich keine grundlegende Veränderung erreichen. Mit dem mahnenden Zeigefinger auf der Vorstellung eines statischen Charakters zu beharren, gibt nur ein unzureichendes Bild von uns ab. Es bewirkt die falsche Separation; diejenige, die wir tadeln, wird von uns getrennt. Wir müssen uns vielleicht von ihr zurückziehen, um bestimmte Verhaltensmuster zu durchbrechen, doch ist sie nicht wesentlich anders als wir.

Zweitens wird durch das Wütendwerden in der Gruppe wohl eine Veränderung angeregt, Beichte vor und Absolution von den anderen bringen uns dagegen nicht weiter.[34] Wenn wir unter solchen Bedingungen etwas erreichen, geschieht das trotz und nicht wegen dieses Verhaltens. Außerdem achten wir dann mehr darauf, wie andere über uns urteilen, als den Ablauf einer Situation zu verstehen. Da Entschuldigungen und Absichten in der lesbischen Gemeinschaft immer weniger interessieren, wir uns aber intensiv auf Lob und Tadel konzentrieren, werden wir schließlich darauf achten, moralische oder politische Risiken – etwa, eine kennenzulernen, die ganz anders ist als wir – zu umgehen. María Lugones stellt bei ihrer Untersuchung von Rassismus und Klassendiskriminierung unter weißen Angloamerikanerinnen fest, daß Frauen, die mit Verachtung wahrgenommen wurden, dennoch selbst Verachtung zeigen können. Statt sich jedoch mit Schuld, Beichte und Absolution zu befassen, schlägt sie einen anderen Weg ein:

> Frauen, die mit Verachtung wahrgenommen werden, können ihrerseits andere Frauen mit Verachtung wahrnehmen. Inwieweit diese Frauen für ihre arrogante Wahrnehmung anderer Frauen verantwortlich sind, ist gewiß eine offene Frage, doch ich bin davon überzeugt, daß viele Frauen gelehrt wurden, andere Frauen in dieser besonderen Weise abzuwerten. Schuldzuweisungen interessieren mich nicht. Ich will das Phänomen verstehen, um eine liebevolle Lösung dafür zu finden.[35]

Schuldzuweisung und Komplexität

Die primäre Konzentration auf Lob und Tadel richtet darüber hinaus unsere Aufmerksamkeit ausschließlich auf uns selbst oder auf die »böse« Person und nicht auf die Interaktion in der Situation. Damit fördert sie eine atomistische Vereinzelung. Wir sind geneigt, in einer bestimmten Situation die totale Verantwortung entweder anzunehmen oder abzulehnen, und damit lassen wir außer acht, daß auch noch alle anderen ihren Part darin haben, daß manche zwar darunter leiden, alle Beteiligten jedoch in einem gewissen Grad moralisch Handelnde sind.

Durch die Konzentration auf Lob und Tadel bleiben wir auch auf eine Rechtfertigung unseres Verhaltens fixiert und werden von der Komplexität einer Situation abgelenkt. Wenn ich mir sagen kann, daß ich für etwas nicht verantwortlich zu machen bin, kann ich den Vorfall und meine Rolle dabei vergessen. Nehmen wir zum Beispiel an, ich bin mit dir verabredet, erscheine aber nicht, weil ich einen Unfall hatte. Du hast dir jedoch Mühe gegeben zu kommen, warst besorgt, hast den Schaden davon gehabt, ob ich nun dafür verantwortlich war oder nicht. Wenn ich unsere Verabredung wegen eines Unfalls nicht einhalte, kannst du mir nach dem vorherrschenden Begriff der 'moralischen Verantwortlichkeit' eigentlich nicht sagen, du seist verletzt, weil ich noch schlimmer verletzt bin. Doch du *warst* verletzt.[36]

Oder anders: Eine Lesbe sagt einer heterosexuellen Frau, daß sie nicht mehr mit ihr befreundet sein kann, weil die Frau versucht, eine Affäre mit der Lesbe anzufangen, obwohl sie gerade schwanger geworden ist und sich damit in eine Situation gebracht hat, die ihr eine Trennung von ihrem Ehemann sehr erschwert. Für die Lesbe ist dies eine gefährliche Situation, und sie trifft sich noch einmal mit der Frau, um ihr ihre Bedenken zu erklären, so daß die Frau verstehen kann, warum die Lesbe die Freundschaft beenden will. Als die Frau dies hört, gerät sie aus der Fassung und hat einen Autounfall. Es ist kein schwerer Unfall, aber die Lesbe bringt sie ins Krankenhaus. Später erleidet die Frau eine Fehlgeburt. Die Lesbe ist sehr bestürzt darüber und macht sich Sorgen, daß die Frau ihrem Ehemann auf dessen Frage hin erzählen wird, warum sie sich so aufgeregt hatte, daß sie einen Unfall baute. Eine Rechtsanwältin sagt der Lesbe, daß sie absolut keine Schuld trifft, doch das beruhigt sie nicht: Unabhängig von der Schuldfrage ist etwas Tragisches geschehen, ein Chaos angerichtet worden. Die Konzentration auf die Schuldfrage wird dem nicht gerecht, sondern läßt in beiden Fällen wichtige Aspekte der Situation außer acht.

Darüber hinaus kann die Konzentration auf Lob und Tadel uns zu der Annahme verleiten, wir müßten uns selbst die Schuld geben, wenn in einer Situation Schaden entstanden ist und wir niemand anders dafür verantwortlich machen können. Wenn etwa eine Lesbe einer anderen etwas verspricht und dann einen Rückzieher macht, stellen wir nur zu gern die Schuldfrage in den Vordergrund, weil wir eine Ethik wollen, die uns die Garantie gibt, daß wir ein Versprechen auch halten. Manchmal tun wir das aber einfach nicht. (Manchmal hat eine auch gute Gründe, das Versprechen zurückzunehmen – etwa wenn sie sich manipuliert fühlt.) Wenn also in dieser Situation Schaden entstanden ist, muß ich offenbar, wenn ich schon nicht die andere verantwortlich machen kann, mir selbst die Schuld geben, zumindest für meine Vertrauensseligkeit. Und offensichtlich war mein Vertrauen zu ihr oder meine Einschätzung der Situation ein Fehler. Das heißt jedoch nicht, daß der daraus entstandene Schaden mein Fehler war, weil ich ihr vertraut habe. Es hat nur nicht geklappt.[37]

Allgemein gesagt, neigen wir zu der Annahme, wenn wir »gute« Entscheidungen treffen, hätten wir moralisches Lob verdient; wenn dann unsere Entscheidungen etwas »Schlimmes« zur Folge haben, waren entweder die Entscheidungen eben nicht »gut« oder die »schlimmen« Konsequenzen haben nichts mit uns zu tun. Nehmen wir das Beispiel einer Lesbe, die sich Zeit zum Komponieren nehmen will. Abgesehen von den finanziellen Konsequenzen kann das bedeuten, daß sie viel Zeit allein verbringt, nichts Zielgerichtetes tut, sondern den Stoff für Einfälle sich sammeln läßt – Zeit, die andere als Freizeit empfinden. Dies kann bedeuten, daß sie wenig Zeit mit der Geliebten und mit Freundinnen verbringt und nicht nach der Uhr lebt, und vielleicht kann sie am Ende nicht einmal ein konkretes Ergebnis vorweisen. Ein anderes Beispiel: Wir beteiligen uns etwa an einer

Frauenaktion gegen das Pentagon und werden einige Zeit inhaftiert. Für uns ist das vielleicht eine gute Entscheidung. Aber was ist, wenn unsere Geliebte sich dadurch verletzt fühlt, wenn unser Hund oder unsere Katze die gewohnte Aufmerksamkeit vermißt, wenn wir dann weniger Zeit für das Arbeitsteam, die Lesegruppe oder unser Kollektiv haben?

Wenn unsere Entscheidungen zweischneidige oder noch vielschichtigere Konsequenzen haben, fragen wir uns vielleicht, ob die Entscheidung falsch war. Wenn unsere Freundinnen sich beklagen, werden wir vielleicht wütend, weil sie uns nicht unterstützen oder nicht verstehen, daß und warum wir uns so entschieden haben.

Durch diese Entscheidungen begeben wir uns auf einen Weg, der zu einer Vielzahl von Konsequenzen führt, von denen manche uns freuen und manche schmerzen. Natürlich würden wir eine bestimmte Entscheidung gern anders bewerten, wenn die Folgen unseren Zielen und Werten zuwiderlaufen. Ich halte jedoch die Ansicht für falsch, aus guten Entscheidungen entstünde nur »Gutes« – das heißt, unsere Entscheidungen hätten nur das zur Folge, was wir geplant hatten und womit wir einverstanden sind. Und statt uns in diesen Fällen mit Lob und Tadel zu beschäftigen, sollten wir uns lieber bemühen zu verstehen, daß aus unseren Entscheidungen sehr komplexe Dinge entstehen. Schließlich handeln wir nicht in einem Vakuum.

Ein weiterer Punkt ist, daß wir selbst auch gewissermaßen Pauschalangebote darstellen. Wir bringen eine Ansammlung von Bedürfnissen und Wünschen, Ängsten, Fähigkeiten und Träumen mit. Wir passen nicht immer gut und harmonisch zusammen. Zwar arbeiten wir auch daran, uns selbst und anderes mit der Zeit zu verändern, doch sind wir nicht einfach »gut« oder »böse«. Nehmen wir das Beispiel einer Lesbe, die zwar keine Rücksicht auf die Bedürfnisse und Interessen anderer nimmt, jedoch Porträts von Lesben malt. In ihren Sitzungen ist sie außerordentlich aufmerksam und macht, um das Innere einer anderen Lesbe in diesem Porträt einzufangen, die ganze spirituelle Energie dieser Lesbe sichtbar. Eine andere Lesbe ist vielleicht arrogant und egozentrisch, unterstützt jedoch auch andere Lesben darin, an sich selbst zu glauben. Wieder eine andere geht mit anderen Lesben in einer sehr wohltuenden Weise um; im nächsten Moment aber ist sie verschwunden.

Aus der Konzentration auf Lob und Tadel wird eine Festlegung, diese oder jene Person sei böse oder gut. Ich finde, daß diese Sichtweise weder in der Lesbengemeinschaft noch anderswo besonders hilfreich ist. Wir greifen einander immer noch heftig an. Florynce Kennedy machte vor fünfzehn Jahren darauf aufmerksam, daß es eine enorme Feindseligkeit unter uns gibt.[38] Nur zu oft möchten wir eine als 'Sünderin' bezeichnen, damit wir uns von ihr absetzen und uns – da sie ja im Unrecht ist – im Recht fühlen können. Wir konzentrieren uns auf Lob und Tadel und ziehen uns verletzt und daher mit Recht in unsere Wut zurück; oder wir verlangen einen Kniefall von einer anderen, sie soll zugeben, daß sie sich gemein und ekelhaft benommen hat, und wenn sie dazu nicht bereit ist, bestätigt das nur unsere Meinung über sie.

Ich will keine auf ein bestimmtes Tun festnageln und sie der Gemeinschaft zum Fraß vorwerfen. Unter lesbischer Ethik stelle ich mir etwas anderes vor. Mir geht es darum, eine Denkweise zu entwickeln, mit der wir unsere Lebensbedingungen verstehen können, die unsere Selbstheilung fördert, zu neuen Werten beiträgt und unseren rebellischen Geist lebendig erhält. Mir geht es um eine Ethik, die nicht als soziale Kontrolle fungiert, sondern uns hilft, unsere Integrität, moralische Handlungsfähigkeit und Autokoinonie zu erweitern und damit den Geist des Lesbianismus lebendig zu erhalten.

Die Situationen, die wir im Umgang miteinander erleben, sind fast immer viel komplexer, als daß wir uns nach unserer jetzigen Ethik darauf einstellen könnten. (Das ist meiner Ansicht nach der Grund, warum viele von uns ethische Überlegungen für so irrelevant halten.) Nehmen wir zum Beispiel eine Episode aus der Lesben-Seifenoper *As the Queer Turns*.[39] Eine Lesbe besucht eine langjährige Freundin/Geliebte. Da sie schon früher einmal zu Besuch war, kennt die Lesbe auch andere in der Stadt und will sich mit ihnen treffen. Eine davon lädt sie zu einer Party ein, ihre Freundin/Geliebte jedoch nicht, denn diese und die Gastgeberin hatten vor kurzem eine Beziehung zueinander gehabt, die auf recht unschöne Weise zu Ende ging. Die Besucherin entscheidet sich, zu der Party zu gehen, zu der ihre Freundin/Geliebte nicht eingeladen wurde, und die Freundin/Geliebte fühlt sich verletzt und ausgeschlossen. Sie hat den Eindruck, ihre Ex-Geliebte (die Party-Gastgeberin) habe diese Situation (und einige andere) eigens arrangiert, um sie zu verletzen. Die Ex-Geliebte dagegen möchte der Lesbe, mit der sie früher eine Beziehung hatte (die Freundin/Geliebte der Besucherin) nicht begegnen und hatte das zuvor deutlich gemacht. Die Freundin/Geliebte versteht nicht, warum die anderen Lesben in der Gemeinschaft ihrer Ex-Geliebten diese Ausschlußversuche nicht vorwerfen. Daß die Besucherin auch noch dabei mitspielt, ist zu viel, und so wird die Freundin/Geliebte wütend und fühlt sich von ihr im Stich gelassen. Diese dagegen findet, daß dies nicht ihr Haus und nicht ihre Auseinandersetzung ist und daß die Sache sie nichts angeht. Sie hatte eine bestimmte Verbindung zu ihrer Ex-Geliebten, und wenn diese sich jetzt auflöst, dann wird sie es schon verdient haben (oder eben nicht). Sie fühlt sich in die Falle gelockt durch eine Situation, die sie nicht gewollt hatte; wenn ihr klargewesen wäre, was da vor sich ging, wäre sie nicht zu Besuch gekommen. Ist eine dieser Lesben »unschuldig« oder ist eine von ihnen »böse«? Die kleinen Vorgänge in unserem Leben danach zu beurteilen, ist eine Vereinfachung.

Unsere moralische Handlungsfähigkeit zu entwickeln, bedeutet für mich, Möglichkeiten zu finden, wie wir die Demoralisierung vermeiden und weiterleben können, und unsere Wertungen nicht auf die Ebene von Lob und Tadel zu reduzieren. Unser Leben und unsere Interaktionen sind viel komplexer – und unsere Urteile sollten es auch sein.

Damit will ich nicht sagen, wir solten keine Urteile fällen. Dinge wahrzunehmen, festzustellen, ist gleichbedeutend mit urteilen. Ich meine nur, die Form unseres moralischen Wertens ist oft oberflächlich, und wir sollten auf eine tiefere Ebene gelangen. Mein Interesse ist es, den Rausch der moralischen Rechtschaffenheit ebenso zu überwinden wie die moralische Apathie, die unsere Gemeinschaft verdirbt. Beides bringt uns nicht weiter.

Nachvollziehen

Wir verlangen voneinander, uns verantwortlich zu zeigen, doch in dieser Forderung steckt die Erwartung, daß eine sich vor eine Richterin und eine Jury zu begeben hat, um für schuldig oder unschuldig befunden zu werden. Das wiederum weckt die Vorstellung, jemand habe die Macht zur Ent-schuldigung – eine Richterin. Es erweckt den Anschein, eine Lesbe müsse ihr Verhalten rechtfertigen und sich um unsere Zustimmung bemühen. Das bedingt die Illusion des unparteiischen Beobachtens. Und es verleitet dazu, ihr Verhalten von unserem zu trennen und dann nicht auf unseren Anteil zu schauen. Mit der Verantwortlichkeit öffnen sich alle Fallen von Lob und Tadel, die ich besprochen habe.

Marilyn Frye meint, wir sollten den Gedanken der Rechtfertigung – uns selbst vor einer anderen zu rechtfertigen oder von ihr zu erwarten, daß sie sich vor uns rechtfertigt – nicht in den Mittelpunkt unserer Ansicht über moralische Handlungsfähigkeit stellen. Sie schlägt vor, daß wir uns beim Verstehen moralischer Handlungsfähigkeit und beim Bewerten nicht auf die 'Verantwortlichkeit' berufen, sondern nach der 'Nachvollziehbarkeit' fragen.[40]

Erklärung statt Rechtfertigung

Ein Aspekt der Nachvollziehbarkeit ist Erklären – die Fähigkeit, unsere Entscheidungen zu erklären. Denn Nachvollziehen beinhaltet Selbsterkenntnis und damit die Fähigkeit zu prüfen, was in unserem Leben vor sich geht. Das gehört zu dem Prozeß des Verstehens unserer Veränderungen. Deirdre McCalla singt:

Hey Mama, ich bin wieder da.
So vieles hat sich verändert.
Eines Tages, hoffe ich, kann ich dir sagen,
warum ich so leben muß, wie ich lebe. [41]

Ich möchte jedoch auf den Unterschied zwischen Erklärung und Rechtfertigung hinweisen. Eine Handlung zu rechtfertigen, heißt zu beweisen, daß sie richtig oder berechtigt ist – daß also die Handlung oder die Lesbe, die handelt, untadelig ist. Rechtfertigung ist der Versuch, Absolution zu erhalten.[42] Etwas zu erklären, heißt dagegen, es zu klären.

Vielleicht habe ich etwas Unüberlegtes getan, das unbegründete Vermutungen über dich enthielt. Ich bitte dich, im Zusammenhang mit dem Projekt, an dem ich gerade arbeite, etwas zu tun, und wenn du es nicht tust, schreibe ich dir nur ein paar gemeine Bemerkungen. Später, vielleicht Jahre später, entschuldige ich mich und erkläre, was damals in meinem Leben vorgegangen war, daß ich dir so etwas geschrieben hatte: Ich hatte zwei Jahre lang mit vielen Hindernissen an diesem Projekt gearbeitet; außer dir hatten schon andere Lesben abgelehnt, manche aus liberalen Schuldgefühlen, und ich war die seichten Ansichten so vieler Lesben leid. Dir dies zu sagen und anzunehmen, daß du bereit bist, es anzuhören, braucht kein Rechtfertigungs- und Absolutionsversuch für mein Handeln zu sein, sondern eine Erklärung, ein Versuch, wieder in Verbindung zu treten oder auch nur Dinge zu klären, die uns noch aus der Vergangenheit anhingen. Eine Entschuldigung war fällig; eine Erklärung kam dazu.

Darüber hinaus können wir durch die Unterscheidung zwischen Erklärung und Rechtfertigung begreifen, wie wichtig und aussagefähig bei unseren Überlegungen die Absicht ist.[43] Denn in unseren intimen und engen Verbindungen spielen die Absichten eine Rolle. Etwas, was ich getan habe, kann zwar unabhängig von meiner Absicht Schaden anrichten. Wir müssen jedoch unsere Absichten berücksichtigen, denn wir können einander sehr verletzen, und das kann sich verselbständigen – nicht weil wir von Natur aus gemein und ekelhaft sind, sondern weil unsere Persönlichkeiten verschieden sind und daher auch unsere psychischen Wunden und Empfindlichkeiten. Im übrigen werden wir einander weiterhin verletzen, weil die Auswirkungen unserer Entscheidungen und Interaktionen trotz umsichtigster Planung und bester Absichten so kompliziert sind. Also ist in unseren Verbindungen die Einschätzung der Absichten und Energien wichtig, besonders wenn wir einander verletzen, denn wir müssen wissen, was dabei in der anderen vorging. Wenn wir unsere Absichten und Energien beurteilen, können wir die Dynamik zwischen uns besser verstehen. Wir können leichter entscheiden, wie wir uns in Zukunft verhalten wollen und welche Konsequenzen mit dem Einstellen auf die Bedürfnisse und Erwartungen der anderen verbunden sind.

Anstelle von Rechtfertigung die Erklärung in den Mittelpunkt zu stellen, ist auch deshalb wichtig, weil so viele Probleme zwischen uns dadurch entstehen, daß wir nicht zueinander passen. In der einen Beziehung gibt es allgemeine Harmonie und Unterstützung gerade durch die Unterschiedlichkeit; in der anderen gibt es ständige destruktive Konflikte. Die eine Lesbe wird meine Manipulationsversuche vielleicht einfach ignorieren oder gar nicht bemerken, so daß ich diese Gewohnheit aufgebe; die andere wird sich darin verfangen und so mein Verhalten unwillkürlich verstärken. Vielleicht fühle ich mich durch das Verhalten einer Lesbe, die mißbraucht wurde, bedroht und reagiere entsprechend, während das Überlebensmuster einer anderen mich weniger berührt. In der einen Beziehung kann ich mich aus bestimmten Mustern befreien, während ich in der anderen in alte Gewohnheiten zurückfalle, die ich schon überwunden glaubte. Wenn also zwei Lesben sich in einer Beziehung gegenseitig behindern, macht das noch nicht eine von ihnen oder beide »böse«, sondern es ist einfach so, daß ihre Verhaltensmuster, Gewohnheiten, Verletzungen und Fähigkeiten sich aneinander reiben. Die Konzentration auf Erklärung statt auf Rechtfertigung wird uns eher helfen, dies zu verstehen.

Unsere Entscheidungen nachvollziehbar zu machen, bedeutet daher die Fähigkeit, Erklärungen für sie und die zwischen uns wirkenden Energien einzuschätzen, darunter Fähigkeiten, Abwehrmechanismen, Absichten, Ziele und Bedürfnisse. All dies sind zentrale Faktoren unseres Umgangs miteinander. Es geht nicht darum, keine Fehler zu machen oder einander niemals zu verletzen, sondern darum, die ganze Dynamik unserer Interaktionen zu verstehen.

Entscheidungen nachvollziehen und verstehen

Ein zweiter Aspekt der Nachvollziehbarkeit ist das Verständnis für die Entscheidungen anderer Lesben, vor allem der Entscheidungen, die wir nicht billigen. Und dazu gehören Zuwendung und Verständnis für die Art, wie eine andere ihre Energien in Entscheidungen umsetzt, für die Rolle, die wir bei ihren Entscheidungen spielen, und die Frage, ob wir diese Entscheidungen ebenfalls treffen könnten oder nicht.

Nehmen wir zum Beispiel eine Lesbe, die beschließt, ihr Lesbisch-Sein zu verleugnen und heterosexuell zu leben. In einer solchen Entscheidung liegt eine erhebliche politische Dynamik. Nancy Todor erläutert in *Choices* einige Faktoren, die zu dieser Entscheidung mancher Lesben führen, vor allem die Angst.[44] Ein anderes Beispiel ist eine Lesbe, die sich sehr für den Aufbau einer lesbischen Gemeinschaft engagierte und damit einen Traum verwirklichen wollte, schließlich aber ausgebrannt ist und sich nicht mehr mit der Lesbenenergie auseinandersetzen will.

Wir können beide entweder als totale Opfer betrachten und einfach bemitleiden oder sie für feige und dumm halten. Mit diesen Urteilen kann jedoch das Verständnis dafür verlorengehen, welche innere Verwandlung der Betreffenden zu einer solchen Entscheidung führte und wie sich ihre Energie und Integrität dann später veränderte. Denn mit der Zeit verändert sich eine Lesbe aufgrund des politischen Kontexts und ihrer Entscheidungen. Vielleicht ist sie nun so, daß wir ihr aus dem Wege gehen möchten, und wir können sie als feige oder dumm ansehen. Ich meine jedoch, daß es wichtig ist, ihren Entwicklungs- und Wandlungsprozeß zu verstehen, um unser Leben als Lesben verstehen zu können.[45] Wenn wir allein auf Lob und Tadel und Verantwortlichkeit schauen, können wir die Energie der Person als Ganze nicht mehr wahrnehmen.[46]

Ein Grund, weshalb wir wenig auf die Wandlung von Energien achten, ist die Sprachentwicklung in der englischen Hochsprache. In den letzten Jahrhunderten hat die englische Sprache mehr und mehr Substantive (Kategorien, Eigenschaften) hinzugewonnen, während die Zahl der Verben (Tätigkeiten, Prozesse) abgenommen hat, und wer Englisch spricht, konzentriert sich daher mehr auf Kategorien und Eigenschaften, die eine Sache definieren und ihr Wesen ein für allemal festlegen, und weniger auf Prozesse, Bewegungen und Veränderungen.[47]

In der Ethik fällt es uns dadurch zum Beispiel leichter, eine als Lügnerin zu bezeichnen, als den Prozeß und die Interaktion beim Lügen zu verstehen. Wenn wir 'Lügnerin' sagen, stellen wir uns eine vor, welche die Eigenschaften einer Lügnerin aufweist, die grundsätzlich oder durch und durch eine Lügnerin ist. Wenn wir angelogen werden, fragen wir daher kaum , ob uns auffiel, daß wir angelogen wurden, und wenn nicht, was das zu bedeuten hat. Wir werden kaum danach fragen, welche Rolle wir bei dieser Lüge gespielt haben.[48] Uns geht es meist nur darum, zu definieren und festzulegen, was sie ist. Doch um die Entscheidungen anderer verstehen zu können, müssen wir auch unsere Rolle dabei verstehen.

Wenn wir außerdem unsere eigenen Entscheidungen verstehen wollen, wenn wir größere moralische Handlungsfähigkeit für uns in Anspruch nehmen wollen – die Fähigkeit, Entscheidungen zu treffen und uns als entscheidungsfähig wahrzunehmen –, dann wird es uns nützen, die Entscheidungen anderer Lesben zu verstehen, den Kontext zu verstehen, in dem diese Entscheidungen einen bestimmten Sinn ergeben, und zu verstehen, wie wir als Lesben diese oder andere Entscheidungen treffen konnten oder hätten treffen können. Schließlich spiegeln unsere Entscheidungen den Kontext wider, in dem sie einen Sinn ergeben, und prägen ihn zugleich mit.

Was geschieht beispielsweise mit unserer Energie, wenn wir nicht offen lesbisch leben? Was geschieht damit, wenn wir hinausgehen und uns stellen? Wie verändern und wandeln wir uns? Was geschieht mit einer Lesbe, die ein männliches Kind hat? Was mit einer Lesbe, die an ihrem internalisierten Rassismus festhält? Was geschieht mit einer Lesbe, die eine andere Lesbe vor Gericht bringt? Was geschieht mit einer Lesbe, die zur Alkoholikerin wird? Was hat sie dazu gebracht? Welche Veränderung geht in ihrer Energie vor? Was hält sie dabei? Meiner Ansicht nach ist es diese Bewertung der Energie und ihrer Verwandlung in dem Zusammenhang, in dem wir leben, die uns bei unseren Entscheidungen am besten helfen kann.

Auf dem heutigen Stand haben wir weder viel Erfahrung darin, voneinander zu lernen, noch darin, Veränderungen zu bewirken. Eher ziehen wir uns bei einer Bedrohung in die Sicherheit (Vertrautheit) alter Verhaltensmuster zurück. Zum Nachvollziehen als Faktor der moralischen Handlungsfähigkeit von Lesben gehört das Beurteilen, also Wahrnehmen, unserer Entscheidungsdynamik.

Nachvollziehen und Zuwendung

Ein dritter Aspekt der Nachvollziehbarkeit ist also, das wahrzunehmen, was andere Lesben wahrnehmen. Selma Miriam führt mehrere Beispiele an, in denen nicht-jüdische Lesben Antisemitismus nicht bemerkten oder ignorierten.[49] Solches Nichtbemerken oder Ignorieren kommt in allen Bereichen vor. Und wenn wir dafür kritisiert werden, ziehen wir uns in unseren Zorn und unsere Abwehrhaltung zurück, besonders wenn die Vorwürfe falsch dargestellt werden und nicht die ganze Geschichte enthalten, was vorkommen kann; oder anscheinend oder tatsächlich nur als Kränkung gemeint sind, was auch vorkommt; oder berechtigte politische Differenzen verschleiern, was auch vorkommt. So stellt Irena Klepfisz fest: »Ich bin weniger mit der Bekämpfung des Antisemitismus beschäftigt als damit, zu beweisen, daß es ihn gibt«.[50] Und Selma Miriam fragt: »Wollen die Nicht-Jüdinnen und -Juden nichts merken?[51]

Mit anderen Worten, Nachvollziehen ist nach María Lugones Formulierung »ein Akt der Liebe«. Sie spricht von ihrer Unfähigkeit, ihre Mutter zu lieben: durch Ausnutzen, indem sie die Kraft ihrer Mutter auf sich selbst übertragen will, und durch Distanzierung, natürlich um nicht wie ihre Mutter zu werden und dieses Ausgenutztwerden nicht für sich selbst akzeptieren zu müssen. Sie meint, zwischen weißen und schwarzen Frauen bestünde eine ähnliche Unfähigkeit zu lieben in der »Unfähigkeit, sich mit einer anderen Frau zu identifizieren, der Unfähigkeit, in einer anderen, sehr unterschiedlichen Frau sich selbst zu sehen«.[52] Ihrer Auffassung nach ist dies eine Unfähigkeit, das Bedürfnis nach Identifizierung und Verbindung zu empfinden:

Vor allem geht es mir hier um die Fälle, in denen weiße Frauen eine oder mehrere der folgenden Verhaltensweisen gegenüber schwarzen Frauen zeigen: Sie ignorieren uns, stoßen uns aus, machen uns unsichtbar, belegen uns mit Stereotypen, lassen uns im Stich, halten uns für verrückt. Und all das, *während wir mitten unter ihnen leben* [...] Für ihre Welt und ihre Integrität brauchen sie mich überhaupt nicht. Sie selbst empfinden es nicht als Verlust, wenn ich nicht stabil bin. Aber durch ihre Indifferenz berauben sie mich meiner Stabilität.[53]

Baba Copper verweist darauf, daß wir in bestimmter Hinsicht extrem sensibel und aufmerksam und in anderen Dingen wiederum sehr unaufmerksam sein können:

Ich fühle mich wie in einem unterschwelligen Wettrennen, das nicht nach meinen Regeln abläuft. Feministische Lesben versuchen zwar, sich nicht an Machtspielchen zu beteiligen, doch achten wir immer noch genau auf subtile Anzeichen von Respekt bei anderen Frauen. Bei der Aufmerksamkeit, die wir den Machtunterschieden widmen, scheint es um Wettbewerbsfähigkeit zu gehen. Machtfaktoren wie Aussehen, Fähigkeiten, sexuelles Selbstbewußtsein, finanzielle Mittel, politisch richtige Einstellung – all das spielt in dem komplexen Prozeß eine Rolle, in dem ausgemacht wird, ob eine »vorne« liegt (und sich deshalb selbstbewußt und locker fühlt) oder »zurück« ist (und sich unbehaglich fühlt). Obwohl ältere Lesben oft Achtung genießen, erlebe ich doch selten ein Gefühl wirklichen Respekts bei anderen. Fast nie empfinde ich, daß eine jüngere Frau mir so etwas wie Annahme, Lernbereitschaft oder Neugier entgegenbringt.[54]

María Lugones meint, die Unfähigkeit zur Identifikation und Verbindung entstehe aus der Unfähigkeit, sich in die Welt einer anderen hineinzubegeben. Sich in die Welt einer anderen zu begeben, ist mehr als bloße Zuwendung zu ihr in unserer Welt; dazu gehört, sie in ihrer eigenen Welt, in der wir Außenseiterinnen sind, zu verstehen. Über ihre Mutter schreibt María Lugones:

Meine Mutter zu lieben, war mir nicht möglich, solange ich das Gefühl hatte, daß ich und andere uns ihr zu Recht überlegen fühlen durften; um meine Mutter zu lieben, mußte ich mich auch in die Welt meiner Mutter begeben, uns beide so sehen, wie wir in ihrer Welt dastanden, ihr Selbstverständnis innerhalb ihrer eigenen Welt erleben. Erst durch diese gefährliche Reise in ihre »Welt« war ich in der Lage, mich mit ihr zu identifizieren, denn erst da konnte ich sie nicht länger ignorieren und mich vor ihr verschließen und absondern. Erst da konnte ich sie als Subjekt sehen, wenn auch als unterdrücktes Subjekt, und erst da konnte ich überhaupt erkennen, wie sich zwischen uns ein wirklicher Sinn herstellte.[55]

Anders ausgedrückt, bedingt Nachvollziehbarkeit die Bereitschaft, einen Standpunkt einzunehmen, von dem aus die Entscheidungen, die andere treffen, für uns nachvollziehbar werden.[56]

Nachvollziehen statt Verantwortlichkeit

Das Problem mit der Verantwortlichkeit und mit Lob und Tadel besteht schließlich darin, daß sie uns an uns selbst fesseln: uns zu rechtfertigen, damit die anderen verstehen, daß wir es zumindest gut meinten; oder zu fordern, daß die anderen sich nach unseren Maßstäben rechtfertigen. Das ermutigt uns nicht, uns der anderen zuzuwenden und zu verstehen, wie es ihr geht. Als einer Lesbe die Katze starb, fühlte sie sich schuldig und wünschte, sie könnte mit ihrer Katze sprechen, damit diese verstünde, wie sehr sie sie liebte und daß sie alles getan hatte, was sie konnte. Eine andere Lesbe, deren Ziege starb, wünschte, sie könnte mit der Ziege sprechen, um zu verstehen, wie es ihr ging.[57]

Verantwortlichkeit setzt einen Einweg-Prozeß in Gang. Wenn ich dir verantwortlich bin, steht dahinter die Vorstellung, daß du mich nach deinen Kriterien beurteilst. Wenn du mir verantwortlich bist, beurteile ich dich nach meinen Kriterien. An diesem Punkt kommt die Arroganz derer ins Spiel, welche die Macht zu entschuldigen, die Macht zu richten haben. Das Problem ist nicht das Urteilen; wir alle urteilen ständig. Das Problem ist die Arroganz der Wahrnehmung – daß ich dich nur in meinem eigenen Kontext wahrzunehmen brauche, wenn ich ein Urteil fällen will. Nur mein Kontext zählt, denn wenn du mir verantwortlich bist, paßt du dich meinem Kontext an. Und wenn dieses Urteil von dem moralistischen Eifer getragen ist, eine andere als gut oder böse zu bewerten, veranlaßt es mich, meinen Kontext als die Realität (den einzigen Kontext, den es gibt) und mich selbst als objektive Richterin anzusehen (die keinen persönlichen Standpunkt hat oder braucht).

Nachvollziehen dagegen ist ein Zweiweg-Prozeß und stellt ein Fundament – eine Achse, die durch ihre Umgebung gestützt wird – von Kooperation her.[58] Im Kontext der Verantwortlichkeit hast du versagt, wenn du mir verantwortlich bist und etwas schiefgeht: Du hast deinen Standpunkt zum Beispiel nicht gut genug erklärt und mußt hinter mir herlaufen, um meine Aufmerksamkeit und mein Verständnis zu erlangen. Im Kontext der Nachvollziehbarkeit dagegen versuche ich, wenn du mir etwas erklären willst, einen Standpunkt einzunehmen, von dem aus deine Entscheidungen für mich nachvollziehbar werden. Nachvollziehbarkeit bedingt, daß wir beide versuchen, einander auf irgendeiner Ebene zu erreichen und eine Verbindung herzustellen. Sie setzt also zumindest Kooperation und nicht Feindschaft voraus. Viele unserer Bemühungen zum Beispiel, untereinander Klassendiskriminierung, Rassismus und Antisemitismus zu überwinden, gehen eher von Verantwortlichkeit als vom Nachvollziehen aus.

Nur wenn wir uns so aufeinander einlassen, daß wir uns gegenseitig wirklich verstehen können, ist es möglich, auf mehreren Ebenen eine echte Verbindung zu schaffen und diese Verbindung über die patriarchalen Schranken und Zweckbestimmungen und auch über unsere eigenen Grenzen, Schmerzen und Wutgefühle hinweg zu erhalten. Auch wenn wir uns nicht alle mögen, so können wir durch diese Verbindung doch einander ernst nehmen, einander als moralisch Handelnde anerkennen. Moralische Handlungsfähigkeit beinhaltet eine mit Nachvollziehbarkeit zusammenhängende Form der Kooperation. Und Urteile aufgrund von Nachvollziehbarkeit bedingen sowohl Selbsterkenntnis als auch Zuwendung.

Nachvollziehen heißt nicht Einmütigkeit herstellen

Damit will ich nicht behaupten, daß alle unsere Verhaltensmuster miteinander vereinbar sind.[59] Ich will nicht ausschließen, daß wir in manchen Situationen zwar die Lebensbedingungen einer anderen verstehen, aber spüren, daß ihre Energie der unseren entgegengesetzt ist, und beschließen, uns von ihr fernzuhalten und uns nicht einzulassen.[60] Wenn ich manchmal etwa bemerke, daß eine andere sich rassistisch oder ausnutzerisch verhält oder alkoholabhängig ist, will ich auch nicht ausschließen, daß ich mich daraufhin entscheide, keine nähere Verbindung zu ihr aufzunehmen, bevor sie sich nicht verändert hat.

Weiterhin ist damit nicht gemeint, wenn ich einen Standpunkt einnehme, von dem aus ich eine andere vollkommen verstehen kann, daß ich deshalb mit allen ihren Entscheidungen einverstanden sein muß. Nachvollziehen bedeutet nicht, das Urteilen auszuschließen (denn wahrnehmen heißt schon urteilen), und es bedeutet ebensowenig, mit den Entscheidungen der anderen einverstanden zu sein. Wenn ich deine Entscheidungen nicht nur nach meinen, sondern auch nach deinen Kriterien verstehe und selbst wenn ich weiß, daß ich die gleichen Entscheidungen treffen kann oder getroffen habe, bin ich immer noch eine andere Lesbe. Ich kann deine Entscheidungen respektieren, aber für mich andere treffen. Oder ich kann deine Entscheidungen zwar verstehen, dir aber nicht zustimmen, daß sie für dich das beste sind. Oder ich verstehe zwar deine Entscheidungen, kann sie aber nicht respektieren, vor allem wenn ich dich mit der Zeit besser kennenlerne und deine Veränderungen beobachte. Ich meine lediglich, daß wir uns bei der gegenseitigen Beurteilung nicht feindselig darauf konzentrieren sollten, daß eine andere sich nach meinen Kriterien rechtfertigt oder ich mich nach ihren Kriterien rechtfertige – den Prozeß des Richtens –, sondern statt dessen auf einen Prozeß, an dem sowohl die Fähigkeit zu erklären als auch die Fähigkeit des Verstehens beteiligt sind. Damit ist noch nichts darüber gesagt, auf welcher Ebene wir dann beschließen, uns (weiter) aufeinander einzulassen.

Zur moralischen Handlungsfähigkeit gehört also, die Demoralisierung zu vermeiden; sie bedingt auch eine Selbstprüfung und das Bemühen um Nachvollziehbarkeit.

Drittens meine ich, beinhaltet sie die Möglichkeit, uns voneinander zurückzuziehen. Denn alles Bemühen um Verständigung und Nachvollziehen vermag unsere unterschiedlichen Auffassungen nicht aus der Welt zu schaffen. Manchmal sind die Probleme zu groß, und mit jedem weiteren Kommunikationsversuch wird noch mehr Schaden angerichtet. Manchmal sind wir uns auch einfach verhaßt, und noch so viele Gespräche können das nicht aufheben. Daher will ich den Gedanken des Rückzugs voneinander ansprechen, mit dem sich auch dann moralische Handlungsfähigkeit beanspruchen läßt, wenn wir die Entscheidungen einer anderen nicht mehr akzeptieren können, und der vor allem ein Mittel sein kann, um die Ideologie der gegenseitigen Kontrolle zu zerstören.

Rückzug

Wenn eine Lesbe sich zum Beispiel in einer Interaktionssituation in der Falle fühlt, weil die andere sie manipuliert, kann sie versuchen, sich gegen die Manipulation zu wehren, indem sie abweisend oder sogar beleidigend wird und nicht auf die Absichten der anderen eingeht. Oder sie kann versuchen, die andere zu überlisten und ihrerseits zu manipulieren – etwa indem sie der anderen Schuldgefühle einflößt, um selbst die Kontrolle zu gewinnen. Wenn wir uns in einer solchen Falle gefangen fühlen, gibt es noch eine andere Möglichkeit, moralisch zu handeln, und das ist der Rückzug.

Meiner Meinung nach ist die Möglichkeit des Rückzugs für die moralische Handlungsfähigkeit von Lesben ganz entscheidend. Mit einer Ethik, in der die Möglichkeit, eine untragbare Situation zu verlassen, nicht vorgesehen ist, sind wir aneinander gefesselt. Und das kann in dem Versuch, sowohl die Bühne als auch alle Mispielerinnen zu beherrschen, zu einem Machtkampf führen. Vielleicht wollen wir in einer bestimmten Situation verweilen; wenn wir aber zum Bleiben gezwungen sind, werden wir versuchen, die Oberhand zu gewinnen – durch Manipulation oder sogar durch emotionale oder physische Mißhandlung.

Durch Rückzug haben wir eher die Chance, in Zwangssituationen innerhalb der Gemeinschaft bei uns selbst zu bleiben. Das wird oft nicht anerkannt. Manche meinen etwa, sich von einer Lesbe abzuwenden, der es schlecht geht, sei gleichbedeutend mit Im-Stich-Lassen. Das mag manchmal durchaus so sein. Wenn eine Lesbe jedoch so großen Schmerz empfindet und davon so beherrscht ist, daß sie einfach nur alle, die ihr nahestehen, verletzt, kann Weggehen das einzig Mögliche sein. Das bedeutet, sie ernst zu nehmen. Wenn sie so sehr fürchtet, etwas, was ihr wertvoll ist, zu verlieren, daß sie sich dagegen wendet, um es lieber vorher zu vernichten, dann ist Rückzug etwas Positives. Unter solchen Umständen zu bleiben, hieße nur, dem Schmerz und der Angst neue Nahrung zu geben und damit die Situation zu verschlimmern. Außerdem kann sie vielleicht nur gesund werden, wenn das unmittelbare Ziel ihrer Frustration nicht mehr in der Nähe ist.

Diese Beschreibung ist eigentlich zu einseitig – ich habe sie nur der Klarheit wegen so extrem dargestellt. An den meisten Situationen, in denen Manipulation und Kontrollmacht eine Rolle spielen, haben alle ihren Anteil. Wie schon erwähnt, reißen die Überlebensstrategien und Abwehrmechanismen mancher Lesben alte Wunden in uns auf, andere dagegen berühren uns nicht im mindesten. Manche Beziehungen sind einfach glücklos, nicht weil die eine oder die andere böse ist, sondern weil wir gegenseitig in alten Wunden stochern und dadurch ständig den Bedürfnissen der anderen entgegenwirken. Solche Beziehungen können in beiden das übelste Verhalten zum Vorschein bringen. In anderen Situationen sind wir anderen einfach verhaßt. Dann, meine ich, ist Rückzug eine wichtige ethische Wahlmöglichkeit, vor allem wenn die Interaktionen in das Herrschafts-/Unterordnungsschema von Manipulation und Kontrolle zerfallen.

Dann kann der Rückzug von Dauer sein, muß es jedoch nicht. Er hat die Funktion, bestimmte Verhaltensmuster in Beziehungen leerlaufen zu lassen und weiteren Schaden zu verhüten, wenn wir mit unseren Interaktionen hauptsächlich Schaden anrichten. Wenn von einem bestimmten Punkt an die Manipulation sichtlich aufhört, dann haben sich die schädigenden Muster aufgelöst, und wir können wieder in Verbindung treten. Schließlich hatten wir uns ja früher aufeinander eingelassen, waren miteinander verbunden. Es war etwas da …

Wenn mehr als eine Lesbe beteiligt ist, wird die Situation komplexer. Zum Beispiel beherrscht in einer Gruppe vielleicht eine Lesbe die Entscheidungsfindung. Eine andere wird dies schließlich leid, sieht keine Veränderungsmöglichkeit mehr und beschließt, sich aus der Gruppe zurückzuziehen. Eine dritte, die der Lesbe nahesteht, die sich zurückziehen will, ist darüber bestürzt: Solange ihre Freundin in der Gruppe ist, hat sie die Möglichkeit, die Projekte mitzugestalten. Ohne ihre Freundin jedoch wäre sie isoliert und ohne Einfluß. Daher bedeutet deren Entscheidung für sie ein Verlassenwerden. In solchen Situationen gibt es keine einfachen Antworten, und die Entscheidung kann schwierig sein. Zur Frage des Rückzuges will ich jedoch eines erwähnen: Haben wir das Bedürfnis, andere zusammenzuhalten, wollen wir manchmal nicht das Bestehende weiterführen, sondern das, was wir uns wünschen – oft ist es das, was früher einmal existiert hat, heute aber nicht mehr. Es ist wichtig, daß miteinander befreundete Lesben ernsthaft über ihre konkreten Möglichkeiten reden und ihre Entscheidungen danach treffen.

Ich habe hier keine Formel oder Regel für gelingende Kommunikation anzubieten. Rückzug kann benutzt werden, um andere unter Druck zu setzen. Er kann auch eine Möglichkeit sein, andere zu verletzen, wenn wir verletzt wurden und ebenfalls verletzen wollen. Außerdem ist Rückzug keine Garantie dafür, daß etwas »Gutes« dabei herauskommt. Er führt uns lediglich in eine andere Richtung. Ich meine zwar, daß in der Gemeinschaft Rückzug als ethische Wahlmöglichkeit anerkannt werden sollte, doch damit ist nicht gesagt, wann wir ihn wählen sollen. Das entscheiden die Lesben in bestimmten Situationen.

Entscheidung und moralische Handlungsfähigkeit

Ein Schwerpunkt im Konzept der moralischen Handlungsfähigkeit von Lesben liegt auf Urteilen aufgrund von Nachvollziehbarkeit, nicht Verantwortlichkeit; dieser Schwerpunkt hat sein Fundament in Kooperation und nicht in Feindschaft. Dennoch bleibt das Problem der erzwungenen Entscheidung, denn wir leben nach wie vor in Unterdrückungsverhältnissen. Und das bringt uns zurück zur Frage der moralischen Handlungsfähigkeit im Zusammenhang mit dem Begriff 'Freiheit'. Ich will daher das eingeschränkte Handeln als einen Aspekt moralischer Handlungsfähigkeit diskutieren.

Wir neigen zu der Annahme, daß wir eine richtige moralische Entscheidung nur dann treffen können, wenn wir keinen Zwängen unterliegen, keinen Grenzen oder Einschränkungen. Wir glauben nur zu leicht, um moralisch Handelnde zu sein, müßten wir die Situation in der Hand haben und die Oberhand über die Kräfte gewinnen, die uns offenbar beherrschen. Allem Anschein nach werden wir jedoch im Laufe unseres Lebens nicht mehr erfahren, wie es ist, ohne die Zwänge der Unterdrückung zu handeln.

Außerdem leben wir unabhängig von den Zwängen der Unterdrückung auf jeden Fall mit Grenzen und Einschränkungen. Und unsere moralischen Entscheidungen treffen wir in diesem Rahmen. Das heißt, wir leben in bestimmten Situationen, und diese Situationen enthalten Grenzen. Innerhalb dieser Situationen entscheiden wir außerdem zwischen mehreren Alternativen, und das allein beinhaltet schon Grenzen. Doch gerade darum geht es bei der moralischen Entscheidung: um eine Entscheidung zwischen Alternativen in einer bestimmten Situation.

In einem Seminar habe ich die Studentinnen aufgefordert, sich Gedanken über den Begriff 'Freiheit' zu machen. Am ersten Tag endete die Diskussion damit, daß sie zu der Ansicht gekommen waren, im Gefängnis zu sitzen sei nicht wesentlich anders als ein Versprechen abgegeben zu haben. Die Begründung war, daß in beiden Situationen unsere Handlungsfreiheit eingeschränkt sei. Doch nach dieser Argumentation bewirkt eben der Akt der Entscheidung zwischen Alternativen einen Freiheitsverlust. Das heißt, die Tatsache selbst, daß ich den einen Weg wähle und nicht den anderen, bewirkt einen Freiheitsverlust. Wenn wir dem folgen wollen, könnten wir jedoch anführen, wir könnten nur in Situationen frei sein, die uns keine Alternativen zur Auswahl lassen; 'Freiheit' hieße dann »Handeln unter Bedingungen ohne Entscheidungsmöglichkeit«, und das ist lächerlich.

Für mich ist der viel eher zentrale Punkt bei der 'moralischen Handlungsfähigkeit' folgender: Das Herzstück des Begriffs 'moralische Handlungsfähigkeit' bildet die Entscheidung. *Die Fähigkeit zur moralischen Entscheidung haben wir nicht deshalb, weil wir frei und moralisch handeln. Vielmehr erklären wir uns zu moralischen Wesen dadurch, daß wir Entscheidungen treffen, zwischen mehreren Alternativen wählen, angesichts von Einschränkungen handeln.* [61] Das ist damit gemeint, ein moralisches Wesen zu sein. So wie das Entscheiden ein Schaffen ist und nicht ein Opfern, so bekräftigt das Entscheiden in eingeschränkten Situationen die moralische Handlungsfähigkeit und wirkt ihrer Schwächung entgegen.

Meine Auffassung ist hier dem herrschenden anglo-europäischen Denken diametral entgegengesetzt. Allgemein ist das moralisch Gute in dieser Tradition mit der Furcht vor dem Tod verbunden und spiegelt den Wunsch wider, die Grenzen der *conditio humana* zu transzendieren. Dahinter steht die Vorstellung, wir müßten unsere animalische Natur, unsere Grenzen und unsere Getrenntheit (Einzigartigkeit) überwinden, um »Freiheit« zu erlangen und zur »Realität« zu kommen (das heißt, zum Dauerhaften, Festen und Unveränderlichen, Unflexiblen). Der fromme Wunsch, sich über die irdischen Begrenzungen zu erheben, ist mit der Charakterisierung der Entscheidungen als »gut« oder »böse« sowie mit dem Versuch verbunden, durch Vorschieben eines Sündenbocks die Verbindung zum »Bösen« zu leugnen. Das Leben ist natürlich weit komplexer, als ein solcher Dualismus wiedergeben könnte, und vor eben diesem Leben behauptet die phallische Moralität uns zu bewahren.

Meine These lautet, daß moralische Handlungsfähigkeit einfach die Fähigkeit ist, in eingeschränkten Situationen Entscheidungen zu treffen, der einen Möglichkeit nachzugehen und nicht der anderen, durch das, was wir wählen, Werte zu schaffen und uns als Wesen wahrzunehmen, die Entscheidungen treffen können und dies auch tun und damit als Wesen, die in der Lage sind, für sich selbst und andere in diesem Leben etwas zu bewirken. Moralisch Handlungsfähige sind autokoinone Wesen.

Anerkennen von Grenzen

Daher meine ich, ein Schritt auf dem Wege zur moralischen Handlungsfähigkeit ist es, wenn wir uns den Gedanken zu eigen machen, unter eingeschränkten Bedingungen zu handeln und Grenzen anzuerkennen. Der Zustand des Eingeschränktseins ist kein Hindernis, das es zu überwinden gilt – obwohl es gewiß Einschränkungen und Grenzen gibt, die wir verändern wollen. Grenzen und Einschränkungen müssen sich aber nicht unbedingt gegen uns auswirken; eigentlich sind es gerade die Grenzen und Einschränkungen – der Kontext –, die uns helfen, einen tieferen Sinn zu finden und zu schaffen.

Andersherum: Uns als in bestimmter Weise eingeschränkt zu sehen, heißt auch, uns als einzigartig zu verstehen. Wir alle haben unser einzigartiges Bewußtsein, unsere einzigartige Kette von Erfahrungen, psychische Narben, Interessen, Zielen, Dingen, die uns anziehen, Dingen, die wir meiden, Dingen, die uns langweilen oder erregen, Reaktionsweisen usw. – und alle entstanden in einem sozialen Kontext. Und wir alle sehen uns spezifischen Situationen gegenüber. Diese Kombination von Interessen, Schwerpunkten und Umständen bildet das Instrumentarium, mit dem wir die Energie, die kosmischen Kräfte, zusammenziehen und innerhalb einer Gemeinschaft eigene Muster daraus bilden. Das ist das Instrumentarium, mit dem wir Energie transformieren und unseren eigenen Sinn schaffen. Außerdem sind wir gerade durch das Verstehen der Grenzen und Einschränkungen auf unserem Weg in der Lage, mit Hilfe unserer Entscheidungen und Interaktionen unser Ich in bestimmter Hinsicht zu verwandeln und damit auch bestimmte Grenzen und Einschränkungen zu verändern.

Grenzen und Einschränkungen hängen also mit den Rahmenbedingungen, in denen wir Entscheidungen treffen, und mit unserer Ich-Entwicklung zusammen. Im folgenden konzentriere ich mich auf die Grenzen, die uns als Individuen gesetzt sind; einmal, weil wir uns zur Zeit noch nicht so gut mit ihnen auseinandersetzen können und zum anderen, weil wir uns dann, wenn wir fähig werden, unsere eigenen Grenzen und die der anderen anzuerkennen, innerhalb der anderen, weiterreichenden Einschränkungen besser gegen die Demoralisierung und Resignation in der Unterdrückung wehren können.

Identität in der Gemeinschaft

Unsere individuellen Grenzen anzuerkennen und unsere Einschränkungen zu verstehen, ist zum gegenwärtigen Zeitpunkt in der Lesbengemeinschaft besonders schwierig. In *The Mirror Dance* stellt Susan Krieger das Identitätsdilemma von Lesben dar. Sie hat im Mittelwesten der USA ein Jahr lang in einer Lesbenkommune gelebt und dabei herausgefunden, daß das Dilemma der lesbischen Identität aus der Zwiespältigkeit der Lesbengemeinschaft in ihrer heutigen Form erwächst:

> Die Kommune, die ich kennengelernt habe, stellte nach meinem Eindruck ihre Mitglieder und potentiellen Mitglieder vor einen grundlegenden Identitätskonflikt. Einerseits versprach sie, diese in ihrer wahren und vollständigen Identität zu bestärken. Hier konnten sie Schutz vor der Außenwelt finden, eine Akzeptanz, die sie sonst nirgendwo erlebten, und die Bestätigung ihrer wesentlichen Gefühle in bezug auf sich selbst, ihr Lesbisch-Sein, ihren Feminismus und ihre weibliche Identifikation. Andererseits empfanden sie in dieser Kommune oft, daß ihre Unterschiedlichkeit nicht geschätzt wurde und für ihre persönliche, unverwechselbare Identität wenig Anerkennung oder Raum war. Die Kommune schien mit anderen Worten ihr individuelles Selbstgefühl zu bedrohen.[62]

Nach Susan Kriegers Meinung lag dies daran, daß die Kommune eine Gemeinschaft von Gleichen war, in der Intimität gefördert wurde, die eine Ideologie des Einsseins aller Frauen vertrat, die stigmatisiert, neu und relativ wenig ausgebildet war und in der die einzelnen die Ich-Aufgabe zugunsten der anderen als eine Tugend betrachteten.[63] Weiter stellt sie fest, daß der Verlust des Selbstgefühls sich in zwei typischen Formen äußerte: dem Gefühl der Vereinnahmung oder dem Gefühl des Verlassenseins.[64]

Susan Krieger zufolge schien die Kommune ihre Mitglieder zur Definition und zum Schutz ihres persönlichen Identitätsgefühls zu drängen, und die Mitglieder nutzten ihre Erfahrungen mit dem Identitätsverlust als Gelegenheit, sich über ihr Selbstgefühl klarzuwerden.[65] Diese Definition und Klärung geschah nach ihrer Auffassung durch ein

Hin und Her zwischen Anschluß an die Kommune und Trennung von ihr in verschiedenen Formen:[66]

Dadurch, daß sie Beziehungen sowohl zur Gesamtgruppe als auch zu ihren Mitgliedern gestaltete, konnte sich die einzelne offenbar aus ihrer Erfahrung mit dem Verlust des Selbstgefühls befreien und hatte die Möglichkeit, das bedrückende Gefühl des Vereinnahmtwerdens oder Verlassenseins zu bewältigen. Sie bekam ein besseres Gefühl für die Grenzen zwischen ihr und den anderen und wurde sich dadurch ihrer selbst als vollständige und getrennte Persönlichkeit bewußter.[67]

Susan Krieger stellt jedoch auch fest, daß diese Erfahrungen oft sehr konfliktreich und schmerzlich waren – und daß nur manchmal und viel später eine Lesbe erkannte, daß dies ein Teil des Selbstklärungsprozesses gewesen war.[68]

Anerkennen von Unterschieden

Unsere Entwicklung von Identität oder Selbst-Bewußtsein – unser Gefühl für Grenzen – ist manchmal innerhalb der Gemeinschaft deshalb so schwierig und schmerzlich, weil wir der romantischen Idee nachhängen, daß es keinerlei Getrenntsein geben darf, wenn wir wirklich miteinander verbunden sein wollen. Dazu die folgende Passage aus Audre Lordes Mythobiografie *Zami:*

Wenn Muriel und ich auf den Straßen von West Village oder im Lower East Side-Markt angestarrt und mit flüsternden Bemerkungen bedacht wurden, konnte das ebensogut deshalb geschehen, weil wir als eine Schwarze und eine weiße Frau zusammen waren oder weil wir lesbisch waren. Immer wenn das passierte, stimmte ich halb mit Muriel überein. Aber ich wußte auch, daß Felicia und ich einen Kampf und eine Kraft gemeinsam hatten, die unseren anderen Freundinnen nicht zugänglich war. Wir bestätigten es uns unter vier Augen, und es stellte uns abseits, in eine Welt, die unseren weißen Freundinnen verschlossen war. Sie war selbst für Muriel so unerreichbar, so gern ich sie mit darin eingeschlossen hätte. Und weil diese Welt ihnen nicht zugänglich war, war es selbst für Geliebte leicht, sie zu ignorieren, sie abzutun, so zu tun, als existiere sie nicht, dem Trugschluß zu erliegen, daß es zwischen uns überhaupt keinen Unterschied gäbe.

Aber der Unterschied war wirklich und wichtig, selbst wenn keine andere es so zu empfinden schien, manchmal nicht einmal Flee, die es so satt hatte zu erklären, warum sie nie ohne Badekappe ins Wasser ging oder so ungern vom Regen überrascht wurde.

Zwischen Muriel und mir gab es also einen Bereich, in dem ich immer von ihr getrennt sein würde; und das würde mein geheimes Wissen wie auch mein geheimer Schmerz bleiben. Ich war Schwarz und sie nicht, und das war ein Unterschied zwischen uns, der nichts mit besser oder schlechter oder der verrückten Außenwelt zu tun hatte. Mit der Zeit gelangte ich zu der Einsicht, daß er unsere Wahrnehmungen färbte und mich Teile unserer gemeinsamen Welt anders beurteilen ließ. Und damit würde ich außerhalb unserer Beziehung fertigwerden müssen.

Das war die erste Trennungslinie, ein Stück, das außerhalb der Liebe lag. Aber ich wandte mich vorzeitig von der Einsicht ab, hatte Angst, die Wahrheit zu ergründen, zu denen mich die Unterschiede führen könnten, Angst, sie könnten Muriel und mich auseinandertreiben. Also bemühte ich mich, nicht allzuoft an unsere [ethnischen Unterschiede] zu denken. Manchmal gab ich vor, Muriel zuzustimmen, daß der Unterschied nicht eigentlich existierte, daß sie und alle lesbische Frauen ebenso unterdrückt waren wie alle Schwarzen, und ganz bestimmt wie jede Schwarze Frau.[69]

Hier haben wir zwei Lesben in einer Liebesbeziehung, die voneinander getrennt waren, weil die eine bestimmte Erfahrungen und Wahrnehmungen hatte, welche die andere ignorieren konnte und wollte. Eigentlich gab es zwei Hauptunterschiede in dieser Beziehung: An anderer Stelle sagt Audre Lorde, daß Muriel einmal einen Nervenzusammenbruch hatte und Elektroschocks bekam.[70] Und da dies noch eine Sache war, die sie und Muriel niemals direkt ansprachen, stellte das einen Unterschied dar, den Muriel, falls überhaupt, außerhalb der Beziehung bewältigen mußte. Darüber hinaus wird 'Unterschied' hier gleichgesetzt mit einem unterschiedlichen Ausmaß oder Umfang von Unterdrückung – wenn wir also feststellen, daß wir unterschiedlich sind, sind wir gezwungen, Unterdrückung quantitativ zu messen. Kein Wunder, daß keine von beiden den Unterschied wahrnehmen wollte.[71]

Die Trennung wird hier unabhängig von ihrer Liebe vollzogen, weil die Liebenden sich entschieden, keine Risiken einzugehen. (Nochmals: Sicherheit ist kein Ziel.) In ihrer Beziehung durften nur die Dinge vorkommen, in denen sie gleich waren, die Dinge, in denen sie zueinander paßten. Und wenn sie andere Anteile ihrer Identität in die Beziehung eingebracht hätten, wären sie in bestimmten Dingen getrennt gewesen: Da die eine etwas zu bewältigen hat, mit dem sich die andere nicht zu befassen braucht, wird es immer ein Getrenntsein geben. Das Getrenntsein oder der Unterschied braucht jedoch die Beziehung oder die Liebe nicht zu bedrohen oder zu untergraben, sondern kann dazugehören.

Dennoch sind wir, wenn sich Unterschiede zeigen, versucht, sie zu unterdrücken.[72] Daher müssen wir Teile von uns abspalten, um eine Beziehung aufrechtzuerhalten. Und wenn das Anderssein nicht länger ignoriert werden kann, zerbricht die Beziehung und scheint damit die Vorstellung zu bestätigen, daß Grenzen eine Verbindung untergraben, daß jeder Unterschied und jedes Getrenntsein die Verbindung bedroht.

Die Passage aus *Zami* macht auch deutlich, daß die Furcht vor der Unterschiedlichkeit uns dazu verleiten kann, uns einander nicht zuzuwenden. Angst vor dem Anderssein und der Getrenntheit kann zu dem ignorierenden, achtlosen, trennenden Verhalten führen, das eine Beziehung tatsächlich untergräbt.

Wenn wir außerdem die Verbindung mit anderen mit Verschmelzung gleichsetzen, ignorieren wir in der Annahme, unsere Ziele seien identisch mit den Zielen derer, die uns nahestehen, zu leicht unsere eigenen Grenzen und die der anderen. Oft scheinen wir um so weniger Respekt für das einzigartige Ich der anderen zu haben, je näher wir einander kommen. Auf diese Weise kann eine Liebesbeziehung zum Machtkampf werden. Verbindung und Interaktion – sich aufeinander einlassen – ist nicht einmal im Idealfall ein Verschmelzen. Und die Anerkennung von Unterschieden ruft nicht schon aus sich heraus Feindschaft hervor.

Selbst-Bewußtsein

Als einer der vielleicht einflußreichsten Philosophen hat Hegel die Idee vertreten, die Anerkennung von Unterschieden und Grenzen bedinge Feindschaft. Nach Hegel ist Feindschaft notwendig, weil wir durch sie zu einem Bewußtsein unserer selbst kämen. Der Teil der Hegelschen Argumentation, der mich interessiert, lautet folgendermaßen: Um menschliche und moralische Wesen zu sein (und damit anders als die unbelebten Dinge und die Tiere), müßten wir ein Bewußtsein unserer eigenen Existenz (unserer Andersartigkeit, unseres Getrenntseins) entwickeln. Damit dies möglich werde, müsse eine Person (ein Selbst) von einem anderen bewußten Wesen (Selbst) erkannt und anerkannt werden. Die eine Person (Selbst) müsse sich, um diese Anerkennung zu erlangen, gegenüber der anderen Person durchsetzen. Die andere Person werde dasselbe versuchen, da sie ebenfalls eine Person (ein Selbst) sei. Die Durchsetzung des Selbst müsse eine Durchsetzung gegenüber anderen sein, da die Anerkennung der anderen nur nach den eigenen Kriterien zu erfolgen habe; das Erkennen wie das Anerkennen müsse die eigenen Werte wiederspiegeln. Die eine Person könne nicht zulassen, daß die andere Person sie einfach in irgendeiner Weise wahrnimmt. In dem Prozeß, zu einem Bewußtsein von sich selbst zu gelangen, gerieten die beiden in einen Kampf um Leben und Tod.[73]

In diesem Kampf gehe es zwar um Leben und Tod, doch könne er nicht wirklich mit der Vernichtung des einen ausgehen, weil damit der Zweck, Anerkennung zu erlangen, vereitelt wäre. Beide Personen würden erkennen, daß das Leben der anderen für das eigene Ziel wichtig sei, so daß die rationale Entscheidung die sei, den anderen nicht zu vernichten, sondern zu beherrschen. Die Person, die in diesem Kampf die Oberhand behielte, werde der Herr bzw. die Herrin und würde der anderen Person sich und seine/ihre Werte so weit aufzwingen, daß diese andere Person, der Sklave bzw. die Sklavin, das eigene Wesen durch die Brille der Werte des Herrn wahrnehme:

> Die eine [der zwei entgegengesetzten Gestalten des Bewußtseins] ist das Selbständige, welchem das Fürsichsein, die andere das Unselbständige, dem das Leben oder das Sein für ein Anderes das Wesen ist; jenes ist der *Herr*, dies der *Knecht*.
>
> Der Herr ist das *für sich* seiende Bewußtsein, aber nicht mehr nur der Begriff desselben, sondern für sich seiendes Bewußtsein, welches durch ein *anderes* Bewußtsein mit sich vermittelt ist, nämlich durch ein solches, zu dessen Wesen es gehört, daß es mit selbständigem *Sein* oder der Dingheit überhaupt synthetisiert ist.[74]

Der wichtigste Übersetzer Hegels, J.B. Baillie, schreibt über diesen Aspekt des Hegelschen Werkes:

> Der Hintergrund des Hegelschen Gedankens ist das bemerkenswerte menschliche Phänomen der Unterordnung eines Selbsts unter ein anderes, das wir in allen Formen der Unterwürfigkeit finden – Sklaverei, Leibeigenschaft oder freiwilligem Dienst. Unterwürfigkeit ist nicht nur eine Phase der menschlichen Geschichte, es ist eine grundsätzliche Bedingung für die Entwicklung und Erhaltung des Selbst-Bewußtseins als einer konkreten Erfahrung.[75]

Hegel argumentiert weiter, dieses Herr/Sklave-Arrangement sei nicht absolut erfolgreich. Wenn der Herr in dem Sklaven nicht ein unabhängiges Selbst erkenne, beraube er sich der Erkenntnis seiner eigenen Freiheit: Er sei praktisch abhängig von dem Sklaven. Und der Sklave handele zwar aus Furcht, wenn er den Willen seines Herrn erfülle und sich selbst zum Objekt mache, doch erlange er durch sein Bemühen eine gewisse Selbstverwirklichung. Hegel meint also, das Bemühen um Selbst-Bewußtsein führe nicht zur vollkommenen Freiheit. Um die vollkommene Freiheit zu erlangen, übernehme der Mensch schließlich die durch das gesellschaftliche Leben – von der Familie bis zur Religion – institutionalisierten Gesetze. In diesen Institutionen verkörpere sich der menschliche Geist und könne sich zu den höchsten Höhen aufschwingen. Damit wird die Pflicht zum Zentralbegriff einer ethischen Existenz.[76] Dennoch meint Hegel, das Herr/Sklave-Verhältnis sei eine notwendige Phase in der Höherentwicklung des Menschen.

Das anglo-europäische Denken ist durchdrungen von der Vorstellung, die Individuen müßten durch die Entdeckung ihrer Grenzen in Konflikt miteinander geraten, dieser Konflikt würde in der Form der Durchsetzung gegenüber den anderen ausgetragen, und um zusammenzuarbeiten, müsse einer dem anderen nachgeben, so daß selbst Kooperationsbemühungen als Unterwerfung des einen unter den anderen erscheinen.[77]

Wir müssen zwar unsere Grenzen neu bewerten, wenn wir uns mit anderen auseinandersetzen oder sogar in Konflikt mit ihnen geraten, doch braucht Interaktion nicht zu bedeuten, daß beide ihre Werte gegenüber der anderen durchzusetzen versuchen, um ihr Selbstgefühl zu finden oder zu erhalten. Es muß auch nicht heißen, daß eine ihre eigene Meinung aufgibt, um ihre Werte durch die andere zu finden. Doch genau das ist jenes romantische Denken, das den Hintergrund unseres Begriffssystems bildet und durch die Verbreitung des Hegelschen Werks genährt wird. Monique Wittig meint dagegen, wenn mein Selbstwertgefühl über dich hinauswächst und sich gegen dich wendet, dann sei unsere Identität eine heterosexuelle.[78]

Unser Selbstwertgefühl, unser Identitätsbewußtsein, muß nicht aus der Durchsetzung oder versuchten Durchsetzung gegenüber anderen entstehen. Anerkennung zu gewinnen, muß nicht bedeuten, die Werte der anderen auszulöschen. Der Prozeß des Umgangs miteinander (in dem wir Unterschieden begegnen und damit unseren Horizont erweitern, uns an Übereinstimmungen freuen und uns dadurch verbünden) muß nicht heißen, das eigene Selbst über und gegen ein anderes Selbst zu stellen. Wenn wir außerdem feststellen, daß in mancher Hinsicht unser Bewußtsein verschieden ist, macht das unsere Beziehung noch nicht antagonistisch, wie Hegel dachte. Verbindung ist nicht Verschmelzung, heißt nicht, sich selbst in einer anderen zu finden. Marilyn Frye schreibt:

> Sicherlich kann jemand eine andere mit liebevollem Blick ansehen, anders als eine Sklavin oder ein Herr, ohne den Verdacht, die andere stelle eine ständige Bedrohung dar oder existiere ihr zuliebe: Sie sieht auch nicht mit fremden Augen, statt mit den eigenen. Die Interessen der Sehenden und der Gesehenen sind nicht miteinander verschmolzen, weder durch Terror noch *a priori* durch begriffliche Verbindungen, die das anmaßende Auge herstellt. Eine, die mit liebevollem Blick sieht, ist von der anderen, die sie sieht, getrennt. Zwischen ihnen verlaufen Grenzen; sie und die andere sind zwei; ihre Interessen sind nicht identisch; sie sind nicht in einer parasitären oder symbiotischen Beziehung verschmolzen, und sie glaubt dies nicht und versucht auch nicht, so zu tun.[79]

Eine unter vielen

Auch ich bin der Meinung, daß wir Selbst-Bewußtsein ebenso wie Wahrgenommenwerden und Anerkennung von anderen brauchen, um moralisch handlungsfähig zu sein; ich meine jedoch nicht, daß wir Herrschaft und Unterordnung brauchen, um es zu erreichen. Statt uns als im wesentlichen antagonistisch gegenüber allen anderen wahrzunehmen, können wir uns in kooperativer Beziehung zueinander sehen. Statt unser Selbst als im wesentlichen isoliert, grenzenlos und damit in der Begegnung mit anderen behindert, ja sogar bedroht wahrzunehmen, können wir unser Selbst als *eines unter vielen* und damit durch die anderen gestärkt betrachten.

Hegel beschäftigte der Gedanke, daß wir die Anerkennung durch jemand anders vielleicht nicht nach unseren eigenen Kriterien erhalten: Ich kann mich in einem Projekt ernsthaft engagieren, aber von einer anderen für idiotisch gehalten werden. Nach Hegels Theorie muß ich, um mein Selbst zu gewinnen, die andere beherrschen und sie zwingen, mich nach meinen eigenen Werten wahrzunehmen. Wenn ich jedoch mein Selbst als eines unter vielen wahrnehme, dann bin ich nicht von der Anerkennung einer anderen Lesbe abhängig (auch wenn ich mich sonst vielleicht auf sie verlasse). Also wird es mich vielleicht beschäftigen (oder auch nicht), daß mich eine Lesbe idiotisch findet, aber ich muß ihre Wahrnehmung nicht unter Kontrolle bekommen, um mein Selbstgefühl zu erhalten.

Wenn wir uns unter Lesben vor der Wahrnehmung der anderen fürchten, fürchten wir uns oft nur vor einem selbsterfundenen Hirngespinst. Meiner Erfahrung nach sind unsere Hirngespinste gewöhnlich schrecklicher als die Wahrnehmungen, die andere von uns haben; und durch Kommunikation können wir diese Hirngespinste erkennen und bewältigen. Wenn wir unser Selbst als eines unter vielen betrachten, können wir auch erfahren, daß die Wahrnehmung einer anderen von uns eben nur das ist – eine Wahrnehmung – und uns ebensoviel über sie sagt wie über uns selbst. Wenn wir beispielsweise in ihrer Wahrnehmung ein gesellschaftlich verbreitetes Stereotyp entdecken, können wir daraus entnehmen, daß sie (einige) herrschende Werte nicht hinterfragt hat. Wenn wir finden, daß wir selbst herrschende Werte repräsentieren, sagt uns das etwas über ihre Erfahrungen. Indem wir unser Selbst als eines unter vielen betrachten, können wir erkennen, daß keine Wahrnehmung uns festlegt und jede einzelne uns Informationen gibt, die wir bei Entscheidungen nutzen können. Und wir können erkennen, daß weder die Beherrschung der

Wahrnehmungen anderer noch die Unterwerfung unseres Selbst unter ihre Wahrnehmungen oder Vorschriften die richtige Antwort auf die Unterschiedlichkeit der Wahrnehmungen ist.

Indem wir unser Selbst autokoinon als eines unter vielen betrachten, können wir erkennen, daß unsere Möglichkeiten durch unser Einlassen auf die anderen gefördert werden, daß dieses Einlassen Möglichkeiten eröffnet, die es zuvor nicht gab. Wir können durch Geben und Nehmen von Zuwendung ein stärkeres Bewußtsein unseres Selbst bekommen; in Gruppenzusammenhängen gewinnen wir ein Selbstgefühl in Beziehung zu den anderen. Auch gewinnen wir ein Gefühl für unsere Einzigartigkeit: Keine handelt oder redet oder ist gegenüber anderen genauso wie ich. Außerdem wird das, was ich tue oder sage oder bin, verstärkt durch das, was andere tun und sagen und sind – sowohl die, die mir in gewissen Punkten rechtgeben, als auch die, die in bestimmter Hinsicht anderer Ansicht sind – und umgekehrt. Ihr Einlassen erweitert meine Möglichkeiten und umgekehrt. Also müssen wir nicht versuchen – um auf die in der Passage aus *Zami* geäußerten Bedenken zurückzukommen –, unsere Unterschiedlichkeit um der Verbindung willen zu verleugnen. Die Unterschiede setzen also nicht etwa Antagonismen voraus und untergraben unsere Verbindung, sondern können diese im Gegenteil verstärken.

Lesben haben auf ihrer Reise viele Projekte – sie wirken als Heilerinnen, Impulsgeberinnen, Erzieherinnen, Archivarinnen und vieles andere. Nicht alle passen reibungslos zusammen. Eine lesbische Erzieherin wirkt vielleicht als Katalysator und setzt Veränderungsprozesse in Gang, während eine lesbische Heilerin durch ihr Tun beruhigend und lösend wirkt.[80] Wir alle bringen als Aktivistinnen, Theoretikerinnen oder Träumerinnen verschiedene Elemente ein, die zu den lesbischen Werten beitragen. Doch keine entwertet die andere. Wenn wir Gemeinsamkeit unter Lesben finden, dann weder, weil wir wie eine einzige handeln, noch, weil wir andere beherrschen oder uns fremden Plänen anpassen, sondern deshalb, weil wir mit unseren Entscheidungen zum Fundament lesbischen Seins beitragen.

Wenn wir also unser Selbst als eines unter vielen und damit als autokoinon betrachten, fördert dies ein unverwechselbares Selbstgefühl ebenso wie Verständnis und wirkliche Wertschätzung der Unterschiedlichkeit. Wie Audre Lorde später schrieb, ist es nicht unser Ziel, Unterschiede zu tolerieren, sondern sie anzunehmen:

> Für das bloße Tolerieren der Unterschiede zwischen Frauen zu plädieren, ist plattester Reformismus. Damit wird die kreative Funktion der Unterschiedlichkeit in unserem Leben vollkommen geleugnet.[81]

Unterschiedlichkeit und Antagonismus

Unterschiede anzunehmen ist dennoch leichter gesagt als getan, vor allem im Zusammenhang mit Unterschieden, die durch die herrschende Gesellschaft entstanden sind, beispielsweise bei Unterschieden der Klasse und der ethnischen Zugehörigkeit. Audre Lorde sagt weiter:

> Unterschiede dürfen nicht bloß toleriert werden, sondern müssen als Fundus notwendiger Polaritäten gelten, zwischen denen unsere Kreativität gleichsam dialektisch Funken sprühen kann.[82]

Audre Lorde machte diese Bemerkungen bei einer Konferenz, bei der schwarze Feministinnen und Lesben nur an einer einzigen Podiumsdiskussion beteiligt waren, die sich mit der Funktion der Unterschiede im Leben amerikanischer Frauen beschäftigte. Ihrer Ansicht nach zeugt es von akademischer Anmaßung zu glauben, irgendeine Diskussion könne ohne Beiträge von armen Frauen, schwarzen Frauen, Frauen aus der »Dritten Welt« und Lesben auskommen.[83] Es war eine Situation, in der durch Übergehen ein Antagonismus hervorgerufen wurde und in der es wichtig war, den Zustand der Ignoranz zu beenden.

Das Annehmen von Unterschieden auf allgemeiner, theoretischer Ebene im Sinne von Polarität und Dialektik ist jedoch problematisch. Unterschiedlichkeit als Polaritäten (oder Gegenkräfte) zu charakterisieren und unsere Interaktion als dialektischen Prozeß zu beschreiben (in dem Kräfte, die miteinander im Widerstreit liegen, in eine Synthese gebracht werden, aus der dann neue einander widerstreitende Kräfte entstehen, die wiederum in eine Synthese gebracht werden müssen, usw.), heißt immer noch, sich auf das hegelianische Verständnis von Selbst und Interaktion zu berufen. Das ist einfach die Umkehrung der Vorstellung, wir müßten (antagonistische) Unterschiede unterdrücken, um Verbindungen zu schaffen; hier heißt es nur, daß durch das Hervorheben der antagonistischen Unterschiede Kreativität und Verbindung verstärkt würden.

Problematisch ist, daß eine solche Theorie einen immanenten Interessenkonflikt voraussetzt (mit dazugehörigem Schwerpunkt auf Egoismus versus Altruismus) und wir daher eher mit der Vorstellung der Verantwortlichkeit als des Nachvollziehens aufeinander zugehen. Das führt dazu, daß unser Verständnis von Verbindung sich in eine Frage der Koalitionen und nicht der Freundschaften auflöst. Und unsere Interaktionen werden damit ein antagonistisches Fundament stützen, wenn auch in veränderter Form. Meiner Meinung nach wird eine Charakterisierung der Unterschiedlichkeit unter uns im Sinne von Polarität und Dialektik die Verbindungen von Lesben untereinander eher untergraben als stützen.

Eine unter vielen – und die Grenzen

Um unsere Unterschiedlichkeit anzunehmen, brauchen wir uns nicht antagonistisch zu verhalten, wie es Hegels Theorie impliziert. Nochmals: Statt unser Selbst in der Begegnung mit anderen als grenzenlos und damit als behindert und bedroht wahrzunehmen, sollten wir unser Selbst autokoinon als eines unter vielen betrachten.

Damit spreche ich mehrere Ebenen an. Erstens entwickeln wir dadurch ein Gefühl für unsere Grenzen – wo sie nicht überschritten werden sollten (zumindest momentan nicht), wo sie flexibler sind und damit offen für eine Erweiterung, wo sie uns blockieren und anderes. Auf diese Weise spüren wir eher, wenn andere unsere Grenzen verletzen – und falls sie Macht über uns haben, wie wir unser moralisches Selbstgefühl trotz der Grenzverletzung erhalten können. Auch bekommen wir ein besseres Gefühl dafür, wo und wie und wann wir uns für etwas einsetzen und eine bestimmte Richtung einschlagen können – ein besseres Gefühl dafür, was wir schaffen können und was nicht, so daß unsere Entscheidungen fundierter werden.[84] Mit anderen Worten: Unser Selbst als eines unter vielen wahrzunehmen, stärkt unser Selbst-Bewußtsein, unsere Selbsterkenntnis.

Zweitens können wir dann leichter erkennen, daß moralische Handlungsfähigkeit nicht in der Kontrolle über Situationen besteht, sondern darin, unseren eigenen Part zu berücksichtigen und zu handeln; das bedeutet, wir nehmen unser Selbst nicht isoliert, sondern in Zusammenhänge eingebettet wahr. Bei der moralischen Handlungsfähigkeit geht es dann nicht darum, wie wir all der Ungerechtigkeit ein Ende machen können, sondern welche Rolle wir darin spielen und was wir als nächstes tun wollen. Die Anerkennung unserer Grenzen lenkt dann nicht von unseren Interaktionen ab, sondern stellt uns in einen Kontext, in dem wir handeln.

Wenn wir unser Selbst als eines unter vielen betrachten, werden wir also mit der Zeit verstehen, wie wir unter einschränkenden Bedingungen handeln können. Aus diesem Verständnis heraus, meine ich, können wir leichter mit den Einschränkungen und Zwängen der Unterdrückung umgehen und uns besser gegen die Demoralisierung wehren. Außerdem gelingt uns auf mehreren Ebenen die selbstgewählte Verbindung mit anderen, die in vieler Hinsicht anders sind, so daß wir eine Vernetzung erreichen, die wirksam und stabil ist.

Wir sind zwar in unseren Entscheidungen aufgrund der Unterdrückung Zwängen ausgesetzt, doch was wir meiner Ansicht nach durch die Anerkennung unserer Grenzen begreifen können, ist, daß die moralische Handlungsfähigkeit sich durch fortgesetztes Entscheiden in eingeschränkten Situationen zeigt (auch durch die Entscheidung, einige dieser Zwänge und Einschränkungen zu bekämpfen). So können wir beginnen, unser Selbst zu einem Energiefeld zu transformieren, das zum Widerstand gegen die Unterdrückung fähig ist; wir können uns in Wesen verwandeln, welche die Teilhabe an Herrschafts- und Unterordnungsbeziehungen nicht mehr gewöhnt sind.

Grenzen spielerisch überwinden

Die Unterschiedlichkeit annehmen

Nun bleibt die Frage: Wenn wir uns nicht antagonistisch auf andere beziehen, wie Hegel und viele andere anglo-europäische Theoretiker behaupten, was für Beziehungen haben wir dann? Wie gehen wir mit Unterschiedlichkeit und Pluralität um? Was bedeutet die nachvollziehbare moralische Handlungsfähigkeit konkret?

Zunächst werden wir es durch die Wahrnehmung unseres Selbst als eines unter vielen als Verlust empfinden, wenn wir nur von anderen umgeben sind, die nicht anders ist als wir. Die Anerkennung unserer Getrenntheit (Andersartigkeit, Unterschiedlichkeit) ist es, die zu einer Verbindung über die Unterschiede hinweg führt.

Wenn wir uns als autokoinon wahrnehmen, als Ich in der Gemeinschaft, dann besteht der Prozeß der Anerkennung unserer Grenzen darin, uns unserer Begrenztheiten und damit unserem Bedürfnis nach anderen bewußt zu werden, deren Begrenztheiten anders sind und die uns deshalb helfen können, unseren Horizont zu erweitern. Die Lesbengemeinschaft ist eine Quelle der Vielfalt und bietet uns Zugang zu vielen verschiedenen Formen des Andersseins, die es anderswo einfach nicht gibt. Wenn wir Wachstum und Unterstützung durch die Gemeinsamkeiten mit anderen gleicher ethnischer Gruppen und Klassen suchen, so werden wir auch Wachstum und Unterstützung in der Bereicherung finden, die aus der Vielfalt um uns herum erwächst.

So gesehen, bedingt Nachvollziehen, daß wir mit dem echten Wunsch nach Verständnis und Einlassen auf andere zugehen. Daraus entsteht ein Bewußtsein für das Bedürfnis nach den anderen, einem Bedürfnis, das keine Unterordnung[85], sondern Teilhabe ist. Daß andere mir etwas anbieten, zu dem ich selbst keinen direkten Zugang habe, ist ein wertvolles Geschenk, und auch das macht die Lesbengemeinschaft zu etwas Besonderem.

Spielerische Weltreise

Doch wie bringen wir diese Teilhabe zuwege, besonders wenn wir bedenken, daß wir alle von der in der Gesellschaft vorherrschenden Auffassung der Unterschiedlichkeit als Antagonismus geprägt sind? María Lugones schlägt das Bild einer 'spielerischen Weltreise' vor, durch die wir lernen können, über die kulturellen und ethnischen Grenzen hinweg zu lieben.[86]

Für María Lugones enthält die Weltreise zwei Elemente: Sie ist flexibel und spielerisch. Flexibilität haben wir uns notwendigerweise schon dadurch angeeignet, daß wir Außenseiterinnen in einer Heterogesellschaft sind. Folglich ist sie eine Fähigkeit, die wir auf andere Situationen übertragen können. Für María Lugones ist es das spielerische Element, das unsere Flexibilität anregt. Für viele von uns, die ihre Flexibilität durch das Überleben in der Unterdrückung gewonnen haben, mag dies schwierig sein – für die lesbische Ethik ist diese Fähigkeit jedoch von zentraler Bedeutung. Denn die Fähigkeit, spielerisch zu sein, beinhaltet auch die Fähigkeit, in die andersartigen Welten anderer Lesben/Frauen zu reisen.[87]

María Lugones' Vorstellung vom Spielerischen steht in radikalem Gegensatz zu der männlichen Vorstellung von Spiel. Bei einer Auswertung der Literatur fand sie, daß Männer 'Spiel' in agonistischem oder in antagonistischem Sinne charakterisieren.[88] 'Spiel' kommt im Sinne von Gewinnen und Verlieren vor, in Begriffen wie Wettkampf, Regeln und Schlachten, auch im Sinne von Rollenspiel. In diesem Verständnis von Spiel ist Leistung ein zentrales Moment. María Lugones stellt fest, daß der westliche Mann nach eigener Aussage im Spiel ein Imperialist ist – das ist für ihn gleichbedeutend mit Spiel. Und sie meint, dem westlichen Mann als antagonistischem Spieler können seine Versuche, in andere Welten zu reisen, nur mißlingen, weil er diese immer zu erobern versucht.[89]

Im Gegensatz dazu kann das Spielerische für Lesben bedeuten, Weltreisende zu werden, sich in die Wahrnehmungen, Denkweisen und Welten anderer Lesben zu begeben. Zum spielerischen Weltreisen gehört die Fähigkeit, die Welt einer anderen, die ganz anders ist als wir, zu betreten, ohne sie zerstören zu wollen. Dazu gehört, Mehrdeutigkeit annehmen zu können und für Ungewißheiten und Überraschungen offen zu sein. Gloria Anzaldúa nennt das »atravesando fronteras« (Grenzüberschreitung). Sie beschreibt das Bewußtsein der Mestizin folgendermaßen:

> Sie hat entdeckt, daß sie Begriffe oder Ideen nicht in starren Grenzen halten kann. Die Schranken und Mauern, die unerwünschte Ideen abhalten sollen, sind die tief verwurzelten Gewohnheiten und Verhaltensmuster; diese Gewohnheiten und Muster sind der innere Feind. Starrheit bedeutet Tod. Nur wenn sie beweglich bleibt, kann ihre Seele sich in die Weite und die Höhe ausdehnen.[90]

Um spielen zu können, müssen wir unser Verständnis von Welt, Realität und Ordnung aufgeben. Und dazu brauchen wir Selbstzentriertheit und Selbsterkenntnis: Auch wenn wir unsere Grenzen anerkennen und verstehen, brauchen wir doch die Flexibilität, um sie zu überschreiten. Als spielerische Weltreisende brauchen wir María Lugones zufolge das Gefühl, auch im reinen mit uns selbst zu sein.[91]

Deshalb ist für die spielerische Weltreise die Fähigkeit nötig, nicht den Glauben, sondern den *Unglauben* aufzuheben.[92] Es ist weniger unser Glaube als unser Unglaube, der uns veranlaßt, andere außer acht zu lassen und der patriarchalen Wahrnehmung gegenüber loyal zu bleiben. María Lugones schreibt:

> Meine Mutter erschien mir meist als Opfer anmaßender Wahrnehmung. Ich blieb loyal gegenüber dem Bild, das ein anmaßender Blick von ihr gezeichnet hatte, und damit ihr gegenüber illoyal, denn ich fand, sie sei mit diesem Bild erschöpfend beschrieben. [...] Als ich in ihre »Welt« reiste, erkannte ich, daß sie durch das Bild des staatstragenden argentinischen Patriarchats von ihr nicht erschöpfend beschrieben wurde. Ich erkannte, daß es »Welten« gibt, in denen sie als kreatives Wesen sichtbar wird.[93]

María Lugones erläutert, welche Bedeutung die Weltreise für unsere Fähigkeit zur Verbindung hat:

> Ich glaube, die Reise in die »Welt« einer anderen ist eine Möglichkeit der Identifizierung mit ihr, denn durch die Reise in ihre »Welt« können wir verstehen, *was es heißt, sie zu sein, und was es in ihren Augen heißt, wir zu sein.* Nur wenn wir uns in die »Welt« der anderen begeben haben, sind wir ganzheitliche Subjekte füreinander.[94]

Die Clownin

Spielerisch zu sein, heißt also, sich einander ganz zuzuwenden. Darüber hinaus bedeutet es auch, offen zu sein für das Verhalten einer Närrin, »einer Kombination daraus, sich keine Sorgen um die eigene Leistungsfähigkeit zu machen, sich nicht wichtig zu tun, Normen nicht für heilige Kühe zu halten und Mehrdeutigkeiten amüsant zu finden«.[95] Wie Anne Throop Leighton sagt, enthält das Spielerische die Bereitschaft, Dinge unausgesprochen zu lassen, und die Bereitschaft, eine Verbindung über Lücken, Sprünge, Verlegenheitsmomente, Stottern, Fehler und Verwirrungen hinweg zu erhalten, weil es keine Regeln gibt.[96] Eine Närrin zu sein, hat noch eine weitere Dimension:

> Ich kann in einer bestimmten »Welt« sein und ein doppeltes Selbstbild haben, beispielsweise spielerisch und nicht spielerisch. Aber dies ist für die Außenseiterin außerhalb der dominanten Gesellschaftsschicht ein bekanntes und sehr vertrautes Phänomen in manchen wichtigen Situationen: Wenn ich in der einen »Welt« zum Beispiel die lebendige Karikatur dieser »Welt« über die Person darstelle, die ich in der anderen »Welt« bin. Ich kann beide Selbstbilder haben, und wenn ich beide Bilder gleichzeitig materialisieren oder beleben kann, werde ich ein mehrdeutiges Wesen. Das gehört schon sehr zur Clownerei und Narretei. Bezeichnenderweise sind ClownIn und Närrin/Narr in vielen Subkulturen oder Gegenkulturen wichtige Charaktere [...] Ich kann dem Stereotyp entsprechend gefühlsbetont oder auch authentisch sein, und du als Weiße weißt nicht, was ich wirklich bin, *weil* ich eine Latina bin. Als Latina bin ich ein mehrdeutiges Wesen, ein Ich mit zwei Gesichtern: Ich spüre, daß die Gringos mich stereotyp als gefühlsbetont sehen, weil ich als Latina so konstruiert bin, aber ich kann *absichtlich* das Stereotyp oder das Authentische beleben oder auch nicht, weil ich weiß, daß du es in irgendeiner anderen Form als der stereotypen Konstruktion nicht erkennen wirst. Diese Mehrdeutigkeit ist komisch, und nicht nur komisch, sondern überlebensnotwendig. Auch von denjenigen, die uns beherrschen, können wir ein komisches Bild zeichnen, weil wir das Zweischneidige daran sehen, ihre doppelte Natur sehen [...] Wir kennen also Wahrheiten, die nur Närrinnen/Narren aussprechen und nur ClownInnen gefahrlos spielen dürfen.[97]

Spielerisch zu sein, ist also in sich zweischneidig und mehrdeutig, und dafür müssen wir sowohl Clowninnen als auch Forschungsreisende sein. Und wenn wir in der Lesbengemeinschaft einer begegnen, die zu ernst oder zu sehr auf sich selbst oder auf die herrschende Ideologie fixiert ist, können wir ihre Starrheit spielerisch ins richtige Verhältnis rücken, so daß sie sich auflöst.

Dies ist eine Möglichkeit, die Macht der Privilegien untereinander zu demontieren, die Macht, die aus Institutionen wie Antisemitismus, Klassendiskriminierung, Rassismus und anderen erwächst. Wir haben zwar das Problem mit der Macht der herrschenden Privilegien benannt, sind jedoch mit seiner Überwindung noch nicht sehr weit gekommen. (Jede von uns bekommt die Auswirkungen dieser Macht in der einen oder anderen Weise zu spüren, und wir alle haben diese Macht in irgendeiner Form.)

Auch wenn wir dafür plädieren, einander Zuwendung zu geben, bleibt immer noch ein Ungleichgewicht. Diejenige, die aus ihrem herrschenden Privileg heraus handelt, kann sich einfach für die Nicht-Zuwendung, das Ignorieren entscheiden. Das gehört zu ihren Wahlmöglichkeiten. Diejenigen jedoch, welche die Auswirkungen dieser Entscheidung zu spüren bekommen, brauchen in der Lesbengemeinschaft nicht einfach damit zu leben. Wir können uns zurückziehen, was vorkommt, oder zur Konfrontation übergehen. Wir können auch die Clownin auftreten lassen.

Das heißt, die Frage der Privilegien aufgrund von Körpergröße, Nicht-Behinderung oder Alter zum Beispiel ist immer noch aktuell. Ich habe gesagt, wir sollten Nachvollziehbarkeit statt Verantwortlichkeit anstreben, und das setzt in bestimmter Hinsicht eine Gleichstellung ohne diese Unterschiede in den Privilegien voraus.[98] Nachvollziehbarkeit setzt einen Zwei-Weg-Prozeß in Gang; wenn also zum Beispiel eine nicht-jüdische Lesbe eine jüdische Lesbe aus Ignoranz links liegen läßt, scheint dies ein Versagen auf beiden Seiten zu sein. Nachvollziehbarkeit fördert also offenbar das Ungleichgewicht der herrschenden Privilegien. Also brauchen wir etwas, das diese Privilegien und das mit ihnen verbundene Ignorieren bzw. die Ignoranz außer Kraft setzt.

Eine Möglichkeit ist, die Clownin zu spielen. Eine Lesbe aus der Arbeiterklasse könnte zum Beispiel eine Mittelschichtlesbe, die aufgrund ihrer Klassenprivilegien die Realität des Lebens in der Arbeiterklasse nicht kennt (oder ignoriert) und sich statt dessen an die herrschenden Werte hält, hereinlegen, beschwindeln oder auf den Arm nehmen. Eine schwarze Lesbe kann eine weiße Lesbe foppen, anschmieren oder einwickeln. Eine Lesbe, die die Clownin spielt, bekämpft die Privilegien und die Ignoranz, die eine andere Lesbe in der Kommunikation mit ihr zeigt. Und da die andere Lesbe weiß, daß die Clownin in unserer Mitte lauert und jederzeit in jeder Gestalt auftauchen kann, wird sie die mit ihren Privilegien verbundene Ignoranz und damit die Privilegien selbst bewältigen müssen und wollen, um den Streichen zu entgehen und nicht dumm dazustehen – oder sie wird Spaß an den Streichen haben: Denn in unserer Mitte zu ruhen, heißt auch, über uns selbst lachen zu können.

Allgemeiner gesehen, kann eine Clownin unsere Versuche lächerlich machen, uns selbst und die Situation vor allem mit Hilfe der patriarchalen Hierarchie zu beherrschen. Anne Throop Leighton verweist darauf, daß an dem spielerischen Element unsere Intuition, Phantasie und vor allem unser Schalk beteiligt sind.[99]

Die Clownin ist ebenso wie die Hexe und die Amazone vom Patriarchat und seinem Todernst unterdrückt worden. Kate Clinton bemerkt: »Schon früh lernte ich, meine witzigen Bemerkungen zu verleugnen, zu sagen, ach, das war nur Spaß. Ich lernte, mich für Erkenntnisse zu entschuldigen, die mir unabsichtlich und ungebeten entflogen.«[100] Es wird Zeit, daß die Clownin bei uns zu vollem Leben (ihren Fähigkeiten) wiedererweckt wird. Wie die Großmutter in *Daughters of Copper Woman* erzählt:

> Wir hatten Clowns [...] Nicht so Clowns, wie sie heutzutage herumlaufen, mit dicken roten Nasen und Sackkleidern. Unsere Clowns trugen alle möglichen Sachen. Sie zogen alles an, wozu sie Lust hatten. Und sie kamen nicht nur ab und zu mal herein, um Späße zu machen und die Leute zum Lachen zu bringen; unsere Clowns waren die ganze Zeit bei uns, sie waren für das Dorf so wichtig wie der Chief, der Schamane, die Tänzer oder Dichter.
>
> Ein Clown [...] kommentierte alles, jeden Tag, die ganze Zeit. Wenn ein Clown das, was der Stammesrat beschließen wollte, blöd fand, dann tauchte der Clown einfach im Rat auf und imitierte jede Bewegung, die die Chiefs machten. Der Clown imitierte sie nur so, daß an der Person jede Warze sichtbar wurde, jede Gedankenlücke plötzlich richtig groß wirkte.
>
> Es war so, wenn du dir etwas auf deine Kleidung einbildetest, dann liefen die Clowns ganz plötzlich direkt hinter dir, in den gräßlichsten und schmierigsten Klamotten, aber alles sah irgendwie aus wie das, was du anhattest. Wenn du eine Halskette trugst, die du immer anhattest und mit der du angeben wolltest, dann hatten die Clowns Rindenstücke und kleine Zweige um und Hundekot und zerbrochene alte Muscheln und alles, was du dir nur vorstellen kannst, und alles war zu einer Halskette wie deiner aufgefädelt. Und wenn du so einen gewissen eitlen Gang hattest, gingen die Clowns genauso wie du. Wenn du deine besten Kleider anhattest, kamen die Clowns in Lumpen und Fetzen und alten Farnwedeln und was weiß ich, und ihre Haare sahen aus wie Vogelnester, alles voll Schlamm und dürrer Zweige und Dreck, und sie folgten dir überall hin. Alles was du machtest, machten sie auch. Und niemand wagte es, die Clowns anzugreifen! Wenn du das machtest, na, dann Schimpf und Schande über dich. Ein Clown tat das alles nicht, um dich zu verletzen oder lächerlich zu machen oder gemein zu sein. Es sollte dir zeigen, wie du in den Augen anderer Leute aussahst, damit du selbst merken konntest, wie blöd es ist, um ein paar Klamotten oder sowas so ein Theater zu machen, statt um das, was zählt: freundlich zu den Leuten zu sein, liebevoll zu sein und zu versuchen, mit den Leuten auszukommen, mit denen du zusammenlebst.[101]

Von daher ist zu begreifen, daß Beweglichkeit und spielerisches Verhalten keine Fixierung auf eine bestimmte Konstruktion des Selbst zulassen.

Eine spielerische Einstellung

María Lugones unterscheidet die spielerische Weltreisende von dem ernsten menschlichen Wesen, das nicht mehrdimensional ist, keinen Spaß am Leben hat, dem der Spaß wegkonstruiert wurde. Sie verweist darauf, daß die Gefahr des Rollenspiels darin besteht, daß es zu einem festen Begriff des Selbst führt.[102] (Dadurch führt es dazu, die anderen nicht ernst zu nehmen.)[103]

Das Spielerische dagegen setzt keine Regeln voraus.

Die Einstellung, die uns in der Aktivität leitet, eine spielerische Einstellung, verwandelt die Aktivität in Spiel. [...] Wir sind nicht wichtigtuerisch und nicht auf bestimmte Konstruktionen unseres Selbst fixiert, was bedeutet, daß wir offen sind für die *Selbst-Konstruktion* [...] Wir leben *kreativ*. Wir sind nicht passiv.[104]

Die Anerkennung unserer Grenzen erlaubt uns, unser Selbst als eines unter vielen wahrzunehmen und die anderen zu erforschen, was uns wiederum den Durchbruch zur Selbst-Konstruktion ermöglicht.

Insofern gehört zum Spielerischen ebenso wie die Offenheit für Überraschungen auch ein Sinn für Abenteuer, Neugier, Begehren – ein Sinn für das Aufregende.[105] Das soll *keine* Moralvorschrift sein, keine Verhaltensregel wie: »Du sollst aufgeregt sein.« Du begreifst, wie unangemessen so eine Idee ist. Es soll vielmehr zu Konzentration und bewußter Einstellung anregen, der Energie, mit der wir Entscheidungen treffen und uns in der Welt engagieren. Und es soll neue Werte fördern und uns helfen, uns aus der Verteidigung und der Verteidigungshaltung der alten Werte zu befreien.

Ich meine, wir können unsere moralische Handlungsfähigkeit ausbilden, indem wir Zuwendung und Nachvollziehbarkeit erweitern, uns autokoinon als eine unter vielen wahrnehmen und das Spielerische in uns entwickeln – unsere Fähigkeit, in die Welt der anderen zu reisen und wieder zurück. Das ist nach meiner Meinung das Herzstück der moralischen Handlungsfähigkeit von Lesben. Ein solcher Schwerpunkt scheint der Ethik jedoch die Macht zu nehmen, so daß wir einander damit nicht mehr zum Wohlverhalten bewegen können; die Ethik selbst ist dann kein Kontrollinstrument mehr. Wir haben uns bislang immer dann der Ethik zugewandt, wenn wir wissen wollten, wie wir uns möglichst moralisch verhalten könnten – unsere 'Pflichten' kennenlernen, andere dazu bringen, sich richtig zu verhalten, 'Gerechtigkeit' finden. Wie gesagt, diese Zweckbestimmung der Ethik halte ich für einen Fehler. Deshalb will ich im nächsten Kapitel die Begriffe 'Pflicht' und 'Gerechtigkeit' untersuchen.

6 Die Revolution der Moral: Vom Antagonismus zur Kooperation

Ich habe zuvor darüber gesprochen, wie der Begriff Macht im Sinne von Beherrschung oder Kontrolle unser Leben durchzieht. In Kapitel Zwei habe ich die Ausübung von Macht aus einer untergeordneten Position, durch Einsatz weiblicher Tugenden, behandelt. In Kapitel Drei habe ich den Paternalismus diskutiert, eine Methode, aus einer Herrschaftsposition heraus Situationen für andere zu bestimmen. In Kapitel Vier habe ich die mit dem Gedanken der 'Selbstkontrolle' verbundene Spaltung in Verstand und Gefühl besprochen. Im vorigen Kapitel habe ich dann die Vorstellung diskutiert, wir könnten nur frei von Zwängen moralisch handeln; anders ausgedrückt, wir müßten unsere Situation unter Kontrolle haben, bevor wir (»freie«) Entscheidungen treffen und moralisch handlungsfähig sein können. In diesem Kapitel will ich nun auf die Funktion der patriarchalen Ethik als soziale Kontrolle eingehen. Nach den von den Patriarchen überkommenen Vorstellungen müssen wir, um uns ethisch richtig zu verhalten, aus Pflichtgefühl handeln, und wenn andere sich ethisch nicht richtig verhalten, können wir Gerechtigkeit herstellen, indem wir dafür sorgen, daß sie ihre gerechte Strafe erhalten. Ich will auf die Begriffe 'Pflicht' und 'Gerechtigkeit' eingehen und meinen Gedanken ausführen, daß die Funktion der lesbischen Ethik nicht die soziale Kontrolle, sondern vielmehr die Entwicklung der Integrität und Handlungsfähigkeit von Lesben ist.

Patriarchale Ethik

Übersicht

Ich habe die hauptsächlich aus dem anglo-europäischen Denken der Neuzeit stammenden ethischen Begriffe hinterfragt. In Kapitel Zwei habe ich kurz den Übergang vom klassischen über das mittelalterliche zum neuzeitlichen Denken angesprochen, um ein Empfinden dafür zu wecken, wie die anglo-europäische Ethik der Neuzeit Interessenkonflikte und die Dichotomie zwischen Egoismus und Altruismus in den Mittelpunkt stellt. Nun will ich die Feinheiten des anglo-europäischen ethischen Denkens der Neuzeit untersuchen – 'Pflicht' und 'Gerechtigkeit' – und zeigen, daß sie ein antagonistisches Fundament (Achse) stützen. Ich will damit herausarbeiten, daß diese Begriffe uns zwar beim ethisch richtigen Umgang miteinander helfen sollen, jedoch die Verbindungen unter Lesben zerstören.

Zunächst einmal spielten in der Ethik der griechischen Antike von Homer bis Aristoteles die Begriffe 'Pflicht', 'Verpflichtung' und 'Gerechtigkeit' – die in der neuzeitlichen patriarchalen Ethik so zentral sind – ebenso wie die Begriffe 'Altruismus' und 'Aufopferung' eine untergeordnete Rolle. Im antiken Griechenland waren 'Tugend' und 'Verdienst' die ethischen Schlüsselbegriffe. Ein moralischer Mensch war ein tugendhafter Mensch. Bei Aristoteles sind die Tugenden eine Sache der praktischen Klugheit und setzen Charakter voraus. Beispiele dafür sind etwa Mut, Selbstdisziplin, Großzügigkeit, innere Größe, noble Gesinnung, eine namenlose Tugend zwischen Ehrgeiz und Mangel an Ehrgeiz, Sanftheit (etwas zwischen Ungeduld und Apathie), Freundlichkeit, Wahrhaftigkeit (etwas zwischen Überheblichkeit und Selbstabwertung), Witz (etwas zwischen Possenreißerei und Flegelei) usw.[1] Moralisch war ein Mensch, der tätig war und seinen Charakter durch Entwicklung dieser Tugenden ausbildete.

Aristoteles zählte auch die Gerechtigkeit zu den Tugenden und meinte, sie zeige sich darin, die Gleichgestellten als Gleiche und die Nichtgleichgestellten ungleich zu behandeln.[2] Sklaven wurden also 'gerechterweise' ungleich behandelt. Und zu Platos Vorstellung von Gerechtigkeit gehörte ein Staat, in dem jeder Mann die Arbeit verrichtete, zu der er sich am besten eignete, was letztlich von den paternalistischen Philosophenkönigen bestimmt wurde.[3] 'Gerechtigkeit' war jedoch im antiken griechischen Wertesystem kein zentrales Element; der Schwerpunkt der antiken griechischen Ethik lag auf den aristokratischen Werten der Tugend und der guten Lebensführung.

Die anglo-europäische Ethik des Mittelalters beschäftigte sich hauptsächlich mit bestimmten religiösen Glaubenssätzen, und hier tauchte dann die Pflicht auf, als Gehorsam gegenüber Gottes Willen. Die katholische Kirche verknüpfte die Tugend mit der Abwertung der eigenen Person und warnte vor den sieben Todsünden oder Lastern: Habsucht, Stolz, Zorn, Lust, Gier, Neid, Trägheit und Betrug. Tugend war nicht mehr eine Frage der Fähigkeit – außer der Fähigkeit, Versuchungen zu widerstehen. Sie drehte sich nicht um das, was die Leute taten, sondern um das, was sie unterließen. Der Schwerpunkt lag jedoch immer noch nicht auf der Pflicht oder Verpflichtung gegenüber anderen, abgesehen von der Pflicht gegenüber den Priestern und den Empfängern bestimmter Wohltätigkeiten. Und der Begriff 'Gerechtigkeit' existierte buchstäblich nicht. Das Alte Testament, diese Bastion patriarchaler Weisheit, war die Grundlage: »Auge um Auge, Zahn um Zahn.« Zusammen mit Salomons Bereitschaft, ein Baby in zwei Teile zu zerschneiden, um dessen biologische Mutter zu ermitteln, bildete dies etwa den Rahmen des biblischen Gerechtigkeitsbegriffs.[4] Irdische Gerechtigkeit ging die Kirche nichts an: Das alles würde Gott im Leben nach dem Tode regeln. Ungerechtigkeit, darunter die vom Staat ausgeübten Zwänge wie Krieg, Sklaverei, ungleiche ökonomische und soziale Stellung sowie ungerechte Herrscher, war eine göttliche »Maßnahme und Strafe für die Erbsünde«.[5] Der Begriff der 'sozialen Gerechtigkeit' wurde ebenso wie die Begriffe 'Pflicht' und 'Verpflichtung' erst dann kultiviert, als gesellschaftliche Herrschaft und Unterordnung selbst kultiviert wurden.

Die Kirche konzentrierte sich statt dessen darauf, sich selbst als die moralische Autorität darzustellen und die moralische Handlungsfähigkeit der einzelnen mit der Behauptung zu untergraben, ein tugendhafter Mensch akzeptiere aus dem Glauben heraus die Führung der Kirche.

Als Verstärkung des kirchlichen Dogmas in Europa wirkte der Feudalismus, ein vom 9. bis etwa zum 15. Jahrhundert bestehendes ökonomisches und politisches System, das sich auf die Beziehung zwischen Fürst und Vasall gründete und in dem die Bäuerinnen und Bauern unter der Bedingung, daß sie ihrem Herrn huldigten und zu Diensten waren, als Leibeigene das Land bestellen konnten. In dieser Zeit wurden folglich ethische Begriffe kultiviert wie Loyalität, Lehensgefolgschaft, Gehorsam, Achtung und Treue – alle einem Höhergestellten geschuldet – sowie Ehre, Güte, Mildtätigkeit und 'Adel verpflichtet' – die Herrentugenden.

In der Renaissance und der Reformation beherrschte der Glaube an die Erbsünde die Theorien über die menschliche Natur, und die Einteilung der Menschen in Christen oder Heiden und in »Zivilisierte« oder »Wilde« war weit-verbreitet – wer als »Heide« oder »Barbar« abgestempelt wurde, galt nicht als Mitglied der moralischen Gemeinschaft.[6] Entsprechend verfolgten die europäischen Herrscher eine Politik des gottgegebenen Rechts auf Eroberung der Völker, die sie als »die anderen« bezeichneten: eine Ausbeutungs- und Bekehrungspolitik ebenso wie eine Ausrottungspolitik (wie in den Kreuzzügen gegen die Moslems).

Mit dem Niedergang des Feudalismus und der Entstehung des Merkantilismus und später der Industrialisierung wich auch der Glaube an die Erbsünde und machte der Aufklärung mit ihrer Idee der Gleichheit aller Menschen Platz – dem Herzstück der liberalen Philosophie.[7] Die Gleichheit aller Menschen war mit der Vorstellung verbunden, alle Menschen, das heißt Männer, hätten etwas gemeinsam, das sie zu etwas Besonderem mache und von der Natur, von den Pflanzen und Tieren (und den Frauen) unterscheide – das Denkvermögen, das eine moralische Fähigkeit darstelle.[8] Diese Theorie der Rationalität der menschlichen Natur, die heute unser Erbe ist, hat mit dazu beigetragen, daß die neuzeitliche anglo-europäische Ethik, die Ende des 16. Jahrhunderts mit Hobbes (und zuvor Macchiavelli) einsetzte, sich auf die utilitaristische Selbsterhaltung und auf Frieden durch Organisation der Gesellschaft konzentrierte.

Daraus ergibt sich folgende zentrale ethische Frage: Unter welchen Bedingungen würden egoistische und einzelgängerische Menschen sich bereitfinden, zusammenzukommen und zu kooperieren?[9] Wie ich in Kapitel Zwei festgehalten habe, gibt es darauf nach der Theorie des Gesellschaftsvertrages[10] mehrere Antworten. Nach dieser Theorie sind, wie schon erwähnt, die Menschen ebenso gewalttätig und aggressiv wie egoistisch und einzelgängerisch. Sie haben aber noch eine weitere Fähigkeit, die es ihnen ermöglicht, sich über diesen Naturzustand zu erheben: Durch ihr Denkvermögen können sie erkennen, daß sie ihr Eigeninteresse am besten verfolgen können, wenn sie einige ihrer Naturrechte – wie das Recht auf Beraubung und Ausplünderung ihrer Nächsten – an eine zentrale Autorität abgeben, die das Rauben und Plündern regelt und damit Ordnung und »Kooperation« herstellt.

Das heißt, es ist das aufgeklärte Eigeninteresse, das uns zu der Erkenntnis verhilft, daß wir unsere Interessen am besten wahren können, wenn wir mit den anderen in unserer Umgebung kooperieren, statt sie anzugreifen. John Stuart Mill argumentiert beispielsweise in seinem ausgefeilteren und weiterentwickelten Utilitarismus des 19. Jahrhunderts, unser Denkvermögen bewirke unsere Fähigkeit zur Moral und insbesondere unsere Fähigkeit, in bezug auf unsere Interessen und die der anderen unparteiisch zu handeln: Ich kann vernünftigerweise davon ausgehen, daß auf lange Sicht meine Interessen durch das übergeordnete Gemeinwohl am besten vertreten werden.

Die Reformer der deutschen Aufklärung suchten – ebenfalls mit dem Schwerpunkt Rationalität – die Macht der Tradition und der zentralen religiösen Autorität zu untergraben, und gegen Ende des 18. Jahrhunderts bemühte sich Immanuel Kant um eine Begründung für die moralische Entscheidungsfindung, in der das Individuum und nicht die Autorität im Mittelpunkt stand – dennoch aber auf der Grundlage des 'Pflicht'-Begriffs.[11] Er war an der moralischen Autonomie des Individuums interessiert und entwickelte die Idee eines aus gutem Willen heraus moralisch Handelnden, der zur Gesetzgebung die reine Vernunft einsetzt und allein aus Pflichtgefühl handelt.

Kant trat zwar für den Vorrang der Rationalität des Menschen ein und siedelte die moralische Autorität im Individuum an, doch sprach er sich gegen eine Moral auf der Grundlage des Eigeninteresses aus. Er meinte, mit der Berufung auf das Eigeninteresse sprächen wir einfach nur unsere animalische Natur an, und seiner Auffassung nach war es gerade die Moral des Menschen, die es ihm ermöglichte, sich über seine animalische Natur zu erheben und so Autonomie (Freiheit vom Beherrschtwerden durch die Leidenschaften) zu erreichen. Dennoch setzte sich im allgemeinen Denken schließlich der Utilitarismus gegen eine Theorie durch, die sich auf Grundsätze und aus reiner Vernunft abgeleitete Pflicht stützte, denn dieser ist unter anderem für die kapitalistische Ökonomie (das geregelte Rauben und Plündern) viel verlockender.

Es gibt also gewaltige Unterschiede zwischen dem, was in der griechischen Antike als Ethik galt, und dem, was wir heute Ethik nennen. Die Ethik des alten Griechenland betraf Charakter, Fähigkeiten, Kompetenz und gute Lebensführung. Mit dem Übergang zur neuzeitlichen anglo-europäischen Ethik verlagert sich der Schwerpunkt auf Pflicht, Verpflichtung, aufgeklärtes Eigeninteresse, Altruismus und Aufopferung, gesellschaftliche Nützlichkeit und Gerechtigkeit. Meiner Meinung nach war dieser Übergang kein großer Wertewandel, sondern eigentlich eine natürliche Weiterentwicklung der Spaltung zwischen Verstand und Gefühl im patriarchalen Wertesystem der griechischen Antike. Denn diese Spaltung brachte die Idee der 'Selbstkontrolle' hervor, die mit zunehmender Kultivierung des Patriarchats das Interesse an der Integrität vollständig verdrängte. Dennoch ist bis zum neuzeitlichen patriarchalen Bewußtsein ein deutlicher Wandel eingetreten: Diese antiken griechischen Werte wirken irgendwie fremd, ja heidnisch – zumindest unangemessen.

»Konkurrenzwerte« und »Kooperationswerte«

Wie hat sich diese Veränderung vollzogen, und warum erscheinen uns die antiken griechischen Werte so fremd? Arthur W.H. Adkins bietet dazu eine These an, die sich auf gewisse militärische Elemente der betreffenden Gesellschaft stützt.[12] Er meint, die antiken griechischen Werte seien hauptsächlich aus dem abgeleitet gewesen, was er »Konkurrenzwerte« nennt, während die heute herrschenden Werte aus dem abgeleitet seien, was er »Kooperationswerte« nennt.

Wenn im Mittelpunkt eines gesellschaftlichen Wertesystems die Konkurrenzwerte stehen (wie das im alten Griechenland der Fall war), wird Erfolg der wichtigste Maßstab für den Wert des Handelns. Wer am erfolgreichsten die Tätigkeiten betreibt, die für das Wohl einer Gesellschaft lebenswichtig sind, wird auch am meisten geschätzt, und seine Fähigkeiten werden zu Tugenden. Die so geehrten Männer entwickeln sich typischerweise zu fähigen Kriegern und Staatsmännern. Wer bestimmte Tugenden oder Fähigkeiten besitzt, die zum erfolgreichen Weiterbestehen der Gesellschaft beitragen, wird allein aufgrund seiner Verdienste geehrt.[13]

Wenn sich eine Gesellschaft jedoch den »Kooperationswerten« verpflichtet fühlt (wie im modernen Europa und in den USA), rücken Pflicht, Verpflichtung und Gerechtigkeit in den Mittelpunkt. Das heißt, unter »Kooperationswerten« werden die Begriffe 'Pflicht', 'Verpflichtung' und 'Gerechtigkeit' der Maßstab, an dem die möglicherweise selbstsüchtigen Absichten derer zu überprüfen sind, die in einem System mit Konkurrenzwerten am meisten geschätzt (tugendhaft) werden. In einer »Kooperations«-Gesellschaft gibt es Sanktionen zum Schutz der Schwächeren vor den Stärkeren, jedenfalls in der Theorie.

Einer der wesentlichen Unterschiede zwischen diesen beiden Wertesystemen betrifft die Art der 'moralischen Verfehlung' oder 'Sünde'. Wie schon erwähnt, sind im System der Konkurrenzwerte Fähigkeit und Erfolg die zentralen Elemente. Daher werden Versagen und Unfähigkeit der Menschen zu Sünden bzw. Lastern; wenn im alten Griechenland jemand eine Katastrophe nicht verhindern konnte, wurde das nicht viel anders betrachtet, als wenn jemand absichtlich etwas tat, das zu einer Katastrophe führte, da die Auswirkungen auf Sicherheit und Wohl der Gesellschaft in beiden Fällen gleich waren.

Im »kooperativen« System hat moralisches Versagen andere Konnotationen. Im modernen Denken ist es weniger wichtig, daß ein Mensch versagt, als warum er versagt. Und es ist ebenfalls weniger wichtig, ob er Erfolg hat, als in welcher Absicht er handelt. Wenn jemand also etwas tut, was der Gesellschaft Nutzen bringt, er es aber aus Gewinnsucht tut, dann spielt das eine Rolle. Und wenn jemand mit seinem Tun Schaden anrichtet, aber nichts Schlimmes beabsichtigt hatte, dann spielt das eine Rolle. Nach dem System der

»Kooperationswerte« wird also zwischen freiwilligen und unfreiwilligen Handlungen unterschieden, und es gibt ein recht ausgefeiltes System von Entschuldigungen, darunter auch die Überlegung, ob eine Handlung freiwillig, vorsätzlich, absichtlich oder bewußt geschieht.[14]

Adkins These lautet, daß die Konkurrenzwerte von zentraler Bedeutung für das äußere Überleben und die äußere Sicherheit einer Gesellschaft sind, insbesondere für einen kleinen Stadtstaat, während die »Kooperationswerte« auf die innere Stabilität einer Gesellschaft gerichtet sind, insbesondere einer großen Nation mit größerer militärischer Sicherheit. Adkins behauptet daher, daß in den Stadtstaaten des antiken Griechenland die Konkurrenzwerte aus politischer Notwendigkeit heraus die »Kooperationswerte« überflügelten. Er weist darauf hin, daß die griechische Gesellschaft des Altertums darauf angewiesen war, sich ihre Autonomie zu erhalten, ihren Nachbarn selten ihren Willen aufzwang und wirtschaftlich nicht stark genug für dauerhaften Wohlstand war. Unter solchen Bedingungen waren diejenigen, die in der Lage waren, eine Katastrophe zu verhindern, für die Gesellschaft unverzichtbar. Daher wurden sie für ihre Fähigkeiten geehrt und standen nicht unter dem Druck, auf andere, »weniger wertvolle« Mitglieder der Gesellschaft Rücksicht nehmen zu müssen; es wurde nicht versucht, die Exzesse dieser Helden einzudämmen. Mit anderen Worten: Wenn die Talente und Dienste bestimmter Bürger in einer Krise gebraucht werden, ist die Gesellschaft von ihren Diensten und ihrem guten Willen abhängig und kann es sich nicht leisten, daß diese sich von ihr abwenden.[15]

Damit die »Kooperationswerte« Vorrang bekommen, muß nach Adkins' Auffassung in der Gesellschaft die Furcht vor göttlicher Strafe gegen diejenigen verbreitet sein, die sich unfaire Vorteile gegenüber anderen verschaffen, und zwar ungeachtet ihres sozialen Status. Oder die »Kooperationswerte« können entstehen, sobald die Gesellschaft groß und stabil genug ist, um eine von Einschüchterung oder Vorteilsnahme freie Rechtsprechung zu gewährleisten. Das heißt, sobald eine Gesellschaft militärisch sicher ist, können ihre BürgerInnen vor Gericht gleich behandelt werden. Auch wenn manche fähigen Aristokraten aufgrund des Verlustes ihrer besonderen Privilegien sich von der Gesellschaft abwenden, entsteht der Gesellschaft kein Schaden, wenn sie ihr ihre Talente vorenthalten.

Solange der Staat sich um des Überlebens oder der Stabilität willen auf bestimmte Individuen verläßt, werden nicht 'Pflicht' und 'Verpflichtung', sondern 'Tugend' (Fähigkeit/Vermögen) und 'Verdienst' die zentralen ethischen Begriffe sein, und die Rechte derer, die für das Überleben des Staates weniger wichtig sind, werden nicht unbedingt geschützt. Sobald aber ein System groß genug ist, um für alle gleich gültige Sanktionen zu verhängen, ohne den Verlust des guten Willens der BürgerInnen fürchten zu müssen, können die Interaktionen der Menschen auf »Kooperationswerte« gegründet werden, weil sich die Gesellschaft dann auf ihre innere Stabilität und Übereinstimmung statt auf das äußere Überleben konzentrieren kann. Unter diesen Bedingungen wird die Beurteilung unseres Pflichtbewußtseins und nicht die Beurteilung unserer Kompetenz der ethische Schlüsselgedanke. Und in einem solchen System wird laut Adkins Gerechtigkeit herrschen. Doch ist das richtig?

Ethik und Staat

Ist es wahr, daß es in einem Staat wie den USA – die größer und stärker und militärisch sicherer sind als die griechischen Stadtstaaten im Altertum – Gerechtigkeit gibt, zumindest in unseren moralischen Überlegungen? Gewiß sind 'Pflicht' und 'Verpflichtung' zentrale ethische Begriffe – Verpflichtungen oder Verantwortlichkeiten zum Beispiel, die Ehemänner ihren Ehefrauen gegenüber haben, und umgekehrt. Doch schützt dieser Schwerpunkt der Moral auf Pflicht oder Verpflichtung gegenüber anderen bestimmte Gruppen vor Übergriffen und Mißhandlung durch andere Gruppen? Funktioniert dieses

System so gut, daß wir behaupten könnten, zumindest im Idealfall gäbe es Gerechtigkeit? Noch interessanter: Warum ist 'Gerechtigkeit' überhaupt eine vorrangige moralische Überlegung?

Zwar gibt es die »Kooperationswerte« (Gerechtigkeit und Pflicht), doch werden die BürgerInnen vor Gericht nicht gleich behandelt – die Rechte einiger Gruppen werden einfach nicht vor den Übergriffen anderer Gruppen geschützt. Statt dessen setzt der Staat die Rechte einiger Gruppen über und gegen die Rechte anderer Gruppen und errichtet damit eine ganz bestimmte Gesellschaftsordnung. Die US-Gerichte lehnen nach wie vor die Forderungen der amerikanischen UreinwohnerInnen nach Land und Verträgen ab. Im Falle von Frauen als Gruppe behaupten die Machthabenden, Frauen seien gleichermaßen geschützt, nur anders. Selbst im Idealfall funktioniert das System nicht so, daß es alle gleichermaßen schützt. Ganz gewiß funktioniert es nicht so, wenn die Konkurrenzwerte der ökonomischen Ausbeutung als wesentlich für die Motivation der einzelnen gelten.

Außerdem wird der Staat, selbst wenn er angeblich die Rechte aller BürgerInnen schützt, zu einem eigenen Gebilde mit eigenen Rechten, und diese Rechte werden gegen die Interessen und rechtmäßigen Ansprüche bestimmter Individuen und Gruppen verteidigt. Der Oberste Gerichtshof beispielsweise hat kürzlich eine Kosten-Nutzen-Analyse vorgenommen und im Namen der »Sicherheit des Staates« entschieden, daß es zumutbar ist, die Rechte von BürgerInnen aufzuheben, die eines Verbrechens verdächtigt werden, aber noch nicht vor Gericht gestanden haben, falls dies der Polizei hilft, Beweise gegen sie zu sammeln – natürlich unter der Voraussetzung, daß die Polizei in moralisch einwandfreier Absicht handelt. Und die Gerichte leugnen, daß die Internierung von AmerikanerInnen japanischer Herkunft und die Konfiszierung ihres Vermögens während des Zweiten Weltkrieges Unrecht war (obwohl der Kongreß sich wohl bei den 60000 überlebenden Opfern »entschuldigen« wird[16]). In diesen Fällen haben die Interessen des Staates Priorität vor den »rechtmäßigen« Ansprüchen der einzelnen Menschen.

Der Staat beschützt die strukturell Schwachen nicht vor den strukturell Starken, weder vor denen in der politischen Führung (erfolgreiche weiße männliche Unternehmensvorstände) noch vor denen, deren Funktion es ist, das Weiterbestehen des Staates (Polizei und Streitkräfte) zu gewährleisten. Mit anderen Worten: Ein größerer, sichererer Staat, dessen Schwerpunkt auf 'Pflicht', 'Verpflichtung' und 'Gerechtigkeit' liegt, fördert Fairness und Gleichheit nicht.[17] In einem größeren, sichereren Staat entstehen wohl die Begriffe 'Pflicht', 'Verpflichtung' und 'Gerechtigkeit', sie treten jedoch an die Stelle von 'Tugend' und 'Verdienst', um die bestehende Machtstruktur zu erhalten.

Für noch entscheidender halte ich, daß ein auf die Begriffe 'Pflicht', 'Verpflichtung' und 'Gerechtigkeit' gestütztes ethisches System aus sich heraus nicht zu einem gerechteren Verhalten führt als ein auf 'Tugend' oder 'Fähigkeit' ('Vermögen') gestütztes System. *Pflicht* Wenn es in einem an 'Tugend' und 'Fähigkeit' orientierten System Probleme gibt, liegt das an der vorhandenen Machtstruktur, die manche Fähigkeiten höher bewertet als andere, vor allem unter dem Gesetz des Patriarchats. Die Verfechter eines Systems der Verdienste geben also vor, es würden nur die Besten und Klügsten geehrt, nur bestimmte Fähigkeiten würden anerkannt. Das heißt, mit 'Verdienst' ist nicht die Chance gemeint, daß jede ihre eigenen Fähigkeiten und Tugenden entwickeln kann, sondern vielmehr eine Rangordnung und Hierarchie von Fähigkeiten.

Wenn eine Ethiktheorie Begriffe wie 'Gerechtigkeit', 'Pflicht' und 'Verpflichtung' in den Mittelpunkt stellt, besteht deren Hauptfunktion darin, uns glauben zu machen, wir könnten ethisch richtiges Verhaltens bei uns und anderen gewährleisten. Mit ihnen wird versucht, unter den als egoistisch, einzelgängerisch und aggressiv geltenden Individuen humanes, »kooperatives« Verhalten zu garantieren, wenn dieses auf der Basis persönlicher Interaktion sonst nicht erreichbar ist. Mit anderen Worten, diese »kooperativen« Werte setzen den Antagonismus der Individuen untereinander voraus. Ich behaupte, daß gerade dadurch diese Werte einen Antagonismus erst fördern.

In der Lesbengemeinschaft tauchen die Ideen 'Pflicht', 'Verpflichtung', 'Verantwortung' und 'Gerechtigkeit untereinander' dann auf, wenn wir einander zu anständigem Benehmen bewegen wollen. Wir berufen uns gerne auf den Gedanken von 'Verpflichtung' und 'Verantwortung', wenn wir nach dem moralischsten Verhalten suchen, und auf die 'Gerechtigkeit', wenn andere sich nicht »angemessen« verhalten. Meiner Meinung nach setzen diese Appelle einen Antagonismus voraus, benutzen Ethik zur sozialen Kontrolle und untergraben die Verbindung zwischen uns Lesben. Ich will hier die Begriffe 'Gerechtigkeit' und 'Pflicht' sowie die Probleme untersuchen, die mir bei ihrer Anwendung in der Lesbenszene auffallen.

»Was ist meine Pflicht?« oder »Wozu bin ich verpflichtet?« gelten als primäre ethische Fragen. 'Verpflichtung' und 'Pflicht' sind in der Ethik, wie sie das neuzeitliche anglo-europäische Denken begreift und entwickelt, tatsächlich so zentrale Begriffe, daß sie in gewisser Hinsicht für *Ethik schlechthin* stehen. Im neuzeitlichen anglo-europäischen Denken und in der Lesbenszene neigen wir zu der Annahme, Ethik bedeute einfach das, was wir tun sollten oder nicht tun sollten, und ethisches Verhalten bedeute, wir seien gegenseitig verpflichtet, die richtigen Verhaltensregeln einzuhalten.

Die Begriffe 'Pflicht' und 'Verpflichtung' aus dem anglo-europäischen Denken sind jedoch, wie gesagt, recht neue Erscheinungen. Nicht alle Ethiksysteme orientieren sich daran; in der antiken griechischen Ethik spielte 'Verpflichtung' eine sehr untergeordnete Rolle, und in der Hopi-Sprache gibt es überhaupt keinen Ausdruck, der dem englischen Satz »Es ist deine Pflicht …« entspräche.[18]

Einen Höhepunkt im anglo-europäischen Denken erreicht der Begriff 'Pflicht' bei Kant. Kants Ideen bilden zwar nicht den Mittelpunkt unseres ethischen Denkens, doch der Begriff der 'Pflicht' als zentrale moralische Kategorie ist uns geblieben. Daher lohnt es sich, die Essenz des Pflichtbegriffs, die wir von Kant übernommen haben, näher zu betrachten.

Kurz gesagt, gibt es nach Kant zwei Arten von Gesetzen: Naturgesetze, Abbildungen dessen, was ist – der Realität –, und moralische Gesetze, Vorschriften für das, was sein sollte. Die Begierden und Neigungen der Menschen fallen unter die Naturgesetze. Insofern entspreche ein Handeln aus Begierde oder Neigung oder Eigeninteresse lediglich den Naturgesetzen, nicht anders als bei Tieren und Pflanzen. Um moralisch zu sein, müsse man ein autonomer Gesetzgeber sein, der sich seine eigenen Gesetze macht und unabhängig von seinen Begierden und Neigungen handelt. Die Vernunft in Verbindung mit dem Willen ermögliche dem Menschen, die Naturgesetze zu überwinden und damit moralisch zu sein: Durch Gebrauch der Vernunft könne er die moralischen Gesetze bestimmen, um dann kraft seines Willens aus Pflicht zu handeln statt aus Neigung.[19]

Diese Gesetze nun, die der Mensch bestimmt, können nicht einfach irgendwelche Gesetze sein. Sie müssen der reinen Vernunft entstammen (sonst beinhalten sie Gefühle oder Neigungen und gehören damit zu den Naturgesetzen). Und um vernünftig zu sein, müssen diese Gesetze allgemein sein, 'kategorisch'. Kant bietet einen Satz an, den er den »kategorischen Imperativ« nennt: »Handle so, daß die Maxime deines Willens jederzeit als Grundlage einer allgemeinen Gesetzgebung dienen könnte«.[20]

Hinter diesem Satz steht der Gedanke, daß jedes vernünftige Wesen als Zweck an sich und nicht nur als Mittel behandelt werden sollte. Nach diesem Satz könnte ich zum

Beispiel die Sklaverei nicht wollen, denn dann müßte ich sie allgemein wollen: Versklave jederzeit alle. Wenn ich sie aber allgemein wollte, würde auch ich zu den Versklavten gehören, und als Sklavin wäre ich kein Wesen, das Gesetze befürworten könnte. Mit anderen Worten, ich würde selbst ein Wesen sein wollen, das nichts wollen könnte – ein Widerspruch in sich. Also ist es unmöglich, ein solches Gesetz moralisch zu wollen. Es ist die Logik – die reine Vernunft, nicht die Neigung –, die verhindert, ein solches Prinzip zu wollen.

Generell könnten wir kein allgemeines Gesetz wollen, das die einzelnen als bloße Mittel behandelt. Da wir selbst zu dieser Gruppe gehören, bedeutete das, ein Gesetz zu befürworten, das uns als bloßes Mittel zum Zweck behandelte, und dann wären wir nicht länger Wesen, die Gesetze befürworten können. Wenn wir dagegen ein solches Gesetz für alle außer uns selbst aufstellen wollten, wäre dieses Gesetz nicht mehr allgemein oder kategorisch, also moralisch, da es für uns eine Ausnahme machte und damit auf Neigung oder Begierde und nicht auf Vernunft begründet sei. Es ist logisch unmöglich, solche Gesetze allgemein zu befürworten.[21]

Mit der Bestimmung, welche Gesetze zulässig sind, überwinden wir unsere Neigungen durch Handeln aus der Pflicht heraus. Pflicht ist das einzige Motiv, mit dem wir einen absolut guten Willen gewährleisten können. Auf diese Weise erreichen wir Autonomie. Wir werden selbst zu Zwecken statt zu bloßen Mitteln. Nach der Kantschen Theorie sind wir moralisch also keinem anderen Gesetz außer unserem eigenen unterworfen.[22]

Das ist zwar eine interessante Theorie, doch betrachtet Kant die 'Autonomie' als eine Frage des Handelns unabhängig von Gefühlen oder Neigungen; um moralisch zu sein, müßten wir uns über die von der Natur gesetzten Grenzen erheben. Kant hält also Autonomie und Moral nur für erreichbar, wenn wir unser Selbst spalten. In Kapitel Vier habe ich mich bereits für die Vereinbarung statt der Spaltung von Gefühl und Verstand ausgesprochen, und in Kapitel Fünf habe ich die Idee der 'moralischen Handlungsfähigkeit' innerhalb von Grenzen statt in der »Erhebung« darüber behandelt. Dennoch fühlen wir uns von dem Gedanken der Pflicht angezogen.

Im Grunde bestimmen wir unsere moralischen Urteile nicht nach Kants kategorischem Imperativ; dennoch ist der Begriff 'Pflicht' in unseren Vorstellungen von der Lesbengemeinschaft präsent, vor allem im Sinne von 'Verantwortung' und 'Verpflichtung'. Und schon die *Struktur* des Handelns aus Pflicht bedingt eine Trennung von Verstand und Gefühl – die Auffassung, daß der Verstand die Gefühle kontrolliert –, die unsere Gefühle aussperrt und uns veranlaßt, ungeachtet unserer Neigungen das »Richtige« zu tun, damit unser Selbst zu spalten und so unsere Integrität zu untergraben. In der Struktur des Begriffs 'Gerechtigkeit' stellen sich ähnliche Probleme.

Gerechtigkeit

John Stuart Mill argumentiert, das Grundelement von 'Gerechtigkeit' sei die Gesetzestreue: Die Menschen machten zwar schlechte Gesetze, so daß 'Gerechtigkeit' nicht gleichbedeutend mit 'Legalität' sei, dennoch beruhe die allgemeine Macht der Gerechtigkeit auf Gesetzestreue.[23] Für ihn bezieht sich eine moralische Verpflichtung auf Dinge, die zu tun Menschen gehalten sind und für deren Nichteinhaltung sie Strafe verdienen. Als die beiden wesentlichen Bestandteile des Gerechtigkeitsempfindens bezeichnet er den Wunsch, jemanden zu strafen, der Unrecht getan hat, und das Wissen, daß es eines oder mehrere bestimmte Individuen gibt, denen Unrecht geschehen ist. Der Wunsch, jemanden zu strafen, stamme aus dem Impuls zur Selbstverteidigung, der an sich nichts mit Moral zu tun habe. Ihn verwandelten wir in einen moralischen Impuls, indem wir ihn der sozialen Anteilnahme unterordnen, so daß er nur in Übereinstimmung mit dem Allgemeinwohl – dem höchstmöglichen Wohl für die größtmögliche Anzahl von Menschen – ausgeübt wird.

Damit sagt Mill, der als liberaler Denker bekannt ist, daß Moralvorschriften, die den Menschen verbieten, einander zu verletzen, wichtiger seien als Vorschriften zur Regelung der zwischenmenschlichen Beziehungen.[24] Dennoch zeigt sich in seinem Werk nach meiner Auffassung wenig wirkliches Verständnis von 'Verletzung'. Er meinte, Frauen und andere Unterdrückte würden in der bestehenden Gesellschaftsstruktur moralisch verletzt. Er hielt die Sklaverei für falsch. Und für ihn bestand die Geschichte der sozialen Verbesserungen aus einer Reihe von Übergangsstadien, in denen eine Sitte oder Institution, die zunächst als für die gesellschaftliche Existenz notwendig erachtet wurde, mit der Zeit allgemein als tyrannisch und ungerecht stigmatisiert worden sei.[25] Meiner Meinung nach hatte er jedoch keine Ahnung von den ungeheuren Verwüstungen unter denen, die unter den weißen, imperialistischen, patriarchalen gesellschaftlichen Strukturen zu leiden hatten. Darüber hinaus hat er nicht verstanden, daß die Etablierung der britischen Kultur durch den Kolonialismus entweder Ausbeutung oder Verletzung von Individuen und sozialen Gruppen bedeutete. Er hielt Kolonialismus und Despotismus für legitime Formen, »Barbaren« zu regieren.[26] Und schließlich stellte er wie alle echten Liberalen die Gesellschaftsstruktur über und gegen die individuelle Fairness. Sein Gerechtigkeitsempfinden orientierte sich letztlich an der gesellschaftlichen Nützlichkeit:

> Alle Menschen haben ein Recht auf gleiche Behandlung, außer dann, wenn ein anerkanntes Gemeinschaftsinteresse das Gegenteil erfordert.[27]

John Rawls argumentiert in einer zeitgemäßeren liberalen Tonart, Gerechtigkeit sei mehr eine Sache der Fairness als der gesellschaftlichen Nützlichkeit. Dennoch berührt der Schwerpunkt 'Gerechtigkeit' die Grundstruktur der Gesellschaft (ihre Organisation). Seine Theorie basiert auf der Vorstellung eines hypothetischen Gesellschaftsvertrages[28], und Rawls nimmt an, der Vertrag beginne mit einem Zusammenschluß gleichberechtigter und unabhängiger Personen.[29] Nach seiner Auffassung seien Menschen, die bereits zu einer Gesellschaft gehören, mit der Kooperation und Bewertung ihrer Interessen nach einem System einheitlicher Grundsätze aus zwei Gründen einverstanden: weil sie sich durch diese Kooperation mehr materiellen Besitz erhofften, und weil sie meinten, durch eine Regierung, die diesen Besitz »gerecht« verteile, mehr Vorteile gewinnen zu können. Rawls konzentriert sich also hauptsächlich auf die Verteilungsgerechtigkeit[30], und er meint, daß

> Institutionen gerecht sind, wenn bei der Zuweisung von Grundrechten und -pflichten keine willkürlichen Unterschiede zwischen Menschen gemacht werden, und wenn die Regeln einen sinnvollen Ausgleich zwischen konkurrierenden Ansprüchen zum Wohle des gesellschaftlichen Lebens herstellen.[31]

Ich habe hoffentlich deutlich machen können, daß die Unterscheidung aufgrund von Diskriminierung und Unterdrückung niemals willkürlich ist. Und diejenigen, welche die Aufgabe haben, die Gesellschaftsordnung durchzusetzen, stützen sich in einem Kontext von Herrschaft und Unterordnung auf vollkommen rationale Prinzipien, wenn sie ein Gleichgewicht zwischen konkurrierenden Forderungen herstellen wollen – etwa den Interessen von Männern und Kindern einerseits und den Interessen von Frauen andererseits, oder den Interessen der Weißen (der »Gesellschaft«) gegenüber den Interessen der amerikanischen UreinwohnerInnen.

Rawls stellt weiterhin fest, das wirkliche Subjekt der Gerechtigkeit sei die Gesellschaftsstruktur – das heißt, die Institutionen, welche die Güter verteilen sollen – und nennt die Institutionen, von denen er eine faire Verteilung erwartet:

Unter den wichtigsten Institutionen verstehe ich die Verfassung und die wichtigsten wirtschaftlichen und sozialen Verhältnisse. Beispiele sind etwa die gesetzlichen Sicherungen der Gedanken- und Gewissensfreiheit, Märkte mit Konkurrenz, das Privateigentum und die monogame Familie.[32]

In Rawls Gerechtigkeitstheorie spielen die Prinzipien Effektivität und Stabilität eine zentrale Rolle. Die Behörden haben daher die Ziele der einzelnen »aufeinander abzustimmen« (das heißt, die individuellen Interessen zu definieren), damit sie miteinander vereinbar werden, und gegen eine »Verletzung« der Gesellschaftsordnung mit Gewalt vorzugehen, um die bestehende Übereinkunft wiederherzustellen.[33] Mit anderen Worten, Paternalismus und Strafe – Strafrecht/Strafvollzug – sind für die Aufrechterhaltung einer gerechten Gesellschaft unverzichtbar.

Weniger euphemistisch als die Liberalen Mills und Rawls verweist Friedrich Nietzsche darauf, daß in der Vergangenheit die 'Gerechtigkeit' mit der Gewährleistung von Fairness unter den Menschen nichts zu tun gehabt hätte. Sie sei vielmehr ein Zeichen des guten Willens unter gleich mächtigen Parteien gewesen, damit sie sich hätten einigen können, verbunden mit dem Zwang gegenüber weniger mächtigen Parteien, ihre Differenzen untereinander auszumachen.[34] Nietzsche meint, die passende Metapher für gerechte Interaktionen sei die älteste Form des sozialen Bündnisses: die Beziehung zwischen Schuldner und Gläubiger. Die Vorstellung, Gerechtigkeit bedeute, daß Kriminelle Strafe verdienten, weil sie sich auch anders hätten verhalten können, stammt aus neuerer Zeit. Ursprünglich erwuchs nach Nietzsche diese Strafe einfach aus Zorn, abgemildert durch die Idee, daß »jeder Schaden irgend worin sein *Äquivalent* habe und wirklich abgezahlt werden könne, sei es selbst durch einen Schmerz des Schädigers«.[35] Falls der Schuldner seine Schuld nicht zurückzahle, könne der Gläubiger etwas fordern, worüber der Schuldner verfügt, etwa seine Frau oder seine Freiheit. Vor allem aber könne der Gläubiger den Schuldner auf jede mögliche Weise körperlich demütigen. Daraus folgt:

Die Äquivalenz ist damit gegeben, daß an Stelle eines gegen den Schaden direkt aufkommenden Vortheils [...] dem Gläubiger eine Art *Wohlgefühl* als Rückzahlung und Ausgleich zugestanden wird – das Wohlgefühl, seine Macht an einem Machtlosen unbedenklich auslassen zu dürfen [..], der Genuß in der Vergewaltigung: als welcher Genuß um so höher geschätzt wird, je tiefer und niedriger der Gläubiger in der Ordnung der Gesellschaft steht [...] Vermittelst der »Strafe« am Schuldner nimmt der Gläubiger an einem *Herren-Rechte* theil: endlich kommt auch er ein Mal zu dem erhebenden Gefühle, ein Wesen als ein »Unter-sich« verachten und mißhandeln zu dürfen [...] Der Ausgleich besteht also in einem Ausweis und Anrecht auf Grausamkeit.[36]

In seinem Spätwerk und in Anbetracht der christlichen Gerechtigkeit und Vergeltung mahnt Nietzsche die LeserInnen, allen zu mißtrauen, die lautstark nach Strafe und Gerechtigkeit rufen, weil er meint, wenn sie sich selbst die Gerechten und die Guten nennen, würden sie anders handeln, wenn sie nur die Macht dazu hätten.[37] Solange 'Gerechtigkeit' zu dem gehörte, was Nietzsche die 'Herrenmoral' nannte, und es dabei nur um die Regelung von Forderungen unter Gleichgestellten ging, hielt er sie für eine ehrenhafte, wenn auch anfangs blutige Angelegenheit. Sobald sie jedoch in das übergeht, was er 'Sklavenmoral' nennt (ein Beispiel dafür sei das Christentum), stellt er fest, sie sei aus Groll geboren und diene als Entschuldigung für die kleingeistigen und vulgären Impulse des Menschen. Nach diesem Wertesystem ist 'Gerechtigkeit' für Nietzsche nur noch bloße Rache und scheinheilige Vergeltung.[38]

Gleichgültig ob wir die euphemistische Beschreibung von Gerechtigkeit als Fairness oder die ungeschminkte Auffassung von Gerechtigkeit als Recht auf Grausamkeit bei *Strafe*
Nichtbezahlung einer Schuld übernehmen – letztlich ist Gerechtigkeit mit Strafe verknüpft.

Selbst die Vorstellung von Gerechtigkeit als Fairness beinhaltet die Idee einer Autorität, die Sanktionen gegen unfaire Personen durchsetzen kann. Die Theorie besagt, daß es um der Gerechtigkeit willen Möglichkeiten geben muß, Menschen dazu zu bringen, gerecht, fair und nicht selbstsüchtig zu sein, sie zur »Kooperation« zu veranlassen. 'Gerechtigkeit' in ihrer kultivierteren Form setzt voraus, daß die Menschen einander antagonistisch gegenüberstehen und vor dem Hintergrund begrenzter Ressourcen ihre eigenen Interessen möglichst ungeschmälert durchsetzen wollen – und daß dies kontrolliert werden muß.

In der herrschenden Gesellschaft gibt es drei Begründungen für Strafe: Resozialisierung, Abschreckung und Vergeltung. Die Resozialisierungstheorie beruht auf dem Gedanken, daß der Böse durch die Strafe einsieht, einen Fehler gemacht zu haben, und ihn bereut. Dahinter steht die Vorstellung, wenn eine Autorität eine Person bestraft, die gegen die Rechtsordnung dieser Autorität verstoßen hat, würde diese Person durch die Strafe lernen, nicht mehr gegen diese Rechtsordnung verstoßen zu wollen. Bewährungsausschüsse erwarten solche Aussagen von Gefangenen. Bei Gefangenen, die auf Bewährung entlassen werden, läßt sich sogar ein bestimmter Sprachgebrauch feststellen: Sie reden über Gott und ihren Wunsch, gut zu sein, ohne jeden Anflug von Wut. Sie werden dann beispielhafte Bürger, die den Herrschenden dankbar sind für die Schicksalswende, die diese ihnen gewähren. (In bezug auf die Todesstrafe ist die Resozialisierungstheorie schwer zu begründen, außer mit Logik oder reiner Vernunft: Hingerichtete werden gewiß nicht mehr gegen die Rechtsordnung verstoßen – zumindest nicht in diesem Leben.)

Nach der Abschreckungstheorie wird jemand einen Rechtsbruch entweder nicht begehen können oder nicht begehen wollen. Die Theorie geht davon aus, daß zum Beispiel Mörder durch die Gefängnisstrafe abgeschreckt werden. Das stimmt natürlich nicht; durch das Gefängnis werden sie aus dem Verkehr gezogen und isoliert, aber nicht abgeschreckt. Die Theorie nimmt außerdem an, ein potentieller Rechtsbrecher würde durch das Wissen abgeschreckt, daß vor ihm andere für den gleichen Rechtsbruch verhaftet und bestraft wurden. Diejenigen, die Verbrechen wirklich begangen haben, seien nicht abgeschreckt worden, weil sie nicht mit ihrer Verhaftung rechneten. Es heißt, die Angst vor Strafe wirke auf die große Mehrheit von uns abschreckend. Es ist aber wohl kaum die Angst vor Strafe, die uns Lesben davon abhält, einander umzubringen.

Bezeichnender ist, daß Strafen im »kooperativen« Wertesystem nicht gleich hoch bemessen werden. Wenn jemand einen Mord plant, gibt es viele Möglichkeiten, das Strafrisiko zu verringern: zum Beispiel wenn er ein vermögender, weißer, christlicher, kultiviert wirkender Mann ist, der eine Frau ermordet, mit der er Sex hat. Dem Obersten Gerichtshof wurde kürzlich der Nachweis vorgelegt, daß das entscheidende Kriterium für die Frage, ob ein Staatsanwalt die Todesstrafe für eine des Mordes für schuldig befundene Person fordert, die Hautfarbe des Opfers und in geringerem Maße auch die Hautfarbe der/des Angeklagten ist: Die wahrscheinlichsten Kandidaten für die Todesstrafe sind Schwarze, denen der Mord an Weißen zur Last gelegt wird.[39] Im »kooperativen« Wertesystem schützt der Staat die Vorrangstellung der Herrschenden. Wenn es wirklich um Abschreckung ginge, stünden die Umstände des Verbrechens im Mittelpunkt.

Abschreckung hat auch ein Element des Ausnutzens: Die Behörden strafen wegen der Wirkung, die dies auf andere haben soll. Das Militär macht sich dies bei Kriegsgerichtsprozessen zunutze – besonders während eines Krieges und wenn ein Todesurteil damit verbunden ist.[40] In der Zivilgerichtsbarkeit wird der Bewährungsausschuß selbst dann, wenn er den Gefangenen für »resozialisiert« hält, die Bewährung verweigern, falls die Mitglieder der Ansicht sind, daß dem öffentlichen Interesse noch nicht »Genüge getan« ist.[41]

Offener wird Strafe mit Vergeltung oder – weniger euphemistisch ausgedrückt – mit Rache gerechtfertigt: »Auge um Auge, Zahn um Zahn«. Nach differenzierteren Argumenten sollte der Böse bestraft werden, damit er nicht mehr begünstigt ist als der Tugendhafte. Also bestrafen wir andere (es sind natürlich immer die anderen), um eine Art kosmischer Verteilungsgerechtigkeit aufrechtzuerhalten.[42] Langfristig gesehen ist damit beabsichtigt, durch Rache an anderen eine harmonische Gesellschaftsordnung zu erhalten.

Gesellschaftsordnung

Strafe und Gesellschaftsordnung sind sicher die zentralen Begriffe unseres Strafrechtssystems. Dennoch bleiben viele Verbrechen um der Erhaltung der Gesellschaftsordnung willen ungenannt, besonders die Verbrechen der Herrschenden. Die Gesellschaft schützt die Machthabenden durch Legalisierung ihres Tuns, gerade durch die von Rawls aufgeführten Institutionen: Schutz der Meinungsfreiheit, Privateigentum an Produktionsmitteln und die monogame Familie.

Ann Jones stellt fest:

> Die Amerikaner rufen lautstark nach Recht und Ordnung. Wir mögen zwar die Kriminellen übersehen, die uns berauben, betrügen und zu Tausenden töten – die Unternehmensvorstände und ihre politischen Verbündeten; ihre Verbrechen heißen Three Mile Island, Thalidomid, DES, Rely-Tampons, Agent Orange und Ford Pinto –, aber wir rufen lautstark nach Schutz vor den Zufallskriminellen auf den Straßen.[43]

Strafe wird – wie Altruismus als Verhaltensaufforderung – denen mit geringerer institutioneller Macht zuerkannt.

Schließlich haben selbst bei denen, die bestraft werden, die Urteile des Systems wenig oder gar nichts mit der Realität ihres Alltagslebens zu tun, außer daß sie einfach Zwang sind. Da war der Fall von Bernadette Powell, die im Jahre 1978 ihren Ehemann erschoß, der sie verprügelt und von dem sie sich daraufhin getrennt hatte – die Anklage lautete zunächst auf fahrlässige Tötung, schließlich auf Mord zweiten Grades. Ann Jones schreibt über den täglichen Tod und die tägliche Gerechtigkeit im Leben von Bernadette Powell:

> Unser feindseliges Rechtssystem, ein Rudiment längst vergangener Zeiten und naiven Glaubens, inszeniert einen Kampf zwischen Wahrheit und Lüge, Gut und Böse, Gott und Teufel. Es war noch nie in der Lage, die Komplexität zu berücksichtigen, die heute die menschlichen Lebensbedingungen kennzeichnet [...] Was Bernadette Powells Leben angeht, was Leben und Tod von Hermann Smith angeht, so waren die Gerichte weniger ungerecht als vielmehr unwesentlich. Der Ablauf von Prozeß und Berufung und erneuter Berufung war eine anstrengende Übung in Irrelevanz.[44]

Sie kommt zu dem Schluß:

> Am Ende schien es mir, als seien alle unsere Systeme und Institutionen für den »Umgang« mit Menschen nur notdürftige Vehikel, zugeschnitten auf unsere Vorurteile und Erwartungen, gemacht zu unserem Schutz und Schirm, um uns vor echtem menschlichen Interesse zu bewahren und uns das Leid zu ersparen, das wir sehen könnten, und die Liebe, zu der wir finden könnten.[45]

Ich meine, der Aufbau eines Systems sozialer Gerechtigkeit unter Lesben hätte langfristig die gleiche Wirkung. Was sich im US-Rechtssystem abspielt, ist nicht etwa ein Ausrutscher der Gerechtigkeit, sondern die wahre Bedeutung von 'Gerechtigkeit'.

Der Begriff 'Gerechtigkeit' dient dazu, in einem System, dessen Achse das Verhältnis von Herrschaft und Unterordnung ist, konkurrierende Forderungen zu regeln. Die Funktion von Gerechtigkeit ist soziale Kontrolle. Und die *Struktur* von Gerechtigkeit bedingt, daß ein paternalistisches Gremium Urteile fällt, um mit Hilfe von Strafe eine bestimmte

Gesellschaftsordnung durchzusetzen. Der Begriff geht darüber hinaus von einem Kontext aus, in dem die Menschen egoistisch sind, nur nach ihrem Eigeninteresse streben und um begrenzte Ressourcen konkurrieren müssen. Der Begriff setzt eine im wesentlichen antagonistische Beziehung zwischen den Menschen voraus und verstärkt diese daher noch. Es ist nicht erkennbar, wie 'Gerechtigkeit' außerhalb dieses Denksystems ein sinnvoller Begriff sein könnte.

Der Schwerpunkt der Gerechtigkeit liegt auf Organisation und Kontrolle. Die Berufung auf Gerechtigkeit setzt voraus, daß die Institutionen zum Wohl ihrer Mitglieder beitragen; die eigentliche Funktion der Institutionen besteht jedoch darin, sich selbst zu erhalten und dafür zu sorgen, daß wir sie weiterhin brauchen. Die Berufung auf Gerechtigkeit setzt voraus, daß es so etwas wie unparteiisches Beobachten gibt und geben sollte. Sie setzt voraus, daß es Sache der Autoritäten ist, die Interessen anderer zu definieren, und daß diese anderen zwar das Recht auf Berufung haben, sich dennoch aber den Richtern unterwerfen. Damit veranlaßt sie die Individuen, ihre moralische Handlungsfähigkeit an ein Entscheidungsgremium abzugeben. Sie gibt uns vielleicht manchmal ein Gefühl der Rechtschaffenheit, aber sie fördert unsere moralische Handlungsfähigkeit nicht. Der Schwerpunkt auf Pflicht zersplittert unsere Integrität, der Schwerpunkt auf Gerechtigkeit untergräbt sie.

Wenn wir Lesben die Ethik der Patriarchen anstreben, dann fehlt uns Phantasie. Wie Mary Daly in *Reine Lust* sagt:

> nur wenn sich die Erkenntnis, daß da irgend etwas »nicht stimmt«, dann zum Entdecken des unsichtbaren Kontextes von Gynozid weiterentwickelt, und dieses sich dann zur aktiven Teilhabe am Elementalen Kontext biophiler Harmonie und Kraft steigert, wird große und dauerhafte Kreativität möglich.[46]

Und weiter:

> Anders als bei der »Gerechtigkeit«, die als Frau mit verbundenen Augen, ein Schwert und eine Waage haltend, dargestellt wird, sind die Augen von Nemesis offen und unverhüllt – besonders ihr Drittes Auge. Außerdem geht es ihr weniger um »Vergeltung« im Sinne eines äußerlichen Austeilens von Belohnungen und Strafen, sondern vielmehr um ein inneres Urteil/eine innere Beurteilung, mit der eine Art neue psychische Anordnung von Energiemustern in Bewegung gesetzt wird.[47]

Mein Wunsch beim Schreiben dieses Buches ist es, an einer neuen Form der psychischen Ausrichtung von Energiemustern mitzuwirken – an einer Revolution der Moral.

Lesben, Gerechtigkeit, Pflicht und Anteilnahme

Lesben und soziale Gerechtigkeit

In der Lesbengemeinschaft suchen wir gerne nach einem Konzept 'sozialer Gerechtigkeit', wenn eine etwas getan hat, was unserer Meinung nach über die Grenzen des Erlaubten hinausgeht, besonders wenn eine Lesbe willentlich und absichtlich eine andere verletzt. Nehmen wir das Beispiel, daß zwei Lesben eine Liebesbeziehung haben und ein Haus kaufen. Außerdem gründen sie eine Firma. Mit der Zeit wird die Beziehung gewalttätig, und schließlich zieht die eine aus und verlangt von der Gemeinschaft, die Firma ihrer Ex-Freundin zu boykottieren, weil sie mit der Beziehung auch ihr Haus und ihren Geschäftsanteil aufgeben mußte, den die andere Lesbe nun als ihr Eigentum behält.

Eine andere Lesbe, die keine Amerikanerin ist und keine Green Card (unbegrenzte Aufenthaltserlaubnis für die USA) hat, lebt mit ihrer Geliebten in einem Haus mit anderen Lesben zusammen. Die beiden haben Möbel, Geschirr und andere Einrichtungsgegenstände eingebracht. Mit der Zeit treten unterschiedliche Werte in bezug auf materielle

Güter zutage: Die beiden gehen sorgsam und ordentlich mit den Dingen um, die anderen nicht. Schließlich ziehen die beiden aus, und als sie feststellen, daß von ihren Sachen mehr verloren oder beschädigt sind als sie dachten, weigern sie sich, eine Rechnung zu bezahlen. Eine der anderen Lesben droht damit, sie der Einwanderungsbehörde zu melden.

Zu solchen Fällen gibt es verschiedenes zu sagen. Nichts davon ist jedoch besonders zufriedenstellend, denn in diesen Situationen gibt es keine wirklich zufriedenstellende Lösung. Zunächst einmal kommt keine dieser Handlungen von ungefähr, »aus heiterem Himmel«. Eine Reihe von Ereignissen war eingetreten, eine Reihe von Handlungen, und eine dieser Handlungen brachte schließlich das Faß zum Überlaufen. Wenn das geschieht, liegt es daran, daß sich bis zu diesem Zeitpunkt zunehmend Versäumnisse in unseren Beziehungen ansammelten. Und die Funktion der Ethik, die ich zu umreißen versuche, betrifft unsere Interaktionen, *bevor* dieser Punkt erreicht ist. Wir könnten uns noch viel öfter den einzelnen Lesben und den einzelnen Interaktionen zuwenden, als dies bisher geschehen ist, und unser Verhalten ändern, bevor unsere Frustrationen oder Fehleinschätzungen einen kritischen Punkt erreichen.

Zweitens plädiere ich damit *nicht* für das, was Beverly Brown beschrieben hat als »den liberalen, lesbisch-feministischen Prozeß endloser Diskussionen, die Weigerung, irgendeiner Frau mehr Schuld zu geben als einer anderen, und die gemeinsame Verantwortlichkeit, sich so lange durch Schwierigkeiten hindurchzukämpfen, bis sie gelöst sind – selbst auf Kosten unseres physischen und psychischen Wohlbefindens«.[48] In ihrem Beitrag über prügelnde Lesben verweist sie darauf, daß das »nicht-wertende Verhalten in der Gemeinschaft eine Lesbe, die geschlagen wird, benachteiligt«.[49] Sie sagt weiter:

> Für die Freundinnen und für die Gemeinschaft besteht die Herausforderung in der Akzeptanz unseres Rechts und unserer Pflicht, ethische Ansichten zu äußern, ohne dabei in selbstgerechte Moralpredigten, substanzloses Geschwätz oder bequem abwiegelndes Psychologisieren abzurutschen. Wenn wir es vermeiden, Stellung zu beziehen, indem wir darauf beharren, daß alle Handlungen und Entscheidungen der schlagenden und der geschlagenen Lesbe gleichwertig sind, verstärken wir das Umsichgreifen von Manipulation, Gewalt und Mißachtung.[50]

Sie schlägt vor, Kritik von einer persönlichen Waffe in ein Instrument des Wachstums zu verwandeln.[51] Ich stimme ihr zu.

Es ist wichtig, daß Lesben einander Zuwendung geben und Urteile fällen – ganz spezielle Urteile. Ohne diese Zuwendung lassen wir uns nicht wirklich aufeinander ein – entweder ignorieren wir einander oder nehmen uns gegenseitig allzu selbstverständlich. Gegenwärtig neigen wir dazu, auf Distanz zu bleiben oder Problemsituationen zu ignorieren, bis sie kritische Ausmaße annehmen. Dann überfallen sie uns überraschend, und wir stürzen uns auf simple Urteile von richtig und falsch. Ich meine, wir können urteilen und Entscheidungen fällen und sollten dies einander gegenüber tun, bevor eine Krise sich entlädt.

Meine ersten beiden Argumente betreffen also das Bedürfnis nach Gerechtigkeitssystemen. Im dritten Argument geht es mir um die Gerechtigkeitssysteme selbst. Wir haben zwar kein formelles System für Gerechtigkeit unter Lesben, doch fühlen wir uns von der Idee eines solchen Systems sehr angesprochen. Wir neigen zu der Annahme, ohne ein Gerechtigkeitssystem würden die gemeinen, bösartigen Lesben die anderen einschüchtern. Das kann durchaus manchmal der Fall sein. Aber auch in hochentwickelten Rechtssystemen kommt Einschüchterung vor. Wir vergessen, daß ein Staat genau dasselbe tun kann wie gemeine, bösartige Einzelne; wenn der Staat es tut, ist es allerdings »legal«. Und der Staat hat weit mehr Möglichkeiten dazu.

Wir tragen bereits alles in uns, was wir im Umgang miteinander brauchen: unsere geistigen Kräfte, Intuition, Aufmerksamkeit, Träume, Phantasie, Humor, Gefühle, eine spielerische Einstellung und Verstand. Wir brauchen diese Fähigkeiten nur zu entwickeln. Manchmal klappt das einfach nicht. Aber wenn wir in unseren Beziehungen nicht ein Umfeld schaffen können, in dem Integrität gedeihen kann, auch wenn manchmal Verletzungen vorkommen oder Dinge schiefgehen, dann können wir nicht verhindern, daß dies unentschuldbare Ausmaße annimmt – und welche Institutionen oder Gerechtigkeitssysteme sollten es dann verhindern können. Uns auf einzelne Lesben und auf die Urteile einzelner Lesben in der Gemeinschaft zu verlassen, kann eine dauernde Fairness nicht garantieren – eine Institution aber ebensowenig. Es gibt ganz einfach keine Garantien, auch wenn wir in dieser Illusion leben.

Als Ideal einer Gesellschaftsordnung ist 'Gerechtigkeit' unauflöslich mit Strafe verbunden. Wir wollen Fairness, aber die gibt es nicht immer. Dann rufen wir nach einem Gerechtigkeitssystem, um diejenigen zu bestrafen, die dagegen verstoßen haben. Eine hat mich verletzt; ich will sie wieder verletzen. Ich will, daß es ihr leid tut, oder ich will meine Würde wiedergewinnen, die ich nach meinem Empfinden verloren habe. Mit dieser Energie sind wir alle vertraut, und wir brauchen sie nicht zur Farce zu machen, indem wir sie »Besserung« oder »Abschreckung« oder »legal« oder gar »ethisch« nennen. Die Gefühle sind verständlich; sie zu institutionalisieren, ist eine ganz andere Sache.

Die Strafe, auf die Lesben am häufigsten drängen, ist Ächtung. Eine zu ächten, heißt, *Ächtung* mit dem Finger auf sie zu zeigen und sie als »Sünderin« zu bezeichnen und zugleich von den anderen zu erwarten, daß sie sich dieser Meinung anschließen, ohne sich selbst eine zu bilden. Diese 'Ächtung' will ich in Frage stellen.

Zunächst einmal verschärft die Drohung mit Ächtung nur das Problem. Wenn eine der Meinung ist, eine Lesbe habe etwas so Schlimmes getan, daß sie verurteilt und gemeinschaftlich geächtet werden sollte, konzentrieren die direkt betroffenen Lesben ihre Energie darauf, ihren Standpunkt zu »erhärten«, sich gegen die Wahrnehmungen und Unterstellungen der Gemeinschaft zu verteidigen und gut dazustehen – oder zumindest nicht böse oder im Unrecht und ihren »Richterinnen« die Themen vorzugeben. Wenn sie nicht schon vorher über ihren eigenen Anteil an der Situation nachgedacht hatten, so bringt sie die Ächtungsdrohung noch weiter davon ab.

Die Idee der 'Ächtung' setzt auch voraus, daß es ein klar definiertes Richtig oder Falsch gibt, das über aller Komplexität einer Situation steht. (Nach meiner Erfahrung stimmt das nicht.) Die Ächtung rückt also unser Urteil auf die oberflächliche Ebene von Lob und Tadel. Und wenn Mitglieder der Gemeinschaft eine Lesbe auf dieser Ebene beurteilen, dann kann sie sich nur von den Dummen distanzieren oder die Autorität derjenigen akzeptieren, die »klüger« sind als sie, womit sie jede Integrität aufgibt.

Darüber hinaus verfolgt bei einer Ächtung jede beteiligte Lesbe ihre eigenen Interessen. Manche Lesben beteiligen sich vielleicht an einer Ächtung, weil sie vor diesem Aspekt der »Sünderin«, den sie auch bei sich selbst entdecken, lieber fliehen als ihn abzubauen.

Statt die Idee der 'sozialen Gerechtigkeit' zu übernehmen, kann jede Lesbe spezielle Situationen für sich selbst einschätzen, ihr Verhältnis dazu und zu den anderen Beteiligten bestimmen und entscheiden, wie sie sich verhalten will. Insofern mache ich einen Unterschied zwischen Ächtung und Rückzug. Unsere Zuwendung zu entziehen, ist eine sehr ernste Sache zwischen uns, für die wir uns entscheiden, um bestimmte Verhaltensmuster untereinander aufzubrechen, oder weil wir wissen, wie sehr der Entzug von Zuwendung schmerzt. Aber Rückzug ist etwas anderes als Ächtung. Rückzug ist meine eigene Entscheidung über meine Fähigkeit, auf die Situation und die betreffende(n) Lesbe(n) zu reagieren. Das kann ich allein nach meinen Vernunftgründen und Gefühlen (mit denen ich auch im Irrtum sein kann), meiner Einschätzung und meinen Grenzen entscheiden. Eine zu ächten, bedeutet dagegen, sich zusammenzurotten, bestimmte »richtige« Verhaltensregeln durchzusetzen und die Ungläubige auszugrenzen.

Betrachten wir dies einmal in bezug auf Alkoholismus. Wenn eine Lesbe alkoholabhängig ist, kann niemand sie davon abbringen, wenn sie nicht um Hilfe bittet. Wir können auf ihr Problem hinweisen, aber wenn sie uns abweist, werden wir uns von ihr zurückziehen müssen – ganz gleich, wie wichtig sie uns ist. Das kann sogar die einzige Möglichkeit sein zu zeigen, daß sie uns wichtig ist. Und vielleicht verlieren wir sie auch dann. Aber wenn sie nicht beschließt, aufzuhören, fördert es nur die Alkoholsucht, wenn wir bei ihr bleiben. Wenn wir uns zurückziehen und andere, die ihr nahestehen, ebenso, wird sie schließlich isoliert sein und niemanden mehr haben, die ihr Verhalten toleriert. Das ist jedoch keine Ächtung – wir grenzen sie nicht als Sünderin aus. Da besteht ein wichtiger Unterschied.[52]

Ich meine, daß es heute bei unseren Entscheidungsprozessen um Heilung geht, und da gibt es kaum einen eindeutigen Weg. Vielleicht entscheidet sich eine Lesbe, Alkoholikerin zu bleiben, weil dies die einzige Überlebenstechnik im Heteropatriarchat ist, die sie kennt und der sie vertraut. Die Entscheidung liegt bei ihr und muß bei ihr liegen. Andere Lesben müssen daran jedoch nicht teilhaben.

Harriet Ellenberger meint, die Energien, welche die Gemeinschaft auf das Ächten verwendet, gingen auf ein therapeutisches Modell zurück, besonders im Zusammenhang mit Alkoholismus.[53] Dabei wird erwartet, daß eine Lesbe sich selbst, zumindest im Geiste, unter eine höhere Macht stellt. Dazu gehört die Vorstellung, daß sie ihr Urteil zugunsten der Urteile anderer aufgibt, und um wieder in die Gruppe aufgenommen zu werden, muß sie das mütterliche Urteil über sich annehmen.

Bei manchen Rehabilitationsprogrammen sagen diejenigen, die eine Lesbe zur Auseinandersetzung mit ihrem Alkoholismus bringen wollen, ihrer Geliebten, daß die alkoholabhängige Lesbe nicht sie liebt, sondern nur die Flasche. Und der alkoholabhängigen Lesbe sagen sie, daß alles, was sie getan hat und tut, sinnlos ist. Auch wenn sie sich für Projekte einsetzt – Aufbau eines Geschäfts, Aufbau einer Beziehung –, bekommt sie zu hören, dies sei nur eine Flucht und sie müsse zugeben, daß sie sich nicht unter Kontrolle habe. Manchmal wird einer Lesbe gesagt, sie müsse ihre Geliebte verlassen, um »geheilt« zu werden, müsse sich aus allen Projekten verabschieden, an denen sie während des Trinkens gearbeitet hat, und alle Briefe und Tagebücher aus der Vergangenheit verbrennen – sie müsse sozusagen neu geboren werden.

Wenn eine Lesbe ohne Veränderung ihres Selbst ein neues Leben beginnt, dann kann sie natürlich jederzeit rückfällig werden. Daher muß sie sich für den Rest ihres Lebens einer höheren Macht unterwerfen, die ihr hilft, stark genug zu werden, um dem Kontrollverlust zu widerstehen.

Dieses Modell besagt, wir sollen uns BeraterInnen und TherapeutInnen unterstellen, die uns mit subtilen Methoden vermitteln, was wir tun sollen, auch wenn sie mit ihrem professionellen Durchblick oft abwarten, bis wir »entdecken«, was wir tun müssen – wir achten ständig auf stille Zustimmung oder Mißfallen unserer »Richterinnen«; wir unterstellen unseren Willen einer höheren Macht. Für manche alkoholabhängige Lesben mag das die einzige Alternative zum Weitertrinken sein. Und gewiß muß eine Lesbe in gewisser Hinsicht 'loslassen', um sich zu heilen, aber mit 'loslassen' meine ich nicht 'sich aufgeben'.

Mir geht es jedoch darum, welche Einstellung gegenüber Lesben, die über die Grenzen des Erlaubten hinausgegangen sind, das therapeutische Modell in uns fördert – die Einstellung, es sei vernüftig oder nützlich oder gut für eine Lesbe, ihr eigenes Urteil aufzugeben und sich einfach dem Urteil anderer zu unterwerfen. Problematisch an der 'sozialen Gerechtigkeit unter Lesben' ist die Annahme, ein endgültiges Urteil sei möglich.

Es ist wichtig, daß wir selbst unsere Urteile fällen, statt uns darauf zu verlassen, daß andere (Richterinnen) sie für uns fällen. Ebenso wichtig ist es, zu erkennen, daß unsere Urteile sich mit der Zeit ändern können. Und mit einem Urteil allein ist es nicht getan. In fast allen Situationen müssen wir die Umstände ständig neu bewerten und mit dem Fortgang der Ereignisse neue Urteile fällen. Wir fällen Urteile, aber wir sind nicht die letzte Instanz. Es gibt keine letzte Instanz und sollte sie auch nicht geben. Der gleiche Geist, der uns vor der vollkommenen Beherrschung durch die heterosexualistische Gesellschaft bewahrt, wird auch beim Anwachsen sozialer Kontrolle innerhalb der Gemeinschaft geweckt. Ich will nicht, daß dieser Geist vernichtet oder auch nur gezähmt wird.

Bei vielen Gelegenheiten haben wir in der Szene Lesben geächtet. Unsere Ächtung war nicht formell oder organisiert, beruhte aber auch nicht auf individuellem Urteil und Rückzug. Statt dessen haben wir uns wie ein Rudel verhalten, das die Witterung aufnimmt und ihr ausweicht, ohne Auseinandersetzung und ohne eigenes Urteil, so daß die betroffene Lesbe sich völlig isoliert und verfolgt fühlte.[54]

Außerdem erfolgte die Ächtung nicht wegen eines bestimmten »Verbrechens«, das die Lesbe begangen hat – denn andere haben dasselbe »Verbrechen« begangen –, sondern weil sie sich anschließend nicht vor der Gemeinschaft in den Staub werfen und ihr Urteil entgegennehmen wollte, weil sie nicht ihren »Irrtum« bekennen, ihre Meinung ändern und um Verzeihung bitten wollte, um wieder in die Gruppe aufgenommen zu werden.

Wir mögen zwar feststellen, daß wir manchmal aufgrund dessen, was eine Lesbe getan hat, den Respekt vor ihr verlieren, doch wir müssen sie deshalb nicht vernichten. Dieser Wunsch ruft ein Szenario auf den Plan, in dem die eine Lesbe sagt: »Schäm dich, du böse Lesbe«, und die andere sagt: »Schlag mich noch mal«, während die Gruppe in stillschweigender Zustimmung verharrt. Ein solches Szenario ist einfach reinster Sadomasochismus. Es schadet der Lesbe zwar, vernichtet sie aber nicht. Es vernichtet nur das Fundament lesbischen Seins. Damit machen wir die Vorstellung glaubhaft, eine Lesbe sollte ihre Urteilsfähigkeit an Mutter Gruppe abgeben; wir machen die Vorstellung glaubhaft, es sei legitim (funktional für die Gemeinschaft), die moralische Handlungsfähigkeit einer Lesbe zu untergraben und sie zu demoralisieren.

Manche mögen dagegenhalten, es sei unfair, den Gedanken der 'sozialen Gerechtigkeit' aufzugeben. Betrachten wir noch einmal das Beispiel der beiden Lesben mit der Firma. Da es keine lesbische »Polizei« gibt, die verlangen könnte, daß die prügelnde Lesbe ihrer Ex-Freundin ihren Anteil an dem Haus und der Firma zurückzugeben hat, könnte die Ex-Freundin in dieser Situation zumindest eine gewisse Befriedigung aus einem System sozialer Gerechtigkeit unter Lesben ziehen, in dem die Gruppe die prügelnde Lesbe kollektiv verurteilt und ächtet.

Gewiß könnte die Lesbe, die von ihrer Freundin mißhandelt wurde, durch Zurückschlagen ihre Würde wiedergewinnen. Ich glaube aber nicht, daß ihre Würde durch kollektive Ächtung ihrer Ex-Freundin wiederhergestellt wäre. Eine solche Ächtung würde auch künftige ähnliche Entwicklungen nicht verhindern. Die Auswirkungen von Mißhandlung zu überwinden, müßte meiner Ansicht nach andere Formen annehmen.

Dennoch: Manchmal ist die Interaktion durch Rückzug noch nicht beendet. Es kann vorkommen, daß eine Lesbe eine andere weiterhin schikaniert und terrorisiert. Nehmen wir das Beispiel zweier Freundinnen, von denen eine die Liebesbeziehung beendet und eine neue Beziehung eingeht. Die Ex-Freundin beginnt sie zu schikanieren. Sie zieht mit ihrer neuen Geliebten in eine andere Stadt, aber ihre Ex-Freundin folgt ihr und setzt die Schikanen fort. Dazu kann ich letztlich nichts Endgültiges sagen. Dies ist eine Krise, und zur Bewältigung einer Krise müssen wir all unseren Verstand und Einfallsreichtum, alle unsere Fähigkeiten und Möglichkeiten einsetzen. Es besteht jedoch ein Unterschied zwischen Entscheidungen in einer Krise und der Forderung nach sozialer Gerechtigkeit in der Gemeinschaft.

Problematisch in einer Krise ist, daß sie alles andere unterbricht und uns an das Vorgehen einer anderen kettet, mit dem wir nicht einverstanden sind und das wir oft lieber ignorieren würden. Ein Strafsystem ermöglicht uns allerdings nur begrenzt, die Schritte einer anderen zu ignorieren; es prägt auch unsere eigenen Schritte. Mit anderen Worten, wir würden uns vielleicht gern an eine Autorität wenden, die uns von den Vorgaben einer anderen befreien soll, doch sind wir immer noch darauf konzentriert und weit weg von den eigenen Vorhaben.

Wenn wir uns statt dessen auf die Krise einlassen und Freundinnen um Hilfe bitten, wenn wir alles Notwendige tun, um auf uns aufzupassen, und die Zeit bewältigen, die zur Lösung notwendig ist (manchmal Jahre, wenn eine nicht loslassen kann), dann können wir lernen, es künftig in ähnlichen Situationen gar nicht erst zur Krise kommen zu lassen. Denn unser Ziel ist nicht nur, die Krise zu beenden, sondern uns selbst und unsere Interaktionen zu verändern – aus dem Geschehen zu lernen, andere Gewohnheiten zu entwickeln und unsere Erfahrung und unser Wissen in die Gemeinschaft einzubringen.

Die Vorstellung einer 'Ächtung' verführt uns zu glauben, es gäbe so etwas wie eine unparteiische Beobachterin. Es sind jedoch wir selbst, die die Gemeinschaft ausmachen, und es sind wir, die mit anderen interagieren, und aus diesen Interaktionen entsteht der Sinn unseres Lebens. Nochmals: Ich will damit nicht sagen, wir sollten keine Urteile fällen; die Entscheidung zum Rückzug zum Beispiel bedingt sehr klare Urteile. Ich meine auch nicht, wir sollten Informationen nicht weitergeben. Ich bin einfach dafür, daß wir uns von dem Glauben trennen, ideal sei eine lesbische Autorität, die unsere »unparteiischen« Urteile durchsetzt und diejenigen bestraft, die dagegen »verstoßen«. Ich meine, wir müssen uns gegen jeden Wunsch nach sozialer Kontrolle unter Lesben wehren. Wenn wir uns für eine lesbische Autorität einsetzen, ist das gleichbedeutend damit, daß wir uns einander nicht zuwenden wollen. Wenn es außerdem in der Gemeinschaft nach wie vor den Flirt mit der rituellen Gewalt gibt – in Form von Bestrafen, Beherrschen und Demütigen anderer mit oder ohne ihr Einverständnis –, dann schleichen sich Herrschaft und Unterordnung in die lesbischen Sinnzusammenhänge ein.

Eine lesbische Revolution entsteht weder durch eine Autorität, *die dafür sorgt,* daß wir uns anständig benehmen, noch durch Therapie oder Rudelverhalten. Simone de Beauvoir macht uns darauf aufmerksam, daß Tyrannei dann entsteht, wenn wir Entscheidungen ausweichen, indem wir uns Werten unterwerfen, die angeblich nicht selbstgewählt, sondern uneingeschränkt gültig sind.[55] Meine These ist, daß Ächtung eben dieses Ausweichen vor Entscheidungen ist. 'Gerechtigkeit' wirkt wie eine Droge und hält uns in den patriarchalen Strukturen von Herrschaft und Unterordnung gefangen – das ist die Vorstellung der Patriarchen von »Kooperation«.

Clowns

Meiner Ansicht nach brauchen wir keine soziale Gerechtigkeit unter Lesben – wir brauchen mehr Clowns. In vielen nichtdominanten Kulturen nehmen Clowns eine zentrale

Stellung ein.[56] Die Großmutter in *Daughters of Copper Woman* erläutert, daß Clowns uns etwas über uns selbst zeigen und zu einer Erweiterung unseres Horizonts verhelfen:

> Wenn du dachtest, du sprächst immer nur große Wahrheiten aus, dann lief die Clownin einfach hinter dir her und brabbelte vor sich hin wie eine Einfältige oder ein Baby. Jedesmal, wenn sich deine Stimme hob oder senkte, hob oder senkte auch die Clownin ihre Stimme, bis du schließlich *hörtest,* wie blöd du warst. Oder du hattest vielleicht schlechte Laune und hast herumgeschrien, wenn du wütend warst, oder du hattest keinerlei Selbstbeherrschung oder so. Nun, die Clownin kriegte dann einfach Anfälle. Jedesmal, wenn du dich umdrehtest, drosch die Clownin mit einem Stock auf den Sand ein oder trat wie eine Verrückte mit dem Fuß gegen einen großen Stein oder brüllte den Möwen Schimpfworte zu und zeigte sich überhaupt völlig idiotisch.
>
> Wir brauchten unsere Clowns, und wir ließen uns von ihnen helfen zu lernen, wie wir am besten miteinander umgehen konnten. Eine Persönlichkeit zu sein, ist schön und gut, aber manchmal waren wir so damit beschäftigt, Persönlichkeiten zu sein, daß wir vergaßen, daß wir mit einer Menge anderer Leute auskommen mußten, die alle das Recht hatten, eine Persönlichkeit zu sein, und die Clowns konnten uns zeigen, wenn wir es ein bißchen übertrieben oder anfingen, uns zu ernst zu nehmen. Einer Clownin war nichts heilig. Manchmal sah eine Clownin eine andere Clownin hinter sich hertrotten und sie nachahmen, und dann wußte die erste, daß irgend etwas ausgeartet war; vielleicht war die Clownin gemein und benutzte ihre Position, um die Leute herumzuschubsen und eigennützige Zwecke zu verfolgen. Aber meistens nahmen die Clowns das, was sie taten, sehr ernst.[57]

Kate Clinton schreibt:

> Jede von uns ist der Aufgabe gewachsen, Licht zu machen, Licht auf unsere Erfahrungen zu werfen, einander zu Veränderung und Bewegung zu ermutigen.[58]

Wenn wir weiterhin die Clowns ermutigen und die Fähigkeit zur Zuwendung, zum Nachvollziehen und zur spielerischen Weltreise in uns entwickeln, dann werden wir den Entscheidungen nicht aus dem Wege gehen, sondern sie suchen – Entscheidungen darüber, wie wir uns selbst und die anderen verstehen und uns aufeinander einlassen wollen und über die Energien, die wir ansprechen.

Langfristig wird das Ideal der 'sozialen Gerechtigkeit unter Lesben', mit dem versucht werden soll, das Gute unter uns zu gewährleisten, uns in unseren Urteilen und Interaktionen eher behindern als fördern, und daher zerstört es auch die Verbindung unter den Lesben. Was in unserer Macht als Lesben steht, ist die Entscheidung – die Entscheidung, wie und um was wir uns kümmern.

Lesben und Pflicht

Daher will ich auf die Vorstellung von 'Pflicht' und 'Verpflichtung' unter Lesben eingehen. Denn abgesehen von Krisensituationen stammt die Anziehungskraft der 'sozialen Gerechtigkeit' unter uns aus den Vorstellungen über 'Pflicht' und 'Verpflichtung' und damit aus der Idee von Sanktionen gegen diejenigen, die nicht ihre Pflicht tun und nicht einen angemessenen Anteil von Verpflichtungen übernehmen.

Es mag dagegen gehalten werden, daß – wenn auch Probleme mit einer institutionalisierten Gerechtigkeit verbunden sind – doch 'Pflicht' und 'Verpflichtung' wichtige ethische Begriffe für Lesben seien, weil sie das Kernstück der moralischen Verantwortung bildeten. Das heißt, ethisch richtiges Verhalten *ist* Verantwortlichkeit gegenüber anderen, und das bedeutet, unsere Verpflichtung gegenüber anderen anzuerkennen.

Aber stärkt es die Verbindung unter den Lesben und die Gemeinschaft, wenn unser Schwerpunkt auf der Pflicht, auf dem Befolgen von Regeln und auf der Verpflichtung liegt? Ich meine, daß ein Handeln aus Pflichtgefühl und Verpflichtung die Verbindung unter Lesben eher zerstört als fördert. Denn die Konzentration darauf gehört zu dem ganzen Wertesystem von Herrschaft und Unterordnung im Patriarchat, in dem wir Integrität durch Kontrolle ersetzen.

Pflicht ist mir im Zusammenhang mit Entscheiden und Handeln immer als leer und langweilig erschienen, auch als ethisch bedeutungslos für die konkrete Beurteilung gesellschaftlichen Nutzens. Marilyn Frye meint, das Problem bestünde darin, daß der Pflicht der Gefühlsanteil fehle: Wir sollen unsere Pflicht allein aus Vernunftgründen erfüllen.[59] Doch zur Ethik gehört auch unsere Interaktion, und die Art unserer Interaktion bestimmt die Art und Weise, wie wir aufeinander reagieren – kaum eine bloße Vernunftfrage.

Anteilnahme statt Pflicht

Dennoch stellen manche Philosophen einen Gegensatz zwischen einer Ethik der Pflicht und einer Ethik der Anteilnahme her und argumentieren, das Handeln aus Pflicht mache eine Person moralischer als das Handeln aus Anteilnahme.[60] Nehmen wir an, eine Freundin von uns liegt im Krankenhaus. Der Gedanke ist der, daß wir bei einem Handeln aus Pflicht das »Richtige« tun, selbst wenn wir wenig Neigung dazu haben: Zum Beispiel werden wir unsere Freundin auch an einem kalten Wintertag besuchen, wenn wir eigentlich lieber zu Hause im Bett bleiben würden.[61]

Zunächst einmal werden wir natürlich eine Freundin, die im Krankenhaus liegt, besuchen gehen. Das gehört zu unserer Freundschaft. Wenn wir Pflicht oder Verpflichtung als Motiv dafür brauchen, ist es keine Freundschaft.

Zweitens kann ich dennoch gute Gründe haben, einen Krankenhausbesuch schrecklich zu finden, auch wenn ich dir nahestehe. Vielleicht habe ich schlechte Erfahrungen mit der Macht und der Einstellung von Ärzten gemacht und zögere, dich im Krankenhaus zu besuchen, weil die Erinnerung dann wieder auflebt. Vielleicht würde ich dich aber auch gerade wegen meiner eigenen Erfahrungen besuchen. Wenn ich das aber nicht kann, wäre es für uns beide schlimmer, wenn ich es gezwungenermaßen täte. Unter solchen Umständen würde ich kaum heilende Energien mitbringen und vielleicht noch zu deiner Panik beitragen. Wenn wir uns engagieren, engagieren wir uns aus uns selbst heraus. Wenn wir eine Beziehung aus der Überlegung heraus führen, wie wir sein sollten, wird die Beziehung zur Fessel.

In der Berufung auf die Pflicht als Motiv für Anteilnahme gibt es zwei Hauptgedanken. Einmal appellieren manche Philosophen (aus der Kant'schen Tradition) an Verpflichtung und Pflicht als Mittel, um uns zu »vollkommen moralischen Wesen«[62] zu machen. Dahinter steht die Vorstellung, wenn wir aus Pflicht handeln, tun wir immer das Richtige aus den richtigen Gründen. Wenn ich einfach auf meine Fähigkeit zur Anteilnahme vertraue, tue ich vielleicht nicht das Richtige, und selbst wenn, bin ich irgendwie weniger moralisch, als wenn ich aus Pflicht handele.

Zum anderen berufen sich Philosophen (aus der utilitaristischen Schule) auf die Pflicht als Mittel zur Regelung von Interessenkonflikten.[63] Meine Freundin braucht etwas – einen Besuch im Krankenhaus –, das meinem Wunsch, zu Hause in meinem warmen Bett zu bleiben, entgegensteht. Daher brauchte ich ein Gefühl der Verpflichtung, um dies zu regeln und mir zu helfen, bei der Beurteilung von Bedürfnissen unparteiisch zu sein; um mir zu zeigen, daß ich in diesem Falle meine eigenen Bedürfnisse und Interessen zugunsten der ihren zurückstellen soll.

In dieser Berufung auf die Pflicht stecken drei Annahmen, die ich diskutieren will: 1. Interaktion sei im wesentlichen die Regelung konkurrierender Ansprüche; 2. Entscheidung habe daher mit Opfer und Kompromiß zu tun statt mit Konzentration und eigener Gestaltung, und 3. Anteilnahme sei eine zufällige Angelegenheit und müsse zumindest durch Autorität (Vernunft) und Pflicht gesteuert werden, um sich auszuwirken.

Interagieren heißt nicht Verhandeln

Die Vorstellung, Interaktion sei die Regelung konkurrierender Ansprüche, wurde in der merkantilistischen Kultur perfektioniert.[64] Und unsere Gedanken sind von derartigen sprachlichen Ausdrücken durchsetzt. Wir sprechen davon, in Beziehungen zu investieren, Zeit und Energie in die andere zu investieren, über Differenzen zu verhandeln; wir wollen sichergehen, daß wir für das, was wir geben, unseren angemessenen Anteil zurückbekommen und daß unsere Bedürfnisse erfüllt werden, und oft betrachten wir die Beziehung selbst als Investition. Solche merkantilistischen Überlegungen sind oft tatsächlich an die Stelle der Anteilnahme getreten.

Doch das Aufeinander-Einlassen braucht kein Austausch von Soll und Haben zu sein. Wenn wir unsere Verbindungen im wesentlichen als Verhandlungssache zwischen konkurrierenden Bedürfnissen und Wünschen und als Aufopferung für die andere oder als Interessendurchsetzung auf ihre Kosten ansehen, nehmen wir einander allzu selbstverständlich oder versuchen einander zu manipulieren.

Nehmen wir das Beispiel, daß in einer Liebesbeziehung die eine Lesbe vor dem Examen steht und die andere zusätzliche Aufgaben im Haushalt übernimmt, so daß die erste mehr Zeit zum Lernen hat. Dadurch hat die erste das Gefühl, daß sie ihrer Freundin etwas schuldet und sie es beim nächsten Mal, wenn diese etwas braucht, abzahlen muß. Wenn diese Einschätzung der Situation länger anhält, achten die beiden im Umgang miteinander nur noch darauf, wer wem was schuldet. Die eine tut dann vielleicht nur deshalb etwas für die andere, um ihre »Haben«-Seite zu verbessern oder um bei der anderen nicht im »Soll« zu stehen. Die Energie ihrer Reaktionen, vor allem ihr Begehren, wird verlorengehen, und letztlich wird die Verbindung bestenfalls langweilig werden.

Wir können uns dafür entscheiden, unsere Interaktion nicht als fortwährende gegenseitige Machtkontrolle aufzufassen. Einmal werde ich eine zusätzliche Aufgabe übernehmen, wenn du gerade intensiv in der Arbeit steckst; ein anderes Mal werde ich es nicht tun und erwarten, daß du andere Vorkehrungen triffst. Diese Entscheidungen hängen davon ab, welche Prioritäten ich setze, und durch sie schaffe ich Sinn. Aus der Verbindung mit anderen holen wir nicht eine Reihe von Schnäppchen als Gegenleistung für ein paar Kompromisse heraus. Was wir aus der Verbindung gewinnen, ist die Verbindung selbst.

Ein Einwand dagegen lautet, diese Ansicht setze materielle Sicherheit voraus, so daß die Pflichten (gleich Schulden/Verpflichtungen) anderer uns gegenüber nicht so wichtig seien und wir uns keine großen Sorgen zu machen brauchten, ob wir unsere Schulden auch zurückzahlen könnten. 'Verpflichtung', heißt es, ist im Grunde eine Bindung.[65] Das meine ich auch, und die Konzentration auf Pflicht und Verpflichtung macht diese Bindungen zu Fesseln. Daß wir uns um des Überlebens willen auf Pflicht und Verpflichtung stützen mußten, heißt nicht, daß wir sie als in sich wertvoll übernehmen müssen.[66] Wenn es außerdem auf lange Sicht Probleme mit dem Abzahlen der »Schulden« gibt, bringt der Appell an die Pflicht auch keine Lösung.

Darüber hinaus benutzen wir oft Geld als Mittel zur gegenseitigen Kontrolle – wir investieren es bei einer anderen, um unsere Verbindung zu stärken, als investierten wir damit in die Beziehung selbst. Ebenso wie wir Verwundbarkeit einsetzen, um eine Verbindung zu erzwingen, so benutzen wir auch die ökonomischen Mittel; wir können uns praktisch ökonomisch verwundbar machen. Und wenn sich herausstellt, daß die Beziehung sich verändert oder nicht das war, wofür wir sie gehalten haben, wollen wir mit ökonomischen Mitteln die Fortsetzung einer Verbindung erzwingen, um uns gewisse Zugriffsmöglichkeiten zu erhalten; oder wir bestehen auf sofortiger Trennung und Abrechnung, um die andere zu »bestrafen«.

Wenn wir ökonomische Verbindungen miteinander eingehen, geht es nicht darum, die andere an uns zu fesseln, sondern darum, etwas zu ermöglichen, das beiden allein nicht möglich war. Mit einer Geliebten oder Freundin kaufen wir vielleicht ein Haus oder gründen eine Firma. Dabei werden wir auch gemeinsame Vereinbarungen über das treffen, was wir vorhaben. Wir sollten uns jedoch nicht aus Verpflichtung daran halten, sondern aufgrund unseres Engagements für das Projekt.

Solche Unternehmen bergen Risiken und funktionieren nicht immer, ebenso wie nicht alle Wirtschaftsunternehmen wirtschaftlich funktionieren. Was wir angestrebt hatten, ist vielleicht für uns, hier und jetzt, unter diesen Bedingungen nicht zu verwirklichen. Und dies zu verstehen, kann uns vor Panik bewahren, so daß wir die ökonomische Verbindung nicht gegeneinander einsetzen. Eine ökonomische Verbindung mit einer intimen Freundin kann zwar eine Sache des finanziellen Überlebens sein, doch wenn wir ihr nie begegnet wären, hätten wir schließlich auch andere Mittel zum Überleben gefunden.

Unsere Interaktion als Regelung konkurrierender Ansprüche aufzufassen, setzt einen grundlegenden Antagonismus zwischen uns voraus, da wir damit davon ausgehen, daß unsere Bedürfnisse an sich gegensätzlich sind. Diese Auffassung von Bedürfnissen ist jedoch falsch. Erstens beruht sie auf der falschen Dichotomie zwischen Egoismus und Altruismus. Zweitens ist es einfach nicht wahr, daß unsere Interessen an sich unvereinbar sind. Drittens ignoriert dieses Modell den Charakter des Teilens.[67] Manchmal will ich etwas allein tun. Zu anderen Zeiten will ich, daß eine andere, die mir nahesteht, es mit mir teilt und ebenfalls Freude daran hat. Diese zweite Situation ist kein Kompromiß zwischen mehreren einzelnen Wünschen. Teilen ist eine ganz andere Erfahrung.

Es hat etwas Magisches, wenn eine andere sich mit mir an etwas Besonderem freut. (Es hat auch etwas Magisches, wenn eine andere schwere Zeiten mit mir teilt.) Dieses Phänomen des Teilens, wenn unsere Energien ineinander übergehen und so die Situation verstärken, ist keine quantitative Berechnung von Interessen, Bedürfnissen oder Wünschen, und auch das Thema der konkurrierenden Interessen findet hier keinen fruchtbaren Boden. Beim Teilen geht es nicht um Kompromisse, sondern darum, aus der Verbindung der beiden Lesben (oder der drei oder dreizehn oder dreihundert) etwas Neues zu schaffen.

Dennoch entstehen Konflikte zwischen uns, und dann soll uns der Appell an die Pflicht helfen, das »Richtige« zu tun, etwa im Umgang mit Lesben, die wir nicht mögen oder deren höchste Werte mit unseren unvereinbar sind.[68] Wenn wir in einem Gemeinschaftsprojekt einen Konflikt mit einer anderen haben, können wir die Situation bewerten: Durch Nachvollziehen können wir die Bedeutung der Werte aus ihrer Sicht verstehen, einen Überblick über die Situation gewinnen und entscheiden, ob die Werte so verschieden sind, daß sie das Projekt untergraben.

Wenn wir uns zur Weiterarbeit an dem Projekt entscheiden, können wir in dem Bewußtsein darangehen, daß nicht nur unsere Werte, sondern auch ihre zu dem, was wir schaffen, beitragen und daß dazu mehrere Lesben gemeinsam nötig sind, denn alleine schaffen wir es nicht. In diesem Fall kann der Appell an die Pflicht das Nachvollziehen verhindern, da Pflicht uns nur auf uns selbst und das, was wir tun sollten, ausrichtet. Bestenfalls ist sie in diesem Prozeß überflüssig.

Wenn dagegen die Unterschiede zu groß sind, dann erreichen wir in diesem Projekt nicht das, was wir angestrebt hatten, und die beiden Lesben (oder Gruppen) müssen einfach ihre Projekte getrennt durchführen oder sie aufgeben. In diesem Fall ist ein Appell an die Pflicht nutzlos.

Das gleiche gilt für Probleme, die aufgrund persönlicher Antipathie zwischen Lesben entstehen. Wenn der Konflikt sehr schwer ist, entscheiden wir uns vielleicht für Rückzug, weil wir das, was wir angestrebt hatten, nicht erreichen können. Wenn dagegen eine Zusammenarbeit möglich ist, dann können wir durch Nachvollziehen verstehen, daß beide letztlich die gleichen Werte haben – zum Beispiel ein tiefes Engagement für Lesben. Und das kann uns einen Überblick über die Situation erleichtern. Auf lange Sicht ist Interaktion kein antagonistisches Ausagieren, das konkurrierende Ansprüche regelt, sondern wir schaffen damit Werte.[69]

Pflicht untergräbt Anteilnahme

Und das bringt uns zu dem zweiten Aspekt im Zusammenhang mit Pflicht: nämlich wie wir unser Entscheiden betrachten. In Kapitel Zwei habe ich gesagt, daß Entscheiden etwas Kreatives ist und keine Aufopferung. Unsere Fähigkeit, Entscheidungen zu treffen, können wir statt als Verlust, Opfer oder Kompromiß als eine Quelle von Macht begreifen, als Gestaltungsmacht – uns auf etwas zu konzentrieren und dadurch Anteil zu nehmen. Und wenn wir unsere Entscheidungen als etwas Kreatives und nicht als Aufopferung begreifen, werden wir uns weniger auf das antagonistische Hin und Her konzentrieren, wer uns aufgrund welchen »Opfers« von uns was schuldet, und dann kaum das Motiv der Pflicht brauchen, um das »Richtige« zu tun.

Damit sind wir bei der dritten Vorstellung, die hinter der Betonung der Pflicht steht. Das Argument der anglo-europäischen Tradition lautet, pflichtgemäßes Handeln sei gleichbedeutend mit dem Wunsch, das moralisch Richtige zu tun, *weil* es das moralisch Richtige ist und nicht, weil es zufällig unsere Anteilnahme weckt. Als Folge der anglo-europäischen Spaltung von Verstand und Gefühl gilt Anteilnahme als etwas rein Zufälliges. Nach dieser Theorie reagieren wir, wenn wir Anteil nehmen, einfach nur auf unsere Umgebung und haben dabei keine Urteile gefällt. Daher brauchen wir Pflichtgefühl, um das »Richtige« tun zu können.

Erinnern wir uns an die Struktur des Handelns aus Pflicht. Es bedingt die Trennung von Verstand und Gefühl, wobei der Verstand als gefühlskontrollierender Faktor (Selbstkontrolle) angesehen und der Versuch gemacht wird, sich über die von der Natur gesetzten Grenzen zu erheben (statt innerhalb dieser Grenzen zu handeln). Die Betonung der Pflicht trennt Verstand und Gefühl voneinander und läßt das Träumerische, die Phantasie, den Humor, die spirituellen Kräfte, das Spielerische und die Intuition bei der Entwicklung eines ethischen Seins völlig außer acht. Mit anderen Worten: Handeln aus Pflicht untergräbt unsere Fähigkeit zur Anteilnahme, indem sie die meisten unserer Fähigkeiten abwertet.

Anteilnahme dagegen, also auch Verbindung, betrifft unser ganzes Sein; sie ist eine Frage des Urteilens und der Konzentration, nicht des Zufalls. Wenn ich Anteil nehme, treffe ich eine Entscheidung, wem oder was ich mich aus verschiedenen Gründen zuwende. Wenn ich nicht Anteil nehme, geschieht das ebenfalls durch Entscheidung und Konzentration, und auch dafür gibt es Gründe. Worauf ich meine Aufmerksamkeit richte, zeigt, wie ich in diesem Leben Sinn schaffe. Handeln aus Pflicht und Verpflichtung verweist in unserem Umgang miteinander die Anteilnahme in den Hintergrund oder erklärt sie sogar für irrelevant. Wie Nettie in *Die Farbe Lila* beobachtet:

> [Die Missionsgesellschaft von New York] wird von Weißen geführt, und sie haben nichts von Anteilnahme für Afrika gesagt, sondern nur von Pflicht.[70]

Wenn Menschen etwas tun, was sie für das »moralisch Richtige« halten, denken sie oft, es spiele keine Rolle, ob es ihnen persönlich wichtig ist. Handeln aus Pflicht – in diesem Fall: noblesse oblige – ist praktisch eine Möglichkeit, sich dem Geschehen zu entziehen, statt sich darum zu kümmern. Dank des anglo-europäischen und amerikanischen Imperialismus' namens Paternalismus, meine ich, kommen Nachvollziehen und spielerische Weltreise in der Theorie der Ethik nicht vor. Im Namen des Besserwissens, was gut für andere ist, hat die Pflicht die Anteilnahme verdrängt.

In der Lesbengemeinschaft hat die Betonung von Pflicht und Verpflichtung unsere Fähigkeit untergraben, uns aufeinander einzulassen. Ein Beispiel dafür, wie Lesben sich in einer Beziehung in gegenseitige Verpflichtung verstricken können: In dem Film *Tread Softly* trennen sich zwei Lesben – beide hatten Erwartungen an die andere gehabt, die nicht erfüllt wurden, und beide fühlten sich verraten.[71] Die eine setzt Anteilnahme und Interesse mit Verbindlichkeit in Form konkreter zeitlicher Versprechen gleich. Wenn die andere sich anderswo aufhält, als sie gesagt hatte, ist dies für die eine Lesbe ein Zeichen, daß sie der anderen nichts bedeutet und diese sie respektlos und gefühllos behandelt. Die andere fühlt sich durch diese Definition von Verbindlichkeit eingeschränkt und findet, es hindere sie daran, sich zu öffnen und zu geben. Sie meint, wenn die eine so auf die Form fixiert sei, dann lege sie keinen Wert auf die Persönlichkeit ihrer Freundin und die Art ihres Umgangs, sondern nur auf eine Beziehungsshow.

Beide haben nachvollziehbare Interessen und Bedürfnisse. Der einen, für die Verbindlichkeit eine Frage von Terminen und Verabredungen und gehaltenen Versprechen ist, wird es vielleicht besser gehen, wenn sie die gemeinsame Zeit planen, sich den Austausch im voraus überlegen, ihre sonstigen Interessen beiseitelassen und »ihr Herz feinmachen«[72] kann. Der anderen mag es besser gehen, wenn sie ihre volle Aufmerksamkeit auf das richten kann, was sie im Moment tut, ohne zwischendurch daran denken zu müssen, ob es jetzt nicht genug ist und was sie als nächstes vorhat. Wenn sich also beide über ihre Schwerpunkte und Grenzen im klaren sind, können sie die der anderen nachvollziehen – indem sie begreifen, daß sie in dieser Hinsicht nicht gleich empfinden – und brauchen sich dann durch ihre Unterschiedlichkeit nicht bedroht zu fühlen. Wenn sie sich so aufeinander einlassen, können sie Möglichkeiten finden, miteinander umzugehen. (Und vielleicht finden sie dann heraus, daß sie als Beziehungspartnerinnen einfach nicht zueinander passen. Dennoch kann es ihnen gelingen, in anderer Weise in Verbindung zu bleiben.)

Oder beide können sich auf die Sicherheit der Verpflichtungen zurückziehen – die eine ist verpflichtet, dort zu sein, wo sie es vorher angegeben hatte; die andere ist verpflichtet, die Eigenheiten ihrer Geliebten zu verstehen. Verantwortung zu übernehmen, heißt schließlich laut Lexikon, »Einschränkungen unseres Verhaltens oder unserer Entscheidungen«[73] hinzunehmen. Und das *bedeutet* Verbindlichkeit, wie uns immer gesagt wird. Handeln aus Verpflichtung kann zwar zumindest vorübergehend die Verbindung kitten, doch weder die Verbindung noch die Verbindlichkeit fördern. Statt dessen wird die Pflicht die eigentliche Beziehungsgrundlage auflösen. Der ursprüngliche Grund der beiden, eine Beziehung einzugehen, war nicht die Verpflichtung – dieser Grund wird verlorengehen, ganz gleich wie er aussah.

Die Betonung der Pflicht untergräbt auch in anderer Hinsicht unsere Fähigkeit, uns aufeinander einzulassen. Ein Appell an die Pflicht verbirgt hinter den Problemen, die zu dem Appell geführt hatten, die eigentlich wichtigen Themen. Zu sagen, wir hätten die Pflicht, etwas zu tun, kann eine Methode sein, den Streitpunkten auszuweichen. Wenn ich dich zum Beispiel mit einer Entscheidung verletzt habe und dann sage, es war meine Pflicht, dann vernachlässige oder mißachte ich die Tatsache, daß meine Entscheidung zwar wichtig gewesen sein kann, aber auch dazu geführt hat, dich zu verletzen. Mit Verpflichtungen können wir uns also versichern, daß wir die »richtige« Entscheidung getroffen haben, weil sie uns ermöglichen, alle »schlimmen« Konsequenzen zu ignorieren.

Davon abgesehen, kann die Fixierung auf Pflicht eine Möglichkeit sein, dem Bedenken und Erklären meines Tuns aus dem Wege zu gehen.[74] Wenn ich beispielsweise sage, ich hatte die Pflicht, zusammen mit einer anderen etwas zu tun, brauche ich nicht statt dessen zu überlegen, warum ich es tue. Vielleicht hoffe ich bestimmte Gefühle von ihr zu verändern, vielleicht will ich ihrer Kritik oder der Kritik der Gemeinschaft entgehen, vielleicht habe ich Angst, sie zu verlieren, usw. Als *Grund* gebe ich aber die Pflicht an. So verhindert Verpflichtung unsere Fähigkeit zur Einsicht und zum Nachvollziehen.

Ein Pflichtgefühl entsteht oft dann, wenn wir uns als unzureichend empfinden und den Eindruck haben, wir seien nicht präsent genug, nicht engagiert genug.[75] Auch deshalb zeigt sich der Appell an Pflicht und Verpflichtung hinter der Fassade des politisch Richtigen, das aus einer anteilnehmenden und verbindenden Energie zu einem Regelwerk geworden ist. Und dadurch haben wir die Fähigkeit verloren, unseren Wahrnehmungen als Lesben zu vertrauen. Juana María Paz meint:

> Ich lebte in einem gesellschaftlichen Klima, das die ehrliche, offene Mitteilung von Grundbedürfnissen und Zielen nicht zuließ, und ich stand hilflos da, während alle unsere wirklichen Motive untertauchten, nur um dann im Gewand politischer Begriffe wieder aufzutauchen.[76]

Wir sprachen von der Notwendigkeit der Gerechtigkeit aufgrund unserer eigenen Frustration; wir appellierten an die Pflicht als Garantie dafür, daß unsere Entscheidungen richtig waren; und wir sahen das, was wir geschaffen hatten, wieder entschwinden. Nicht Pflicht kann die Verbindung unter den Lesben fördern, sondern nur Anteilnahme.

Wenn ich den Begriff 'Pflicht' kritisiere, meine ich nicht, daß nicht auch Anteilnahme als Kontrollinstrument benutzt werden kann.[77] Die meisten von uns haben schon einmal gehört oder gesagt: »Wenn du mich *wirklich* liebtest, würdest du ...« Und vielen von uns wurde gesagt, wir müßten etwas für andere empfinden, auch wenn wir gar keine solchen Gefühle für sie hatten. Wohlgemerkt beziehen sich diese Vorstellungen nicht auf die Urteile, die unseren Gefühlen zugrundeliegen, sondern sie bewegen sich in einem Kontext von Pflicht und Verpflichtung – nur ist es jetzt die Anteilnahme selbst, die zur Pflicht wird.[78]

Zuwendung hat nichts mit Pflicht zu tun, obwohl sie auch Mühe machen kann. Baba Copper schreibt:

> Wie alte Lesben innerhalb der Lesbenwelt behandelt werden wollen, ist schwer zu beschreiben. Da gibt es so etwas wie Zuneigung gegenüber Frauen, mit denen wir Kontakt haben wollen. Wir schenken ihnen unsere Aufmerksamkeit. Wir sind nachsichtig mit ihren Eigenheiten. Wir achten in unserem eigenen Verhalten auf Zumutungen oder Vermutungen, die wir uns selbst oder ihnen gegenüber nicht rechtfertigen können. Liebevolle Behandlung macht Mühe.[79]

Wenn wir Anteil nehmen, freuen wir uns auf das Zusammensein mit einer anderen. Wir überlegen und planen gemeinsame Unternehmungen, wir erforschen einander. Und wenn wir von denen, die wir lieben – Kindern, Haustieren, Freundinnen und Geliebten –, getrennt sind, sind sie dennoch bei uns, in unserem Bewußtsein, in dem Sinn unseres Tuns. Pflicht kann das nicht bewirken.

Audre Lorde hat darauf hingewiesen, daß ein System, das unsere Arbeit auf ein Zerrbild von Notwendigkeiten, auf die Pflicht, reduziert, das lesbische Begehren aus unserer Arbeit tilgt.[80] In einem solchen System stützen wir uns eher auf den Paternalismus als auf Nachvollziehbarkeit, und es fördert eher die Selbstkontrolle als die Integrität. Wenn wir uns dabei erwischen, daß wir uns in dem, was wir tun, auf die Pflicht berufen, haben wir den Brennpunkt unseres lesbischen Begehrens verloren.

Mit der Berufung auf Pflicht haben wir auch den Brennpunkt unseres lesbischen Zorns verloren. Im Streben nach Pflicht oder Verpflichtung lassen wir die darin steckenden Energien und Urteile außer acht, statt sie aufzunehmen. Damit spalten wir uns und verlieren die Energie der Verbindung, die Energie der Anteilnahme. Dagegen erklärt Pat Parker:

Ich werde kommen mit meinen vielen Schwestern
und die Straßen schmücken
mit den Eingeweiden dieser
Brüder im Frauenmord.
Nicht länger betäube ich meinen Zorn
in Alkohol und Verneigung
vor dem Männer*gesetz.*
Ich werde zu meinen Schwestern kommen,
nicht pflichtgetreu,
als Starke werde ich kommen.[81]

Die Energie der Frauenbefreiungsbewegung und die Energie der Coming-out-Bewegung hatte nichts mit Pflicht zu tun. Wir haben nicht das moralisch Richtige ermittelt und dann pflichtgetreu gehandelt.[82] Im Gegenteil, plötzlich entstand eine Verbindung zwischen den Teilen unseres Selbst – dem Zorn vielleicht, der Wahrnehmung, der Intuition, dem Lachen, der Phantasie, dem Verlangen, dem Können, dem Spieltrieb –, und wir trafen Entscheidungen. Um die Wiederbelebung und Fortsetzung dieser Bewegung geht es mir.

Damit meine ich nicht Zuwendung im Sinne von Betreuung – etwa den »Auftrag zum Schutz, zur Fürsorge für oder Verwahrung von Personen oder Dingen«[83] – oder sonst irgendein Kümmern um eine, die angeblich geringere Fähigkeiten hat als wir. Diese Haltung ist immer noch paternalistisch – die Vorstellung, wir müßten für eine andere die Dinge in die Hand nehmen, weil sie nicht so fähig ist wie wir. Dahinter steht die Annahme, im Umgang mit Gleichgestellten behandelten wir die anderen in jeder Hinsicht gleich.[84] Damit meinen wir, wir müßten auf diejenigen, die wir nicht als Gleichgestellte ansehen, besondere Rücksicht nehmen. *Fürsorge*

Es ist eine irrige Annahme, wir behandelten Gleichgestellte so, als hätten sie gleiche Fähigkeiten. Um uns wirklich aufeinander einlassen zu können, müssen wir die Unterschiedlichkeit unserer Fähigkeiten anerkennen. Vielleicht hilfst du mir, meine spirituellen Fähigkeiten zu entwickeln, und ich bringe dir das Fotografieren bei. Aber wir halten einander nicht aufgrund unserer unterschiedlichen Fähigkeiten für minderwertig.

Im Umgang mit denen, die wir als gleichgestellt ansehen, tun wir also nicht so, als seien unsere Fähigkeiten gleich, und behandeln einander deshalb nicht geringschätzig. Eher gehen wir einfach normal miteinander um und helfen uns gegenseitig. Wenn wir also mit anderen in geringschätziger Weise umgehen, dann nicht deshalb, weil wir bei ihnen andere Fähigkeiten wahrnehmen als bei uns selbst, sondern weil wir sie allgemein für inkompetent halten. Daher ist es in solchen Fällen entscheidend, unsere Einstellung zu überprüfen.

Die Mutter-Kind-Beziehung ist eine solche Situation. Manche meinen, sie bedinge eine bestimmte Art von Fürsorglichkeit, aus der sich wegen, nicht trotz der Abhängigkeit des Kindes und der Macht- und Fähigkeitsunterschiede zwischen Mutter und Kind besondere moralische Werte ergäben.[85] Die Mutter stelle sich also auf das Kind ein, gerade weil es verletzlich und abhängig ist. Doch die besondere verletzliche Stellung des Kindes kann in keiner Weise eine Reaktion der Mutter garantieren. In vielen Inzestfällen stellt sich die Mutter auf die Seite des Vaters und leugnet die Wahrnehmungen des Kindes. Abhängigkeit allein weckt meines Erachtens nicht unbedingt Anteilnahme oder gar Fürsorglichkeit.

Ein Kleinkind braucht natürlich viel Fürsorge. Andererseits ist es die Aufgabe der Eltern, Kinder so aufwachsen zu lassen, daß sie ihre Fähigkeiten entwickeln und eigene Entscheidungen treffen können. Und das ist nicht möglich, wenn das Kind als minderwertiges Wesen behandelt wird.

Mir geht es darum, wie wir einander behandeln. Nehmen wir die Dinge in die Hand und halten sie unter Kontrolle oder fördern und erweitern wir unsere eigene Integrität und Handlungsfähigkeit und die der anderen? Die Art von Anteilnahme, die ich meine, ist eine Anteilnahme für Menschen, die wir respektieren, auch für Kinder, eine Anteilnahme, durch welche die Integrität der anderen gestärkt wird. Und ich befürchte, wenn wir die Situation für eine andere übernehmen wollen, wenn wir die paternalistische (oder maternalistische) Fürsorge mit Anteilnahme *verwechseln,* dann untergraben wir ihre Integrität und Handlungsfähigkeit.

Körperlich gesunde Lesben, die mit behinderten Lesben umgehen, handeln oft aus Pflicht und neigen von daher dazu, diese zu Objekten zu machen. Aufgrund des Konzepts von Normalität, das im Erziehungswesen, im Leistungssport und in der Medizin propagiert wird, ordnen wir uns auf einer Plus-Minus-Skala ein. Wir bewundern diejenigen mit »wichtigen« Fähigkeiten, die uns fehlen, und bemitleiden diejenigen, denen unsere Fähigkeiten fehlen. So gehen viele sehfähige Lesben mit einer blinden Lesbe um, als bekäme sie gar nicht mit, was um sie herum vorgeht, als sei sie weniger kompetent und könne nicht denken. Eine Lesbe mit gesunden Augen spricht vielleicht langsamer und lauter, wenn sie mit einer blinden Lesbe spricht, und es ist an der blinden Lesbe, ihr zu sagen, sie solle das lassen.[86] In solchen Situationen schalten nicht-behinderte Lesben oft von unbefangener Aufmerksamkeit und Interaktion vollständig auf Pflicht und Verpflichtung um. Nochmals: Entscheidend ist nicht die Unterschiedlichkeit der Fähigkeiten, sondern die Unterstellung allgemeiner Inkompetenz. Daß wir in einer Welt, in der Menschen unterschiedliche Fähigkeiten haben, Pflicht und Verpflichtung betonen, zeigt, wie verdorben unsere Werte in Wirklichkeit sind.[87]

Der Grundgedanke bei den Werten, für die ich plädiere, ist Respekt – für uns selbst und für andere –, nicht der Aufbau von Autoritäts- und Kommandostrukturen (auch nicht, wenn sie gut gemeint sind): Befähigung und nicht Kontrolle, Spiel und nicht Dominanz usw. Hier schließe ich nicht nur Lesben ein, gleich welche Fähigkeiten sie haben, sondern auch andere Lebewesen, zahme und wilde, und sogar den ganzen Planeten. Mir geht es um die Anteilnahme an allen, denen wir den Respekt gegenüber Gleichgestellten mit ganz unterschiedlichen Fähigkeiten erweisen.

Verbindung unter Lesben

Anteil nehmen setzt eine Entscheidung voraus. Wenn wir uns nicht dafür entscheiden, uns einander zuzuwenden, wenn wir einander ignorieren oder aufhören, uns umeinander und um unsere Interaktion als Lesben zu kümmern, wenn wir nicht mehr versuchen, die langfristigen und komplexen Konsequenzen unserer Kommunikationsformen zu verstehen, dann können Appelle an Pflicht oder Verpflichtung auch keine neuen Werte entstehen lassen, nicht die Veränderung des Bewußtseins fördern, die mit unserem Comingout begann, nichts anderes bewirken als ein langsames, unaufhaltsames Abrutschen in die Werte der heterosexualistischen Gesellschaft – zuallererst in die verführerischen, trügerischen Werte des Paternalismus. Wenn wir uns der Lesbengemeinschaft anschließen, weil wir glauben, Lesben hätten die Pflicht, uns besser zu behandeln, als alle anderen uns behandeln, oder weil wir selbst uns anderen Lesben verpflichtet fühlen, dann hat die Lesbengemeinschaft keine Chance.

Die Frage ist: Was können wir aus der Verbindung der Lesben untereinander und den Interaktionen machen, die so anregend und kreativ waren, aus dem Zusammenhang, in dem nicht der Heterosexualismus, sondern der Lesbianismus unsere Werte prägt? Nochmals: Es ist nicht die Verpflichtung, die uns in die Veränderung des Bewußtseins hebt, die zur Demontage der patriarchalen Werte unter uns notwendig ist. Es ist die Anteilnahme, aus der die gegenseitige Anregung ebenso erwächst wie die gegenseitige Herausforderung.

Jan Raymond schreibt:

> Zuneigung hat [...] noch eine weitere Bedeutung, die über die persönliche Zuneigung, die eine Frau einer anderen gegenüber empfindet, hinausgeht. In diesem weiteren Sinn bedeutet Zuneigung den Zustand, in dem wir andere Frauen beeinflußen, beeindrucken und bewegen und von anderen Frauen beeinflußt, beeindruckt und bewegt werden.[88]

Die Begriffe 'Pflicht' und 'Verpflichtung' geben die Verbindung von Lesben untereinander nicht wieder. 'Verpflichtung' erfaßt die Anteilnahme und das Netzwerk von Lesben nicht. Pflicht ist weder die Substanz unserer Verbindung noch der Grund unseres Lesbisch-Seins. Lesben finden nicht aus Pflicht zueinander, und es sind keine Verpflichtungen, die uns als Geliebte, Freundinnen, im Kollektiv oder in der Gemeinschaft zusammenhalten. Und weder Pflicht noch Verpflichtungen bewirken im Laufe der Zeit einen solchen Zusammenhalt, daß wir ein Energiefeld wider die Unterdrückung bilden können.

Ich meine, Pflicht und Verpflichtung gehören nicht in eine lesbische Ethik. Für das Herzstück der Verbindung unter Lesben halte ich die Anteilnahme, eine Energie, die sich weder erzwingen noch garantieren läßt.

Integrität und Handlungsfähigkeit

Revolution der Moral

Ich habe eine Ethik zu entwickeln versucht, die für Lesben in der Unterdrückung von Bedeutung sein kann; eine Ethik, die eine Schuldzuweisung an die Opfer ebenso vermeidet wie eine Viktimisierung. Wir beherrschen Situationen nicht, sondern handeln in ihnen. Wir leben im Hier und Jetzt, und unser Tun hat etwas bewirkt und bewirkt weiterhin etwas. An welche Grenzen wir auch stoßen, unsere Stärke liegt darin, dies zu verstehen und dementsprechend zu entscheiden.

Auch will ich eine Ethik, die unseren lesbischen Geist in seiner Vielfalt würdigt. Die Substanz, das Handeln interessiert mich, mit dem wir die heterosexualistischen Normen zu verweigern begannen. Julia Penelope formuliert das so:

> Wenn es eins gibt, das alle Lesben gemeinsam haben, dann ist es die Fähigkeit, zu Zwängen »nein« zu sagen. Sag einer Lesbe, sie solle etwas nicht tun, und sie wird auf dem Absatz kehrtmachen und es gerade tun. Das ist die Essenz des Lesbisch-Seins. (JEB nennt es unsere »schlechte Angewohnheit«).[89]

Wir sind ein widerborstiger, aufsässiger Haufen. Daher darf eine Ethik, die uns gerecht wird, uns nicht auf Anpassung trimmen. Eine Ethik, die uns entspricht, wird einen fruchtbaren Boden für die Entwicklung unseres Lesbisch-Seins abgeben müssen.

Mit unserem Coming-out konnten wir auf einer bestimmten Ebene die herrschende Ideologie durchbrechen, und damit haben wir gewissermaßen die Fähigkeit gezeigt, einzelgängerisch, unabhängig, selbstsicher und kämpferisch zu sein. Wir haben den Durchbruch zur Verbindung mit anderen Lesben geschafft. Wir wollten nicht einzelgängerisch und unabhängig bleiben, sondern uns verbinden, unsere Kräfte vereinigen und etwas aufbauen, mit dem unsere Träume und Phantasien Wirklichkeit werden.

Daher will ich eine Ethik, in der wir Pluralität finden und nicht Einförmigkeit, die uns in Beziehungen zueinander bringt, in denen wir eine Perspektive gewinnen und uns durch Interaktion weiterentwickeln. Als autokoinone Wesen sind wir Individuen in einer Gemeinschaft, und das wiederum ermöglicht uns, komplexe lesbische Sinngefüge zu entfalten. Wir schaffen die Lesbengemeinschaft und werden zugleich von ihr geschaffen.

Daher habe ich eine Revolution der Moral gefordert. Ich habe die Begriffe Altruismus, Aufopferung, bedingungslose Liebe, Verwundbarkeit, Paternalismus, Schutz, Sicherheit, Verstand gegen Gefühl, Selbstkontrolle, Privatheit der Gefühle, Lob und Tadel, Verantwortlichkeit, Gerechtigkeit, Pflicht und Verpflichtung hinterfragt und gezeigt, daß sie alle eine Vorstellung von 'Macht als Beherrschung oder Kontrolle' enthalten und daher nicht in eine lesbische Ethik gehören. Worum dreht sich die Ethik dann?

Integrität

Meiner Überzeugung nach besteht das Herzstück der Ethik, ihre Funktion, darin, individuelle Integrität und Handlungsfähigkeit in der Gemeinschaft zu entwickeln und zu fördern; dadurch wird die Verbindung von Lesben untereinander gestärkt. Moral in ihrer idealen Form habe ich immer als ein System angesehen, das nicht der Kontrolle der einzelnen dient, sondern die persönliche Entwicklung ermöglicht, fördert und dazu befähigt.

Ethik braucht sich nicht auf Gesetze, Fehlervermeidung oder Gruppeninteresse oder Eigeninteresse zu stützen. Mir geht es bei der Ethik nicht um das Aushandeln oder Jonglieren oder Berechnen von Interaktion, um ideale Gerechtigkeit oder reale soziale Kontrolle zu gewährleisten. Alle diese Überlegungen wie auch die Fragen von Prinzip und Pflicht in der traditionellen Ethik lassen zu leicht die individuelle Integrität und Handlungsfähigkeit zu kurz kommen oder umgehen sie sogar, weil sie in gewisser Hinsicht Antagonismen voraussetzen und diesen damit noch Nahrung geben.

Die neuzeitliche Tradition in der anglo-europäischen Ethik geht davon aus, daß wir egoistisch und einander fremd sind, und formuliert dann ein Wertegebäude, das uns zur »Kooperation« bringt. Der Schwerpunkt liegt auf der Regulierung oder auf Konformität und Zwang (»Kooperation«).

Die Ethik, die ich mir vorstelle, geht von denen aus, die sich auf irgendeiner Ebene gegen diese »Kooperation« gewehrt und einen neuen Schwerpunkt gesetzt haben. Sie geht von denen aus, die in Unterdrückungsverhältnissen leben. Sie geht von denen aus, die den Wunsch nach Verbindung haben und aufeinander zugehen. Sie geht von denen aus, die sehr unterschiedlich sind und zugleich aus diesen Unterschieden lernen; also geht sie von denen aus, für die dies einen Reichtum bedeutet, mit dem sich die (in unseren Generationen) zwangsläufig auftretenden Widersprüche aushalten lassen.

Wenn wir einen anderen Ausgangspunkt als den der neuzeitlichen anglo-europäische Ethik wählen, sehen wir andere Fragen in den Mittelpunkt treten, etwa: Wie wir überleben und dem Patriarchat einschließlich seiner Privilegien widerstehen können; wie wir Demoralisierung vermeiden können; wie wir in Situationen, die wir nicht steuern können, und mit anderen, deren Pläne sich nicht immer mit den unseren vertragen, weiter zusammensein und -arbeiten können; wie wir die verschiedenen Einschränkungen angehen können; wie wir die Fähigkeit zur Zuwendung entwickeln können; wie wir Einsicht und Verständnis füreinander gewinnen können; was zwischen uns funktioniert und was offenbar nicht; wie wir individuell und kollektiv Werte bilden. Und all das hängt mit der Integrität und Handlungsfähigkeit von Lesben zusammen.

'Integrität' ist ein schwieriger Begriff, denn eine Bedeutung von 'Integrität' ist »strenge Beachtung einer Verhaltensvorschrift«. Das ist nicht das, was ich mit Integrität meine.[90]

Mir steht vielmehr ein Begriff von Ganzheit vor Augen. Janice Raymond bezeichnet mit 'Integrität' ein Ganzes, »aus dem kein Teil entnommen werden darf«.[91]

Lesben sind durch die Unterdrückung ein tief verwundetes Volk geworden, und jede von uns trägt ein Gewaltpotential in sich, mit dem sie andere vernichten könnte, wenn sie sich in die Enge getrieben fühlt. Wenn ich den Schwerpunkt der lesbischen Ethik in Integrität und Handlungsfähigkeit sehe, meine ich damit, wir sollten an dem Punkt anfangen, wo jede einzelne jetzt steht, statt irgendeine Idee zu erzwingen, wo wir sein sollten – und uns mit dem beschäftigen, was uns bei der Entfaltung unserer moralischen Handlungsfähigkeit hilft. Die vergangenen und künftigen Veränderungen kommen aus dem Herzen. Und sie kommen nicht nach Plan, sondern dann, wenn es für jede einzelne an der Zeit ist – wenn sie bereit und fähig dazu ist.

Das Bloodroot-Kollektiv schreibt:

> Wir wollen einen Zusammenhang schaffen, in dem Frauen lebenswichtige Verbindungen zueinander aufbauen können: das sorgsame tägliche Weben und Ausbessern, so daß wir und andere Frauen beginnen können, unser Selbst und unser Gefühl für Ganzheit wiederherzustellen. Momente von Wahrheit in unserem Leben zu bewahren und die Kraft der Überzeugung zum Weiterleben zu haben – das ist die Herausforderung an uns.[92]

Uns auf Integrität zu konzentrieren, bedeutet, unser Selbst zu erkennen, was ganz und gar nicht gleichbedeutend damit ist, unser Selbst als festgelegt oder unveränderlich aufzufassen. Es bedeutet, ausgehend von der Selbsterkenntnis und Weiterentwicklung dieses Verständnisses bis zu dem Bild zu gelangen, das andere Lesben von uns gewinnen. Es bedeutet, sich bewußt zu machen, welche Teile unseres Selbst wir verändern wollen, welche Teile wir einstweilen ruhen lassen wollen, welche Teile uns zu unserer Mitte führen und welche Teile wir an einem bestimmten Punkt weiterentwickeln wollen. Es bedeutet, von Zeit zu Zeit unser Selbst anhand unserer Werte und im Verhältnis zu anderen und deren Werten zu beurteilen.

Die Beschäftigung mit Integrität bedeutet außerdem, unseren Lebenszusammenhang bewußt wahrzunehmen und zu gestalten. Es bedeutet, sich über die herrschende Gesellschaft und deren Werte, die wir ablehnen, klar zu werden. Es bedeutet, unseren ethnischen, religiösen und klassenbedingten Hintergrund zu erforschen und darüber nachzudenken, welche Werte aus diesen Zusammenhängen den lesbischen Lebenssinn bereichern und erweitern.[93] Und es bedeutet, unseren Lebenszusammenhang als Lesben bewußt wahrzunehmen – als Lesben standhaft und beharrlich zu bleiben.

Die Beschäftigung mit Integrität bedeutet drittens, uns bewußt zu sein, daß wir Handelnde sind, die in Situationen aktiv werden, und damit auch, welchen Part wir in einer bestimmten Situation haben; es bedeutet, ein Selbstgefühl als eine unter vielen zu entwickeln. Im allgemeinen bedeutet Integrität, uns selbst in der Gemeinschaft der anderen mit unseren vielen Aspekten zu erkennen und einzuschätzen. Wie ich in Kapitel Fünf gezeigt habe, heißt Handlungsfähigkeit, in Situationen weitermachen und aktiv handeln zu können.

Lesbische Kompetenz

Ich bin überzeugt, daß eine Ethik, die sich auf die Stärkung lesbischer Integrität und Handlungsfähigkeit konzentriert, die Verbindung unter Lesben fördert, weil sie uns befähigen kann, außerhalb des Systems der Konkurrenzwerte und der »Kooperationswerte« im Patriarchat spezifisch lesbische Kompetenz und lesbische Reaktionsfähigkeit zu entwickeln.

Interaktion können wir fördern, indem wir alle die Fähigkeiten jeder einzelnen Lesbe als ihr Potential anerkennen und schätzen (urteilen, bewerten), universale Energien in sich zu konzentrieren und innerhalb ihres Lebenszusammenhangs daraus ein Muster zu bilden.

Ein Einwand dagegen wäre zum Beispiel, daß manche Lesben dann eben auch zu verbalen persönlichen Angriffen auf andere fähig sind. Sicherlich hat eine Lesbe den verbalen persönlichen Angriff durch die Welt, in der sie lebt, gelernt. Sie wendet ihn zwar vielleicht gegen andere Lesben, doch er kann auch eine wichtige Überlebenstechnik sein. Außerdem ist die Frage, welche Werte in einem lesbischen Lebenszusammenhang ihr die Entscheidung dafür sinnvoll erscheinen lassen. Sie hat die Fähigkeit, bestimmte Aspekte in anderen wahrzunehmen, und zudem sprachliche Fähigkeiten; diese Kombination kann eine enorme Kompetenz bewirken. Mich interessiert die Entwicklung unserer Fähigkeiten außerhalb des patriarchalen Denksystems.

Unter Lesben haben wir gelernt, unsere unterschiedlichen Fähigkeiten ergänzend einzusetzen, zum Beispiel die Fähigkeiten einer Straßennutte und die einer Lesbe, die ein »höfliches« soziales Verhalten gelernt hat. In einem lesbischen Lebenszusammenhang bringen Lesben jeder Herkunft ihre Fähigkeiten ein. Dieser Prozeß soll erkannt und fortgesetzt werden, denn dadurch können Fähigkeiten wachsen. Die Clownin zum Beispiel kann ihre Fähigkeiten in einem Umfeld entwickeln, das Hierarchie und Bürokratie nicht begünstigt.

Konkurrenzwerte

Bei der Konzentration auf die Fähigkeiten ist es wichtig zu erkennen, daß wir nicht die Konkurrenzwerte der Patriarchen anzustreben brauchen, so daß wir etwa mit unserem Tun beweisen wollen, daß eine Lesbe in einer Sache besser ist als die andere. Die Fähigkeit selbst zu entwickeln und zu erkennen, muß nicht zu einer Hierarchie führen (einem »Pfaffenhaufen«[94]), denn eine Fähigkeit zu haben, heißt nicht, daß sie durch eine äußere Autorität belohnt werden müßte. Jede Lesbe hat andere Fähigkeiten, und was sie anzubieten hat, ist das ihr eigene Energiemuster.

Schließlich heißt es nicht viel, als die Beste der Welt zu gelten. Wenn wir zu einer bestimmten Zeit eine Person als die schnellste Läuferin der Welt bezeichnen, können die Geparden nur lachen. Andererseits liegen Können und Schönheit einer Läuferin in ihrer Erscheinung und ihrem Bewegungsfluß – ganz gleich ob bei einer Gepardin, einer Olympiakämpferin oder einer Schnecke. Sie hat dieses Energiemuster ausgebildet, diesen Fluß und diese Erscheinung, hier und jetzt – das ist beeindruckend.

Nehmen wir zum Beispiel die derzeitige lesbische Theorie oder die Lesbenmusik oder die Arbeit von Heilerinnen oder Kollektiven. Ist ein Buch, ein Lied, ein Heilmittel, ein Witz oder ein Projekt besser als die anderen? Sicher gibt es Momente, in denen wir uns von einem bestimmten Lied besonders angezogen fühlen, etwa weil es etwas tief in uns anrührt. Aber wenn wir diese Leistungen von Lesben in eine Rangordnung bringen, verlieren wir aus dem Blick, wie jede zu einem Fundament des Seins beiträgt, das uns anderen hilft zu wachsen.

Wir können auf das, was andere anzubieten haben, neugierig sein, es wertschätzen und uns daran freuen, ohne es an dem zu messen, was wir selbst anbieten. Wenn wir unsere eigenen Fähigkeiten entwickeln, können wir erkennen, daß jede Autorin, Künstlerin, Heilerin, Komikerin oder Organisatorin mit ihrer Energie etwas Einzigartiges anbietet, das begrenzt und konzentriert zugleich ist. Wir sind eine unter vielen. Jede hat ihre eigenen Talente, Bedürfnisse und Pläne, die sich in einem lesbischen Lebenszusammenhang entfalten können. Im Bewußtsein dessen können wir erkennen, daß wir auch etwas bewirken. Und das ist Teil unserer moralischen Handlungsfähigkeit.

Aufeinander eingehen

Was die Fähigkeit zum Aufeinander-Eingehen betrifft, so sollten wir meiner Ansicht nach nicht betonen, welche Verantwortung wir gegenüber anderen haben, sondern uns darauf konzentrieren, wie jede von uns sich auf die anderen einlassen kann. 'Verantwortlichkeit' führt zu einem Einwegprozeß – sie ist mir verantwortlich, ich bin ihr verantwortlich. Wie María Lugones sagt, veranlaßt uns die Verantwortlichkeit, die Dinge in die Hand zu nehmen.[95] Damit versuchen wir, (eine gewisse) Macht übereinander zu gewinnen. Aufeinander eingehen ist dagegen ein Zwei-Weg-Prozeß und lenkt uns mehr auf den kommunikativen Charakter unseres Engagements. Wenn eine, die uns nahesteht, nicht auf uns eingeht, nicht auf uns reagiert, können wir, statt wütend zu werden oder uns gekränkt und verletzt zu fühlen, versuchen herauszufinden, warum die Verbindung abgebrochen ist.

Aufeinander eingehen ist die Energie und Wahrnehmungsform, die uns zusammenbringt und anzieht; die Energie, die mit dem Slogan »Lesben, fangt Feuer«[96] gemeint ist. Diese Energie hält uns in Bewegung, läßt uns Risiken eingehen und nach Möglichkeiten der Zuwendung und Verbindung suchen. Wenn uns diese Energie verlorengeht, fangen wir an, von Verantwortlichkeit zu reden und uns demoralisieren zu lassen, und fügen uns den Autoritäten.

Aufeinander eingehen ist die Fähigkeit, einander anzuerkennen, zuzuhören, zu streiten, zu kritisieren, zu spielen, wütend zu werden, zu witzeln, uns anzufreunden, zu feiern – kurz, uns zu engagieren. Aber wir gehen nicht immer wirklich aufeinander ein. Damit meine ich nicht, wir wären einfach nicht nett zueinander, sondern daß wir trotz aller Bemühungen manchmal dennoch die Interaktion verpfuschen. Wenn wir jedoch das Aufeinander-Eingehen als eine Fähigkeit, ein Potential, ansehen, können wir erkennen, daß sie in Lesben nicht unbedingt voll entfaltet ist. Dies können wir verbessern, indem wir uns einander zuwenden, Nachvollziehbarkeit herstellen, auf spielerische Weltreise gehen, aus unseren Fehlern und unseren Erfolgen lernen.

Aufeinander eingehen bedingt auch die Fähigkeit, unsere Erfolge anzuerkennen. Zu oft, meine ich, halten wir das, was wir getan haben, für selbstverständlich. Zählen wir es zu unseren Erfolgen, wenn wir Verbindungen aufgebaut, Verhaltensmuster für frauenorientierte[97] oder frauenfreundliche[98] Beziehungen entwickelt haben? Wenn wir uns für andere engagieren – gleich ob für Freundinnen, Geliebte, Töchter und Amazonen, Angehörige der Gruppe oder der Szene –, haben wir ein kompliziertes Energiemuster gebildet. Und selbst wenn einzelne Beziehungen schmerzlich enden, bleibt eine Verbindung. Wenn wir Verbindungen untereinander herstellen, schaffen wir neue Energiemuster. Deirdre McCalla singt:

Neulich dachte ich
wie anders das Leben wäre
wenn ich dir nicht begegnet wäre
und du mir nicht begegnet wärst.[99]

Wenn Aufeinander-Eingehen die Fähigkeit wird – nicht die Pflicht –, sich einzulassen, dann ist Intimität mit Autokoinonie vereinbar.

Aufeinander eingehen bedingt, daß wir einander ernst nehmen und beurteilen. Und wenn wir mehr aufeinander eingehen, tragen wir zu einem Zusammenhang bei, in dem unsere lesbischen Werte Sinn machen, und entwickeln damit Möglichkeiten, wirklich auf die (emotionalen, finanziellen, spirituellen und kreativen) Bedürfnisse derer eingehen zu können, mit denen wir Intimität leben, und wir können von dort aus unser Netz von Zuwendung erweitern. Aufeinander eingehen als solches ist die Fähigkeit, am Aufbau der Lesbengemeinschaft mitzuwirken.

Dabei warne ich jedoch davor, die »Kooperationswerte« der Patriarchen zu übernehmen; sie führen dazu, die Gemeinschaft als eine feste Größe, eine Institution oder sogar einen Staat anzusehen, die vor der Integrität und Handlungsfähigkeit der einzelnen Lesben

»Kooperationswerte«

beschützt und bewahrt werden kann oder muß. Diese »Kooperationswerte« dienen dazu, Zusammenhalt unter antagonistischen Individuen zu erzwingen, doch die Verbindung der Lesben ist etwas völlig anderes.

Erstens wird es Lesbengemeinschaften oder zumindest die Subkultur geben, solange es Lesben gibt. Paula Gunn Allen schreibt:

Ja, Lesben
sind wie Indianerinnen
jede ist
mit jeder verwandt
in Schmerz
in Furcht
in Schuld
in Blut
in Scham
in der Unsichtbarkeit
der es niemals ganz gelingt
unsichtbar zu sein. [100]

Zweitens hat weder die Subkultur noch die Gemeinschaft jemals Lesben geschützt. Die Lesbengemeinschaft ist nicht dazu da, uns vor einer äußeren Bedrohung oder vor uns selbst zu schützen. Wir brauchen uns auch nicht an der Gemeinschaft als einer festen Größe oder Institution zu orientieren, deren Grenzen geschützt werden müssen; denn dann definiert sie sich nach den äußeren Mächten, und wir beschränken unsere Kommunikation darauf, sie zu erhalten statt zu gestalten.

In der Einleitung habe ich gesagt, die Lesbengemeinschaft ist ein Zusammenhang. Sie ermöglicht Engagement und Netzwerke von Lesben und wird zugleich dadurch erst geschaffen. In diesem Zusammenhang ist es möglich zu wachsen, Wunden zu versorgen und zu heilen, Möglichkeiten zu eröffnen und zu erweitern, zornig zu sein, den Phantasien Raum zu geben, Analysen zu entwerfen, auf spielerische Weltreise zu gehen, herauszufordern, zu lernen, zu lachen, Ideale zu verwirklichen.

Insofern ist die Gemeinschaft ein Ganzes; denn ohne sie könnte keine einzelne Lesbe die hier stattfindenden Veränderungen bewirken, zumindest nicht so tiefgreifende. Sie ist jedoch ein Ganzes nicht im Sinne einer Institution, sondern als ein Fundament unseres Lesbisch-Seins. Wenn eine feste Größe existiert, dann ist sie kein Zustand und keine Institution, sondern besteht aus unserer Energie und dem konkreten Lebenszusammenhang, den sie hervorbringt. Und solange wir unsere Integrität und moralische Handlungsfähigkeit und die der anderen wertschätzen, solange wir die Fähigkeit zu erfinden, zu wachsen, zu lernen und aufeinander einzugehen fördern – statt uns durch Methoden, die von den Regeln der Pflicht bis hin zu ethnischen und nationalen Grenzen reichen, abzugrenzen –, so lange existiert ein Zusammenhang für das Lesbisch-Sein.[101] Er wird in unterschiedlichen Formen von unterschiedlichen Lesben immer wieder neu geschaffen. Lee Lanning und Nett Hart stellen fest:

Das Leben in der Gemeinschaft bedingt, daß keine von uns sich opfert, denn für die Gemeinschaft ist es wichtig, daß jede einzelne sie selbst ist und in selbstbewußter Art ihre Einzigartigkeit einbringt. In einer Gemeinschaft, in der jede Frau definitiv sie selbst ist, wird die Gemeinschaft um ihrer selbst willen geschätzt, als Ort für starke, selbstbewußte Frauen, deren Stärke sich in ihren Unterschieden ebenso zeigt wie in ihrem gemeinsamen Engagement. Die Gemeinschaft wird nicht zu einem Ort, an dem die Einzelne sich verliert; die Verschiedenartigkeit der Persönlichkeiten fördert einen kreativen Austausch. Sich selbst liebende Frauen bilden eine Gemeinschaft, um die Möglichkeiten sich selbst liebender Frauen zu erweitern.[102]

Die Lesbengemeinschaft bleibt stabil, solange die Lesben in ihr aufeinander eingehen. Sie zerfällt, wenn die Lesben nicht mehr als Lesben auf Interessen und Ereignisse reagieren. *Denn nicht die Tatsache, daß ein Fundament lesbischen Seins existiert, bewirkt, daß wir uns auf ihm bewegen. Vielmehr existiert es, weil wir uns auf ihm bewegen, uns entscheiden, uns darauf zu bewegen und einander hier zu finden.* [103]

Die Werte, die aus diesem Ausbruch lesbischen Seins entstanden sind – zugleich mit der feministischen Bewegung und der Lesben- und Schwulenbewegung und gegründet auf die Werte der Lesben, die vor uns gelebt haben –, liegen in allem, was wir geschaffen haben, vor allem der Realität des lesbischen Lebenszusammenhangs, auch wenn diese uns Probleme bereitet. Und die Konzentration auf die Integrität, moralische Handlungsfähigkeit und Existenz von Lesben ist meines Erachtens der Schlüssel dafür, daß aus unseren Entscheidungen auch weiterhin diese Werte erwachsen.

Die lesbische Veränderung hängt von uns und unseren Entscheidungen ab, nicht von irgendeiner utopischen Gesellschaftsstruktur mit strengen Gesetzen. Es mag sein, daß es *Entscheiden* uns nicht gelingt, weiterhin lesbische Werte zu schaffen. Diese Möglichkeit besteht immer. Ich will nur nicht vor dieser Realität die Augen verschließen, indem ich mich auf die falsche Sicherheit einer Kontrollethik zurückziehe, die nicht nur moralisch richtiges Verhalten nicht garantieren kann, sondern es sogar erschwert. Eins können und konnten wir und werden es weiterhin können: uns entscheiden.

Ich höre noch immer den Aufschrei: »Aber was ist mit den Lesben, die prügeln, oder den Rassistinnen oder den Lesben, die andere bewußt verletzen? Was ist mit all den anderen gemeinen und widerwärtigen Dingen, die Lesben einander antun? Was ist mit all denen, die sich einfach nicht ändern wollen?« Meine Antwort ist: »Was soll schon mit ihnen/uns sein?« »Aber«, kommt der Aufschrei, »ich bin betroffen.« Meine Antwort: »Dann hast du ein Urteil zu fällen und eine Entscheidung zu treffen.« Oder der Aufschrei ist: »Aber meine Freundin ist betroffen.« Meine Antwort: »Dann hat sie einige Entscheidungen zu treffen.« Oder: »Aber sie hat mich um Hilfe gebeten.« Meine Antwort: »Dann hast du einige Entscheidungen zu treffen.«

Wenn wir die lesbische Ethik als Regelwerk für richtiges Verhalten und Verpflichtungen ansehen, suchen wir keine Entscheidungshilfen – wir suchen die Entscheidung zu vermeiden. Wir stellen uns vor, wenn sich nur alle anständig benehmen würden (in manchen Fällen wohl besser verschwinden würden), dann müßten wir keine Probleme wälzen und Entscheidungen treffen. Wir appellieren an Regeln und Pflichten, um die komplexen Zusammenhänge, aus denen Probleme entstehen, *nicht* verstehen zu müssen. Aus dieser Form von Ignorieren und Ignoranz wächst keine Revolution der Moral.

Lesbische Werte und Revolutionen entstehen aus dem, was Lesben schaffen, nicht aus dem, was sie regulieren. Diese kreative Energie braucht nicht Schutz und Sicherheit, sondern Risiko und Veränderung. Und eine Ethik, die dieser Kreativität angemessen ist, hat nach meiner Überzeugung unsere Integrität und Handlungsfähigkeit zu fördern.

Wenn wir aus unserer Mitte heraus lesbisch leben, dann dreht sich unser Handeln nicht um ein antagonistisches, sondern um ein kooperatives Fundament und hält es aufrecht. Dies ist keine Kooperation, die wir direkt wählen oder angehen oder erzwingen können. Es ist eine Kooperation, die aus unseren Entscheidungen wächst, wenn wir uns engagieren, als eine unter vielen handeln, autokoinon sind. Ich meine, diese Kooperation entsteht als Fundament (Achse) unseres Handelns, wenn wir uns auf unsere eigene Integrität und Handlungsfähigkeit und die der anderen konzentrieren. Dieses Fundament läßt sich eigentlich nicht benennen; wenn wir es versuchen und es damit in den Brennpunkt rücken, werden wir es sogar deformieren. Aber es existiert – ebenso wie der Antagonismus der patriarchalen Werte in der patriarchalen Interaktion präsent ist.

Für mich liegt die Stärke der Lesbengemeinschaft in den vielen starken, autokoinonen, begrenzten (das heißt, einzigartigen) Lesben, die Entscheidungen treffen und sich in einem lesbischen Lebenszusammenhang bewegen – manchmal zornig, manchmal schäbig, manchmal tröstend, manchmal aufdringlich, oft respektlos –, die immer etwas anzubieten haben, durch das wir anderen uns weiterentwickeln können (oft auch etwas, auf das wir anderen gerne verzichten würden). Unseren Bruch mit dem patriarchalen Denken haben wir den Lesben zu verdanken, die es wagten, etwas Neues zu schaffen. Aus diesem Schwerpunkt auf Integrität und Handlungsfähigkeit, dem Mut zu Risiko und Veränderung wächst die Stärke lesbischer Ethik.

Schlußgedanken

Was wir mit der Neuen Frauen- und Lesbenbewegung begonnen haben, jedenfalls in den USA, hat sich mit der Zeit erheblich verändert. Als wir uns selbst ent-deckten und zu erforschen begannen, wollten wir etwas Neues schaffen und fingen gleich damit an. Wir waren (und sind) Randsiedlerinnen.[1] Unsere erste Aufgabe war es, Raum für Lesben zu schaffen. Um etwas Neues zu schaffen, brauchten wir eine Erholung vom Heterosexualismus und seiner Behauptung, die Aufgabe der Frauen seien die Männer. Wir brauchten ausreichend Zeit und Raum für unsere Neuerungen, ohne die ständige Gefahr, durch die herrschende Wahrnehmung ausgelöscht zu werden, die selbst in der besten aller dominanten Welten den Lesbianismus für marginal hält.

Räume für Lesben

Wir konzentrierten uns auf uns selbst.[2] Wir erzählten einander unsere Coming-out-Geschichten.[3] Wir feierten das Lesbisch-Sein.[4] Wir gründeten viele verschiedene Lesbenprojekte. Wir schufen uns einen Raum, in dem wir einen neuen Lebenszusammenhang aufbauen und Gemeinsamkeit entwickeln konnten.

Das war eine überschwengliche, aber auch sehr schmerzliche Zeit, denn wir mußten uns von uns selbst und unseren eigenen Räumen immer wieder überzeugen; Raum für Lesben zu schaffen, war keine eindeutige Sache, und diejenigen von uns, die offen politisch agierten, hielten die Ideale eisern im Griff – alles mußte absolut korrekt sein.

In ihrer Geschichte von *Lavender Woman* berichtet Michal Brody von den erbitterten Kämpfen im Kollektiv 'Lavender Woman', in der Lesbenszene im Großraum Chicago sowie in vielen anderen Lesbengemeinschaften:

> Viele Gemeinschaften erlebten eine euphorische Anfangszeit, gefolgt von einer Periode intensiver Aktivitäten. Wenn die unvermeidlichen Konflikte auftraten, über Prioritäten oder Strategien oder einfach darüber, wie das Kind beim Namen zu nennen sei, gab es oft erbitterte Kämpfe. Diese Kriege, wie sie an manchen Orten hießen, veranlaßten viele Frauen zum Rückzug, und die Kräfte der Zurückbleibenden waren weitgehend erschöpft. Wenn diese Ermüdungserscheinungen einsetzten, war der Schwung nicht mehr durchzuhalten, und wenn nicht eine neue Anregung kam, die den Kreislauf von neuem anlaufen ließ, löste sich das Unternehmen auf.
>
> Dies ist ein universeller Prozeß, den jede Gruppe in einer Bewegung durchläuft, deren Mitglieder sich stark miteinander identifizieren. Die Stufen des Prozesses sind Zusammenschluß, Anregung, Aktivität, Konflikt, Erschöpfung und Auflösung.[5]

Michal Brody sagt weiter, der von ihr beschriebene Prozeß sei zwar unausweichlich, doch »die besondere Entfremdung und Häßlichkeit, die aus den Konflikten in vielen Lesbengemeinschaften Mitte der 70er Jahre hervorging, war nicht unausweichlich«.[6]

Sie meint, das Kollektiv 'Lavender Woman' habe sich so stark aufeinander als Lesben konzentriert, daß die Mitglieder für den Umgang mit Unterschieden keine Sprache gefunden hätten:

> Die Lesben, die ursprünglich das Netz der Aktivitäten bildeten, [...] waren eine völlig heterogene Gruppe mit unterschiedlicher Herkunft, unterschiedlichem Bildungsgrad, unterschiedlichen Berufen, unterschiedlichen Bedürfnissen und unterschiedlichen Ideen, wohin es gehen sollte. Unsere Gemeinsamkeiten bestanden darin, daß wir alle Lesben waren und wir alle davon überzeugt waren, daß das Lesbisch-Sein unsere Weltanschauung tief und nachhaltig prägte. Außerdem liebten wir einander. Andere Faktoren in unserem Leben, wie Hautfarbe, Religion, kultureller und sozialer Hintergrund usw., traten hinter unserer Identität als Lesben zurück. Diese Identität war damals so zerbrechlich, daß wir enormen Druck aufeinander ausübten, um eine lesbische Einheit zusammenzuschweißen, die alles andere ausblendete.

Als die Zeit der Konflikte kam, wie es in jeder Gruppe unvermeidlich ist, waren wir so intensiv ineinander verstrickt, daß der Schmerz über die Uneinigkeit beinahe unerträglich war, und wir hatten die großen Unterschiede so lange ignoriert, daß wir auf keinerlei Umgangsformen und keine gemeinsame Sprache zurückgreifen konnten.[7]

In dieser Zeit glaubten wir, das Lesbisch-Sein selbst genüge; Unterschiede erkannten wir nicht an. Wir betonten Definitionen und Regeln: Eine Lesbe tut dies, eine Lesbe tut jenes nicht. Es war uns wichtig, was als lesbisch oder als Lesbenprojekt galt und wer in unsere Reihen gehörte. Daher entwickelten wir nicht die Fähigkeit, mit Unterschieden umzugehen, einschließlich der Meinungsverschiedenheiten – die mußten ausgefochten werden. Und in dem Kampf ging es Michal Brody zufolge um den Separatismus, weil der Separatismus ein abstraktes Thema war – abstrakt deshalb, weil das konkrete Alltagsleben derjenigen, die sich am hitzigsten an den Debatten/Kriegen beteiligten, gar keine großen Unterschiede aufwies:

Es ist wichtig zu begreifen, daß diejenigen, die auf beiden Seiten in vorderster Linie standen, Frauen waren, die bereits nur noch ganz wenig Kontakt mit Männern hatten. Die Lebensweise von Separatistinnen und Nicht-Separatistinnen war kaum voneinander zu unterscheiden.[8]

Ich meine zwar, daß unsere Unfähigkeit, Unterschiede zuzulassen, zu verheerenden Spaltungen, zu Verleugnung und zu völliger Erschöpfung geführt hat, doch ich glaube nicht, daß diese Kriege unvermeidlich waren. Ich habe in diesem Buch darauf verwiesen, daß wir zwar *die patriarchale Politik* bekämpft, uns viele *patriarchale Werte* jedoch *zu eigen* gemacht haben, vor allem die patriarchale Ethik. Und diese Ethik propagiert Antagonismus und Herrschaft, nicht Integrität und Verbindung.

Zweitens war die Idee, es könne etwas spezifisch Lesbisches geben, anfangs selbst für uns unglaublich; wie Michal Brody meint, war die lesbische Identität bestenfalls zerbrechlich. Daß es einen lesbenorientierten Lebenszusammenhang geben könne und Lesben ihn selber schaffen würden – das war etwas, was wir erst noch vor uns selbst beweisen und vertreten mußten. In gewisser Hinsicht war der eiserne Griff notwendig, wenn Lesben mitten in einem Nichts etwas aufbauen wollten.

Drittens richtete sich ein großer Teil unserer lesbischen Energie auf Einschränkungen und Definitionen statt auf Komplexität und Unterschiedlichkeit, denn es bestand die sehr reale Gefahr der Vereinnahmung – daß wir eine Möglichkeit entdeckten, aber einen Rückschlag erlebten oder behindert wurden, bevor wir die Chance zur Verwirklichung unserer Phantasien und Träume gehabt hatten. Daher halte ich den Prozeß für unausweichlich; aber das ist kein Grund zur Verzweiflung.

Bei all unseren Aktivitäten schafften wir es noch, Zeit und Raum außerhalb der herrschenden Wahrnehmung zu schaffen, die lesbische Existenz, lesbische Perspektive und besonders lesbische Phantasie sinnlos machen konnte, wenn wir sie auch noch akzeptierten. Wir haben den Raum für Lesben für uns glaubwürdig gemacht. Wir sahen zum Beispiel keine Notwendigkeit mehr, die Idee von Lesbenmusikfestivals vor uns selbst zu rechtfertigen oder uns deswegen zu verteidigen. Sie sind Realität. Sie finden statt. Und ihre Existenz gehört zur Existenz von Lesben. Wir können beschließen, daran teilzunehmen; wir können uns entscheiden, einen vorsichtigen Blick auf diese »Politfreaks« zu werfen; oder wir können es aus Ärger über irgend etwas ablehnen, hinzugehen. Die Festivals aber sind ein Teil unseres Lebens, über den wir entscheiden können, und sie gehören mit zu dem Lebenszusammenhang, in dem wir unsere Werte entdecken, hinterfragen, verändern und neu entwickeln. Darüber hinaus gab es trotz der herrschenden Gesellschaft um uns herum und der Kriege unter uns Wachstum, Heilung, Lernen und

Veränderung. Wir hatten unsere Unterschiede erforscht. Dies war zwar selten ein reibungsloser oder eleganter Prozeß, doch er fand statt, weil wir als Lesben aufeinander eingegangen sind.

Wir haben viele interne Rückschläge erlitten, doch bis heute war unsere Arbeit auch reich an Erfolgen. Jetzt ist die Zeit der gründlichen Neubewertung gekommen, und es ist meiner Meinung nach auch die Zeit des Feierns. Wir haben so viel erreicht, weil wir an uns geglaubt haben – wir haben an uns selbst und aneinander geglaubt, auch wenn wir verletzt, angegriffen, auf dem Rückzug oder ausgebrannt waren.

Dennoch birgt der Raum für Lesben immer noch gewaltige Probleme. In der Entwicklung der Möglichkeiten zum Erforschen und Bewältigen unserer Unterschiede stehen wir noch ganz am Anfang; gleichzeitig ist der Raum für Lesben instabil, und immer noch droht das Vereinnahmen. Wir stehen vor dem Problem, Pluralität mit einem lesbischen Schwerpunkt zu vereinbaren. Ich meine, wir können das erreichen, indem wir den Raum für Lesben als Zusammenhang und nicht als Festung begreifen und unseren Umgang miteinander von Herrschaft und Kontrolle befreien.

Heute ist also die Frage: Machen wir weiter? Können wir uns nach diesen vernichtenden Erfahrungen eine Auszeit gönnen, uns auskurieren und erholen, das Spiel lernen und wieder zusammenkommen? Oder werden wir uns in jede Nische verkriechen, die wir finden können, und den Rest unseres Lebens mit Wundenlecken verbringen? Setzen wir die Arbeit mit diesem Monster, das wir geschaffen haben, fort? Wir haben den Raum für Lesben und lesbisches Leben in die Welt gesetzt, und wir haben am eigenen Leibe erfahren, daß Lesbisch-Sein allein nicht genügt. Was tun wir jetzt?

Resümee

In *The Mind-Drifting Islands* beschreibt Micheline Grimard-Leduc, wie Lesben aus dem Exil kommen, um einander zu finden und eine Gemeinschaft aufzubauen. Als Lesben im Heteropatriarchat haben wir kein soziales Ich, kein kollektives Wertesystem. Wir sind der »kollektiven Bezugspunkte, an denen wir uns in die kollektive Realität einschalten könnten«[9], beraubt. Micheline Grimard-Leduc sagt jedoch weiter:

> Sobald ich meinen Traum mit einer anderen Lesbe teile, beginne ich, die Entfremdung zu durchbrechen. In diesem einzelnen Akt der Kommunikation verwirklicht sich der Traum. In diesem Austausch erzeugen wir Realität.[10]

Durch ihr Engagement haben Lesben die Chance, eine Revolution der Moral zu bewirken. Worin besteht die Revolution der lesbischen Ethik? Welche Werte werden bekämpft, und welche Werte können aus dem Lesbianismus entstehen?

Ich habe deutlich zu machen versucht, in welchem Ausmaß die patriarchalen Werte von Antagonismus durchsetzt sind, insbesondere wie Herrschaft und Unterordnung unser Leben in einer Weise durchziehen, die wir nicht vermutet hätten. Ich habe versucht zu zeigen, daß es eine sehr enge Beziehung – philosophisch 'immanente Beziehung' genannt – zwischen den Ideen und Denkweisen gibt, welche die Unterdrückung zur Normalität erklären, und den zentralen Ideen und Denkweisen der traditionellen anglo-europäischen Ethik. Und ich habe Vorschläge für unseren Auszug aus diesem Wertegebäude gemacht, Möglichkeiten, mit unserer Liebe zu Lesben radikal ernst zu machen[11], jenseits des romantischen Schleiers des lesbischen Utopia und jenseits der bitteren Enttäuschungen der Lesbenszene. Ich habe andere Möglichkeiten zur Bewältigung von Situationen vorgeschlagen, einen anderen Schwerpunkt, der sich an Kreativität und Arbeit in einem anderen Begriffssystem orientiert. Dies ist zwar auch nicht ohne schwerwiegende Probleme, doch es weist die Werte von Herrschaft und Unterordnung zurück, ganz gleich wie verlockend sie auf den ersten Blick auch scheinen.

Ich propagiere eine Ethik, in der Separation oder Rückzug auf welcher Ebene auch immer eine moralische Option ist; deren Voraussetzung nicht der Altruismus ist, sondern die Selbsterkenntnis, die Entscheiden nicht als Opfern, sondern als etwas Kreatives auffaßt, und nicht Verwundbarkeit, sondern Intimität fördert; die Macht nicht im Sinne von Beherrschung, sondern im Sinne von Befähigung versteht, die weder Verschmelzung noch Entfremdung fördert, sondern Interaktion, und daher auch nicht Bindung, sondern Engagement; die Verstand und Gefühl ebenso integriert und politisiert wie Träume, spirituelle Fähigkeiten, Intuition, Humor und Phantasie; in der moralische Handlungsfähigkeit nicht bedeutet, sich über unsere Grenzen zu erheben oder Situationen zu beherrschen, sondern als eine unter vielen zu handeln und in Situationen Entscheidungen zu treffen; deren zentraler Schwerpunkt nicht auf der Durchsetzung von Regeln und sozialer Kontrolle, sondern auf der Förderung von Integrität und Handlungsfähigkeit liegt – eine Ethik, deren Achse nicht der Antagonismus von Herrschaft und Unterordnung, sondern eine auf Autokoinonie gestützte Form der Kooperation bildet. Mit einer solchen Ethik können wir mehr Selbstbewußtsein, Intimität (tiefes gegenseitiges Sich-Verstehen mit wenigen), die Fähigkeit zur Zuwendung, die Fähigkeit zum Rückzug, Kooperation aufgrund von Nachvollziehbarkeit, die Fähigkeit, Entscheidungen zu treffen und weiterzumachen, spielerische Weltreisen, Urteilsfähigkeit, Aufeinander-Eingehen und Anteilnahme entwickeln – kurz, unsere Integrität und moralische Handlungsfähigkeit als Lesben.

Wenn ich lesbische Werte an die Stelle des Heterosexualismus setze, will ich damit keinen neuen Dualismus befürworten. Diese beiden Denksysteme sind keine Gegensätze – das eine die Verneinung des anderen – wie Gut und Böse. Wenn wir uns ein Begriffssystem zu eigen machen, dessen Achse Herrschaft und Unterordnung sind, konzentrieren wir uns einfach auf etwas ganz anderes, als wenn wir uns diesem System entziehen und lesbische Werte schaffen. Das eine Wertegefüge verliert seine Bedeutung im Kontext des anderen.

Außerdem läßt sich die lesbische Ethik wie auch die heterosexuelle Ethik nur von denen verwirklichen, die sich für ihre Werte entscheiden. Sie läßt sich nur von denen unter uns verwirklichen, die durch ihre Entscheidungen ihre Werte schaffen – durch die Elemente in uns, auf die wir zurückgreifen, durch die Elemente, die wir verändern, durch die Risiken, die wir eingehen, und durch die Träume, denen wir nachgehen.

Es mag sein, daß ich mit alledem unrecht habe. Es mag sein, daß gesellschaftliche Gruppenbildung nur nach den antagonistischen Prinzipien der sozialen Kontrolle funktioniert. Es mag sein, daß die einzige Ordnung, die wir uns in Gruppen zu eigen machen können, der Heterosexualismus ist, daß wir uns nur an die Prinzipien von Herrschaft und Unterordnung halten können, wenn wir überhaupt soziale Interaktion wollen. Sicher haben die Prinzipien, die Herrschaft und Unterordnung untermauern, bei unserer Suche nach einem Lebenssinn eine enorme Anziehungskraft. Aber das Erbe des Patriarchats ist eine Ethik der Angst, der Beherrschung, des Ressentiments, der Großspurigkeit, des Zwangs, der Pflicht, der Unterdrückung und der Zerstörung – des Antagonismus: alle wohlbegründet und im patriarchalen Kontext auch alle notwendig. Abgesehen davon, daß wir den Heterosexualismus um des Überlebens willen anerkennen müssen – manchmal *glauben* wir sogar daran –, wird er uns meiner Meinung nach weiterhin beeinflussen: aufgrund des Wunsches, unserem Leben einen bestimmten Sinn zu geben. Und es ist denkbar, daß Herrschaft und Unterordnung das einzige System bilden, in dem wir unserem Leben einen gewissen Sinn geben *können*.

Sinn

Denken wir einmal über die Gewißheit und Sicherheit oder besser die angebliche Gewißheit und Sicherheit nach, an die wir gewöhnt sind. Wenn in der herrschenden Gesellschaft die Kräfte des Bösen beschrieben werden, dann wissen wir, wo wir stehen. Wenn wir von einer äußeren Macht bedroht werden, haben wir einen Grund zur Zusammenarbeit und können unsere »kleinlichen« Differenzen beilegen. Wenn wir in einer Krise sind, wissen wir, was zu tun ist, und können heroische Anstrengungen machen. Oder wir können Revolutionärinnen sein – mißverstanden, märtyrerhaft vielleicht, aber dennoch von stoischer Rechtschaffenheit: Wir tun, was wir tun müssen. Oder wir können das »Böse« sein, indem wir schadenfroh die Mutmaßungen naiver Dummköpfe durchkreuzen oder unsere Kräfte an einem ernstzunehmenden Gegner messen. Und wenn wir ins Unrecht gesetzt werden, können wir alle Kraft der moralischen Rechtschaffenheit sammeln und unserer Frustration und unserem Schmerz eine Richtung geben.

In einem derartigen System können wir uns eine Mission, ein Ziel suchen. Unsere Pflichten sind deutlich formuliert, und wir wissen, wer uns was schuldet. Was wir tun sollen, ist klar definiert, nicht verwirrend, zweideutig, mehrdimensional. Und das Geschehen ist nicht zufällig, folgenlos oder irgendwie absurd, zweifelhaft oder unnötig. In einem System von Herrschaft und Unterordnung können wir unsere Sache mit dem Gefühl verfolgen, Teil einer höheren Ordnung zu sein, dazuzugehören, jenseits der irdischen und gewöhnlichen Alltagsereignisse gebraucht zu werden. Wir haben ein Lebensziel, unser Leben hat einen Sinn.

Die Sinnsuche liegt zum Beispiel auch den Entscheidungen der rechten, christlichen weißen Frauen zugrunde, die Andrea Dworkin interviewt hat.[12] Sie meint, rechte christliche weiße Frauen nähmen die Weiblichkeit zum Teil aufgrund der Aversionstherapie an, die sich hinter der weiblichen Sozialisation verbirgt, zum Teil aber auch in einem verzweifelten Versuch, Sicherheit zu finden und ihrer anscheinend sonst bedeutungslosen Existenz als Frauen einen gewissen Sinn zu geben. Indem sie sich den Plänen ihrer Beschützer/Räuber anschließen und sie übernehmen, finden sie Sinn in der Gegenposition zu einem selbstgewählten und selbstgeschaffenen gemeinsamen Feind.

Die Sinnsuche steht auch hinter den heterosexualistischen Strukturen, wie sie Monique Wittig beschreibt: dem Dualismus des Ich und des 'Anderen', in dem ich mich im Anderen wiederfinde und damit Sinn herstelle. Das ist die Angst, von dem anmaßenden Blick nicht mehr wahrgenommen zu werden.[13]

Die gleiche Sinnsuche verbirgt sich hinter der Ideologie der Romantik und der Eroberung – die das Böse braucht, damit wir es bezwingen können und in dem Bemühen um Wiederherstellung der Ordnung unser Ziel finden. Barbara Myerhoff sagt: »Sinnlose Zufälle, Chaos und das Unerklärliche sind unerträglicher als Leiden und Grausamkeit.«[14] Mit anderen Worten: Es ist besser, eine Welt wahrzunehmen, in der das Böse regiert, als eine Welt ohne wahrnehmbaren Sinn, ohne sichtbare Ordnung.

Diese Sinnsuche entsteht, wie ich meine, zum Teil aus dem Gefangensein in einem eigendynamischen Ablauf – etwa einem Krieg – und zum Teil aus nicht alltäglichen Ereignissen wie Geburt und Tod. Sie rührt aus unserem Wunsch nach einem Rahmen, in dem wir diese Dinge verstehen und damit eine gewisse Kontrolle über sie gewinnen können, mindestens so viel, daß wir sie vorhersagen können. So kommen unsere

Beherrschungsversuche mit der Einfalt der dualistischen Kategorien daher – hell und dunkel, gut und böse. Wie auch die Stereotype dienen sie als Entscheidungshilfen, jedoch so, daß wir einander nicht verstehen oder beachten oder aufeinander eingehen müssen. Und so wiederholen wir immer wieder die gleichen Fehler.

Wenn diese Kategorien ihre klare Definition zu verlieren scheinen, müssen wir außerdem diese Eindeutigkeit wiederherstellen, indem wir Krisen produzieren. Wir können dies an den Melodramen der Seifenopern sehen, in denen jedes Ereignis zu einer intensiven Begegnung führt, in denen zwischen Herzanfall und Niesen kaum ein Unterschied besteht und es keinen Humor gibt. Oder wir fangen wie die Männer einen Krieg an, um uns die Chance zu heroischen Taten zu geben. Unser Sinn liegt dann in Eroberung und Beherrschung, und wir triumphieren oder scheitern. In jedem Falle können wir unser Unternehmen als sinnvoll wahrnehmen: durch ein Ziel, das von einer äußeren Ordnung definiert wird, und durch Teilhabe an einem System, in dem alle schließlich ihren gerechten Lohn bekommen, das heißt, in dem es immer irgendeinen Sinn gibt.

Wir können scharf abgegrenzte Kategorien bilden und uns damit der Ordnung der Dinge anpassen und wissen, wer wir sind. Aber wir werden wie Drogenabhängige immer wieder Krisen brauchen, um uns in einer offenbar sinnlosen Welt erneut des Sinns und der Ordnung zu vergewissern – zumindest würde diese Welt sinnlos erscheinen, wenn sich eine dieser Krisen als unnötig herausstellte. Dann ist es besser, wenn wir uns einer vorgegebenen Form anpassen können, selbst wenn sie Schaden anrichtet, ein Fehlschlag ist oder sich als unecht herausstellt – besser das als gar keine objektive Form.

Ich meine, es ist die Angst vor Veränderung, die Angst davor, daß die Dinge in Fluß geraten könnten, die den Kampf um die Sinnbildung in dieser Form anheizt: Wir suchen einen objektiven, ewig gültigen Maßstab, nach dem wir bewertet werden können, an dem wir uns selbst und unsere Handlungen – mit Gewißheit – messen und mit dem wir uns bei der Bewertung anderer sicher fühlen können. Doch diese Objektivität ist nichts als eine Ansammlung von Wahrnehmungen, die sich gegenseitig bestätigen. Wenn wir erst einmal anfangen, nein zu sagen ...

Wenn wir die Vorstellung von einem solchen Maßstab ablehnen, verlieren wir in einer ohnehin schon unsicheren Welt eine gewisse Sicherheit. So meiden wir statt dessen die Idee, uns unsere eigenen Werte zu schaffen, und bestätigen das als Wert, was wir außerhalb von uns selbst wahrnehmen, auf den eher wir uns stützen können, als daß er sich auf uns stützt. Wir können uns auf die Vorstellung einer äußeren Autorität berufen und ein Versagen mit Hilfe von Sündenböcken wegerklären. Wir können uns sicherer fühlen, wenn uns jemand anders beurteilt. Selbst wenn wir gegen das Urteil angehen, ist es ein anscheinend dauerhafter Fixpunkt, der uns Boden unter den Füßen schafft. Und unser Ziel, das uns Sinn vermittelt, besteht darin, unseren Platz in diesem Rahmen zu finden. Wir sind anerkannt und können in dem Bewußtsein weiterleben, Teil eines höheren Zieles zu sein und eine Bestimmung zu haben.

Aber was ist, wenn es ein solches höheres Ziel nicht gibt? Vielleicht ist unser Leben ziellos und in Fluß, ohne höheres Wesen und höheres Ziel. Vielleicht ist alles einfach eine Sache der Energie, die aus jeder von uns kommt, wenn wir als moralisch Handelnde Entscheidungen treffen; eine Energie, die sich mit der Energie aller Dinge um uns und im Universum mischt. Vielleicht interagieren die Energien ohne einen übergeordneten Plan, nur mit der Vielzahl von Plänen, die im Zusammenhang unserer Entscheidungen entstehen. Vielleicht entsteht das Ziel aus unserer Interaktion, und wir bilden es durch unser Engagement in diesem Leben. Mir geht es nicht um individuelles Bemühen, denn Sinn entsteht in einem Kontext. Den Kontext aber schaffen wir durch unsere Interaktionen aus den Mustern, auf die wir durch unser Leben reagieren, an denen wir teilhaben und die wir erschaffen. Unsere Entscheidungen spiegeln die Gemeinschaft wider, in der wir leben, und bringen sie gleichzeitig hervor. Lesbischer Lebenssinn entsteht aus dem lesbischen Lebenszusammenhang als Folge der Interaktionen von Lesben als Lesben. Ohne diese gibt es keinen lesbischen Lebenssinn.

Weben

Mit anderen Worten: Ich meine, wir schaffen in jedem Moment Sinn, indem wir uns auf etwas konzentrieren, uns von etwas angezogen fühlen, uns zuwenden, etwas wichtig finden oder unwichtig, wenn wir uns in der Lesbengemeinschaft bewegen. Die Werte lesbischer Existenz entstehen nicht durch Regulieren oder Bewahren, sondern durch Phantasie und Kreativität. Wir sind kreativ, indem wir in diesem Leben Entscheidungen treffen. Mit der Ideologie von Herrschaft und Unterordnung könnten wir das angeblich umgehen.

Die Durchbrüche, die wir als Lesben erreicht haben, waren möglich durch Handeln, durch den Mut, etwas Neues zu schaffen, und durch die Bereitschaft, Fehler zu riskieren. Außerdem ist das, was wir schaffen – dazu gehören auch die Veränderungen in unseren Reaktionen und Wahrnehmungen –, nicht deshalb wertvoll, weil es von Dauer ist, sondern weil es zum Fundament lesbischen Seins beiträgt, weil es zündet und anregt und mithilft, einen Kontext zu bilden, in dem Lesben sich weiterhin engagieren, kreativ sein und Entscheidungen treffen können. Wie Alix Dobkin singt:

Du und ich
Wir gehen so tief ins Dunkle
Wir gehen so weit, streifen nicht mal mehr
Das Gestern
Suchen das Abenteuer
Mutiger, wilder, süßer Liebling
Überwinde dich, atme auf
Wir stehen auf
Ganz neuem Boden. [15]

Lesbische Werte entstehen durch Kreativität. Und doch waren wir in unseren kreativen Phantasien recht begrenzt; denn als Musterbeispiel aller Kreativität hat sich ein Ideal herausgebildet – das patriarchale Ideal der 'Mütterlichkeit', vor allem das weibliche Ideal des Allnährens und das mütterliche Ideal der Fürsorge. Ich will damit nicht sagen, daß Muttersein nicht tatsächlich etwas Kreatives ist; mit Sicherheit ist das Amazonenleben kreativ. Ich meine allerdings, daß Mütterlichkeit nur eine von vielen Formen lesbischer Kreativität ist und daß es als Sinnbild aller Kreativität verzerrend wirkt. Nach der Metapher Mütterlichkeit ist Kreativität Gebären – uns selbst, unseren Projekten, unseren Kindern Leben zu schenken. In uns werden Samen gelegt (von wem wohl?), sie keimen, und wir bringen Ideen und Lieder zur Welt wie Babies und nähren sie.

Die Energie, die Lesben in dieses Leben einbringen – sei es als Amazonen, Heilerinnen, Musikerinnen, Lehrerinnen, Autorinnen, Rechtsanwältinnen, Fotografinnen, Töpferinnen, Katzen- und Hundesitterinnen, Anstreicherinnen, Friseurinnen, Leistungssportlerinnen, Lesbenraumschafferinnen, Computerprogrammiererinnen, Verlegerinnen, Reisende, Forscherinnen, Organisatorinnen, Goldschmiedinnen oder durch eines der vielen, vielen anderen Dinge, die Lesben tun – kann eine lebenschenkende oder nährende Energie sein; wahrscheinlich ist sie es nicht. Lesbische Energie besteht nicht nur aus Gebären und Nähren – sondern auch aus Anregen, Feuerfangen, Schmeicheln,

Schwitzen, Entwickeln, Aufstöbern, Deuten, Suchen, Halten, Phantasieren, Verwirren, Erfrischen, Schikanieren, Putzen, Ausmalen, Umbauen, Bummeln, Zusammensetzen usw. usw.

Die Macht in unserem Leben ist eng verbunden mit Begrenzungen und Entscheidungen und absoluten Grenzen und Energien. Wir können aus dem, was wir um uns herum vorfinden, etwas zusammensetzen – aus Resten einen Eintopf machen, ein Kräutermittel mischen, mit Musik einen Wunsch ausdrücken, ein Netz von Demonstrantinnen um das Pentagon ziehen, eine visuelle Konfiguration entwerfen, bei der Friseurin eine Revolution anstiften, die Energien einer Tarotauslegung zusammensetzen, uns aus tiefem Schmerz herausarbeiten, uns die Nacht zurückerobern, Gespräche am Küchentisch führen, eine geheime Kriegerinnengesellschaft bilden, eine Aktion planen – aus Myriaden von zündenden Ideen auswählen und uns andere vorstellen – die nicht alle zusammenpassen oder aufeinander abgestimmt sind oder einander ergänzen, die aber alle vielseitig und vielschichtig sind und die alle den lesbischen Lebenszusammenhang schaffen und wiederum von ihm geschaffen werden – an einer Revolution der Moral weben.

'Weben' ist für mich eine Metapher für die lesbische Kreativität, weil darin das 'Entscheiden' so zentral ist. Beim Weben ist es wichtig, Muster zu kennen und neue zu erfinden, und dazu gehört auch die Entscheidung, welche Fäden du wählst und welche du beiseite läßt, welche Farben und Fadenstärken du aussuchst, was du wieder auflöst und wegwirfst, was du ausbesserst, was du wiederholst und wann du ein Ende machst.

Für die Kreativität von Lesben, das lesbische Weben, ist es wichtig, daß wir die Energien und Muster in unserer Umgebung verändern, indem wir einen neuen Schwerpunkt wählen. Die Revolution der Moral durch lesbische Ethik, das, was ich in der Beschäftigung mit der lesbischen Ethik suche, ist eine Revolution der weiblichen Handlungsfähigkeit – fort von Herrschaft und Unterordnung und hin zur Autokoinonie. Darin liegt die *Chance* des Lesbisch-Seins, die Chance des Lesbianismus.

Anmerkungen

Anmerkungen, die reine Quellenangaben enthalten, sind im Textteil durch normale Hochzahlen gekennzeichnet; Anmerkungen mit inhaltlichen Ergänzungen sind durch halbfette Hochzahlen markiert.

Einleitung

1 Adrienne Rich: »Frauen und Ehre – Einige Gedanken über das Lügen«, in: *Macht und Sinnlichkeit. Ausgewählte Texte von Adrienne Rich und Audre Lorde,* erweiterte Neuausgabe, hg. von Dagmar Schultz (Berlin: Orlanda, ³1991), S.173-183.

2 Dieser Satz stammt natürlich aus: *Lesbian Connection,* Helen Diner Memorial Women's Center, Ambitious Amazons, P.O. Box 811, East Lansing, MI 48823.

3 Siehe Pamela Kearon: »Man-Hating«, in: *Radical Feminism,* hg. von Anne Koedt, Ellen Levine und Anita Rapone (New York: Quadrangle, New York Times Book Co., 1973), S.78-80; Joanna Russ: »The New Misandry«, in: *Amazon Expedition. A Lesbian Feminist Anthology,* hg. von Phyllis Birkby, Bertha Harris, Jill Johnston, Esther Newton und Jayne O'Wyatt (Albion, Calif.: Times Change Press, 1973), S.27-32; und Jeffner Allen: »Remembering. A Time I Will Be My Own Beginning«, in: *Lesbian Philosophy. Explorations* (Palo Alto, Calif.: Institute of Lesbian Studies, 1986), S.13-26.
Ein weiteres Argument lautet, daß die Kolonisierten die Welt durch einen Akt absoluter Gewalt herausfordern müssen, wenn sie sich von der kolonialistischen Einstellung befreien wollen – siehe Frantz Fanon: *Die Verdammten dieser Erde* (Frankfurt/M.: Suhrkamp, 1981).

4 Bev Jo, persönliche Korrespondenz.

5 Sue Fink und Joelyn Grippo: »Leaping Lesbians«, aufgenommen von Meg Christian auf: *Face the Music* (Olivia Records).
Diese und andere im Text aufgeführte Schallplatten können bezogen werden über den Frauenmusik-Vertrieb, Antje Olivier, Hardtstr. 25, W-4000 Düsseldorf 12, Tel. (0211) 6790998.

6 Lillian Faderman: *Köstlicher als die Liebe der Männer. Romantische Freundschaft und Liebe zwischen Frauen von der Renaissance bis heute* (Zürich: Eco, 1990), S.18f.

7 Marilyn Frye (1978): »Some Reflections on Separatism and Power«, in: *The Politics of Reality. Essays in Feminist Theory* (Freedom, Calif.: The Crossing Press, 1983), S.103.

8 Siehe z.B. Peggy Allegro: »The Strange and the Familiar. The Evolutionary Potential of Lesbianism«, in: *The Lesbian Reader. An Amazon Quarterly Anthology,* hg. von Gina Covina und Laurel Galana (Oakland, Calif.: Amazon Press, 1975), S.167-184.

9 Alix Dobkin, »Gwyn's Tune«, auf: *XX Alix* (Ladyslipper Music, 1980).

10 Billie Potts: *Witches Heal. Lesbian Herbal Self-Sufficiency* (Bearsville, N.Y.: Hecuba's Daughters, demnächst Neuausgabe bei Du Réve, P.O. Box 7772, Ann Arbor, MI 48108, 1981), S.3.

11 Cheris Kramarae und Paula A. Treichler zufolge schrieb Ti-Grace Atkinson 1970 eigentlich: »Feminismus ist eine Theorie, aber Lesbianismus ist eine Praxis«, um eine Unterscheidung zwischen Feministinnen und Lesben zu treffen; siehe Sidney Abbott/Barbara Love: *Sappho was a Right-on Woman. A Liberated View of Lesbianism* (New York: Stein and Day, 1972), S.117. 1975 sagte Jill Johnston: »Feminismus ist die Anklage, Lesbianismus ist die Lösung«, zitiert nach Sara Scott in: *A Feminist Dictionary,* hg. von Cheris Kramarae und Paula A. Treichler (Boston: Pandora Press, 1985), S.229.

12 T.Z. Lavine: *From Socrates to Sartre. The Philosophical Quest* (New York: Bantam Books, 1984), S.373.

13 Siehe Susan Krieger: *Mirror Dance. Identity in a Women's Community* (Philadelphia: Temple University Press, 1983), Kap.5, insb. S.46.

14 Adrienne Rich: »Frauen und Ehre«.

15 Siehe Donna Hawxhurst und Sue Morrow: *Living Our Visions. Building Feminist Community* (Fourth World, 110 W. Geneva Drive, Tempe, AZ 85282, 1984); Tia Cross, Freada Klein, Barbara Smith und Beverly Smith: »Face-to-Face, Day-to-Day – Racism CR«, in: *All the Women Are White, All the Blacks are Men, But Some of Us are Brave. Black Women Studies,* hg. von Gloria T. Hull, Patricia Bell Scott und Barbara Smith (Old Westbury, N.Y.: Feminist Press, 1982); Phyllis Jean kinheart Athey und Mary Jo kinheart Osterman: *The Lesbian Relationship Handbook* (Kinheart, 2214 Ridge Ave., Evanton, IL 60201).

16 Wie Denslow Brown betont, wird beispielsweise in Konfliktlösungssituationen die am wenigsten ehrliche Lesbe Richtung und Geschwindigkeit des Vorgehens angeben. Konfliktlösung funktioniert nur, wenn die Beteiligten sie trotz Zorn und Schmerz wollen. Denslow Brown, Workshop zur Konfliktlösung, Michigan Womyn's Music Festival, August 1982.

17 Zur weiteren Diskussion über das Problem der Berufung auf Prinzipien siehe Nel Noddings: *Caring. A Feminine Approach to Ethics & Moral Education* (Berkeley, Calif.: University of California Press, 1984).

18 Aus einem Gespräch mit Jeffner Allen.

19 Siehe Susan Leigh Star: »The Politics of Wholeness II: Lesbian Feminism as an Altered State of Consciousness«, in: *Sinister Wisdom 5* (Winter 1978), S.82-102; siehe auch Barbara Starrett: »I Dream in Female. The Metaphors of Evolution«, in: *The Lesbian Reader,* S.105-121.

20 Ludwig Wittgenstein: *Philosophische Untersuchungen* (Frankfurt/M.: Suhrkamp, 1971), Aphorismus 24.

21 Zur Kritik der empiristischen/positivistischen Tradition in der Wissenschaft siehe Sandra Harding: *Feministische Wissenschaftstheorie. Zum Verhältnis von Wissenschaft und sozialem Geschlecht* (Hamburg: Argument, 1990).

22 Ludwig Wittgenstein: *Über Gewißheit,* Werkausgabe in 8 Bänden, Band 8 (Frankfurt/M.: Suhrkamp, 1984), Aphorismus 152, S.151.

23 Diese Gedanken sind näher ausgeführt in: Sarah Lucia Hoagland: »The Status of Common Sense. G.E. Moore and Ludwig Wittgenstein: A Comparative Study« (Philosophische Dissertation, University of Cincinnati, 1975).

24 Von daher wird begreiflich, wie Lesben die Grundlage der Heterosexualität bedrohen.

25 Julia P. Stanley: »Gender-marking in American English«, in: *Sexism and Language,* hg. von Alleen Pace Nilsen et al. (Urbana, Ill.: National Council of Teachers of English, 1977), S.43-47; siehe auch Julia Penelope [Stanley] und Susan W. Robbins: »Sex-Marked Predicates in English«, in: *Papers in Linguistics 11,* 3-4 (Herbst/Winter 1978), S.487-516, und Julia P. Stanley: »Sexist Grammar«, in: *College English* (März 1978), S.800-811.

26 Mary Daly: *Jenseits von Gottvater, Sohn & Co.* (München: Frauenoffensive, 1980), S.17. Dies ist ein Beispiel dafür, wie Männer uns durch die (christliche) Religion die Macht der Benennung gestohlen haben.

27 Muriel R. Schulz: »The Semantic Derogation of Women«, in: *Language and Sex. Difference and Dominance,* hg. von Barrie Thorne und Nancy Henley (Rowley, Mass.: Newbury House Publishers, 1975), S.64-75.

28 Julia P. Stanley [Julia Penelope]: »Paradigmatic Woman. The Prostitute«, in: *Papers in Language Variation,* hg. von David I. Shores und Carole P. Hines (Birmingham: University of Alabama Press, 1977), S.303-321.

29 Dale Spender: *Man Made Language* (London: Routledge & Kegan Paul, 1980), S.19.

30 Ebd., S.23.

31 Hierauf haben mich Kathy Hagen und Mardi Steinau aufmerksam gemacht.

32 Aus einem Gespräch mit Julia Penelope.

33 Julia Penelope: »Patriarchal False Descriptions of Language: Through a Glass Darkly«, Vortrag auf der National Women's Studies Conference, Bloomington, Indiana, 16.-20. Mai 1980; siehe auch Julia Penelope [Stanley] und Susan J. Wolfe: »Style as Meaning«, in: *Proceedings of the 6th LACAS Forum,* hg. von W.C. McCormack & H.J. Izzo (Columbia, S.C.: Hornbeam Press, 1980), S.45-52, und Julia P. Stanley: »Prescribed Passivity. The Language of Sexism«, in: *Views on Language,* hg. von Reza Ordoubadian (Murfreesboro, Tenn.: Inter-University Publishing, 1975), S.96-108.

34 Die bezahlte Forschung vertieft sich fast immer nur in die Natur und den Charakter von Frauen, deren Männer sie schlagen; wie sich Frauen, deren Männer sie schlagen, von anderen Frauen unterscheiden; warum das Geschlagenwerden ihnen eigentümlich ist, warum manche zu ihren Männern zurückkehren. Und fast nie werden Fragen gestellt, die sich auf die Männer konzentrieren, wie etwa: 1. ob das Zusammenleben mit Frauen damit zu tun hat, daß Männer schlagen; 2. warum Männer die Frauen, die sie zu verlassen versuchen, nicht gehen lassen (diese Frage stellt Ann Jones in *Women Who Kill* (New York: Holt, Rinehart & Winston 1980), S.299); 3. warum manche Männer die schlagenden Männer verachten (diese Frage stellt Marilyn Frye in: »In and Out of Harms Way. Arrogance and Love«, in: *The Politics of Reality,* S.72); 4. warum Häusern für Frauen, deren Männer sie schlagen, die Finanzierung entzogen wird; 5. warum so viele Männer die Frauen, mit denen sie zusammenleben, schlagen; oder 6. mit welcher Taktik Männer Frauen

und Mädchen in die sexuelle Sklaverei locken und zwingen (diese Frage stellt Kathleen Barry in: *Sexuelle Versklavung von Frauen* (Berlin: Orlanda, 1983), Kap.5).
Ich meine damit nicht, daß eine Frau, die geschlagen wurde, nicht beachtet werden sollte, sondern daß wir die Grundstruktur des Problems erkennen und entsprechend handeln sollten. Nehmen wir an, Männer wären wie Autos, und in zwei Dritteln aller Fälle, in denen eine Frau in ein Auto steigt, würde sie verletzt. Natürlich müssen ihre Verletzungen behandelt werden. Aber wir würden uns doch auf eine Lösung konzentrieren – etwa die Autos zurückrufen und ein anderes Transportmittel finden (diese Idee entstammt einem Gespräch mit Anne Throop Leighton).

35 Thomas S. Kuhn: *Die Struktur wissenschaftlicher Revolutionen,* 2. revid. und um das Postskriptum von 1969 ergänzte Aufl. (Frankfurt/M.: Suhrkamp, 1976), S.19; siehe auch Gloria Anzaldúa: *Borderlands/La Frontera. The New Mestiza* (San Francisco: Spinsters/Aunt Lute, 1987), S.80.

36 Gestützt auf Kuhns Analyse liefert Vivian F. Mayer eine provokante Analyse der Weise, wie Ärzte in der »Korpulenzforschung« Daten über die Auswirkungen der Fettleibigkeit interpretieren, um sie dem bestehenden fettleibigkeitsfeindlichen Denksystem anzupassen. Vivian F. Mayer: »The Questions People Ask«, in: *Shadow on a Tightrope. Writings by Women on Fat Oppression,* hg. von Lisa Schoenfielder und Barb Wieser (Iowa City; Aunt Lute Book Co., 1983; heute Spinsters/Aunt Lute, San Francisco), S.23-36.

37 Sonia Johnson: *Going Out of Our Minds. The Metaphysics of Liberation* (Freedom, Calif.: The Crossing Press, 1987), Kap.7, S.143-175.

38 Mary Daly, *Jenseits von Gottvater, Sohn und Co.,* S.25f.

39 Susan Leigh Star: »Politics of Wholeness II«, S.96.

1 Separation vom Heterosexualismus

1 Kathryn Pyne Parsons [Addelson]: »Nietzsche and Moral Change«, in: *Woman in Western Thought,* hg. von Martha Lee Osborne (New York: Random House, 1979), S.235.

2 Ebd.

3 Ebd.

4 Das ist der Mythos, daß die Juden zu Ostern Christenkinder schlachteten und beim Passahfest ihr Blut etwa zum Matzebacken verwenden. Dieser aus dem Mittelalter stammende Mythos diente als Rechtfertigung dafür, daß Christen zu Ostern Juden töteten. Eine ähnliche Judenverfolgung durch Moslems gab es im 15. Jahrhundert, und es finden sich Hinweise, daß Moslems dies bis zum 19. Jahrhundert praktizierten. Siehe David K. Shipler: *Arab and Jew. Wounded Spirits in a Promised Land* (New York: Random House/Times Books, 1986). Bette S. Tallen machte mich darauf aufmerksam.

5 Natürlich stellen Männer auch die Rechte anderer Männer in Frage – allerdings ohne die verbreitete Idee, die Männer als Gruppe vielleicht aus der Verfassung der USA zu streichen.

6 Simone de Beauvoir: *Das andere Geschlecht. Sitte und Sexus der Frau* (Reinbek: Rowohlt, [4]1979), S.12.

7 Ebd., S.12f.

8 Simone de Beauvoir führt nämlich an, daß die Frauen, indem sie Leben schenken, nur die Arterhaltung sicherstellen und sich darin nicht von anderen Tieren unterscheiden. Der Mann dagegen riskiere sein Leben (indem er Krieger wird und versucht, Leben zu nehmen), transzendiere es und schaffe damit einen Wert (ebd., S.71f.). Nancy Hartsock stellt fest: »Daher besteht das Versagen der Frau darin, keinen Kampf gegen ihre statische, repetitive Existenz zu führen, gegen die Mutterschaft, die sie dazu verdammt, Leben zu schenken, ohne ihr Leben zu riskieren« (Nancy C.M. Hartsock: *Money, Sex and Power* (Boston: Northeastern University Press, 1985), S.288.

9 Simone de Beauvoir: *Das andere Geschlecht,* S.13.

10 Ebd.

11 Ebd., S.14.

12 Ebd., S.15.

13 Ebd., S.265.

14 Zwei bemerkenswerte Ausnahmen aus jüngerer Zeit sind die europäischen Beginen und die chinesischen Eheverweigerinnen. Janice G. Raymond: *Frauenfreundschaft. Philosophie der Zuneigung* (München: Frauenoffensive, 1987), Kapitel 2 und 3. S.101-196; siehe auch Marjorie Topley: »Marriage Resistance in Rural

Kwangtung«, in: *Woman in Chinese Society,* hg. von Margery Wolf und Roxane Witke (Stanford, Calif.: Stanford University Press, 1975), S.67-88.

15 Celia Kitzinger schlägt vor, wir sollten 'Homophobie' überhaupt nicht mehr gebrauchen. Sie meint, der Begriff stamme nicht aus der Frauenbewegung, sondern aus der akademischen Psychologie. Sie hinterfragt die Einstufung der heteropatriarchalen Angst vor Lesben als irrational, stellt die psychologische (mehr als die politische) Auffassung von 'Phobie' in Frage und stellt fest, daß die Psychologie als einzige Alternative zu 'Homophobie' den liberalen Humanismus kennt. Celia Kitzinger: »Heteropatriarchal Language. The Case against 'Homophobia'«, in: *Gossip 5,* S.15-20.

16 Aus einem Gespräch mit Marilyn Frye. Siehe Andrea Dworkin: *Pornographie. Männer beherrschen Frauen* (Köln: Emma, 1987).

17 Adrienne Rich: »Zwangsheterosexualität und lesbische Existenz«, in: *Macht und Sinnlichkeit. Ausgewählte Texte von Audre Lorde und Adrienne Rich,* erweiterte Neuausgabe, hg. von Dagmar Schultz (Berlin: Orlanda, [3]1991), S.138-168.

18 Janice G. Raymond: *Frauenfreundschaft,* S.20.

19 Aus einem Gespräch mit Ariane Brunet.

20 Ich glaube, das Grundmodell persönlicher Interaktion für Frauen und Lesben war heterosexuell. Für die Männer jedoch gab es in der anglo-europäischen Tradition auch ein Modell männlich-homosexueller Interaktion – eine Form von Männerbund, auch wenn Sex zwischen Männern verfolgt wurde. Ich will hier das Modell nicht analysieren, möchte aber darauf hinweisen, daß es sich um eine Achse von Herrschaft und Unterwerfung dreht und daß der Heterosexualismus im Grunde eine Weiterentwicklung des männlich-homosexuellen Modells ist. Siehe z.B. Andrea Dworkin: *Pornographie,* Kap.2, S.62-87.

21 Julien S. Murphy schreibt: »Heterosexualität sollte besser Heteroökonomie heißen, denn sie steht sprachlich mit Naturaltausch, Tauschhandel, Geschäft, Versteigerung, Kaufen und Verkaufen in Zusammenhang. [...] Die Heterosexualität ist die Ökonomie des Tauschhandels, in der eine geschlechtsbestimmte Machtstruktur sich selbst durch Aneignung der minderwertigen Partei in einem dualen Geschlechtssystem ständig reproduziert. Diese Reproduktion geschieht durch jeden einzelnen 'Geschäftsabschluß' auf dem Sexmarkt.« (Julien S. Murphy: »Silence and Speech in Lesbian Space«, Vortrag im Mountain Moving Coffeehouse, Chicago, Ill., 1984).

22 Weitere Ausführungen hierzu siehe Marilyn Frye: »Oppression«, in: *The Politics of Reality. Essays in Feminist Theory* (Trumansburg, N.Y.: The Crossing Press, 1983), S.5f.

23 Wenn ich den Wert des besonderen Schutzes für Frauen in Frage stelle, so meine ich damit nicht, daß Frauen niemals um Hilfe bitten sollten. Das ist einfach dumm. Mir geht es um das Ideal von Frauen als schutzbedürftigen Wesen. Es gibt die Vorstellung, daß Kinder besonderen Schutz brauchen, und ich stelle dieses Konzept in Frage, wenn es ihnen »zu ihrem eigenen Besten« die Integrität abspricht. Der Schutz für Kinder beinhaltet jedoch zumindest theoretisch die Sicherheit, daß (männliche) Kinder erwachsen werden und lernen können, für sich selbst zu sorgen. Das heißt, (männliche) Kinder werden beschützt, bis sie erwachsen sind und die Fertigkeiten und Fähigkeiten entwickelt haben, die sie brauchen, um in der Welt zurechtzukommen. Diese Erwartung ist im Ideal des besonderen Schutzes für Frauen nicht enthalten: Das Ideal des besonderen Schutzes für Frauen geht nicht davon aus, daß Frauen jemals in der Lage sind, für sich selbst zu sorgen (erwachsen zu werden).

24 Siehe Susan Griffin: »Rape. The All-American Crime«, in: *Feminism and Philosophy,* hg. von Mary Vetterling-Braggin, Frederick A. Elliston und Jane English (Totowa, N.J.: Littlefield, Adams & Co, 1977), bes. S.320.

25 Andrea Dworkin weist in ihrer Analyse von Märchen darauf hin, daß eine aktive Frau als böse dargestellt wird (die Stiefmutter) und eine gute Frau üblicherweise als schlafend oder tot (Schneewittchen, die schlafende Schönheit). Andrea Dworkin: *Woman Hating* (New York: E.P. Dutton & Co., 1974), S.29-49.

26 Sonia Johnson, Rede zum Präsidentenwahlkampf, Chicago, Ill., 1984; Gespräch mit Pauline Bart. Die Ausführungen zum Prügeln von Ehefrauen stammen aus den »Uniform Crime Reports of 1982«, einem staatlichen Bericht über das Auftreten von Verbrechen in der Familie. Nach einer Informationsschrift der Illinois Coalition on Domestic Violence, »National Domestic Violence Statistics, 1/84«, werden 10-20 % der US-amerikanischen Kinder mißbraucht. Eine andere Informationsschrift, »Verified Domestic Statistics«, ermittelt und zusammengestellt vom Western Center on Domestic Violence (San Francisco), zitiert

Berechnungen von Maria Roy, *The Abusive Partner* (New York: Van Nostrand Rernhold, 1982), nach denen Gewalt gegen Ehefrauen in zwei Dritteln aller Ehen mindestens einmal vorkommt. In einer weiteren Informationsschrift, »Wife Abuse: The Facts« (Center for Woman Policy Studies, 2000 P. Street N.W., Washington, D.C. 20036), wird eine Angabe zitiert (in Murray Straus, Richard Gelles und Suzanne Steinmetz: *Beyond Closed Doors. Violence in the American Family* [Garden City, New York: Doubleday, 1980]), nach der 25 % der Ehefrauen im Laufe ihrer Ehe schwer mißhandelt werden. Es gibt noch viele andere Statistiken darüber – es ist klar, worum es geht. Bette S. Tallen hat mir sehr geholfen, diese Informationen zusammenzutragen. (Siehe auch Florence Rush: *Das bestgehütete Geheimnis. Sexueller Kindesmißbrauch* (Berlin: Orlanda, [6]1991); Ellen Bass und Laura Davis: *Trotz allem. Wege zur Selbstheilung für sexuell mißbrauchte Frauen* (Berlin: Orlanda, [3]1991) und Roswitha Burgard: *Mut zur Wut. Befreiung aus Gewaltbeziehungen* (Berlin: Orlanda, [2]1991).)

27 Marilyn Frye: »In and Out of Harm's Way. Arrogance and Love«, in: *The Politics of Reality,* S.72.

28 Sonia Johnson: »Excerpts from the last chapter of *Going Out of Our Minds and Other Revolutionary Acts of the Spirit«*, in: *Going Out of Our Minds: The Metaphysics of Liberation* (Freedom, Calif.: The Crossing Press, 1987), S.336.

29 Siehe z.B. Barbara Burris: »The Fourth World Manifesto«, überarbeitete Neuausgabe in: *Radical Feminists,* hg. von Anne Koedt, Ellen Levine und Anita Rapone (New York: New York Times Book Co., 1973), S.322-57; Margaret Small: »Lesbians and the Class Position of Women«, in: *Lesbianism and the Women's Movement,* hg. von Nancy Myron und Charlotte Bunch (Baltimore: Diana Press, 1975), S.49-61; Robin Morgan: »On Women as a Colonized People«, in: *Going Too Far. The Personal Chronicle of a Feminist* (New York: Random House, 1977); Anne Summers: *Damned Whores and God's Police. The Colonization of Women in Australia* (Ringwood, Vic., Australien: Penguin, 1975); und Kathleen Barry: »Geschlechtskolonisation«, in: *Sexuelle Versklavung von Frauen* (Berlin: Orlanda, 1983), S.184-231.

30 Walter Rodney: *How Europe Underdeveloped Africa* (Washington, D.C.: Howard University Press, 1982).

31 Aus einem Gespräch mit Bette S. Tallen.

32 Sonia Johnson: »Telling the Truth«, in: *Going Out of Our Minds,* S.249.

33 Ann Oakley: *Soziologie der Hausarbeit* (Stroemfeld: Basel, 1978).

34 Zur Zeit versuchen die Männer, die Gebärfähigkeit der Frauen insgesamt unter ihre Kontrolle zu bringen, indem sie die Fortpflanzungsorgane und -prozesse kontrollieren. Siehe Gena Corea: *MutterMaschine. Reproduktionstechnologien – von der künstlichen Befruchtung zur künstlichen Gebärmutter* (Berlin: Rotbuch, 1986).

35 Alice Molloy: *In Other Words. Notes on the Politics and Morale of Survival* (Oakland, Calif.: Women's Press Collective, o.J.; Kontakt: Alice Molloy, Mama Bears, 6536 Telegraph Ave., Oakland, CA. 94609).

36 Pat Robinson et al.: »A Historical and Critical Essay for Black Women in the Cities«, in: *The Black Woman,* hg. von Toni Cade [Bambara] (New York: New American Library, 1970), S.202.

37 Es gab noch viel mehr Göttinnen als nur Fruchtbarkeits- und Muttergöttinnen. Es gab Göttinnen der Jagd, des Webens, der Weisheit, der Veränderung, des Winters, des Waldes, der Erde, des Todes, der Gerechtigkeit, der Liebe, der Nahrung, der Sonne, des Feuers, des Schreibens, der Dämmerung, der Rache, der Menarche, des Mondes, des Meeres, der Vulkane, der Hexen und der Magie – um nur einige zu nennen (Merlin Stone: *Ancient Mirrors of Womanhood. Our Goddess and Heroine Heritage,* 2 Bde., New York: New Sibylline Books, 1979).
Es gibt außerdem Grund zu der Annahme, daß fette Göttinnen wie die Venus von Willendorf nicht Mütterlichkeit, sondern Macht repräsentierten: die Fettrollen symbolisierten Macht (Carol Moorefield, Veranstaltung im Women and Children First Bookstore, Chicago, Ill., Oktober 1982).

38 Pat Robinson et al.: »Essay for Black Women in the Cities«, S.202.

39 Mary Daly: »Die zweite Passage«, in: *Gyn/Ökologie. Eine Meta-Ethik des radikalen Feminismus* (München: Frauenoffensive, 1986).

40 Sonia Johnson (1984, Rede) in: *Going Out of Our Minds,* S.244.

41 Am 9.9.1979 brachte die Chicago *Sunday Sun-Times* z.B. einen Bericht über die Überreste eines Amazonenstammes, der vor 2500 Jahren in der Sowjetrepublik Moldawien lebte. Sowjetische Archäologen fanden eine »Kriegerin, ihr Kriegsroß, einen Speer, goldene Ohrringe und sonstigen Schmuck« in einem Grab in der Nähe des Dorfes Balabany im Südwesten der Sowjetunion.

42 Helen Diner: *Mothers and Amazones* (New York: Doubleday, 1973), S.95-105.

43 Maxine Feldman: »Amazon«, auf dem Album *Closet Sale* (Galaxia, Calif.).
Zu den Ausnahmen gehören Susan Cavin: *Lesbian Origins* (San Francisco: Jism Press, 1985); Mary Daly: *Gyn/Ökologie;* Audre Lorde: *The Black Unicorn* (New York: W.W. Norton & Co., 1978); Merlin Stone: *When God was a Woman* (New York: Harcourt, Brace, Jovanovich/Harvest, 1976); Monique Wittig: *Die Verschwörung der Balkis. »Les Guérillères«* (München: Frauenoffensive, 1980); Monique Wittig und Sande Zeig: *Lesbian Peoples. Material for a Dictionary* (New York: Avon, 1979); Carol Moorefield und Kathleen Valentine: »Matriarchy. A Guide to the Future?«, in: *For Lesbians Only. A Separatist Anthology,* hg. von Sarah Lucia Hoagland und Julia Penelope (demnächst bei Onlywomen Press, London); »Amazons«, in: *The Woman's Encyclopedia of Myths and Secrets,* Barbara G. Walker (New York: Harper & Row, 1983), S.24-27; Judy Grahn: *Another Mother Tongue. Gay Words, Gay Worlds* (Boston: Beacon Press, 1984); Anne Cameron: *Daughters of Copper Woman* (Vancouver, B.C.: Press Gang Publishers, 1981); Micheline Grimard-Leduc: »The Mind-Drifting Islands«, in: *Trivia 8* (Winter 1986), S.28-36, und Jeffner Allen: *Lesbian Philosophy. Explorations* (Palo Alto, Calif.: Institute of Lesbian Studies, 1986).

44 Zu den Dahomey siehe Audre Lorde: *The Black Unicorn,* S.119; sowie Carol Moorefield und Kathleen Valentine: »Matriarchy. A Guide to the Future?«; zu den Nootka siehe Anne Cameron: *Daughters of Copper Woman.*

45 Adrienne Rich: »Zwangsheterosexualität und Lesbische Existenz«, S.138.

46 Harriet Desmoines [Ellenberger]: »There Goes the Revolution«, in: *Sinister Wisdom 9* (Frühjahr 1979), S.22.

47 Radicalesbians (1971): »The Woman Identified Woman«, in: *Radical Feminism,* S.244. Siehe auch Anita Cornwell: »Some Notes on the Black Lesbian and the Womin-Identified Womin Concept«, in: *Black Lesbian in America* (Tallahassee, Fla.: The Naiad Press, 1983), S.26-30.

48 Kathleen Barry: *Sexuelle Versklavung von Frauen.*

49 Julia P. Stanley [Julia Penelope]: »Paradigmatic Woman. The Prostitute«, in: *Papers in Language Variation,* hg. von David L. Shores und Carole P. Hines (Birmingham: University of Alabama Press, 1977), S.303-321.

50 In anderen Teilen der Welt gelten andere Normen. In manchen Gegenden gehört es zum Frausein, katholisch oder dick oder dunkelhäutig/nicht hell zu sein. Das Modell 'Frau' in bezug auf die physische Erscheinung richtet sich nach den Werten der Männer an einem bestimmten Ort.

51 Aus einem Gespräch mit Marilyn Frye.

52 Claudia Dreifus: »Sterilizing the Poor«, in: *Seizing Our Bodies. The Politics of Women's Health,* hg. von Claudia Dreifus (New York: Vintage Books/Random House, 1978), S.105-120.

53 Es ist kein Zufall, daß gerade zu dem Zeitpunkt, als die feministischen Forderungen nach Rechten wieder in die Öffentlichkeit drangen, die Machthaber im Zusammenhang mit Ethik die Biologie wiederentdeckten – diesmal die Soziobiologie. Dort behauptet E.O. Wilson bei der angeblich objektiven Beschreibung des Tierverhaltens, es sei »unter den Tieren ein nahezu universelles Phänomen, daß die Männchen die Weibchen dominieren« (E.O. Wilson: *Sociobiology. The New Synthesis,* Cambridge, Mass.: Harvard University Press, 1975, S.531 sowie S.291, 552, 568. Zur weiteren Argumentation in diesem Abschnitt siehe Sarah Lucia Hoagland: »Androcentric Rhetoric in Sociobiology«, in: *Women's Studies International Quarterly 3,* 2/3 (1980), S.285-293, demnächst in: *Of Voice and Vision: A Collection of Articles from the First 10 Years of WSIF,* hg. von Renate Klein und Deborah Lynn, Pergamon Press, London).
Wilson begründet diese Behauptung nirgendwo; im Gegenteil, sie scheint schon allein dadurch bewiesen zu sein, daß er die reinen Tatsachen beschreibt. Beispielsweise benutzt er das Wort 'Harem' zur Beschreibung einer Hamadryas-Pavianhorde, in der die Weibchen von einem Männchen mit Drohgebärden zur Unterwerfung und Loyalität gezwungen werden. Dasselbe Wort benutzt er jedoch auch zur Beschreibung der um die Weibchen gescharten Gemeinschaften, wie bei den Bergschafen (E.O. Wilson: *Sociobiology,* S.36). Die Bergschafherde ist auf die Weibchen ausgerichtet, die Weibchen »erben« ihre Stellung in der Rangordnung von anderen Weibchen (ebd., S.169), und die Weibchen erlauben nur einigen wenigen Männchen, sich ihnen »anzuschließen« – und das auch nur während der Paarungszeit (ebd., S.438). Dadurch jedoch, daß Wilson das Wort 'Harem' benutzt, gewinnt die Leserin den Eindruck, in dieser Herde dominierten die Männchen die Weibchen. Bezeichnenderweise betrachtet Wilson die Gemeinschaft der Hamadryas-Paviane als Modell der höchsten Entwicklungsstufe (des Heterosexualismus) bei den höheren Wirbeltieren (ebd., S.242).

Er beschreibt die bedrohten und angegriffenen Weibchen als »Gemahlinnen«, die »eingefangen« wurden, und wenn sie entkommen, sind sie mit seinen Worten »entlaufen«.
An anderer Stelle bezeichnet Wilson die Anfangsstadien des männlichen Drohverhaltens als »Bemuttern« (ebd., S.514). Die entlarvendste Aussage unterläuft Wilson vielleicht damit, daß er den Ausdruck »weibliche Geste des *Empfangens«* und den Ausdruck »weibliche Geste der *Unterwerfung«* sinngleich benutzt (ebd., S.283, 153, Hervorhebung von mir). Durch diese Gleichsetzung sagt er implizit, daß die Weibchen durch das bloße Einlassen auf Heterosex von den Männchen beherrscht werden. Wilson beschreibt Weibchen, die keinen Heterosex haben, als »alte Jungfern« oder als »antisozial«, wenn sie zu entkommen versuchen (wie die weiblichen Anubis-Paviane, die bei einem Experiment von Wissenschaftlern in eine Hamadryas-Horde gesteckt wurden). Da es »natürlich« ist, daß die Weibchen mit den Männchen Sex haben, folgt daraus logischerweise, daß die männliche Herrschaft »natürlich« ist. Kurz, nach dem bestehenden Denksystem ist männliche Penetration gleich männliche Herrschaft (eine Analyse dieser männlichen Sichtweise im Kontext des Gefängnissystems liefert Susan Brownmiller in *Gegen unseren Willen. Vergewaltigung und Männerherrschaft* (Frankfurt/M.: S. Fischer, 1978), Kap.6).

54 Alix Kates Shulman: *Memoirs of an Ex-Prom Queen* (New York: Bantam Books, 1973).

55 Sheila Jeffries: *The Spinster and Her Enemies. Feminism and Sexuality, 1880-1930* (Boston: Pandora Press, 1985); Andrea Dworkin: *Pornographie.*

56 Dies ist eines der Themen in *Die ungehorsamen Bräute Christi: Lesbische Nonnen brechen das Schweigen* (München: Kindler, 1986).

57 Kate Millett: *Sexus und Herrschaft. Die Tyrannei des Mannes in unserer Gesellschaft* (München: dtv, 1980), S.41.

58 Naomi Weisstein (1968): »Psychology Constructs the Female, or: The Fantasy Life of the Male Psychologist«, in: *Sisterhood is Powerful: An Anthology of Writings from the Women's Liberation Movement,* hg. von Robin Morgan (New York: Random House, 1970), S.205-220.

59 Forschungsergebnis von Betty Carpenter, persönliche Mitteilung.

60 Mary Daly: *Reine Lust. Elemental-feministische Philosophie* (München: Frauenoffensive, 1986), S.54.

61 Kate Millet: *Sexus und Herrschaft,* S.452.

62 Wenn ich ausführe, wie der Begriff 'Weiblichkeit' sich auf verschiedene unterdrückte Völker anwenden läßt, will ich damit nicht sagen, daß die Erfahrung der Unterdrückung dieselbe ist. Die Erfahrungen schwarzer Männer oder jüdischer Männer war nicht die gleiche wie die von armen weißen nicht-jüdischen Frauen oder schwarzen Frauen oder Ehefrauen von Plantagenbesitzern in den Südstaaten. Schwarze männliche Sklaven wurden als starke maskuline Tiere beschrieben. Die Ehefrauen von Plantagenbesitzern in den Südstaaten wurden zwar ebenfalls als Tiere (Haustiere) gesehen, doch gab es entscheidende Unterschiede. Und schwarze weibliche Sklaven wurden als das Gegenteil der weißen Südstaatenschönheiten behandelt. Wie Angela Davis hervorhebt, wurden die schwarzen Sklavinnen im wesentlichen als Lasttiere behandelt. Die meisten arbeiteten auf den Feldern, manche in den Minen oder als Holzfällerinnen oder Landarbeiterinnen. Und während die weißen Herren sie vergewaltigten und damit ihre ökonomische und sexuelle Dominanz bewiesen, wurden die schwarzen Frauen auch in der Schwangerschafts- und Stillzeit zur Arbeit gezwungen, und ihre Kinder wurden behandelt wie die Nachkommenschaft von Tieren – sie wurden verkauft (Angela Davis: *Women, Race and Class* (New York: Vintage Books/Random House, 1983, Kap.1, S.3-29; siehe auch Angela Davis: *Rassismus und Sexismus. Schwarze Frauen und Klassenkampf in den USA,* [Berlin: Elefantenpress, 1982]). Auch die Erfahrungen der armen weißen Frauen und der Ehefrauen von Plantagenbesitzern in den Südstaaten waren sehr unterschiedlich. Mir geht es darum zu zeigen, daß der Begriff 'Weiblichkeit' auf diejenigen angewandt wird, die beherrscht werden, weil sie abhängig sind und nicht für sich selbst sorgen können – ob sie maskulin oder sonst etwas sind – und weil ihre Tugend in ihrer Unterwürfigkeit besteht.
Bell Hooks stellt die Theorie in Frage, schwarze Männer würden durch die Sklaverei ihrer Männlichkeit beraubt; sie führt dafür folgende Gründe an: (1) die Männlichkeit des Schwarzen wurde praktisch glorifiziert, (2) diese Theorie beruht auf dem klassischen Vorurteil, schwarze Männer bezögen ihre Identität über ihre Funktion als Ernährer, und (3) wenn eine Auswirkung der Sklaverei die Entmännlichung war, dann hieße das, schwarze Frauen seien nicht betroffen gewesen – eine solche Einschätzung macht Frauen unsichtbar. Wenn »Entmännlichung« zum Beispiel »Entmenschlichung« bedeutet, dann hieße das, Frauen seien keine Menschen. Wenn außerdem die Auswirkung der Sklaverei auf schwarze Männer in deren

Entmännlichung bestand, dann ist die Lösung dafür anscheinend, daß die schwarzen Männer sich ihre Männlichkeit – unter anderem also ihre Fähigkeit, Frauen zu beherrschen – zurückholen. (Siehe Bell Hooks: *Ain't I a Woman. Black Woman and Feminism* (Boston: South End Press, 1981), Kap.2 und 3, S.51-117.)
Auch wenn die physischen Fähigkeiten der schwarzen Sklaven betont wurden, so wurden jedoch auch sie beherrscht, was für die Männer bedeutete, zu Frauen gemacht zu werden. In heterosexuellem Sinne heißt beherrschen feminisieren. Das ist der Grund, warum der Begriff 'Weiblichkeit' bankrott ist. Zwar stimme ich mit Bell Hooks Analyse überein, doch bin ich dennoch der Ansicht, daß der Begriff des 'Weiblichen' auf die männlichen schwarzen Sklaven zutrifft. Die Weißen behandelten die schwarzen Männer wie wilde Tiere, also als Wesen, die gezähmt oder erobert werden mußten, also als weibliche Objekte. Das ist der Widerspruch im Stereotyp des männlichen schwarzen Sklaven. Und diejenigen, die sich erhoben und Widerstand leisteten – Männer wie Frauen –, bekämpften das weibliche Stereotyp. Leider taucht zur Zeit mit der Forderung nach 'Männlichkeit' durch manche schwarzen, jüdischen, chinesischen und indianischen Männer auch die Beherrschung des 'Weiblichen' wieder auf.

63 Angela Davis: »Reflections on the Black Woman's Role in the Community of Slaves«, in: *Contemporary Black Thought. Best From the Black Scholar,* hg. von Robert Chrisman und Nathan Hare (Indianapolis: Bobbs-Merrill, 1973), S.148; siehe auch Herbert Aptheker (1943): *American Negro Slave Revolts* (New York: International Publishers, 1970), zitiert bei Angela Davis.

64 Siehe z.B. Earl Conrad: *Harriet Tubman* (New York: Paul S. Eriksson, Inc., 1969).

65 Ruthe Winegarten: »I Am Annie Mae. The Personal Story of a Black Texas Woman«, in: *Chrysalis 10* (Frühjahr 1980), S.15, später erschienen unter dem Titel *I Am Annie Mae. An Extraordinary Woman in Her Own Words. The Personal Story of a Black Texas Woman,* hg. von Ruthe Winegarten (Austin, Tex.: Rosegarden Press, 1983).

66 Nach der Formulierung dieser These fand ich Belege dafür. Siehe Gilbert Osofsky (Hg.): *Puttin' On Ole Massa* (New York: Harper & Row, 1969); Aran Bontemps (Hg.): *Great Slave Narratives* (Boston: Beacon Press, 1969); und Willie Lee Rose (Hg.): *A Documentary History of Slavery in North America* (New York: Oxford University Press, 1976). Leider beschäftigen sich diese Anthologien fast ausschließlich mit dem Leben von Männern. Ein bahnbrechendes Werk über weibliche Sklaven ist das von Erlene Stetson: »Studying Slavery. Some Literary and Pedagogical Considerations on the Black Female Slave«, in: *All the Women are White, All the Blacks are Men, But Some of Us Are Brave. Black Women's Studies,* hg. von Gloria T. Hull, Patricia Bell Scott und Barbara Smith (Old Westbury, New York: Feminist Press, 1982), S.61-84; siehe auch Angela Davis: »Reflections on the Black Women's Role in the Community of Slaves«.

67 Simone Wallace, Ellen Ledley, Paula Tobin: Brief an die Zeitschrift *off our backs,* Dezember 1979, S.28.

68 Siehe z.B. Barbara Harford und Sarah Hopkins (Hg.): *Greenham Common: Women at the Wire* (London: Women's Press, 1984); Alice Cook und Gwyn Kirk: *Greenham Common Everywhere. Dreams, Ideas and Actions From the Women's Peace Movement* (Boston: South End Press, 1984).

69 Charlotte Perkins Gilman: *Die gelbe Tapete* (München: Frauenoffensive, 1978).

70 Weitere Informationen über S. Weir Mitchell siehe G.J. Barker-Benfield: *The Horrors of the Half-Known Life. Male Attitudes Toward Women and Sexuality in Nineteenth Century America* (New York: Harper & Row, 1976).

71 Elaine R. Hodges: »Afterword«, in: *The Yellow Wallpaper* [Die gelbe Tapete] (Old Westbury, N.Y.: Feminist Press, 1984).

72 Eugene O'Neill: *Eines langen Tages Reise in die Nacht* (Frankfurt/M.: S. Fischer, 1989).

73 Phyllis Chesler: *Frauen – Das verrückte Geschlecht* (Reinbek: Rowohlt, 1974).

74 *The Compact Edition of the Oxford English Dictionary,* 1974.

75 Wenn wir zwischen den Zeilen zu lesen verstehen und uns die Frauen der Vergangenheit wieder ins Gedächtnis rufen, können wir prüfen, welche Alternativen sie hatten, und in diesem Kontext ihr Verhalten verstehen. So kann selbst Wahnsinn eine Form des Widerstands sein, ebenso wie Selbstmord. Andererseits kann ein Verhalten, das keineswegs wahnsinnig ist, als wahnsinnig beschrieben werden. Es gibt eine schmale, manchmal auch verschwommene Grenze zwischen dem Wahnsinn als Widerstand und dem gar nicht wahnsinnigen Verhalten derer, die Widerstand leistet – die sich das Vertrauen auf ihre eigenen Wahrnehmungen bewahrt hat.

76 Im Jahre 1916 wurde ein Schauspiel von Susan Glaspell uraufgeführt, in dem eine Frau aus Nebraska ihren Mann im Schlaf erdrosselt. Die (männlichen) Autoritäten sind überaus eifrig und können doch das Motiv nicht entdecken – ohne das sie die Frau nicht verurteilen dürfen. Ihre Ehefrauen, die vorbeigekommen sind, um ein paar Sachen für die im Gefängnis sitzende Frau zu holen, entdecken mehrere Dinge, darunter den Kadaver eines Kanarienvogels, dem der Hals umgedreht worden war. Die Männer machen Witze über die Arbeit der Frauen, ignorieren sie, wähnen sie mit »Lappalien« beschäftigt. Die Frauen begreifen, was passiert war, und lassen den Beweis verschwinden; die Frau, die ihren Ehemann umbrachte, wurde durch die Geschworenen freigesprochen. Susan Glaspell: »Trifles. A Play in One Act«, in: *Plays* (Boston: Small Maynard & Co., 1920; ein autorisiertes Faksimile des Originals wurde von Xerox University Microfilms, Ann Arbor, Mich., 1976, hergestellt). Blanche Hersh machte mich auf dieses Stück aufmerksam.

77 Ann Jones: *Women Who Kill* (New York: Holt, Rinehart, and Winston, 1980), S.291.

78 Kathleen Barry: *Sexuelle Versklavung von Frauen.*

79 Die Diskussion hierzu ist zu verfolgen in Jean Carey Bond und Pat Peery: »Is the Black Male Castrated?«, in: *Black Woman,* hg. von Toni Cade [Bambara], S.113-119; Patricia Bell Scott: »Debunking Sapphire. Toward A Non-Racist and Non-Sexist Social Science«, in: *But Some Of Us Are Brave,* S.85-92; Bonnie Thornton Dill: »The Dialectics of Black Womanhood«, in: *Feminism & Methodology,* hg. von Sandra Harding (Bloomington: Indiana University Press, 1987), S.98-99, und Angela Davis: »Reflections on the Black Woman's Role«; siehe auch Erlene Stetson: »Studying Slavery«.

80 Auf diese Weise kann der Alkoholismus unter Lesben als ein Weg verstanden werden, lesbisch zu leben und sich gegen den Zwang des Heterosexualismus und des Begriffs 'Frau' zu wehren.

81 Siehe Marilyn Frye: »Oppression«, in: *The Politics of Reality,* S.1-16.

82 Siehe z.B. *Breaching the Peace. A Collection of Radical Feminist Papers* (London: Onlywomen Press, 1983).

83 Kathleen Barry: *Sexuelle Versklavung von Frauen,* S.56-60.

84 William Ryan: *Blaming the Victim* (New York: Vintage Books, 1976).

85 Kathleen Barry: *Sexuelle Versklavung von Frauen,* S.58.

86 Andrea Dworkin: *Right-Wing Women* (New York: G.P. Putnam's Sons/Perigee, 1983), S.14.

87 Ebd., S.15.

88 Ebd., S.17, 21.

89 Brunetta R. Wolfman: »Black First, Female Second«, in: *Black Separatism and Social Reality. Rhetoric and Reason,* hg. von Raymond L. Hall (New York: Pergamon Press, 1977), S.228.

90 National Association für the Advancement of Coloured People: Nationale Vereinigung für die Förderung der Farbigen Bevölkerung; Urban League: Städtebund.

91 Brunetta R. Wolfman: »Black First, Female Second«, S.229.

92 Jacquelyn Grant: »Black Women and the Black Church«, in: *But Some of Us are Brave,* S.141.

93 Brunetta R. Wolfman: »Black First, Female Second«, S.230.

94 Ebd., S.231.

95 Andere Frauen haben sich wegen des Rassismus unter den weißen Frauen gar nicht in der Frauenbewegung engagiert oder sich wieder aus ihr zurückgezogen. Mein Schwerpunkt liegt hier auf dem weiblichen Verhaltensideal, nicht auf dem Widerstand gegen die männliche Herrschaft.

96 Selbst von den Amazonen zwischen dem Schwarzen Meer und dem Kaspischen Meer läßt sich wohl nicht sagen, sie hätten sich den Männern so entgegengestellt, wie Männer sich Frauen entgegengestellt haben. Immer wieder wird die Befürchtung laut, daß Frauen oder Lesben oder Separatistinnen mit Männern so umgehen wollen, wie die Männer mit den Frauen umgehen. Ich habe jedoch nirgendwo einen Hinweis dafür gefunden, daß Frauen oder Lesben Männer in der gleichen Weise unterwerfen wollten, wie Männer Frauen unterworfen haben: den Männern die Autonomie zu nehmen und sie von Frauen abhängig zu machen, den Männern eine Identität nur über ihre Beziehungen zu Frauen zuzugestehen, die Männer in den Häusern der Frauen isoliert für die Frauen sorgen zu lassen usw. Ich nehme vor allem an, daß Frauen und Lesben diese Bürde nicht auf sich nehmen wollen. Der Widerstand der Frauen gegen die männliche Herrschaft hat viele Formen angenommen – meines Wissens aber niemals, nicht einmal in den Phantasie, die Form der bloßen Umkehrung männlichen Verhaltens.

97 Zwar sind die Menschen auch durch Regime zu anderen Lösungen gezwungen worden, beispielsweise zur Emigration aus unterdrückerischen Bedingungen oder zum Exil. Es gab auch sehr viele verschiedene Separatistengruppen. In diesem Zusammenhang will ich jedoch betonen, daß die Ethiktradition die Separation nicht als Entscheidung von moralisch Handelnden anerkennen will, weil sie es nicht wagen kann, auch die Teilhabe als Entscheidung anzuerkennen.

98 Frei nach Franz Kafka: »Eine kaiserliche Botschaft«, in: *Sämtliche Erzählungen* (Frankfurt/M.: Fischer, 1970), S.138ff.; Kafka geht es allerdings nicht um Veränderung, und in seiner Parabel kommt auch kein König vor.

99 Hinweis von Juana María Paz und Bette S. Tallen.

100 In der Lesbengemeinschaft heißt es etwa, Separatismus sei rassistisch: Diese Äußerung machte Barbara Smith in einer Podiumsdiskussion über Rassismus, »Rassismus und Lesbengemeinschaft«, auf der Konferenz der National Women's Studies Association, Storrs, Conn., Juni 1981. Meiner Ansicht nach wurde mit diesem Vorwurf das, was so etwas wie eine sozialistische/anarchistische Diskussion hätte sein können, unmöglich gemacht. Siehe Sarah Lucia Hoagland, »Introduction«, in: *For Lesbians Only* (Onlywomen Press: London, in Vorb.); eine Kurzfassung wurde veröffentlicht unter dem Titel: »Lesbian Separatism. An Empowering Reality«, in: *Sinister Wisdom 34* (Frühjahr 1988), S.23-33.

101 Kate Millett: *Sexus und Herrschaft,* S.211.

102 Aus einer Mitteilung von Marilyn Frye.

103 Viele Dozentinnen von Frauenseminaren bewerten die Teilnahme eines Mannes an einem Frauenstudienseminar viel höher als die einer Frau. Sie halten die Anwesenheit weiblicher Studenten für selbstverständlich und bemühen sich eher darum, die Beteiligung von Männern zu erhöhen, als mehr Frauen zum Studium des Feminismus zu motivieren und die Immatrikulation von heterosexuellen farbigen Frauen und von Lesben aller Hautfarben zu fördern.

104 Es ist der Heterosexualismus, der Frauen aus dem einen oder anderen Grund glauben macht, die Frauen seien zur Veränderung der Gesellschaft auf die Zustimmung der Männer angewiesen. Doch immer wenn Männer beteiligt sind, verwandeln sich die Ziele und Schwerpunkte der Frauen in männliche Ziele und Schwerpunkte (siehe Kathleen Barry: *Sexuelle Versklavung von Frauen,* S.24-50). Die Black Power-Bewegung erreichte meiner Ansicht nach die wirksamsten Veränderungen in den Beziehungen zwischen Schwarzen und Weißen, als die Schwarzen sich nicht mehr auf die Weißen konzentrierten. Zwar spielten die Weißen letztlich schon eine Rolle dabei, doch traten die Veränderungen nicht deswegen ein, weil die Schwarzen sich um die Zustimmung der Weißen bemühten oder darauf warteten.

105 Aus einem Gespräch mit Ariane Brunet.

106 Susan Griffin: »Sacred Images«, in: *Pornography and Silence* (New York: Harper & Row, 1981), S.8-81; Mary Daly: *Gyn/Ökologie;* Catherine A. MacKinnon: *Feminism Unmodified: Discourse on Life and Law* (Cambridge, Mass.: Harvard University Press, 1987); Andrea Dworkin: *Pornographie.*

107 Diesen Gedanken habe ich schon früher entwickelt; siehe Sarah Lucia Hoagland: »Sadism, Masochism, and Lesbian-Feminism«, in: *Against Sadomasochism. A Radical Feminist Analysis,* hg. von Robin Ruth Linden, Darlene R. Pagano, Diana E.-H. Russell und Susan Leigh Star (East Palo Alto, Calif.: Frog in the Well, 1982), S.153-163.

108 Michal Brody: *Are We There Yet? A Continuing History of »Lavender Woman«: A Chicago Lesbian Newspaper, 1971-1976* (Iowa City: Aunt Lute Book Co., 1985, heute Spinsters/Aunt Lute, San Francisco), S.184.

109 Aus einer Mitteilung von Claudia Card.

110 Marilyn Frye: »Some Reflections on Separatism and Power«, in: *Politics of Reality,* S.96, 98f.

111 Ebd., S.103-105.

112 Mary Daly: *Gyn/Ökologie,* S.333.

113 Resignation ist eines der von Mary Daly genannten formbaren Leiden (siehe *Reine Lust,* S.252).

114 Monique Wittig: »The Straight Mind«, in: *Feminist Issues 1,* Nr.1 (Sommer 1980), S.110.

115 Monique Wittig: »One is Not Born a Woman«, in: *Feminist Issues 2* (Winter 1981), S.49.

116 Christiane Rochefort: *Les Stances à Sophie* (Paris: Grasset, 1963), zitiert bei Monique Wittig: »One is Not Born a Woman«.

117 Monique Wittig: »One is Not Born a Woman«, S.53.

118 Ebd., S.50.

119 Ebd.; siehe auch Monique Wittig: »The Category of Sex«, in: *Feminist Issues 2* (Frühjahr 1982), S.64.
120 Monique Wittig: »The Category of Sex«, S.64.
121 Marilyn Frye: »In and Out of Harm's Way«, S.80.
122 Aus einem Gespräch mit Harriet Ellenberger.
123 Alice Molloy: *In Other Words,* S.39.
124 Judy Grahn: *Another Mother Tongue,* S.29f.
125 Audre Lorde: *Zami. Eine Mythobiografie* (Berlin: Orlanda, 1986), S.208.
126 Elana Nachman [Dykewomon]: *Riverfinger Women* (Plainfield, Vt.: Daughters, Inc., 1974), S.174.
127 Carol B. Bentley: »My Third Coming Out At Last Has My Own Name«, in: *The Coming Out Stories,* hg. von Julia Penelope Stanley und Susan J. Wolfe (Watertown, Mass.: Persephone Press, 1980), S.79-88.
128 Beth Brant: *Mohawk Trail* (Ithaca, N.Y.: Firebrand Books, 1985), S.85.
129 Cheryl Clarke: »Lesbianism: An Act of Resistance«, in: *This Bridge Called My Back. Writings by Radical Women of Color,* hg. von Cherrie Moraga und Gloria Anzaldúa (Watertown, Mass.: Persephone Press, 1981, heute bei: Kitchen Table: Women of Color Press, P.O. Box 908, Latham, NY 12210), S.128.
130 Joan Nestle (1981): »Butch-Femme Relationships. Sexual Courage in the 1950s«, in: *A Restricted Country* (Ithaca, N.Y.: Firebrand Books, 1987), S.101.
131 Ebd., S.101f.
132 Lillian Faderman: *Köstlicher als die Liebe der Männer. Romantische Freundschaft und Liebe zwischen Frauen von der Renaissance bis heute* (Zürich: Eco, 1990), S.15.
133 Judy Grahn: *Another Mother Tongue,* S.31.
134 Joan Nestle (1981): »Butch-Femme Relationships. Sexual Courage in the 1950s«, S.102.
135 Audre Lorde: *Zami,* S.242.
136 Julia Penelope [Stanley]: »Whose Past Are We Reclaiming?«, in: *Common Lives/Lesbian Lives 13* (Herbst 1984), S.27.
137 Die Situation der schwarzen Mammy ist ähnlich. Rassismus und Eigentumspolitik verhinderten jedoch, daß sie dem Herrn oder der Herrin so nahestand wie die Frau dem Mann. Dennoch war ihre Situation dadurch nicht angenehmer, in mancher Hinsicht sogar schlimmer.
138 Dies ist schon oft beschrieben worden; siehe z.B. Shulamith Firestone: *Frauenbefreiung und sexuelle Revolution* (Frankfurt/M.: Fischer, 1975), Kap.6; Ti-Grace Atkinson: *Amazon Odyssey* (New York: Links Books, 1974), und in neuerer Zeit aus umgekehrter Sicht – nämlich daß »in keiner anderen Form der Sklaverei die Machthaber genötigt sind, die zu lieben, die sie für untergeordnet und verachtenswert halten« – Kathleen Barry: *Sexuelle Versklavung von Frauen.*

2 Weibliche Tugenden und weibliche Handlungsfähigkeit

1 Siehe z.B. Donald M. Borchert und David Stewart: *Exploring Ethics* (New York: Macmillan Co., 1986), S.2; Robert E. Dewey und Robert H. Hurlbutt III: *An Introduction to Ethics* (New York, Macmillan Co., 1977), S.1f.; und Norman E. Bowie: *Making Ethical Decisions* (New York: McGraw Hill Book Co., 1985), S.2ff.
2 Robert E. Dewey und Robert H. Hurlbutt III: *An Introduction to Ethics,* S.1f.
3 Manche Philosophen sprechen von Unparteilichkeit statt von Altruismus. Dennoch beinhaltet letztlich auch dieser Schwerpunkt die Idee, daß Menschen als Voraussetzung für die Möglichkeit ethischen Handelns zur Aufgabe ihrer Interessen bereit sein müssen. Demgegenüber meinen andere, der Egoismus sei die Basis ethischer Entscheidungen, und nur das Streben nach dem eigenen Wohlbefinden führe sie zu Freundschaft, Zusammenarbeit und Liebe. Der vielleicht bekannteste Vertreter dieser Position ist Ayn Rand (Ayn Rand: *The Virtue of Selfishness,* New York, New American Library, 1964). Diese Argumentation ist jedoch oft in sich widersprüchlich oder leitet über zu Sichtweisen, die mit dem ethischen Altruismus und Utilitarismus übereinstimmen oder, so sagen manche Philosophen, sie hebt die Ethik auf (siehe z.B. Andrew G. Oldenquist: *Moral Philosophy. Text and Readings,* Prospect Heights, Ill., Waveland Press, Inc., ²1978, S.38-46). Für meine Argumentation ist jedoch wichtiger, daß eine solche Perspektive sich nach wie vor im modernen Denksystem bewegt, in dem sich die Ethik auf die Beschäftigung mit Interessenkonflikten konzentriert.

4 Wenn ich hier die moderne anglo-europäische Auffassung des Altruismus diskutiere, so meine ich damit nicht, daß es Frauen, seien sie nun Ehefrauen oder Sklavinnen, unter dem Heterosexualismus beispielsweise im antiken Griechenland besser gegangen sei. Mir geht es nur darum, diese raffinierte Form des Heterosexualismus anzusprechen, in der die Unterordnung der Frauen u.a. durch das ethische Diktat des Altruismus, der Aufopferung und der Verwundbarkeit abgesichert wird.

5 Die folgende Zusammenfassung stammt teilweise aus Alasdair MacIntyre: »Egoism vs. Altruism«, in: *The Encyclopedia of Philosophy,* Bd.2 (New York; Macmillan Publishing Co., Free Press, 1967), S.462-466.

6 Im Mittelalter gab es Debatten über Aufopferung und wann sie angebracht ist – zentrale Diskurse für das christliche, islamische und jüdische Denken in jener Zeit. Sie betrafen die Unterschiede zwischen einer Person und einem Gott, zwischen Individuen und der Gesellschaft, zwischen weltlichem Gesetz und religiösem Gesetz usw. (dies entnahm ich einem Gespräch mit Jeffner Allen). Die Idee jedoch, Ethik sei nur dann möglich, wenn sich die Menschen altruistisch verhielten, ist das Ergebnis der Verlagerung von der religiösen zur materialistischen Motivation weltlichen Handelns.

7 Alasdair MacIntyre: »Egoism vs. Altruism«, S.463; Alison Jaggar: *Feminist Politics and Human Nature* (Totowa, N.J.: Rowman & Allanheld, 1983), S.40.

8 Thomas Hobbes: *Leviathan oder Stoff, Form und Gewalt eines bürgerlichen und kirchlichen Staates* (Frankfurt/M.: Suhrkamp, 1984). Einige dieser Ideen stammen aus Bette S. Tallens Arbeit über Hobbes: »Liberal Equality and Feminism: The Implications of the Thought of John Stuart Mill« (Philosophische Dissertation, Universität Michigan, Ann Arbor, 1980).

9 Bett Farber zufolge beruft sich das, was als individuelle Selbstfindung erscheint, die in die Unterwerfung unter den Staat mündet, in Wirklichkeit auf eine hierarchisch organisierte Machtstruktur, die dazu dient, die Auseinandersetzung mit sich selbst zu verhindern, und aus einer Horde von Individuen besteht, die vor dem Alleinsein, dem Schmerz, dem Risiko und dem Fehlermachen flüchten, die vor Wachstum und Freude flüchten und damit vor ihrer Sterblichkeit. (Aus einer Mitteilung von Bett Farber.)

10 Aus der Korrespondenz mit Marilyn Frye.

11 Virginia Held: »Non-Contractual Society«, in: *Science, Morality & Feminist Theory,* hg. von Marsha Hanen und Kai Nielsen (Calgary, Alberta, Canada: The University of Calgary Press, 1987), S.113.

12 Alasdair MacIntyre: »Egoism vs. Altruism«, S.466.

13 Viele glauben, Männer seien die geborenen Führer. Ich sehe sie eher als Gefolgsleute. Im allgemeinen scheinen sie von Hierarchien sehr angetan zu sein, sich in der Anpassung an eine Struktur sicher zu fühlen. Die meisten wollen andere dominieren – aber nur, wenn sie sich auf eine übergeordnete Instanz berufen können. Also suchen sie sich jemanden über sich – wenn nicht einen anderen Mann, dann einen Gott –, der sie bestätigt.

14 Mehrere dieser Ideen stammen aus Anne Throop Leightons Arbeit über Kapitalismus und Sozialismus.

15 Kompliziert wird dies durch das Phänomen der multinationalen Unternehmen, die dem »freien Unternehmertum« entgegenarbeiten. Statt sich an das Gesetz von Angebot und Nachfrage zu halten, steuern sie die Nachfrage schon Jahre im voraus. Zum Beispiel können die Ölgesellschaften Öl horten und so den Preis für Autos in die Höhe treiben, die in zehn Jahren viel Benzin verbrauchen werden. (Aus einem Gespräch mit Anne Throop Leighton.)

16 Wenn Angst kein primärer Faktor ist, sind Kapitalismus und Nationalismus nötig, um die Bürger an den modernen Staat zu binden. Der Nationalismus wird eingesetzt, um den Staat zusammenzuhalten (d.h. um die Erhaltung des Staates zu rechtfertigen und in den Individuen ein Gefühl von Bedeutung und Sinn zu erzeugen, indem diejenigen, die außerhalb des Staates leben, als anders, fremd und damit bedrohlich definiert werden). Der heutige Kapitalismus vermittelt den Männern dadurch Sinn, daß er es ihnen innerhalb eines Systems, das die letzte Kontrolle über sie hat, ermöglicht, sich Macht und Vorteile vor anderen zu verschaffen. So geht die Entwicklung in der UdSSR – als Ergebnis der Staatsherrschaft (die sich gar nicht abschaffen will) – hin zu freieren kapitalistischen Einzelunternehmen, um so den Individuen und dem Land Impulse zu geben (sie zu motivieren). Natürlich ist es entscheidend, daß die Frauen in den demokratischen Staaten nicht zu viele Vorteile (Motivation) auf dem Markt (gleiche Rechte) erhalten, denn wenn eine offensichtliche Wettbewerbsverschärfung einträte, könnten die Männer der Mittel- und Unterschicht ihre Chancen schwinden sehen und deshalb gegen das System revoltieren. Die Frauen sind hauptsächlich als Verbraucherinnen und Waren beteiligt.

17 Zu den alten Mythen der kapitalistischen Motivation gehört: »der Stärkste überlebt« und: »Weiterkommen je nach Verdiensten«. Und durch die »Erlaubnis« zu arbeiten werden wir als nützliche Menschen anerkannt. In einer Herrschafts-/Unterordnungshierarchie jedoch entscheidet natürlich jemand, wer »stark« ist, jemand bestimmt die »Verdienste«, und jemand hat die Macht, uns die Arbeit zu »erlauben«. Indem die Machthabenden uns Jobs und Verdienste vor die Nase halten, erwecken sie den Anschein, ihre Anerkennung mache uns zu einem besseren Menschen – selbst wenn wir durch Teilhabe an dem System keinen Gewinn machen können, so können wir zumindest »Anerkennung« gewinnen und daher Sinn durch unsere Arbeit und unser Weiterkommen. Das bedeutet aber natürlich, daß diejenigen, die Arbeit haben, auch einen Wert haben; wenn wir keine Arbeit haben, dann deshalb, weil wir faule Hunde sind. Doch selbst in der Theorie braucht der Kapitalismus Arbeitslose, um den Preis für die Arbeitskraft zu drücken. Wenn wir keine Arbeit haben, dann in Wirklichkeit deshalb, weil das System dies braucht. Die protestantische Ethik behauptet, wenn wir hart arbeiten, werden wir »es schaffen«. Das impliziert jedoch, daß wir, wenn wir es nicht »geschafft haben«, nicht hart oder nicht hart genug gearbeitet haben. Das ist nicht wahr. Wahr ist nur: Wenn wir »es schaffen«, haben wir hart gearbeitet. Es ist aber auch wahr, daß in einem System mit Pyramidenstruktur nur wenige »es schaffen« – und das nur dadurch, daß sie andere schlagen und ausbeuten.

18 Zu einigen Problemen der FEN, einem feministischen Wirtschaftsunternehmen in den 70er Jahren, siehe Martha Shelley: »What is FEN?« (Underground-Veröffentlichung).

19 Aus einem Gespräch mit Anne Throop Leighton.

20 Für den Anfang siehe z.B. Jeffner Allen: »Lesbian Economics«, in: *Trivia 8* (Winter 1986), S.37-53.

21 Zum Beispiel haben die AnarchistInnen vor der faschistischen Invasion in Spanien phänomenale Erfolge erzielt. Myrna Margulies Breitbart schreibt: »Die anarchistischen Bäuerinnen und Bauern glaubten nicht daran, daß eine effiziente Landwirtschaftsproduktion ein hierarchisches Management oder Herrschafts- und Unterordnungsstrukturen brauche, die feudale und kapitalistische Produktionsweisen charakterisierten« (Myrna Margulies Breitbart: »Anarchist Decentralism in Rural Spain, 1936–1939. The Integration of Community and Environment«, Neudruck in: *Antipode: A Radical Journal of Geography 17,* Nr.2 u. 3 (»The Best of *Antipode«,* 1969–1985«, 1985), S.105). Sie schreibt weiter: »Die anarchistische Dezentralisierung basierte auf einer vollkommen neuen Lebensphilosophie. Ihre Charakteristika – Selbstverwaltung, Integration von ökonomischen und sozialen Tätigkeiten, kleine Produktionseinheiten und Föderalismus – hatten die Entwicklung positiver menschlicher Qualitäten zum Ziel. Daß die spanischen AnarchistInnen dies erfolgreich verwirklichten, zeigt sich an den persönlichen Eigenschaften ihrer AnhängerInnen – das waren Menschen, die auf Kooperation mit anderen auf allen Ebenen bedacht waren, die die Bedürfnisse der anderen kannten und sie erfüllen wollten, die trotz langer Arbeitszeiten ihre Arbeit mit Interesse und Engagement taten, die in engem Kontakt mit der Natur lebten und sie achteten und die ihr komplexes Leben verantwortlich und ohne feste Autoritätsformen bewältigten« (ebd., S.115).

22 Siehe *Jenseits von Gottvater, Sohn und Co.* (München: Frauenoffensive, 1980) und *Gyn/Ökologie. Eine Meta-Ethik des radikalen Feminismus* (München: Frauenoffensive, 1980).

23 Aus einem Gespräch mit Claudia Card.

24 So gilt etwa eine Volksschule dann als erfolgreich, wenn sie wohlerzogene Kinder hervorbringt, das heißt Kinder, die stundenlang stillsitzen können, ohne zur Toilette zu gehen oder sonstwie herumzuzappeln, die Disziplin lernen, indem sie die Schuldisziplinen (das »Grundwissen«) lernen, die Leistung nach dem Willen der Lehrenden erbringen, ohne Fragen zu stellen, und die den Gesetzen und Autoritäten gehorchen. Das Erziehungsziel ist Disziplin, nicht Verständnis, denn unsere Gedanken sollen in die von den alten Patriarchen erdachten Kategorien passen. Wir werden gelehrt, die Hierarchie von Herrschaft und Unterordnung zu akzeptieren. (Zur Diskussion der »helfenden Berufe« einschließlich des Erziehungsbereichs siehe Marilyn French: *Jenseits der Macht. Frauen, Männer und Moral* [Reinbek: Rowohlt, 1985]).

25 John Kenneth Galbraith: *Economics and the Public Purpose* (Boston: Houghton Mifflin Co., 1973), S.33.

26 Jeffner Allen: »Looking at Our Blood. A Lesbian Response to Men's Terrorization of Women«, in: *Lesbian Philosophy. Explorations* (Palo Alto, Calif.: Institute of Lesbian Studies, 1986), S.36.

27 Ebd.

28 Nel Noddings: *Caring. A Feminine Approach to Ethics & Moral Education* (Berkeley, Calif.: University of California Press, 1984), S.16, 33.

29 Ebd., S.52, 14, 99.

30 Sarah Lucia Hoagland: »Some Thoughts on Caring«, Vortrag in einer gemeinsamen Sitzung der Radical Philosophy Association und der Society for Women in Philosophy auf der Konferenz der Central Division der American Philosophical Association, Cincinnati, Ohio, 28. April 1988.

31 Siehe z.B. Carol Gilligan: *Die andere Stimme. Lebenskonflikte und Moral der Frau* (München: Piper, 1988).

32 Claudia Card: *Virtues and Moral Luck,* Series 1, Institute for Legal Studies, Working Papers, University of Wisconsin, Madison, Law School, November 1985, S.14f.

33 Gene Damon [Barbara Grier]: »The Least of These. The Minority Whose Screams Haven't Been Heard«, in: *Sisterhood Is Powerful. An Anthology of Writings from the Women's Movement,* hg. von Robin Morgan (New York: Random House, 1970), S.297.

34 Claudia Card: *Virtues and Moral Luck,* S.16f.

35 Ebd.

36 Diese Drohungen reichen von: »Wenn du mich nicht werfen läßt, nehm' ich meinen Ball und geh' nach Hause« bis zu: »Ich denke nicht daran, mich an den Salt-II-Vertrag zu halten«. Terroristen haben zwar die Macht, etwas zu zerschlagen, die Machthabenden aber die Macht der totalen Vernichtung. (Aus Gesprächen mit Deirdre D. McCalla und Anne Throop Leighton.)

37 Dieser Dualismus geht auf den manichäischen Dualismus von Gut und Böse und den taoistischen Dualismus von Yin und Yang zurück. In dem manichäischen Ansatz stehen die beiden Gegensätze sich in ständigem Konflikt gegenüber, und jeder versucht den anderen zu dominieren und zu besiegen. Der taoistische Ansatz erkennt den Konflikt, strebt aber eine Harmonie und ein Gleichgewicht zwischen den beiden Gegensätzen an. Im taoistischen Ideal kommen zwar Harmonie und Balance vor, die Art der Gegensätze ist jedoch bezeichnend: Yin/Yang, weiblich/männlich, dunkel/hell, schwarz/weiß, kalt/warm, Schwäche/Stärke. Das eine ist der Gegensatz des anderen, weil es dessen Nichtvorhandensein darstellt. So ist Stärke das Nichtvorhandensein von Schwäche und Schwäche das Nichtvorhandensein von Stärke. Das eine der beiden stellt darüber hinaus das Nichtvorhandensein des anderen dar, weil es ein Nichts ist. Es gibt zwar zwei Gegensätze, auf lange Sicht aber nur ein absolutes Sein. Der Dualismus ist eigentlich ein Monismus. (Aus einem Gespräch mit Marilyn Frye.) In der Diskussion der neuen Spiritualität sagt Susan Leigh Star, die neue Mystik habe es fertiggebracht, die männliche Identität mit dem Deckmantel der Androgynie zu tarnen. Außerdem betont sie: »In der Eskalation ist es lebenswichtig für uns zu begreifen, daß der neue Mystizismus mit der Kontrolle von Frauen zu tun hat; daß er als sexuelles und als spirituelles Phänomen auftaucht; daß er eine noch subtilere Form der Unterdrückung ist und keine Befreiung« (Susan Leigh Star: »The Politics of Wholeness: Feminism and the New Spirituality«, in: *Sinister Wisdom 3* (Frühjahr 1977), S.39).

38 Daher gibt es praktisch keinen Platz für eine, die mit der Gruppe, der Gesellschaftsstruktur oder der höheren Ordnung nicht einverstanden ist und nicht in einer der vorgeschriebenen Arten mit ihr konform geht. Wenn sie sich von der Gruppe, Struktur oder Ordnung trennt, wird sie von den anderen, die sich von der Struktur haben einfangen lassen, als unmoralisch bezeichnet und ausgestoßen. Dieses Urteil kann ebenso von denen kommen, die Veränderung durch Reformen anstreben, wie von denen, die den Status quo erhalten wollen.

39 Mary Daly: *Gyn/Ökologie,* S.383.

40 Marilyn Frye: »In and Out of Harm's Way. Arrogance and Love«, in: *The Politics of Reality. Essays in Feminist Theory.* (Trumansburg, N.Y.: The Crossing Press, 1983, heute in Freedom, Calif.), S.73.

41 Ebd., S.66-72.

42 Siehe außerdem Judith Tourmey: »Exploitation, Oppression, and Self-Sacrifice«, in: *Women and Philosophy,* hg. von Carol C. Gould und Marx W. Wartofski (New York: G.P. Putnam's Sons, 1976), S.206-221; Larry Blum, Marcia Homiak, Judy Housman und Naomi Scheman: »Altruism and Women's Oppression«, in: *Women and Philosophy,* S.222-247.

43 Siehe außerdem James Rachels: »Morality and Self-Interest«, in: *Philosophical Issues. A Contemporary Introduction,* hg. von James Rachels und Frank A. Tillman (New York: Harper & Row, 1972), S.120f.

44 Marilyn Frye: »In and Out of Harm's Way«.

45 Dieses Rollenargument stammt aus der Arbeit von Jim Kimble, University of Colorado.

46 Es ist nicht überraschend, daß die Soziobiologie die Idee aufgebracht hat, Vergewaltigung und Kindestötung seien eine ethische Notwendigkeit zur Erhaltung der Spezies (Rid Brown: »The Monkeys Who Kill Their Young«, in: *Mother Jones 2,* Nr.1 (1977), S.322-339). Vergewaltigung und Kindestötung wurden allen

Ernstes als altruistisch bezeichnet (Richard Dawkins: *The Selfish Gene,* New York: Oxford University Press 1976). Es geht mir wahrlich das Herz auf bei der Erkenntnis, daß die Männer immer schon altruistisch gewesen sind.

47 Marilyn Frye: »On Being White. Toward A Feminist Understanding of Race and Race Supremacy«, in: *The Politics of Reality,* S.124.

48 Sally Gearhart: »The Future – If There Is One – Is Female«, in: *Reweaving the Web of Life. Feminism and Nonviolence,* hg. von Pam McAllister, Philadelphia New Society Publishers, 1982, S.266-284.

49 Viele Feministinnen lassen sich von der Anlage/Umwelt-Debatte einlullen. Ich halte sie für einen bloßen Trick. Es mag wohl sein, daß Männer aufgrund genetischer Deformation so sind, wie sie sind. Es ist auch möglich, daß ihre Gesellschaft sie konditioniert und so hervorgebracht hat. Für feministische Entscheidungen ist es irrelevant, ob und was davon zutrifft. Einerseits ist etwas genetisch Bestimmtes deshalb noch nicht unveränderbar; zum Beispiel läßt sich Asthma behandeln. Andererseits: Nur weil etwas konditioniert ist, heißt das nicht, daß es sich nicht verändern ließe – schnell oder langsam. Wir wissen, wie lange wir brauchen, um Aspekte unserer eigenen Konditionierung freizulegen. Welche Wunden wir im Laufe unseres Lebens auch im Kampf davongetragen haben, sie werden doch mit der Zeit zumindest zu Narben. Welche Ansicht wir in der Anlage/Umwelt-Kontroverse auch vertreten, Veränderung braucht Zeit, viel Zeit, und wir müssen uns mit dem befassen, was jetzt anliegt. (Eine ausführlichere Diskussion der Anlage/Umwelt-Dichotomie findet sich bei Nancy Tuana: »Refusing Nature/Nurture«, in: *Women's Studies International Forum 6,* Nr.6 (Sonderthema über Hypatia), 1983, S.621-632.)
Ich frage mich, ob es denkbar wäre, daß Männer sich so veränderten, daß sie im Netzwerk des Lesbianismus eine passende Rolle einnehmen könnten. Ich halte das für möglich – zum Beispiel dann, wenn Männer etwa wie Delphine werden könnten: verspielte, intelligente und unaufdringliche Geschöpfe – dann könnten sie sehr gut hineinpassen.

50 Billie Potts bat mich, zwischen lesbischer Spiritualität und Frauenspiritualität zu differenzieren; sie wies darauf hin, daß die lesbische Spiritualität fast vollkommen vereinnahmt worden ist und wir uns an dieser Vereinnahmung auch selbst beteiligt haben, indem wir beispielsweise unsere Spiritualität »Womanspirit« genannt haben. Wenn ich mich auf lesbische Spiritualität beziehe, dann meine ich damit keine bestimmte Tradition, auch wenn Z. Budapest und andere wie Jean und Ruth Mountaingrove und Billie Potts in den ersten Jahren der Frauenbewegung in den USA an der Entwicklung einer frauenorientierten Tradition gearbeitet haben (siehe z.B. Z. Budapest: *The Feminist Book of Lights and Shadows;* Billie Potts und River Lightwomoon: *Amazon Tarot* und *New Amazon Tarot,* Bearsville, N.Y.: Hecuba's Daughters). Vieles von dem, was sich 'Frauenspiritualität' nennt, stammt aus dem europäischen Hexenwesen und existierte während der Hexenverfolgung im Untergrund. Die Geschichte dieser Tradition war zwar von Unterdrückung und Verfolgung geprägt, folgt aber dennoch dem Dualismus, den ich hier in Frage stelle und der auch in der lesbischen Spiritualität meist in Frage gestellt wird.
An der Auflösung der lesbischen Spiritualität sind mehrere Faktoren beteiligt. Einer ist die Übernahme des Begriffs des 'Ewigweiblichen', ein zweiter die Anerkennung christlicher Einflüsse und der Aufbau von Kirchen und stark strukturierten Institutionen. Drittens wird der Dualismus von Hell und Dunkel betont. Viertens bedeutet die Idee, daß wir uns unser Schicksal selbst wählen, den Verzicht auf eine politische Analyse unseres Lebenszusammenhangs. Fünftens benutzt die Frauenspiritualität die Mütterlichkeit als Metapher für Kreativität, als sei das Ziel dieses Lebens das Allsorgende und Allumfangende. Schließlich geht die Frauenspiritualität selbst im Humanismus auf.

51 Marilyn Frye stellt fest, daß durch die anglo-europäischen und US-amerikanischen Aktivistinnen des 19. Jahrhunderts der Zorn der Frauen in der Öffentlichkeit toleriert wurde, wenn er sich auf die großen moralischen Fragen richtete. Sie bemerkt jedoch, daß dies eine historische und logische Erweiterung des Frauen-»Rechts« auf 'Mütterlichkeit' darstellt: Frauen dürfen nur im Namen der anderen zornig sein (Marilyn Frye: »A Note on Anger«, in: *The Politics of Reality,* S.92).

52 Diane Mariechild: »Interview on 'Womanpower'«, in: *Women of Power. A Magazine of Feminism, Spirituality and Politics* (Frühjahr 1984), S.18-21.

53 Aus einem Gespräch mit Florencia Carolina.

54 Siehe z.B. Adrienne Rich: *Von Frauen geboren. Mutterschaft als Erfahrung und Institution* (München: Frauenoffensive, 1979).

55 Jeffner Allen: »Motherhood: The Annihilation of Women«, in: *Mothering. Essays in Feminist Theory,* hg. von Joyce Trebilcot (New Jersey: Rowman & Allanheld, 1984), S.315-330; Neuausgabe in: *Lesbian Philosophy. Exlorations* (Palo Alto, Calif.: Institute of Lesbian Studies, 1986), S.61-86.
56 Monique Wittig und Sande Zeig: *Lesbian Peoples. Material for a Dictionary* (New York: Avon, 1979), S.108f.
57 Aus dem Briefwechsel mit Baba Copper.
58 Ebd.
59 Bell Hooks: *Ain't I a Woman. Black Women and Feminism* (Boston: South End Press, 1981), S.84f.
60 Das Beispiel mit der Wahrnehmung stammt aus der Arbeit von Jim Kimble, Philosophische Fakultät, Universität Colorado.
61 Baba Copper: »The View from Over the Hill. Notes on Ageism Between Lesbians«, in: *Trivia 7* (Sommer 1985), S.57; überarbeitete Neuausgabe in: *Over the Hill. Reflections on Ageism Between Women* (Freedom, Calif.: The Crossing Press, 1988).
62 Barbara Macdonald mit Cynthia Rich: *Look Me in the Eye. On Women, Aging and Ageism* (San Francisco: Spinsters Ink, 1983, heute Spinsters/Aunt Lute).
63 Baba Copper: »View from Over the Hill«, S.57.
64 Adrienne Rich: »Introduction«, in: *The Coming Out Stories,* hg. von Julia Penelope Stanley und Susan J. Wolfe (Watertown, Mass.: Persephone Press, 1980), S.xi-xiii.
65 Adrienne Rich (1977): »Frauen und Ehre – Einige Gedanken über das Lügen«, in: *Macht und Sinnlichkeit. Ausgewählte Texte von Audre Lorde und Adrienne Rich,* hg. von Dagmar Schultz (Berlin: Orlanda, [3]1991), S.173-183.
66 Siehe z.B.: J.J. Rousseau: *Emile – oder: Über die Erziehung,* hg. und mit Anm. versehen von Martin Rang (Stuttgart: Reclam, 1963], 5.Buch, siehe bes. S.944-954 über die Ehe ; Sarah Lucia Hoagland: »On the Reeducation of Sophie«, in: *Women's Studies: An Interdisciplinary Collection* (Westport, Conn.: Greenwood Press, 1978), S.13f.
67 Das soll nicht heißen, daß eine Lesbe, die in ihrer Jugend gelernt hat, ihre Gefühle zu verbergen, sich niemals öffnen sollte (siehe dazu auch Lee Lynch: *Toothpick House,* Tallahassee, Fla.: The Naiad Press, 1983, insbesondere S.122 und 124). Was ich hier meine, ist ein Kontrollinstrument und keine Hilfe zum Wachsen.
68 Auch wenn diese Interaktionsformen von Überlebenstechniken herrühren, die aus einer Position der Unterordnung im Heterosexualismus heraus entwickelt wurden, so sind sie doch weder für die 'femininen' noch die 'maskulinen' Lesben typisch. Diejenigen, die sich als 'maskulin' empfinden, können Verwundbarkeit ebenso zum Aufbau von Schranken und Kontrolle in einer Beziehung einsetzen wie diejenigen, die sich als 'feminin' empfinden.
69 Aus einem Gespräch mit Deidre D. McCalla und Sally Yeo.
70 Aus einem Gespräch mit Anne Throop Leighton.
71 Audre Lorde (1978): »Die Verwandlung von Schweigen in Sprache und Aktion«, in: *Auf Leben und Tod. Krebstagebuch* (Berlin: Orlanda, 1984), S.22-29.
72 Aus einem Gespräch mit Deborah Snow.
73 Eine solche Strategie kann einen Angriff stoppen, wie etwa im Straßenkampf. Dennoch geht es bei diesen Taktiken nicht um Öffnen oder Zusammenhalt, sondern um Gewaltvermeidung.
74 Jeffner Allen: »Looking at Our Blood«, S.35.
75 Nach Ellen Willis stellt Melanie Kaye/Kantrowitz fest, daß Männer uns deshalb nicht ernst nehmen, weil sie uns physisch nicht fürchten. Melanie Kaye [/Kantrowitz] (1979): »Scrambled Eggs 3. Women and Violence«, in: *Fighting Back! Feminist Resistance to Male Violence,* hg. von Frédérique Delacoste und Felice Newmann (Minneapolis, Minn.: Cleis Press, 1981, heute in San Francisco), S.160-163; siehe auch Melanie Kaye/Kantrowitz: »War Stories«, 197-:«, in *Sinister Wisdom 33* (Herbst 1987), S.20-31.
76 Jeffner Allen: »Looking at Our Blood«, S.39.
77 Aus einem Gespräch mit Jeffner Allen.
78 Jeffner Allen: »Looking at Our Blood«, S.43.
79 Sally Gearhart: *Das Wanderland. Geschichten von den Hügelfrauen* (München: Frauenoffensive, 1982), S.11.
80 Ebd., S.10ff.

81 Mitteilung von Marilyn Frye.

82 Siehe: Adrienne Rich: »Frauen und Ehre«.

83 Janice G. Raymond: *Frauenfreundschaft. Philosophie der Zuneigung* (München: Frauenoffensive, 1987), S.151f.

3 Macht, Paternalismus und Zuwendung

1 Julie A. Murphy: »A Philosophical Analysis of Social Types. Schütz and Sartre« (Dissertation, De Paul University, Juni 1982).

2 Wenn wir uns an dieses Prinzip hielten, könnten wir eigentlich jedes menschliche Leben auf dem Planeten auslöschen (zumindest das männliche), denn langfristig gesehen würde dies weniger Leben kosten, als wenn die Männer jahrhundertelang weiterhin einen Krieg nach dem anderen führten (ein Gedanke aus der Arbeit von Jim Kimble, Fachbereich Philosophie, Universität Colorado).
Bei der Erläuterung ihres Verständnisses von »Testerie«, der Fähigkeit der herrschenden männlichen Klasse, ruhig, effizient und systematisch die planetarische Katastrophe zu inszenieren, bemerkte Juli Loesch 1972: »Seit der Jahrhundertwende sind in Kriegen über 50 Millionen Menschen von psychisch gesunden Männern umgebracht worden«. (Siehe: Juli Loesch: »Testeria and Penisolence – A Scourge to Humankind«, in: *Aphra: The Feminist Literary Magazine 4,* Nr.1 (Winter 1972-73), S.44).

3 Meines Wissens war es Carol Hanisch, die diesen Satz in ihrem Beitrag: »The Personal is Political« (1970) zuerst einführte (in: *Radical Therapist,* hg. von The Radical Therapist Collective (New York: Ballantine Books, 1971), S.152-157).
Natürlich hatten schon die Feministinnen des 19. Jahrhunderts einen Zusammenhang zwischen dem Persönlichen und dem Politischen hergestellt, vor allem in ihrer Überzeugung, daß die Gewährung des Wahlrechts das Leben der Frauen verändern würde, und mit der Feststellung, daß die Ehe eine politische Institution ist.

4 Simone de Beauvoir (1949): *Das andere Geschlecht. Sitte und Sexus der Frau* (Reinbek: Rowohlt, 1979).

5 Betty Friedan: *Der Weiblichkeitswahn, oder: Die Mystifizierung der Frau* (Reinbek: Rowohlt, 1966).

6 Kate Millett: *Sexus und Herrschaft. Die Tyrannei des Mannes in unserer Gesellschaft* (München: dtv, 1980), S.37.

7 Mary Daly: *Jenseits von Gottvater, Sohn und Co. Aufbruch zu einer Philosophie der Frauenbefreiung* (München: Frauenoffensive, 1980).

8 Robin Morgan (Hg.): *Sisterhood Is Powerful. An Anthology of Writings from the Women's Movement* (New York: Random House, 1970); siehe auch: *Notes from the First Year* (Juni 1968), *Notes from the Second Year* (1970) und *Notes from the Third Year* (1971); Leslie B. Tanner (Hg.): *Voices from Women's Liberation* (New York: New American Library, 1970); Deborah Babcox und Madeline Belkin (Hg.): *Liberation Now! Writings from the Women's Liberation Movement* (New York: Dell Publishing Co., Inc., 1971); Vivian Gornick und Barbara K. Moran (Hg.): *Women in Sexist Society. Studies in Power and Powerlessness* (New York: New American Library, 1971); Anne Koedt, Ellen Levine, Anita Rapone (Hg.): *Radical Feminism* (New York: Quadrangle, 1973); Redstockings: *Feminist Revolution* (Random House: New York, 1975); und Cheris Kramarae und Paula A. Treichler: *A Feminist Dictionary* (Boston, Mass.: Pandora Press, 1985).

9 Siehe z.B. Juliet Mitchell: *Frauenbewegung, Frauenbefreiung* (Frankfurt/Berlin/Wien: Ullstein, 1981); Sheila Rowbotham: *Women's Consciousness, Man's World* (Baltimore, Md: Penguin, 1973); Sheila Rowbotham: *Women, Resistance and Revolution. A History of Women and Revolution in the Modern World* (New York: Vintage Books/Random House, 1974); und Evelyn Reed: *Women's Evolution. From Matriarchal Clan to Patriarchal Family* (New York: Pathfinder Press, 1975).

10 Aus einem Gespräch mit Daniel Bennett; siehe z.B. Peggy Kornegger: »Anarchism – The Feminist Connection«, in: *The Second Wave 4,* Nr.1 (Frühjahr 1975), S.26-37.

11 Siehe Julia Penelope und Susan J. Wolfe: »Style as Meaning«, in: *Proceedings of the Sixth LACUS Forum,* hg. von W.C. McCormack und H.J. Izzo (Columbia, S.C.: Hornbeam Press, 1980), S.45-52; Julia P. Stanley [Julia Penelope]: »Prescribed Passivity. The Language of Sexism«, in: *Views on Language,* hg. von Reza Ordoubadian (Murfreesboro, Tenn.: Inter-University Publishing, 1975), S.96-108); Julia P. Stanley: »Sexist Grammar«, in: *College English* (März 1978), S.800-811.

12 Pat Robinson et al.: »A Historical and Critical Essay for Black Women in the Cities«, in: *The Black Woman*, hg. von Toni Cade [Bambara] (New York: New American Library, 1970), S.198-210.

13 Naomi Weisstein: »Psychology Constructs the Female«, in: *Women in Sexist Society*, hg. von Vivian Gornick und Barbara K. Moran, S.207-224.

14 Marilyn Frye: »Some Reflections on Separatism and Power«, in: *The Politics of Reality. Essays in Feminist Theory* (Trumansburg, N.Y.: The Crossing Press, 1983, jetzt in Freedom, Calif.), S.95-109.

15 Siehe Kathie Sarachild: »Feminist Consciousness Raising and Organizing« (Kurzfassung für einen Workshop auf der Lake Villa-Konferenz, November 1968), in: *Voices from Women's Liberation*, und »Consciousness Raising«, in: *Radical Feminism.*

16 Die Schreinerin in: *The Cook and the Carpenter* (Plainfield, Vt.: Daughters, Inc., 1973), S.50.

17 Siehe z.B. Tony Cade [Bambara] (Hg.): *The Black Woman;* Robin Morgan (Hg.): *Sisterhood Is Powerful;* Leslie B. Tanner (Hg.): *Voices from Women's Liberation;* Barbara Smith (Hg.): *Home Girls: A Black Feminist Anthology* (Brooklyn, N.Y.: Kitchen Table: Women of Color Press, 1983; heute über: P.O. Box 908, Lahtam, NY 12110); Cherrie Moraga und Gloria Anzaldúa (Hg.): *This Bridge Called My Back: Writings by Radical Women of Color* (Watertown, Mass.: Persephone Press, 1981; heute bei: Kitchen Table, Lathen).

18 Siehe z.B. Evelyn Torton Beck: *Nice Jewish Girls. A Lesbian Anthology* (Watertown, Mass.: Persephone Press, 1982, jetzt bei: The Crossing Press, Freedom, Calif.); Melanie Kaye/Kantrowitz und Irena Klepfisz: *The Tribe of Diana. A Jewish Women's Anthology* (Sinister Wisdom Books, P.O. Box 1308, Montpelier, VT 05602, 1986).

19 Siehe z.B. Robin Morgan (Hg.): *Sisterhood Is Powerful;* Leslie B. Tanner (Hg.): *Voices from Women's Liberation;* Deborah Babcox und Madeline Belkin (Hg.): *Liberation Now!;* Charlotte Bunch und Nancy Myron (Hg.): *Class and Feminism. A Collection of Essays From THE FURIES* (Baltimore, Md.: Diana Press, 1974).

20 Siehe z.B. Carol Costa, Janet Costa, Joan Costa, Paula Gomez und Sally Wigginton (Hg.): *Holding Her Own. An Anthology of Young Women's Works* (Women Words Publishing Co., 1757 W. Wilson, Chicago, IL 60640, 1982); Barbara Macdonald mit Cynthia Rich: *Look Me in the Eye. Old Women, Aging and Ageism* (San Francisco: Spinsters Ink, 1983, heute Spinsters/Aunt Lute), und Baba Copper: *Over the Hill. Reflections on Ageism Between Women* (Freedom, Calif.: The Crossing Press, 1988).

21 Siehe Susan E. Browne, Debra Connors und Nancy Stern: *With the Power of Each Breath. A Disabled Woman's Anthology* (San Francisco; Cleis Press, 1985).

22 Siehe z.B. Marsha Millman: *Such a Pretty Face: Being Fat in America* (New York: W.W.Norton & Co., 1980); Lisa Schoenfelder und Barb Wieser: *Shadow on a Tightrope: Writings By Women on Fat Oppression* (Iowa City: Aunt Lute Book Co., 1983, heute Spinsters/Aunt Lute, San Francisco).

23 Siehe z.B. Starhawk: *Dreaming the Dark. Magic, Sex, and Politics* (Boston: Beacon Press, 1982).

24 Die Anwendung weiblicher List bedeutet daher Ausübung von Macht als Beherrschung, denn sie ist ein Versuch, jemandem aus einer untergeordneten Position heraus den eigenen Willen aufzuzwingen, auch wenn dieser Jemand zu den Herrschenden gehört.

25 Bezeichnenderweise hat das Aufzwingen des eigenen Willens Vorrang vor der ökonomischen Ausbeutung, wenn beides getrennt verläuft. Diejenigen, die ökonomisch im Vorteil sind, werden bestimmte Strukturen zementieren, um die Kontrolle selbst dann zu behalten, wenn diese Strukturen ökonomisch nicht durchsetzbar sind. Beispielsweise weigert sich bei Streitigkeiten zwischen Unternehmensleitung und Belegschaft die Unternehmensleitung selbst dann, wenn es rentabel wäre, der Belegschaft Entscheidungsbefugnisse zu übertragen (dies entnahm ich einem Gespräch mit Anne Throop Leighton).

26 Aus einem Gespräch mit Claudia Card.

27 *The American Heritage Dictionary of the English Language* (»Amerikanisches etymologisches Lexikon der englischen Sprache«), New College Edition 1969.

28 Wer welche Rechte hat, ist natürlich eine ganz andere Frage: Sie kommt im Zusammenhang mit dem Gemeinwohl ins Spiel – das heißt, dem Wohl der Machthabenden, des Staates.

29 Typische Beispiele für paternalistische Politik nach Auffassung der professionellen Philosophen sind die Sozialversicherung, die gesetzliche Vorschrift zum Anlegen von Sicherheitsgurten und die Einschränkung des Rauchens (weil es für die Personen selbst schädlich ist – diese Argumente galten vor den Erkenntnissen über das passive Rauchen). James R. Hamilton, Charles Regan und B.R. Tilghman: *An Introduction to Philosophy* (New York: Macmillan Publishing Co. 1976), S.359-60.

30 Mit dem »Wissen, was gut ist«, können beispielsweise Ärzte die Gesundheit zerstören. Lynn-Mabel Lois beschreibt ihre Erfahrungen mit Ärzten, die ihr wiederholt Aufputschmittel gegen Gewichtszunahme verschrieben, obwohl sie ihnen erklärte, daß sie früher von diesen Drogen abhängig gewesen war und diese Abhängigkeit nur mit großen Schwierigkeiten hatte überwinden können. Die stereotype Antwort darauf war: »Damit befassen wir uns dann, wenn Sie abgenommen haben.« (Lynn Mabel-Lois: »We'll Worry About That When You're Thin«, in: *Shadow on a Tightrope,* S.62-66). Wie Vivian F. Mayer hervorhebt, sind es die Ärzte, die dicke Menschen krank machen, und die Psychiater, die dicke Menschen verrückt machen (Vivian F. Mayer: »The Fat Illusion«, in: *Shadow of a Tightrope,* S.9).

31 Diese Interpretation von Verantwortlichkeit hat mir zuerst Ellen Meredith vermittelt. Siehe auch Alice Molloy: *In Other Words. Notes on the Politics and Morale of Survival* (Oakland, Calif.: Women's Press Collective, Kontakt: Alice Molloy, Mama Bears, 6536 Telegraph Ave., Oakland, CA 94609), S.61.

32 Celinda Cantu, Interview: »In Sobriety, You Get Life«, in: *Out From Under. Sober Dykes and Our Friends,* hg. von Jean Swallow (San Francisco: Spinsters Ink., 1983, jetzt Spinsters/Aunt Lute), S.85.

33 Aus einem Gespräch mit Diane Hugs.

34 Aus Gesprächen mit Loa Lai Jong und Sarah Valentine.

35 Viele glauben, Lesben und Frauen, die an Magersucht oder Bulimie leiden, seien einfach nur mehr als alle anderen auf die Verführungen durch Diäten und Mode hereingefallen. Das trifft meiner Erfahrung nach nicht zu. Zumindest einige magersüchtige Lesben und Frauen verweigerten schon als Kinder die Nahrungsaufnahme als Reaktion auf physischen, sexuellen oder emotionalen Mißbrauch durch Eltern oder andere Autoritätspersonen (dies entnahm ich einem Gespräch mit Anne Throop Leighton). Nicht mehr zu essen, ist ein Mittel, selbst in einem Zusammenhang, in dem eine sich ohnmächtig fühlt, noch Kontrolle auszuüben.

36 Manche Krankheiten können sehr wohl Möglichkeiten sein, bestimmte Dinge zu bearbeiten. Hier ist jedoch gemeint, daß die andere mit diesem Urteil über die Entscheidungen der Kranken andeutet, die Kranke tue nichts oder das, was sie tue, sei nicht der Mühe wert.

37 Siehe z.B. [Lola] Lai Jong: »When the Lesbians Came«, in: *Common Lives, Lesbian Lives. A Lesbian Quarterly 10* (Winter 1983), S.81-83.

38 Mitteilung von Anna Lee.

39 Alice Molloy: *In Other Words,* besonders S.43.

40 Dayo bezeichnet Zuwendung als die wichtigste Fähigkeit auf dem »uralten, vorpatriarchalen Weg« der Geburtshilfe: »Geburtshilfe ist eine besondere Form der Zuwendung [...] Diejenige, die Zuwendung gibt, kann den Geburtsprozeß der Frau nicht kontrollieren – auf der physischen Ebene einzugreifen, bewirkt die katastrophalen Situationen, mit denen die Krankenhausentbindung uns so vertraut gemacht hat. Kleine physische Mittel zur Linderung sind möglich. Andererseits sind alle Maßnahmen außer Zuwendung absolut störend – machen sie hilflos. Und doch brauchen die meisten Frauen diese Aufmerksamkeit dringend. Und wenn sie Zuwendung bekommt, kann sie ihre Wehen, ihre Anstrengungen verstärken [...] Ich meine, dieses [...] Wissen liegt in unseren Händen – die uralten Methoden sind nicht vergessen. (Dies entnahm ich einer Mitteilung von Dayo).

41 Juana María Paz: *The 'La Luz' Journal* (Fayetteville, Ark.: Paz Press, 1980, jetzt über P.O.Box 820, New Port Richey, FL 34656-0820), S.38

42 Viele Einzelgängerinnen, glaube ich, überstehen schwierige Zeiten, indem sie sich eine kompetente Zuwendung – eine geistige Führerin – vorstellen, die das Geschehen wahrnimmt, selbst wenn die blinden Sterblichen nichts mitbekommen.

43 Nach Machiavelli bedeutet Macht haben, die anderen in Furcht und Schrecken zu halten. Die Herrschaftsmacht der Männer, gestützt auf Zwang und die Drohung mit Vernichtung, besteht in ihrer Fähigkeit, uns an sie zu fesseln, so daß wir außer zum angsterfüllten Eingehen auf ihre Pläne zu nichts anderem mehr fähig sind.

44 Aus einem Gespräch mit Jane Kennedy.

45 In dieser Geschichte betritt Clana, ein siebenjähriges Mädchen, die »Räume der Erinnerung« und begibt sich zusammen mit anderen und mit Hilfe von Frauenerinnerungsführerinnen und Katzen hinter die »Augen und Ohren einer schon lange verstorbenen Hügelfrau und schlüpft in ihre Erinnerung«. Sie lernt etwas über die Erfahrungen von Frauen im Patriarchat – Episoden über die Stadt, die Reinigung, die Jagd, so daß sie den

letzten Aufstand der Großen Mutter begreifen konnte. Die Mädchen und Frauen verbrachten einige Zeit mit rituellen Vorbereitungen auf dieses Ereignis, wobei die Frauen die Mädchen lehrten, sich zu schützen, damit sie nicht alle diese Geschichten in ihrem physischen Körper empfinden müßten. Sally Gearhart: »Die Räume der Erinnerung«, in: *Das Wanderland. Geschichten von den Hügelfrauen* (München: Frauenoffensive, 1982), S.151-182.

46 Diane Hugs: »Look If You Like«, unveröffentlichter Essay.

47 Persönliche Mitteilung von Claudia Card.

48 Mit meiner Kritik an der Therapie kritisiere ich nicht unbedingt den Wunsch, Therapeutin zu werden. Ich glaube, dieser Wunsch rührt zumindest manchmal von dem Bedürfnis her, anderen zu helfen, nicht als Altruismus oder Aufopferung, sondern als Weg, Werte zu schaffen und im Leben anderer etwas zu bewirken. Auch geht er auf das Bedürfnis zurück, eine selbständige Tätigkeit auszuüben und gleichzeitig mit anderen Lesben und Frauen zusammenzusein (dies entnahm ich einem Gespräch mit Harriet Ellenberger). Andererseits kann der Wunsch auch dem Wunsch nach Kontrolle entstammen. Meine Hauptkritik setzt jedoch an der Institution und ihrer Struktur an. Meiner Meinung nach gibt es andere Möglichkeiten, sich mit und für andere zu engagieren, die mehr Förderung und Befähigung bewirken. Und was die finanziellen Überlegungen betrifft, so können wir wohl auch andere Wege finden, Geldmittel auszutauschen und damit einander wirtschaftlich zu unterstützen. Ich will damit nicht leugnen, daß manchen durch eine Therapie geholfen wurde – ich rede hier nur über Therapie als politische Bewegung (siehe auch Mary Daly: *Gyn/Ökologie. Eine Meta-Ethik des radikalen Feminismus* (München: Frauenoffensive, 1980), S.292ff.)

49 Anna Lee: »Therapie: The Evil Within«, in: *Trivia 9* (Herbst 1986), S.35.

50 Joanna Russ berichtet von einem Gespräch zwischen zwei Lesben, »von denen die eine offen als Lesbe lebte und die andere sich davor fürchtete, ihre Ehe aufzugeben. Die verheiratete Lesbe sagte: 'Ich kann meinen Mann nicht verlassen – ich bin nicht so mutig wie du.' Die andere, die ihren Mann erst zwei Jahre zuvor verlassen hatte, erwiderte: 'Komm mir nicht damit. Ich hatte genausoviel Angst wie du, als ich aus meiner Ehe ausstieg, aber ich habe es trotzdem getan. Das war es, was mich mutig gemacht hat.' (Joanna Russ: »Power and Helplessness in the Women's Movement«, in: *Sinister Wisdom 18* (Frühjahr 1981), S.56).

51 In einer Therapiesitzung fragte eine Frau beispielsweise, wie sie es erreichen könne, daß ihre Kinder sich nicht darüber aufregten, daß ihr Freund sie gelegentlich prügelte. Die Therapeutin schlug daraufhin Möglichkeiten vor, wie es den Kindern erleichtert werden könnte, damit zurechtzukommen.

52 Naomi Weisstein: »Woman as Nigger«, in: *The American Sisterhood,* hg. von Wendy Martin (New York: Harper & Row, 1972), S.296.

53 Anna Lee: »Therapy«, S.44.

54 Ebd., S.42f.; siehe auch Judy Chamberlin: »Consciousness-Raising«, in: *Madness Network News 3,* Nr.4 (Dezember 1975), S.1-6.

55 Ebd., S.42; siehe auch Janice G. Raymond: *Frauenfreundschaft. Philosophie der Zuneigung* (München: Frauenoffensive, 1987), S.207-213.

56 Janice G. Raymond: *Frauenfreundschaft*, S.209-211; Caryatis Cardea: »The Lesbian Revolution and the 50 Minute Hour: A Working-Class Look at Therapy and the Movement«, in: *Lesbian Ethics I*, Nr.3 (Herbst 1985), S.59.

57 Juana María Paz: *The 'La Luz' Journal,* S.85.

58 Harriet Ellenberger, Gesprächsprotokoll für die Konferenz der Ostsektion der Society for Women in Philosophy, Mt. Holyoke College, North Hadley, Mass., 14. April 1985.

59 Mary Daly: *Reine Lust. Elemental-Feministische Philosophie* (München: Frauenoffensive, 1986).

60 Sheila Mullett ist der Meinung, daß wir manches über uns selbst überhaupt nur in Beziehungen zu anderen lernen – etwa wie wir eine Perspektive unseres Selbst gewinnen und unsere Beziehungsfähigkeit entwickeln (Sheila Mullett: »Only Connect. The Place of Self-Knowledge in Ethics«, in: *Science, Morality & Feminist Theory,* hg. von Martha Hanen und Kai Nielsen (Calgary, Alberta, Canada: The University of Calgary Press, 1987), S.309-338).

61 Aus einem Gespräch mit Adrienne Rich.

62 Bett Farber weist darauf hin, daß Zuwendung ein Sonderfall der konzeptionellen Übereinstimmung ist, die die politische Analyse von Lesben bildet. Sie führt weiter aus, daß es an unserem Standort in der Geschichte

lesbischer Politik liegt, daß wir uns in unserer Analyse zuerst dem Schmerz statt etwa der Intuition oder der Stärke zuwenden (dies entnahm ich einem Gespräch mit Bett Farber).

63 Ellen Pence: »Racism – A White Issue«, in: *All the Women Are White, All the Blacks are Men, But Some of Us Are Brave. Black Women's Studies,* hg. Gloria T. Hull, Patricia Bell Scott und Barbara Smith (Old Westbury, N.Y.: Feminist Press, 1982), S.46.

64 Barbara Smith: »Racism and Women's Studies«, in: *But Some of Us Are Brave,* S.49f.

65 Judith Moschkovich: »But I Know You, American Woman«, in: *But Some of Us Are Brave,* S.46.

66 Aus einem Gespräch mit Anne Throop Leighton.

67 Lorraine Bethel: »What Chou Mean We, White Girl? Or, the Culled Lesbian Feminist Declaration of Independence«, in: *Conditions: Five,* S.86-92.

68 María Lugones: »On the Logic of Pluralist Feminism«, Vortrag auf der Mittelwesten-Konferenz der Society for Women in Philosophy, Michigan State University, East Mansing, 4.-6. März 1988.

69 Marilyn Frye: »The Problem That Has No Name«, in: *The Politics of Reality,* S.43.

70 Ebd., S.44.

71 Ellen Pence: »Racism – A White Issue«, S.46.

72 Mitsue Yamada: »Asian Pacific American Women and Feminism«, in: *This Bridge Called My Back,* S.71.

73 María Lugones: »On the Logic of Pluralist Feminism«.

74 Ebd.

75 Simone de Beauvoir: »Für eine Moral der Doppelsinnigkeit«, in: *Soll man de Sade verbrennen? Drei Essays zur Moral des Existentialismus* (Reinbek: Rowohlt, 1983), S.134; Mary Daly: *Gyn/Ökologie,* S.279.

76 Über persönliche Beziehungen hinaus kann Zuwendung als Gemeinschaftsaufgabe ebenfalls stärken. Wir meinen zwar, immer noch zu sehr in Macht im Sinne von Herrschaft verstrickt zu sein, um uns einander in einem Gruppenritual zuzuwenden und damit umfassend zu fördern, doch lebt selbst in spirituellen Kreisen immer noch eine Macht, die wir schließlich für uns entwickeln können. Der Film *Witness* deutet trotz seiner destruktiven Elemente in der Darstellung der Amish-Sekte dennoch auf einen Aspekt der Stärkung durch Gruppenerlebnisse hin – die Zuwendung.

77 Aus einem Gespräch mit Sandra Stanley.

78 Bei diesem Wort und der veränderten Schreibweise bei der Übertragung vom Altgriechischen ins Neugriechische war mir Micheline Grimard-Leduc behilflich.

79 Julia Stanley [Julia Penelope]: »Lesbian Relationships and the Vision of Community«, in: *Feminary 9,* Nr.1 (Frühjahr 1978), S.5.

80 Ebd., S.5f.

81 Ebd., S.6.

82 Ebd., S.57.

83 Juana María Paz: *'La Luz' Journal,* S.49.

84 Daher besteht einer der Gründe für die Ablehnung von Gesetzen, die eine Diskriminierung von Homosexuellen verbieten würden, darin, daß die rechtliche Anerkennung gleichbedeutend mit Zustimmung und Zustimmung wiederum gleichbedeutend mit Befürwortung wäre.

85 Bei Intelligenztests können Kinder beispielsweise wirklich gute Gründe dafür haben, andere Antworten zu wählen als die, die von den Testschreibern als »richtig« bezeichnet werden. Zu einer Frage etwa ist eine Tasse abgebildet, und das Kind soll auswählen, was am besten dazu paßt – eine Untertasse, ein Tisch oder eine Blume. Die »richtige« Antwort ist die Untertasse. Bei manchen Kindern gibt es zu Hause aber gar keine Tassen und Untertassen, sondern nur Becher; und sie lernen, daß Tassen auf den Tisch gehören und nicht auf den Boden. Und manche lernen, daß Tassen mit einer Blume darin besonders schön aussehen (das entnahm ich einem Gespräch mit Betty Carpenter). Um eine »richtige« Antwort zu bekommen, müssen wir sie schon willkürlich beschreiben, die Vielfalt der Herangehensweisen vernachlässigen und einen klassendiskriminierenden und rassistischen Standpunkt einnehmen.

86 Dolores Bargowski und Coletta Reid: »Garbage Among the Trash«, in: *Class and Feminism,* S.89.

87 Aus einem Gespräch mit Jane Vanderbosch.

88 Marilyn Frye: »In and Out of Harms Way. Arrogance and Love«, in: *The Politics of Reality,* S.52-83.

89 Joanna Russ: »Listen, There's a Story For You ...«, in: *Sinister Wisdom 12* (Winter 1980), S.90.

90 So können Damen der Oberschicht sich wohltätig für Frauen der unteren Klassen einsetzen, gerade weil sie sie bemitleiden und es daher umgehen können, sich mit ihnen zu identifizieren und sie kennenzulernen.

91 Nel Noddings: *Caring. A Feminine Approach to Ethics & Moral Education* (Berkeley, Calif.: University of California Press, 1984), S.30.

92 María Lugones: »On the Logic of Pluralist Feminism«.

93 Ich meine, wir sollten bei dieser Diskussion (mindestens) zwischen akuter Krankheit, chronischer Krankheit, unheilbarer Krankheit und Behinderung unterscheiden. Manches, was gegenüber einer akut Kranken gesagt werden kann, ist der Situation einer chronisch Kranken nicht angemessen. Und manches, was gegenüber einer Behinderten gesagt werden kann, ist bei einer unheilbar Kranken oder einer akut Kranken nicht angebracht. Wir brauchen noch sehr viele Diskussionen, um dies alles zu differenzieren.

94 Eine andere Situation, in der das Mitleid für jemanden und daher der Verzicht auf Erwartungen an sie bedeutet, sie als entbehrlich zu behandeln, findet sich bei Anne Cameron: *The Journey* (New York: Avon, 1982).

95 Die gleiche Annahme liegt zum Beispiel vor, wenn eine Mitbewohnerin ein Kind hat, oder wenn zwei Lesben eine Beziehung beginnen und eine ein Kind hat und die Mutter davon ausgeht, daß ihre Geliebte eine mütterliche Beziehung zu dem Kind hat. Gewiß gehört es mit zu der Persönlichkeit dieser Lesbe, wenn sie ein Kind hat. Aber daß ihre Geliebte nicht Mutter ist, macht auch ihre Persönlichkeit mit aus. Die Geliebte oder die Mitbewohnerin kann vielleicht eine zweite Mutter werden, aber diese Entscheidung liegt bei ihr; sie folgt nicht logisch aus der Situation. Zum Beispiel können wir, wie manche Lesben es tun, bei der einen Frau die Rolle der zweiten Mutter für ihre Kinder einnehmen und bei einer andere Frau die Rolle der Geliebten haben – so lange, bis ein lesbisches Amazonenleben entsteht.
Das heißt nicht, daß die Geliebte keine Beziehung zu dem Kind ihrer Freundin hat. Wenn wir eine Beziehung oder eine enge Freundschaft mit einer anderen eingehen, können wir auch Beziehungen zu denen aufbauen, die unserer Geliebten oder Freundin nahestehen – ihren Kindern, ihren Freundinnen und natürlich auch ihren Haustieren. (Wenn wir ihre Haustiere ignorieren, machen wir einen großen Fehler!)

96 Barbara Myerhoff: *Number Our Days* (New York: Simon and Schuster, 1978), S.27, 131. Alix Dobkin hat mich auf dieses Buch aufmerksam gemacht.

97 Billie Luisi Potts: »Owning Jewish Separatism and Lesbian Separatism 1982«, in: *The Lesbian Insider/Insighter/Inciter 9* (Dezember 1982), S.3.
Bette S. Tallen bemerkt, daß die Tradition des jüdischen Separatismus ein zentrales Element im Zusammenhalt des Seniorenzentrums war und eine Sache, die Barbara Myerhoff andeutet, aber nicht direkt anspricht.

98 Barbara Myerhoff: *Number Our Days,* S.3, 29, 30.

99 Ebd., S.27, 84, 171, 172, 187.

100 Ebd., S.191.

101 Ebd., S.180.

102 Ebd., S.182.

103 Mary Daly: *Gyn/Ökologie,* S.16 (Anm.d.Ü.: Dies ist ein unübersetzbares Wortspiel: Im amerikanischen Text steht »croneology«; »crone« bedeutet »alte Frau«.).

4 Verstand und Gefühl vereinbaren

1 Mary Daly: *Jenseits von Gottvater, Sohn und Co. Aufbruch zu einer Philosophie der Frauenbefreiung* (München: Frauenoffensive, 1980), S.122f.

2 Daher liegt es im Interesse der Männer, die Trennung von Gefühl und Verstand aufrechtzuerhalten und damit ihren eigenen Hang, nur Leben zu zerstören, als rein rationale Aktivität erscheinen zu lassen. Und Männer können wie beim Straßenkampf außer Kontrolle geraten, sich jederzeit aber darauf verlassen, daß die anderen Männer eingreifen (aus einem Gespräch mit Deirdre McCalla).

3 Siehe z.B. Susan Griffin: *Frau und Natur* (Frankfurt/M.: Suhrkamp, 1987).

4 Friedrich Nietzsche: *Jenseits von Gut und Böse,* in: Sämtliche Werke, Kritische Studienausgabe in 15 Bänden, hg. von Giorgio Colli und Mazzino Montinari (München/Berlin/New York: dtv – de Gruyter 1980), Bd.5, §239. S.177.

5 Walter Kaufmann: *Nietzsche. Philosoph – Psychologe – Antichrist* (Darmstadt: Wissenschaftliche Buchgesellschaft, 1988), S.249.

6 Mary Daly: *Reine Lust. Elemental-feministische Philosophie* (München: Frauenoffensive, 1986), S.247.
7 Ebd., S.252.
8 Ebd., S.252.
9 Ebd., S.259.
10 Siehe z.B. Ludwig Wittgenstein: *Philosophische Untersuchungen* (Frankfurt/M.: Suhrkamp, 1971), Aphorismus 476.
11 *The Random House Dictionary of the English Language: The Unabridged Edition,* 1966.
12 Gertrude Stein: *Fernhurst, Q.E.D., and Other Early Writings* (New York: Liveright, 1971), S.54f. Alice Molloy machte mich hierauf aufmerksam.
13 Jeffner Allen hat diesen Punkt mit mir diskutiert.
14 Nett Hart: »Radical Lesbian Spirit«, Vortrag im Mountain Moving Coffeehouse, Chicago, Illinois, 23. Januar 1988.
15 Naomi Scheman: »Individualism and the Objects of Psychology«, in: *Discovering Reality. Feminist Perspectives on Epistemology, Metaphysics, Methodology, and Philosophy of Science,* hg. von Sandra Harding und Merrill Hintikka (Boston: D. Reidel Publishing Co., 1983, S.226.
16 Ebd., S.229.
17 Ebd., S.232.
18 Ebd.
19 Ebd., S.233.
20 Siehe z.B. Susan Griffin: *Rape. The Power of Consciousness* (San Francisco: Harper & Row, 1979), Teil 1, S.3-22; Susan Brownmiller: *Gegen unseren Willen. Vergewaltigung und Männerherrschafte* (S.224-258) und Sheila Jeffreys: *The Spinster and Her Enemies. Feminism and Sexuality, 1880-1930* (Boston: Pandora Press, 1985).
21 Audre Lorde (1978): »Vom Nutzen der Erotik: Erotik als Macht«, in: *Macht und Sinnlichkeit. Ausgewählte Texte von Audre Lorde und Adrienne Rich,* hg. von Dagmar Schultz (Berlin: Orlanda, [3]1991), S.188.
22 Mary Daly: *Gyn/Ökologie. Eine Metaethik des radikalen Feminismus* (München: Frauenoffensive, 1986).
23 Die These von den vier Arten der Liebe im antiken Griechenland wurde mir erstmals in einem Seminar von Dr. Walter Weir, University of Colorado, vermittelt.
24 Aus einem Gespräch mit Mariel Rae.
25 Claudia Card: »The Symbolic Significance of Sex and the Institution of Sexuality«, Vortrag vor der Society of Sex and Love bei der Konferenz der Ostsektion der American Philosophical Association, New York City, 28. Dezember 1984. In überarbeiteter Fassung wurde der Vortrag veröffentlicht unter dem Titel *Intimacy and Responsibility: What Lesbians Do,* Series 2, Institute for Legal Studies, Working Papers, University of Wisconsin-Madison, Law School, Oktober 1987.
26 Ebd.
27 Marilyn Frye: »To See and Be Seen: The Politics of Reality«, in: *The Politics of Reality. Essays in Feminist Theory* (Trumansburg, N.Y.: The Crossing Press, 1983, jetzt in Freedom, Calif.), S.157.
28 Philip Blumstein und Pepper Schwartz: *American Couples* (New York: William Morrow and Company, 1983).
29 Marilyn Frye zitiert Dotty Calabrese, die diese Informationen in einem Workshop über Langzeitbeziehungen von Lesben auf dem Frauenmusikfestival in Michigan 1987 vorlegte.
30 Marilyn Frye: »Lesbian Sex«, in: *Sinister Wisdom 35* (Sommer/Herbst 1988), S.46-54.
31 Ebd.
32 Aus einem Gespräch mit Harriet Ellenberger.
33 JoAnn Loulan: *Lesbian Sex* (San Francisco: Spinsters Ink, 1984, heute Spinsters/Aunt Lute), S.71; siehe auch Sidney Spinster: »Orgasms and the Lesbian Touch«, in: *Lesbian Inciter 13* (Juli 1984), S.17-19.
34 JoAnn Loulan: *Lesbian Sex,* S.73.
35 Claudia Card: »The Symbolic Significance of Sex and the Institution of Sexuality«, Vortrag vor der Society of Sex and Love bei der Konferenz der Ostsektion der American Philosophical Association, New York City, 28. Dezember 1984, S.10f. Eine überarbeitete Fassung dieses Vortrags ist veröffentlicht unter dem Titel *Intimacy and Responsibility: What Lesbians Do,* Series 2, Institute for Legal Studies, Working Papers, University of Wisconsin-Madison, Law School, Oktober 1987.

36 Ebd., S.11.

37 Siehe spaßeshalber Tee Corinne: *Cunt Coloring Book* (San Francisco: Pearlchild Production, 1975), später unter dem Titel *Labia Flowers* veröffentlicht (Tallahassee, Fla.: The Naiad Press).

38 Siehe Debbie Alicens Analyse der Sprache, mit der wir oft den Beginn unserer sexuellen Liebesbeziehungen beschreiben, insbesondere »Verknalltsein« und »Verliebtheit«: »Intertextuality. The Language of Lesbian Relationships«, in: *Trivia 3* (Herbst 1983), S.6-26. Siehe auch Kathryn Pauly Morgan: »Romantic Love, Altruism, and Self-Respect«, in: *Hypatia 1,* Nr. 1 (Frühjahr 1986), S.117-148.

39 Siehe Debbie Alicen: »Intertextuality«, S.6-26.

40 Kate Clinton: »Making Light: Another Dimension. Some Notes on Feminist Humor«, in: *Trivia 1* (Herbst 1982), S.42.

41 Ebd., S.39f.

42 Marilyn Frye: »To See and Be Seen«, S.172.

43 Anna Lee: »Lust«, unveröffentlichter Essay.

44 Harriet Ellenberger, Niederschrift eines Vortrags, gehalten vor der Konferenz der Ostsektion der Society for Women in Philosophy, Mt. Holyoke College, North Hadley, Mass., 14. April 1985.

45 Julia Penelope: »The Mystery of Lesbians: II«, in: *Lesbian Ethics I,* Nr.2 (Frühjahr 1985), S.36.

46 Eine Form ist die der Beziehung zwischen 'maskulinen' und 'femininen' Lesben *(butch* und *femme)*. Die Kategorien 'butch' und 'femme' habe ich nicht direkt behandelt, weil ich meine, daß diese Begriffe – wie 'Monogamie' und 'Nichtmonogamie' – unsere Aufmerksamkeit von der tieferen Bedeutung ablenken. Sicher sind wir von den heteropatriarchalen Kategorien 'Männlichkeit' und 'Weiblichkeit' geprägt; wir haben diese Werte internalisiert. Ebenso sicher sind 'maskulines' und 'feminines' Auftreten bei Lesben keine genauen Kopien der Begriffe Männlichkeit/Weiblichkeit. (Während zum Beispiel Frauen für die sexuelle Befriedigung von Männern zuständig sind, sind es die 'maskulinen' Lesben, die für die sexuelle Befriedigung der 'femininen' Lesben verantwortlich sind [dies entnahm ich einem Gespräch mit Deborah Snow].) Und sicher würden wir mit dem Verzicht auf 'butch'/'femme' einen wichtigen Teil unserer Vergangenheit verlieren.
'Butch' und 'femme' sind jedoch nur ungenaue Begriffsschubladen, in denen viele Lesben sich nur mit Mühe wiederfinden. Außerdem können sich sowohl 'maskuline' als auch 'feminine' Lesben abscheulich und arrogant verhalten, beide werden vielleicht gerne kochen, beide können Reifen wechseln, den Abfluß reparieren, Elektroanschlüsse installieren, Blumen lieben, Bodybuilding machen, Schmuck tragen usw. Wir brauchen die Bezeichnungen 'maskulin' und 'feminin' nicht. Wenn wir die Welt durch sie gefiltert betrachten, dann wird die Welt auch danach werden – wie bei allen Stereotypen. Doch das muß nicht so sein.
Langfristig sind Monogamie/Nichtmonogamie und Maskulinität/Femininität für mich keine Themen, denn ich meine, sie weisen nur auf ein verborgenes Thema hin. Dieses eigentliche Thema betrifft unser Bedürfnis nach Regeln, die uns sagen, was wir zu tun haben, nicht weil sie das bestmögliche Ergebnis hätten (eine Garantie gibt es nicht), sondern einfach weil sie uns vertraut sind, einheitlich sind und uns die Anpassung erleichtern, so daß wir nicht darüber nachzudenken brauchen, und weil es so schwierig und anstrengend ist, auf unserem Weg alles neu zu erschaffen ... Aber schließlich haben wir den leichten Weg auch nicht gewählt: Wir sind Lesben (aus einem Gespräch mit Deirdre McCalla).

47 Im allgemeinen führt die Angst vor Veränderung unausweichlich zur Unterstützung des Status quo aus dem alleinigen Grunde, weil er vertraut ist. Daraus entsteht dann eine konservative Kraft: Ordnung wird zum einzig wichtigen Ziel des regelnden Geistes, ungeachtet der Auswirkungen auf Leben und Gesundheit aller Beteiligten.

48 Kate Moran: »When They Pick Sides, No One Asks Me To Play«, in: *Lesbian Ethics 1,* Nr.2 (Frühjahr 1985), S.95.

49 Ebd., S.96.

50 Baba Copper: »The View From Over The Hill. Notes On Ageism Between Lesbians«, in: *Trivia 7* (Sommer 1985), S.50f.; überarbeitete Neuausgabe in: *Over the Hill. Reflections on Ageism Between Women* (Freedom, Calif.: The Crossing Press, 1988).

51 Aus einem Gespräch mit Diane Hugs.

52 Diane Hugs: »Pleasures«, in: *With the Power of Each Breath. A Disabled Woman's Anthology,* hg. von Susan E. Browne, Debra Connors und Nancy Stern (San Francisco: Cleis Press, 1985), S.342.

53 Audre Lorde: »Vom Nutzen der Erotik«, S.188
54 Ebd., S.188f.
55 Ebd., S.189.
56 Adrienne Rich: »(The Floating Poem, Unnumbered)«, in: *The Dream of a Common Language. Poems 1974-1977* (New York: W.W. Norton & Co., 1978), S.32.
57 Mary Daly: *Reine Lust,* S.10f.
58 Vicky Spelman, Vortrag bei der Konferenz der Mittelwesten-Sektion der Society for Women in Philosophy, University of Wisconsin-Madison, 7. März 1982.
59 Audre Lordes Argument stammt aus dem Kontext des Widerstandes von Frauen gegen Rassismus. Sie bezieht sich auf den Rassismus in der Frauenbewegung, in diesem Fall im Frauenstudienverband der USA. Sie bezeichnet den Widerstand gegen Rassismus als Zorn, weil er eine Energie ist, die eine gezielte Veränderung im Verhältnis von Schwarzen und Weißen herbeiführen kann.
60 Audre Lorde: »Vom Nutzen der Erotik«, S.102.
61 Marilyn Frye: »A Note on Anger«, in: *The Politics of Reality,* S.86-93.
62 Ebd., S.92.
63 Aus einem Gespräch mit Julian S. Murphy.
64 Julia Penelope: »Whose Past Are We Reclaiming?«, in: *Common Lives. Lesbian Lives 13* (August 1984), S.13.
65 Aus einem Gespräch mit Anna Lee.
66 Susan Griffin: *Frau und Natur* (Frankfurt/M.: Suhrkamp, 1987), S.81.
67 Elana Dykewomon: »Traveling Fat«, in: *Shadow on a Tightrope. Writings by Women on Fat Oppression,* hg. von Lisa Schoenfelder und Barb Wieser (Iowa City: Aunt Lute Book Co., 1983, jetzt Spinsters/Aunt Lute, San Francisco).
68 *The American Heritage Dictionary.*
69 Thomas S. Kuhn: *Die Struktur wissenschaftlicher Revolutionen,* 2. rev. und um das Postskriptum von 1969 ergänzte Aufl. (Frankfurt/M.: Suhrkamp, 1976), S.19.
70 Mary Daly: *Reine Lust.*
71 Aus einem Gespräch mit Florence Carolina.
72 Mary Daly: *Reine Lust,* S.178f.
73 Micheline Grimard-Leduc in dem Lesbenvideo *Amazones d'Hier, Lesbiennes d'Aujourd'hui.* Information bei: Amazones d'hier, lesbiennes d'aujourd'hui, P.O. Box 1721, Succ. Place du Parc, Montreal, Quebec, H2W 2R7 Canada.
74 Aus einem Gespräch mit Jeffner Allen.
75 Mary Daly: *Reine Lust.*
76 Aus einem Gespräch mit Candace Margulies.
77 Dies steht in deutlichem Gegensatz zu den Anfängen der Frauenstudien. Studentinnen, Dozentinnen und die Selbsterfahrungsgruppen waren sich alle der Unterdrückung bewußt; unser Sein war von diesem Bewußtsein durchdrungen. Wir waren schon zornig und suchten nach Ausdrucksformen und Begreifen. Heute muß eine Frauenstudiendozentin erst einmal erreichen, daß die Studentinnen zornig (bewußt) werden und dann etwas aus diesem Zorn machen – alles in viel zu kurzer Zeit.
78 Mary Daly: *Reine Lust.*
79 Aus einem Gespräch mit Anna Lee.
80 Anne Cameron: *Daughters of Copper Woman* (Vancouver, B.C.: Press Gang Publishers, 1981), S.134.
81 Aus einem Gespräch mit Julia Penelope.
82 Oft wird der Vorwurf des Rassismus unter Lesben mit der Begründung erhoben, die weißen Lesben nähmen die schwarzen Lesben nicht ernst (dies entnahm ich einem Gespräch mit Anna Lee).
83 Billie Potts: *Witches Heal. Lesbian Herbal Self-Sufficiency* (Bearsville, N.Y.: Hecuba's Daughters, 1981; Neuausgabe bei DuRéve, P.O.Box 7772, Ann Arbor, MI 48108), S.3.
84 Toni Cade Bambara, Schreibwerkstatt, Northeastern Illinois University, Chicago, Frühjahr 1985.
85 Siehe z.B. *The Kin of Ata Ata Waiting for You* (New York: Random House, 1971).
86 Aus einem Gespräch mit Ellen Meredith.
87 Gloria Anzaldúa: *Borderlands/La Frontera. The New Mestiza* (San Francisco: Spinsters/Aunt Lute, 1987), S.38f.

88 Siehe z.B. Edwina Lee Tyler and A Piece of the World: *Fanga,* aufgenommen in Michigan, Live '85.
89 Kate Clinton: »Making Light«, S.39.

5 Moralische Handlungsfähigkeit und Interaktion

1 Dieser Satz stammt aus Alice Molloys Buch *In Other Words. Notes on the Politics and Morale of Survival* (Oakland, Calif.: Women's Press Collective, o.D.); Kontakt: Alice Molloy, Mama Bears, 6536 Telegraph Ave., Oakland, CA 94609.
2 Jean-Paul Sartre: *Das Sein und das Nichts. Versuch einer phänomenologischen Ontologie* (Reinbek: Rowohlt, 1962), S.697.
3 Jean-Paul Sartre: »Ist der Existentialismus ein Humanismus?«, in: *Drei Essays* (Berlin: Ullstein, 1960), S.7-50.
4 Beispielsweise sagt er, wir müßten unsere Situation annehmen, beschreibt jedoch Frauen, die ihre Situation annehmen und sich dem Heterosexualismus anpassen, als Musterbeispiele der Unauthentizität (Jean-Paul Sartre: *Das Sein und das Nichts,* S.102).
Marilyn Frye bemerkt, nach Sartres Auffassung habe eine Frau, die behauptet, sie habe beim Koitus Schmerzen, und ihn fürchtet, eigentlich Angst vor dem Vergnügen und betrüge sich selbst (Marilyn Frye: »In and Out of Harms Way. Arrogance and Love«, in: *The Politics of Reality. Essays in Feminist Theory* (Trumansburg, N.Y.: The Crossing Press, 1983, heute in Freedom, Calif.), S.55; Jean Paul Sartre: *Das Sein und das Nichts).*
Und in seinem Essay »Betrachtungen zur Judenfrage« (in: *Drei Essays,* S.108-190), einem faszinierenden Porträt der antisemitischen Persönlichkeit, stellt er einen Juden, der vor der Verfolgung flieht, im wesentlichen als unauthentisch dar.
5 Jean-Paul Sartre: *Der Ekel* (Reinbek: Rowohlt, 1982).
6 Marion Weinstein: *Positive Magic. Occult Self-Help,* überarb. Ausgabe (Phoenix Publishing Co., P.O. Box 10, Custer, WA 98420, 1981), Kap.5, S.94-125.
7 J.L. Austin: »Ein Plädoyer für Entschuldigungen«, in: *Gesammelte philosophische Aufsätze* (Stuttgart: Reclam, 1986), S.236.
Ebenso ist 'Realität' nicht die Bezeichnung für ein Merkmal von Dingen, und 'Wahrheit' ist nicht die Bezeichnung für ein Merkmal von Behauptungen (ebd.).
8 J.L. Austin: *Sinn und Sinnerfahrung* (Stuttgard: Reclam, 1975).
9 J.L. Austin: »Drei Möglichkeiten, Tinte zu verschütten«, in: *Gesammelte philosophische Aufsätze,* S.352.
10 Aristoteles: *Die Nikomachische Ethik,* übers. und hg. von Olof Gigon (München: dtv Bibliothek, 1972), S.99-126.
11 Simone de Beauvoir: »Für eine Moral der Doppelsinnigkeit«, in: *Soll man de Sade verbrennen? Drei Essays zur Moral des Existentialismus* (Reinbek: Rowohlt, 1983).
12 Ebd., Teil II, S.100-127.
13 Cherrie Moraga, zitiert bei Mitsue Yamada: »Asian Pacific American Women and Feminism«, in: *This Bridge Called My Back. Writings by Radical Women of Color,* hg. von Cherrie Moraga und Gloria Anzaldúa (Watertown, Mass.: Persephone Press, 1981, heute bei: Kitchen Table: Women of Color Press. P.O. Box 908, Latham, NY 12210), S.72.
14 Aus einem Gespräch mit Anne Waters; siehe Barbara Cameron: »Gee You Don't Seem Like an Indian From the Reservation«, in: *This Bridge Called My Back,* S.46-52.
15 Aus einem Gespräch mit Lola Lai Jong; siehe auch: »Coming Together and Coming Out«, ein Diavortrag über Lesben asiatisch-pazifischer Herkunft von Trinity Ordona und Kitty Tsui; Information über Trinity Ordona, P.O. Box 2594, Dale City, CA 94017.
16 Baba Copper: »The View From Over the Hill. Notes on Ageism between Lesbians«, in: *Trivia 7* (Sommer 1985), S.48; überarb. Neuaufl. in: *Over the Hill. Reflections on Ageism between Women* (Freedom, Calif.: The Crossing Press, 1988).
17 Doris Davenport: »The Pathology of Racism. A Conversation with Third World Wimmin«, in: *This Bridge Called My Back,* S.89

18 Marilyn Frye: »On Being White. Toward a Feminist Understanding of Race and Race Supremacy«, in: *The Politics of Reality,* S.119.

19 Baba Copper: »The View From Over the Hill«, S.61.

20 Aristoteles: *Die Nikomachische Ethik,* S.99.

21 William Styron: *Sophies Wahl* (München/Zürich: Droemer Knaur, 1980); später wurde ein Film mit dem Titel *Sophies Entscheidung* gedreht.

22 Glennon Graham, der seine Dissertation über freie Schwarze in Süd-Carolina in der betreffenden Zeit geschrieben hat, ist mit dem Fall Lucy Andrews vertraut. Sie hatte Eltern verschiedener Ethnien; ihre utter war Weiße und ihr (unbekannter) Vater Schwarzer. Als Tochter einer Weißen war Lucy Andrews frei geboren, aber weiße Frauen, die mit schwarzen Männern schliefen, wurden damals als Schwarze behandelt. Außerdem galt Lucy als Freiwild für jeden Mann, was erklärt, daß sie im Alter von 16 Jahren schon zwei Kinder hatte. Die Flucht in den Norden war praktisch unmöglich, da viele Nordstaaten bis dahin Gesetze hatten, die den freien Schwarzen die Emigration untersagten. Sie lebte auf dem Lande und hatte dadurch wenig Kontakt mit anderen freien Schwarzen, die sich meist in den Städten sammelten. Auch geriet sie in den Kampf zwischen den Besitzern von Großplantagen, die die freien Schwarzen unterstützten, und den Besitzern kleiner Plantagen, für die alle freien Schwarzen eine Gefahr darstellten. Die Besitzer der großen Plantagen unterstützten die freien Schwarzen in bestimmten »demokratischen« Werten: Freie Schwarze konnten beispielsweise Land besitzen, und die Mehrheit der schwarzen Sklavenhalter besaßen sich selbst und ihre Familien, konnten aber dennoch nicht wählen.
In den 1850er Jahren gab es einen großen Streit zwischen denen, die den freien Schwarzen die Wahl lassen wollten, ob sie Sklaven werden oder den Staat verlassen wollten (die Besitzer kleiner Plantagen) und denen, die die »Rechte« der freien Schwarzen verteidigten. Die Behörden (unterstützt von den Besitzern der Großplantagen) haben Lucy Andrews beim erstenmal möglicherweise aus »Gerechtigkeits«-Gefühl abgewiesen, oder weil niemand eine 16jährige Frau mit zwei Kindern haben wollte – die mehr kostete als einbrachte. Dennoch unterschrieben bei ihrem zweiten Anlauf 40 prominente Weiße aus dem Bezirk Lancaster ihre Petition und »unterstützten« ihre Übernahme in die Sklaverei.
Ich erfuhr dies aus einem Gespräch mit Glennon Graham. Nähere Informationen siehe seine Dissertation: *From Slavery to Serfdom. Rural Black Agriculturalists in South Carolina, 1865-1900,* zu beziehen über University Microfilms, University of Michigan, Ann Arbor.

23 Marilyn Frye: »In and Out of Harm's Way«, S.54.

24 Ebd., S.56f.

25 Ebd., S.60.

26 Marilyn Frye will mit der Analyse des Zwangs in der Unterdrückung kein Konzept der Entschuldigung in der Unterdrückung verbinden. Diese Verbindung habe ich selbst hergestellt, um zu zeigen, wie unangemessen für das Verständnis der moralischen Handlungsfähigkeit nicht Marilyn Fryes Analyse, sondern die Konzentration auf Entschuldigungen ist.

27 *The Random House Dictionary of the English Language, Unabridged Edition,* 1966.

28 George M. Fredrickson: *White Supremacy. A Comparative Study in American and South African History* (New York: Oxford University Press, 1981), S.25-27.

29 Dieses Atomkraftwerk, eine dreiste Machtdemonstration im Kampf des Mannes um die Beherrschung der Natur, steht genau auf der San-Andreas-Spalte, einem erdbebengefährdeten Gebiet.

30 Starhawk: *Dreaming the Dark. Magic, Sex, and Politics* (Boston: Beacon Press, 1982), S.113.

31 Aus einem Gespräch mit Claudia Card.

32 Ich unterscheide damit zwischen einerseits dem Beurteilen oder Einschätzen von Situationen zur Festlegung unseres Vorgehens und andererseits der Position einer Richterin.

33 Aus einem Gespräch mit Anne Throop Leighton.

34 Oft sind diejenigen, auf die wir mit dem Finger zeigen, nicht die größten »Sünderinnen«, noch nicht einmal die offensichtlichsten, sondern sie sind diejenigen, die uns am meisten irritieren oder mit deren »Sünden« wir uns am meisten identifizieren, so daß wir uns dadurch bedroht fühlen, oder deren »Sünden« wir bei uns selbst deutlich feststellen.

35 María Lugones: »Playfulness, 'World'-Travelling, and Loving Perception«, in: *Hypatia 2,* 2 (Sommer 1987), S.5f.

36 Aus einem Gespräch mit Anne Throop Leighton.
37 Aus einem Gespräch mit Jeffner Allen.
38 Florynce Kennedy: »Institutionalized Oppression vs. the Female«, in: *Sisterhood Is Powerful. An Anthology of Writings from the Women's Liberation Movement,* hg. von Robin Morgan (New York: Random House, 1970), S.438-46.
39 Deirdre McCalla machte mich darauf aufmerksam.
40 Marilyn Frye: »Notes for comments on presentation by S. Hoagland, C. Card and M. Lugones in honor of *The Politics of Reality* – S.W.I.P. meeting at the A.P.A. in St. Louis, Spring 1986«, unveröffentlichte Notizen.
41 Deirdre McCalla: »Long Lonely Road« (Chetwood Arts Music, 1986).
42 *The American Heritage Dictionary of the English Language: New College Edition,* 1969.
43 Aus einem Gespräch mit Anne Throop Leighton.
44 Nancy Todor: *Choices* (Watertown, Mass.: Persephone Press, 1980, heute bei Alyson Publications, Inc., Boston).
45 Denslow Brown hat in einem Gespräch mit mir darauf hingewiesen, daß es eine der Funktionen des Klatsches in der Lesbenszene ist, Informationen über die Entscheidungen der anderen und ihre Auswirkungen zu bekommen, vor allem wie sie uns verändern; darum ist der Klatsch so wichtig für uns. Englische Lesben haben ein Journal mit dem Titel *Gossip* (Klatsch) herausgegeben *(Gossip,* Onlywomen Press Ltd., 38 Mount Pleasant, London WC1 XOAP, England; nach der 6. Nummer eingestellt).
46 Aus einem Gespräch mit Anne Throop Leighton.
47 Aus einem Gespräch mit Julia Penelope [Stanley].
48 Aus einem Gespräch mit Anne Throop Leighton.
49 Selma Miriam: »Anti-Semitism in the Lesbian Community. A Collage of Mostly Bad News by One Jewish Dyke«, in: *Sinister Wisdom 19* (Winter 1982), S.50-60.
50 Irena Klepfisz: »Anti-Semitism in the Lesbian/Feminist Movement«, in: *Nice Jewish Girls. A Lesbian Anthology,* hg. von Evelyn Torton Beck (Watertown, Mass.: Persephone Press, 1982, heute bei The Crossing Press, Freedom, Calif.), S.46.
51 Selma Miriam: »Anti-Semitism in the Lesbian Community«, S.59.
52 María Lugones: »Playfulness, 'World'-Travelling, and Loving Perception«, S.7.
53 Ebd.
54 Baba Copper: »View from Over the Hill«, S.53.
55 María Lugones: »Playfulness, 'World'-Travelling, and Loving Perception«, S.8.
56 Marilyn Frye: »Notes«.
57 Aus einem Gespräch mit Billie Potts.
58 Aus einem Gespräch mit Marilyn Frye und Anne Throop Leighton.
59 Marilyn Frye: »Notes«.
60 Aus einem Gespräch mit Anne Throop Leighton.
61 Diese Art von 'Wenn-dann'-Begründung stammt aus der Arbeit von G.E.M. Anscombe, Cambridge University, England; sie hat mit meiner Anwendung jedoch nichts zu tun.
62 Susan Krieger: *The Mirror Dance. Identity in a Women's Community* (Philadelphia Temple University Press, 1983), S.xii.
63 Ebd.
64 Ebd., S.xiii.
65 Ebd., S.xiv.
66 Ebd., S.xvii.
67 Ebd., S.xiv.
68 Ebd.
69 Audre Lorde: *Zami. Eine Mythobiografie* (Berlin: Orlanda, 1986), S.241.
70 Ebd., S.217.
71 Aus einem Gespräch mit Marilyn Frye.
72 Das gleiche romantische Modell der Verbindung als Verschmelzung ohne Grenzen und Getrenntsein findet sich in dem Aufschrei, die Beachtung unserer Unterschiede wirke entzweiend. Einer der Hauptgründe,

warum Frauen und Lesben aus der Isolation in der Männerwelt zur Frauenbewegung kamen, war der, daß es hier einen fruchtbaren Boden für Frauenfreundschaften gab. Für manche bestand der Feminismus hauptsächlich darin, in einer Gesellschaft, die Frauen im Wettlauf um die Gunst der Männer gegeneinander ausspielt und Frauen innerhalb der von Männern gezogenen Grenzen (vor allem der religiösen und nationalen Grenzen) isoliert, Freundschaften mit Frauen schließen zu können. Der Feminismus bot schließlich die Chance, mit vielen Frauen verbunden zu sein und sich verwurzelt zu fühlen, so als ob wir eine Heimat hätten. Und doch schien all das plötzlich verschwunden zu sein, als gesonderte Gruppen gebildet wurden, die an spezifischen Themen arbeiteten, oder als aufgrund der Unterschiede vor allem nach Klassen, ethnischer Zugehörigkeit und Nationalität Konflikte entstanden (dies entnahm ich einem Gespräch mit Mary Jo Lakeland). Andererseits hatten sich diejenigen, deren Andersartigkeit nicht berücksichtigt, sondern ignoriert wurde, von Anfang an nie wirklich einbezogen gefühlt.
Ein anderer Aspekt des gleichen Phänomens ist, daß ein großer Teil des ursprünglichen gegenseitigen Verständnisses in dieser Phase der feministischen Bewegung in Selbsterfahrungsgruppen gewachsen war, die sich weitgehend darauf konzentrierten, in welcher Weise wir Opfer der Männerherrschaft waren. Dieser Schwerpunkt war wichtig, ließ jedoch keinen Raum für Überlegungen, wo auch wir am System beteiligt waren. Als dies nicht länger zu übersehen war, bedrohten solche Gedanken offenbar unsere Einigkeit. Eine auf dem Opferstatus gegründete Verbindung ist aber natürlich ein unflexibles Bündnis und bietet keinen Boden zur Schaffung neuer Werte.

73 G.W.F. Hegel: *Phänomenologie des Geistes,* Werkausgabe in 20 Bänden, Bd.3 (Frankfurt/M.: Suhrkamp, 1970), S.145-155.

74 Ebd., S.150.

75 J.B. Baille, Kommentar, in: *The Phenomenology of Mind,* übers. von J.B. Baille (New York: Harper & Row, 1967), S.228.

76 G.W.F. Hegel: *Phänomenologie des Geistes,* S.578.

77 Hegels Darstellung der Entwicklung des Selbst-Bewußtseins durchzieht die Freudsche Psychoanalyse, die marxistische Theorie der Arbeit und den existentialistischen Humanismus.

78 Monique Wittig: »The Straight Mind«, in: *Feminist Issues I,* Nr.1 (Sommer 1980), S.103-111.

79 Marilyn Frye: »In and Out of Harms's Way«, S.74f.

80 Aus Gesprächen mit Ellen Meredith und Elaine Stocker.

81 Audre Lorde: »The Master's Tools Will Never Dismantle The Master's House«, in: *Sister Outsider* (Trumansburg, N.Y.: The Crossing Press, 1984, heute Freedom, Calif.), S.111.

82 Ebd.

83 Ebd., S.110.

84 Aus dem Verständnis für unsere Grenzen entsteht zum Beispiel die Möglichkeit zu vertrauen. Ich vertraue einer, auf deren Tun ich mich verlassen kann. In gewisser Hinsicht kann ich sogar denen vertrauen, die mich bekämpfen, wenn ich sicher sein kann, was sie tun werden – wenn ich mich darauf verlassen kann. Diejenigen, die mir nahestehen, können dennoch unzuverlässig sein; und ich kann meinen sicheren Boden verlieren, wenn ich darauf vertraue, daß sie tun, was sie sagen, wenn sie sich ihrer eigenen Grenzen nicht bewußt sind. Das heißt, der erste Schritt zum Vertrauen ist die Zuverlässigkeit – und das bedingt Selbst-Bewußtsein, so daß jede sich selbst und ihre Einschränkungen und Grenzen versteht und weiß, was sie zusagen kann. Natürlich gibt es auch eine tiefere Bedeutung von Vertrauen. Auf einer grundlegenden Ebene vertraue ich denen, die vielleicht anders sind als ich, sich aber ebenfalls für den Kontext lesbischer Werte, den lesbischen Seinsgrund, einsetzen. Und ich kann denen tief vertrauen, mit denen ich Intimität entwickeln konnte. Schließlich bedeutet Vertrauen zu einer anderen nicht das Vertrauen, daß sie sich nicht ändert, sondern das Vertrauen, daß sie ehrlich mit uns umgeht. So bedingt Vertrauen auf allen Ebenen ein Wissen um unsere Grenzen und die Grenzen derjenigen, denen wir vertrauen.

85 María Lugones: »Playfulness, 'World'-Travelling, and Loving Perception«, S.8.

86 Ebd., S.3f.

87 Ebd.

88 Hans-Georg Gadamer: *Wahrheit und Methode. Grundzüge einer philosophischen Hermeneutik* (Tübingen: J.C.B. Mohr, [4]1974), Kapitel über den »Begriff des Spiels«, S.97- 104; Johan Huizinga: *Homo Ludens. Vom Ursprung der Kultur im Spiel* (Hamburg: Rowohlt, 1960).

89 Daher ist das Spielerische, wie María Lugones es versteht, auch nicht immer gut. Mit Imperialisten spielerisch umzugehen, ist zum Beispiel nicht gut, da dann, gelinde gesagt, die Liebe nicht erwidert wird. So ist also auch dann eine Reise in die Welt der Herrschenden gefährlich, wenn wir dies in einer spielerischen Einstellung tun.

90 Gloria Anzaldúa: *Borderlands/La Frontera. The New Mestiza* (San Francisco: Spinsters/Aunt Lute, 1987), S.79.

91 María Lugones: »Playfulness, 'World'-Travelling, and Loving Perception«, S.12-14.

92 Aus einem Gespräch mit Anne Throop Leighton.

93 María Lugones: »Playfulness, 'World'-Travelling, and Loving Perception«, S.18.

94 Ebd., S.17.

95 Ebd.

96 Aus einem Gespräch mit Anne Throop Leighton.

97 María Lugones: »Playfulness, 'World'- Travelling, and Loving Perception«, S.13f.

98 Aus einem Gespräch mit Elaine Stocker.

99 Aus einem Gespräch mit Anne Throop Leighton.

100 Kate Clinton: »Making Light: Another Dimension. Some Notes on Feminist Humor«, in: *Trivia 1* (Herbst 1982), S.38; Kate Clinton: *Making Light, Live At the Great American Music Hall* und *Making Waves* (Whyscrack Records, Making Light Productions) und Alison Bechdel: *Dykes to Watch Out For* (Ithaca, N.Y.: Firebrand Books, 1986).

101 Anne Cameron: *Daughters of Copper Woman* (Vancouver, B.C.: Press Gang Publishers, 1981), S.109f.

102 María Lugones: »Playfulness, 'World'- Travelling, and Loving Perception«, S.15.

103 Dieses ernste menschliche Wesen ähnelt dem ernsthaften Mann bei Simone de Beauvoir, der so tut, als seien Werte vorgegeben, und sich hinter seiner Rolle versteckt.

104 María Lugones: »Playfulness, 'World'-Travelling, and Loving Perception«, S.15.

105 Aus einem Gespräch mit Anne Throop Leighton.

6 Vom Antagonismus zur Kooperation

1 Aristoteles: *Die Nikomachische Ethik,* übers. und hg. von Olof Gigon (München: dtv, 1972), Buch 3 und 4, S.99-151.

2 Ebd., Buch 5, S.153-180.

3 Plato: *Politeia,* in: *Sämtliche Werke,* Bd.3 (Hamburg: Rowohlt, 1958).

4 Aus einem Gespräch mit Kate Burke.

5 Gordon Leff: *Medieval Thought. St. Augustine to Ockham* (Middlesex, Engl.: Penguin Books, 1958), S.73.

6 George M. Fredrickson: *White Supremacy. A Comparative Study in American and South African History* (New York: Oxford University Press, 1981), S.7-12.

7 Viele dieser Gedanken stammen aus dem Werk von Alison Jaggar: *Feminist Politics and Human Nature* (Totowa, N.J.: Rowman & Allanhead, 1983) und aus George M. Fredericksön: *White Supremacy.*

8 Diese Idee der Gleichheit schloß die politische Gleichheit nicht mit ein. Während der Abschaffung der Sklaverei in den USA beispielsweise sprachen sich weiße Radikalrepublikaner aus dem Norden gegen die Sklaverei mit der Begründung aus, Sklaven besäßen diese moralische Fähigkeit; dennoch hielten sie die Schwarzen immer noch für minderwertig und fanden es angemessen, den Weißen die Vormundschaft über die Schwarzen zu geben. Obwohl sie sich als »radikal« bezeichneten, hielten sie für eine Übergangsperiode eine »Rassentrennung« für sinnvoll, in der die Schwarzen sich weiterentwickeln und lernen könnten, Vollbürger zu sein (d.h. die weißen Werte zu übernehmen). Die Konservativen aus dem Süden dagegen rechtfertigten die Sklaverei damit, Schwarze hätten keine moralischen Fähigkeiten (George M. Fredrickson: *White Supremacy,* Kap.4).

9 Alison Jaggar: *Feminist Politics and Human Nature,* S.40.

10 Alison Jaggar stellt fest: »Wenn die Liberalen aufhören würden, die Menschen als im wesentlichen rational handelnde Individuen anzusehen und die Erkenntnisse der Humanbiologie in ihre Theorie einbezögen, vor allem nicht nur die Ergebnisse der Reproduktionsbiologie [d.h. eine Person allein kann kein Kind aufziehen,

sondern braucht dazu die Hilfe anderer], dann würde sich die liberale Problemstellung verändern. Statt Gemeinschaft und Kooperation als Phänomene zu betrachten, deren Existenz und bloße Möglichkeit verwunderlich ist und zuweilen sogar als unmöglich gilt, würde gerade die Existenz von Egoismus, Konkurrenz und Konflikt – Phänomenen, die nach liberaler Auffassung auf die Condition Humaine begrenzt sind – verwunderlich und problematisch erscheinen. (Alison Jaggar: *Feminist Politics and Human Nature,* S.41).

Mit anderen Worten: Weil wir mit der Aggressivität der Menschen rechnen, finden wir die Idee der Kooperation erstaunlich. Wenn unser Schwerpunkt statt auf antagonistischen Interaktionen auf kooperativer Kommunikation läge, fänden wir die Idee der Konkurrenz erstaunlich.

Wenn wir darüber nachdenken, wie Gesellschaften mit Kooperation statt mit Antagonismus funktionieren könnten, können wir anthropologische Daten heranziehen, wie sie Susan Cavin gesammelt hat. Sie meint, die Gesellschaft sei aus reiner Existenzerhaltung von der weiblichen homosozialen Beziehung abhängig: »Wichtig ist hier, daß von Anbeginn an die weibliche Gesellschaft gleichbedeutend ist mit der Gesellschaft an sich. Im Kern ist die Gesellschaft immer eine Frauengesellschaft. Homosoziale Beziehungen unter Frauen sind ein entscheidender Faktor für die Gründung und Erhaltung der Familie, des Gemeinwesens und der Gesellschaft. Die patriarchalen Soziologen übersehen dies in ihrer sexistischen und heterosexistischen Einstellung und nehmen fälschlicherweise an, die Gesellschaft sei geschlechtsneutral. Die innere soziale Organisation besteht am Anfang aus der Zusammenarbeit zwischen erwachsenen Frauen bei der Verteidigung des Nachwuchses und bei der Nahrungsbeschaffung. (Susan Cavin: *Lesbian Origins* (San Francisco: Jism Press, 1985), S.41).

Susan Cavin untersuchte mehrere Gesellschaften auf die Frage hin, ob sich zwischen den Gesellschaften, in denen die Zahl der Frauen größer war als die der Männer, und denen, in denen die Zahl der Frauen und Männer gleich war, Unterschiede zeigten. Unter den Gesellschaften mit höherem Frauenanteil fanden sich einige Sammler- und Jäger-Gesellschaften, einige kriegerische primitive Völker und einige Völker mit Polygamie – Gesellschaften, bei denen nicht unbedingt ein höherer Frauenanteil zu erwarten ist. Unter den Gesellschaften mit höherem Frauenanteil fand sie jedoch auch Matrilokalität, Mutter-Kind-Großfamilien und Großhaushalte, eine präurbane Gesellschaft und keinerlei Schicht- oder Klassensysteme. In Gesellschaften mit nahezu gleichem Frauen- und Männeranteil fand sie »die klassischen Konstrukte der patriarchalen Gesellschaft: Patrilokalität, die heterosexuelle monogame Familie (isolierte Kleinfamilie), komplexe Schichtsysteme, subsistenzwirtschaftlicher Ackerbau, Viehzucht und Stadtentwicklung« (ebd., S.116-118; siehe auch Janice G. Raymond: *Frauenfreundschaft. Philosophie der Zuneigung* (München: Frauenoffensive, 1987).

11 Siehe Raziel Abelson: »History of Ethics«, in: *The Encyclopedia of Philosophy,* Bd.3, hg. von Paul Edwards (New York: MacMillan & Co, 1967), S.95.

12 Arthur W.H. Adkins: *Merit and Responsibility: A Study in Greek Values* (Oxford: Clarendon Press, 1960).

13 Dies sind die aristokratischen Werte. Über Generationen hinweg waren bestimmte Familien davon ausgegangen, daß sie aufgrund ihrer Geburtsrechte dazu erzogen wurden und werden, diese Tugenden hervorzubringen. Im aristokratischen System hatten Personen mit diesen Tugenden gegenüber den Mitgliedern der Gesellschaft, die an diesen Geburtsrechten keinen Anteil hatten, kaum Verpflichtungen.

Lillian Faderman berichtet über einen Verleumdungsprozeß, den die Lehrerinnen Miss Woods und Miss Pirie gegen die Internatsbesitzerin Lady Cumming Gordon anstrengten, die aufgrund von (privat verbreiteten) Beschuldigungen, Miss Woods und Miss Pirie hätten sexuelle Beziehungen zu ihren Schülerinnen unterhalten, schließlich das Internat hatte schließen lassen.

Lillian Faderman gibt uns einen Einblick in die in der schottischen Gesellschaft kultivierte Ethik, wenn sie über Lady Cumming Gordon schreibt: »In ihrer Empörung über die Gerüchte über das Verhalten der beiden Lehrerinnen wäre es ihr nicht in den Sinn gekommen, die Fakten zu prüfen, bevor sie etwas unternahm. Ebenso wie sie praktisch aus einer Laune heraus die Lehrerinnen eingestellt hatte, so konnte sie sie aus einer Laune heraus auch wieder entlassen. Wem war sie schon verantwortlich?« (Lillian Faderman: *Scotch Verdict* (New York: Quill, 1983), S.209).

14 J.L. Austin: »Drei Möglichkeiten, Tinte zu verschütten«, in: *Gesammelte philosophische Aufsätze* (Stuttgart: Reclam, 1986), S.352-369.

15 Arthur W.W. Adkins: *Merit and Responsibility,* S.348f.

16 *Time 131*, Nr.18 (2. Mai 1988), S.70; siehe auch Kitty Tsui: *The Words of a Woman Who Breathes Fire. Poetry and Prose* (San Francisco: Spinsters Ink, 1983, heute Spinsters/Aunt Lute), S.62f.

17 Es könnte eingewendet werden, daß auch die griechische Gesellschaft der Antike die Tugend und das gute Leben nicht schützte. Das ist richtig. Mir geht es jedoch um folgendes: Zwar hat in der US-Gesellschaft der Begriff 'Gerechtigkeit' einen hohen Stellenwert, doch die Form der Unparteilichkeit, die Adkins sich vorstellte, existiert nicht einmal als Ideal. Das liegt nicht einfach daran, daß das System unvollkommen wäre, sondern daran, was mit institutioneller Gerechtigkeit erreicht werden soll. Der Staat schützt sich selbst. Gleich ob er Tugend und Verdienst oder etwas anderes heraushebt – diejenigen mit institutioneller Macht werden vor den Ansprüchen derer ohne institutionelle Macht geschützt, es sei denn, der Staat hat andere Interessen. (Aus einem Gespräch mit Claudia Card.)

18 Diese Beobachtung stammt aus einem Buch über die Hopi von Richard Brandt, einem klassischen Versuch, die neuzeitlichen anglo-europäischen Ethikbegriffe einer ganz anderen Kultur überzustülpen, um sie zu »verstehen« (Richard A. Brandt: *Hopi Ethics. A Theoretical Analysis* (Chicago: University of Chicago Press, Midway Reprints, 1974), S.91).
Ich nehme jedoch an, daß diese Beobachtung stimmt. Es ist interessant, Brandts Herangehensweise an die Hopi-Ethik mit Adkins Herangehensweise an die antike griechische Ethik zu vergleichen. Beide versuchen, die 'moralische Verantwortlichkeit' in Kulturen wiederzufinden, in denen dieser Begriff nicht wichtig ist. Adkins erkennt jedoch, daß ein System auch dann ein Ethiksystem ist, wenn dieser Begriff keine wesentliche Rolle darin spielt; Brandt dagegen nicht. (Ergiebigeres über die Hopi-Kultur findet sich in Frank Waters: *Book of the Hopi* (New York: Penguin Books, 1979); siehe auch Dennis Tedlock and Barbara Tedlock (Hg.): *Teachings from the American Earth. Indian Religion and Philosophy* (New York: Liveright, 1975).)

19 Immanuel Kant: *Kritik der praktischen Vernunft/Grundlegung zur Metaphysik der Sitten*, Werkausgabe in 12 Bänden, Bd.7, hg. von W. Weischedel (Frankfurt: Suhrkamp, 1974).

20 Ebd., S.51.

21 Kant meint, manche Gesetze seien Widersprüche in sich selbst, zum Beispiel falsche Versprechungen zu machen. Wenn ein solches Gesetz allgemein gewollt wäre, würde die Institution des Versprechens ihren Sinn verlieren (wie wir es bei den Politikern feststellen). Anderen Gesetzen widerspricht nur das Wollen, wie oben erläutert.

22 Kants Theorie stellt die zentrale moralische Autorität in Frage. Handeln aus Pflicht bedeutet zwar, nach Gesetzen zu handeln, doch anders als in der Militärpropaganda bedeutet das nicht, nach den Befehlen anderer Wesen zu handeln: nach den Befehlen anderer Wesen einschließlich Gott zu handeln, ist Handeln aus Neigung (beispielsweise Angst) oder Eigeninteresse, nicht aus Pflicht.

23 John Stuart Mill: *Der Utilitarismus* (Stuttgart: Reclam, 1985), Kap.5: »Über den Zusammenhang zwischen Gerechtigkeit und Nützlichkeit«.

24 Ebd., S.104.

25 Ebd., S.110.

26 John Stuart Mill: *Über Freiheit* (Frankfurt: EVA und Europa Verlag, 1969), S.17. Bette S. Tallen machte mich hierauf aufmerksam; siehe auch Bette S. Tallen: »Liberal Equality and Feminism: The Implications of the Thought of John Stuart Mill« (Dissertation, University of Michigan, Ann Arbor: 1980).
Bezeichnenderweise arbeitete Mill für die (britische) Ostindische Gesellschaft, zunächst 1822 als Angestellter unter seinem Vater und schließlich auf dem Posten des Leitenden Prüfbeamten, den sein Vater innegehabt hatte, der nach Einfluß und Verantwortungsbereich etwa einem Minister vergleichbar war. Die Gesellschaft war zwar eine private Institution, verwaltete aber praktisch ihr eigenes Reich und befehligte eine Heeres- und Marinestreitmacht von beträchtlicher Größe. (Michael St. John Packe: *The Life of John Stuart Mill* (New York: The MacMillan Co., 1954), S.387; Bruce Mazlish: *James and John Stuart Mill: Father and Son in the Nineteenth Century* (New York: Basic Books, 1975), S.143-145; auf beide machte mich Bette S. Tallen aufmerksam.)

27 John Stuart Mill: *Der Utilitarismus*, S.109f.

28 John Rawls: *Eine Theorie der Gerechtigkeit* (Frankfurt/M.: Suhrkamp, 1975), S.19.

29 Ebd., S.21.

30 Verteilungsgerechtigkeit bezieht sich auf die Aufteilung und Verteilung – nach bestimmten gesellschaftlich definierten Grundsätzen – von Gütern, Rechten und Pflichten: Steuern, Wohlfahrtsleistungen, Schmiergelder,

Löhne, Gewinne, gleicher Schutz für einige usw. Das Strafrechtssystem befaßt sich mit der Bestrafung derer, die diese gesellschaftlich definierten Grundsätze verletzen.

31 John Rawls: *Eine Theorie der Gerechtigkeit,* S.21f.

32 Ebd., S.23.

33 Ebd., S.22.

34 Friedrich Nietzsche: *Zur Genealogie der Moral,* in: Sämtliche Werke, Kritische Studienausgabe in 15 Bänden, Bd.5 (München/Berlin/New York: dtv – de Gruyter, 1980), S.305ff.

35 Ebd., S.296.

36 Ebd., S.299ff.

37 Friedrich Nietzsche: *Also sprach Zarathustra,* in: Sämtliche Werke, Bd.4, S.128ff.

38 Nietzsche unterscheidet zwischen der von ihm so genannten 'Herrenmoral' und der 'Sklavenmoral. Seiner Ansicht nach haben sich in allen Zivilisationen beide Moraltypen vermischt; ihren Ursprung hätten sie aber in der herrschenden Klasse und den Unterdrückten. Historisch gesehen unterscheidet die Herrenmoral zwischen gut und schlecht. Die Guten sind die Mächtigen, die sich selbst auszeichnen und rühmen, die Werte schaffen und nicht bewertet werden, die Gutes mit Gutem und Böses mit Bösem vergelten, die Pflichten nur gegenüber Gleichgestellten anerkennen und von Selbstlosigkeit nichts halten. Der Gute ehrt seinen Feind, denn sein Feind war sein wahrer Konkurrent. Die Schlechten dagegen waren das gemeine Volk, die Gewöhnlichen, Unterwürfigen, Kleinmütigen, Erniedrigten, Unterdrückten, die Herde, und sie wurden von den Mächtigen verachtet.

Die Sklavenmoral dagegen entstand, als die oberste Kaste zur Priesterkaste wurde und, besessen von Reinheit, dem Handeln entsagte, aufhörte, sich am Kampf und allen anderen lustvollen Elementen des Lebens zu freuen, und zwischen Grübeln und Gefühlsausbrüchen hin- und herwechselte. Keuschheit, Enthaltsamkeit, Askese waren ihnen wichtig, und sie waren lebensfeindlich. Sie wurden die großen Hasser, und aus diesem Haß wuchs ihre Idee der Liebe – Selbstkreuzigung um der Erlösung willen (die Jesus-Typen). Die Sklavenmoral unterscheidet zwischen gut und böse (statt zwischen gut und schlecht), beginnt mit der Verneinung und Konzentration auf die Bösen (die Herren), nährt sich aus Haß und Groll und braucht einen Feind (den es auszulöschen gilt) sowie eine feindliche Umgebung, um überhaupt moralisch handeln zu können. Nach diesen Werten sind allein die Elenden gut – die Armen, Geringen, Ohnmächtigen –, die Adligen und Mächtigen dagegen böse, grausam und unersättlich. In der Herrenmoral ist das Schlechte eine nachträgliche Erfindung, in der Sklavenmoral ist das Gute eine nachträgliche Erfindung. Die Werte der Herde sind Ohnmacht ('Reinheit des Herzens' genannt), ängstliche Selbstbescheidung ('Demut' genannt), Unterwerfung ('Gehorsam' genannt) und Vergeltung ('Gerechtigkeit' genannt).

Nietzsche betrachtete dies als eine Moral des Mitleids, die das Leben zum Stillstand bringt, und lachte über die Vorstellung, das Lamm könne den Adler zur Verantwortung ziehen. Er sah in der Sklavenmoral eine Verweichlichung, ein Weibischwerden des Mannes. (Friedrich Nietzsche: *Genealogie*, S.257ff.; *Menschliches, Allzumenschliches* (Bd.2 der Sämtlichen Werke), §45, S.67f.; *Jenseits von Gut und Böse* (Bd.5 der Sämtlichen Werke), §260, S.208-212)

Ich halte das Zusammenspiel von 'Herrenmoral' und 'Sklavenmoral' durchaus für eine Angelegenheit beider Geschlechter.

39 Aus einem Gespräch mit Anna Lee. *McCleskey Vs. Kemp,* 107 S.Ct., 1756 (1987). Die Untersuchung mit dem Titel »The Baldus Study« wurde von David Baldus, George Woodsworth und Charles Pulanski durchgeführt. Shelly Bannister half mir, diese Informationen zu finden.

40 Aus Gesprächen mit Anne Throop Leighton und Claudia Card.

41 Siehe z.B. Ninette Beaver: R.K. Ripley und Patrick Trese, Caril (New York: Bantam Books, 1976). Caril Ann Fugate wurde schließlich 1976 auf Bewährung entlassen.

42 Stanley I. Benn: »Punishment«, in: *The Encyclopedia of Philosophy,* Bd.7, hg. von Paul Edwards (New York: MacMillan Co., 1967), S.29-36.

43 Ann Jones: *Everyday Death. The Case of Bernadette Powell* (New York: Holt, Rinehart and Winston, 1985), S.7.

44 Ebd., S.199.

45 Ebd., S.11.

46 Mary Daly: *Reine Lust. Elemental-Feministische Philosophie* (München: Frauenoffensive, 1986).

47 Ebd., S.348.
48 Beverly Brown: »Lesbian Battery«, in: *The Lesbian Insider/ Insighter/Inciter 8* (Juli 1982), S.3
49 Ebd., S.23.
50 Ebd., S.25.
51 Ebd., S.24.
52 In anderen Gemeinschaften innerhalb der herrschenden Gesellschaft – jüdischen Gemeinschaften zum Beispiel – wird Ächtung manchmal eingesetzt, um jemanden dazu zu bringen, ein Verhalten aufzugeben, das andernfalls einen Eingriff des nicht-jüdischen (herrschenden) Staates in die Gemeinschaft bewirken würde (dies entnahm ich einem Gespräch mit Bette S. Tallen).
Wenn unter Lesben das betreffende Verhalten ebenso schwerwiegend und eine Ächtung möglich ist, ist dasselbe zu erreichen, indem jede Lesbe ihr eigenes Urteil fällt und sich zurückzieht.
53 Aus einem Gespräch mit Harriet Ellenberger.
54 Harriet Ellenberger hat zu diesen Fragen wichtige Gespräche mit mir geführt.
55 Simone de Beauvoir: »Für eine Moral der Doppelsinnigkeit«, in: *Soll man de Sade verbrennen? Drei Essays zur Moral des Existentialismus* (Reinbek: Rowohlt, 1983), Teil 2, besonders S.103ff.
56 María Lugones: »Playfulness, 'World'-Travelling and Loving Perception«, in: *Hypatia 2,* 2 (Sommer 1987), bes. S.45-50.
57 Anne Cameron: *Daughters of Copper Woman* (Vancouver, B.C.: Press Gang Publishers, 1981), S.110.
58 Kate Clinton: »Making Light. Another Dimension: Some Notes on Feminist Humor«, in: *Trivia 1* (Herbst 1982), S.42.
59 Aus einem Gespräch mit Marilyn Frye.
60 Siehe z.B. Marcia Baron, die einer Kant'schen These nachgeht: »The Alleged Moral Repugnance of Acting from Duty«, in: *The Journal of Philosophy 81,* Nr.4 (April 1984), S.197-220. Claudia Card machte mich darauf aufmerksam. Zur Diskussion der Anteilnahme siehe Nell Noddings: *Caring. A Feminist Approach to Ethics and Moral Education* (Berkeley: University of California Press, 1984).
61 Dieses Beispiel stammt aus Michael Stocker: »The Schizophrenia of Modern Ethical Theories«, in: *Journal of Philosophy LX-XIII:14* (12. August 1976), S.453-466.
62 Marcia Baron: »Alleged Moral Repugnancy of Acting From Duty«.
63 Ebd., Fußnote 23, S.221.
64 Aus einem Gespräch mit Anne Throop Leighton.
65 Aus einem Gespräch mit Claudia Card.
66 Aus einem Gespräch mit Anne Throop Leighton.
67 Mit 'Teilen' meine ich nicht das 'Teilen', wie es in der Psychotherapie gebraucht wird, wo Interaktionen zu einem geschäftlichen Einbahn-Austausch werden, wie in »Reden ist nicht Reden, sondern Teilen« oder »Danke, daß du das mit mir geteilt hast«.
68 Aus einem Gespräch mit Claudia Card.
69 Manche Kollektive haben Wege der Zusammenarbeit gefunden, bei denen im wesentlichen die gleiche Kerngruppe von Lesben beispielsweise ein Restaurant betreibt oder eine Zeitung herausgibt. Anderen Kollektiven gehören die Mitglieder nur vorübergehend an, oft aufgrund der Art ihrer Arbeit, etwa in Notruf- oder Frauenhausgruppen. Zwar werden Lesben, die zur Dominanz neigen, in einem Auswahlprozeß, beispielsweise in der Schulung für die Notrufarbeit, ausgesondert, doch kann eine Lesbe in solch einem Projekt ohnehin nur eine gewisse Zeit arbeiten. Manchmal führt nicht die Art, sondern die Menge an Arbeit dazu, daß eine Lesbe die zeitlichen Verpflichtungen nur eine bestimmte Zeit durchhalten kann. In solchen Fällen kann ein Kollektiv so etwas wie einen »Förderinnenverein« bilden, damit diejenigen, die sich für das Projekt engagieren wollen, in einem weniger intensiven Maß weiterhin beteiligt sein können (dies entnahm ich einem Gespräch mit Kathy Munzer). Bei alledem war es jedoch nicht die Pflicht, mit der sich die Energie zur Lösung der Probleme aufbringen ließ.
70 Alice Walker: *Die Farbe Lila* (Reinbek: Rowohlt, 1984), S.97.
71 *Tread Softly,* Regie: Dr. Drew (Australien 1979), erhältlich über Women Make Movies, Inc., 225 Lafayette Street, Suite 213, New York, NY 10012.
72 Antoine de Saint-Exupery: *The Little Prince,* übers. von Katherine Woods (New York: Harcourt, Brace and World, 1943), S.68. Diese Stelle ist von mir selbst übersetzt (dt.: *Der kleine Prinz).*

73 *The American Heritage Dictionary of the English Language: New College Edition,* 1969.
74 Aus einem Gespräch mit Anne Throop Leighton.
75 Aus einem Gespräch mit Jeffner Allen.
76 Juana María Paz: *The 'La Luz' Journal* (Fayetteville, Ark.: Paz Press, 1980, heute P.O. Box 820, New Port Richey, FL 34656-0820).
77 Aus einem Gespräch mit Claudia Card.
78 Oft drückt sich in familiärer »Anteilnahme« eine Verpflichtung aus. Ursprünglich mag es Interesse gewesen sein; Mutter, Bruder, Vater, Schwester mögen aneinander interessiert gewesen sein oder an hohen Feiertagen aneinander denken, einander vermissen. Doch dieses Interesse beinhaltet nicht unbedingt den Wunsch nach Nachvollziehbarkeit, auch nicht den Versuch, die andere zu verstehen oder von ihr verstanden zu werden. Also vermissen sie die Tochter/Schwester, die sie sich immer gewünscht hätten, aber nicht die, die sie wirklich haben. Ihr Interesse ist daher keine wirkliche Anteilnahme – Gefühl ohne Verständnis ist kein Gefühl.
79 Baba Copper: »The View from Over the Hill. Notes on Ageism between Lesbians«, in: *Trivia 7* (Sommer 1985), S.63; überarb. Neuausgabe in *Over the Hill. Reflections on Ageism Between Women* (Freedom, Calif.: The Crossing Press, 1988).
80 Audre Lorde (1978): »Vom Nutzen der Erotik: Erotik als Macht«, S.189.
81 Pat Parker: »Womanslaughter«, in: *Womanslaughter* (Oakland, Calif.: Diana Press, 1978), S.62.
82 Zeitweise hatten manche das Gefühl, Frauen seien zum Coming-out verpflichtet. Aber dann wurde uns bewußt, daß diejenigen, die aus politischen Gründen mit Lesben schliefen, ihre Geliebten ausbeuteten – nicht deshalb, weil sie an sich Ausbeuterinnen waren, sondern weil sie es aus einem Pflichtgefühl heraus taten. Wenn wir andererseits ein überzeugendes Argument hören und danach handeln, wäre es ein Fehler anzunehmen, wir handelten aus Pflicht. Jedes vorgebrachte Argument kann falsch sein. Wenn wir danach handeln, dann deshalb, weil wir derselben Meinung sind, weil es auch zu unserer Entscheidung geworden ist.
83 Nel Noddings: *Caring,* S.9.
84 Aus einem Gespräch mit Anne Throop Leighton.
85 Siehe z.B. Virginia Held: »Non-Contractual Society«, in: *Science, Morality and Feminist Theory* (Calgary, Alberta, Canada: The University of Calgary Press, 1987).
86 Aus einem Gespräch mit Pat Washburn.
87 Aus einem Gespräch mit Anne Throop Leighton.
88 Janice G. Raymond: *Frauenfreundschaft*, S.15.
89 Julia Penelope: »Whose Past Are We Reclaiming?«, in: *Common Lives, Lesbian Lives. A Lesbian Quarterly 13* (Herbst 1984), S.21.
90 Aus einem Gespräch mit B.J. Miller.
91 Janice G. Raymond: *The Transsexual Empire: The Making of a She-Male* (Boston: Beacon Press, 1979), S.154.
92 Bloodroot Collective (Betsey Beaven, Noel Furie und Selma Miriam): *The Second Seasonal Political Palate. A Feminist Vegetarian Cookbook* (Sanguinaria Publishing, 85 Ferris St., Bridgeport, CT 06605, 1984), S.xxv.
93 Aus einem Gespräch mit Anna Lee; siehe auch Anna Lee: »Letter«, in: *Womanews 8,* 5 (Oktober 1987), S.15.
94 Aus einem Gespräch mit Nett Hart.
95 María Lugones: »On the Logic of Pluralist Feminism«, Vortrag auf der Mittelwestenkonferenz der Society for Women in Philosophy, Michigan State University, East Lansing, 4.- 6. März 1988.
96 Maricla Moyano, zitiert nach Susan Cavin: *Lesbian Origins,* S.2.
97 Janice G. Raymond: *Frauenfreundschaft*.
98 Alice Walker: *Auf der Suche nach den Gärten unserer Mütter* (München: Weismann Verlag/Frauenbuchverlag, 1987).
99 Deidre McCalla: »Celebration« (Chetwood Arts Music, 1986).
100 Paula Gunn Allen: »some like indians endure«, in: *Common Lives. Lesbian Lives 3* (Frühjahr 1982), S.77.
101 Die faschistische Ideologie beschäftigt sich zwar angeblich mit der Höherentwicklung des Menschen, hat jedoch einen grundsätzlich anderen Individualitätsbegriff. Mussolini behauptet: »Der Mensch ist Mensch nur kraft des geistigen Prozesses, an dem er als Mitglied der Familie, der sozialen Gruppe, der Nation und

in dem Lauf der Geschichte teilhat, zu dem alle Nationen ihren Beitrag leisten. Der Mensch außerhalb der Geschichte ist ein Nichts [...] Der faschistische Begriff des Lebens ist anti-individualistisch, betont die Bedeutung des Staates und akzeptiert das Individuum nur soweit, wie seine Interessen mit denen des Staates zusammenfallen, der für das Gewissen und jenen universalen Willen des Menschen als einer historischen Größe steht« (Benito Mussolini: »The Doctrine of Fascims«, in: *Social and Political Philosophy. Readings from Plato to Gandhi*, hg. von John Somerville und Ronald E. Santoni (Garden City, N.Y.: Anchor Books, Doubleday, 1963), S.424-440).

102 Lee Lanning und Vernette [Nett] Hart: *Ripening. An Almanac of Lesbian Love and Vision* (Word Weavers, Box 8742, Minneapolis, MN 55408-0742, 1981), S.90.

103 Siehe Adrienne Rich: »XXI« in: *Dream of A Common Language: Poems 1974-1977* (New York: W.W. Norton & Co., 1978), S.35f.

Schlußgedanken

1 Mary Daly: *Jenseits von Gottvater, Sohn und Co. Aufbruch zu einer Philosophie der Frauenbefreiung.* (München: Frauenoffensive, 1980).

2 Siehe z.B. Nancy Myron und Charlotte Bunch (Hg.): *Lesbianism and the Women's Movement* (Baltimore, Md.: Diana Press, 1975); Phyllis Birkby, Bertha Harris, Jill Johnston, Esther Newton und Jane O'Wyatt (Hg.): *Amazon Expedition. A Lesbian Feminist Anthology* (New York: Times Change Press, 1973); Elly Bulkin und Joan Larkin (Hg.): *Amazon Poetry* (Baltimore, Md.: Diana Press, Out and Out Books, 1975); Jane Rule: *Lesbian Images* (London, Peter Davies, 1976); Monique Wittig und Sande Zeig: *Lesbian Peoples. Material for a Dictionary* (New York: Avon Books, 1979).

3 Siehe z.B. Julia Penelope Stanley und Susan J. Wolfe (Hg.): *The Coming Out Stories* (Watertown, Mass.: Persephone Press, 1980); Margaret Cruishank (Hg.): *The Lesbian Path* (Monterey, Calif.: Angel Press, 1980); Ruth Baetz (Hg.): *Lesbian Crossroads. Personal Stories of Lesbian Struggles and Triumphs* (New York: William Morrow, 1980).

4 Siehe z.B. Sidney Abbott and Barbara Love: *Sappho was a Right-On Woman. A Liberated View of Lesbianism* (New York: Stein and Day, 1973); Rita Mae Brown: *Rubinroter Dschungel* (Reinbek: Rowohlt, 1987); Jill Johnston: *Nationalität lesbisch* (Berlin: Amazonen Frauenverlag, 1976); Ann Allen Shockley: *Loving Her* (New York: Bobbs-Merrill, 1974); Emily S. Sisley und Bertha Harris: *The Joy of Lesbian Sex* (New York: Simon and Schuster, 1977).

5 Michal Brody: *Are We There Yet? A Continuing History of 'Lavender Woman': A Chicago Lesbian Newspaper, 1971-1976* (Iowa City: Aunt Lute Book Co., 1985, heute Spinsters/Aunt Lute, San Francisco), S.183.

6 Ebd.

7 Ebd., S.185.

8 Ebd.

9 Micheline Grimard- Leduc: »The Mind-Drifting Islands«, in: *Trivia 8* (Winter 1986); S.29, 3.

10 Ebd., S.31.

11 Alix Dobkin nennt eine Lesbe »eine Frau, die mit ihrer Liebe zu Frauen radikal ernst macht«, eine zuerst von Mary E. Hunt geprägte Definition: Alix Dobkin: »Boy-Girl Rap«, auf: *Never Been Better* (Ladyslipper Music).

12 Andrea Dworkin: *Right-Wing Women* (New York: G.P. Putnam's Sons/Perigee, 1983), Kap.1, S.13-35.

13 Marilyn Frye: »In and Out of Harm's Way. Arrogance and Love«, in: *The Politics of Reality. Essays in Feminist Theory* (Trumansburg, N.Y.: The Crossing Press, 1983, heute in Freedom, Calif.), S.80.

14 Barbara Myerhoff: *Number Our Days* (New York: Simon and Schuster, 1978), S.25.

15 Alix Dobkin: »New Ground«, Copyright 1988, Alix Dobkin.

Stichwortverzeichnis

Abhängigkeit 98, 106, 112
von Zustimmung 126
vs. sich verlassen 125
vs. Hilfe brauchen 129ff.
Paternalismus und A. 105
Abschreckungstheorie 216f.
Absichten
unter den Kooperations- bzw. Konkurrenzwerten 209f.
Wichtigkeit ihrer Berücksichtigung 181, 186f.
Abtreibung 44f., 86f.
Addelson, Kathryn Pryne 34
Adkins, Arthur W.H.
279 Anm. 12, 15
Theorie der Konkurrenz- bzw. Kooperationswerte 209ff.
Ächtung in der Lesbengemeinschaft 219-224
Afrika 40, 43, 46
'agape' 140
Alkoholismus 49, 50
unter Lesben 221, 222, 257 Anm. 80
mögliche Reaktionen auf A. 221f.
Behandlung, als Modell für Ächtung unter Lesben 222
Allen, Jeffner 77, 87, 95, 96, 159
Allen, Paula Gunn 238
Altruismus/Selbstlosigkeit und Aufopferung 76f., 100
im Kapitalismus 72ff.
Infragestellung von A. und A. 80-85
Entscheiden ist nicht A. und A. 83ff.
unter Zwang 79f.
und Interessenkonflikte 67, 70
Kontrolle als Konsequenz von A. und A. 88f.
Entwicklung von A. und A. zur Grundlage der Ethik 68ff.
und das Motiv 'Pflicht' 228
Beispiele für den ethischen Schwerpunkt auf A. und A. 70-74
wird von Untergebenen erwartet 67, 71f.
wird von Frauen erwartet 71f.
vs. anderen helfen 83f.
der Individuen vs. des Staates (Watergate) 70ff.
Förderung von A. und A. in der Lesbengemeinschaft 74f., 76, 79, 82f.
und lesbische Projekte/Arbeit 74f., 76, 82
als Vorbedingung für ethisches Handeln 67f., 72f.
im Überlebensinteresse/um des Überlebens willen 79ff.
Amazonen 42f., 57, 204
Amazonenleben 85-88, 247
American Couples siehe Blumstein, Philip und Schwartz, Pepper
Anarchismus 102, 261 Anm. 21
Andrews, Lucy 176f., 180
Androgynität 262 Anm. 37
Anpassung 62, 75, 79, 157
Antagonismus
und »kooperative Werte« 212
vs. Unterschiedlichkeit 199f.
als »grundlegend« für die menschlichen Beziehungen 35
in der Hegelschen Theorie 196f.
und 'Gerechtigkeit' 217f.
im »Spiel« von Männern 202
siehe auch Interessenkonflikte; Unterschiede
Anteilnahme
vs. Pflicht 225, 228-231
als Substanz der Verbindung unter Lesben 232f.
Antisemitismus 17, 53, 103
unter Lesben 188
siehe auch Holocaust; Jüdinnen/Juden
Anzaldúa, Gloria 202
Anziehung und Attraktivität
durch Unterschiedlichkeit 44, 142ff., 147ff.
weibliche A. und A. 43f.
Aquin, Thomas von 85
Arbeit
im Kapitalismus 261 Anm. 17
als Pflicht 149
Verwundbarkeit von Arbeitnehmerinnen 91
Aristoteles 68, 134, 170, 175, 206f.
Arnold, June, *The Cook and the Carpenter* 103
Asiatisch-amerikanische Lesben 174, 274 Anm. 15
Aufeinander-Eingehen 236f.
Untergraben des A. 107f.
Aufmerksamkeit 144
für die Herrschenden 111
Aufopferung *siehe* Altruismus/Selbstlosigkeit und Aufopferung
Austin, J.L. 170
Authentizität und Unauthentizität (Existentialismus) 168, 172
Autokoinonie 24, 124f., 179, 198f., 200
Autonomie 123f.
bei Kant 135, 208, 213
Raub der A. von eroberten Völkern 40f.
Raub der A. von Frauen 38, 41

Baillie, J.B. 197
Bambara, Toni Cade 165
Bargowski, Dolores 126
Barry, Kathleen, *Die sexuelle Versklavung von Frauen* 51f., 80
Beauvoir, Simone de 55, 102, 223
über Wertebildung durch Wählen 171ff.
über den mangelnden Widerstand von Frauen gegenüber Männern 35f.
Für eine Moral der Doppelsinnigkeit 171ff.
Das andere Geschlecht 35f.
Begehren, lesbisches:
B. als Entscheidung 149f.
Pflicht und B. 230f.
Gespaltenheit des B. 143ff.
Einfluß des Patriarchats auf B. 148f.
B. als Macht 140
B. vs. Sex 141ff.
siehe auch Anziehung und Attraktivität; Orgasmus; Sex/Sexualität
Bentley, Caryl 63
Beteiligung vs. Separation 55, 57-60
siehe auch Separation
Bethel, Lorraine 120
Beziehungen
Anerkennen von Unterschiedlichkeit in B. 195f.
und Ökonomie 130f., 226f.
Arten von Lesben-B. 146ff.
Bindung vs. Anbingung *siehe* Engagement vs. Bindung
Black Muslims 53
Black Power Bewegung 258 Anm. 104
Bloodroot Collective 235

Blumstein, Philip und Pepper Schwartz, *American Couples* 142
'böse' *siehe* 'gut' und 'böse'
Brandt, Richard A. 280 Anm. 18
Brant, Beth 63
Breitbart, Myrna Margulies 261 Anm. 21
Brody, Michal 59, 241f.
Brown, Beverly 219
Brown, Denslow 250 Anm. 16
Brunet, Ariane 20
Budapest, Z. 263 Anm. 50
Bürgerrechtsbewegung 53, 102
Bulimie 267 Anm. 35

Cameron, Anne, *Daughters of Copper Woman* 161, 204, 224
Cantu, Celinda 106
Card, Claudia 77ff., 141, 142f.
Cardea, Caryatis 117
Cavin, Susan 278 Anm. 10
Chesler, Phyllis 48
China 42
Choices siehe Todor, Nancy
Christian, Meg 60
Clarke, Cheryl 64
Clinton, Kate 144, 166, 204, 224
Clownin 202ff., 223f., 236
The Cook and The Carpenter siehe Arnold, June
Copper, Baba 87f., 148, 175, 189, 230

Daly, Mary 27, 30, 42, 45f., 58, 60, 76, 79, 102, 134f., 136f., 140, 150, 157ff.
  Reine Lust 118, 136, 218
Damon, Gene *siehe* Grier, Barbara
Davenport, Doris 174
Davis, Angela 255 Anm. 62, 256 Anm. 63
Das Wanderland siehe Gearhart, Sally
Dayo 267 Anm. 40
Demoralisierung 179f., 200
Deserteur 56
Desmoines, Harriet *siehe* Ellenberger, Harriet
Determinismus vs. freier Wille 167ff.
Dicke, Diskriminierung von 251 Anm. 36, 103, 156, 266 Anm. 22
  in der Sprache 28
  unter Lesben 148
Die Farbe Lila siehe Walker, Alice
Die gelbe Tapete siehe Gilman, Charlotte P.
Diner, Helen 42
Disziplin 156f.
Dobkin, Alix 19, 131, 247
Dreaming the Dark siehe Starhawk
Dreifus, Claudia 254 Anm. 52
Drogenabhängigkeit 48, 58, 246
Dualismen 245, 262 Anm. 37
Dworkin, Andrea 52f., 58, 245, 252 Anm. 25
  Right-Wing Women 52f.
Dykewomon, Elana 63

Egoismus 67ff.
Egozentrik 81f., 129f.
  und Verwundbarkeit 94
  siehe auch Selbstsucht
Eifersucht in Lesbenbeziehungen 145f.
Einander ernstnehmen 163f.
Eines langen Tages Reise in die Nacht siehe O'Neill, Eugene
Einfühlung vs. Mitleid 127ff.
Eingreifen
  zwischen Lesben 105-110, 112
  durch den Staat 104f.
Einschränkungen
  Arbeiten unter E. 201
  Entscheidungen unter eingeschränkten Bedingungen 192ff.
  siehe auch Unterdrückung
Ellenberger, Harriet 43, 118, 144, 221
E-motionen 136ff., *siehe auch* Daly, Mary; Gefühle
Engagement vs. Bindung 93, 126, 133, 226
Entscheidung(en): 83ff., 228
  die E. der anderen verstehen 186ff.
  existentielle E. 168
  und moralische Handlungsfähigkeit 192f.
  Komplexität aufgrund von E. 183f.
  lesbisches Begehren als E. 149f.
  in der Unterdrückung 24f.,52-55, 175ff.
  siehe auch moralische Handlungsfähigkeit
Entschuldigungen bei moralischer Verantwortung 170ff., 177, 181
  siehe auch 'freier Wille' vs. Determinismus; Unwissenheit
Erfolg
  im Kapitalismus 260 Anm. 16
  unter den Konkurrenzwerten 209
  des Widerstands gegen Unterdrückung 112f.
Erklärung statt Rechtfertigung 186f.
'Eros' 140f., 143
Erotik 140f., *siehe auch* Begehren, lesbisches
Ethik 34f., 55, 59
  auf der Grundlage des Prinzips Weiblichkeit 77f.
  Funktion und Werte der E. 23f.
  historische Entwicklung der E. 68ff., 206-209
  Verhältnis zur Macht 101ff.
  »Vorbedingung für« E. 67f., 72
  traditionelle Zwecke der E. 22f.
  siehe auch Existentialismus; lesbische Ethik; *einzelne PhilosophInnen*
Ethnozentrismus 66
  Beispiel für E. 269 Anm. 85
Existentialismus 168

Faderman, Lillian 18, 64, 279 Anm. 13
Fähigkeit(en) von Lesben entwickeln 235f.
  siehe auch Macht als innere Stärke
Farber, Bett 260 Anm. 9, 268 Anm. 62
Farbige/schwarze Lesben: Beziehungen zu weißen Lesben 93f., 153, 188f.
Faschismus 31, 283 Anm. 101
  siehe auch Nationalsozialismus
Feldman, Maxine 43
Feminismus/Feministinnen 20, 43, 86
  das Persönliche ist das Politische 102f.
  'Weiblichkeit' zementiert durch F. 51
  französische F. 20,58
  Reaktionen der Männer auf F. 29, 48
  radikaler F. 18, 39, 42f., 51, 77
  Reform 57f.
Fink, Sue 249 Anm. 5
Förderung
  Zuwendung als F. 110ff., 118
  von Abhängigkeit 106
'Frau' 20, 36, 54
  Veränderung des Begriffs in der Frauenbewegung 30f.
  Auswirkungen des Begriffs auf die Wahrnehmung 26f.

was der Begriff beinhaltet 43ff.
was der Begriff nicht beinhaltet 41f.
Frauen 210f.
Benachteiligung von F. durch Sprache 27f.
Herabsetzung durch andere F. 91f.
Aufgabe der F. *(siehe auch* Mütterlichkeit) 85f.
gute und böse F. 43f.
'moralische Überlegenheit' der F. 77f.
rechtsgerichtete F. 52, 245
Gewalt gegen F. *siehe* Gewalt
F., die von Männern geschlagen werden 28f., 55, 80 *(siehe auch* Gewalt)
Widerstand von F. 48, 217
Frauenbewegung 15, 58, 74, 102f., 150f.
Reaktion schwarzer Frauen auf die F. 53f.
Bewußtseinsänderung in der F. 30f.
siehe auch Feminismus/Feministinnen; Selbsterfahrungsgruppen
Frauenhäuser 48, 55
Frauenrechte 35
Frauenspiritualität 103
'Entscheidung' in der F. 169f.
Übernahme von Mütterlichkeit in der F. 86f.
Frauenstudien 35, 273 Anm. 77
»Frauen und Ehre« *siehe* Rich, Adrienne
Fredrickson, George M. 178
'Freier Wille' vs. Determinismus 102, 167ff., *siehe auch* Entscheidung
'Freiheit' 170ff., 193
Freundinnen und Geliebte 144, 146ff.
Freundschaft, Auswirkungen der Therapie auf 117f.
Friedan, Betty 102
Frye, Marilyn 19, 39, 62, 69, 80f., 86, 121, 127, 142, 144, 151, 174, 176f., 179, 185
Für eine Moral der Doppelsinnigkeit siehe Beauvoir, Simone de
Fürsorge 126, 231f., *siehe auch* Eingreifen; Paternalismus
Fußeeinbinden 42

Galbraith, John Kenneth 76
Galilei 68
Gandhi, Mahatma 40, 57
Gandhi (Film) 40
Garvey, Marcus 53
Gearhart, Sally 86
Das Wanderland 96ff., 113
Gefühle
Infragestellen von G. 161, 163
Privatheit und G.
Objekte vs. Ursache von G. 136f.
gegenüber 'Leidenschaften' 136f.
patriarchale Konstruktion der G. von Frauen 139
gesellschaftlicher Charakter von G. 116, 138f., 141, 155, 162ff.
Einfluß der Therapie auf die Deutung der G. durch Lesben 115f., 154f., *siehe auch* Zorn
Gehorsam als Tugend 76f., 135
Gemeinschaft, lesbische *siehe* Lesbengemeinschaft
Genet, Jean 46
'Gerechtigkeit'
unter »Kooperations«- bzw. »Konkurrenzwerten« 209, 211
Verteilungsgerechtigkeit vs. Strafrecht 280f. Anm. 30
Funktion und Struktur von G. 217f.
Geschichte des Begriffs 206-209
Theorien der G. 213ff., *siehe auch* 'soziale Gerechtigkeit unter Lesben'; Strafe
Gesellschaftsordnung/Organisation der Gesellschaft, Erhaltung der Gesellschaft 24, 217f.
Gesellschaftsvertrag, Theorie des 68f., 73, 214
Gewalt gegen Frauen 36f., 43, 77f., 95
Leugnung der G. 42f., *siehe auch* Schutz und Raub
Gewalt
Erhaltung männlicher Herrschaft durch G. 79
Verwundbarkeit als G. 95
Gewaltlosigkeit von Frauen 79, 95f., *siehe auch* Prinzip Weiblichkeit
Gilligan, Carol 77f.
Gilman, Charlotte Perkins, *Die gelbe Tapete* 47
Glaspell, Susan 257 Anm. 76
Gleichberechtigung 30
Gleichheit in den USA, fehlende 211, 216f.
Gordon, Lady Cumming 279 Anm. 13
Gott/Götter
Erwähnung von 24, 68, 72, 141, 167f., 207
Beseitigung durch Eroberer/Kolonisatoren 26, 39f., 42
Göttinnen 42
Graham, Glennon 275 Anm. 22
Grahn, Judy 63f.
Grant, Jacqueline 53
Greenham Common, Aktion in 47, 51
Grenzen, individuelle
Anerkennung von G. 193
Die Wirkung der Autokoinonie auf G. 200f.
in der Lesbengemeinschaft 194f.
spielerisch überwinden *siehe* spielerische Weltreise
Griechenland, antikes 280 Anm. 17
ethische Werte im a. G. 68, 206f., 209
Verstand und Gefühl im a. G. 134f.
Werte des a. G. vs. neuzeitliche Werte 208ff.
Grier, Barbara (Gene Damon) 78
Griffin, Susan 58, 156
Grimard-Leduc, Micheline, »The Mind-Drifting Island« 243
Grippo, Joelyn 249 Anm. 5
'Gut' und 'Böse' 34f., 39
in der weiblichen Attraktivität 44
bei Nietzsche 281 Anm. 38
im Patriarchat 58
bei Frauen 44, 252 Anm. 25

Halloween 42
Hart, Nett 238
Hartsock, Nancy 251 Anm. 8
Hegel, Georg Wilhelm Friedrich 35, 173
Theorie des Selbst-Bewußtseins 196ff.
Heilung der Gespaltenheit von Verstand/Gefühl 165f.
Held, Virginia 69
Herren- und Sklavenbeziehung, Hegel über 196ff.
Herren- und Sklavenmoral, Nietzsche über 215, 281 Anm. 38

Herrschaft und Unterordnung 24, 31, 90
die Dynamik des Altruismus in H. und U. 72
Zorn als Herausforderung von H. und U. 151f.
Beauvoir zu H. und U. 36
Hegel zu H. und U. 196ff.
Heterosexualismus und H. und U. 20f.
Übernahme von H. und U. durch Lesben 244f.
materialistische Auffassung von H. und U. 61f.
Sinnfindung in H. und U. 244ff., *siehe auch* Heterosexualismus; Unterdrückung
Heterosexismus 15, 20, 36f., 103
Heterosexualismus 37, 258 Anm. 104
Beauvoir zu H. 35f.
Definition und Beschreibung 16, 20f., 36f.
Entwicklung des H. 135
Übernahme des H. durch Lesben 61ff., 244f.
Verinnerlichung des H. durch Lesben 64ff.
lesbische Separation vom H. 60f.
Bedrohung des H. durch Lesben 250 Anm. 24
lesbische Werte vs. H. 244
Gründe, den H. zu bekämpfen 65f.
Ähnlichkeiten mit dem Kolonialismus 41
Hexen 57, 204
Hexenprozesse 45
Hexenverbrennung in Europa 41
Hiroshima 101
Hitler, Adolf 31, 85
Hobbes, Thomas 68f., 208
Holocaust 46f., 169
Widerstand im H. 47, 57
Homophobie 36f.
Herkunft des Begriffs 252 Anm. 15
Homosexualität, männliche 46, 252 Anm. 20
Hooks, Bell 255f. Anm. 62
Hopi 212
How Europe Underdeveloped Africa siehe Rodney, Walter
Hugs, Diane 114, 148
Humanismus 121, 277 Anm. 77
Hume, David 135
Humor
im lesbischen Begehren 144
Bedürfnis nach H. 165f., 174, *siehe auch* Clownin
Hunt, Annie Mae 46

Ignoranz/Unwissenheit 188
Zuwendung überwindet I. 118f.
U. als Entschuldigung 170f., 173ff.
Paternalismus und I. 119f.
Lächerlichmachen der I. durch die Clownin 203f.
Indien 42
Integrität/Verläßlichkeit
Vorbedingung für die Anwendung von Prinzipien 22f.
in der traditionellen bzw. lesbischen Ethik 234f., 244
Intelligenztests 269 Anm. 85
Interessenkonflikte
und Altruismus/Aufopferung 67, 69f.
im Kapitalismus 72ff.
Entwicklung zu einem ethischen Schwerpunkt 69
Interaktion als Verhandeln von I. 225ff.
in der Lesbengemeinschaft 70, 74ff.
zwischen Männern/Kindern und Frauen 71f., 80f.
zwischen Staat und BürgerInnen 70ff., 210f., 214f.
siehe auch Antagonismus; Grenzen; Unterschiede
Intimität 95
Erreichen von I. 98ff., 237
Gefährlichkeit der I. für heterosexuelle Frauen 92f.
»Strategien der Intimität« 131ff.
Inzest 38, 232

Jaggar, Alison 278f. Anm. 9, 10
japanische Amerikanerinnen 17, 211
Johnson, Sonia 30, 39f., 253 Anm. 40
Jones, Ann 217
Jüdinnen/Juden
'Weiblichkeits'-Stereotyp der J. 46
Charakterisierung der J. durch die Nazis 45
Widerstand im Holocaust 47
Sartre über 168
separatistische Tradition 131f.
siehe auch Antisemitismus; Holocaust
Kant, Immanuel 135, 208, 212f., 225
Kapitalismus 20, 69, 72, 207
Altruismus im K. 72ff.
kapitalistische Werte 72
K. und Lesbenunternehmen 74
Staat und K. 73
Karma 169
Kaufmann, Walter 135
Kaye/Kantrowitz, Melanie 264 Anm. 75
Kennedy, Florence 184
'Kesser Vater' (KV), KV-Femme-Beziehungen, maskuline/feminine Lesben, 63f., 153f, *siehe auch* Rolle/Rollenspiel bei Lesben
Kinder 252 Anm. 23, 71, *siehe auch* Mutterschaft
Kindestötung 42
Kirche 68, 135, 207
schwarze Kirche 53
Beziehung der Pornographie zur Kirche 58
Kitzinger, Celia 252 Anm. 15
Klassenkampf, Frauen gegen Männer als 61
Klassenunterschiede/-herrschaft 39, 103, 182, 190
zwischen Lesben 15, 173
zwischen Frauen 36
Klatsch 26, 276 Anm. 45
Klepfisz, Irena 188
Klitorisbeschneidung in Afrika 42
Kolonisierung 26, 39f.
der amerikanischen UreinwohnerInnen 178
Kolonialismus 20, 66. 104
Ähnlichkeiten des Heterosexualismus mit K. 40f.
bei Mill 214
Konkurrenzwerte
lesbische Kompetenz vs. K. 235f.
Verlagerung auf die »Kooperationswerte« 209f.
Staat/Macht unter K. 211
Kontrolle 155ff., 206
Zuwendung vs. Kontrolle 118
durch den Staat 69
im Zusammenhang mit den Bedürfnissen anderer 130
K. durch Verwundbarkeit 90, 92f.
Rückzug wegen K. 191
siehe auch Selbstkontrolle; Manipulation

Konzentrationsmuskel
(Anna Lee) 117
Kooperation 190, 198, 239
K. in der Ethik 197, 208, 214, 234
K. durch Nachvollziehen 190
»Kooperationswerte« 208-211
Auswirkungen der K. auf die soziale Gleichheit/Fairness 210f., 216
Irrelevanz der K. für die Lesbengemeinschaft 237
Berufung von Lesben auf K. 212
siehe auch Pflicht, Gerechtigkeit
körperliche Gesundheit
und Pflicht 231f.
Behindertenfeindlichkeit unter Feministinnen 103
in der Sprache 28
unter Lesben 148
Krankheit 267 Anm. 36, 270 Anm. 93
Kreativität
durch Entscheidung 83ff., 228
von Lesben 156f., 165f., 239, 247
Krieg 101
Auswirkungen bei Hobbes 68f.
Nichtteilnahme am K. 56f.
Sartre über K. 168f.
Rolle von 'Frauen' im K. 43f., 102
Krieger, Susan, *The Mirror Dance* 194f.
Kriegsdienstverweigerer 56
Kritik 127, 163, 219
Kuhn, Thomas 30

'La Luz' Journal, The (Juana María Paz) 126, *siehe auch* Paz, Juana María
Lanning, Lee 238
Lavender Woman, Kollektiv 241
'Leaping Lesbians', *siehe* Fink, Sue und Grippo, Joelyn
Ledley, Ellen 47
Lee, Anna 116f., 122, 144
'Leidenschaft' 137
vs. 'Gefühl' 136f., *siehe auch* Gefühle
Leighton, Anne Throop 75, 202, 204
Lesben
Leugnung der Existenz von L. 17ff., 44, 58
L. sind keine 'Frauen' 61
Unterdrückung von L. 16f., 19f., 235
Anwendung des Begriffs 21
Arbeitsmöglichkeiten für L. 74ff.
Lesbengemeinschaft 16f., 70, 84, 238ff.
Altruismus/Aufopferung in der L. 74ff., 82f.
Schuldzuweisung in der L. 182-185
Appell an die 'Pflicht' in der L. 212f.
Appell an 'Gerechtigkeit' in der L. *siehe* 'soziale Gerechtigkeit unter Lesben'
früher Ruf nach Ethik in der L. 67
Übernahme des Prinzips Weiblichkeit durch die L. 79
Identität in der L. 194f.
Ignorieren der Unterschiede in der L. 173ff.
als lesbischer Lebenszusammenhang 21f., 238
Ächtung in der L. 220-223
Paternalismus in der L. 104f.
»Sicherheit« in der L. 162ff., 238
L. vs. Subkultur 125f., 132f.
Pluralität in der L. 201, *siehe auch* Autokoinonie
Lesbenprojekte 74
Erbe der L. 15f., 241ff.
Aufopferung für L. 82f., *siehe auch* Lesbenunternehmen
Lesbenspiritualität, Vereinnahmung durch Frauenspiritualität 263 Anm. 50
Lesben- und Schwulenbewegung 15, 74, 150
Lesbenunternehmen 74ff., *siehe auch* Lesbenprojekte
Lesbianismus
Entscheidung für das Lesbisch-Leben 73ff., 150, 268 Anm. 50
Chance zur Veränderung der Moral durch L. 19f., 21, 66, 100, 248
Lesbische Ethik 16, 22, 24f., 32, 76, 84, 100, 122, 184f., 201, 239f.
Entwicklung und Funktion der L.E. 233ff.
heterosexuelle Frauen und L.E. 21
Gebrauch der L.E. innerhalb und außerhalb der Lesbengemeinschaft 32
Resümee der L.E. 243ff.
Lesbische Kompetenz, Entwicklung von 235f.
Lesbische Ökonomie 75f.
'Lesbischer Lebenszusammenhang' 21, 238
Lesbische Werte *siehe unter* Sinn; Werte
Lesbischer Geist 19, 222, 233
Lesbischer Lebenssinn *siehe unter* Sinn
Lesbischer Separatismus *siehe* Separatismus, lesbischer
Lesbisches Begehren *siehe* Begehren, lesbisches
Liebe
heterosexuelle 65, 92, 104, 139
Arten patriarchaler L. 140f.
bedingungslose L. 85, 88f., 97, 140
Lob und Tadel 180-184, 189, *siehe auch* Schuldzuweisung; Kritik; Ächtung
Loesch, Juli 265 Anm. 2
Lorde, Audre 63, 65, 95, 140, 149, 151, 199, 230
Zami 195f., 199
Loulan, JoAnn 142
Lügen 23, 90, 118, 187f., *siehe auch* Manipulation; Überlebenstechniken
Lugones, María 121f., 182, 188f., 237
spielerische Weltreise 201f., 204f.

Mabel-Lois, Lynn 267 Anm. 30
MacDonald, Barbara 88, 264 Anm. 62
Machiavelli, Niccolo 68, 267 Anm. 43
Macht als Beherrschung/Kontrollmacht 98ff., 103f., 107, 117, 123, 234
Macht als innere Stärke 123, 140
Definition 103f.
Macht 101f.
Etymologie und Definitionen 103f.
das Persönliche und das Politische 101ff.
traditionelle Ethik zu M. 101f.
Problem der uneingeschränkten M. 70f.
Fehlen von M. im Begriff 'Frau' 41
Machtlosigkeit, Leugnen von 106ff.

MacKinnon, Catharine 58
Magersucht *siehe* Bulimie
Mammy 88f., 259 Anm. 137
Manipulation
unter Lesben 98f., 130f., 132
durch Frauen 50f., 67, 78f.
siehe auch Lügen; Überlebenstechniken
Männer 72, 86
als Gefolgsleute 260 Anm. 13
Anlage/Umwelt-Debatte über M. 263 Anm. 49
Männerhaß 18, 57
Männlicher Raub/Schutz *siehe* Schutz und Raub
Mayer, Vivian F., *Writings by Women on Fat Oppression* 251 Anm. 36, 267 Anm. 30
McCalla, Deidre 237
McNaron, Toni 22
Memoirs of an Ex-Prom Queen siehe Shulman, Alix Kates
Mill, John Stuart 208, 213f.
Millett, Kate 45f., 102
Sexus und Herrschaft 57
'Mind-Drifting Island, The' *siehe* Grimard Le Duc, Micheline
Miriam, Selma 188
Mirror Dance siehe Krieger, Susan
Mitchell, S. Weir 47
Mitleid vs. Einfühlung 127ff., 164
Molloy, Alice 41, 111, 178
Monogamie/Nichtmonogamie 145
Moraga, Cherrie 173
moralische Handlungsfähigkeit
der Beitrag der Autokoinonie zur m.H. 200f.
Entscheidung als Kreativität und m.H. 83ff.
Herzstück der m.H. von Lesben 205
m.H. im Heterosexualismus 71f., 78f.
bei Kant 208
m.H. unter unterdrückerischen/eingeschränkten Bedingungen 24f., 52ff., 176f., 200f.
Separatismus und m.H. 60f.
siehe auch Entscheidung
'moralische Überlegenheit' von Frauen 77f.
Moran, Kate 148
Morgan, Robin, *Sisterhood is Powerful* 102
Morphogenese, Theorie der 30
Moschkovich, Judit 120
Mountaingrove, Jean und Ruth 263 Anm. 50
Moynihan, D., *The Negro Family* 48
Mullett, Sheila 268 Anm. 60
Murphy, Julian 252 Anm. 21
Mussolini, Benito 85, 283f. Anm. 101
Mütterlichkeit/Mutterschaft/Bemuttern 100
vs. Amazonenleben 86ff.
Beauvoir zu M. 251 Anm. 8
als Fürsorge 231f.
Entscheidung für M. 86f.
Übernahme von M. in der Frauenspiritualität 86
Lesben und M. 79, 87f., 270 Anm. 95
als bedingungslose Liebe 88f.
als Aufgabe der Frau 44f., 85f.
Myerhoff, Barbara 245
Number Our Days 131f.
Mystik, christliche 140

Nachvollziehbarkeit/Nachvollziehen 185-191, 201
fehlt in der Ethik 229
im Zusammenhang mit Privilegien 203
statt Verantwortlichkeit 189f.
Nagasaki 101
Nähren *siehe* Mütterlichkeit
Nationalismus 260 Anm. 16
Nationalsozialismus 46f., 172
Near, Holly 60
Nestle, Joan 64
Nichtmonogamie vs. Monogamie 145
Nietzsche, Friedrich 135, 215, *siehe auch* Herren- und Sklavenmoral
Nihilismus 172
Nixon, Richard M. 70ff.
Noddings, Nel 77
'nomos' 123f., 141
Number Our Days siehe Myerhoff, Barbara

O'Neill, Eugene, *Eines langen Tages Reise in die Nacht* 48
Oakley, Ann 41
Ökonomie/ökonomische Bedingungen
lesbische Ökonomie 75f.
in lesbischen Beziehungen 226f.
Beziehungen unter dem Aspekt der ö.B. 130f., 226f.
siehe auch Kapitalismus; Lesbenunternehmen
Opfer, Schuldzuweisung an das, *siehe* Schuldzuweisung an das Opfer
Orgasmus, bei Lesben 141ff., 146

Parker, Pat 231
passiver Widerstand 57
Paternalismus 110
Begriff 104f.
in den Privilegien der Herrschenden 120ff.
und Pflicht vs. Anteilnahme 228f.
bei Rawls 215
siehe auch Fürsorge; Kolonialismus; Eingreifen; Schutz und Raub
Paz, Juana María 111, 218, 230
The 'La Luz' Journal 126
Pazifismus 57
Pence, Ellen 120f.
Penelope, Julia [Stanley] 27f., 60, 125f., 145, 153, 233
'Pflicht'
und Körperbehinderung 128, 232f.
vs. Anteilnahme 224f., 228-231
vs. Entscheidung 239
in Konflikten in Lesbenprojekten 227f.
unter den »Kooperations«- bzw. »Konkurrenzwerten« 210
vs. Begehren 149f.
Auswirkungen auf die Verbindungen unter Lesben 232f.
bei Hegel 197
bei Kant 208, 212f.
Geschichte des Begriffs 206-209
neuzeitliche Berufung auf P. 211f.
untergräbt Anteilnahme 228-231
'philia' 140f.
Pirie, Jane 279 Anm. 13
Plato 68, 207
politische Arbeit, Aufopferung in p.A. 83
Pornographie 42
vs. Erotik 140
Ideologie der P. 44
männlicher Raub/Schutz und P. 38f.
als Rebellion 58f.
Potts, Billie 19, 131, 263 Anm. 50
Witches Heal 165
Powell, Bernadette 217
Prinzip Weiblichkeit *siehe* Ethik
Prinzipien 22f.

Privatheit
Wunsch nach P. der Gefühle 160ff.
als Grenze der Zuwendung 113
vs. gesellschaftlicher Charakter von Gefühlen 138f., 160ff., 165
Privilegien, Macht der 103, 175
Nachvollziehen im Zusammenhang mit P. 203f.
Paternalismus und Ignorieren von P. 120ff.
Bekämpfen von P. durch die Clownin 203f.
Profitmotiv 72f., 75
protestantische Arbeitsmoral 261 Anm. 17
Psychiater (geistige Gynäkologen) 48, 267 Anm. 30
Puritaner 178

Rache, Theorie der Strafe 217
Radicalesbians 43
Rand, Ayn 259 Anm. 3
Rassismus 53, 174
unter Feministinnen/Frauen 36, 103, 182, 257 Anm. 95, 273 Anm. 59
in der Sprache 28
unter Lesben 15, 65, 120ff., 173ff., 258 Anm. 100, 273 Anm. 82
Raub, männlicher, *siehe* Schutz und Raub
Raum/Räume für Lesben 152f., 154f., 241ff.
Rawls, John 214f., 217
Raymond, Janice 37, 99, 117, 233, 235
Rebellion 55, 58f.
Rechtfertigung 183, 189
vs. Erklärung 185ff.
Reform der Moral vs. Revolution der Moral 34f.
Reform 57f.
feministische R. 55, 57f.
im Strafrecht 216
Reid, Coletta 126
Reine Lust siehe Daly, Mary
Revolution der Moral 100, 233f., 248
versus Reform der Moral 34f.
Rich, Adrienne 23, 37, 43, 89, 150
»Frauen und Ehre: Einige Gedanken über das Lügen« 15
Right-Wing Women siehe Dworkin, Andrea
Risiken 81, 169, 182
Robinson, Pat 41
Rodney, Walter, *How Europe Underdeveloped Africa* 40
Rolle/Rollenspiel 205
bei Lesben 63f., 153
romantische Liebe 44, 276 Anm. 72, *siehe auch* Liebe
Rückzug *siehe* Separation
Russ, Joanna 127, 268 Anm. 50

Sabotage 54, 113
von schwarzen SklavInnen 46f.
als Selbstbetrug 49ff.
von weißen Mittelklassefrauen 45
Sadomasochismus 59, 95, 98, 140
Sartre, Jean-Paul 168f.
Scheman, Naomi 138f., 165
Schlagen von Frauen durch Männer 29, 39, 43, 268 Anm. 51
Art der Forschung über S. 250f. Anm. 34
Widerstand gegen S. 48, 217
siehe auch Frauen, die von Männern geschlagen werden; Gewalt gegen Frauen
Schuldzuweisung an das Opfer 51f., 136, 180
bei Sartre 168
der Beitrag der Therapie zur S. 115
siehe auch Viktimismus
Schuldzuweisung an uns selbst 107f., 110, 158, 179, 183
in der Lesbengemeinschaft 182ff.
siehe auch Kritik; Ächtung; Lob und Tadel
Schultz, Muriel 27
Schutz und Raub 38f., 41, 62, 65, 78
durch die Kolonisatoren 40
Feminismus und S.u.R. 51
im Umfeld der Pornographie 58
siehe auch Gewalt gegen Frauen
Schwarze als Gruppe 17, 258 Anm. 104
die Sicht der Abolitionisten 275 Anm. 22
siehe auch Rassismus
Schwarze Frauen 48f., 53f.
Übernahme von 'Weiblichkeit' 53
Reaktion auf die Frauenbewegung 54
Schwarze Männer, »Entmännlichung« der 45, 48, 255f. Anm. 62
Selbst-Bewußtsein, Hegels Theorie des S. 196f., 198, *siehe auch* Selbsterkenntnis
Selbstschädigung/-betrug 49ff.
Selbstbewußtwerdung/-erfahrung
Notwendigkeit von S. 159, 165, 174
vs. Therapie 116f., 155
in der Frauenbewegung 102f., 150f., 165, 276f. Anm. 72
Selbsterkenntnis 98, 100
Beitrag der Autokoinonie zur S. 200
siehe auch Selbst-Bewußtsein
Selbstkontrolle/-beherrschung
Autonomie und S. 124
Entwicklung des Begriffs 134ff., 209
Vorstellungen über S. bei Lesben 135, 143, 155ff.
siehe auch Spaltung von Verstand/Gefühl
Selbstlosigkeit *siehe* Altruismus/Selbstlosigkeit und Aufopferung
Selbstsucht und Anpassung 79f., *siehe auch* Egozentrik
Semantik 27f.
Separation (Rückzug)
vs. Zuwendung 113f., 161
zur Vermeidung von Demoralisierung 179
unter Lesben 114, 161, 190ff., 220
moralische Option der S. 55ff.
vs. Ächtung 220
Vorbehalte und Sanktionen gegen S. 56f.
Separatismus
jüdischer 131f.
lesbischer 18f., 59-62
Streit in der Gemeinschaft über l.S. 242f.
moralische Urteile gegen l.S. 56f.
Sex/Sexualität
als Grundlage der weiblichen Identität 44
vs. lesbisches Begehren und Erotik 141ff.
patriarchale S. 140
siehe auch Begehren, lesbisches; Erotik; Orgasmus
Sexismus 36f., 103, 121
in der Sprache 26f.
»Sexuelle Revolution« 58

Sexuelle Sklaverei von Frauen
52, 80
Sexuelle Versklavung von Frauen siehe Barry, Kathleen
Sexus und Herrschaft siehe Millett, Kate
Shulman, Alix Kates, *Memoirs of an Ex-Prom Queen* 45
Sich einlassen vs. Bindung 126, 130, 133, 226
vs. Eifersucht 146
Sinn/Lebenssinn
Schaffung lesbischen L. 21, 62, 66, 74, 82f., 166, 194, 245ff.
im System von Herrschaft/ Unterordnung 62, 244f.
existentialistischer L. 168
siehe auch Werte
Sisterhood is Powerful siehe Morgan, Robin
Sklaverei, Nietzsche über 135
SklavInnen, schwarze
Weiblichkeitsstereotyp von s.S. 46, 255 Anm. 62
»moralische Fähigkeiten« von s.S. 278 Anm. 8
Widerstand von s.S. 46f.
siehe auch Andrews, Lucy
Smith, Barbara 120
Sophies Entscheidung (Film)/*Sophies Wahl* (Roman) *siehe* Styron, William
'soziale Gerechtigkeit unter Lesben' 223
vs. Entscheidung 224f.
Wunsch nach s.G. 212, 218ff.
und Lesbenunternehmen 74
und Ächtung 219-223
Probleme mit der Suche nach s.G. 223ff.
Sozialismus 72, 102
Soziobiologie 254 Anm. 53, 262 Anm. 46
Spaltung von Verstand und Gefühl
Zorn als Integration von V.u.G. 151
in der 'Pflicht' 213, 225, 228
Auswirkungen der S. 155f.
Heilung der S. 165f.
in der Geschichte der Ethik 134ff., 209
bei Kant 135, 212f.
Widerstand gegen die Heilung bei Lesben 155-166
Spanien 261 Anm. 21
Spelman, Vicky 151
Spender, Dale 27
'Spiel', Vorstellungen der Männer vom S. 202
spielerische Einstellung/das Spielerische 202, 204f., *siehe* Humor; spielerische Weltreise; Clownin
Fehlen in der Ethik 228
spielerische Weltreise 201f.
Spiritualismus, neuer 262 Anm. 37
Spiritualität *siehe* Frauenspiritualität
Sprache
behindertenfeindliche Werte in der S. 28
rassistische Werte in der S. 28
sexistische Werte in der S. 27f.
dickenfeindliche Werte in der S. 28
als Zwang 26ff.
als Konsens 26f.
Kolonialisierung durch Kontrolle der S. 26, 39f.
Substantive statt Verben 187
Unterdrückung durch S. 26, 103
Konzentration der Wahrnehmung durch S. 27
Staat
Gleichheit und Gerechtigkeit im S. 210f.
und Individuum 101, 105
Interessenkonflikt von S. und BürgerInnen 70f., 72, 210f.
und Kapitalismus 72ff.
soziale Kontrolle durch den S. 69
Paternalismus durch den S. 105
siehe auch Gesellschaftsvertrag
Stanley, Julia Penelope, *siehe* Penelope, Julia
Star, Susan Leigh 262 Anm. 37
Starhawk, *Dreaming the Dark* 179
Stein, Gertrude 137
Sterilisierung von Frauen 44f., 86
Strafe
ungleiche Bemessung von S. 216f.
Begründungen für S. 216f.
in Mills Gerechtigkeitsbegriff 213
in Nietzsches Gerechtigkeitstheorie 215
in Rawls Gerechtigkeitstheorie 215
siehe auch Gerechtigkeit, 'soziale Gerechtigkeit unter Lesben', Ächtung
Styron, William, *Sophies Wahl* 176
'Sünde' 135, 172, 209
Suffragetten 77
Syntax 27f.

Tallen, Bette S. 40
Therapie 139
Zuwendung vs. T. 115, 121
vs. Selbsterfahrungsgruppen 116f., 155
Auswirkungen auf die Freundschaft zwischen Frauen 117f.
»Unparteilichkeit« der T. 115f.
Einfluß auf die Deutung von Gefühlen bei Lesben 154f.
als Modell für Ächtung unter Lesben 221
Pro und Contra T. 268 Anm. 48
Tobin, Paula 47
Todor, Nancy, *Choices* 187
Transzendenz 193, 251 Anm. 8
Tread Softly (Film) 229
Tugend(en)
im antiken Griechenland 134f., 206f.
im Mittelalter 207
siehe auch weibliche Tugenden
Tyler, Edwina Lee 166

Überlebenstechniken
von Frauen 67, 77
Einsatz unter Lesben 15f., 90, 93
siehe auch Lügen; Manipulation
UdSSR 72, 260 Anm. 16
Unparteilichkeit 218, 223, 280 Anm. 17
Altruismus vs. U. 259 Anm. 3
Zuwendung vs. U. 115
in der Kritik 127
bei Mill 208
des Staates 69, 73
Unterdrückung 214
Faschismus und U. 31
'Weiblichkeit' als Modell für U. 45f.
Sprache als U.-Instrument 26
moralische Handlungsfähigkeit in der U. 24f., 52ff., 175ff., 192f., 200f.
Funktionsweise von U. 176f.
verschiedener Gruppen 17, 255 Anm. 62
Verwundbarkeit in der U. 90f.
in der Frauenspiritualität 169f.
Unterordnung *siehe* Herrschaft und Unterordnung

Unterschied(e)/Unterschiedlichkeit 143, 147
  Anerkennung von U. 195f., 198f.
  vs. Antagonismus 199f.
  annehmen 198ff., 201
  Unverständnis gegenüber U. 188f.
  Furcht vor U. 195f.
  Eingehen von Lesben auf U. 15, 119-122, 231f., 241ff.
  wirken sexuell anziehend 44, 148f.
  siehe auch Antagonismus; Grenzen; Interessenkonflikte
Unterstützung vs. Zustimmung 126f.
UreinwohnerInnen, amerikanische 17, 178, 211
  lesbische a.U. 174
Urteilen
  Zorn als Ergebnis des U. 150ff.
  vs. Richten 189f., 222, 275 Anm. 32
  Beschäftigung mit den Wahrnehmungen anderer 198f.
  vs. Unparteilichkeit 115f.
  im Nachvollziehen 190f.
  Beeinträchtigung des U. durch Anwendung von Prinzipien 23
  Notwendigkeit des U. 185, 219
  bei Mitleid vs. Zuwendung 129
Utilitarismus 101, 208f., 225, 259 Anm. 3
Utopia, feministisches 90, 96ff.

Veränderung
  in Beziehungen 146f.
  vs. Separation 56
  Theorien zur V. 30
Verantwortung/Verantwortlichkeit
  Zorn und V. 151f.
  traditionelle Definition 168
  Wunsch nach Verantwortlichmachen 23
  Entschuldigungen 170f.
  Nachvollziehen statt V. 189f.
  Probleme mit V. 185
Verfügen über/Zugriff auf
  unter Lesben 95, 99, 164
  Untergeordnete 67, 76
  Frauen durch Männer 18f., 37, 60, 91, 103, 140
Vergeltung, Theorie der Strafe 217
Vergewaltigung 38, 41f., 51f., 115, 137, 140, 180, 262 Anm. 46
'Verrücktheit' von Frauen 46f., 139, 150
Versklavung von Frauen, Die sexuelle siehe Barry, Kathleen
Verwundbarkeit 76f., 100
  von Arbeitnehmerinnen 91
  Ruf nach V. 77, 95
  und Egozentrik 94
  Etymologie 90
  Erwartung von V. bei unterdrückten Gruppen 90f.
  im feministischen Utopia 90, 96f.
  von heterosexuellen Frauen 90-93
  unter Lesben 93ff., 98f.
Viktimismus 46f., 51f., 107, 112, 128f., 180
Vorsehung 40
Wahnsinn
  als weiblicher Widerstand 47f.
  Bezeichnung des weiblichen Widerstands als W. 48, 139, 150f.
  Separation und W. 56
  Bezeichnung des Widerstands von SklavInnen als W. 46
Walker, Alice, *Die Farbe Lila* 228
Wallace, Simone 47
Wanderland, Das siehe Gearhart, Sally
Watergate 70f.
weibliche Tugenden 67, 76f.
  Auswirkungen unter Lesben 67, 89f., 100
  siehe auch Altruismus/Selbstlosigkeit und Aufopferung; Mütterlichkeit; Verwundbarkeit
'Weiblichkeit' 26ff.
  Frauenbewegung und W. 51, 57
  gelegentliche Modifizierung des Begriffs 41
  W. als Norm 49
  Übernahme von W. durch bestimmte Frauen 52-55, 89
  als Unterdrückungsmodell 45f.
  Verinnerlichung durch Saboteurinnen 50f.
  Verschleierung des weiblichen Widerstandes durch W. 45-49, 150
Weisstein, Naomi 45, 116
Werte
  Wertebildung (Simone de Beauvoir) 171f.
  Schaffung lesbischer W. 21, 62, 66, 84, 172, 239, 246ff.
  siehe auch Sinn
Widerstand von Frauen
  gegen prügelnde Männer 48, 217
  Beauvoir zu W. 36, 61
  Fehlen von kollektivem W. 36f., 54ff.
  (keine) Umkehrung der männlichen Herrschaft 36, 55, 61f.
  separatistische Auffassung von W. 62
  Verschwörung nötig für W. 51
  durch Verwundbarkeit 92
  und Wahnsinn 47f., 139
  weibliche Tugenden als W. 78, 90
  'Weiblichkeit'verschleiert W. 45-49, 150
  durch weiße Mittelschichtsfrauen 45
  siehe auch Sabotage
Widerstand
  von schwarzen SklavInnen 46
  von Jüdinnen/Juden im Holocaust 46f.
  'passiver' W. 57
  siehe auch Sabotage
Willis, Ellen 264 Anm. 75
Wilson, E.O. 254f. Anm. 53
Wissen
  Achse/Fundament von W. 26f.
  Theorien der Wissensveränderung 30
Witches Heal siehe Potts, Billie
Witness (Film) 269 Anm. 76
Wittgenstein, Ludwig 26
Wittig, Monique 61, 87, 197, 245
Wolfe, Susan 28
Wolfman, Brunetta R. 53f.
Woods, Marianne 279 Anm. 13

Yamada, Mitsue 121

Zami siehe Lorde, Audre
Zeig, Sande 87
Zorn/Wut
  fallenlassen 157f.
  ist etwas Kognitives 151f.
  in Selbsterfahrungsgruppen 150f.
  Etikettierung des Z. von Frauen 48, 139, 150
  lesbischer Z. 165f., 231
  Tendenz von Lesben, Z. zu verarbeiten 53
  unangebrachter Z. von Lesben 96ff., 113
  von rechten Frauen 53

Zornigsein versus Wütend-
werden 159f.
der Einfluß der Therapie auf
die Deutung des Z. von
Lesben 154f.
Tolerierung weiblichen
Zorns 263 Anm. 51
Zustimmung vs.
Unterstützung 126f.
Zuwendung 66, 203, 237
vs. Kontrolle 122f., 133
Gefahren der Z. 114f.
Wirkung 118f.
als Förderung 110ff., 118
als Gemeinschaftsaufgabe 269
Anm. 76
vs. Unparteilichkeit 115f.
durch Nachvollziehen 188f.
Grenzen der Z. 113f.
vs. Mitleid 127ff.
Verständnis durch Z. 118f.
durch privilegierte
Frauen 120f., 122f., 174, 189